民法学

主　编　许建苏

副主编　王彦　王伟英

C I V I L　L A W

WUHAN UNIVERSITY PRESS
武汉大学出版社

图书在版编目（CIP）数据

民法学/许建苏主编．—武汉：武汉大学出版社，2021.3（2024.2 重印）
　ISBN 978-7-307-20753-0

　Ⅰ.民…　Ⅱ.许…　Ⅲ.民法—法的理论—中国　Ⅳ.D923.01

中国版本图书馆 CIP 数据核字（2019）第 034576 号

责任编辑:胡　荣　　责任校对:汪欣怡　　版式设计:马　佳

出版发行：**武汉大学出版社**　　（430072　武昌　珞珈山）
　　　　（电子邮箱：cbs22@ whu.edu.cn　网址：www.wdp.com.cn）
印刷:武汉中科兴业印务有限公司
开本:787×1092　1/16　印张:31.75　字数:704 千字　插页:1
版次:2021 年 3 月第 1 版　　2024 年 2 月第 5 次印刷
ISBN 978-7-307-20753-0　　定价:88.00 元

缩 略 语 表

主要法律法规	缩略语
《中华人民共和国民法典》	《民法典》
《中华人民共和国民法总则》	《民法总则》
《中华人民共和国民法通则》	《民法通则》
《中华人民共和国合同法》	《合同法》
《中华人民共和国物权法》	《物权法》
《中华人民共和国婚姻法》	《婚姻法》
《中华人民共和国继承法》	《继承法》
《中华人民共和国农村土地承包法》	《农村土地承包法》
《中华人民共和国土地管理法》	《土地管理法》
《中华人民共和国城市房地产管理法》	《城市房地产管理法》
《中华人民共和国担保法》	《担保法》
《中华人民共和国合伙企业法》	《合伙企业法》
《中华人民共和国侵权责任法》	《侵权责任法》
《中华人民共和国环境保护法》	《环境保护法》
《中华人民共和国公司法》	《公司法》
《中华人民共和国个人独资企业法》	《个人独资企业法》
《中华人民共和国道路交通安全法》	《道路交通安全法》
《中华人民共和国产品质量法》	《产品质量法》
《中华人民共和国食品安全法》	《食品安全法》
《中华人民共和国商业银行法》	《商业银行法》
《中华人民共和国证券法》	《证券法》

《中华人民共和国保险法》   《保险法》

《中华人民共和国刑法》   《刑法》

《中华人民共和国教育法》   《教育法》

《中华人民共和国未成年人保护法》   《未成年人保护法》

《中华人民共和国消费者权益保护法》   《消费者权益保护法》

《中华人民共和国国家赔偿法》   《国家赔偿法》

主要司法解释	缩略语
最高人民法院《关于适用〈中华人民共和国民法典〉》时间效力的若干规定	《关于适用民法典时间效力的规定》
最高人民法院《关于适用〈中华人民共和国民法典〉》继承编的解释（一）	《民法典继承编解释一》
最高人民法院《关于审理建设工程施工合同纠纷案件适用法律问题的解释（一）》	《建设工程施工合同司法解释（一）》
最高人民法院《关于审理建筑物区分所有权纠纷案件适用法律若干问题的解释》	《建筑物区分所有权解释》
最高人民法院《关于审理买卖合同纠纷案件适用法律若干问题的解释》	《买卖合同解释》
最高人民法院《关于审理商品房买卖合同纠纷案件适用法律问题的解释》	《商品房买卖合同解释》
最高人民法院《关于审理技术合同纠纷案件适用法律若干问题的解释》	《技术合同解释》
最高人民法院《关于审理人身损害赔偿案件适用法律若干问题的解释》	《人身损害赔偿解释》
最高人民法院《关于确定民事侵权精神损害赔偿责任若干问题的解释》	《精神损害赔偿解释》
最高人民法院《关于适用〈中华人民共和国民事诉讼法〉若干问题的解释》	《民事诉讼法解释》
最高人民法院《关于审理环境侵权责任纠纷案件适用法律若干问题的解释》	《环境侵权司法解释》
最高人民法院《关于民事诉讼证据的若干规定》	《民事证据规定》

最高人民法院《关于审理利用信息网络侵害人身权益民事纠纷案件适用法律若干问题的规定》 　　《利用信息网络侵害的规定》

最高人民法院《关于审理融资租赁合同纠纷案件适用法律问题的解释》 　　《融资租赁司法解释》

最高人民法院《关于审理民事案件适用诉讼时效制度若干问题的规定》 　　《诉讼时效规定》

最高人民法院《关于审理民间借贷案件适用法律若干问题的规定》 　　《民间借贷司法解释》

序　言

习近平总书记指出，《中华人民共和国民法典》是一部固根本、稳预期、利长远的基础性法律。2020 年 5 月 28 日，十三届全国人大三次会议表决通过了《中华人民共和国民法典》（以下简称《民法典》）。《民法典》是新中国第一部以法典命名的法律，是中国特色社会主义法律体系中的重要组成部分。《民法典》的制定和实施是我国国家治理体系和治理能力现代化的重要体现。2023 年 1 月，为进一步适应《民法典》实施以来的新发展和新变化，河北政法职业学院应用法律系在 2019 年出版的《民法学》基础上，采取校行合作的方式修订了这部教材，专门邀请北京大成（石家庄）律师事务所陈青律师、河北济民律师事务所李雪英律师和校内教师共同参与了教材的修订。这部教材的主要章节以典型案例为引导，以理论适度超前和注重能力培养为编写原则，结合典型案例，用形式灵活的法律语言将民法理论和法律规则说清讲透。《民法典》内容博大精深，并且由于时间与能力所限，书中不妥之处在所难免，欢迎广大读者批评指正，以便进一步修订与完善。

本书由许建苏担任主编，王彦、王伟英担任副主编。编写及修订分工为：

许建苏：第一、二、三、七、八、九、十、二十六章，第三十五章第六、七节。

王彦：第十一、十二、十三、十四、十五章。

李雪英：第十六章。

王伟英：第十八章，第十九章第一、二、三节，第二十章第三节，第二十二章第一节，第二十三章第二节，第二十五章第一至三节、五至九节，第三十三章第二、三、四、六节，第三十五章第一至五节。

刘志秀：第十七章，第二十章第一、二节，第二十一章，第二十二章第二节，第二十三章第一节，第二十五章第四节，第三十三章第五节、第三十四章。

赵欣：第二十七、二十八、二十九、三十、三十一、三十二章。

陈青：第三十三章第一节。

程玲：第四章、第十九章的第四节、第二十四章节。

张虹：第五、六章。

目　　录

第三编　合　同

第四编　人　格　权

第五编　继　承

第六编　侵权责任

第一编 民法总则

第一章　民法概述

◎ **知识目标**
- 掌握民法的概念、调整对象和基本原则的含义，以及民法的适用范围。
- 理解民法与相邻部门法的关系，了解民法的渊源，明确民法的基本内容和学习方法。

◎ **能力目标**
- 会判断一个案件的性质是否民事纠纷，是否应该适用民事法律解决。
- 会运用民法的基本原则处理具体民事案件。

第一节　民法的概念和特征

【案例1-1】　张三和李四同为某村村民，二人为邻居。多年来二人因宅基地经常发生纠纷。2017年8月，当李四家翻盖房屋打地基时，张三认为李四占了自己的宅基地，遂前去阻挠施工，与李四发生斗殴，李四拿起施工用的铁钎对张三头部猛烈一击，致张三倒地昏厥，经送医院抢救无效死亡。随后，李四被公安机关依法逮捕。

请思考：本案当中双方的宅基地纠纷、李四故意伤害致人死亡的案件、张三的亲属要求赔偿的案件，哪些由民法调整？

【案例1-2】　2016年10月9日，张丽途经一十字路口时，其看到是绿灯，于是由东向西正常行走。李林驾驶的面包车由北向南欲闯红灯高速逆行，撞到张丽右侧胯部。交警认定李林负事故的全部责任。该起事故使张丽身心受到很大打击，她因此次事故造成流产、且出现抑郁症状。张丽向李林提出赔偿医疗费、就医交通费、营养费、夫妻双方误工费、后续一年治疗费及精神损害抚慰金等共计人民币82081.23元。

请思考：本案中李林闯红灯的行为、撞伤张丽的行为、张丽要求李林赔偿的行为哪些由民法调整？

一、民法的词源

民法一词来源于古罗马的市民法。最初的罗马法仅适用于罗马市民，称市民法；

对于被罗马征服地区的居民之间的关系及其与罗马人之间的关系的调整则适用由裁判法官形成的规则，称为万民法。市民法调整罗马公民之间的关系，万民法调整罗马公民与外国人之间的关系。但在东罗马帝国皇帝优士丁尼编纂《民法大全》时，两法已经合并。近代在一些大陆法系的立法中使用的民法一语，是由市民法转译而来的。

在我国，传统法律本身不可能孕育出意思自治、私权神圣等理念，民法作为基本部门法的概念，确非我国文化所固有。"民法"一词在我国的来源可追溯至清朝末年。清政府委任沈家本等人为修订法律大臣，聘请日本学者松岗义正等人起草民法，于1911年完成《大清民律草案》，这是中国历史上第一部民法典草案，是中国近代民法法典化的开端。这部仿效德、日民法典而制订的民法典草案尽管因辛亥革命而没有正式颁行，但对中国民事立法及民法理论的发展有着深刻的影响。1925年，在《大清民律草案》的基础上，由北洋政府修订法律馆完成了民法典的起草工作，称为《民法修正案》，又称《第二次民律草案》。这部民法草案曾经北洋政府司法部通令各级法院在司法中作为法理加以引用，但终因没有完成立法程序而未成为正式民法典。中国历史上第一部民法典，是1929—1931年国民党政府颁布的《中华民国民法典》。南京国民政府于1929年5月颁布民法典总则，后又颁布债编、物权编、亲属编和继承编。中华人民共和国成立后，这一民法典被中央人民政府明令废除，现在我国台湾地区继续实施。需要说明的是，台湾地区的民法与香港、澳门特别行政区的民事法律不同，只是一种现实存在，我们不承认其合法性。香港和澳门的民事法律是在宪法和两个基本法之下的地区性法律，是我国多法域法律制度的组成部分。

二、民法的概念

民法是调整社会普通成员之间关系的法律，是我国法律体系中的一个重要的法律部门。民法调整的社会关系的范围非常广泛，包括财产关系和人身关系，涉及全国每个人、每个行业。根据《民法典》的规定，民法是调整平等主体的自然人、法人和非法人组织之间的人身关系和财产关系的法律规范的总和。

《民法典》的这一规定与《民法通则》的规定不同，将人身关系置于财产关系之前，体现了民法对人身权利保护的更加重视。另外，关于调整对象的规定也预设了民法典的分则体系，即包括调整人身关系和调整财产关系的具体法律规定。这一规定体现了只要以平等的身份进行交易，就应当遵守民法的规定。

"民法"有多种含义，应从形式意义与实质意义两个方面加以理解：

（一）形式意义上的民法

形式意义上的民法是指按照一定体例编纂的民法，即按照一定的体系结构将各项基本的民事法律制度系统编纂、以"民法典""民法"等命名的法律，如《日本民法典》《法国民法典》《德国民法典》《中华人民共和国民法典》等。

《中华人民共和国民法典》被称为"社会生活的百科全书"，是新中国第一部以法典命名的法律，2016年3月4日，十二届全国人大四次会议确定民法典的编纂工作分两步走，第一步是制定《民法总则》，第二步是全面整合民事法律。2017年3月15日，《中华人民共和国民法总则》由中华人民共和国第十二届全国人民代表大会第五次会议通过，自 2017 年 10 月 1 日起施行；2020 年 5 月 28 日，十三届全国人大三次会议表决通过了《中华人民共和国民法典》。《中华人民共和国民法典》共 7 编、1260 条，各编依次为总则、物权、合同、人格权、婚姻家庭、继承、侵权责任以及附则，该法典自 2021 年 1 月 1 日起施行。《民法典》实施后，《中华人民共和国婚姻法》《中华人民共和国继承法》《中华人民共和国民法通则》《中华人民共和国收养法》《中华人民共和国担保法》《中华人民共和国合同法》《中华人民共和国物权法》《中华人民共和国侵权责任法》《中华人民共和国民法总则》同时废止。

（二）实质意义上的民法

实质意义上的民法是指所有调整民事关系的法律规范的总称，包括民法典和其他民事法律、法规。我国目前的实质意义上的民法包括民法典，以及知识产权法、公司法、证券法、保险法、海商法、票据法、破产法等，当然，实质意义上的民法不限于民事法律，还包括行政法规、地方性法规、部门规章等大量的规范性文件和司法解释、民事习惯中的民事法律规范，因而，实质意义上的民法也称为广义上的民法，包括所有调整民事关系的法律规范。

一个国家可以没有形式民法，但不能没有实质民法。

三、民法的目的和任务

《民法典》开篇即规定了立法宗旨和依据，即"为了保护民事主体的合法权益，调整民事关系，维护社会和经济秩序，适应中国特色社会主义发展要求，弘扬社会主义核心价值观，根据宪法，制定本法"。民法的任务包括如下几点：

（一）保护民事主体的合法权益

我国《宪法》规定，国家尊重和保障人权，公民的人身自由、人格尊严、财产权利等不受侵犯。《民法典》将《宪法》中关于尊重和保障人权的理念具体化，把保护自然人、法人、非法人组织人身权、财产权的制度进一步类型化、体系化。在总则编第五章规定了民事主体的各项民事权利，总则编之后的各分编按照财产权利、合同权利、人格权利、婚姻家庭权利、继承权利、侵犯权利责任的顺序展开。《民法典》是"民事权利的宣言书"，它以确认、保障民事权益为基本宗旨。

（二）调整民事关系

民事关系是民事主体之间产生、变更、终止民事权利义务的一种社会关系，民法调整平等主体之间的人身关系和财产关系，核心是调整权利义务关系，民事法律关系中的权利义务相互对立、相互联系、相互依存，通过民事责任落实对正常的民事关系、合法民事权利的保护。

（三）维护社会和经济秩序

《民法典》被称为社会生活的百科全书和市场经济的基本法，是设定、维护社会秩序的法律，《民法典》所规定的不得违背公序良俗、民事权利受法律保护、合同依法成立对当事人具有法律约束力、法律责任等条款，是稳定社会秩序的坚强支柱。《民法典》中通过诚信原则、所有权保护制度、合同自由制度以及法律行为效力、民事责任等，确立市场规则，维护市场秩序，促进经济健康发展。

（四）适应中国特色社会主义发展要求

《民法典》编纂的重要使命是适应中国特色社会主义发展要求，将中国特色社会主义制度法典化。《民法典》以保护民事权利为出发点和落脚点，切实回应人民法治需求；坚持人与自然和谐共生、坚持节约资源与保护生态环境，保障人民群众的良好生活环境；全面总结我国改革开放以来的民事立法与实践经验，为中国特色社会主义的发展奠定坚实的法治基础。

（五）弘扬社会主义核心价值观

《民法典》第1条指出，我国《民法典》的立法目的之一是要弘扬社会主义核心价值观，社会主义核心价值观塑造了《民法典》的精神灵魂。《民法典》通过规定诚信、公序良俗、平等、合法等原则，法律行为、民事责任等制度，发挥民事法律对民事活动的规范和引领作用，对于强化规则意识、引领社会风尚、维护公共秩序具有重要意义。

四、民法的调整对象

每一个部门法都调整一定的社会关系，民法是调整社会普通成员之间关系的法律，是我国法律体系中的一个重要的法律部门。根据《民法典》的规定，民法调整平等主体之间的人身关系和财产关系。

民法调整对象的平等性主要表现在：第一，当事人在具体法律关系中的地位是平等的，任何一方都不能凌驾于对方之上。法律地位的平等，决定了双方能平等协商，自由表达自己的意愿。第二，平等地适用规则。任何民事主体参与民事活动都要遵守民事法律规范，都要受到民法的约束，"法律面前人人平等"。第三，权利保护平等。民法对民事主体合法权益的保护，适用相同的保护规则。对在民事活动中违反法律规定、违反合同约定的当事人，民法规定的法律责任一体适用，为权利人提供平等保护和救济。

（一）民法调整平等主体之间的人身关系

平等主体之间的人身关系是指平等主体之间基于人格利益和身份利益而产生的不具有直接财产内容的人格关系和身份关系。人身关系是"人格关系"和"身份关系"的合称。这两类法律关系在民法上表现为人格权和身份权。

1. 人格关系

所谓人格，是指自然人主体性要素的总称。人格关系是民事主体基于彼此的人格或者人格要素而形成的关系。这些关系在民法上表现为民事主体的人格权，包括自然人的生命权、身体权、健康权、姓名权、肖像权、名誉权、隐私权，以及法人、非法人组织的名称权、名誉权等权利；此外，凡是属于《民法典》第109条规定的自然人的人身自由、人格尊严范畴的人格权益，都属于因人格产生的人身关系。人格在法律上不得抛弃、不得转让并不得被剥夺。

2. 身份关系

所谓身份，是指自然人、法人、非法人组织基于一定的身份形成的相互关系，包括亲属间的身份关系和基于智力创作获得的知识产权中的身份关系，这些关系在民法上表现为身份权，前者表现为夫妻之间、父母子女之间、有抚养关系的祖父母与孙子女或外祖父母与外孙子女之间依法相互享有的身份权，以及因监护关系产生的监护权等；后者指通过智力创作活动取得著作权、专利权、商标权而享有的身份权，以及发现权和发明权中的身份权。

人身关系具有非财产性、专属性、固有性。人身关系并不能直接体现为财产利益，但是人身关系中的某些人身利益可以给权利人带来财产收益，人身权受到侵害时也可以财产责任来救济；人身关系中体现的人身利益专属于特定主体，不能转让、不能继承；另外，人身关系中的人格关系还具有固有性，如生命、健康是民事主体与生俱来，终生享有的。

（二）民法调整平等主体之间的财产关系

财产关系，是指人们在产品的生产、分配、交换和消费过程中所形成的具有经济内容的关系。民法调整的财产关系是发生在平等主体之间的，是人们基于财产的支配和交易而形成的社会关系。平等主体之间的财产关系可分为两类：归属型与流转型。

1. 财产归属关系

财产归属关系是指财产所有人和其他权利人因对财产占有、使用、收益、处分而发生的社会关系，表述的是财产归何人控制，回答财产"是谁的"或"由谁利用"这样的问题。在这一类财产关系中，对物的支配，民法上谓之物权关系；对智力成果的支配，民法上谓之知识产权关系。

2. 财产流转关系

流转型财产关系反映的是商品交换中的财产关系，表述的是财产在交易中即财产因买卖、租赁、借贷、承揽等行为而发生的移转，流转型财产关系在民法上谓之债的关系。财产归属关系往往是发生财产流转关系的前提条件，财产流转关系通常是实现财产归属关系的方法。

结合法律的规定，本节案例 1-1 中张三和李四之间的宅基地纠纷是双方在地位平等的基础上因宅基地使用权发生的纠纷，属民法的调整范围；李四故意伤害他人致死为刑事犯罪，由司法机关依法进行追究，而司法机关与李四之间属不平等的主体，二者之间也不存在人身或财产关系，所以该案件不属于民法调整；李四将张三打死，张三的亲属要求李四赔偿相关损失，是因张三的生命权被侵害给张三的亲属带来了经济损失和精神痛苦，属于民事侵权案件，张三的亲属可以提起刑事附带民事诉讼。因此，双方的宅基地纠纷、张三的亲属要求赔偿都属于民事案件。

案例 1-2 中李林撞伤张丽属于民事侵权行为，张丽有要求李林赔偿的权利，双方之间产生人身损害赔偿之债，属于民法的调整范围。而李林闯红灯的行为，属于违反《道路交通安全法》的行为，要受到公安机关交通管理部门的行政处罚，李林与公安交通管理部门之间是一种行政管理关系，不受民法调整。

五、民法的特征

民法作为我国法律体系中的一个重要部门，有如下特征：

（一）民法在本质上反映了商品经济活动的客观要求

民法本质上是商品经济的法律形式。民法伴随商品经济的产生而产生，伴随商品经济的发展而发展。商品经济由古代的简单商品经济发展为现代的市场经济，民法也相应地由反映简单商品经济的古典民法发展为反映现代市场经济的现代民法。现代民法作为现代市民社会的法律准则，其调整的民事关系虽然不限于市场商品经济关系，但是市场商品经济关系作为现代市民社会的经济基础，始终是现代民法调整的主要对象和核心部分。

民事主体、物权、合同、知识产权等制度界定了市场的经济主体，规范了市场交易行为，保障了市场经济主体支配其有形财产和无形财产从事商品生产经营活动。民事责任制度和债的担保制度又是维护市场交易安全的有力保证。可见民法规范是市场经济社会最基本的法律规则，反映了商品经济活动的内在要求。

（二）民法是私法

公法和私法的划分最初是由罗马法学家乌尔比安提出，起源于古罗马时期。他们将内容体现为政治、公共秩序以及国家利益的法归于公法，将内容体现为私人利益的法归于私法。私法关系的参与主体都是平等主体，国家介入也是作为特殊的民事主体来参与的；而公法关系中必然有一方是公权主体，其参与社会关系也仍然要行使公权力。作为单纯调整市民社会生活关系的法律，民法以私人平等和自治为基本理念，着眼于私个体的权利保护，其内容具有明确的私法性质。明确这一划分，有助于在私法领域提倡当事人意思自治并尽可能减少国家的干预。我国民事立法中要尽量减少有关国家行政机关的管理规则，努力减少对当事人合法的民事行为所施加的限制。

（三）民法是权利法

民法最基本的职能在于对民事权利的确认和保护，这就使民法具有权利法的特点。首先，民法以权利保护为出发点。民法的重要内容就是规定和保障民事主体的合法民事权利。民法的一切制度都是以权利为轴心建立起来的，它规定了权利的主体（自然人、法人、非法人组织）、行使权利的方式（民事法律行为和代理）、民事权利的种类（物权、债权、知识产权、人身权）、权利保护的方式（民事责任）、权利保护的时间限制（诉讼时效）等内容。其次，民法以权利为归宿，体现出权利本位的特点。民法的规范多为授权性规范。这类法律规范规定了具有肯定内容的权利，如人格权、身份权、物权、债权等，被授权者有完成这样或那样的积极行为的权利。授权性规范不同于禁止性规范，后者规定了主体不为一定行为的义务，刑法规范多属此类。民法的授权性规范重在鼓励民事主体积极进行活动并对这种活动进行引导。这种本位还体现在处理权利与义务的关系上，在民事权利与民事义务这对矛盾中，民事权利处于主导地位。民事义务的设置是为实现民事权利服务的，权利可以放弃而义务不能免除。

第二节 民法的基本原则

【案例 1-3】 交警张某执勤时驾驶单位汽车发生交通事故，与王某驾驶的汽车相撞。经现场勘察，张某应负主要责任。双方对责任性质并无异议，但在协商赔偿事宜过程中，双方未达成一致意见。王某遂向法院起诉，要求交警队赔偿。交警队称，自己就是交通事故的执法处理机关，与原告系管理与被管理的关系，此事应由交警队自己解决，法院不应当受理，遂拒绝出庭。

请思考：交警队的说法有无道理？

【案例1-4】　小王在某超市工作，中秋节来临，超市的月饼销售火爆。中秋节过后，超市让员工每人购买两盒月饼，有的员工不愿意，被超市告知都得买，月饼钱从工资中扣。

请思考：超市的做法是否妥当？

民法的基本原则即观察、处理民法问题的准绳，是民事立法的准则，是民事主体进行民事活动的基本准则，同时也是法院解释法律补充法律漏洞的基本依据。法官在裁判案件时，有具体规定时应当首先适用具体规定，只有在没有具体规定时才借助基本原则的规定。根据《民法典》的规定，我国民法有如下基本原则：

一、民事权益受法律保护原则

《民法典》第3条规定，民事主体的人身权利、财产权利以及其他合法权益受法律保护，任何组织或者个人不得侵犯。本条确立了民事权益受法律保护的原则。

民事权利及其他合法权益受法律保护是民法的基本精神，也是民事立法的出发点和落脚点。民法是权利法，《民法典》总则编的体系是以私权为中心展开的，规定了权利主体（自然人、法人、非法人组织），行使权利的方式是通过民事法律行为，侵权的法律后果是要承担民事责任。总则编之后各分编也是按照物权、合同、人格权、婚姻家庭、继承、侵权责任等内容展开，总则编为各分编的制定奠定了基础。民事权益受法律保护原则包括以下内容：

（一）民法主要保护人身、财产等权益

总则编第五章系统规定了各类民事主体享有各项人身权利和财产权利，如规定了自然人享有生命权、身体权、健康权、姓名权、肖像权、名誉权、荣誉权、隐私权、婚姻自主权等权利。法人、非法人组织享有名称权、名誉权、荣誉权等权利。还规定了民事主体依法享有物权、债权、知识产权，自然人依法享有继承权等，并详细列举了知识产权的客体，扩张了知识产权的保护范围，进一步强化了对知识产权的保护。第185条强化了对英雄烈士人格利益的保护，规定"侵害英雄烈士等的姓名、肖像、名誉、荣誉，损害社会公共利益的，应当承担民事责任"。

（二）民法不仅保护权利，还保护利益

除列明的民事权利外，《民法典》还兜底规定了保护其他合法权益，反映了民事权利的开放性、包容性，凡是民事领域的权利、利益皆受到民法保护。在社会经济生活中，民事主体的民事权益，包括人身权、财产权，是发展的、开放的，法典不可能穷尽。有的权益既有人身权性质，又有财产权性质，不宜简单定性为纯粹的财产权或人身权，如自然人个人信息、股权等。此外，民事权利具有概括性，既包括法定权利也包括意定权利，任何合法民事权益，均受法律保护。

（三）对新型民事权益进行保护

《民法典》规定了对新型民事权益的保护，如首次正式确认隐私权，有利于强化对隐私权的保护；针对互联网和大数据等技术发展带来的侵害个人信息现象，规定了个人信息的保护规则，将有力遏制各种"人肉搜索"、非法侵入他人网络账户、贩卖个人信息、网络电信诈骗等现象。

（四）在民事权益受到侵害时，民法要给予权利人以救济

民事权益受法律保护就是要求任何组织或个人不得侵犯、限制、剥夺他人的民事权利及其他合法利益，也不得干涉他人正常地行使权利及其他合法利益。权利人在民事权益受到侵害时，可以向人民法院起诉或向仲裁机关申请仲裁，《民法典》对民事主体权利实行平等保护、全面保护，使侵权人依法承担民事责任。当然，民事主体行使权利要受到法律、公序良俗的约束。

二、平等原则

平等原则也称为法律地位平等原则。《民法典》第4条规定："民事主体在民事活动中的法律地位一律平等。"民事活动是指民事主体为了一定目的设立、变更、终止民事权利和民事义务的行为。平等原则集中反映了民事法律关系的本质特征，也是民事法律关系区分于刑事法律关系、行政法律关系的主要标志。平等原则的含义主要体现在：

（一）民事主体资格（民事权利能力）平等

一切自然人，无论国籍、年龄、性别、职业，民事权利能力一律平等；一切经济组织，无论中小企业还是大企业，都是民法上的"人"，都具有平等的权利能力。根据《民法典》第13条、第14条的规定，自然人从出生时起到死亡时止，具有民事权利能力，依法享有民事权利，承担民事义务。自然人的民事权利能力一律平等，而不问性别、年龄、民族、宗教、信仰、文化程度及智力程度。《民法典》总则编第三章对法人作了专门规定。法人自有效成立起，具有民事权利能力，享有民事主体资格。法人尽管性质不同、具体业务范围不同，但民事主体资格都是平等的。

（二）民事主体的地位平等

平等原则是民事主体进行民事活动的行为准则，要求民事主体之间应平等相待。在各种具体的民事法律关系中，在各种民事活动中，民事主体的法律地位一律平等。在民事法律关系中，没有上级与下级的关系，即使在行政上有隶属关系的上级组织与下级组织，在参加民事活动时，也必须以平等的民事主体身份出现，彼此地位平等。国家作为民事主体，也必须受民法规范的约束，与其他民事主体处于平等地位。无论是自然人还是法人，无论其经济实力强弱，无论所有制性质如何，任何一方都没有凌驾于另一方之上的特权。

（三）民事主体平等地享有权利，承担义务

在有些民事法律关系中，当事人的权利义务是法律规定的。例如财产所有人对其

所有物享有所有权，作者对其作品享有著作权，继承人享有继承权等。任何人都负有不得侵害他人权利的义务。当然，合同关系中权利和义务是由当事人约定的，这些权利义务对民事主体也都是平等的，如果出现了欺诈、胁迫等导致当事人权利义务不平等的情况时，法律通过对特定人的特殊保护制度达到平等的效果。

（四）民事主体的民事权益平等地受法律保护

民事主体的民事权益有的是法律直接规定的，有的是当事人通过合同约定的，任何民事主体合法的民事权益都受法律保护，他人不得侵犯。民事权益受到侵害或债务人不履行债务，权利人有权请求相对人采取补救措施，承担民事责任，必要时可请求法院依法保护。法院对任何民事主体的合法权益都依法予以保护，不论是自然人还是法人，也不论是营利法人、非营利法人还是特别法人，都平等地予以保护。

平等体现在民法的各个方面。在物权法上，平等表现为一切主体的法律地位平等；在合同法上，则表现为一方不得把自己的意志强加给另一方，合同法上的平等也构成了双方自愿协商的前提；在婚姻法上，平等表现为男女平等，并对妇女、儿童和老人的合法权益加以特别保护，从而保证主体之间的实质平等；在继承法上，平等表现为继承权男女平等。

上述两个案例中，交警队和超市的做法都违反了平等原则，案例1-3中交警队虽然是处理交通事故的执法部门，但也是交通事故的当事人，在王某提起的民事诉讼中，交警队是一方民事主体，与王某之间的法律地位是平等的，不能依仗职权凌驾于王某之上，应该参加民事诉讼，由法院来解决王某提出的民事赔偿请求。案例1-4中，超市的做法也违反了平等原则，超市与员工之间不仅有劳动关系，还有因交易产生的民事法律关系。在买卖这一民事法律关系中，超市与员工系平等的主体，超市不能强迫员工购买，超市的行为违反了自愿原则。

三、自愿原则

自愿原则也称为意思自治原则，是指民事主体依法享有在法定范围内进行民事活动的自由，可以根据自己的意志设立、变更、终止民事法律关系。早在《法国民法典》中就确立了意思自治原则，把意思自治视为民法的基础，《法国民法典》规定："依法订立的契约在当事人之间具有相当于法律的效力。"《民法典》第5条规定："民事主体从事民事活动，应当遵循自愿原则，按照自己的意思设立、变更、终止民事法律关系。"法律地位平等是自愿原则的前提，自愿原则是法律地位平等的表现。自愿原则在合同领域体现为合同自由，在人格权领域体现为人格权行使自由，在婚姻家庭领域体现为婚姻自由，在继承领域体现为遗嘱自由。自愿原则的含义主要包括：自己行为和自己责任。

（一）民事主体有权决定是否参加及如何参加某一民事活动

民事主体参加或不参加某一民事活动由其根据自己的利益决定，其他民事主体不能加以干涉。

民事主体有权决定如何参加民事活动。自愿原则的核心是合同自由，合同自由包括以下内容：缔约自由，即当事人可以自由决定是否与他人缔结合同；选择相对人的自由，即当事人可以自由决定与何人缔结合同；内容自由，即双方当事人可以自由决定合同的内容；通过一定方式变更或解除合同的自由，即当事人可以自由协商变更或解除合同，也可以自由决定是否行使约定的或法定的解除权解除合同；当事人有选择合同形式以及解决争议方式的自由。

（二）民事主体有权决定民事法律关系的变动

民事法律关系的产生、变更、终止都由民事主体自主决定。例如，甲乙签订房屋租赁合同后，双方可以协商一致变更租金的数额；可以在合同中约定一定的条件，当符合条件的情形出现时，双方可以解除合同关系。

（三）民事主体应当承受相应的法律后果

自愿或意思自治的必然要求是，每个人对自己的行为负责。自愿原则要求民事主体在行使权利的同时自觉履行约定或法定的义务，并承担相应的法律后果。

合同自由从来都不是绝对的、无限制的，要受到国家利益和社会公共利益及他人合法权益的限制。合同的强制订立即是对合同自由的限制，例如，在我国的邮政、电信，供用电、水、气、热力，交通运输、医疗等领域存在的强制承诺义务，在保险、运输等许多领域盛行的格式合同，法律进行了相应的规制，都是对合同自由的限制。

上面的案例 1-4 中，超市强迫员工购买月饼的行为就违背了自愿原则。

四、公平原则

公平原则是进步和正义的道德观在法律上的体现，民法中的公平原则是指民事主体应当依据社会公认的公平观念实施民事行为，立法者和裁判者在民事立法和司法过程中应维持民事主体之间的利益均衡。《民法典》第 6 条规定："民事主体从事民事活动，应当遵循公平原则，合理确定各方的权利和义务。"

民事活动应当遵循公平原则。公平是法律追求的最高价值目标，要求立法和司法都必须符合公平和正义的要求。民法调整平等主体之间的财产关系和人身关系，直接涉及人与人之间利益的协调与平衡，因此将公平作为它的一项基本原则。

公平原则的含义有：

第一，民法在规范民事主体的权利义务与责任的承担上，兼顾各方利益。

《民法典》中对法定补偿义务的规定，就是公平原则的典型法律体现。《民法典》第 183 条规定："因保护他人民事权益使自己受到损害的，由侵权人承担民事责任，受益人可以给予适当补偿。没有侵权人、侵权人逃逸或者无力承担民事责任，受害人请求补偿的，受益人应当给予适当补偿。"该条款确认了侵权责任中的公平责任，这是公平原则的具体化。

民法规范还有平衡当事人利益的特别条款。例如，对显失公平的民事行为，当事人有权请求撤销；格式条款有两种以上解释时，应作出不利于提供格式条款一方的解释。

第二，民事主体应当本着公平的观念进行民事活动，正当行使民事权利和履行民事义务，兼顾他人利益和社会公共利益。

民法调整的主要是商品经济关系，公平原则主要用于合同关系。当事人在订立合同时，应本着公平原则确定相互的权利义务，公平交易。这主要是对在民事活动中处于优势地位的民事主体提出的要求，是确定合同内容时所应遵循的指导性原则。如《民法典》规定，采用格式条款订立合同的，提供格式条款的一方应当遵循公平原则确定当事人之间的权利和义务。

第三，法院处理民事案件时，法律有明确规定的，按照规定处理就体现了公平原则。在法律无规定或者规定不具体，当事人也无约定的情况下，或在发生情事变更的情况下，法官应依公平原则进行裁决。

五、诚实信用原则

《民法典》第7条规定："民事主体从事民事活动，应当遵循诚信原则，秉持诚实，恪守承诺。"这一条确定了诚实信用原则。

诚实信用，是指民事主体在从事任何民事活动时，包括行使民事权利、履行民事义务、承担民事责任时，都应当秉持诚实、善意，信守自己的承诺。民法上的诚实信用原则是道德准则法律化的产物，在现代民法中具有重要地位，被称为民法特别是债法中的最高指导原则或"帝王规则"。诚实信用原则不仅是普遍适用于民法的重要原则，它也是法官解释民法的重要依据。

诚信原则在民法中的具体体现为：民事主体从事民事行为时，应当将必要事项告知对方；双方达成合意后，应当重合同、守信用，积极准备并正当履行合同义务；民事活动中发生损害，应当及时采取补救措施，避免和减少损失。

诚信原则主要有以下功能：

其一，确立了当事人参与民事活动的行为规则。它要求民事主体在设立、变更、终止民事行为时要诚实，不作假不欺诈，民事主体应恪守信用，自觉履行义务和承担责任。例如，在订立合同的过程中，不能欺骗，假借订立合同，实际上为拖延对方，或为排除其他谈判者，使得对方的订立合同的期待利益受到损失；在订立合同的过程中，获悉对方的商业秘密，那么就产生保密义务；合同成立后，要善意地履行合同，不能加害给付或故意瑕疵给付，同时还要履行法定的通知、告知义务；最后，即使合同履行完毕，当事人还要按照诚实信用原则履行后契约义务。

其二，该原则具有填补法律漏洞的功能。当裁判机关在司法审判或仲裁实践中遇到立法当时未预见的新情况新问题时，可直接依照诚信原则行使自由裁量权。调整当事人之间的权利义务关系，可见诚信原则意味着承认裁判活动的创造性和能动性。

其三，该原则还具有解释的功能。在缺乏法律规定时，司法人员应依据诚信、公平的观念正确解释法律、适用法律，弥补法律规定的不足。在合同约定不明时，诚实信用原则也是司法人员解释合同时应遵循的一项原则。

作为诚实信用原则的延伸，各个国家和地区的民法中，又普遍确立了禁止权利滥用原则。该原则要求一切民事权利的行使不能超过必要的正当界限，超过这一限度就是滥用权利，而这一正当的界限应当就是诚实信用原则。因此，诚实信用原则对民事主体提出了积极的要求，在功能上限制了意思自治原则发挥作用的范围。

六、符合法律和公序良俗原则

《民法典》第 8 条规定："民事主体从事民事活动，不得违反法律，不得违背公序良俗。"本条是关于民事活动合法性原则、遵守公序良俗原则的规定。这一规定包含了两个方面：一是民事活动合法性原则；二是遵守公序良俗原则。

（一）民事活动合法性原则

合法性原则要求，为了保障当事人行使民事权利、履行民事义务符合国家意志、社会公共利益，保护正常交易秩序，协调当事人之间利益冲突，民事活动必须遵守法律。包括：民事行为的内容必须合法，不得违反法律、行政法规的强制性规定；民事行为的形式应当合法，有些民事活动要求采用书面形式，那么必须符合规定。《民法典》规定违反法律、行政法规的强制性规定的民事法律行为无效，该强制性规定不仅指私法中的强制性规定，也包括公法中的强制性规定，例如：走私、贩毒在刑法上是犯罪行为，而当事人订立的走私、贩毒合同，也因为违反了刑法上的强制性规定而无效。

（二）民事活动遵守公序良俗原则

公序良俗是指"公共秩序"和"善良风俗"。在《民法典》之前，我国法律并未明确采用公序良俗的概念。《民法典》总则编共有四处使用了公序良俗：第 8 条规定从事民事活动，不得违反公序良俗原则；第 10 条规定适用习惯不得违背公序良俗；第 143 条规定了民事法律行为的有效要件之一为不得违背公序良俗；第 153 条第 2 款规定违背公序良俗的民事法律行为无效。

"公序"指的是由法律、行政法规的强制性规定建构的秩序，包括社会公共秩序和生活秩序。危害公共秩序的行为通常也是违反法律的强制性规定的行为，如订立的买卖毒品合同因内容违法而无效。

"良俗"也被称为是善良风俗，是指在一定地区得到人们普遍公认，且不违反法律和国家政策，在生活实践中反复适用的一些习惯、惯例和通行的做法。善良风俗包含两个方面的含义：一是指社会普遍承认的伦理道德，如救死扶伤、助人为乐、见义勇为等；二是指某个区域存在的风俗习惯，如婚礼不得撞丧。善良风俗本身就是社会生活中的一些基本规矩，许多地方将善良风俗转化为乡规民约，善良风俗中的一些道德规则已表现为法律的强行规定，如不得遗弃老人等。

司法实践中具体适用公序良俗原则的案例主要体现在一些婚姻家庭案件当中。如：王某与丈夫黄某于 1963 年结婚，婚后由于文化差异与生活习惯的不同，导致夫妻感情日渐破裂。后来，黄某认识了较为年轻的李某，并与李某同居。1996 年，黄某病重，其通过公证遗嘱的方式将自己的所有财产赠与李某。黄某死后，由于王某不愿意分割财产，李某将王某告上了法庭。当地法院经过开庭审理，认定公证遗赠无效，并驳回了李某的诉讼请求。在本案中，法院适用了"公序良俗原则"。在法律层面上，黄某将自己所有的合法财产赠与李某是合法的，因为当时的黄某是具备完全民事行为能力的，其也是基于真实意思表示作出赠与，此外还经过公证，其行为是符合我国《继承法》规定的。但是，黄某是在非法同居的基础上作出的赠与。其非法同居的行为本身就违反了《婚姻法》，甚至有构成重婚罪之嫌。在非法同居的基础上对第三者作出赠与的行为，是违背我国当时的《民法通则》规定的。《民法通则》第7条规定：民事活动应当遵守社会公德，不得损害社会公共利益。黄某的行为无疑是与社会所普遍认同的道德观念相违背的。

公序良俗原则赋予了法官一定的自由裁量权，如果民事主体因追求自己利益所实施的行为和社会公共利益发生冲突时，首先应当维护社会公共利益。另外，该原则还可以弥补强行法规定的不足，尽管民事法律中许多条款都体现了道德规范的要求，但不可能对所有的情况都加以调整，这就需要采用公序良俗原则作为调整民事活动的准则。

七、绿色原则

绿色原则是指民事主体在从事民事活动时，应当有利于节约资源、保护生态环境。绿色原则的内涵包括节约资源和保护生态环境两项。《民法典》中关于绿色原则的表述采用了"应当有利于"，表明本原则属于倡导性原则规范。这是从基本原则层面，提出了生态环境保护的要求。这样规定，既传承了天地人和、人与自然和谐共生的我国优秀传统文化理念，又体现了党的十八大以来的新发展理念，与我国是人口大国、需要长期处理好人与资源生态的矛盾这样一个国情相适应。绿色原则包括两个方面的内容：

（一）有效地利用资源

随着现代社会经济的快速发展，人类不断增长的需求与有限的资源之间的矛盾越来越突出，解决这种矛盾的办法之一就是有效地利用资源，实现人与自然的和谐共处。《民法典》第322条新增了添附的规定，明确了在没有约定和法律规定的情况下，可以按照充分发挥物的效用等原则确定物的归属，这种所有权归属方式有利于节约资源、避免物的浪费；第326条规定，用益物权人行使权利，应当遵守合理开发利用资源、保护生态环境的规定；第286条规定，业主的相关行为应当符合节约资源、保护生态环境的要求等。在《民法典》合同编规定了一些"绿色"法定义务，直接约束合同当事人，如合同履行环节，第619条规定当事人应采取有利于节约资源、保护生态环境的包装方式；在合同终止环节，第558条规定当事人应当根据交易习惯履行旧物回收义务，第625条规定了出卖人的回收义务等。

（二）保护生态和环境

保护生态环境是《环境保护法》等法律、法规的核心任务。迄今为止，我国已经建立了一整套保护环境的法律制度，如《环境保护法》《水污染防治法》《环境噪声污染防治法》《大气污染防治法》《固体废物污染环境防治法》《水法》《草原法》等法律，构建了我国环境保护的完整体系。保护环境也是现代民法的一个重要发展趋势，如《民法典》侵权责任编专设"环境污染和生态破坏责任"一章，用7个条文规定了环境污染和生态破坏责任，这是"绿色发展理念"在《民法典》分编中最直接、最集中的体现。为增强绿色原则的刚性约束、维护社会公共利益，《民法典》还规定了违反国家规定故意污染环境、破坏生态的惩罚性赔偿制度，在责任形式上增加了生态环境损害的修复和赔偿规则 。

综上所述，就民法的基本原则而言，平等原则是基础原则，它是自愿原则的前提。自愿原则是民法最重要、最有代表性的原则，民法最重要的使命就是确认并保障民事主体自由的实现；公平原则意在谋求当事人之间的利益平衡，是对自愿原则的有益补充；诚实信用原则将最低限度的道德要求上升为法律要求，以谋求个人利益与社会公共利益之间的和谐；公序良俗原则对个人与国家和社会公共利益之间的矛盾和冲突发挥调整功能，其与诚实信用原则一样，也是以道德要求为核心的；绿色原则是对自愿原则的必要限制，意在谋求人与自然的和谐共生关系。

第三节 民法的表现形式和适用范围

一、民法的表现形式

民法的表现形式又称为民法的渊源，指民事法律规范借以表现的形式，它解决一个"找法"的问题，也就是从哪里去寻找民事规范。我国民法的形式主要体现为国家有关机关在其职权范围内所制定的有关民事方面的规范性文件。当然，由于制定机关不同，法律规范的效力也有差异。

（一）宪法

《中华人民共和国宪法》是国家最高权力机关——全国人民代表大会制定的国家根本大法，具有最高的法律效力，是民事法律的立法依据。宪法中关于社会主义建设的方针和路线的规定、关于财产所有制和所有权的规定、关于公民基本权利和义务的规定等都是调整民事关系的法律规范，也是《民法典》制定时必须遵循的法律依据。宪法能否在裁判中引用，一直是有争议的，2009 年最高人民法院发布的《关于裁判文书引用法律、法规等规范性法律文件的规定》并未将宪法列入民事裁判文书可以引用的范围，即在民事审判中，法官不能直接援引宪法规定裁判，但宪法对民法的解释和适用具有重要的指导意义，可以成为裁判中说理论证的重要依据。

（二）民事法律

民事法律是由全国人民代表大会及其常委会依据宪法的规定制定和颁布的民事立法文件，是我国民事立法的主要表现形式。在全国范围内具有仅次于宪法的效力。民事法律主要由两部分组成：

1. 民事基本法

民事基本法是由全国人民代表大会制定的调整最基本民事关系的法律，如《民法典》。

2. 民事单行法

民事单行法是由全国人民代表大会及其常委会制定调整某一领域民事关系的法律，包括《合同法》《物权法》《侵权责任法》《继承法》《婚姻法》《收养法》等一系列重要的民事法律。《民法典》施行之日，这些单行法同时被废止。应该指出的是，对于民事法律，全国人民代表大会及其常委会有最高解释权，其解释同样具有法律效力。

（三）行政法规

国务院是国家最高行政机关，它可以根据宪法、法律和全国人民代表大会常务委员会的授权，制定、批准和发布法规、决定和命令，其中有关民事的法规、决定和命令是民法的重要表现形式，其效力仅次于宪法和民事法律。国务院制定的民事法规有两类：一类是根据政府行政职能，为立法部门制定的与法律配套的实施条例，如《土地管理法实施条例》《著作权法实施条例》；还有一类是含有民事法律规范的单行行政法规，如《城市私有房屋管理条例》《国有土地上房屋征收与补偿条例》等。

（四）行政规章

行政规章是指国务院各部委以及各省、自治区、直辖市的人民政府和省、自治区的人民政府所在地的市以及设区市的人民政府根据宪法、法律和行政法规等制定和发布的规范性文件。一些行政规章也包含调整民事关系的内容，依据法院的审查认定，也可能成为民事裁判的依据。

（五）地方性的法规或自治条例和单行条例

地方各级人民代表大会、地方各级人民政府、民族自治地方的自治机关，在法律规定的权限范围内所制定发布的地方性法规、决议、单行条例、自治条例、以及命令和指示中的有关民事规范，都是民法的渊源。上述地方性法规、决议等，只在制定发布机关的辖区内有效。还有就是特别行政区的民事规范，根据"一国两制"的方针，我国香港和澳门特别行政区在回归后，两地的法律制度基本不变。它们原有法规中的大量的民事法律规范只适用于该特别行政区。

（六）最高人民法院的司法解释

最高人民法院是最高审判机关，依法享有司法解释权。从法理的角度看，司法解释并不属于法律体系的组成部分，但司法解释已成为我国各级审判机关在处理案件中的裁判规则，因此，司法解释事实上已成为法律渊源。最高人民法院指导性的指示属于司法解释，其解释对各级人民法院的司法审判具有指导作用，可以作为判案依据。

（七）国际条约和国际惯例

在涉外民事关系的法律适用中，我国政府签订并经全国人民代表大会批准的国际条约或双边协定为民法的渊源。当然，国际条约优先于国内法适用仅仅限于涉外民事关系领域，并且我国法律声明保留的条款足以排除国际条约的适用，而国际惯例也只是在中国法律和中国缔结或参加的国际条约没有规定时才能适用。

（八）习惯

习惯是指人民群众所广泛知悉和普遍适用的生活习惯和交易规则。《民法典》第10条规定，处理民事纠纷，应当依照法律；法律没有规定的，可以适用习惯，但是不得违背公序良俗。本条规定的"习惯"主要指民事习惯。通常作为民法法源的"习惯"，限于习惯法，即国家认可的习惯。只有那些不违背宪法和现行法律、法令、不违背社会主义道德、被法律所确认的民事习惯，才具有民法渊源的意义，即习惯要成为裁判依据的话，须经过"合法性"判断，不得违反法律和公序良俗。适用习惯处理民事纠纷在《民法典》物权编、合同编均有体现。

二、民法的适用范围

民法的适用范围，就是民法的效力范围，即民法对什么人、在什么地方和什么时间发生效力。全面掌握民法适用范围的规定，是正确适用民法处理有关民事案件的前提。

（一）民法对人的适用范围

民法对人的适用范围，即民法对哪些人发生法律效力。我国民法对人的适用范围，采用许多国家所采用的原则，即以属地主义为主，与属人主义、保护主义相结合的原则。民法对人的适用范围主要有以下三种不同的情况：

（1）我国民法对居住在我国境内的中国公民或设立在中国境内的中国法人和非法人组织，具有法律效力。

（2）在我国领域内的外国人、无国籍人和外国法人，除我国法律另有规定的以外，我国民法对其具有法律效力。

（3）居留在外国的我国公民，原则上适用所在国民法，不适用我国民法。但是，依照我国民法和我国所签订的国际条约、双边协定以及我国认可的国际惯例，应当适用我国法律的，我国民法对其具有法律效力。

（二）民法在空间上的适用范围

民法在空间上的适用范围，就是民法在哪些地方发生法律效力。《民法典》第12条规定："中华人民共和国领域内的民事活动，适用中华人民共和国法律。法律另有规定的，依照其规定。"该条对民法在空间上的适用范围作了规定。

当然，民事法律、法规因颁布机关不同，其在空间上的效力亦有差别。这分为两种情况：第一，凡属全国人民代表大会及其常务委员会、国务院及其所属各部委等中央机关制定颁布的民事法规，如无特别规定，适用于我国的领土、领空、领海，以及根据国际法、国际惯例应当视为我国领域的我国驻外使馆、在领域外航行或停泊的我国船舶和飞行器等。第二，地方性的民事法规，只在当地人民政府所辖行政区域内发生法律效力。

（三）民法在时间上的适用范围

民法在时间上的适用范围，又称为民法在时间上的效力，主要是指民法在何时生效、何时失效以及有无溯及既往的效力。

1. 民法的生效和失效

民法的生效时间分为即时生效和之后生效两种。在一般情况下，民事法律规范的施行不需要准备工作，公布后即可实行的，规定自公布之日起即时生效。有些民事法律需要经过一段时间才便于施行，颁布后经过一段时间才能生效。例如《民法典》2020年5月28日通过，自2021年1月1日起施行，为之后生效。

民法的失效时间也就是民事法律规范效力终止或被废止的时间。一般有下列情况：一种是新法规定直接废止旧法，如《民法典》第1260条规定民法典自2021年1月1日起施行，《婚姻法》《继承法》等一系列民事单行法同时废止；还有就是新法颁布后，旧法与新法规定相抵触的部分当然失去法律效力，如《物权法》颁布实施后，之前《担保法》的内容与《物权法》相抵触的部分失去法律效力；再有就是由国家机关颁布专门的决议规定以宣布某些法律失效等。

2. 关于民法的溯及力问题

民法一般不具有溯及既往的效力。例如最高人民法院《关于适用〈中华人民共和国民法典〉时间效力的若干规定》第 1 条规定："民法典施行后的法律事实引起的民事纠纷案件，适用民法典的规定。民法典施行前的法律事实引起的民事纠纷案件，适用当时的法律、司法解释的规定，但是法律、司法解释另有规定的除外。民法典施行前的法律事实持续至民法典施行后，该法律事实引起的民事纠纷案件，适用民法典的规定，但是法律、司法解释另有规定的除外。"

民法不溯及既往是法律一般原则的适用，但并不排斥在必要时作出溯及既往的规定。上述《关于适用民法典时间效力的规定》第 2 条规定："民法典施行前的法律事实引起的民事纠纷案件，当时的法律、司法解释有规定，适用当时的法律、司法解释的规定，但是适用民法典的规定更有利于保护民事主体合法权益，更有利于维护社会和经济秩序，更有利于弘扬社会主义核心价值观的除外。"因此，一般来说，在民事领域，例外情况下实行法律溯及既往原则，必须采取有利追溯原则，即这种溯及既往对各方当事人都是有利的，且不损害国家和社会公共利益。

本章练习题

一、思考题

1. 结合法学理论知识，谈谈民法作为部门法有何不同于其他法的特殊调整对象和性质。

2. 试述诚实信用原则的功能。

二、综合训练

原告刘某系两被告的独生女。2012 年 11 月，原、被告共同购买一套商品房，大部分房款由两被告支付，双方就房屋产权约定：原告占 90%份额，两被告各占 5%的份额。该房是两被告的唯一住房。后原、被告因房屋装修产生矛盾，原告向法院提起诉讼，请求判决将两被告所占房屋的产权份额转让给自己所有，原告补偿两被告 2.8 万元。被告认为该房屋主要是自己出资购买，不同意向原告转让份额。法院经审理后认为，虽然本案讼争房屋系原、被告按份共有，但双方系父母子女关系，两被告支付了大部分房款，出于对女儿的疼爱，将 90%的产权登记在原告名下，原告要求将房屋份额转让于自己的诉求与善良风俗、传统美德不符，依法不予支持。问：原告的诉求违反了民法的什么原则？

【要点提示】

本案是最高人民法院公布的"弘扬社会主义核心价值观"典型案例；《民法典》第 132 条规定："民事主体不得滥用民事权利损害国家利益、社会公共利益或者他人合法权益。"

第二章 民事法律关系

◎ 知识目标
- 认识民事法律关系的本质，明确民事法律关系的三要素。
- 掌握民事法律关系发生、变更和终止的原因。

◎ 能力目标
- 能运用民事法律关系基本原理分析处理简单民事案件。

第一节 民事法律关系概述

【案例 2-1】 张某与李某是朋友，张某从李某处借人民币 5000 元，约定借款期限 1 年。到期后李某催要借款，张某拒不返还。张某称李某曾丢失张某的手机一部，要求以借款折抵手机损失。李某承认曾借用张的手机不慎丢失，但是丢失手机与借款是两回事。张某仍然坚持不还借款。李某一气之下，找几个朋友将张某打了一顿，致使张某住院治疗，花费医疗费 3000 元。

请思考：本案中有几个民事法律关系？

一、民事法律关系的概念和特征

在日常生活中，个人和组织从事社会经济活动，必然发生各种社会关系，如买卖、租赁、借贷、委托、承揽等。为了使社会关系和谐有序、稳定社会生活秩序，国家必然要运用法律手段来调整各种社会关系，这就形成了法律关系的概念，也就是受法律调整的社会关系。其中，由民事法律规范所调整的社会关系，就是民事法律关系。民事法律关系是一种重要的法律关系，属于私法关系，民事法律关系是民法发挥调整作用的必然结果。

民事法律关系是由民事法律规范调整所形成的以民事权利和民事义务为核心内容的社会关系，是民法所调整的平等主体之间的人身关系和财产关系在法律上的表现。民事法律关系是现代社会中最重要的一类社会关系，它与其他法律关系相对比，主要具备如下特征：

第一，主体的私人性。主体的私人性指民事法律关系具有平等性，民法是调整平等主体之间的人身关系和财产关系的法律规范，故而民法所调整的社会关系也是平等主体之间的私人法律关系。它着眼于平等的自然人、法人以及非法人组织之间的各种人身关系和财产关系。民事法律关系有物权民事法律关系、债权民事法律关系、知识产权民事法律关系、人身权民事法律关系、婚姻家庭民事法律关系及继承民事法律关系等，这些都是建立在平等基础之上的，即使政府、法院等公权力机关进行民事活动时参与到民事法律关系中，也只能以民事主体的身份参与，不能以公权谋私利。

第二，产生的自治性。自治性指的是民事法律关系具有一定程度的任意性，在大多数情况下，民事法律关系是当事人根据自己的意愿自主设定的，体现了个体的意志，民事法律一般只对意思表示规定严格的条件，当事人只要遵循该条件，即可自由设定民事法律关系，并且受到法律的承认。民事法律关系的任意性体现在民事法律关系的发生、变更、消灭及民事法律关系的内容等方面，如民事法律关系的内容大多由当事人自由确定，只要不违反国家强行性法律规定和公序良俗。

第三，内容的对等性、相互性。作为民事法律关系内容的民事权利和民事义务一般是对等的、相互的。这一点尤其在合同部分体现得最为明显。而有些法律关系如人格权的权利人仅为一人，只有权利；义务人为权利人之外的任何人，只有义务。这种关系仅从某项具体的法律关系形式上看，双方的权利义务并不对等，但从整体和实质上看，每个民事主体既作为权利人享有权利，也作为义务人负有义务。这种权利义务也是对等的、相互的。

二、民事法律关系的要素

民事法律关系的要素是指构成民事法律关系的必要因素。民事法律关系多种多样，但究其本质，都由这些要素构成。要素发生变动，具体的民事法律关系就随之变动。任何民事法律关系都包括主体、客体、内容三要素。

（一）民事法律关系的主体

民事法律关系主体，简称民事主体，是指参加民事法律关系并在民事法律关系中享受民事权利、承担民事义务的人。具体地说，就是民事法律关系在什么人之间发生，谁是民事法律关系中权利义务的承受者。

民事法律关系主体包括自然人、法人和非法人组织，国家在一些场合也是民事法律关系的特殊主体。自然人是因出生而获得生命的人类个体，是与法人相对应的概念。法人是具有民事权利能力和民事行为能力，依法独立享有民事权利、承担民事义务的组织。国家有时也直接参与民事活动，但基于民事主体的平等性，国家出现在民事活动中，其身份只能是公法人。另外，在一些民事法律关系中，其主体也可以是不具有法人资格的非法人组织。

民事法律关系的当事人中，享有权利的一方为权利主体，又称权利人；负有义务的一方为义务主体，又称义务人。民事法律关系正是在权利人和义务人之间产生的。有些民事法律关系中，一方仅为权利人，只有权利，而不承担义务；而另一方仅为义务人，只有义务，而不享有权利（例如赠与等）。而在大多数民事法律关系中，当事人都既享有权利又负有义务，当事人既是权利主体，又是义务主体。

民事法律关系可以建立在双方当事人之间，也可建立于多方主体之间；每一方主体可以是一人，也可是多数人。在相对法律关系中，每一方主体都是特定的，但在绝对法律关系中，承担义务一方是不特定的任何人。

（二）民事法律关系的客体

民事法律关系的客体是指民事主体得以结成相互关系的利益对象，是主体享有的民事权利和负有的民事义务所指向的对象。客体是民事权利和民事义务之所依，是主体交往的基础和利益所在。如果人与人之间没有具体的利益对象，民事权利和民事义务将成为无法落实、毫无意义的东西，故没有客体便无从发生民事法律关系。

依照通说，民事法律关系的客体应区别不同的民事法律关系确定，主要有物、行为、智力成果和人身利益。

1. 物

物是能满足人的需要，能够被人支配或控制的物质实体或自然力。自然力，是指各种自然资源，特别是各种能源，如天然气、电能等，史尚宽先生就认为："物者，谓有体物及法律上俱能支配之自然力。"《瑞士民法典》规定："性质上可移动的有体物以及法律上可支配的不属于土地的自然力，为动产所有权的标的。"由此可见，民法上的物虽具有物理属性，但与物理学意义上的物不同，要求有可支配性、存在性和效用性。物在民法中具有重要意义，大多数民事法律关系与物有密切联系，物主要是物权法律关系的客体，例如所有权、用益物权法律关系的客体一般仅限于物；担保物权法律关系的客体一般也是物，但不限于物，还包括权利，如建设用地使用权抵押、权利质押等。

2. 行为

作为客体的行为特指能满足债权人利益的行为，通常也称给付。行为主要是债这一民事法律关系的客体，因为债权是请求权，债权人只能就自己的利益请求债务人为一定给付，如交付物、完成工作，而不能对债务人的物或其他财产直接加以支配。债的客体都是行为，这种行为就表现为债务人应当作出的作为行为或不作为行为。当然，在有些债中也涉及物，如买卖、赠与、租赁等，但是债权的客体直接指向的是债务人的行为，间接涉及物，即便是涉及物的债，其客体也不是物，例如在买卖合同中，债权人只能请求债务人交付标的物，而不能直接支配标的物。

3. 智力成果

智力成果是人脑力劳动创造的精神财富，是知识产权的客体，包括文学、艺术、科技作品、发明、实用新型、外观设计以及商标等。知识产权保护的不是智力成果的载体，而是载体上的信息，载体本身属物权保护对象。《民法典》第123条规定："民事主体依法享有知识产权。知识产权是权利人依法就下列客体享有的专有的权利：（一）作品；（二）发明、实用新型、外观设计；（三）商标；（四）地理标志；（五）商业秘密；（六）集成电路布图设计；（七）植物新品种；（八）法律规定的其他客体。"

4. 人身利益

人身利益是指民事主体依法享有的，与其自身不可分离也不可转让的没有直接财产内容的利益。人身利益包括人格利益和身份利益，是人身权法律关系的客体。

（三）民事法律关系的内容

民事法律关系的内容指民事法律关系中的权利主体所享有的权利和义务主体所承担的义务，也就是民事权利和民事义务。民事权利是由国家强制力保障的民事主体所享有的利益。民事义务是义务人为满足民事主体权利要求为一定行为或不为一定行为的法律或合同负担。

在民事法律关系中，权利和义务是相互对立、相互联系在一起的。例如，在所有权关系中，所有人为权利主体，其享有的民事权利是对客体的支配，而所有人之外的社会大众是所有权关系中的义务主体，其义务为不能妨害所有人对所有物支配的权利，这种权利义务结合起来构成了所有权民事法律关系。《民法典》第131条规定："民事主体行使民事权利时，应当履行法律规定的和当事人约定的义务。"当事人一方享有权利，必然有另一方负有相应的义务，权利和义务是从不同角度表现民事法律关系的内容的。

民事法律关系的三个要素中，民事法律关系的内容是核心，判断民事法律关系的性质、类别的根据主要是民事主体之间的权利义务关系，正是主体之间千差万别的权利义务构成了各种类型的民事法律关系。例如买卖、赠与、租赁、保管等不同合同类别的划分，正是根据合同当事人之间民事权利和民事义务的不同而确定的。同时判断一个民事法律关系是公平的、互利的或是显失公平、欺诈的，也主要是以民事法律关系所确定的双方权利义务来观察的。

案例2-1中存在三个民事法律关系，一是两人之间的借款合同关系，李某有权要求张某偿还借款；二是丢失手机的损害赔偿关系，张某有权要求李某赔偿手机损失；三是人身损害赔偿关系，李某及其朋友应赔偿因侵权导致的张某的医疗费损失。三个法律关系应独立存在，不能简单折抵。可见，正是对上述法律关系的内容进行分析，才能准确判断民事法律关系的性质，进而找到与之相对应的法律规范进行处理。

第二节　民事法律事实

一、民事法律关系的变动与民事法律事实

任何社会关系总是在不断发展变化的，民事法律关系也在不断地发生、变更或消灭。我们把民事法律关系的产生、变更、消灭称为民事法律关系的变动。民事法律关系不会自然而然地产生，也不能仅凭法律规范的规定就可以在当事人之间发生具体的民事法律关系，只有通过一定的法律事实才能在当事人之间发生法律关系或者使原来的法律关系变更或消灭。那些能够引起民事法律关系发生、变更或消灭的客观事实，即为民事法律事实。

并非一切客观现象均能够成为民事法律事实，只有为法律规定或承认的并能够产生民事法律后果的那些事实才能成为法律事实。产生民事法律后果是指引起民事法律关系产生、变更或消灭的法律后果。属于自然现象的日出、日落、刮风、下雨，属于人的活动的吃饭、睡觉等不能引起民事法律关系的发生、变更和消灭的事实，不能成

为法律事实，而人的出生、死亡、结婚、离婚都为法律所规定或承认并能引起民事法律关系的变动，能够产生民事法律后果，因而属于民事法律事实。

二、民事法律事实的分类

根据客观事实是否与人的意志有关，可将法律事实分为两类，即自然事实和人的行为。

（一）自然事实

自然事实，是指与人的意志无关、能够引起民事法律后果的客观现象。自然事实又可分为两类：状态和事件。

1. 状态

状态是指某种客观情况的持续，例如人的下落不明、精神失常，对物的持续占有，权利的持续不行使等。

2. 事件

事件指某种客观情况的发生。例如人的出生、死亡，发生自然灾害、意外事故、战争爆发、洪水、台风来袭等。人的死亡使继承人取得继承遗产的权利，物的灭失引起所有权法律关系的消灭。这里应当注意的是，无民事行为能力人在无意识或精神失常中的行为，也应属于事件。

（二）人的行为

人的行为是指与当事人意志有关的那些法律事实。行为一般是受人的意志所支配的活动，即有目的有意识的活动。行为分为以下类型：

1. 民事法律行为

民事法律行为，是指行为人旨在设立、变更或消灭民事法律关系的行为。有的民事法律行为符合法律的要求，能够达到当事人预期的目的，称为有效的民事法律行为；有的民事法律行为不符合或者不完全符合法律的要求，不能达到当事人预期的目的，发生与当事人的意志相悖的法律后果，称为无效的、可撤销的或效力待定的民事法律行为。民事法律行为是最主要的民事法律事实。

2. 事实行为

事实行为，是指行为人实施了一定的行为，一旦符合了法律的构成要件，无论行为人主观上是否有设立、变更或者消灭某一民事法律关系的意思，都会由于法律的规定，引起一定的民事法律后果的行为。如侵权行为，行为人主观上并没有效果意思，但客观上却导致赔偿的发生。事实行为有合法的，也有不合法的，拾得他人的遗失物属于合法的，侵害他人的人身或财产权利则是不合法的。

三、民事法律事实的结合

民事法律事实的结合，是指依法律的规定或当事人的约定，一个民事法律关系的发生、变更或消灭需要两个以上的法律事实相结合。在通常情况下，一个民事法律事实就可以引起民事法律关系的变动。但在某种情况下，需要两个或两个以上的法律事实存在才能导致民事法律关系发生、变更和消灭。例如：根据我国《民法典》的有关规定，遗嘱继承法律关系，就需要有被继承人立有有效的遗嘱、被继承人死亡和继承人未拒绝接受遗嘱继承这三个法律事实才能够发生。此外，当事人亦可对法律关系的建立作出约定，如赠与关系的双方当事人约定除依法达成赠与合意外，还要办理公证手续，则该赠与关系的产生须具备合意与公证两个法律事实。

总之，民事法律关系的发生、变更和消灭，需要借助于一个民事法律事实的发生或多个民事法律事实的结合。法律事实是建立民事法律关系的基石，民事法律关系是民事法律事实必然导致的法律结果。

本章练习题

一、思考题

为什么说民事法律关系的内容是民事法律关系的核心所在？

二、综合训练

甲、乙、丙三村分别按 20%、30%、50% 的比例共同投资兴建了一座水库，约定用水量按投资比例分配。某年夏天，丙村与丁村约定当年 7 月中旬丙村从自己的用水量中向丁村供应灌溉用水 1 万立方米，丁村支付价款 1 万元。供水时，水渠流经戊村，戊村将水全部截流灌溉本村。丁村因未及时得到供水，致秧苗损失 5 千元。丁村以为丙村故意不给供水，即派村民将水库堤坝挖一缺口以放水，堤坝因此受损，需 2 万元方可修复。因缺口大，水下泻造成甲村鱼塘中鱼苗损失 2 千元。问：本案涉及哪些民事法律关系？

【要点提示】

水库所有权的共有法律关系；买卖灌溉用水的合同法律关系；戊村截留流水的侵权法律关系以及丁村村民的破坏堤坝的侵权法律关系。

第三章　自　然　人

◎ **知识目标**
- 掌握自然人的民事权利能力和民事行为能力的概念。
- 理解监护制度的基本内容。
- 把握宣告失踪和宣告死亡制度的基本规则。

◎ **能力目标**
- 能够运用自然人的民事能力制度、监护制度、宣告失踪和宣告死亡制度等原理分析相关民事案例和解决司法实践中的实际问题。

第一节　自然人的民事权利能力和民事行为能力

【案例 3-1】　陈某 17 岁，在某工厂当学徒，月工资 1500 元，每月除满足基本生活外，略有剩余。一日早陈某骑车上班，因车速过快将一老太撞倒，致使老太受伤，住院治疗花费 4000 元。老太要求陈某赔偿医疗费，陈某表示没钱。老太要求陈某的父母赔偿，被陈某父母拒绝。

请思考：由谁来赔偿老太的损失？

【案例 3-2】　67 岁的程某有个孙子叫林林，7 岁。暑假的一天上午 8 点左右，林林要爷爷的手机玩游戏，并称只用花 20 元钱。程爷爷就将手机支付宝的密码告诉了孙子。当林林将手机还给程某时，程某发现一连串支付宝的转账短信，他的手机支付宝转账 30 次共 5 万元，原来林林从手机上下载了由福州某网络科技公司开发的"口袋妖怪 VS"游戏，林林用支付宝买了 50 多万个充值钻石。林林的妈妈赶快与该公司客服联系，说明了情况并要求将充值的钱返还，

请思考：该网络公司应否将 5 万元还给程爷爷？

一、自然人概念

自然人，是指依自然规律出生而取得民事主体资格的人。而公民是宪法上的概念，是指具有某一国家的国籍，根据该国的法律享有权利和承担义务的自然人。我国的公民，就是指具有中华人民共和国的国籍，享有中国法律规定的权利并履行法律规定义务的自然人。从范围上讲，公民的范围小于自然人的范围。在一个国家中生活的

自然人不仅有本国公民，还包括外国人和无国籍人。自然人的概念比公民的概念更周延。

二、自然人的民事权利能力

（一）自然人民事权利能力的概念

自然人的民事权利能力，也叫民事主体资格，是指作为民事主体，可以享有民事权利、承担民事义务的资格。它是民事权利义务能力的缩写，是自然人参加民事法律关系，取得民事权利、承担民事义务的法律依据，也是自然人享有民事主体资格的标志。在我国，自然人的民事权利能力具有普遍性、平等性、权利义务统一性、内容上的广泛性、不可剥夺性、不得转让和抛弃等特点。

自然人的民事权利能力与自然人享有的民事权利是两个既有联系又有区别的法学概念。民事权利能力是一种民事主体资格，只有具有了这种资格，自然人才能参加具体的民事法律关系，在民事法律关系中享有民事权利。因此，民事权利能力是自然人取得民事权利的前提，民事权利是自然人民事权利能力实现的结果。但是，民事权利能力包括享有民事权利的能力和承担民事义务的能力，民事权利仅指权利，不包括义务；民事权利能力与主体不可分割，而民事权利是可以放弃、可以转让、可以与主体分离的；民事权利能力的内容、范围不因民事主体的年龄、智力而有所区别，而民事权利的客体、内容、取得、行使方式和存续期间皆有不同。

（二）民事权利能力的开始

自然人的民事权利能力具有与自然人的人身不可分割和不可转让的属性，因此，自然人的民事权利能力是自然人终生享有的。《民法典》第 13 条规定，自然人自出生时起到死亡时止，具有民事权利能力，依法享有民事权利，承担民事义务。也就是说自然人的民事权利能力的取得始于出生。

关于出生的时间，在医学科学领域有不同的观点，有阵痛说、露出说（又分为部分露出说和全部露出说）与独立呼吸说，按照当代医学公认的出生标准，出生应为胎儿完全脱离母体，独立存在并能自主呼吸，实际上是采用独立呼吸说。

在法律意义上，《民法典》第 15 条规定，自然人的出生时间，以出生证明记载的时间为准；没有出生证明的，以户籍登记或者其他有效身份登记记载的时间为准。有其他证据足以推翻以上记载时间的，以该证据证明的时间为准。依据此规定，自然人的出生时间一般以出生证明记载的时间为准，如果没有出生证明的，或者出生证明没有详细记载自然人出生时间的，则应以户籍登记或其他有效身份登记记载的时间为准。其他有效身份登记包括我国公民居住证、港澳同胞回乡证、台湾居民的有效旅行证件、外国人居留证等。

对未出生胎儿的法律地位的确认，有两种立法主义：一为总括保护主义，即只要出生时尚生存，胎儿就和已出生婴儿一样具有民事权利能力；二为个别保护主义，即胎儿原则上无民事权利能力，但在若干例外情形下则视为有民事权利能力。《民法总则》施行之前，我国民法采个别保护主义，对于尚未出生的胎儿来讲，不具有民事权利能力，会导致胎儿权利得不到保护。考虑到胎儿将成为婴儿的事实，由法律作出特别规定，对胎儿利益给予特殊保护。《继承法》第 28 条规定："遗产分割时，应当保留胎儿的继承份额。胎儿出生时是死体的，保留的份额按照法定继承办理。"《民法典》第 16 条规定："涉及遗产继承、接受赠与等胎儿利益保护的，胎儿视为具有民事权利能力。但是，胎儿娩出时为死体的，其民事权利能力自始不存在。"《民法典》第 1155 条作出了与《继承法》相同的规定。《民法典》仍以"自然人的权利能力始于出生"为原则，但在涉及本条规定的特定事项时，胎儿视为具有民事权利能力，实际上采取的个别保护主义立法模式。本条列举了"遗产继承""接受赠与"两种情形，并以"等"字使这一规定具有了弹性：一是这两种情形主要涉及胎儿的权利，不涉及义务，这符合保护胎儿利益的立法初衷；二是规定遗产继承，也基本延续了《继承法》第 28 条的规定，保持了法律的稳定性和一致性。

自然人的民事权利能力始于出生，与自然人的年龄没有关系，但是自然人的一些特殊的民事权利能力，如结婚的权利能力，只有达到法律规定的年龄才能取得，参加劳动的民事权利能力亦受到应满一定年龄的限制等，这种权利能力被称为特别的民事权利能力。

（三）民事权利能力的终止

自然人的民事权利能力终于死亡。死亡包括生理死亡和宣告死亡。

生理死亡又称自然死亡，是自然人生命的终结。关于如何认定生理死亡的时间，在医学科学领域，有不同的学说，我国一般是以呼吸和心跳均告停止为自然人生理死亡的时间，但现在不少学者呼吁应改采脑死亡说，但是中国目前尚未就脑死亡进行立法，这主要是考虑到，对于死亡时间的认定，不仅涉及自然科学，也受到文化和社会观念中对于死亡概念的影响；在中国器官移植实践及司法裁判中，仍通常采用心死亡的标准。自然人生理死亡的，不论是正常死亡还是非正常死亡，均使其民事权利能力消灭。对于自然人死亡时间有争议的，就需要对其加以证明。

《民法典》第 15 条规定，自然人的死亡时间，以死亡证明记载的时间为准；没有死亡证明的，以户籍登记或者其他有效身份登记记载的时间为准。有其他证据足以推翻以上记载时间的，以该证据证明的时间为准。死亡证明主要包括以下几类：自然人死于医疗单位的，由医疗单位出具死亡医学证明书；自然人正常死亡但无法取得医院出具的死亡医学证明书的，由社区、村（居）委会或基层卫生医疗机构出具证明；非正常死亡或卫生部门不能确定是否属于正常死亡的，由公安部门出具死亡证明。

在特殊情形下，如果数人在同一事件中死亡的，可能难以确定每个人的死亡时间，这就会给继承带来问题，对此，《民法典》第 1121 条规定，相互有继承关系的数人在同一事件中死亡，难以确定死亡时间的，推定没有其他继承人的人先死亡。都有其他继承人，辈分不同的，推定长辈先死亡；辈分相同的，推定同时死亡，相互不发生继承。

宣告死亡亦引起自然人民事权利能力的终止。人民法院宣告死亡的判决作出之日视为其死亡的日期；因意外事件下落不明宣告死亡的，意外事件发生之日视为其死亡的日期。《民法典》第 49 条规定："自然人被宣告死亡但是并未死亡的，不影响该自然人在被宣告死亡期间实施的民事法律行为的效力。"因此，如果被宣告死亡人实际上还活着，则应视为其权利能力仍然存在。

世界各国法律大多规定，自然人死亡后，其姓名、名誉、肖像、隐私等利益受到侵害的，依法给予保护。我国《民法典》第994条规定："死者的姓名、肖像、名誉、荣誉、隐私、遗体等受到侵害的，其配偶、子女、父母有权依法请求行为人承担民事责任；死者没有配偶、子女且父母已经死亡的，其他近亲属有权依法请求行为人承担民事责任。"这是否意味着自然人死亡后还具有某些民事权利能力呢？答案是否定的。自然人死亡以后其民事权利能力绝对终止，不应当再作为民事主体享有权利并承担义务。对死者人格利益予以保护，是对死者近亲属的抚慰，对死者人格利益的侵害往往会伴随着对生者人格利益的侵害，侵害死者人格也会侵害其近亲属的追思之情，理应依法予以救济。

三、自然人的民事行为能力

（一）民事行为能力的概念

自然人的民事行为能力是指自然人能够以自己的行为参与民事法律关系，取得民事权利、承担民事义务的资格，简言之，是自然人可以独立进行民事活动的能力或资格。

具有民事权利能力，是自然人获得参与民事活动的资格，但是否能运用这一资格，还受自然人认识、判断事物的能力等主观条件的制约。易言之，认识、判断能力不健全者，若任其独立参与民事活动，可能会损害自己利益，也可能会损害别人利益。所以，有民事权利能力者不一定就有民事行为能力，两者确认的标准不同。没有民事权利能力，就失去了主体资格，也就不可能具有行为能力。但是仅有权利能力，而没有行为能力，也不能通过自己的行为享受权利和承担义务。

民事行为能力的有无与自然人的意思能力有关。意思能力是对自己行为会发生何种效果的预见能力，自然人有无意思能力属于事实问题。自然人要有民事行为能力，一方面要达到一定的年龄，从而具备一定的社会活动经验；另一方面还要有正常的精神状态，能够理智地进行民事活动。我国现行民事立法就是以自然人的年龄和精神健康状况作为划分民事行为能力的依据。

（二）自然人民事行为能力的划分

1. 完全民事行为能力

完全民事行为能力，是指自然人能以自己的行为独立享有民事权利、承担民事义务的资格。《民法典》第18条规定："成年人为完全民事行为能力人，可以独立实施民事法律行为。十六周岁以上的未成年人，以自己的劳动收入为主要生活来源的，视为完全民事行为能力人。"因此，完全民事行为能力人包括以下两种：

第一，年满18周岁的成年人。各国一般都规定成年的自然人是具有完全民事行为能力的人，只是各个国家和地区关于成年的年龄规定不一。《民法典》确定自然人年满18周岁为完全民事行为能力人，主要是考虑自然人的智力发育水平。一般情况下，随着大脑的发育和生活阅历的增加，自然人达到一定的年龄后，就能理智地判断和理解法律规范和其他社会规则，能够预料到实施某种行为可能发生的后果及对自己的影响，因而能够有意识地实施民事行为。因此，我国法律规定，年满18周岁的自然人具有完全民事行为能力。

第二，16周岁以上的未成年人，以自己的劳动收入为主要生活来源的。所谓"以自己的劳动收入为主要生活来源"，包括两个方面：其一，具有一定的劳动收入，即依靠自己的劳动获得了一定的收入，如工资、奖金等。这种收入应当是固定的。其二，劳动收入构成其主要生活来源，即其劳动收入能维持当地群众的一般生活水平。根据我国《劳动法》的规定，年满16周岁的自然人可以参加社会劳动。现实生活中，有不少年满16周岁的自然人参加了工作，有了自己的劳动收入，融入了社会生活中，将他们视为完全民事行为能力人，有利于他们从事生产经营等社会活动，也有利于保障他们的合法利益。本节案例3-1中，陈某属于以自己的劳动收入为主要生活来源的人，为完全民事行为能力人，给他人造成的损失应自己承担，如现在没钱，可以采取分期赔偿的方式解决，父母没有义务替他承担责任。

2. 限制民事行为能力

限制民事行为能力，又称不完全民事行为能力，是指自然人的行为能力受到一定的限制，只在一定范围内具有民事行为能力，超出这一范围便不具有相应的民事行为能力。根据《民法典》的规定，限制民事行为能力人有两种：

第一，8周岁以上的未成年人。《民法典》第19条规定："八周岁以上的未成年人为限制民事行为能力人，实施民事法律行为由其法定代理人代理或者经其法定代理人同意、追认；但是，可以独立实施纯获利益的民事法律行为或者与其年龄、智力相适应的民事法律行为。"8周岁以上的未成年人，已有一定的智力水平，对事物有了一定的识别能力和判断能力。因此，法律允许他们实施日常生活所必需的民事法律行为。但是这些未成年人的智力发育还没有完全成熟，判断力较弱，也不能充分预见自己行为的法律后果，因此，一些重大、复杂的民事法律行为应由他们的代理人实施或征得代理人同意后实施。

第二，不能完全辨认自己行为的成年人。一些成年人（如精神病人）由于其精神方面的障碍，对重大复杂的民事活动缺乏判断能力和自我保护能力，但其并未完全丧失意思能力，能够进行与其精神健康状况相适应的民事活动，所以，我国法律将他们规定为限制行为能力人。《民法典》第22条规定："不能完全辨认自己行为的成年人为限制民事行为能力人，实施民事法律行为由其法定代理人代理或者经其法定代理人同意、追认；但是，可以独立实施纯获利益的民事法律行为或者与其智力、精神健康状况相适应的民事法律行为。"

对于限制民事行为能力人而言，法律允许其独立实施两类民事法律行为。第一，纯获利益的民事法律行为，即限制民事行为能力人从某项民事法律行为中纯粹获得利益而不负有负担，如接受奖励、赠与、报酬等；第二，与限制民事行为能力人的年龄、智力及精神健康状况相适应的民事法律行为，是否相适应结合当下的经济发展水平、居民总体生活情况，综合考察行为与本人生活相关联的程度、本人的智力、精神状态能否理解其行为，并预见相应的行为后果，以及行为标的数额等方面认定，主要指日常生活所必需的行为。

第三章　自　然　人

除此之外，限制民事行为能力人依法不能独立实施的民事法律行为由其法定代理人代理或者经法定代理人事先同意、事后追认，根据《民法典》第23条的规定，限制民事行为能力人的监护人为其法定代理人。限制民事行为能力人实施的依法不能独立实施的行为，是否有效要取决于法定代理人是否追认，该行为属于效力待定的民事法律行为。

3. 无民事行为能力

无民事行为能力，是指自然人不具有以自己的行为取得民事权利、承担民事义务的资格。无民事行为能力人包括：

第一，不满8周岁的未成年人。《民法典》第20条规定："不满八周岁的未成年人为无民事行为能力人，由其法定代理人代理实施民事法律行为。"不满8周岁的未成年人，处于生长发育的最初阶段，智力水平较低，对于具有法律意义的民事活动，还难以认知和判断，因此将他们归入无民事行为能力人的范围。

第二，不能辨认自己行为的人。《民法典》第21条规定："不能辨认自己行为的成年人为无民事行为能力人，由其法定代理人代理实施民事法律行为。八周岁以上的未成年人不能辨认自己行为的，适用前款规定。"不能辨认自己行为的人，由于丧失了意思能力，不具有识别能力和判断自己行为后果的能力，从保护他们的利益出发，将他们规定为无民事行为能力人，由他们的法定代理人代理其民事活动。

依据《民法典》第20条、第21条的规定，无民事行为能力人不能独立实施任何民事法律行为，必须由法定代理人代理实施。因此，无民事行为能力人实施的民事法律行为都是无效的。我国《民法通则意见》第6条曾规定，无民事行为能力人接受奖励、赠与、报酬，他人不得以行为人无民事行为能力为由，主张以上行为无效。但《民法典》未吸纳该规定，因为无民事行为能力人没有作出意思表示的能力，也就不可能作出"接受奖励、赠与"的意思，因此，这种纯获利益的法律行为的规定只适用于限制民事行为能力人，而不适用于无民事行为能力人。

案例3-2中林林属于无民事行为能力人，其花掉爷爷手机支付宝中5万元钱的行为显然属于无效的民事法律行为，网络公司应将5万元还给程爷爷。

（三）自然人民事行为能力的法律宣告

《民法典》对民事行为能力的认定分两类。对于心智正常的人，认定其行为能力时采取年龄主义；对不能辨认或不能完全辨认自己行为的人，采取个案审查制。自然人的民事行为能力因年龄和精神健康状态的变化而具有可变性。对于心智正常的人不需要其他认定程序，而对不能辨认或不能完全辨认自己行为的人则需要对其民事行为能力状态发生改变的情况进行法律宣告。自然人民事行为能力的宣告分为以下两种情况：

1. 申请认定为无民事行为能力人或限制民事行为能力人

《民法典》第24条第1款规定："不能辨认或者不能完全辨认自己行为的成年人，其利害关系人或者有关组织，可以向人民法院申请认定该成年人为无民事行为能力人或者限制民事行为能力人。"因此，认定某人为无民事行为能力或限制民事行为能力人，需要具备以下条件：

（1）被申请人为不能辨识或不能完全辨识自己行为的成年人。

（2）由利害关系人或有关组织申请。利害关系人主要是指被申请人的配偶、父母、成年子女以及其他亲属等。依据《民法典》第 24 条第 3 款，有关组织是指居民委员会、村民委员会、学校、医疗机构、妇女联合会、残疾人联合会、依法设立的老年人组织、民政部门等。

（3）须经人民法院认定。判断当事人是否有精神疾病，人民法院应当根据司法精神病学鉴定或参照医院的诊断、鉴定确认，在不具备诊断、鉴定条件的情况下，也可以参照群众公认的当事人的精神状态认定，但应以利害关系人没有异议为限。

人民法院审理认定公民无民事行为能力或者限制民事行为能力的案件，应当由该公民的近亲属为代理人，但申请人除外。近亲属互相推诿的，由人民法院指定其中一人为代理人。该公民健康情况许可的，还应当询问本人的意见。人民法院经审理认定申请有事实根据的，判决该公民为无民事行为能力或者限制民事行为能力人；认定申请没有事实根据的，应当判决予以驳回。

8 周岁以上的未成年人不能辨认自己行为的，也应类推适用前述规定。

2. 民事行为能力的恢复与部分恢复

自然人被宣告为无民事行为能力人或限制民事行为能力人，其行为只是处于一时的中止或受限制的状态，所以，当其智力障碍消除，具有辨认事物的能力时，应当通过法定程序，认定其为限制民事行为能力人或完全民事行为能力人。

《民法典》第 24 条第 2 款规定："被人民法院认定为无民事行为能力人或者限制民事行为能力人的，经本人、利害关系人或者有关组织申请，人民法院可以根据其智力、精神健康恢复的状况，认定该成年人恢复为限制民事行为能力人或者完全民事行为能力人。"因而，民事行为能力恢复的法定程序如下：

（1）本人、利害关系人或有关组织申请。

（2）须经人民法院认定。根据《民事诉讼法》第 190 条的规定，人民法院根据其本人或其监护人的申请，证实该自然人无民事行为能力或限制民事行为能力的原因已经消除的，应当作出新判决、撤销原判决，认定其为限制民事行为能力人或完全民事行为能力人。

第二节 监 护

【案例 3-3】 李强在一工厂上班，因受刺激得了精神病，工厂将其送回老家交其父亲照顾。不久，李强又回到工厂，吃住在宿舍，每天外出转悠。工厂见其尚能够自理，遂任由其在宿舍生活。一日，李强外出时将一路人某甲打伤。某甲要求工厂承担赔偿责任，工厂称自己不是李强的监护人，应由监护人李强之父承担责任。

请思考：谁应是李强的监护人？

【案例 3-4】 王强与同事张红 2011 年结婚，2013 年 5 月生育一子，取名王小健。因二人工作忙，在王小健满周岁后就一直由王强的哥哥王大强照看。2019年3月，王强夫妇在一次事故中双双死亡。在处理完二人的后事后，王大强与张红的父母在王小健的监护问题上发生争议。王大强认为王小健是王家的后代，而且已经和自己一起生活了好几年，有深厚的感情，应该由自己监护。张红的父母认为王小健是自己的外孙，应该由自己监护。后张红的父母将王大强告上法庭，要求得到王小健的监护权。

请思考：法院应如何处理？

一、监护的概念与设立监护的目的

监护是对无民事行为能力人和限制民事行为能力人的人身、财产及其他合法权益进行监督和保护的一种民事法律制度。履行监督和保护职责的人，称为监护人；被监督、保护的人，称为被监护人。监护包括两个方面：一是未成年人的监护制度，即针对未达到成年年龄的人设立的；二是成年人的监护制度，包括对无民事行为能力、限制民事行为能力的成年人的法定监护与意定监护。

设置监护的目的，一方面是为保护无民事行为能力人、限制民事行为能力人的合法权益；另一方面是为维护社会秩序。对于无民事行为能力或限制民事行为能力人来说，很多他们不能独立实施的民事活动，由其监护人实施，以弥补他们行为能力的不足，也可有效保护他们的合法权益。同时由于无民事行为能力或限制民事行为能力人对自身行为缺乏控制和认识，有可能实施违法行为，从而损害他人的合法权益，通过设立监护制度，由监护人约束被监护人的行为，对被监护人的不法行为承担民事责任，保护他人的合法权益，以达到稳定社会秩序的目的。

二、监护人的设立方式

根据设立方式，监护可分为法定监护、协议监护、指定监护、遗嘱监护、意定监护、委托监护。

（一）法定监护

法定监护是由法律直接规定监护人范围和顺序的监护。法定监护人可以由一人或多人担任。

1. 未成年人的法定监护人

根据《民法典》第27条的规定，父母是未成年子女的监护人。未成年人的父母已经死亡或者没有监护能力的，由下列有监护能力的人按顺序担任监护人：（1）祖父母、外祖父母；（2）兄、姐；（3）其他愿意担任监护人的个人或者组织，但是须经未成年人住所地的居民委员会、村民委员会或者民政部门同意。父母对未成年子女的成长至关重要，因而，父母是未成年人第一顺序的法定监护人，即便父母离婚，也都是未成年子女的监护人，与子女共同生活的一方无权取消对方对子女的监护权；只有在父母死亡或没有监护能力的情况下，才由其他有监护能力的近亲属、愿意担任监护人的个人或组织担任监护人。

法定监护顺序在前者优先于在后者担任监护人。在案例 3-4 中，尽管王大强照顾王小健好几年，但由于王小健的外祖父母是王小健的第二顺序的法定监护人，在王小健父母去世后，应由外祖父母担任其监护人。

2. 成年人的法定监护人

根据《民法典》第 28 条的规定，无民事行为能力或者限制民事行为能力的成年人，由下列有监护能力的人按顺序担任监护人：（1）配偶；（2）父母、子女；（3）其他近亲属；（4）其他愿意担任监护人的个人或者组织，但是须经被监护人住所地的居民委员会、村民委员会或者民政部门同意。

在案例 3-3 中，因李强有父亲，就轮不到其所在单位担任监护人。

但法定顺序可以依有监护资格的人协商一致而改变，也可以根据法院的判决而改变，如前一顺序监护人无监护能力或对被监护人明显不利的，人民法院有权从后一顺序有监护能力的人中择优确定监护人。

如果未成年人或无民事行为能力、限制民事行为能力的成年人没有上述依法具有监护资格的人的，监护人由民政部门担任，也可以由具备履行监护职责条件的被监护人住所地的居民委员会、村民委员会担任。

（二）遗嘱监护

遗嘱监护是指被监护人的父母通过订立遗嘱为处于自己监护之下的子女指定监护人的法律行为。《民法典》第 29 条规定："被监护人的父母担任监护人的，可以通过遗嘱指定监护人。"遗嘱监护是父母在生前为其需要监护的子女作出监护安排。遗嘱监护有如下特征：第一，能够设定遗嘱监护的是被监护人的父母。第二，遗嘱监护既适用于对未成年人的监护，也适用于对欠缺行为能力的成年人的监护。第三，父母在设定遗嘱监护时必须具有监护人资格。如果已被取消监护人资格，则不能通过遗嘱指定监护人。虽然在立遗嘱时具有监护资格，但在其死亡时已根据《民法典》第 36 条规定被撤销监护资格或经核实认定其具备应撤销监护资格情形的，遗嘱是否生效有待法律进一步规定。第四，遗嘱指定监护人不受《民法典》第 27 条、第 28 条关于监护人范围及顺序的限制。第五，遗嘱监护的生效需要被指定的人同意担任监护人。第六，遗嘱监护的生效以遗嘱人死亡为生效要件。此外，遗嘱监护应当考虑被监护人的真实愿意。

如果被监护人的父母均健在，应由双方协商一致共同指定遗嘱监护人。如果共同指定监护人后一方死亡而另一方另立遗嘱，或者父母通过各自的遗嘱指定了不同监护人时的遗嘱效力问题，也有待于法律进一步规定。根据监护制度的宗旨，宜采取"以后死亡一方的指定为准"，以及"最有利于被监护人原则"和"尊重被监护人真实意愿原则"综合考量和认定。

遗嘱指定监护是父母通过立遗嘱选择值得信任并对保护被监护人权益最为有利的人担任监护人，一般来说，遗嘱指定监护应当优先于法定监护。遗嘱指定的监护人应当具有监护能力，能够履行监护职责。如果客观情况发生变化，如遗嘱指定的监护人因患病等原因丧失监护能力，就不能执行遗嘱指定监护，应当依法另行确定监护人。

（三）协议监护

《民法典》第 30 条规定："依法具有监护资格的人之间可以协议确定监护人。协议确定监护人应当尊重被监护人的真实意愿。"协议监护需要注意以下几点：第一，必须是在依法具有监护资格的人之间进行协商，且要尊重监护人的法定顺序。第二，对于未成年人，协议监护只限于父母死亡或没有监护能力的情形。父母有监护能力的，不能与他人签订协议，由他人担任监护人；父母丧失监护能力的，父母可以不作为协议监护的主体，但对协议确定监护人也可以提出自己的意见。第三，要尊重被监护人的真实意愿，即在协商确定监护时征求被监护人的意见。需要注意的是，该条规定的是依法具有监护资格的人之间可以协议确定监护人，仍然属于法定监护的一种，因为协议只能在依法具有监护资格的人之间订立。

（四）指定监护

指定监护是指有法定监护资格的人之间对担任监护人有争议时，由有关机关指定监护人的制度。《民法典》第 31 条第 1 款规定："对监护人的确定有争议的，由被监护人住所地的居民委员会、村民委员会或者民政部门指定监护人，有关当事人对指定不服的，可以向人民法院申请指定监护人；有关当事人也可以直接向人民法院申请指定监护人。"

从这一规定看，指定监护实际上是法定监护的延伸，仍属法定监护范畴。

指定监护只是在法定监护人之间有争议时才适用。所谓争议，在未成年人是其父母以外的监护人范围内的人争抢担任监护人或互相推诿都不愿意担任监护人；在成年的无民事行为能力人或限制民事行为能力人则是监护范围内的任何人之间的争议。指定监护包括以下两种：

1. 由被监护人住所地的居民委员会、村民委员会或民政部门指定监护人

居民委员会、村民委员会、民政部门应当尊重被监护人的真实意愿，按照最有利于被监护人的原则在依法具有监护资格的人中指定监护人。

2. 由人民法院指定监护人

包括两种情况：一是当事人对居民委员会、村民委员会、民政部门指定的监护人不服的，可以申请由人民法院指定监护人；二是未经过居民委员会、村民委员会、民政部门的指定，当事人直接向人民法院申请指定监护人。

在居民委员会、村民委员会、民政部门或人民法院指定监护人前，被监护人的人身权利、财产权利以及其他合法权益处于无人保护状态的，由被监护人住所地的居民委员会、村民委员会、法律规定的有关组织或者民政部门担任临时监护人。监护人被指定后，不得擅自变更；擅自变更的，不免除被指定的监护人的责任。

（五）意定监护

意定监护，依据《民法典》第 33 条的规定，是指具有完全民事行为能力的成年人，可以与其近亲属、其他愿意担任监护人的个人或者组织事先协商，以书面形式确定自己的监护人，在该成年人丧失或者部分丧失民事行为能力时由该监护人履行监护职责的监护。

本条规定主要适用于成年人在全部或部分丧失行为能力前委任他人在其无判断能

力时照护其人身或管理其财产的情形。意定监护制度的核心就是当事人通过书面形式确定自己的监护人。我国当前人口老龄化趋势明显，意定监护制度能更好地尊重当事人的意愿，成年人在丧失行为能力之前，可以选择适当的人作为其未来的监护人，选择监护人时，不受法定监护人范围与顺序的限制，不需要住所地的居民委员会、村民委员会的同意。意定监护应采用书面形式订立监护协议，协议双方在签订协议时均应具有完全民事行为能力，该协议自一方当事人丧失或部分丧失行为能力时生效。

（六）委托监护

监护人可以将监护职责部分或全部委托给他人。《民法典》第1189条规定："无民事行为能力人、限制民事行为能力人造成他人损害，监护人将监护职责委托给他人的，监护人应当承担侵权责任；受托人有过错的，承担相应的责任。"如父母将子女委托祖父母或保姆照料就属于委托监护。委托监护不论是全权委托或限权委托，监护人仍要对被监护人的侵权行为承担民事责任，受委托人只有在确有过错时，才负相应的责任；在其尽到监护之责而无过错时，被监护人之行为如依法律仍须由监护人负责时，则由法定监护人承担。在案例3-4中，王大强对王小健的监护即属于委托监护。

三、监护人的职责及履行

（一）监护职责的内容

监护职责又称监护事务，是指监护人依法享有的监护权利与所负担的监护义务的总称。《民法典》第34条第1款规定："监护人的职责是代理被监护人实施民事法律行为，保护被监护人的人身权利、财产权利以及其他合法权益等。"该条款明确规定了监护人的职责包括人身监护、财产监护和法定代理权。监护关系确定后，监护人应履行下列职责：

1. 教育和照顾被监护人

由于被监护人是未成年人、丧失或部分丧失民事行为能力的人，生活自理能力较差，因此，监护人在日常生活中，应给被监护人以必要的关心和照料，给未成年人提供必要的物质和文化生活条件，以保证其健康成长。对于丧失民事行为能力的人，监护人还要给以必要的治疗。严禁对被监护人遗弃或虐待，否则要承担法律责任。

2. 代理被监护人实施民事法律行为

《民法典》第23条规定："无民事行为能力人、限制民事行为能力人的监护人是其法定代理人。"对被监护人不能独立实施的民事行为，应由监护人实施。监护制度的目的在于弥补被监护人行为能力的不足，监护人作为被监护人的法定代理人，可以被监护人的名义进行民事活动，为被监护人行使权利履行义务。

3. 保护被监护人的人身权利、财产权利以及其他合法权益

监护人应保护被监护人的生命、健康、名誉、肖像等人身方面的合法权益不受侵害。妥善管理和保护被监护人的合法财产，为了被监护人的利益，可以合理利用或处分被监护人的财产。当被监护人的人身、财产权利受到非法侵害时，监护人有权代理被监护人进行诉讼。

4. 当被监护人给他人造成损害时，由监护人承担民事责任

监护人应对被监护人进行必要的监督和约束,当被监护人实施不法行为给他人造成损害时,监护人应承担民事责任。监护人尽了监护职责的,可以适当减轻责任。监护人在承担赔偿责任时,应首先从被监护人的财产中支付赔偿费用,不足部分由监护人以自己的财产承担。

为了全面保护被监护人的权益,《民法典》第34条第4款规定了临时生活照料。因发生疫情等突发事件的紧急情况,监护人因被隔离、治疗或其他原因,暂时无法履行监护职责,致使被监护人的生活无人照料的,居民委员会、村民委员会或者民政部门就应当为被监护人安排必要的临时生活照料措施。这里的"突发事件",是指《突发事件应对法》中规定的突然发生、造成或者可能造成严重社会危害、需要采取应急处置措施予以应对的自然灾害、事故灾难、公共卫生事件和社会安全事件。"临时生活照料措施"主要就是对被监护人进行生活照料。安排临时生活照料措施不同于临时监护,临时监护的设立前提是没有监护人,而安排临时生活照料措施是因为监护人因突发事件的发生暂时无法照料被监护人。

(二)监护职责的履行

依据《民法典》第35条规定,监护人应当按照最有利于被监护人的原则履行监护职责。监护人除为维护被监护人利益外,不得处分被监护人的财产。未成年人的监护人履行监护职责,在作出与被监护人利益有关的决定时,应当根据被监护人的年龄和智力状况,尊重被监护人的真实意愿。成年人的监护人履行监护职责,应当最大限度地尊重被监护人的真实意愿,保障并协助被监护人实施与其智力、精神健康状况相适应的民事法律行为。对被监护人有能力独立处理的事务,监护人不得干涉。

因此,监护人履行监护职责应遵循如下原则:第一,按照最有利于被监护人的原则履行监护职责。如应使被监护人的财产保值、增值,不能浪费;应使未成年被监护人尽量获得好的教育,被监护人生病时,监护人应及时将其送医救治等。第二,不得擅自处分被监护人的财产,除非为了被监护人的利益。第三,尊重被监护人的意愿。在作出与被监护人利益有关的决定时,应根据被监护人的年龄和智力状况,征求被监护人的意见,对被监护人有能力独立处理的事务,监护人不得干涉。

四、监护人资格的撤销与恢复

(一)撤销监护人

在监护关系设立后,监护人因各种原因不履行监护职责的,为保护被监护人利益,有必要设立撤销监护人制度。《民法典》第36条是关于撤销监护人资格的规定,根据本条规定,撤销监护人资格需要注意以下几点:

1. 申请撤销的主体

有权向人民法院申请撤销监护人资格的个人和组织包括:现有监护人以外其他依法具有监护资格的人、居民委员会、村民委员会、学校、医疗机构、妇女联合会、残疾人联合会、未成年人保护组织、依法设立的老年人组织、民政部门等。具有申请撤销资格的主体,既有被监护人的亲属,也有因法律规定而具有特定职责的组织。以上个人和组织,或因血缘亲属关系而在感情上最关心、关注被监护人的利益,或因特定关系而负有保护被监护人利益免受侵害的法定职责。其他符合条件但未在本条列明的个人或组织，也有权申请撤销监护人资格。

个人和民政部门以外的组织未及时向人民法院申请撤销监护人资格的，民政部门应当向人民法院申请。民政部门作为申请撤销监护人资格的兜底单位，主要是为防止出现无人过问的情形，最大限度地保护被监护人利益。

2. 申请撤销的条件

撤销监护人资格的情形，《民法典》概括性地列举了三种：一是实施严重损害被监护人身心健康行为的。例如，监护人性侵、虐待、暴力伤害被监护人。二是怠于履行监护职责，或者无法履行监护职责并且拒绝将监护职责部分或者全部委托给他人，导致被监护人处于危困状态的。例如，监护人因吸毒、酗酒而无法照管被监护人。三是实施严重侵害被监护人合法权益的其他行为的。第三项是兜底性条款，例如，监护人使用被监护人的财产为自己购买房产，严重侵犯被监护人的财产权。

3. 申请撤销的后果

撤销监护人的后果有二，一是设置必要的临时监护措施，二是依法指定新的监护人。人民法院在指定新的监护人之前，如果被监护人处于无人监护的状态，其人身、财产极易受侵害，人民法院应当指定临时监护人。人民法院在撤销原监护人资格后应及时按照最有利于被监护人的原则，在具有监护资格的人或组织中指定新的监护人。

依法负担被监护人抚养费、赡养费、扶养费的父母、子女、配偶等，被人民法院撤销监护人资格后，应当继续履行负担抚养费、赡养费、扶养费的义务。抚养、赡养、扶养义务是公民的法定义务，这些义务不因监护关系的终止而终止。

（二）监护资格的恢复

监护资格被撤销后，并不意味着永远丧失，在一定条件下还可以恢复。《民法典》第38条规定："被监护人的父母或者子女被人民法院撤销监护人资格后，除对被监护人实施故意犯罪的外，确有悔改表现的，经其申请，人民法院可以在尊重被监护人真实意愿的前提下，视情况恢复其监护人资格，人民法院指定的监护人与被监护人的监护关系同时终止。"申请恢复监护资格需符合以下条件：（1）提出申请的主体必须是被监护人的父母或子女。申请恢复监护资格的仅限于被监护人的父母或子女，作为监护人的其他个人或组织一旦被撤销监护资格，即不再恢复。（2）被撤销监护资格的人确有悔改表现。对于确有悔改表现，不能仅要求其有悔改的意愿，而是必须有悔改的行为。监护人是否有悔改表现，最终应当由人民法院根据具体情形予以判断。（3）由被撤销监护资格的人提出申请。（4）被监护人愿意恢复。申请恢复监护人资格，法律充分尊重被监护人的意愿，在申请人确有悔改表现和监护意愿的情况下，应征求被监护人的意见，由被监护人决定是否同意恢复监护关系。（5）监护人不存在实施故意犯罪的情形。监护人因对被监护人故意实施犯罪而被撤销监护资格，意味着其监护资格永久丧失，无法恢复。

五、监护的终止

监护终止的原因有以下几种：

（一）被监护人取得或恢复了完全民事行为能力

监护制度是为无民事行为能力人和限制民事行为能力人设立保护人的制度，作为被监护人的未成年人成年后，具有了完全民事行为能力，丧失民事行为能力的人恢复了民事行为能力时，为他们设立的监护便终止。

（二）监护人丧失监护能力

监护关系的成立以监护人有监护能力为前提，监护人丧失了民事行为能力，就不可能继续履行监护职责，则监护关系终止。

（三）监护人或被监护人死亡

监护人或被监护人一方死亡（包括宣告死亡）的，监护关系终止。被监护人死亡的，没有了监护对象，监护关系自然终止。监护人死亡的，无人履行监护职责，监护关系也终止，应另行确定监护人，建立新的监护关系。

（四）人民法院认定监护关系终止的其他情形

监护人不履行监护职责，或利用监护之便侵害被监护人的合法权益时，经有关人员或单位申请，人民法院可以撤销监护人的监护资格，监护关系因此终止，在撤销的同时，法院应当依法指定监护人。

除以上监护关系终止的法定情形外，有关当事人有正当理由，也可以向法院申请变更监护人，经法院许可后，原监护关系终止。

监护人有正当理由不能履行监护职责时，可以向指定机关提出申请，辞去监护资格，如监护人病重、家庭困难、迁居等。

监护关系终止后，被监护人仍然需要监护的，应当依法另行确定监护人。

第三节　宣告失踪和宣告死亡

【案例 3-5】　张三因与家人闹矛盾离家出走，外出经商，10 年不与家人联系。家人经多方寻找未果，于是申请宣告张三死亡。后张三经商失败，欠多人债务 40 余万元。无奈之下，张三回到老家。债权人查找到张三老家，要求其归还欠款。张三称所欠款项是其在被宣告死亡期间所为，所以该行为无效。

请思考：张三被宣告死亡期间行为的性质。

一、宣告失踪

宣告失踪，是指自然人离开自己的住所，下落不明达到法定期限，经利害关系人申请，由人民法院宣告其为失踪人的法律制度。现实生活中，由于战争、意外事故、自然灾害等原因造成一些人下落不明，致使下落不明人的财产无人管理、所负担的义务得不到履行，为保护失踪人和利害关系人的合法权益，民法上确立了宣告失踪的法律制度。

宣告失踪是对自然事实状态的法律确认，其制度价值在于救济因自然人下落不明而导致的财产关系不稳定状态。通过宣告下落不明人为失踪人，可为其设立财产代管人，保管失踪人财产、处理应了结的债权债务，维护失踪人和利害关系人的利益，维护社会秩序的稳定。

（一）宣告失踪的法律要件

依据《民法典》第40条、第41条的规定，宣告自然人失踪须具备以下条件：

1. 须有自然人下落不明满2年的事实

下落不明是指自然人离开最后居住地后没有任何音讯。自然人只有持续下落不明满2年的，利害关系人才能向人民法院申请宣告其为失踪人。自然人下落不明的时间，应从其音讯消失之日起计算。战争期间下落不明的，从战争结束之日起计算，如果有关机关确定了自然人下落不明的时间，则自确定的时间起算。

2. 须由利害关系人向人民法院提出申请

宣告失踪须由利害关系人提出申请，没有利害关系人申请，人民法院不能主动宣告。利害关系人包括：被申请人的近亲属；依据《民法典》第1128条、第1129条规定，对被申请人有继承权的亲属；债权人、债务人、合伙人等与被申请人有民事权利义务关系的民事主体，但是不申请宣告失踪不影响其权利行使、义务履行的除外。利害关系人可以单独申请，也可以同时申请，而且其申请也没有顺序限制。依据《民事诉讼法》183条，利害关系人的申请书应写明失踪的事实、时间和请求，并附有公安机关或其他有关机关关于该公民下落不明的书面证明。

3. 须由人民法院依照法定程序宣告

宣告失踪只能由人民法院作出判决，其他任何组织和个人都无权作出宣告失踪的决定。人民法院接到宣告失踪的申请后，应发布寻找下落不明人的公告，公告期为3个月。被申请人应当在规定期间内向受理法院申报其具体地址及联系方式，知悉被申请人生存现状的人，应当在公告期间内将其所知道的情况向受理法院报告。公告期届满，仍没有该公民音讯的，人民法院应当作出宣告失踪的判决。

（二）宣告失踪的法律后果

自然人被宣告失踪后，其民事主体资格仍然存在，因而不发生继承，也不改变与其人身有关的民事法律关系。宣告失踪的目的，主要是为失踪人设立财产代管人，以解决因其失踪而引起的财产关系的不稳定状态。而对于无民事行为能力人和限制民事行为能力人来说，法律已为其设置了监护人制度，即使其失踪，监护人可担负财产代管责任，无须再另设财产代管人。因此，宣告失踪仅对有完全行为能力的成年人才有意义。

根据《民法典》第42条的规定，失踪人的财产由其配偶、成年子女、父母或者其他愿意担任财产代管人的人代管。代管有争议、没有以上规定的人，或者以上规定的人无代管能力的，由人民法院指定的人代管。

财产代管人应当妥善管理失踪人的财产，维护其财产权益。失踪人所欠税款、债务和应付的其他费用，由财产代管人从失踪人的财产中支付。代管人有权要求失踪人的债务人偿还债务，涉及失踪人的财产诉讼，财产代管人可以作为原告或被告参加。

财产代管人因故意或者重大过失造成失踪人财产损失的，应当承担赔偿责任。

财产代管人不履行代管职责、侵害失踪人财产权益或者丧失代管能力的，失踪人的利害关系人可以向人民法院申请变更财产代管人。代管人有正当理由的，可以向人民法院申请变更代管人。人民法院变更财产代管人的，变更后的财产代管人有权要求原代管人及时移交有关财产并报告财产代管情况。

（三）失踪宣告的撤销

根据《民法典》第45条的规定，失踪人重新出现，经本人或者利害关系人申请，人民法院应当作出新判决，撤销失踪宣告的判决。失踪宣告一经撤销，财产代管人的代管职责也相应消灭。代管人应将其代管的财产及收益返还给重新出现的失踪人，并将自己管理失踪人财产期间所进行的处分告诉本人，代管人因代管而支出的必要费用，有权要求本人偿付。

二、宣告死亡

宣告死亡是自然人下落不明达到法定期间，经利害关系人申请，由法院经过法定程序在法律上推定其死亡的制度。宣告死亡是生理死亡的对称，与生理死亡不同的是，宣告死亡是一种法律推定。自然人长期下落不明造成财产关系和人身关系处于不稳定状态，影响到经济秩序和社会秩序，通过宣告死亡制度，可以及时了结下落不明人与他人的人身关系和财产关系，从而维护正常的社会秩序。宣告死亡的制度价值，主要在于维护生者的利益——包括配偶的再婚权、继承人的继承权、债权人的受偿权等。由于宣告死亡要消灭被宣告死亡人的民事主体资格，所以，法律对此慎之又慎。法律规定的宣告死亡条件，要比宣告失踪条件严格得多。

（一）宣告死亡的法律要件

1. 自然人下落不明达到法定期限

宣告死亡和宣告失踪一样，必须有自然人下落不明的事实，但对自然人下落不明的时间要求不一样。一般情况下，自然人下落不明满4年，可宣告其死亡；因意外事件下落不明的，期限为2年。因意外事件下落不明，经有关机关证明该自然人不可能生存的，申请宣告死亡不受2年的限制。战争期间下落不明的，适用4年的规定。期间的起始与宣告失踪相同。

2. 须由利害关系人申请

宣告死亡须以诉为之，故须由利害关系人申请。利害关系人包括：被申请人的配偶、父母、子女以及符合《民法典》第1129条规定的丧偶儿媳和丧偶女婿。以下两种情形下，被申请人的其他近亲属、被申请人的代位继承人应当认定为利害关系人：被申请人的配偶、父母、子女均已死亡或者下落不明的；不申请宣告死亡不能保护其合法权益的。被申请人的债权人，债务人合伙人等民事主体不能认定为利害关系人，但是不申请宣告死亡不能保护其相应合法权益的除外。《民法典》第47条规定："对同一自然人，有的利害关系人申请宣告死亡，有的利害关系人申请宣告失踪，符合本法规定的宣告死亡条件的，人民法院应当宣告死亡。"宣告失踪不是宣告死亡的必经程序，自然人下落不明，符合宣告死亡的条件的，可以不经宣告失踪而直接申请宣告死亡，但利害关系人只申请宣告失踪的，应当宣告失踪。

3. 须由人民法院进行宣告

宣告死亡的案件只能由人民法院审理，其他任何组织和个人都无权宣告下落不明人死亡。人民法院受理宣告死亡的案件后，须发出寻找下落不明人的公告，公告期为1年，因意外事故下落不明，经有关机关证明该公民不可能生存的，宣告死亡的公告期间为3个月。公告期间届满仍不能确定下落不明人尚生存的，人民法院才能依法对其作出死亡宣告。被宣告死亡的人，法院宣告死亡的判决作出之日视为其死亡日期，因意外事件下落不明的，意外事件发生之日视为其死亡的日期，如马航MH370航班发生事故后，机上人员下落不明，如果依法作出死亡宣告，机上人员死亡时间应当是该事故发生之日。

（二）宣告死亡的法律后果

自然人被宣告死亡的，产生与生理死亡相同的法律后果。这主要包括：

（1）民事权利能力终止。

（2）其个人合法财产转变为遗产，由继承人继承。

（3）婚姻关系消灭。

（4）其下落不明前参加的民事法律关系终止。

但是，自然人被宣告死亡毕竟与自然死亡有所区别，宣告死亡只是对失踪人的死亡推定，事实上该失踪人的生命不一定终结。为维护失踪人的利益和正常的社会生活秩序，《民法典》第49条规定，自然人被宣告死亡但是并未死亡的，不影响该自然人在被宣告死亡期间实施的民事法律行为的效力。在案例3-5中，张三虽被宣告死亡，但并未真正死亡，其在被宣告死亡期间与他人之间发生的债务行为当然有效，因而张三所欠款项应予偿还。

在被宣告死亡和自然死亡的时间不一致的情况下，被宣告死亡所引起的法律后果和真实行为的法律后果均有效，但自然死亡前实施的民事法律行为与被宣告死亡引起的法律后果相抵触的，则以其实施的民事法律行为为准。

（三）死亡宣告的撤销

失踪人被宣告死亡只是在法律上推定其死亡，当被宣告死亡的人重新出现，或有人确知其仍然生存时，经本人或利害关系人申请，人民法院应当撤销对他的死亡宣告。

死亡宣告撤销的效力是有溯及力的，但在人身关系和财产关系方面，为了保护善意第三人，法律对溯及力做了限制。

第一，在人身关系方面。死亡宣告被撤销的，婚姻关系自撤销死亡宣告之日自行恢复；但是其配偶再婚或向婚姻登记机关书面声明不愿意恢复的除外。配偶已再婚的，再婚效力不受撤销宣告的影响，即使再婚后离婚或再婚配偶又死亡的，婚姻关系也不当然恢复；配偶未再婚，但向婚姻登记机关书面声明不愿意恢复夫妻关系的，婚姻关系也不能恢复。

《民法典》第52条规定，被宣告死亡的人在被宣告死亡期间，其子女被他人依法收养的，在死亡宣告被撤销后，不得以未经本人同意为由主张收养关系无效。

第二，在财产关系方面。被撤销死亡宣告的人，有权请求依照《民法典》继承编取得其财产的民事主体返还财产，返还原则应是原物及孳息，无法返还原物的，应当折价补偿；原物已被第三人善意取得时，则免除原物返还义务，代之以适当补偿。

宣告死亡若系利害关系人隐瞒真相恶意所致，属于侵权行为，侵权人不仅要返还所取得的财产及孳息，还应当对由此给被宣告死亡人造成的损失承担赔偿责任。

第四节　个体工商户和农村承包经营户

"户"属于我国现行民事立法认可的独立类型的民事主体，包括个体工商户和农村承包经营户。

一、个体工商户

个体工商户，是指在法律允许的范围内，依法经核准登记，从事工商业经营的自然人或家庭。《民法典》第 54 条规定："自然人从事工商业经营，经依法登记，为个体工商户。个体工商户可以起字号。"个体工商户是个体劳动者，即从事个体经营的人。此处的"户"，不是在户籍意义上使用，而是作为工商管理上的管理单位。个体工商户的特征包括：

（一）从事经营活动的是单个自然人或家庭

个体工商户与自然人不完全相同，可以是一个自然人，也可以是数个自然人。《个体工商户条例》第 2 条规定："有经营能力的公民，依照本条例规定经工商行政管理部门登记，从事工商业经营的，为个体工商户。个体工商户可以个人经营，也可以家庭经营。个体工商户的合法权益受法律保护，任何单位和个人不得侵害。"因而个体工商户应当具备经营能力，参与市场经营活动。

（二）有自己的经营范围

《个体工商户条例》要求个体工商户明确其经营范围，并要对经营范围依法办理登记，这个经营范围决定了个体工商户的权利能力和行为能力范围。申请办理个体工商户登记，申请登记的经营范围不属于法律、行政法规禁止进入的行业的，登记机关应当依法予以登记。

（三）应依法进行核准登记

《个体工商户条例》第 8 条规定："申请登记为个体工商户，应当向经营场所所在地登记机关申请注册登记。申请人应当提交登记申请书、身份证明和经营场所证明。个体工商户登记事项包括经营者姓名和住所、组成形式、经营范围、经营场所。个体工商户使用名称的，名称作为登记事项。"法律要求个体工商户必须依法登记，是为了有效规范和监管个体工商户的经营活动，保障其正常合法经营。

二、农村承包经营户

农村承包经营户，是指在法律允许的范围内，依照承包合同的规定，从事商品经营的农村集体经济组织的成员。农村承包经营户的特征包括：

（一）承包人是农村集体经济组织的成员

实践中，他们既可以是本集体经济组织内部成员，也可以是本集体经济组织以外的其他人员，以家庭或个人为基本单位从事商品生产经营活动。

（二）农村承包经营户依法取得农村土地承包经营权

农村集体经济组织的成员与发包方签订了承包合同，取得土地承包经营权，依法对其承包经营的耕地、林地、草地等享有占有、使用、收益的权利。

（三）农村承包经营户从事的是土地承包经营

与个体工商户不同的是，农村承包经营户主要从事的是农业生产，而非工商业活动，并没有明确的经营范围。

三、个体工商户、农村承包经营户的责任承担

《民法典》第56条规定："个体工商户的债务，个人经营的，以个人财产承担；家庭经营的，以家庭财产承担；无法区分的，以家庭财产承担。农村承包经营户的债务，以从事农村土地承包经营的农户财产承担；事实上由农户部分成员经营的，以该部分成员的财产承担。"

（一）个体工商户的债务承担

关于个体工商户的债务承担，首先要区分个人经营和家庭经营。个人经营的，以全部个人财产承担无限清偿责任，个人财产包括作为投资经营的全部资本和家庭共有财产中的应有份额。家庭经营的个体工商户，是指在家庭中有两个或两个以上自然人同时作为从业人员参加经营的个体工商户。家庭经营的债务承担首先应以投资经营和全部资本抵债，不足抵债的，就应以家庭共有财产中划分归他们的应有份额承担责任。如果无法区分个人经营还是家庭经营的，以家庭财产承担债务清偿责任。

（二）农村承包经营户的债务承担

农村承包经营是以"户"为单位进行的，承担债务也以农户的财产承担，即该户内成员的个人财产和共同财产。有些农户仅部分成员经营，如孩子已上大学，仅父母从事农业生产，则应当由参与经营的成员的财产承担。

本章练习题

一、思考题

1. 思考民事权利能力与民事行为能力的关系。

2. 如何正确理解宣告失踪与宣告死亡之间的关系？

3. 监护人的设立有哪几种方式？监护人的监护职责有哪些？如何切实保护被监护人的合法权益？

二、综合训练

1. 张某出生于1995年12月11日，2012年10月，张某外出打工，但十分贪玩，不思进取，虽然有些收入，但是经常入不敷出，难以维持自己的正常生活。2013年4月15日，张某与黄某聊天，言语不和发生争吵。张某认为自己受到了侮辱，便叫来几名伙伴帮自己教训黄某，在冲突中张某用小刀将黄某的颈部和手臂划伤。黄某为此花费了治疗费若干。黄某向法院提起诉讼，要求张某的父母赔偿自己的损失。张某父母认为，张某已参加工作，应该由自己承担赔偿责任。问：法院应如何处理？

【要点提示】

张某是否属于完全行为能力人。

2. 某日上午，徐某欲外出购物，遂将其 4 岁的孙女小燕委托给邻居吴某代为看管。中午，小燕在吴某家吃过午饭后，和吴某 5 岁的女儿小华一起到徐某家玩耍，误将徐某放在家中的半包灭鼠药当做糕粉食用。当两小孩返回吴某家时，吴发现女儿小华手中有一灭鼠药袋，询问后因小孩不承认吃过而未加重视。约 12 时左右，吴某发现小燕口吐白沫、瘫软在地，便急送卫生院抢救。稍后小华亦出现同样症状，急送抢救。小燕被救脱险，小华因抢救无效死亡。吴某起诉徐某，要求被告赔偿由此造成的经济损失。被告辩称并反诉：被告将小孩委托给原告看管，委托关系成立。原告未尽委托监护责任，致使原告女儿意外死亡，责任在原告，应由原告自负。同时，因原告未尽委托监护之责，也给小燕造成了损害，为此，特提起反诉，要求原告赔偿被告为此付出的全部医疗费用。

问：本案应如何处理？用监护制度的原理进行分析。

【要点提示】

吴某对自己的女儿有监护责任；另外，徐某将孙女委托吴某看管构成委托监护，委托人仍要对被监护人承担监护责任，被委托人只有在确有过错时，才承担相应责任。

第四章　法　　人

◎ **知识目标**

- 理解法人的法律特征。
- 认识法人、非法人组织、自然人在民事权利能力、民事行为能力和民事责任能力方面的差异。
- 掌握法人成立、变更和终止的基本法律规则。

◎ **能力目标**

- 能结合社会生活实际，准确判断民事主体是否具有法人资格。
- 能够分析具体案件中法人在民事活动中应该承担何种民事责任。

第一节　法人概述

法人制度是民事法律的基本制度。《民法典》确立的法人制度，对于依法规范经济秩序、促进社会主义市场经济发展具有重要意义。

一、法人的概念和特征

《民法典》第 57 条规定："法人是具有民事权利能力和民事行为能力，依法独立享有民事权利和承担民事义务的组织。"

从上述法律规定来看，法人被界定为符合特定条件的社会组织。该类社会组织具有以下特征：

1. 法定性

法人是与自然人相对应的民事主体。社会生活中有各种组织体以团体的名义进行各种民事活动，为便于特定团体参与民事活动，法律规定只有满足特定条件的社会组织才具有拟制人格，得以自己的名义独立享有民事权利、承担民事义务。例如，《民法典》第 58 条规定"法人应当依法成立""法人成立的具体条件和程序，依照法律、行政法规的规定"等；《公司法》亦规定了依法在中国境内设立有限责任公司和股份有限公司的具体条件。

2. 独立性

（1）独立的名义

依法成立的社会组织具备法人条件的，在其有效存续期间可以该社会组织的名义进行各种民事活动，如可以作为合同当事人以自己的名义签订并履行合同，可以登记为不动产权利人等。法人应当以自己的名称，作为其对外民事活动中独立主体的标志。

（2）独立的财产

法人拥有独立的财产，是法人作为独立民事主体的必备条件，也是法人得以独立承担民事责任的物质基础。法人的财产由出资财产和法人经营积累的财产组成，法人财产独立意味着法人财产与法人股东或其成员的财产相独立。例如，《公司法》第3条即规定公司有独立的法人财产，享有法人财产权。

（3）独立的民事责任

法人的独立性不仅在于其名称、财产均独立于其成员，还表现在法人作为独立民事主体，能够独立承担民事责任。法人独立承担民事责任，是指法人能以其全部财产独立承担民事责任，而不是由法人的设立者、法人成员或其他组织承担。这是法人区别于非法人组织的一大特点。例如，甲、乙、丙三人各投资10万元成立A有限公司，A公司经营不善欠下债务50万元。此时，A公司应以其全部财产承担50万元债务，而投资人甲、乙、丙仅以其出资额10万元为限对A公司债务承担有限责任。

为避免法人独立地位和成员有限责任被滥用，针对营利法人，《民法典》规定，"滥用法人独立地位和出资人有限责任，逃避债务，严重损害法人债权人的利益的，应当对法人债务承担连带责任。"

二、法人的分类

（一）《民法典》的分类

我国《民法典》按照法人设立目的和功能的不同，将法人区分为营利法人、非营利法人和特别法人，既涵盖了我国当前企业法人、事业单位法人、社会团体法人等传统法人形式，也通过单独设立特别法人，弥补了法人按营利和非营利进行分类的空白，有利于引导和规范各类法人更好地参与民事活动，维护该法人及其成员，以及与其进行民事活动的相对人的合法权益。

1. 营利法人

《民法典》第76条第1款规定："以取得利润并分配给股东等出资人为目的成立的法人，为营利法人。"由此可见"营利"的含义，不仅在于法人是否从事经营活动并谋取经济利益，更在于所得利益是否分配给法人的股东等出资人。从组织形式来看，我国营利法人包括公司制营利法人和非公司制营利法人。

2. 非营利法人

非营利法人是指为公益目的或者其他非营利目的而成立，且不向出资人、设立人或者会员分配所取得利润的法人。《民法典》第95条规定，为公益目的成立的非营利法人终止时，不得向出资人、设立人或者会员分配剩余财产。剩余财产应当按照法人章程的规定或者权力机构的决议用于公益目的；无法按照法人章程的规定或者权力机构的决议处理的，由主管机关主持转给宗旨相同或者相近的法人，并向社会公告。

非营利法人包括从事社会公益事业、满足不特定多数人利益需求的公益法人，以及以满足法人成员或特定范围人员利益为目的成立的互益法人，例如事业单位、社会团体、基金会、社会服务机构等，其中为公益目的以捐助财产设立的基金会、社会服务机构等，以及依法设立的宗教活动场所，具备法人条件的，经依法登记成立，取得捐助法人资格。

3. 特别法人

我国《民法典》将特别法人作为单独类别加以规范，具体包括机关法人、农村集体经济组织法人、城镇农村的合作经济组织法人以及基层群众性自治组织法人四类。机关法人指有独立经费并承担特定公权力职能的法定机构，其在设立依据、目的和职能方面，均与其他法人存在较大差别。农村集体经济组织和基层群众性自治组织，在组织的设立、变更和终止，管理的财产和性质，以及组织成员的加入和退出等方面具有特殊性。城镇农村合作经济组织，则兼具营利性、公益性或互益性的特点。

（二）大陆法系的分类

1. 公法人和私法人

以法人设立的目的及所依据的法律不同，将法人区分为公法人和私法人。公法人是指以实现公共福利为目的、依据公法所设立的法人。国家机关是典型的公法人。追求私人目的，依据私法所设立的法人为私法人。公司是典型的私法人。

2. 社团法人和财团法人

以法人成立的基础为标准，可以把私法人区分为社团法人和财团法人。社团法人是指以成员的组合为法人成立基础的私法人，如有限责任公司是以股东的组合为成立基础，有限责任公司属于社团法人。财团法人是以一定的财产作为成立基础的私法人，如各种基金会。

3. 公益法人、营利法人和中间法人

以法人的设立目的为标准，可将法人区分为公益法人、营利法人和中间法人。以营利为目的设立的法人是营利法人，反之为公益法人。中间法人是指既不以营利为目的，也不符合公益性要求的，因特别法而被赋予法人资格的团体组织。社团法人大多为营利法人，也有的属于公益法人，财团法人必为公益法人。

第二节　法人的民事权利能力和民事行为能力

【案例 4-1】　甲建筑公司承建某酒店时急需一批木材，经人介绍与乙家具厂李厂长洽谈。双方协商一致后，李厂长以乙家具厂名义与甲建筑公司签订了木材购销合同。合同签订十天后，李厂长调离原工作岗位，新任厂长认为合同是原厂长所签并且以家具厂没有经营木材经销资格为由主张合同解除，并称一切责任应由行为人李某个人承担。

一、法人的民事权利能力

法人的民事权利能力是指法人作为民事主体，参与民事法律关系，享有民事权利和承担民事义务的资格。

（一）法人民事权利能力的开始与终止

《民法典》第59条规定："法人的民事权利能力和民事行为能力，从法人成立时产生，到法人终止时消灭。"

法人民事权利能力始于法人成立，而法人成立的具体时间因法人类型的不同而有所差别。营利法人经依法登记成立。具备法人条件的事业单位或社会团体，经依法登记成立，取得事业单位法人或社会团体法人资格；依法不需要办理法人登记的，从成立之日起，具有事业单位法人或社会团体法人资格。特别法人中有独立经费的机关和承担行政职能的法定机构从成立之日起，具有机关法人资格。农村集体经济组织、城镇农村的合作经济组织依法取得法人资格。

法人民事权利能力终于法人终止。法人可因解散、被宣告破产以及法律规定的其他原因终止。根据《民法典》的规定，法人终止，应当依法进行清算。清算期间法人存续，但民事权利能力受到极大限制，即只能从事与清算有关的活动。法人清算结束并完成法人注销登记时，法人终止；依法不需要办理法人登记的，清算结束时，法人终止。

（二）法人民事权利能力的限制

法人虽与自然人一样，都是独立的民事主体，但由于法人的社会组织属性，某些专属于自然人的权利能力法人不可能享有，如自然人享有的继承权、精神损害赔偿请求权等。另外法人的民事权利能力还受到法律上的限制。例如《公司法》第15条规定：除法律另有规定外，公司不得成为对所投资企业的债务承担连带责任的出资人。此外，法人的民事权利能力范围还受到其事业目的方面的限制。

二、法人的民事行为能力

法人的民事行为能力是法律赋予特定社会组织独立进行民事活动，即其以社会组织自己的名义取得民事权利、承担民事义务的资格。与自然人的民事行为能力相比，法人的民事行为能力具有以下特点：

1. 法人的民事行为能力与民事权利能力同时产生、同时终止

当法人依法定程序取得法人资格后，即具有了民事权利能力，同时也具有了民事行为能力。当法人因撤销、解散等原因而终止时，其民事权利能力和民事行为能力都随之终止。自然人的民事权利能力因自然人出生而享有，但其要具备完全民事行为能力则需达到一定年龄，并且精神状况正常才能享有。自然人的民事权利能力因自然人的死亡而终止，民事行为能力则可能因其精神失常在其生存期间即丧失。

2. 法人的民事行为能力范围与民事权利能力范围一致

不同的法人，其民事权利能力范围是有差别的，而就每一个具体的法人而言，一旦其民事权利能力范围确定，其民事行为能力范围也随之确定，而且二者的范围完全一致。

3. 法人的民事行为能力通常是由法人机关或法人组织委托的代理人实现

法人机关是指根据法律或法人章程的规定，对内管理法人事务，对外代表法人从事民事活动的个人或集体。法人机关是法人的组成部分，无独立人格。

法人机关可分为独任机关与合议制机关。其中由单个个人形成的法人机关称独任机关，如股份有限公司的董事长。由集体组成的法人机关称为合议制机关。法人机关还可分为权力机关、执行机关和监督机关。其中权力机关是法人意思的形成机关，如有限责任公司的股东会，它有权决定公司的经营方针、投资计划、发行债券、修改章程等重大事项。执行机关是法人权力机关的执行机关，负责实现业已形成的法人意志，如有限责任公司的董事会（执行董事）。监督机关是对法人执行机关的行为进行监督的机关，如有限责任公司的监事会（监事）。

法人机关的行为即为法人的行为，法律后果由法人承担。法人组织委托其他自然人、法人或其他组织以法人名义实施的行为，其行为后果亦由法人承担。而自然人的民事行为能力通常是由自己或由其法定代理人、委托代理人实现。

三、法人的民事责任能力

法人的民事责任能力，是指法人独立承担民事责任的资格。它是法人行为能力中的一种特殊形式。

我国民事立法肯定了法人独立的民事责任能力，如《民法典》第60条规定："法人以其全部财产独立承担民事责任。"《民法典》第61条第2款规定："法定代表人以法人名义从事的民事活动，其法律后果由法人承受。"法定代表人，是指根据法律或法人章程的规定，对外代表法人行使职权的独任法人机关。法定代表人因其特定身份无须法人的特别授权，就可以法人的名义，对外代表法人从事民事活动。法定代表人对外以法人名义实施的职务行为，视为法人的行为，其后果由法人承担。例如在案例4-1中，李某签订木材购销合同的行为是以家具厂名义实施，与其个人人格无关，属于法定代表人的职务行为，应视为家具厂的行为，由家具厂承担相应法律后果。家具厂超越经营范围的民事行为除违反国家限制经营、特许经营以及法律、行政法规禁止经营规定外，不应认定无效，即新任厂长不得以家具厂没有经营木材经销资格为由要求解除合同。

另外，《民法典》第62条第1款规定："法定代表人因执行职务造成他人损害的，由法人承担民事责任。"第74条第2款规定："分支机构以自己的名义从事民事活动，产生的民事责任由法人承担；也可以先以该分支机构管理的财产承担，不足以承担的，由法人承担。"法人承担民事责任后，依照法律或者法人章程的规定，可以向有过错的法定代表人追偿。

第三节　法人的成立、变更和终止

【案例4-2】　2018年5月某市制药厂与某市物资公司签订了一份购买药材合同，合同约定，物资公司向制药厂供应4吨药材，每吨单价为10万元，交货期限为2018年8月底，制药厂应于6月30日前预付款20万元，其余货款待交付药材后10天内全部付清。合同签订后，制药厂按期预付了20万元的货款。7月中旬，制药厂由于改制的需要，分立为药业有限公司和对外服务公司。制药厂向物资公司购买的 4 吨药材作为分配财产为药业有限公司所有。制药厂在清理原订合同时和物资公司协商约定，所购药材剩余价款由分立的两个单位各负担一半。8 月底，物资公司送货时被告知药材运至药业有限公司，药业有限公司向物资公司支付了 10 万元，物资公司向其追要剩余的 10 万元，药业有限公司按照公司分立时签订的协议回复，自己对这笔债务只负担一半，其余一半应由对外服务公司支付。而对外服务公司提出自己资金紧张，而且并未占有、使用这 4 吨药材，这是药业有限公司所欠的货款，与己无关。物资公司追索无果，遂向法院提起了诉讼。

一、法人的成立

法人的成立须经法人设立和法人资格取得两个阶段。

（一）法人的设立

法人的设立是指创办法人组织，为使其具有民事主体资格而进行的多种连续准备行为。它是法人成立的前置阶段。

法人的设立与法人的成立是两个既有联系又有区别的概念。凡法人成立必须经过法人的设立活动，没有法人的设立就没有法人的成立。但法人的设立并不必然导致法人的成立，当设立无效时，法人不能成立。

设立人为设立法人从事的民事活动，其法律后果由法人承受；法人未成立的，其法律后果由设立人承受，设立人为二人以上的，享有连带债权，承担连带债务。设立人为设立法人以自己的名义从事民事活动产生的民事责任，第三人有权选择请求法人或者设立人承担。

（二）法人设立的原则

法人设立的原则，因法人类型而异，大致包括以下原则：

1. 自由设立主义

自由设立主义又称放任主义，是指法人的设立完全由当事人决定，国家不做任何干涉和限制。此原则在欧洲中世纪曾一度盛行，但因有碍交易安全，近代以来，除瑞士民法对非营利法人仍采此主义外，其他国家已不多见。

2. 特许设立主义

特许设立主义即法人的设立需要有专门的法令或国家特别的许可。我国机关法人、全民所有制事业单位法人和某些全国性社会团体如中华全国总工会、中国共产主义青年团、中华全国妇女联合会等均为特许设立。

3. 行政许可主义

行政许可主义又称核准设立主义。即法人设立时除了应符合法律规定的条件外，还要经过有关主管机关批准。如德国民法对财团法人的设立采此主义。在我国，需办理登记的社会团体、事业单位、非公司企业法人等采行政许可主义。例如，《证券法》第 102 条规定："证券交易所是为证券集中交易提供场所和设施，组织和监督证券交易，实行自律管理的法人。证券交易所的设立和解散，由国务院决定。"

4. 准则主义

准则主义又称登记主义，是指法律预先规定法人的成立条件，设立人可依照该条件进行设立，一旦符合法人的成立条件，无须经过批准，可直接到登记机关进行登记，法人即可成立。德国民法对于社团法人的设立采此主义。根据我国《公司法》的规定，有限责任公司的设立一般采准则主义，但也有采行政许可主义的，如《公司法》第6条第2款规定，法律、行政法规规定，设立公司必须报经批准的，应当在公司登记前依法办理批准手续。

（三）法人成立的条件

根据《民法典》第58条的规定，法人成立应具备下列条件：

1. 依法成立

依法成立是指依照法律规定而成立，是法人成立法定原则的具体体现。法人的设立目的和宗旨要符合国家和社会公共利益的要求，其组织机构、设立方式、经营范围等均要符合法律、法规的规定。

依法设立的营利法人，由登记机关发给营利法人营业执照。营业执照签发日期为营利法人的成立日期。

2. 有自己的名称、组织机构、住所、财产或经费

（1）名称

每一个法人都应有自己的名称，通过确定的名称以使特定的法人与其他法人相区别。法人名称的确定应与法人的性质、业务范围、活动内容等相适应。根据《企业名称登记管理规定》的要求，企业的名称应依次由字号（或商号）、行业或经营特点、组织形式组成，并在企业名称前冠以企业所在省或市或县行政区划名称。经国家工商行政管理局核准，有一些特殊企业，包括全国性公司、国务院或其授权的机关批准的大型进出口企业、国务院或其授权的机关批准的大型企业集团、国家工商行政管理局批准的其他企业，历史悠久、字号驰名的企业，外商投资企业，可以不冠以企业所在地行政区划名称。

（2）组织机构

法人是社会组织，不同于自然人能亲自参加民事活动，法人民事权利能力、民事行为能力的实现有赖于其组织机构的行为。法人的组织机构通常包括权力机构、执行机构和监督机构。以营利法人为例，《民法典》规定，营利法人的权力机构行使修改法人章程，选举或者更换执行机构、监督机构成员，以及法人章程规定的其他职权；营利法人的执行机构行使召集权力机构会议，决定法人的经营计划和投资方案，决定法人内部管理机构的设置，以及法人章程规定的其他职权；营利法人的监督机构依法行使检查法人财务，监督执行机构成员、高级管理人员执行法人职务的行为，以及法人章程规定的其他职权。非营利法人中，除法律另有规定外，事业单位的理事会为其决策机构；社会团体会员大会或会员代表大会为权力机构，理事会为执行机构；捐助法人则以理事会、民主管理组织为决策机构。

（3）住所

基于对法人主体进行识别、交易、监管等要求，《民法典》规定，法人应当有自

己的住所。作为法人的住所，可以是法人自己所有的，也可以是租赁他人的。法人以其主要办事机构所在地为住所。依法需要办理法人登记的，应当将主要办事机构所在地登记为住所。法人的住所和法人的场所不同，法人的活动场所可以是多个，而法人的住所具有唯一性。

（4）财产或经费

拥有必要的财产或者经费，对于法人来讲极为重要，这是法人享有民事权利和承担民事义务的物质基础，也是法人独立承担民事责任的物质保障。其中，必要的财产是对营利法人的要求；必要的经费是对非营利法人的要求。营利法人因其经营性质和经营范围的不同，须具有的法定最低财产数额亦有所区别。例如，《商业银行法》第13条规定设立全国性商业银行的注册资本最低限额为10亿元人民币。设立城市商业银行的注册资本最低限额为1亿元人民币，设立农村商业银行的注册资本最低限额为5000万元人民币。

3. 具体条件和程序应依照法律、行政法规的规定

鉴于不同类型的法人，其成立的实体要件和程序要件存在差异，《民法典》授权相关法律和行政法规作出具体规定。例如，《公司法》第23条规定了设立有限责任公司应当具备的条件，包括：股东符合法定人数；有符合公司章程规定的全体股东认缴的出资额；股东共同制定公司章程；有公司名称，建立符合有限责任公司要求的组织机构；有公司住所。《保险法》规定设立保险公司应当经国务院保险监督管理机构批准，设立保险公司应当具备下列条件：（1）主要股东具有持续盈利能力，信誉良好，最近三年内无重大违法违规记录，净资产不低于人民币2亿元；（2）有符合本法和《公司法》规定的章程；（3）有符合本法规定的注册资本；（4）有具备任职专业知识和业务工作经验的董事、监事和高级管理人员；（5）有健全的组织机构和管理制度；（6）有符合要求的营业场所和与经营业务有关的其他设施；（7）法律、行政法规和国务院保险监督管理机构规定的其他条件。

二、法人的变更

法人的变更，是指在法人存续期间，法人的组织机构、业务范围、名称、住所等重大事项的变动。

（一）法人组织机构的变更

1. 法人合并

法人合并是指两个以上的法人集合成为一个法人的民事法律行为。法人合并可分为吸收合并和新设合并。吸收合并是指一个法人吸收被合并的其他法人，合并后只有一个法人存续，被吸收法人均消灭的合并方式。新设合并是指两个以上的法人合并为一个新法人。新设合并导致原来的法人均消灭，新的法人产生。为保障各合并法人的债权人的利益，法人应在合并前通知债权人，债权人有权要求法人清偿债务或提供相应的担保。法人合并的，合并各方的权利和义务由合并后存续的法人或者新设的法人享有和承担。

2. 法人的分立

法人的分立是指一个法人分成两个或两个以上法人的民事法律行为。按分立的不同方式，可将法人的分立区分为新设分立和派生分立。新设分立是指解散原法人，而分立为两个以上的新法人。派生分立是指原法人继续存在，从中分出新的法人。法人分立的，其权利和义务由分立后的法人享有连带债权，承担连带债务，但是债权人和债务人另有约定的除外。

例如在案例 4-2 中，制药厂的分立属于新设分立，即原制药厂解散，分立为药业有限公司和对外服务公司两个新法人。若制药厂分立前未与物资公司达成书面债务清偿协议，则应由分立后的药业有限公司和对外服务公司对原制药厂的债务承担连带责任。但本案中，由于制药厂在清理原订合同时和物资公司协商约定，所购药材剩余价款由分立的两个单位各负担一半，所以应按协议内容由药业有限公司和对外服务公司各承担 10 万元货款债务，即判决对外服务公司给付 10 万元货款。

（二）法人组织形式的变更

对于公司法人而言，存在公司形式的变更问题。如有限责任公司在符合法定条件的前提下，经全体股东一致同意，可以变更为股份有限公司。但这种形式的变更，同新设立一样，应获得有关部门批准，方能进行变更登记。

（三）法人其他重要事项的变更

法人其他重要事项的变更是指法人的业务活动范围、注册资金、名称、住所、法定代表人等事项的变更。企业法人上述事项的变更，应到企业登记机关办理变更登记手续，并进行公告。

法人存续期间登记事项发生变化的，应当依法向登记机关申请变更登记。法人的实际情况与登记的事项不一致的，不得对抗善意相对人。登记机关应当依法及时公示法人登记的有关信息。

三、法人的终止

法人的终止又称法人的消灭，是指法人丧失民事主体资格，其民事权利能力和民事行为能力终止。

（一）法人终止的原因

1. 解散

法人解散的主要原因包括法人章程规定的存续期间届满或其他解散事由出现，法人的权力机构决议解散，因法人合并或分立需要解散，法人依法被吊销营业执照、登记证书，被责令关闭或者被撤销等。

2. 被宣告破产

企业法人不能清偿到期债务，并且资产不足以清偿全部债务或者明显缺乏清偿能力的，经债权人或债务人申请破产清算，由人民法院裁定是否受理。经人民法院审查，受理申请并认为该企业符合破产条件的，依法宣告其破产。

3. 法律规定的其他原因

为适应将来社会生活发展需要，《民法典》有关法人终止原因规定了相应弹性兜底性条款，即除上述原因外，法人还可因法律规定的其他原因而终止。

法人终止，法律、行政法规规定须经有关机关批准的，还应依照法律、行政法规的相关规定。比如，《公司法》规定，重要的国有独资公司合并、分立、解散、申请破产的，应当由国有资产监督管理机构审核后，报本级人民政府批准。

（二）法人的清算

法人的清算是指由依法成立的清算组织，清理即将终止的法人财产，了却其作为当事人的法律关系，使法人归于消灭的程序。

法人解散的，除合并或者分立的情形外，清算义务人应当及时组成清算组进行清算。除法律、行政法规另有规定外，法人的董事、理事等执行机构或决策机构的成员为清算义务人。清算义务人未及时履行清算义务，造成损害的，应当承担民事责任；主管机关或者利害关系人可以申请人民法院指定有关人员组成清算组进行清算。

法人的清算程序和清算组职权，依照有关法律的规定；没有规定的，参照适用公司法的有关规定。

清算期间，法人的主体资格并不消灭，但法人的民事权利能力受到限制，清算组织只能从事以清算为目的的活动，不得创设新的法律关系。清算组织对内清理法人财产，处理法人的有关事务，对外代表法人清偿债务，收取债权。法人清算后的剩余财产，根据法人章程的规定或者法人权力机构的决议处理。法律另有规定的，依照其规定。

清算结束并完成法人注销登记时，法人终止；依法不需要办理法人登记的，清算结束时，法人终止。法人被宣告破产的，依法进行破产清算并完成法人注销登记时，法人终止。

本章练习题

一、思考题

1. 软件设计师甲乙丙丁四人欲共同进行游戏软件的研发事业，有人提议合伙经营，有人提议设立公司，请问你有什么建议？

2. 比较自然人、法人在民事权利能力、民事行为能力和民事责任能力方面的差异。

二、综合训练

某建筑安装公司从某机电设备制造厂购进了 2000 只电源开关，经检测发现有三分之一的质量不合格。经双方协商，机电设备制造厂同意全部退货，但迟迟没有将退货款交付建筑安装公司。几经催讨未果，建筑安装公司将机电设备制造厂起诉至法院。但此时，机电设备制造厂已经被某电力设备有限公司兼并。原机电设备制造厂领导以制造厂已经不存在为由，拒绝归还欠款；某电力设备有限公司领导认为，此债务属原制造厂，与电力设备公司业务没有任何关系，也不应承担责任。

问：某建筑安装公司应该以谁为被告？此债务应该由谁来承担？

【要点提示】

考虑机电设备制造厂已经被某电力设备有限公司兼并的事实，结合法人组织机构变更后民事责任承担的法律规则来判断。

第五章　非法人组织

◎ **知识目标**
- 理解非法人组织的法律特征。
- 掌握非法人组织的偿债规则以及解散清算。

◎ **能力目标**
- 能够结合实际生活判断民事主体的性质。
- 分析具体案例中非法人组织在民事活动中其内部关系及债务承担。

第一节　非法人组织概述

非法人组织作为与自然人和法人不同的一种组织形式，在世界各国广泛存在，《民法典》承认和赋予非法人组织民事主体地位，以三类民事主体的立法构建，完成了对我国民事主体的制度设计，这不仅贯彻了私法自治理念，激发了市场活力，也有利于规范非法人组织的活动，有力地维护了市场经济的法律环境和法治秩序。

一、非法人组织的概念和法律特征

依据《民法典》第 102 条的规定，非法人组织是指不具有法人资格，但是能够依法以自己的名义从事民事活动的组织。从境外立法例视角而言，非法人组织相当于德国立法上的"无权利能力社团"，日本立法例上的"非法人社团和非法人财团"，我国台湾地区则称为"非法人团体"。

非法人组织具有以下法律特征：

（一）非法人组织是稳定的组织体

非法人组织的这个特征使其区别于自然人个人，非法人组织有自己的名称、组织机构、组织规则、开展业务活动的场所和相对独立的财产或经费，可以形成独立于其成员个人意思的团体意思，通过代表人或管理人对外代表团体，以团体的名义实施法律行为。

非法人组织不同于法人，法人的组织机构受到法律和法人组织章程的约束，要求其有健全的组织结构，即权力机构、执行机构和监督机构，从而保障法人的正常运行，但是对非法人组织来说，考虑到其具体形态的多元性，法律并没有对其治理机构提出要求，由其设立人或成员自主决定。

（二）依法设立

合法性是非法人组织不可或缺的特征，而满足非法人组织合法性要求的关键要件则是依法设立。《民法典》第 103 条规定："非法人组织应当依照法律的规定登记。设立非法人组织，法律、行政法规规定须经有关机关批准的，依照其规定。"依据本条规定，非法人组织原则上都应当进行登记，这就使非法人组织既区别于未进行登记的民事合伙、设立中的法人；又不同于根据法人内部的规章成立的内部职能部门，如组成法人的车间、班组或科室。

（三）能够以自己的名义从事民事活动

非法人组织具有以自己的名义对外从事民事活动的资格，例如独立对外签订合同、起诉应诉、申请贷款等。

（四）享有一定的民事权利能力和民事行为能力

作为《民法典》所规定的自然人、法人之外的第三类民事主体，非法人组织当然地具有民事权利能力与民事行为能力，但这些能力的享有是受一定限制的。与自然人相比，非法人组织不享有自然人的生命、健康、肖像等人身方面的权利能力。与法人相比，有些非法人组织的行为能力会受到限制。

（五）不能独立地承担民事责任

这是与法人组织的重要区别之一，也是非法人组织最重要和最本质的特点。法人的独立性体现在法人财产完全独立于其成员的财产，在法人财产不足以承担清偿责任而资不抵债时，宣告破产，主体资格消灭，债务也随之消灭，法人的成员仅以其认缴的出资额为限对法人债务承担有限责任。而非法人组织的财产属于全体成员共有，组织成员的财产与组织的财产没有绝然的分隔，当非法人组织的财产不足以清偿全部债务时，由非法人组织的出资人或设立人承担无限责任。

《民法典》第 108 条规定："非法人组织除适用本章规定外，参照适用本编第三章第一节的有关规定。"也就是说，非法人组织首先应适用《民法典》第四章规定，但在第四章没有规定的情形下，还可参照适用第三章第一节即法人组织的一般性规定。

二、非法人组织的偿债规则

《民法典》第 104 条规定："非法人组织的财产不足以清偿债务的，其出资人或者设立人承担无限责任。法律另有规定的，依照其规定。"据此，非法人组织的偿债规则包含以下三层含义：

第一，非法人组织的财产优先清偿债务。非法人组织是独立的民事主体，能够以自己的名义独立参与民事活动并享有财产权利。因此，应首先以非法人组织的财产清偿其债务。

第二，非法人组织的财产不足以清偿债务的，则应由其出资人或者设立人承担无限责任。此处的无限责任是指设立人或出资人以其个人的全部财产对非法人组织的债务承担连带清偿责任，债权人可以选择其中一个、数个或者请求全体承担全部清偿责任，某一设立人或出资人对外承担责任后，可以就超过自己应承担的债务数额向其他设立人或出资人追偿。

第三，法律另有规定的，依照其规定。例如，《合伙企业法》第 2 条规定，有限合伙人以其认缴的出资额为限对合伙企业债务承担责任。《个人独资企业法》第 28 条规定，个人独资企业解散后，原投资人对个人独资企业存续期间的债务仍应承担偿还责任，但债权人在 5 年内未向债务人提出偿债请求的，该责任消灭。

三、非法人组织的代表人制度

《民法典》第 105 条规定："非法人组织可以确定一人或者数人代表该组织从事民事活动。"非法人组织的代表人制度不仅便于非法人组织参与民事活动，而且有利于控制非法人组织自身的风险，防止非法人组织成员实施不当代表非法人组织的行为，有利于维护交易安全。

非法人组织代表人制度的基本内容：（1）非法人组织可以确定一人或数人为代表人，有权以非法人组织的名义实施民事法律行为，法律后果由非法人组织承受。（2）如果非法人组织确定了代表人，则其他成员不得代表非法人组织行为。（3）非法人组织章程或者权力机构对代表人代表权范围的限制，不得对抗善意第三人。

非法人组织的代表人依据章程、协议或成员的共同决定在职权范围内代表非法人组织参加民事活动，尽到勤勉和谨慎、忠实、报告和保密的义务，尽职尽责处理好非法人组织的事务。

第二节 非法人组织的类型

【案例 5-1】 甲、乙、丙三人注册成立了一家科技开发合伙企业，三人各出资 100 万元。合伙合同明确约定，甲、乙为普通合伙人，丙为有限合伙人，合伙企业负责人是甲，对外代表该合伙企业。后该公司因经营不善，对外负债 1000 万元，合伙现有财产 200 万元。

请思考：甲、乙、丙如何对合伙债务负担责任？

《民法典》第 102 条第 2 款规定："非法人组织包括个人独资企业、合伙企业、不具有法人资格的专业服务机构等。"因此，非法人组织包括如下几种类型：

一、个人独资企业

根据《个人独资企业法》第 2 条的规定，个人独资企业是指"在中国境内设立，由一个自然人投资，财产为投资人个人所有，投资人以其个人财产对企业债务承担无限责任的经营实体"。个人独资企业的主要特点为：

（1）仅有一个投资者，且该投资者为自然人。

（2）企业财产不具有独立性。《个人独资企业法》第 17 条规定："个人独资企业投资人对本企业的财产依法享有所有权，其有关权利可以依法进行转让或继承。"因此，个人独资企业的财产属于投资者个人所有，投资者有权将其投入企业的财产依法转让，如果投资者以家庭共有财产投资，则企业的财产属于家庭共有。

（3）企业的所有权和经营权是合一的。《个人独资企业法》第19条规定："个人独资企业投资人可以自行管理企业事务，也可以委托或者聘用其他具有民事行为能力的人负责企业的事务管理。"

（4）投资者对企业债务承担无限责任。《个人独资企业法》第31条规定："个人独资企业财产不足以清偿债务的，投资人应当以其个人的其他财产予以清偿。"个人独资企业的财产没有法律上的独立性，其责任最终也是由投资者个人承担的。

二、合伙企业

合伙企业是指两个或两个以上的民事主体，根据合伙协议设立的共同出资、共同经营、共享收益、共担风险的营利性组织。根据《合伙企业法》第2条的规定，合伙企业包括普通合伙企业和有限合伙企业。

普通合伙企业由普通合伙人组成，只要没有法律的特别规定，则全体普通合伙人应当对合伙企业债务承担无限连带责任。有限合伙企业由普通合伙人和有限合伙人组成，普通合伙人对合伙企业债务承担无限连带责任，有限合伙人以其认缴的出资额为限对合伙企业债务承担责任。需要加以注意的是，如果一个合伙企业只有普通合伙人则必然是普通合伙企业，若只有有限合伙人则只能变更为公司这一组织形式。

（一）合伙企业的主要特点

1. 合伙合同是合伙企业成立的法律基础

合伙合同是两个以上的合伙人为了共同的事业目的，订立的共享利益、共担风险的协议。在内部关系上，合伙合同是用以确定合伙人之间的权利义务关系的依据，是合伙企业成立的基础。在对外表现形式上，合伙企业是由全体合伙人作为整体与第三人产生法律关系的组织体。

合伙合同需载明：合伙企业的名称和主要经营场所；合伙目的和合伙企业的经营范围；合伙人的姓名及其住所；合伙人出资的方式、数额和缴付出资的期限；利润分配和亏损分担办法；合伙企业事务的执行；入伙和退伙；合伙企业的解散和清算及违约责任等。

2. 合伙人共同出资是合伙经营的物质基础

依据《民法典》第968条，合伙人应当按照约定的出资方式、数额和交付期限，履行出资义务。合伙人可以用货币、实物、知识产权、土地使用权或其他财产权利出资，也可以用劳务出资（有限合伙人除外）。合伙人以非货币财产形式出资需要评估作价的，可以由全体合伙人协商确定，也可以由全体合伙人委托法定评估机构评估，依照法律、行政法规的规定，需要办理财产权转移手续的，应当依法办理。

合伙人按其出资比例享有一定的财产份额，除合伙合同另有约定外，合伙人向合伙人以外的人转让其在合伙企业中的全部或者部分财产份额时，须经其他合伙人一致同意，在同等条件下，其他合伙人有优先购买权。合伙人之间转让在合伙企业中的全部或者部分财产份额时，应当通知其他合伙人。

3. 合伙人共同经营是实现合伙事业目的的基础

合伙事业经营包括合伙事务的经营决策和合伙事务执行两个方面。

依据《民法典》第 970 条之规定，除合伙合同另有约定，合伙事务的决定应当经全体合伙人一致同意。《合伙企业法》规定，除合伙协议另有约定外，合伙企业的下列事项应当经全体合伙人一致同意：改变合伙企业的名称；改变合伙企业的经营范围、主要经营场所的地点；处分合伙企业的不动产；转让或者处分合伙企业的知识产权和其他财产权利；以合伙企业名义为他人提供担保；聘任合伙人以外的人担任合伙企业的经营管理人员。

共同经营并不意味着每一个合伙人都必须执行合伙事务，可以全体合伙人共同执行合伙事务；也可以按照合伙合同的约定或者全体合伙人的决定，委托一个或者数个合伙人对外代表合伙企业执行合伙事务，其他合伙人不再执行，但是有权监督执行情况；还可以由合伙人分别执行合伙事务，执行事务合伙人可以对其他合伙人执行的事务提出异议，提出异议后，其他合伙人应当暂停该事务的执行。在有限合伙企业中，有限合伙人不执行合伙事务，不得对外代表有限合伙企业。如本节案例中丙不得担任合伙企业的负责人。

4. 合伙人共享收益、共担风险，是合伙关系的本质特征

合伙财产包括合伙人的出资、以合伙名义取得的收益和依法取得的其他财产。根据《民法典》第 969 条的规定，合伙人在合伙合同终止前，不得请求分割合伙的财产。

合伙企业的利润分配、亏损分担的方法：（1）按照合伙合同的约定办理。（2）合伙合同未约定或者约定不明确的，由合伙人协商决定。（3）协商不成的，由合伙人按照实缴出资比例分配、分担。（4）无法确定出资比例的，由合伙人平均分配、分担。合伙合同不得约定将全部利润分配给部分合伙人或者由部分合伙人承担全部亏损。应当注意的是，有限合伙企业的合伙合同可以约定将全部利润分配给部分合伙人。

如在案例 5-1 中，首先以合伙企业的财产 200 万元承担债务，甲、乙为普通合伙人，需要对剩下 800 万的债务负担无限连带责任，丙为有限合伙人，以其认缴的 100 万元出资额为限承担有限责任。

（二）入伙和退伙

1. 入伙

入伙是指合伙企业成立后，第三人加入合伙组织并取得合伙资格的行为。新合伙人入伙，除合伙协议另有约定外，应当经全体合伙人一致同意，并依法订立书面入伙协议。订立入伙协议时，原合伙人应当向新合伙人如实告知原合伙企业的经营状况和财务状况。除入伙协议另有约定外，入伙的新合伙人与原合伙人享有同等权利，承担同等责任。新合伙人对入伙前合伙企业的债务承担无限连带责任。

2. 退伙

退伙是指合伙人在合伙存续期间退出合伙组织，消灭合伙人资格的行为。退伙有以下三种形式：

（1）自愿退伙

根据《合伙企业法》第 45 条、第 46 条的规定，合伙协议约定合伙期限的，在合伙企业存续期间，有下列情形之一的，合伙人可以退伙：合伙协议约定的退伙事由出现；经全体合伙人一致同意；发生合伙人难以继续参加合伙的事由；其他合伙人严重违反合伙协议约定的义务。合伙协议未约定合伙期限的，合伙人在不给合伙企业事务执行造成不利影响的情况下，可以退伙，但应当提前 30 日通知其他合伙人。

（2）法定退伙

法定退伙又称当然退伙，是指基于法律的直接规定而退伙。结合《民法典》第977 条和《合伙企业法》第 48 条的规定，合伙人有下列情形之一的，当然退伙：作为合伙人的自然人死亡、丧失民事行为能力；作为合伙人的法人或者其他组织终止，如依法被吊销营业执照、责令关闭、撤销，或者被宣告破产；法律规定或合伙协议约定合伙人必须具有相关资格而丧失该资格；合伙人在合伙企业中的全部财产份额被人民法院强制执行。

合伙人被依法认定为无民事行为能力人或者限制民事行为能力人的，经其他合伙人一致同意，可以依法转为有限合伙人，普通合伙企业依法转为有限合伙企业。其他合伙人未能一致同意的，该无民事行为能力或者限制民事行为能力的合伙人退伙。退伙事由实际发生之日为退伙生效日。

（3）强制退伙

强制退伙又称除名退伙，是指合伙人有不法或不当行为，其他合伙人可以决定该合伙人退伙。根据《合伙企业法》第 49 条的规定，合伙人有下列情形之一的，经其他合伙人一致同意，可以决议将其除名：未履行出资义务；因故意或重大过失给合伙企业造成损失；执行合伙事务时有不当行为；发生合伙协议约定的事由。对合伙人的除名决议应当书面通知被除名人。被除名人自接到除名通知之日，除名生效，被除名人退伙。被除名人对除名决议有异议的，可自接到除名通知之日起 30 日内，向人民法院起诉。

合伙人退伙，其他合伙人应当与该退伙人按照退伙时的合伙企业财产状况进行结算，退还退伙人的财产份额。退伙人对给合伙企业造成的损失负有赔偿责任的，相应扣减其应当赔偿的数额。退伙时有未了结的合伙企业事务的，待该事务了结后进行结算。退伙人在合伙企业中财产份额的退还办法，由合伙协议约定或者由全体合伙人决定，可以退还货币，也可以退还实物。

退伙人对基于其退伙前的原因发生的合伙企业债务，承担无限连带责任。合伙人退伙时，合伙企业财产少于合伙企业债务的，退伙人应当依法分担亏损。

三、不具有法人资格的专业服务机构

所谓不具有法人资格的专业服务机构，是指应用某方面的专业技能和专业知识，按照服务对象的需求在相应专业知识领域内提供服务的社会组织。如会计师事务所、律师事务所、公证机构等。其主要特征表现为：

（一）设立的特殊性

从《民法典》第 103 条的规定来看，非法人组织的设立一般应当依法登记；从我国《律师法》《注册会计师法》《公证法》的规定来看，设立不具有法人资格的专业服务机构一般都需要经过主管部门的审批。一方面有利于规范此类专业服务机构的经营活动，另一方面也便于主管机关对其进行必要的管理。

（二）业务范围的特殊性

不具有法人资格的专业服务机构以提供专业服务为内容，例如律师为当事人代理案件，会计师事务所为企业进行审计、公证机构为申请人办理公证业务等。

第三节　非法人组织的设立和终止

一、非法人组织的设立

（一）非法人组织应当依照法律的规定登记

《民法典》第 103 条第 1 款规定："非法人组织应当依照法律的规定进行登记。"因此，非法人组织原则上都应当进行登记。这不仅有利于对各类非法人组织进行更有效率的管理，而且有助于使不特定第三人了解对方当事人的主体资格和交易能力，进而维护交易安全。例如《合伙企业法》第 9 条第 1 款规定："申请设立合伙企业，应当向企业登记机关提交登记申请书、合伙协议书、合伙人身份证明等文件。"《个人独资企业法》第 9 条第 1 款规定："申请设立个人独资企业，应当由投资人或者其委托的代理人向个人独资企业所在地的登记机关提交设立申请书、投资人身份证明、生产经营场所使用证明等文件。委托代理人申请设立登记时，应当出具投资人的委托书和代理人的合法证明。"这些是对合伙企业和个人独资企业的登记问题作出的规定。

（二）须经有关机关批准的，依照其规定

《民法典》第 103 条第 2 款规定："设立非法人组织，法律、行政法规规定须经有关机关批准的，依照其规定。"对于应当经批准设立的非法人组织而言，在批准之后，仍然应当办理登记。非法人组织设立需要经有关机关批准的情形主要包括如下两种：

一是某种类型的非法人组织设立本身需要经过批准。例如，《律师法》第 18 条规定："设立律师事务所，应当向设区的市级或者直辖市的区人民政府司法行政部门提出申请，受理申请的部门应当自受理之日起二十日内予以审查，并将审查意见和全部申请材料报送省、自治区、直辖市人民政府司法行政部门。省、自治区、直辖市人民政府司法行政部门应当自收到报送材料之日起十日内予以审核，作出是否准予设立的决定。准予设立的，向申请人颁发律师事务所执业证书；不准予设立的，向申请人书面说明理由。"此外，设立会计师事务所、公证机构均需由主管机关批准。

二是某种类型的非法人组织的设立本身不需要经过批准，但如果其经营范围属于需要批准的事项，则也应当经有关部门批准。例如，《合伙企业法》第 9 条第 2 款规定："合伙企业的经营范围中有属于法律、行政法规规定在登记前须经批准的项目的，该项经营业务应当依法经过批准，并在登记时提交批准文件。"依据该条规定，如果合伙企业的经营范围属于法律、行政法规规定应当批准的项目，则该合伙企业的设立即应当经有关机关批准。《个人独资企业法》第 9 条第 2 款也作出了同样规定："个人独资企业不得从事法律、行政法规禁止经营的业务；从事法律、行政法规规定须报经有关部门审批的业务，应当在申请设立登记时提交有关部门的批准文件。"

二、非法人组织的终止

非法人组织的终止，即非法人组织根据章程或出资人、设立人的决议，或者因法律规定的事由出现而解散，进行清算后终止其民事主体资格的法律程序。

（一）非法人组织解散的原因

《合伙企业法》第 85 条规定："合伙企业有下列情形之一的，应当解散：（一）合伙期限届满，合伙人决定不再经营；（二）合伙协议约定的解散事由出现；（三）全体合伙人决定解散；（四）合伙人已不具备法定人数满三十天；（五）合伙协议约定的合伙目的已经实现或者无法实现；（六）依法被吊销营业执照、责令关闭或者被撤销；（七）法律、行政法规规定的其他原因。"非法人组织常见的解散原因包括：

第一，章程规定的存续期间届满。如果存续期间届满后，设立人或组织成员不愿解散，可以修改章程，并办理变更登记。《民法典》第 976 条规定："合伙人对合伙期限没有约定或者约定不明确，依据本法第五百一十条的规定仍不能确定的，视为不定期合伙。合伙期限届满，合伙人继续执行合伙事务，其他合伙人没有提出异议的，原合伙合同继续有效，但是合伙期限为不定期。合伙人可以随时解除不定期合伙合同，但是应当在合理期限之前通知其他合伙人。"

第二，章程规定的解散事由出现。如某合伙企业约定 3 年内年盈利低于一定数额时就解散，在符合该条件时，该合伙企业就应当解散。

第三，出资人或者设立人决定解散。自愿解散是民事主体自愿选择的结果，除了个人独资企业之外，任何具有团体性质的非法人组织的解散原则上均应当经全体出资人或设立人共同决定。

第四，法律规定的其他情形。如《合伙企业法》第 75 条规定："有限合伙企业仅剩有限合伙人的，应当解散；有限合伙企业仅剩普通合伙人的，转为普通合伙企业。"

（二）非法人组织解散后的清算

非法人组织解散后，并不导致非法人组织的主体资格立即消灭，还需要依照一定的程序来了结相关的权利义务关系，收回债权，清偿债务并分配财产，办理注销登记，非法人组织的主体资格才归于消灭。

就清算程序而言，应当把握如下几个基本要点：

第一，在清算开始时，必须先确定清算人，在清算期间代表非法人组织执行与清算相关的事务。清算人可以由组织成员的一人或数人担任。在特殊情况下还可以由人民法院指定的人选担任。

第二，确立清算人后，清算开始，其人格即进入受限制的状态，非法人组织的权能由清算人行使，不得开展与清算无关的经营活动。

第三，清算人在清算期间执行下列事务：（1）清算人应将解散清算事由通知全体债权人，债权人开始进行债权申报，清算人进行登记；（2）清理非法人组织财产，制作负债表和财产清单；（3）清缴所欠税款；（4）清理债权、债务；（5）处理与清算有关的非法人组织未了结事务；（6）处理清偿债务后的剩余财产；（7）代表非法人组织参加诉讼或者仲裁活动。

第四，若清算人未按照规定履行通知和公告义务，导致债权人未及时申报债权而未获清偿，债权人可以对清算人主张赔偿因此造成的损失。

第五，清算结束后，清算人应编制清算报告，并办理注销登记，非法人组织即告终止。

合伙企业注销后，原普通合伙人对合伙企业存续期间的债务仍应承担无限连带责任。合伙企业不能清偿到期债务的，债权人可以依法向人民法院提出破产清算申请，也可以要求普通合伙人清偿。合伙企业依法被宣告破产的，普通合伙人对合伙企业债务仍应承担无限连带责任。个人独资企业参照适用破产清算程序后尚未清偿债务的，仍由投资人以其个人的其他财产予以清偿。

本章练习题

思考题

1. 非法人组织的特征是什么？

2. 非法人组织有哪些形式？

3. 非法人组织的债务如何承担？

4. 合伙企业的退伙方式有哪些？退伙有何法律后果？

5. 非法人组织解散的原因有哪些？

第六章 民事权利

◎ **知识目标**

- 了解民事权利的概念和特征。
- 理解民事权利的分类以及划分标准。
- 掌握民事权利的主要内容。

◎ **能力目标**

- 能够判断某一侵权行为构成对何种民事权利的侵害。
- 能够正确行使民事权利。
- 具备通过法律途径保护民事权利的能力。

第一节 民事权利概述

一、民事权利的概念

"权利"的概念，起源于古罗马法，拉丁文为 Jus，含正义、直道、公平之含义。在我国法律上的"权利"，是由"权"和"利"合二为一，组成"权利"一语，此为 19 世纪以来日本学者的创造，随着我国对日本民法的借鉴一并引入。从该词语的产生来看，它本身就体现着人与人之间的平等自主关系，强调法律对个人自治的保护，借助法律上的力量在维护社会生活、公共秩序的同时，为个体划定获取合法利益的行为边际，在边际范围之内对民事主体的自由提供保障。

权利的本质在法理上主要有三种观点：意志说，又称为意思说，此说以德国历史法学派的萨维尼为代表。这派学者主张权利的本质就是个人意志所支配的范围，体现了权利人的自由意志。利益说，代表人物为德国利益法学派的学者耶林。这种学说认为，任何权利的设定最终都是为了实现权利人的利益。法力说，由德国学者梅开尔所倡导。这种学说认为，权利的本质表现为法律上之力，权利之所以能够享有、自由行使与实现，是因为其背后有国家强制力的支撑。

从权利的历史背景和本质入手，我们认为民事权利是以利益为核心，以意思自治为中间层，以法律上之力为外壳的复合体。

二、民事权利的特征

（一）民事权利是由民事法律规范所确认的权利

民事权利是由民事法律规范所规定或确认的私权，这表明民事权利不同于任何个人在公法上的权利。公法上的权利主要是指宪法和行政法所确认的公民所享有的各种权利，两者在法律依据、义务主体、权利的内容和救济途径方面均有不同。

（二）民事权利体现为权利人所享有的利益

权利的本质就在于对个人利益的确认，主体享有、行使、支配某种权利很多时候都是为了满足其特定利益的需要。因此，利益往往是权利的目的，权利是获得利益的手段，如债权的设立是为了保障债权人的利益。同时，民事权利的背后应是权利人的利益，如其代表与体现的是他人的利益就不能划归为权利，如代理权、监护权就都不是严格意义上的权利。

（三）民事权利体现为一定范围内的自由

权利意味着主体的意思自由和行为自由，权利人自主决定是否行使权利以及行使的方式和内容。然而"自由止于权利"，权利本身界定了人与人之间行为自由的界限，权利人享有的权利也是他人不得非法逾越的行为边界，超出该范围就不受法律的保护，甚至要被追究责任。

（四）民事权利以国家强制力为后盾

民事权利是民法规范赋予民事主体的，在国家机器保障之下的权利，权利人因他人的行为而使其利益受到侵害时，可以请求有关国家机关采取强制措施予以保护，可以依法请求义务人为一定行为或不为一定行为，任何民事权利都能够获得民法上的救济，无救济则无权利。

（五）民事权利的内容具有开放性

民事权利本身是一个动态的、开放的体系，完全由法律一一列举是很困难的。原则上，民事权利应当由成文法所确认，但随着社会的发展，会出现一些新型的民事权益类型，一些民事利益也可能上升为民事权利。例如，从我国立法看来，隐私早期体现为一种民事利益，通过名誉权保护，后来被我国立法确认为独立的隐私权。因此，我国《民法典》第126条规定，"民事主体享有法律规定的其他民事权利和利益"，为将来新型民事权利预留了空间，体现了私权保护的开放性。

三、民事权利的基本分类

民事权利按其内容、作用、性质的不同可作如下划分：

（一）财产权、人身权、综合性权利

依照民事权利是否直接具有财产或经济内容为标准，民事权利有财产权、人身权和综合性权利之分。这是民事权利体系中最基本的分类。

财产权，是以主体的财产利益为内容的民事权利。财产权包括两大类，物权和债权，该权利不具有专属性，可以在民事主体之间转让，也可以放弃和继承。

人身权，是以主体的人身利益为内容的、与权利人的人身密不可分的民事权利。

包括人格权和身份权。人格权如基于人的出生而享有的生命权、健康权等，身份权如基于家庭关系而形成的亲属权、配偶权等，这些人身权重在体现主体的人身利益。一般情况下，人身权是不能转让和继承的。

综合性权利，是指由财产权和人身权结合所产生的一类权利，其内容既包括人身利益，又包括财产利益。典型的综合性权利包括：第一，知识产权，是指以对于人的智力成果和工商业标志的独占排他的利用为内容的权利，包括著作权、专利权、商标权等，知识产权包括财产权和人身权两方面。第二，社员权，是指在某个团体中的成员依据法律规定的团体章程对团体享有的各种权利的总称。股权是典型的社员权。第三，继承权，继承权以继承人的身份为基础，以财产利益为内容。

（二）支配权、请求权、抗辩权、形成权

民事权利依其作用可划分为支配权、请求权、抗辩权、形成权。

支配权，是指民事权利主体享有的可以直接支配权利客体并排斥他人干涉的权利。物权是典型的支配权，知识产权、人格权、身份权在性质上也可以称为支配权。支配权的最大特点在于它的排他性，权利主体行使权利不需他人配合，但他人不可为同样的支配行为。如物权人对物的直接支配处置，知识产权拥有者对智力成果的直接支配。

请求权，是指权利人能够要求他人为特定行为（或不为特定行为）的权利，请求权的作用体现为请求而非支配。请求权俗称为对人权（这里的"人"指代的是义务主体）。它是一个主体对另一主体的权利。该权利的突出特点为权利人的利益须通过义务人履行义务的行为方可实现，不得对义务主体的财产或其他利益直接处置。请求权因基础权利的不同可分为：债权上的请求权、物权上的请求权、人格权上的请求权、身份权上的请求权、知识产权上的请求权。其中债权请求权属于独立请求权，可以独立存在，其他请求权属于非独立请求权，在权利未受到侵害以前，此种权利是隐而不现的，一旦权利受到侵害，这种权利就表现出其作用，是以权利的救济手段出现的。

抗辩权，是指对抗请求权的权利。其作用主要在于对抗、反对或防御他人的权利请求。抗辩权的行使特点是以请求权存在并且提出请求为前提。在请求权已经消灭或未提出请求的情况下，抗辩权无从行使。抗辩权依其行使效果可分为永久抗辩权和延期抗辩权。永久抗辩权是指可以永久性阻止某项请求权的实现，如诉讼时效期间届满产生的时效抗辩权。延期抗辩权是指可以暂时阻止某项请求权实现的抗辩权，如同时履行抗辩权、不安抗辩权、一般保证中保证人的先诉抗辩权等。

形成权，是指当事人一方可以自己的意思表示使法律关系发生变动的权利。解除权、追认权、抵销权、选择权等都属于形成权。根据形成权的行使是否需要通过诉讼程序，可以将形成权分为简单形成权和形成诉权，前者如合同解除权，后者如债权人的撤销权。

（三）绝对权与相对权

以民事权利效力所及范围为标准，民事权利可分为绝对权与相对权。

绝对权是指民事权利的效力及于一切人的权利。换言之，是以权利人之外的一切人为义务人的权利。因而又称为"对世权"。权利人无须通过义务人的协助即可实现其权利，义务的内容是对他人权利的尊重和不侵扰。作为义务主体，只要不妨碍权利主体，权利主体就可实现权利。典型的绝对权有所有权、知识产权、人身权等。

相对权是指权利的效力仅及于特定的民事主体的权利。相对权因其义务主体的特定性，因而又称为"对人权"。权利主体的权利必须通过义务主体的履行行为才能实现。典型的相对权为债权。

（四）主权利与从权利

依照民事权利之间的依存关系，民事权利可划分为主权利和从权利。

主权利是指在互有关联的两个以上的民事权利中，可以独立存在的民事权利。从权利是指在互有关联的两个以上的民事权利中，必须以其他权利的存在为前提的民事权利。从权利要依附于主权利而存在，主权利成立和生效，从权利才有可能产生和生效。如果主权利转让，从权利也应依法转让。例如，抵押权的存在，是以其所担保的债权为前提的。因此，抵押权是以债权为主权利的从权利。

（五）原权利与救济权

依照权利之间的原生与派生关系中的地位不同，民事权利可划分为原权利与救济权。救济权是因基础权利受侵害或有受侵害之危险时产生的援助性的权利。而基础权利即为原权利。民法上有谚语云"有权利即有救济"，也可以说无救济则无权利。救济权是原权利的保障，否则权利只是一纸空文。通常的权利均是原权利，而当原权利受侵害时，权利人可行使停止侵害请求权、消除影响请求权或提起诉讼。

（六）既得权与期待权

根据成立要件是否全部具备，民事权利可以分为既得权与期待权。

既得权指成立要件全部具备的权利，一般权利如物权、债权等都是既得权。期待权是指成立要件尚未全部实现，将来有实现可能的权利，如附条件民事法律行为设定的权利在条件成就前就是期待权。继承开始前，法定继承人享有的继承权，也属于期待权。

（七）专属权与非专属权

根据权利有无移转性，民事权利可分为专属权与非专属权。

专属权，是指无移转性，权利人一般不能转让，也不能依继承程序转移的权利。人身权就属于专属权。非专属权，是指具有转移性，权利人可以转让，也可依继承程序移转的权利。财产权多为非专属权。

第二节　民事权利的类型

【案例6-1】　韩某、谢某、许某是同一宿舍的学生。夏天，韩某、谢某想剃光头，约许某一起剃。许某坚决不同意。韩某和谢某剃完以后，还想让许某剃光头，遂商量借了理发剪，在夜晚趁许某热睡之机，将许某的头发剪掉。许某气愤，在向校保卫处控告得不到解决的情况下，向当地法院起诉，追究韩某、谢某的侵权责任。

请思考：该案中韩某、谢某侵犯了许某什么权利？

一、人身权

（一）人身权的概念与特征

人身权，是指法律赋予民事主体的与其生命延续或特定身份不可分离而无直接财产内容的民事权利。

人身权在民法中是与财产权相并列的民事权利，其基本法律特征一般也是与财产权相比而言的。具体讲，人身权具有以下特征：

1. 人身权由法律直接确认，是民事主体固有的民事权利

人身权一般是于民事主体诞生之时，即法律人格产生的法律事实发生时，由法律直接确认的，直至死亡或消灭。无论民事主体是否意识到，人身权都客观地存在着，一旦权利遭到侵害，法律同样给予保护。

2. 人身权是民事主体的专属权利，不能让与或放弃

在某些情形下，民事主体可以转让其具体人身权中的某一部分内容，但其权利本身不能转让。如自然人的肖像权，权利人可以将肖像的使用权部分地转让给他人，但肖像使用权不能全部转让给他人（即卖断）。

3. 人身权与权利主体的人身紧密联系、不可分离

人身权是以民事主体为依附的，人身权不能离开民事主体而存在，民事主体也不能离开人身权而存在。一个民事主体如果没有财产权，不影响其作为民事主体存在，如果没有人身权，尤其是没有人格权，其作为民事权利主体的资格也就不存在了。

4. 人身权没有直接的财产内容

人身权以民事主体自身的人格和身份利益为客体。但并不能因此说人身权没有丝毫的财产内容，如肖像权、企业法人名称权等，则有明显的财产利益，只是这些财产利益不是直接的，而只有肖像被人使用、或者企业法人名称被转让时，其财产价值才能体现出来。

（二）人身权的种类

人身权分为人格权和身份权两方面内容。

1. 人格权

人格权是法律规定的作为民事法律关系主体所应享有的权利，它以维护和实现民事主体的身体完整、人格尊严、人身自由为目的。我国《民法典》规定的人格权包括如下两类：一般人格权和具体人格权（具体见第四编人格权）。《民法典》第109条规定了一般人格权，即"自然人的人身自由、人格尊严受法律保护"。第110条规定了具体人格权，即"自然人享有生命权、身体权、健康权、姓名权、肖像权、名誉权、荣誉权、隐私权、婚姻自主权等权利。法人、非法人组织享有名称权、名誉权和荣誉权"。

在案例6-1中，韩某、谢某在许某明确反对的情况下，采取不适当手段，剃掉许某的头发，使其被迫成为光头，侵害了身体的完整性，构成对原告身体权的侵害。在

身体权的范围内，最主要的是指不涉及损害受害人的生理机能和功能的正常运作，如果是损坏了受害人的生理机能和功能的正常运作，则为侵害健康权。

2. 身份权

《民法典》第112条规定："自然人因婚姻家庭关系等产生的人身权利受法律保护。"身份权主要包括：（1）配偶权，即夫妻双方基于配偶关系而相互享有的身份权，其内容包括同居、相互忠诚、扶养等。（2）亲权，即父母基于父母身份对其未成年子女享有的身份权，其中部分权利往往具有权利和义务的双重属性，包括监护、抚养、教育、保护、财产管理、适度惩戒等。（3）亲属权，即父母与成年子女、祖父母（外祖父母）与孙子女（外孙子女）以及兄弟姐妹之间基于亲属关系而产生的身份权。（4）知识产权中的身份权，如著作权中的署名权、发表权、修改权、保护作品完整权，专利权人在专利文件或专利产品包装上署名及标明专利标记和专利号的权利。

二、物权

（一）物权的概念和法律特征

《民法典》第114条规定："民事主体依法享有物权。物权是权利人依法对特定的物享有直接支配和排他的权利，包括所有权、用益物权和担保物权。"

物权是权利人依法对特定的物享有直接支配和排他的权利。物权的法律特征是：物权的主体是特定的权利人；物权的客体主要是有体物，包括动产和不动产；物权是支配权；物权具有排他性；物权的种类、内容应由法律明确规定。

（二）物权包括所有权、用益物权和担保物权

所有权是指所有人依法享有的对其财产进行占有、使用、收益和处分的权利，它是指所有人在法律规定的范围内，独占性地支配其财产的权利。所有权制度是物权制度中的核心内容。

用益物权是指非所有人对他人之物所享有的占有、使用、收益的排他性权利。《民法典》物权编规定了五种典型的用益物权，包括土地承包经营权、建设用地使用权、宅基地使用权、居住权和地役权。

担保物权是指为了担保债权的实现，由债务人或第三人提供特定的物或者权利作为标的物而设定的限定物权，包括抵押权、质权和留置权。

三、债权

（一）债的概念和特征

债是按照合同的约定或者依照法律的规定，在当事人之间产生的特定的权利和义务关系。债作为一种民事法律关系，有如下特征：债的主体具有特定性；债的客体为给付；债权的实现必须依靠债务人履行特定的义务；债的发生具有多样性；债具有平等性和相容性。

（二）债的发生根据

《民法典》第118条规定："民事主体依法享有债权。债权是因合同、侵权行为、

无因管理、不当得利以及法律的其他规定，权利人请求特定义务人为或者不为一定行为的权利。"据此，债发生的根据，即产生债的法律事实，主要有：合同、侵权行为、无因管理、不当得利及法律的其他规定，如单方民事法律行为。

四、知识产权

（一）知识产权的概念

知识产权，是指权利人对其智力成果和工商业标志享有的权利。其范围包括著作权、专利权、商标权、发现权、发明权和其他科技成果权等。

知识产权属于民事权利的一种类型。《民法典》第123条宣示了知识产权作为一种民事权利应当受到法律保护。

知识产权兼具人身属性和财产属性，是私法上财产权利和人身权利的结合。

（二）知识产权的客体

（1）作品。作者创造性智力劳动的成果，是著作权的客体。

（2）发明、实用新型、外观设计。发明、实用新型、外观设计是专利权的客体。

（3）商标。生产者或经营者在其商品或者服务中使用的、用于区别商品或服务来源的、具有显著特征的标志，是商标权的客体。

（4）地理标志。标示某商品来源于某地区，该商品的特定质量、信誉或者其他特征，主要由该地区的自然因素或人为因素所决定的标志，其在广义上属于商标的特殊类型。

（5）商业秘密。不为公众所知悉，能为权利人带来经济利益、具有实用性并经权利人采取保密措施的技术信息和经营信息，包括经营秘密和技术秘密。

（6）集成电路布图设计。集成电路中至少有一个是有源元件的两个以上元件和部分或者全部互连线路的三维配置，或者为制造集成电路而准备的上述三维配置。优秀的集成电路布图设计能够极大地提升集成电路的运行效率，因此，具有重要的经济利益。法律保护设计者通过优秀的设计获得相应利益的权利，并禁止他人的非法使用和拷贝。

（7）植物新品种。经过人工培育的或者对发现的野生植物加以开发，具备新颖性、特异性、一致性和稳定性并有适当命名的植物品种。植物新品种要获得专利的保护，必须具备新颖性、创造性和实用性。

（8）法律规定的其他客体。

五、继承权

继承权是指继承人依法律规定或遗嘱而承受被继承人合法财产的权利。广义上而言，继承权可以分为继承期待权和继承既得权。继承权的法律特征为：继承权的主体限于自然人；它是与财产所有权、一定的身份相关联的综合性的权利；继承的客体必须是合法的私有财产；其实现必与一定法律事实相联系。

分配遗产的方式有四种：法定继承；遗嘱继承；遗赠和遗赠抚养协议。

六、股权和其他投资性权利

《民法典》第125条规定："民事主体依法享有股权和其他投资性权利。"该规定的意义在于，在《民法典》中通过规定商事财产权的一般性规定的方式有助于实现财产权利的民商合一。

从广义上讲，股权是指股东可以向公司主张的各种权利；从狭义上讲，股权是指股东因出资而取得的、依法律或者公司章程的规定和程序参与公司事务并在公司中享受财产利益的、具有可转让性的权利。我国《公司法》对股权内容作出了相关的规定。

其他投资性权利，主要是指民事主体通过各种投资而取得的权利，如通过购买基金、保险等而取得的权利。

其特点：第一，它们都是财产权。第二，它们都是无形财产权，与针对有体物所形成的物权不同。第三，原则上都具有可转让性。

七、其他合法权益

《民法典》第126条规定："民事主体享有法律规定的其他民事权利和利益。"

（一）民事权利的兜底保护

民事主体享有的民事权利不仅仅限于《民法典》之中明确的民事权利，还包括民法典分编以及其他民事单行法等法律中规定的其他的民事权利。权利的内涵是不断发展的，法律可以基于社会的发展不断确立各种新型的民事权利，民事权利的兜底条款在维持法典稳定性的基础上，还可以为其他法律确立民事权利预留空间，对私权的保护进一步地保持了开放性。

（二）合法利益的兜底保护

每一种权利都是具体的法益，但是并非每一种法益都可以上升到权利的程度。所谓法益，是指未上升为权利的合法利益，这些合法利益未被法律规定为权利。本条的兜底条款，可以容纳社会发展之中涌现出的新型合法利益，最为典型的就是占有，占有人基于占有享有利益，但占有本身并非权利，对该合法利益也应提供保护。再如生活中的"吊唁权""被遗忘权"等应时而生并逐渐成为公众关注的焦点，合法权益的范围不断变化，一些新型权益也将不断出现。

为了适应大数据时代的需要，顺应高科技发展的要求，《民法典》第127条规定："法律对数据、网络虚拟财产的保护有规定的，依照其规定。"该条对数据和网络虚拟财产的保护作出了规定。这些都是随着网络社会的发展而出现的新型民事权利。

第三节　民事权利的行使与保护

【案例6-2】　甲、乙是邻居，甲、乙两家的围墙相隔只有5厘米，甲在半年前建起了一栋三间三层的楼房，后乙在自家的宅基地上紧邻围墙的地方挖鱼塘，但由于离甲家楼房太近，造成甲的房屋地基出现裂缝，房屋出现了开裂、下沉，甲请求乙承担损害赔偿责任，而乙则主张，其挖的鱼塘在自家宅基地上，不应当赔偿甲的损失。

请思考：乙是否构成侵权？

一、民事权利的行使

法律赋予民事主体以权利，民事主体以一定的行为实现民事权利内容的过程，就是民事权利的行使。民事权利体现为民事主体一定范围内的行为自由，因此，民事主体在行使民事权利时应当符合以下原则：

（一）自愿行使原则

民事主体有权按照自己的意愿行使权利，不受他人的非法干涉，这是民法基本原则之中自愿原则在民事权利行使规则上的具体体现。首先，行使方式上，民事权利可以由本人亲自行使，有的也可以由他人代为进行；可以事实行为行使，也可以实施某些民事法律行为来行使；可以行使也可以放弃。其次，民事主体行使权利的行为不受其他个人、组织的非法干涉。"自由止于权利"，权利人享有的权利也是他人不得非法逾越的行为边界，任何个人、组织，即使是政府机构，均不得非法干涉他人合法行使权利的行为。

（二）义务履行原则

又可以称为权利义务相一致原则，是指权利人在行使权利时，必须履行其应尽的义务，包括履行法定义务和履行约定义务。法律在高度尊重当事人自由意志之表达时，恪守衡平理念，使当事人之间的权利义务分配保持大体均衡状态。当然，这里的一致并非绝对的一致，如单务合同、赠与合同就存在一方只享有权利，一方只承担义务的情况。

（三）禁止权利滥用原则

任何权利的行使，不仅是权利人利益的实现问题，而且也牵涉相关义务人的利益及国家、社会的利益。因而权利主体在行使其民事权利时，应在法律规定或合同约定的范围之内进行，不得妨碍他人权利的行使，更不能损害公共利益。应当诚实信用，不得滥用权利。如果因滥用权利给他人造成损害，须承担赔偿责任。

如在案例6-2中，由于甲、乙的宅基地相邻，乙虽然在自己的宅基地上挖鱼塘，但不顾甲的房屋安全而打造地基，造成甲之房屋出现裂缝、下沉，构成权利的滥用，应当对甲的损害承担赔偿责任。

（四）公共利益优先原则

这是民法基本原则公序良俗原则在民事权利行使规则中的具体体现。公共利益是不特定多数人的利益，民事权利具有社会性且公益应当优先，因此权利人在行使权利时受到公共利益的限制。但是，应当注意的是，一方面公共利益应当法定化，不能由法官随意解释，也不能由当事人进行约定；在内涵上应当与国家和社会利益保持一致，不是某一个小团体的利益。另一方面当权利的行使因公共利益受到限制时，应当给予权利人公平、合理的补偿。

二、民事权利的保护

民事权利是由法律赋予的，也是由法律所保护的。法律庄严确认的权利与民事主体实际享有的权利之间存在着很大差异。在现实生活中，义务主体不自觉履行义务，甚至非法侵犯他人权利的情况时有发生。如果仅有民事权利的赋予，而偏废了对权利的保护，那么仅宣告民事主体的权利，是毫无意义的。民法关于权利的保护，体现在救济权制度，也就是赋予当事人救济权，通过切实可行的程序，确保救济权的行使。在救济方式上可分为两种：

第一，公力救济，又称民事权利的国家保护，是指民事权利受到侵害时，权利主体依法请求国家机关强制行为人承担相应的民事责任的方法。公力救济是救济制度中最基本、最常用的手段。由于民事权利受国家多个部门法的保护，在权利人的权利受侵害时，权利人可以依法请求有关行政部门给予保护，也可诉请人民法院或仲裁机关给予裁决。而经常性的、大量的是民事权利主体提起民事诉讼，请求法院支持。

第二，自力救济，又称民事权利的自我保护，是民事权利受侵犯时，民事主体采取必要措施保护自身合法权利的方式。采取自我保护是受到法律严格限制的，禁止以牙还牙，以眼还眼。权利主体只能以法律许可的方式，在法律允许的限度内保护自己的权利。一般而言，仅限于公力救济来不及、达不到、不可能的情况下，才可以采用。并且在采取自力救济之后，行为人应尽可能地将民事权利纳入公力救济的范畴。我国《民法典》规定的正当防卫、紧急避险和自助行为都属于自我保护措施。

本章练习题
思考题
1. 简述民事权利的理论分类。
2. 民事权利的类型有哪些？
3. 民事权利的行使原则是什么？
4. 简述民事权利的保护形态。

第七章　民事法律行为

◎ **知识目标**

- 理解民事法律行为的概念、特征，熟悉民事法律行为的分类及表现形式。
- 掌握民事法律行为的成立要件及无效民事法律行为、效力待定民事法律行为和可撤销民事法律行为的种类。

◎ **能力目标**

- 能够结合实际案例对民事法律行为的效力进行判断。
- 能够对无效民事法律行为、效力待定民事法律行为、可撤销民事法律行为的后果进行分析处理。

第一节　民事法律行为概述

【**案例 7-1**】　乙将甲打成重伤，支付甲医药费 5 万元。甲与乙达成如下协议："乙向甲赔偿医药费 5 万元，甲不得告发乙。"甲获得 5 万元赔偿后，向公安机关报案，后乙被判刑。

请思考：甲、乙之间的协议是否有效？

一、民事法律行为的概念

民事法律行为，简称为法律行为，是指民事主体通过意思表示设立、变更、终止民事法律关系的行为。《民法典》第 133 条对民事法律行为作出了规定。

民事法律行为是一种表意行为，是以意思表示为核心要素的行为。表意行为的行为人具有导致一定法律效果发生的意图。非表意行为又称为事实行为，行为人主观上并无产生法律效果的意图，仅在客观上引起了某种法律效果的发生。

《民法通则》将民事法律行为界定为合法行为，《民法典》改变了这一规定，取消了民事法律行为合法性的要求，凡是民事主体从事的民事行为，包括合法的民事行为、无效的民事行为、可撤销的民事行为、效力待定的民事行为等，都统称为民事法律行为；另外，《民法典》中民事法律行为的本质特征是意思表示，强调是民事主体通过意思表示设立、变更、终止民事法律关系的行为。

二、民事法律行为的特征

（一）是民事主体实施的以设立、变更、终止民事法律关系为目的的行为

第一，民事法律行为是由民事主体实施的行为。不是民事主体实施的行为，如行政裁决、法院判决、仲裁裁决等，也可能产生法律后果，但不是民事法律行为。

第二，民事法律行为应能产生法律后果，即导致民事权利义务关系的设立、变更或终止。凡不能产生法律效果的行为，如日常生活中的体育锻炼、看书学习等，均不是民事法律行为。

第三，民事法律行为可能是合法的，也可能是不合法的。不合法的行为也能产生法律效果，如胁迫属于非法行为，可能产生合同被撤销的法律后果。

（二）是通过意思表示实施的行为

意思表示是法律行为的要素，法律行为本质上是意思表示。所谓意思表示，是行为人将其期望发生某种法律效果的内心意思以一定方式表现于外部的行为。意思表示包括两方面的内容：一是"意思"，即行为人的内心想法和主观愿望；二是"表示"，即行为人将其"意思"以一定形式表现于外部，为他人知晓。法律行为可能包含一个意思表示，也可能包含两个或多个一致的意思表示。意思表示是法律行为不可缺少的内容，是法律行为最基本的要素。

（三）是能够产生一定法律效果的行为

民事法律行为在性质上属于民事法律事实，如果民事法律行为是合法的，则能够产生当事人预期的法律效果，可以导致民事法律关系的产生、变更或终止。民事法律行为如果违反法律、行政法规的效力性强制性规定，或违反公序良俗，则不能产生当事人预期的私法上的效果，但会产生法律规定的效果，如合同无效产生无效合同的后果，遗嘱无效产生无效遗嘱的后果。

在案例7-1中，甲被乙打成重伤，该案件并不属于告诉才处理的刑事案件，甲、乙双方就乙的刑事责任不得"私了"，甲、乙关于"甲不得告发乙"的约定因违反了法律的强制性规定而归于无效；乙将甲打成重伤，乙的行为在构成犯罪行为的同时，也是一种侵权行为，乙应承担侵权损害赔偿责任，甲乙关于双方之间赔偿问题的约定是民事主体对自己权利的处分，并未违反法律的强制性规定，也不存在乘人之危的问题，应认定为有效。因此，甲乙之间约定"乙向甲赔偿医疗费5万元"有效，约定"甲不得告发乙"无效。

第二节　民事法律行为的形式和分类

【案例7-2】　3月24日，先锋音讯公司（乙方）与北方信开公司（甲方）签订了《先锋音讯（北京）科技有限公司录音电话试用合同》。合同约定：乙方向甲方提供4台某型号的数码录音电话，单价1280元，总共5120元。乙方提供的产品货到试用一个月，到期甲方应付款或退回产品，供货时间为3月26日，付款方式为：货到一个月内付款，双方还约定了其他权利义务和违约责任等。合

同签订后，乙方如约向甲方提供了 4 台数码录音电话，甲方没有按约定支付货款或退货。双方为此发生纠纷，

请思考：如何解决？

一、民事法律行为的形式

民事法律行为的形式，实际上是作为民事法律行为核心要素的意思表示的形式。《民法典》第 135 条规定："民事法律行为可以采用书面形式、口头形式或者其他形式；法律、行政法规规定或者当事人约定采用特定形式的，应当采用特定形式。"据此，民事法律行为可采用以下形式：

（一）口头形式

口头形式，是指用口头语言进行意思表示的形式，包括双方当事人当面洽谈、电话交谈等直接对话方式，也包括托人带口信等间接对话形式。对于即时清结的合同，或者数额较小的合同，以及在超市、集市等地订立的合同，当事人一般采用口头形式。口头形式的法律行为，具有简便、迅速的优点，但由于缺乏客观记载，一旦发生纠纷，日后难以取证。

（二）书面形式

书面形式，是指用文字进行意思表示的形式。根据《民法典》第 469 条第 2 款规定："书面形式是合同书、信件、电报、电传、传真等可以有形地表现所载内容的形式。"对书面形式的理解也要与时俱进，不仅仅是纸的概念，以电子数据交换、电子邮件等方式能够有形地表现所载内容，并可以随时调取查用的数据电文，也被视为书面形式。书面形式又分为一般书面形式和特殊书面形式。

1. 一般书面形式

一般书面形式是指行为人用书面文字进行意思表示，并且签名盖章后即可发生法律效力，不需要再履行其他法律手续的形式。

2. 特殊书面形式

特殊书面形式是指行为人除了用文字形式进行意思表示外，还需要履行其他法律手续的形式。具体包括以下几种：

（1）公证形式。它是指由国家公证机关依照法律程序对当事人的书面意思表示的真实性和合法性进行审查并加以证明的形式。民事法律行为是否需要进行公证，通常由当事人自愿选择。但是，如果法律规定某些民事法律行为必须进行公证才能发生法律效力的，必须进行公证。经过公证的民事法律行为，在真实性、合法性方面取得了较强的证明力，特别是对赋予强制执行效力的债权文书公证后，具有直接的执行力，可不经过诉讼程序而直接进入执行程序。

（2）审查登记形式。它是指当事人将其书面的意思表示提请国家有关主管机关加以审查、批准，确认该民事法律行为真实合法后，将有关事项记载于审查机关的公共登记簿并发给证明文件的形式。

书面形式可以促使当事人深思熟虑后再实施法律行为，使权利义务关系明确化，

并可保存证据，有助于预防和处理争议。书面形式是要式法律行为的一种形式，是否采用，由法律规定或由当事人约定，主要适用于履行期限较长、交易规则复杂、标的数额较大的民事法律行为。

（三）推定形式

推定形式，是指当事人通过有目的、有意义的积极行为将其内在意思表现于外部，使他人可以根据常识、交易习惯、相互间的默契，推知当事人已作出了某种意思表示，从而使该民事法律行为成立的形式。这种形式，当事人既没有通过语言，又没有通过文字，而是通过某种积极的行为来进行其意思表示，因而推定形式又可称为作为的默示形式或积极的默示形式。例如，《民法典》第 490 条第 2 款规定："法律、行政法规规定或者当事人约定合同应当采用书面形式订立，当事人未采用书面形式但是一方已经履行主要义务，对方接受时，该合同成立。"又如，乘客上公共汽车投币的行为，虽然乘客和公共汽车公司之间没有书面或口头合同，但乘客的投币行为表明双方建立了汽车运输合同。

（四）沉默形式

沉默形式，是指行为人既没有通过语言文字来表达，也没有进行积极的行为，但从其沉默不语，可以推断其内在的意思表示，从而使法律行为成立的形式。通常情况下，内部意思须借助于身体外部积极的行为来进行表达，沉默不是意思表示，不能成立法律行为。依据《民法典》第 140 条第 2 款，沉默只有在有法律规定、当事人约定或者符合当事人之间的交易习惯时，才可以视为意思表示，才产生成立法律行为的效果。这种行为又可称之为不作为的默示形式或消极的默示形式，如《民法典》第637 条规定，试用买卖的当事人可以约定标的物的试用期限。对试用期限没有约定或者约定不明确，依据本法第五百一十条的规定仍不能确定的，由出卖人确定。在案例7-2 中，甲乙双方签订的是试用买卖合同，根据法律规定，试用期一个月届满后，北方信开公司对是否购买标的物未作表示的，应视为购买，因而，北方信开公司应向先锋音讯公司给付货款。

二、民事法律行为的分类

民事法律规范对不同种类的民事法律行为，在成立要件和具体内容上有不同的要求。对民事法律行为作出科学的分类，有助于了解和掌握不同种类民事法律行为的不同特征，正确分析判断现实生活中的各种民事活动是否具备民事法律行为的成立要件。民事法律行为从不同的角度或根据不同的标准有如下分类：

（一）单方民事法律行为、双方民事法律行为与多方民事法律行为

这是根据民事法律行为是否由当事人一方的意思表示即可成立为标准进行的划分。

单方民事法律行为，是指基于当事人一方的意思表示而成立的法律行为。这种民事法律行为仅凭一方当事人意思表示即可成立，而无须征得对方当事人同意。如立遗嘱的行为、无权代理的追认、委托代理中的撤销委托、辞去委托、放弃继承、免除债务等都是单方民事法律行为。单方民事法律行为又可分为两种，一种是须向特定人作

出的单方民事法律行为，如行使法定解除权解除合同的行为，效力未定合同中当事人行使追认权等，此类行为中，行为人的意思表示到达对方时行为才能生效；另一种是无须向特定人作出的单方民事法律行为，如抛弃动产所有权的行为，此类行为一经作出，立即生效。

双方民事法律行为，是指必须由双方当事人意思表示一致才能成立的民事法律行为。双方法律行为的典型形式是合同，合同的成立必须要有两个以上的当事人，各方当事人须互相作出意思表示，意思表示一致时方可成立。实践中的买卖合同、借贷合同、租赁合同等都是双方民事法律行为。

多方民事法律行为，又称为共同法律行为，是指基于三方以上当事人的意思表示一致而成立的法律行为。发起人为三人以上订立公司章程的行为和合伙协议最为典型。多方法律行为与双方法律行为的区别是，在实施多方法律行为时，当事人所追求的利益是共同的，而在双方法律行为中，当事人的利益是相对的。

（二）有偿民事法律行为与无偿民事法律行为

这是根据民事法律行为中一方当事人转让某种利益时是否要求对方给予相应的对价为标准进行的划分。

有偿民事法律行为，是指一方当事人在转让某种利益时，要求对方当事人支付相应对价的行为。现实生活中，大多数民事法律行为都属于有偿民事法律行为，如买卖、租赁等合同。

无偿民事法律行为，是指一方当事人在转让某种利益时，对方当事人无须给付任何对价的行为。赠与合同、无偿保管合同等即属此类。

区分有偿民事法律行为与无偿民事法律行为的意义在于：一是对行为性质的认定。对于某些民事法律行为，法律规定必须是有偿的或无偿的。二是对行为人责任的认定。一般来说，有偿民事法律行为义务人承担的民事责任要重，而无偿民事法律行为义务人承担的民事责任要轻，如无偿保管合同中，保管人只在故意或重大过失的情况下，才对保管物的毁损、灭失承担责任。三是对行为主体的要求，实施有偿法律行为的当事人原则上应具备完全民事行为能力，限制民事行为能力人未经法定代理人同意，不能实施较为重大的有偿法律行为，而无偿法律行为则对当事人的行为能力要求较低，限制民事行为能力人也可实施纯获利益的无偿行为。

（三）诺成性民事法律行为与实践性民事法律行为

这是根据民事法律行为的成立是否以交付实物为条件所进行的分类。

诺成性民事法律行为，是指双方当事人意思表示一致即可成立的民事法律行为，即"一诺即成"。其成立并不以实物的交付为条件。

实践性民事法律行为，又称要物法律行为，是指除当事人意思表示一致外，还必须交付标的物才能成立的行为，所以又称为要物法律行为。这种行为如果仅有意思表示一致而无实物的交付，就不能成立，如小件寄存合同，只有寄存人将寄存的物品交付保管人，合同才能成立。

在合同法领域，大多数合同都是诺成合同，实践合同须要有法律的特别规定。借用合同、保管合同、定金合同、民间借贷等属于实践性民事法律行为。

区分这两种民事法律行为的意义在于：二者成立与生效的时间不同。

（四）要式民事法律行为与不要式民事法律行为

这是以民事法律行为的成立是否应当或必须依据法律或行政法规规定采用特定的形式为标准进行的划分。

要式民事法律行为，是指根据法律或行政法规规定，应当或必须采用特定形式才能成立或有效的民事法律行为。如保证合同必须采取书面形式。不要式民事法律行为，是指法律或行政法规不要求特定形式，当事人自由选择一种形式就能成立及有效的民事法律行为。

（五）主民事法律行为与从民事法律行为

这是以民事法律行为之间的相互关系为标准而进行的划分。

主民事法律行为，是指不需要借助其他法律行为的存在就可独立成立的民事法律行为。

从民事法律行为，是指依附于其他民事法律行为的存在而存在的民事法律行为。这种法律行为的特点是具有附属性，它不能独立存在，必须以主法律行为的存在并生效为前提，主法律行为不成立，从法律行为也不能成立；主法律行为被宣告无效或撤销，从法律行为也失去效力；主法律行为终止，从法律行为也终止。

主、从民事法律行为是相对而言的，没有主法律行为，就没有从法律行为；没有从法律行为，也就无所谓主法律行为。

（六）独立的民事法律行为与辅助的民事法律行为

这是以民事法律行为是否有独立的实质内容为标准而进行的划分。

独立的民事法律行为，是指具有独立的、实质的内容的法律行为，具有完全民事行为能力人所实施的民事法律行为，都是独立的法律行为。

辅助的民事法律行为，是指行为人的意思表示本身并没有独立的、实质的内容，只是辅助他人的民事法律行为使之确定发生效力的行为。如被代理人对代理人超越代理权而为的民事法律行为的追认，即属于辅助民事法律行为。

区分独立民事法律行为与辅助民事法律行为的意义：独立的民事法律行为有自身独立的内容；辅助的民事法律行为没有自身独立的内容。

（七）生前行为与死因行为

这是以民事法律行为效力的发生是在行为人生前还是死后为标准进行的划分。

生前行为，是在行为人生前发生法律效力的民事法律行为。死因行为，是以行为人的死亡为生效要件的民事法律行为。多数民事法律行为都是生前行为，遗嘱为典型的死因行为。

（八）有因行为与无因行为

这是根据后一个法律行为的效力是否须以前一个法律行为为条件进行的划分。

有因行为是指以原因之存在为有效要件的法律行为，民事法律行为的效力受原因行为的制约，原因行为如有欠缺、不合法，则该行为不成立。多数法律行为均属有因行为。

无因行为是指不以原因行为的存在为有效要件的行为。例如票据中的出票行为，不受买卖等基础关系效力的影响，即使基础关系被宣告无效，票据行为的效力不受影响。此外，代理权授予行为、债务免除行为均为无因行为。

第三节　意思表示

一、意思表示的概念、特征

意思表示，是指表意人将其期望发生某种法律效果的内心意思以一定方式表现于外部的行为，是民事法律行为的核心要素。正是因为意思表示在民事法律行为中具有重要地位，《民法典》在"民事法律行为"一章中单设"意思表示"一节，对意思表示作了详细的规定。

意思表示中的"意思"是指设立、变更、终止民事法律关系的内心意图，"表示"是指将内心意思以适当方式表示于外部的行为。意思表示具有如下特征：

（1）意思表示的表意人具有旨在使法律关系设立、变更、终止的意图。

（2）意思表示是一个意思由内到外的表示过程。即将内心的主观意思表示在外，为人知晓，意思表示就其本质而言是一种表示行为。

（3）依据意思表示是否符合相应的生效要件，法律赋予其不同的效力。符合法定生效要件的意思表示可以发生当事人预期的法律效果，不符合法定生效要件的意思表示发生的法律效果可能与当事人的意思不尽一致。

意思表示是民事法律行为的核心要素，但意思表示并不等于民事法律行为。意思表示只能是一方的意思表示，对双方或多方民事法律行为而言，则需要多个意思表示才能成立。民事法律行为可以由一个意思表示构成，这是指一些单方民事法律行为，如设立遗嘱的行为，行使追认权等；大多数民事法律行为是由双方或多方意思表示构成的，如订立合同的行为，需要有合同双方当事人的意思表示。

二、意思表示的构成要素

意思表示的构成要素即意思表示的构成部分。我国民法学界对于意思表示的构成要素有不同的认识，有"五要素说""二要素说""三要素说"。本书认为，意思表示应包括目的意思、效果意思和表示行为三个要素。

目的意思又称为交易意思和法律行为意思，是指明民事法律行为具体内容的意思要素。目的意思的内容依其法律性质可分为三类：一是要素，它是构成某种法律行为所必须具备的意思内容，如买卖合同中关于标的物、数量的内容；二是常素，是指行为人从事某种法律行为通常应含有的意思要素，如合同中的违约条款；三是偶素，是指依法律行为性质并非必须具有，而是基于当事人特别意图所确定的意思表示的要素，如买卖合同应使用某种文字的约定。

效果意思，又称效力意思，是指当事人欲使其表示内容引起法律上效力的内在意思要素，是当事人所追求的使其发生法律拘束力的意图。如甲租赁乙的房屋，甲想通过与乙订立房屋租赁合同而取得房屋使用权的意思，就属于效果意思。

表示行为是指行为人将其内在的目的意思与效果意思以一定方式表现于外部，为行为相对人所了解的行为要素。表意人将其内在主观意思表示于外部时，可以采取不同的方式，主要包括明示和默示两种类型，意思表示只有在特殊情况下才可以默示方式作出，单纯的缄默，只有在法律有明确规定或当事人事先有明确约定的情况下，才能成为意思表示的表示行为。

三、意思表示的生效

意思表示的生效即意思表示效力的发生，与民事法律行为的生效不同。民事法律行为发生效力意味着民事法律行为依照民事主体的预期产生相应的法律效果，而意思表示生效仅产生形式上的拘束力，如要约只是要约人的意思表示，生效要约的拘束力是受要约人取得了承诺的资格，而不能发生要约人所预期的法律效果。

以意思表示有无相对人，可区分为有相对人的意思表示和无相对人的意思表示。

（一）有相对人的意思表示的生效

有相对人的意思表示，又称为需要受领的意思表示，是指对相对人发出的意思表示，订立合同多属于有相对人的意思表示。

根据意思表示作出的方式，又将有相对人的意思表示分为以对话方式作出的意思表示和非以对话方式作出的意思表示，《民法典》第 137 条对此分别作出了规定。

1. 以对话方式作出的意思表示，相对人知道其内容时生效

以对话方式作出意思表示是指当事人直接以对话的形式发出意思表示，如以面对面的对话、打电话、QQ 聊天作出意思表示，或者将书面合同当面交给对方。以对话方式作出的意思表示的生效采取的是了解主义，即相对人了解时，意思表示生效。

2. 以非对话方式作出的意思表示，到达相对人时生效

以非对话方式作出意思表示的，如采用写信、发邮件的方式订立合同，意思表示的生效采到达主义，意思表示到达相对人的时间就是意思表示生效的时间。所谓到达相对人，是指到达相对人可以控制的领域，如住宅、邮箱、经营场所等，因此可以期待或推断相对人有可能了解意思表示的内容。

以非对话方式作出的采用数据电文形式的意思表示，相对人指定特定系统接收数据电文的，该数据电文进入该特定系统时生效；未指定特定系统的，相对人知道或者应当知道该数据电文进入其系统时生效。当事人对采用数据电文形式的意思表示的生效时间另有约定的，按照其约定。

（二）无相对人的意思表示的生效

无相对人的意思表示是指意思表示没有相对人，如抛弃动产所有权的行为、设立遗嘱的行为，依据《民法典》第 138 条的规定，无相对人的意思表示，除非法律另有规定，否则意思表示完成时即生效。法律有特别规定的则依规定，如《民法典》继承编规定遗嘱继承自遗嘱人死亡时才产生效力。

（三）以公告形式作出的意思表示的生效

以公告形式作出的意思表示是指通过在报纸刊登、广告栏张贴、广播电视传播及

互联网发布等公共媒介形式发布意思表示。属于有相对人、但相对人不特定的意思表示。公告的方式多种多样，可以在路边张贴，可以通过网络、电台发布，最典型的就是悬赏广告。《民法典》第 139 条规定："以公告方式作出的意思表示，公告发布时生效。"

通过公告发布意思表示后，法律视为已经到达了相对人的支配范围，处于相对人随时可以了解的状态，故采用发布生效原则。相对人是否知道该意思表示，不影响意思表示的生效。

四、意思表示的撤回

意思表示的撤回，是指在意思表示作出之后、发生法律效力之前，作出意思表示的行为人欲使该意思表示不发生效力而作出的撤回其意思表示的行为。之所以允许行为人撤回意思表示，是因为意思表示在生效前，对相对人不发生任何影响，对交易秩序也不会产生任何影响

意思表示可以撤回，但是应当具备一定条件，即不能对相对人造成影响。根据《民法典》第 141 条的规定，行为人可以撤回意思表示。撤回意思表示的通知应当在意思表示到达相对人前或者与意思表示同时到达相对人。也就是说，意思表示到达相对人之后，其已经发生法律效力，就不能再撤回了。

五、意思表示的解释

当事人对意思表示的内容有不同认识时，即有对意思表示进行解释的必要，依据《民法典》第 142 条的规定，有相对人的意思表示的解释，应当按照所使用的词句，结合相关条款、行为的性质和目的、习惯以及诚信原则，确定意思表示的含义。无相对人的意思表示的解释，不能完全拘泥于所使用的词句，而应当结合相关条款、行为的性质和目的、习惯以及诚信原则，确定行为人的真实意思。因此，对于意思表示进行解释的方法有：

（一）文义解释

文义解释是指通过对意思表示所使用的文字词句的含义的解释，探求当事人的真实意思。如果意思表示当事人是在一定地域、行业中从事某种特殊交易的人，则应当按照在该地域、行业中从事某种特殊交易的人的一般理解来解释。

（二）整体解释

整体解释又称为体系解释，是指将表达当事人意思的各项合同条款、信件、文件等作为一个完整的整体，根据各方面的相互关联性、争议的条款与当事人真实意思表示的关系、在意思表示中所处的地位等各方面因素，来确定所争议的意思表示的含义。即如果合同是由信件、电报、备忘录等构成的，在确定某一条款的意思时，应当将这些材料作为一个整体进行解释。

（三）习惯解释

习惯解释，是指意思表示所使用的文字词句有疑义时，应参照当事人的交易习惯解释。交易习惯通常出现在某个特定的交易参与人群体，大家通常都遵守这些习惯，

可以认为他们都知悉这些习惯；交易习惯也可以是存在于特定当事人之间的。运用习惯进行解释时，主张习惯存在的当事人负有举证责任。

（四）目的解释

目的解释是指应当根据当事人从事该民事法律行为所追求目的，对有争议的意思表示进行解释。如果某一意思表示既可以被解释为有效，也可以被解释为无效，则从原则上应当尽可能按照有效来解释。因为当事人作出意思表示，目的都是使交易成立，使意思表示有效。

（五）诚信解释

诚信解释是指对意思表示发生争议后，应遵循诚实信用原则来填补合同漏洞，对有争议的意思表示进行解释。诚信原则的功能主要表现在：一是在依据诚信原则解释意思表示时，需要平衡当事人双方的利益，公平合理地确定意思表示内容，如对于无偿合同应按照对债务人较轻责任的含义解释，对有偿合同则应按对双方较为公平的含义解释。二是填补合同漏洞，即考虑一个诚实守信的人应如何履行，或者说应当如何作出意思表示，以此为标准进行解释。

第四节　民事法律行为的有效条件

【案例 7-3】　甲与乙是朋友，乙因结婚急需用钱，遂向甲借款 5 千元。乙结婚后宴请好友。宴席上，乙感谢甲的借款，其他朋友开玩笑说："都是哥们儿，这 5 千元还借什么，干脆给乙算了。"在朋友的起哄下，甲随口讲："算就算了。"乙笑着说："那我就不还了，算你送的。"数月后，甲因事需用钱，向乙催还借款。乙称："这钱你已当大家的面说送我的，不用还了，现在怎么又向我要？"甲解释，那是自己随口开玩笑。乙表示，我是当真的。甲多次催要无果，向人民法院起诉，要求乙归还借款。

请思考：乙是否要向甲归还欠款？

在大多数情况下，民事法律行为一旦依法成立，便会产生效力。但在某些情况下，法律行为成立并不一定产生法律效力，要产生法律效力，必须要符合法定的生效要件。

一、民事法律行为生效概述

民事法律行为生效，是指已经成立的法律行为因符合法定的生效要件，从而能产生法律上的约束力。《民法典》第 136 条第 1 款规定："民事法律行为自成立时生效，但是法律另有规定或者当事人另有约定的除外。"这一条款规定了民事法律行为的生效规则。

民事法律行为的效力分为对内效力与对外效力。对内效力是指法律行为对当事人产生的法律拘束力。《民法典》第 136 条第 2 款规定："行为人非依法律规定或者未经对方同意，不得擅自变更或者解除民事法律行为。"当事人订立合同后，即应当受到合同的约束，按合同约定履行，否则即构成违约。对外效力是指法律行为对当事人以外的第三人产生效力，表现在债权保全制度、租赁权物权化等方面。

民事法律行为的成立与生效是两个概念，法律行为的成立是指当事人作出意思表示或就意思表示达成合意，它主要体现了当事人的意思；法律行为的生效是指国家对已成立的法律行为予以认可，如果当事人的合意符合国家的意志，将被赋予法律拘束力，否则的话，不仅不能产生法律约束力，还要承担法律行为被撤销或被宣告无效等责任。法律行为的生效是对已经成立的法律行为所作的价值判断。法律行为的成立要件包括当事人、意思表示、当事人就意思表示达成的合意；而民事法律行为的生效要件则不同。

二、民事法律行为的一般有效条件

已经成立的民事法律行为，具备一定的有效条件，才能产生法律拘束力，《民法典》第 143 条对民事法律行为的一般有效要件作出了规定：

（一）行为人具有相应的民事行为能力

这一要件又叫主体合格原则，这是民事法律行为有效的首要条件。行为人不具备相应的民事行为能力就不能以自己的行为取得民事权利和承担民事义务，也就不能独立地实施民事法律行为。所谓相应的民事行为能力，是指行为人的民事行为能力同其所为的民事法律行为要相适应。

在我国民事立法中，就自然人而言，完全民事行为能力人可以独立为民事法律行为；限制民事行为能力人能够独立从事两种类型的民事法律行为，一种是纯获利益的民事法律行为，一种是与其年龄、智力、精神健康状况相适应的民事法律行为，实施其他民事法律行为，应当征得法定代理人同意或追认；对于无民事行为能力人来讲，其实施的民事法律行为无效。

法人或非法人组织实施民事法律行为也应当具有相应的民事行为能力，其在经营范围内实施的民事法律行为有效，超越经营范围从事的行为，人民法院并不因此认定该行为一概无效，但对于超越经营范围所为的违反国家限制经营、特许经营以及法律、行政法规禁止经营的规定的行为应当认定无效，如未经批准吸收公众存款签订的民事合同无效，因为这不仅涉及保护第三人利益和维护交易安全，还涉及国家对经济的法律规制。

（二）意思表示真实

所谓意思表示真实，是指行为人自由、自愿地表达出来的外在意思与其内心意思一致，不是虚假的。该意思表示是在行为人意志自由，并认识到自己意思表示的法律后果的前提下所表现出来的。意思表示真实有两项基本要求：一是行为人的意思表示与其内心意思相一致；二是行为人的意思表示是行为人自愿作出的，不是受他人欺诈、威胁或者在自己重大误解的情况下作出的。民事主体之间的地位是平等的、独立的，他们之间在进行民事活动时应当遵循平等自愿原则，一方无权将自己的意愿强加给对方。行为人只有在自愿的基础上把自己的真实意思表达出来，并按自己的真实意思进行民事法律行为，才是真正的意思表示真实。

行为人意思表示不真实包括两个方面：第一，行为人的意思表示不自由，行为人因受到欺诈、胁迫等外在原因导致其处于意志不自由，因此其表达的意思不符合其真实意思，这种情况属于典型的意思表示不真实的情况。《民法典》规定，欺诈、胁迫、重大误解、显失公平等行为将导致民事行为无效或被撤销。第二，行为人的意思表示不真实，即表示出来的意思不符合其内心的真实意思，如甲乙订立一个名为买卖、实为赠与的合同，实际上是以买卖行为掩盖了赠与行为。

（三）不违反法律、行政法规的强制性规定和公序良俗

《民法典》第143条第3项规定，民事法律行为不违反法律、行政法规的强制性规定，不违背公序良俗。

一方面，民事法律行为不得违反法律、行政法规的规定，法律是全国人民代表大会及其常务委员会制定的，行政法规是国务院制定的；另一方面，不违反法律、行政法规的强制性规定，法律规范可以分为任意性规范和强制性规范。所谓强制性规范是指当事人必须遵守、不得通过协议加以改变的规范，通常以"必须""不得"等词语表示，任意性规范是指当事人可以通过协议加以改变的规定，通常以"可以"做什么来表示。只有行为违反法律、行政法规的强制性规定时，民事法律行为才无效。

不违反法律是指行为人实施的民事法律行为从内容到形式都要符合法律的规定，内容上的合法主要指行为主体、行为动机、目的、权利和义务等要符合国家法律的要求。形式上的合法，是指行为的表现形式要符合法律的规定。凡是法律规定某种民事法律行为必须采取某种形式的，行为人必须遵从法律规定，否则，其行为不产生法律效力。

由于社会活动类型众多，法律不可能对所有情况都进行规定，如果民事法律行为存在有其他损害国家或社会公共利益情形的，也应归于无效，这是"不违背公序良俗"的含义，即行为人实施的行为应符合社会公共利益的要求，不违背社会公德和良好的社会风尚，不损害国家、集体或他人的利益。

以上三个条件是密切联系、不可分割的，民事法律行为只有同时符合以上三个条件才能产生相应的法律效力。

在案例7-3中，对于甲所作出的赠与表示，根据当时的场合，完全可以判断出是在特定条件下的玩笑话，与其内心的真实意思是不一致的，并且，从甲向乙追要欠款的行为也可得到印证。由于赠与是双方民事法律行为，缺乏任何一方的真实意思表示都不能成立，因此，甲所作出的赠与表示不发生赠与的法律效力，乙必须向甲归还欠款。

三、民事法律行为的特别有效条件

通常情况下，民事法律行为在具备了上述一般有效条件之后，就可发生法律效力。但在某些特殊情况下，民事法律行为除具备一般有效条件外，还应具备法律规定的或当事人约定的某种特别有效条件，才能产生相应的法律效力。如附生效条件的合同，在生效条件成就时，合同才生效；法律、行政法规规定应当办理批准等手续的，在未办理批准等手续前，该合同不生效。当事人立遗嘱的行为，这种行为在成立时，

并不立即发生法律效力，只有在立遗嘱人死亡这一特别有效条件发生时，该遗嘱才能发生法律效力。

第五节　效力存在欠缺的民事法律行为

【案例7-4】　某琴行新进了一批钢琴，定价为 18888 元，售货员误将标价牌制作为 8888 元。顾客王某来到琴行发现，在其他琴行售价近 2 万元的钢琴在此仅卖 8 千多元，看到如此便宜，并且自己也正需要一架钢琴，于是，王某马上付款，并取走了钢琴。当天结账时，售货员发现售出的这架钢琴少卖了 1 万元。经多方查找，最终找到了王某。王某称，钢琴的标价是琴行定的，自己按价付款，不存在任何过错，双方的买卖行为合法有效。因此，拒绝加付 1 万元，也拒绝返还钢琴。琴行无奈，将王某起诉到人民法院，请求撤销这一买卖合同。

请思考：法院应如何解决？

一、无效的民事法律行为

无效的民事法律行为，是指已经成立，但严重欠缺民事法律行为的生效条件，自始不能产生行为人预期的法律后果的民事法律行为。

无效的民事法律行为也能产生一定的法律后果，但由于其欠缺民事法律行为的根本性有效条件，因而不能产生行为人进行民事法律行为所预期的民事法律后果，甚至产生相反的法律后果。

（一）无效民事法律行为的种类

依据《民法典》的规定，无效民事法律行为包括以下几种：

1. 无民事行为能力人所实施的民事法律行为

《民法典》第 144 条规定："无民事行为能力人实施的民事法律行为无效。"就自然人而言，无民事行为能力人包括 8 周岁以下的未成年人和不能辨认自己行为的人。法律作出这样的规定，一是与自然人民事行为能力三分法的逻辑相契合，概念和体系上更清晰；二是保护无民事行为能力人的利益，防止其利益受损。

2. 虚假的民事法律行为

虚假的民事法律行为，指行为人与相对人都知道自己所表示的意思并非真实意愿，通谋作出与真意不一致的意思表示。《民法典》第 146 条第 1 款规定："行为人与相对人以虚假的意思表示实施的民事法律行为无效。"如甲为了避免债权人对自己的房屋强制执行，找乙帮忙。甲、乙最终约定，甲假装将一套房屋出卖给乙，双方签订了买卖合同，甲、乙间的买卖合同属于虚假行为，是无效的民事法律行为。规定此类行为无效的原因，一方面是此类行为并非当事人的真实意思表示，是双方共同作假，违反了诚信原则；另一方面，此类行为规避了法律的规定，违反了法律秩序。

《民法典》第 146 条第 2 款规定："以虚假的意思表示隐藏的民事法律行为的效力，依照有关法律规定处理。"这是对隐藏行为的规定，所谓隐藏行为，是指被虚伪的意思表示所隐藏，双方当事人真心欲达成的民事法律行为。如甲将一辆汽车赠与乙，双方达成协议。为了防止甲的亲戚嫉妒，甲、乙又假装签订了一份买卖合同，约定甲将该辆汽车以 30 万元卖给乙。甲乙间的买卖合同属于虚假行为，无效。赠与合同属于隐藏行为，该赠与不因被隐藏而无效，只要无效力上的瑕疵，即为有效。

3. 违反法律、行政法规的强制性规定的民事法律行为

《民法典》第 153 条第 1 款规定："违反法律、行政法规的强制性规定的民事法律行为无效，但是该强制性规定不导致该民事法律行为无效的除外。"法律、行政法规中的强制性规定并不限于民事法律或民事法规中的强制性规定，而是包括所有法律、所有行政法规中的强制性规定。强制性规定又可分为管理性强制性规定和效力性强制性规定，管理性强制性规定是指该规定对违法者进行制裁，违反管理性强制性规定，当事人要承受行政法乃至刑法上的不利后果，但民事法律行为并非绝对无效。而效力性强制性规定是指违反该规定，会导致民事法律行为无效。违反效力性强制性规定的民事法律行为无效，而违反管理性强制性规定的民事法律行为不一定无效。依据《全国法院民商事审判工作会议纪要》（"九民纪要"），下列强制性规定，应当认定为"效力性强制性规定"：强制性规定涉及金融安全、市场秩序、国家宏观政策等公序良俗的；交易标的禁止买卖的，如禁止人体器官、毒品、枪支等买卖；违反特许经营规定的，如场外配资合同；交易方式严重违法的，如违反招投标等竞争性缔约方式订立的合同；交易场所违法的，如在批准的交易场所之外进行期货交易。关于经营范围、交易时间、交易数量等行政管理性质的强制性规定，一般应当认定为"管理性强制性规定"。

4. 违反公序良俗的民事法律行为

《民法典》第 153 条第 2 款规定："违背公序良俗的民事法律行为无效。"民事法律行为虽然没有违反法律、行政法规的强制性规定，但有损害国家利益、社会公共利益等情形，也绝对无效。这类行为包括两类，一是违背公共秩序的民事法律行为，通常也是违反法律、行政法规强制性规定的行为，但有时法律并未规定，如购买洋垃圾的合同，只要行为危害了公共秩序，就应当认定为无效。二是违背善良风俗的民事法律行为。善良风俗，也称社会公共道德，是社会全体成员所普遍认可、遵循的道德准则。违背善良风俗的行为，例如：雇佣合同中规定员工离开工作场地要搜身；以偿还赌债为内容的法律行为；双方约定一方替另一方还债，另一方以身相许；违反公平竞争、串通投标行为等。

5. 恶意串通的民事法律行为

《民法典》第 154 条规定："行为人与相对人恶意串通，损害他人合法权益的民事法律行为无效。"恶意串通损害他人利益的民事行为，是指双方当事人串通合谋，弄虚作假，进行损害国家、集体或者第三人利益的民事行为。这种行为的特点包括：一是各方当事人都是出于恶意，即明知所实施的民事法律行为将造成他人的损害而故意为之；二是当事人之间互相串通，都希望通过实施某种民事法律行为损害特定第三人的合法权益，并相互配合或共同实施了该行为；三是损害了国家、集体或者第三人的利益。

（二）无效的民事法律行为的效力

无效的民事法律行为自始没有法律约束力。该民事法律行为自成立时起，当然、确定、绝对无效，不存在成为有效民事法律行为的可能。当事人可以请求确认无效，法院或仲裁机构可以在处理民事纠纷过程中，依职权主动认定民事法律行为无效。民事法律行为一旦被确认无效，将产生溯及力，从成立时起即不具有法律效力。对已经履行的，应当通过返还财产、赔偿损失等方式使当事人的财产恢复到无效民事法律行为成立之前的状态。

《民法典》第156条规定："民事法律行为部分无效，不影响其他部分效力的，其他部分仍然有效。"依此规定，要考虑无效的原因是否及于民事法律行为的全部，如果及于全部，则全部无效；如果及于民事法律行为的部分内容，且不影响其他部分效力的，则其他部分仍然有效。

二、可撤销的民事法律行为

可撤销的民事法律行为，是指民事法律行为虽已成立并生效，但因意思表示不真实，法律允许撤销权人通过行使撤销权使已经生效的法律行为归于无效。

可撤销的民事法律行为，只是相对无效，有效与否，取决于当事人的意志。这种民事法律行为已发生法律效力，但撤销权一旦行使，自该民事法律行为成立之时，其效力归于消灭。

（一）可撤销民事法律行为的种类

1. 基于重大误解实施的民事法律行为

《民法典》第147条规定："基于重大误解实施的民事法律行为，行为人有权请求人民法院或者仲裁机构予以撤销。"

基于重大误解实施的民事法律行为，是指行为人因自己的过错而对民事法律行为的内容发生误解从而作出某种民事法律行为。行为人对行为的性质、对方当事人或者标的物的品种、质量、规格、价格、数量等产生错误认识，按照通常理解如果不发生该错误认识行为人就不会作出相应意思表示的，可以认定为重大误解。误解必须是重大的，该误解将会对行为人的民事权利义务产生重大的影响。法律允许重大误解的表意人撤销其意思表示，理由在于，法律保护的是当事人的行为自由、意思表示真实，但当行为人对行为的性质等发生重大误解时，行为人本意并非自愿。也就是说，如果行为人对行为的性质等没有重大误解时，行为人就不会实施该行为。需要指出的是，如果误解不是重大的，法律不允许行为人基于该误解行使撤销权。在此情况下，误解对行为人的影响不大，此时，法律更倾向于保护交易相对人的利益。

在案例7-4中，琴行的本意是要以18888元的价格出售钢琴。但由于标价错误，只卖了8888元，这是要约过程中的意思表示错误。顾客王某在不知情的情况下，与琴行达成了在价格上有重大误解的口头买卖合同，致使琴行受到了重大损失。琴行完全有理由要求法院撤销这一买卖合同。

2. 因受欺诈实施的民事法律行为

（1）因受对方当事人欺诈实施的民事法律行为

《民法典》第148条规定："一方以欺诈手段，使对方在违背真实意思的情况下实施的民事法律行为，受欺诈方有权请求人民法院或者仲裁机构予以撤销。"这是关于行为人以欺诈的手段实施的民事法律行为的效力的规定。欺诈是指故意告知虚假情况，或者负有告知义务的人故意隐瞒真实情况，致使当事人基于错误认识作出意思表示。这种行为具有以下特征：一是一方当事人具有欺诈的故意，即欺诈人在主观上意图使对方陷于错误认识而进行民事行为；二是欺诈一方实施了欺诈行为，包括捏造虚假情况、歪曲真实情况和隐瞒事实真相，如出卖人明知某幅画是赝品，却不告知买受人；三是受欺诈一方因欺诈行为而陷入错误认识；四是受欺诈人基于错误认识而作出了意思表示。

（2）因第三人欺诈而实施的民事法律行为

因第三人欺诈而实施的民事法律行为，是指因第三人实施欺诈行为而使当事人一方在违背真实意思的情况下实施的民事法律行为。《民法典》第149条规定："第三人实施欺诈行为，使一方在违背真实意思的情况下实施的民事法律行为，对方知道或者应当知道该欺诈行为的，受欺诈方有权请求人民法院或者仲裁机构予以撤销。"因第三人欺诈构成可撤销的民事法律行为应当符合以下条件：一是第三人实施欺诈行为，即当事人以外的第三方欺骗了一方当事人；二是受欺诈方因第三人的欺诈而实施民事法律行为；三是相对人知道或应当知道该欺诈行为。如甲急需偿还赌债，向乙借款100万元，乙要求甲提供担保。甲找到朋友丙，要丙为自己的借款提供保证。丙询问借款的用途，甲谎称是用于自己经营的商店进货，丙信以为真，为甲提供担保。甲向乙借款后，将所借的100万全部用于偿还赌债。本案例中保证合同的当事人是乙与丙，乙未欺诈丙，而是保证合同以外的第三人甲欺诈了丙，如果乙知情，则丙有权撤销该保证合同，如果乙不知情，则丙无权撤销保证合同。

3. 因受胁迫而实施的民事法律行为

《民法典》第150条规定："一方或者第三人以胁迫手段，使对方在违背真实意思的情况下实施的民事法律行为，受胁迫方有权请求人民法院或者仲裁机构予以撤销。"

胁迫是指以给自然人及其近亲属等的人身权利、财产权利以及其他合法权益造成损害或者以给法人、非法人组织的名誉、荣誉、财产权益等造成损害为要挟，迫使其基于恐惧心理作出意思表示的。这种行为具有以下特征：一是一方或第三方实施了胁迫行为，包括针对被胁迫人本人或者其亲属的身体、生命、自由、名誉、财产，以直接实施或将要实施损害相威胁；二是胁迫人有胁迫的故意；三是被胁迫人因胁迫而实施了民事法律行为，四是胁迫是非法的。胁迫并不一定以危害是否重大为要件，只要一方所表示施加的危害或正在实施的危害足以使对方感到恐惧，就构成胁迫行为。

与受欺诈实施的民事法律行为相同，受胁迫实施的民事法律行为也分为受当事人一方胁迫与受第三人胁迫实施的民事法律行为两种情况，如甲将房屋出租给乙，后来甲要求乙退租，但一直未达成一致意见，后甲找到第三人丙，丙通过暴力胁迫的方式强迫乙退租，此种情形就属于受第三人胁迫而实施的行为。与第三人欺诈不同，无论合同相对方订立或解除合同时是否知悉第三人的胁迫行为，受胁迫人均享有撤销权。

4. 显失公平的民事法律行为

显失公平的民事法律行为，是指一方当事人利用对方处于危困状态、缺乏判断能力等情形，致使民事法律行为成立时权利义务明显失衡的行为。《民法典》第 151 条规定："一方利用对方处于危困状态、缺乏判断能力等情形，致使民事法律行为成立时显失公平的，受损害方有权请求人民法院或者仲裁机构予以撤销。"依据本规定，显失公平的行为具有如下构成要件：一是主观上订立合同一方具有利用对方处于危困状态或缺乏判断能力而与对方订立显失公平合同的故意，如甲的家人重病急需住院费，乙趁机提出以较低的价格购买甲的房屋；二是客观方面双方当事人的利益明显失衡，一方得到的给付明显多于另一方得到的给付，并且是在法律行为成立时就显失公平，如果是在合同成立后的履行阶段因市场行情变化使价格发生涨落，则不能以显失公平为由主张撤销合同。

（二）撤销权的行使

可撤销民事行为的当事人可以请求人民法院或仲裁机构对该民事法律行为予以撤销。当事人请求撤销的权利称为撤销权，即权利人以单方的意思表示请求撤销已经成立的民事法律行为的权利。撤销权属于形成权。

享有撤销权的人包括：重大误解中的误解人，受欺诈、受胁迫的人，显失公平中遭受重大不利的一方当事人。行使撤销权必须通过诉讼或仲裁的方式，即通过向人民法院提起诉讼或向仲裁委员会申请仲裁，请求法院或仲裁机构进行裁决，而非向相对人作出撤销的意思表示。

撤销权必须在法定期限内行使，《民法典》第 152 条规定："有下列情形之一的，撤销权消灭：（一）当事人自知道或者应当知道撤销事由之日起一年内、重大误解的当事人自知道或者应当知道撤销事由之日起 90 日内没有行使撤销权；（二）当事人受胁迫，自胁迫行为终止之日起一年内没有行使撤销权；（三）当事人知道撤销事由后明确表示或者以自己的行为表明放弃撤销权。"该一年或 90 日期限，为除斥期间。当事人自民事法律行为发生之日起五年内没有行使撤销权的，撤销权消灭。

撤销权一旦消灭，民事法律行为即成为确定有效的民事法律行为。

如果撤销权人在法定的撤销期间内提起诉讼或申请仲裁，一经法院或仲裁机关确认，将使法律行为的效力溯及既往地归于消灭。法律行为一经撤销，自始无效，当事人应当依法返还原物、恢复原状。

三、效力待定的民事法律行为

（一）效力待定的民事法律行为的概念

效力待定的民事法律行为，是指民事法律行为虽已成立，但是否生效尚未确定，只有经过享有追认权的第三人作出追认或拒绝的意思表示以后，才能确定其效力的民事法律行为。

效力待定的民事法律行为的特征：（1）效力待定的民事法律行为的法律效力处于不确定状态，既非有效，又非无效；（2）效力待定的民事法律行为的效力的确定，取决于追认权人的行为；（3）效力待定的民事法律行为经追认权人追认后，其效力溯及于行为成立之时；追认权人拒绝追认，便自始无效。

（二）效力待定的民事法律行为的种类

1. 限制民事行为能力人实施的依法不能独立实施的民事法律行为

限制民事行为能力人所订立的与其年龄、智力和精神状态不相适应的合同，只有经过其法定代理人的追认，才能生效。

2. 无权代理人以被代理人名义订立的合同

行为人没有代理权、超越代理权或者代理权终止后，以代理人的身份所进行的民事法律行为，只有经过被代理人的追认，民事法律行为才能生效。《民法典》第171条第1款规定："行为人没有代理权、超越代理权或者代理权终止后，仍然实施代理行为，未经被代理人追认的，对被代理人不发生效力。"

（三）效力待定民事法律行为效力的确定

1. 追认权的行使或不行使

按照法律规定，效力待定的民事法律行为必须经过追认才能生效。"追认"是指法定代理人、被代理人对限制民事行为能力人的行为、无权代理行为事后予以承认的一种单方意思表示。有追认权的人既可以依法追认，也可以拒绝。

行使追认权时，追认人必须以明示的方式向相对人作出，如果仅向行为人作出意思表示，也必须使相对人知道后才能产生法律效果。追认必须在相对人催告期限届满前以及善意相对人未行使撤销权前行使。效力待定的民事法律行为，一经追认，便自始具有法律效力。

追认权是法定代理人、被代理人的一项权利，他们既有权追认，也可以拒绝追认。其行使拒绝权有两种方式：一是在知道限制民事行为能力人的行为或无权代理行为后，明确地向相对人表示拒绝承认该行为；二是在收到相对人催告的通知之日起30日内未作表示的，则视为拒绝追认。一经拒绝，该行为自始不发生法律效力。

2. 相对人行使催告权或撤销权

为了平衡当事人之间的利益关系，法律也同时赋予了相对人以催告权和撤销权。

所谓催告权，是指相对人在得知民事法律行为有效力欠缺的事实后，将此事实告知追认权人并要求其在一定期限内作出追认或拒绝的确定意思表示的行为。催告可以口头作出，也可以书面作出，但须向有追认权的人作出。依据《民法典》第145条第2款和第171条第2款，相对人催告法定代理人或被代理人追认时，应给予其30日的追认期。期满未作表示的，视为拒绝追认。

所谓撤销权，是指善意的相对人主动撤销其意思表示的权利。与限制民事行为能力人、无权代理人从事法律行为的另一方当事人，如果对于对方当事人无相应民事行为能力、无代理权不知情，则属于善意的相对人，《民法典》第145条第2款规定："民事法律行为被追认前，善意相对人有撤销的权利。撤销应当以通知的方式作出。"相对人行使撤销权应做到：撤销权只能在追认权人追认之前行使；仅善意的相对人可以行使；撤销的意思表示，必须以明示的方式作出，可以口头、书面方式作出。善意相对人行使撤销权的行为属于单方民事法律行为，一旦其行使撤销权，该民事法律行为确定不发生效力。

四、无效、可撤销与效力待定民事法律行为的区别

无效、可撤销与效力待定民事法律行为，虽然都会引起民事法律行为无效的法律后果，但三者之间存在着明显的区别。

1. 无效的条件不同

无效民事法律行为的无效是无条件的，不论当事人对该项民事法律行为是否发生争议，是否主张无效，均当然没有法律约束力，人民法院或仲裁机构也可直接确定其无效。因此，这种民事法律行为的无效也被称为"绝对无效"。可撤销的民事法律行为的无效是有条件的，只有经当事人提出申请并由人民法院或仲裁机构裁决撤销的，该行为才无效。该行为在没有被撤销以前是有效的，因此，它的无效被称为"相对无效"。效力待定的民事法律行为其效力处于不确定状态，有追认权人不予追认或明示拒绝追认，该民事法律行为确定不发生效力，它也属于"相对无效"的民事法律行为。

2. 无效的时间不同

无效的民事法律行为自行为开始时起就无效，对当事人就不具有法律约束力。可撤销的民事法律行为被撤销前已经生效，在被撤销后才无效，当事人才不受它的约束。但是被撤销后，其被撤销的效力有溯及力，可以追溯到行为开始起无效。对效力待定的民事法律行为，有追认权的人应在法律规定的催告或追认期间内做出同意或拒绝的意思表示，一经拒绝，自始不发生法律效力。

3. 主张无效的人不同

对无效民事法律行为，双方当事人和利害关系人都可主张无效。人民法院或仲裁机构在审理案件过程中发现民事法律行为无效的，也可主动确认该项民事法律行为无效。而可撤销的民事法律行为只有享有撤销权的当事人才能主张无效，不享有撤销权的人不能主张。人民法院或仲裁机构只有在享有撤销权的当事人提出撤销该民事法律行为请求时，才可依法作出撤销的裁决，没有人请求的，法院或仲裁机构不能主动作出撤销裁决。效力待定的民事法律行为，追认权人不予追认、拒绝追认以及相对人撤销其意思表示，都会使民事法律行为不发生法律效力。

五、民事法律行为无效和被撤销的法律效果

有效的民事法律行为能达到行为人所期望的法律效果。被确认无效和被撤销的民事法律行为也能引起一定的法律效果，但这种法律效果并不符合行为人的愿望。《民法典》第157条规定："民事法律行为无效、被撤销或者确定不发生效力后，行为人因该行为取得的财产，应当予以返还；不能返还或者没有必要返还的，应当折价补偿。有过错的一方应当赔偿对方由此所受到的损失；各方都有过错的，应当各自承担相应的责任。法律另有规定的，依照其规定。"

（一）返还财产

民事法律行为自成立至被确认无效或被撤销期间，当事人可能已根据该民事法律行为取得了对方的财产。民事法律行为被确认无效或被撤销后，当事人取得财产的法

律根据已丧失，原物仍存在的，交付财产的一方可请求对方返还财产。

（二）折价补偿

对于不能返还或者没有返还必要的，只能采取折价补偿的方式代替原物返还。所谓"不能返还"，包括法律上不能返还和事实上不能返还。所谓"没有必要返还"，比如当事人接受的财产是劳务等，在性质上不能恢复原状；或者一方当事人是通过使用对方的知识产权获得的利益，因知识产权属于无形财产，应折价补偿对方当事人。

（三）赔偿损失

民事法律行为被确定无效或撤销后，应由有过错的一方向无过错的一方赔偿因此所造成的损失。在双方都有过错的情况下，各自承担相应的责任。

（四）其他法律后果

民事法律行为无效、被撤销或确定不发生效力后，除了上述法律后果外，法律另有规定的，依照其规定。例如，如果双方当事人买卖枪支，该行为应当被认定无效，但交易的枪支不能适用原物返还规则，而是根据有关法律，应当收缴。

第六节 附条件和附期限的民事法律行为

【案例 7-5】 李某、王某是同事，二人都在武汉市某单位工作。李某因与妻子两地分居，欲调往长沙市工作。王某得知此事找到李某，请求将其现居住的这套楼房卖给自己。经双方协商，达成以下协议：如李某成功调往长沙，将房屋售予王某，价款 90 万元；如调动不成，此房不再出售。订立协议后不久，李某恰遇一机会，将其妻子调回武汉市工作。李某随后将此事告诉同事王某，并称此房不再出售，自己需要继续使用。王某认为李某违反约定，遂起诉至人民法院，要求李某交付房屋。

请思考：法院应否支持王某的诉讼请求？

民事法律行为是依当事人意思成立并发生当事人预期法律效果的行为。如果当事人对法律行为效果的发生或消灭加以限制，也是允许的，即民事法律行为可以附条件，也可以附期限。

一、附条件的民事法律行为

（一）附条件的民事法律行为的概念

附条件的民事法律行为，指民事法律行为效力的开始或终止取决于将来不确定事实的发生或不发生的法律行为。法律允许当事人对民事法律行为附条件，是尊重当事人意思自治，尽可能促进民事法律行为生效的必然要求。

《民法典》第 158 条规定："民事法律行为可以附条件，但是根据其性质不得附条件的除外。附生效条件的民事法律行为，自条件成就时生效。附解除条件的民事法律行为，自条件成就时失效。"

实施民事法律行为是民事主体享有的权利，民事主体有权决定自己的民事法律行为暂不生效，等将来一定情况发生后再生效，或者在民事法律行为生效后一定情况出现时失去效力。但有两种民事法律行为不得附条件：一是妨碍相对人法定权利行使的。这主要是妨碍形成权的行使。如《民法典》第 568 条第 2 款规定，法定抵销不得附加条件。抵销、解除、追认、撤销等行为不得附条件。二是违背社会公德或社会公共利益的，这主要有结婚、离婚、收养、接受继承、票据行为等。如《票据法》第 33 条规定，背书不得附有条件。

（二）对设定条件的要求

民事法律行为所附条件是决定民事法律行为生效或失效的特定法律事实，但并非任何法律事实都可作为民事法律行为所附的条件，对民事法律行为所附的条件，有以下要求：

1. 应是将来发生的事实

作为条件的法律事实必须是设定民事法律行为时尚未发生，过去已发生过的或正在发生的法律事实不能作为条件。如果当事人将已经发生的事实作为民事法律行为的条件，视为未附条件。

2. 应是不确定的事实

作为条件的法律事实发生与否是不确定的，既可能发生，也可能不发生。正因为这种事实的发生是不确定的，所以设定的民事法律行为成就与否也是不确定的。如果以某一必然发生的事实作为条件，则行为成就与否是确定的，只是时间问题，该"条件"便失去意义，这种情况下所附的是期限，而不是条件。

3. 当事人约定的事实

所附条件同民事法律行为的内容一样，只有在当事人协商同意后才能成立，是当事人意思表示一致的结果，即它属于任意性条款。对于民事法律行为本身所要求的事实和法律明确规定的事实则无须约定作为条件。如果法律行为中附有法定条件的，则视为未附条件。

4. 应是合法的事实

作为附条件的民事法律行为的条件，其设立目的在于决定民事法律行为的效力，因此，违反法律或社会公共利益的违法条件不能作为民事法律行为所附的条件。

（三）附条件的分类

1. 延缓条件与解除条件

这是根据条件对法律行为效力所起的不同作用进行的划分。

（1）延缓条件。延缓条件，又称生效条件，是指民事法律行为所确定的民事权利和民事义务，在所附条件成就时才发生法律效力，条件的作用在于推迟民事法律行为发生效力。在条件成就前，尽管法律行为已经成立，但其效力处于抑制状态，权利人还不能行使权利，义务人也无须履行义务，法律行为的效力因被延缓而处于相对静止状态。只有在生效条件成就以后，权利人才可以请求义务人履行义务，义务人也必须履行义务。

（2）解除条件。解除条件，又称为失效条件，是指民事法律行为中双方当事人所约定的民事权利义务在条件成立时即失去效力，条件的作用在于使已生效的民事法律行为失去效力。在条件成就以前，民事法律行为已经成立并且已生效，解除条件一旦成就，则民事法律行为的效力终止。

2. 肯定条件与否定条件

这是以某种客观事实的发生或不发生为标准进行的划分。

（1）肯定条件。肯定条件是指以某种客观事实的发生为条件，也称积极条件。它以一定客观事实的发生为条件成就，而以一定的事实不发生为条件不成就，肯定条件又分为肯定的延缓条件和肯定的解除条件。

（2）否定条件。否定条件是指以某种事实的不发生为条件，也称消极条件。它是以一定的事实不发生为条件成就，而以一定的事实发生为条件不成就。否定条件也可分为否定的延缓条件和否定的解除条件。

（四）附条件的效力

1. 条件成就及其效力

条件成就是指构成条件的事实已经实现。延缓条件成就后，民事法律行为当然发生效力，无须再有当事人意思表示或其他行为；解除条件成就后，民事法律行为的效力终止，也无须当事人再有意思表示或其他行为。

2. 条件不成就及其效力

条件不成就是指构成条件的内容没有实现。一般来讲，附延缓条件的民事法律行为，条件不成就时，该民事法律行为不生效；附解除条件的民事法律行为，条件不成就时，该民事法律行为继续有效。

在案例7-5中，李某与王某在买卖协议中确定的权利义务只有在李某调往长沙市这一条件实现时才发生法律效力。既然李某没有调往长沙，所附条件没有成就，李某、王某之间的权利义务虽已确定，但并未发生法律效力，权利人尚不能主张权利，义务人尚无履行义务的责任，因此，王某要求李某交付房屋的要求不能得到法院的支持。

3. 条件成就与否的拟制

条件成就与否的拟制，是指当事人为自己的利益不正当地促成条件成就或阻止条件成就。《民法典》第159条规定："附条件的民事法律行为，当事人为自己的利益不正当地阻止条件成就的，视为条件已成就；不正当地促成条件成就的，视为条件不成就。"例如：甲打算卖房，问乙是否愿买，乙一向迷信，就跟甲说："如果明天早上7点你家屋顶上来了喜鹊，我就出10万块钱买你的房子。"甲同意。乙回家后非常后悔。第二天早上7点差几分时，恰有一群喜鹊停在甲家的屋顶上，乙不想买甲的房子，于是将喜鹊赶走。本案例中，乙为自己的利益不正当地阻止条件成就，视为条件已成就，即便7点时甲家房顶上没有喜鹊，也应视为条件成就，乙应出10万元买甲的房子。

二、附期限的民事法律行为

（一）附期限的民事法律行为的概念

附期限的民事法律行为，是以一定期限的到来作为效力开始或终止原因的民事法律行为。期限与条件不同，任何期限都是确定地要到来的，而条件的成就与否具有不确定性。《民法典》第160条规定："民事法律行为可以附期限，但是根据其性质不得附期限的除外。附生效期限的民事法律行为，自期限届至时生效。附终止期限的民事法律行为，自期限届满时失效。"

（二）期限的分类

1. 延缓期限与解除期限

按照期限对民事法律行为效力所起的不同限制作用，可将所附期限分为延缓期限与解除期限。

延缓期限又称为生效期限或始期，是指所附期限到来之时，法律行为始发生效力的期限。解除期限是指已生效的法律行为于特定期限到来时，效力终止的期限。

2. 确定期限与不确定期限

以某一事实发生的时间是否确定，将期限划分为确定期限与不确定期限，前者如确定合同具体的生效日期，后者如甲乙双方约定甲父去世后甲将房屋卖给乙。

（三）对期限的限制

民事法律行为中所附期限一般应明确具体，法律不允许对法律行为附加不能期限。所谓不能期限是指约定的期限过于久远，违背常情。期限违法的，视为法律行为未附期限。

本章练习题

一、思考题

1. 分析无效民事法律行为、效力待定民事法律行为和可变更、可撤销民事法律行为的区别。

2. 在附条件民事法律行为中，对所附条件有何要求？

二、综合训练

1. 林某，女，13岁，某市初中一年级学生。林某用积攒下的压岁钱1300元为自己买了一部手机。买回后其母亲不同意，认为林某年龄还小，花这么多的钱应经过其同意，再者，过早用手机还会影响其身体健康及学习。于是，林某的母亲找到销售商店，要求退货。商店认为，手机是林某自愿买的，并无质量问题，拒绝退货。在此情况下，林某向人民法院提起诉讼，要求判决买卖合同无效，并返还货款1300元。

问：（1）林某与商店的买卖合同属于什么性质的民事法律行为？是否有效？

（2）法院能否判决商店退款？

【要点提示】

限制民事行为能力人所订立的与其年龄不相适应的合同属于效力待定的合同，法定代理人不予追认的，该行为自始不能产生法律效力。

2. 2013年12月21日，郑某驾驶无号牌两轮摩托车由北向南行驶，与前方步行的袁某发生事故，致袁某受伤。2014年1月29日，公安交警大队作出了道路交通事故认定书，认定郑某负全责、袁某无责任。袁某住院治疗，花去医疗费33195元（由郑某向医院支付），住院期间，袁某丈夫刘某护理袁某。2014年2月17日，就事故损害赔偿事宜，袁某的丈夫刘某与郑某签订的《交通事故损害赔偿和解书》，约定：（1）郑某一次性赔偿袁某71100元，含医疗费（已支付）、误工费、护理费、伙食补助费、营养费、交通费等；（2）袁某放弃诉讼及其他赔偿要求；（3）双方签字生效，费用结清后无涉。协议签订后，郑某履行了协议。袁某的身体恢复后，经伤情鉴定，构成八级伤残。

问：袁某是否有权请求撤销《交通事故损害赔偿和解书》中第（2）、（3）条？要求郑某赔偿残疾赔偿金？

【要点提示】

本案诉争的协议签订时距离事故发生日仅一月有余，袁某对伤残事宜未有预见，丈夫刘某作为非法律专业人士，代为签订协议时没有充分的认识和思想准备，存在重大误解。从袁某所受伤害应获得的赔偿数额与达成赔偿协议所获得的金额来看，确实存在较大悬殊，《交通事故损害赔偿和解书》第（2）、（3）条对袁某显失公平，因而，当事人有权请求撤销该调解书。

第八章 代　　理

◎ **知识目标**
- 理解代理的概念、特征，了解代理的适用范围及不适用代理的情形。
- 掌握狭义无权代理的种类及表见代理的构成要件。

◎ **能力目标**
- 能够正确区分滥用代理权及无权代理。
- 具备正确分析实际生活中发生的有权代理、无权代理及表见代理问题的能力。

第一节　代理概述

【案例 8-1】　画家黄某所作的画每幅价值上万元。2018 年 6 月的一天，某画店请其作画，双方约定黄某在半年内为画店作画 5 幅，纸张、笔墨由画店提供，画的规格以画店提供的七尺宣纸为准。画店随后支付了 3 万元预付款，并送来了笔墨纸张。时隔不久，国外一著名画院邀请黄某前去讲学。机会千载难逢，黄某急于办理出国手续，以致无暇为画店作画。直到出国前，黄某将印章及笔墨纸张留给自己的得意弟子高某，让其代为作画。12 月底前，高某以黄某的名义将 5 幅画送到画店，画店支付了其余的价款。画店随后发现，5 幅画无论从哪方面看都与黄某的作品有很大差距，经鉴定，全是赝品。画店要求黄某退款，并赔偿损失。

请思考：画店的请求能否得到支持？

一、代理的概念

代理，是指代理人在代理权限内，以被代理人的名义同第三人实施的由被代理人承担法律后果的民事法律行为。《民法典》第 161 条第 1 款规定："民事主体可以通过代理人实施民事法律行为。"因此，代理就是民事法律行为的代理，代理制度是民事法律行为制度的重要组成部分。

代理是一种民事法律行为，也是一项法律制度。在代理的民事法律关系中有三方当事人：代理人、被代理人与第三人。代理人是依据代理权代替他人实施民事法律行为的人；被代理人是由他人代替自己同第三人进行民事法律行为并承担法律后果的人，又称本人；第三人是同代理人进行民事法律行为的人，又称相对人。上述三方当事人涉及三方面的法律关系：一是代理人与被代理人之间基于委托授权或法律规定而形成的代理权关系，这种关系为代理的内部关系；二是代理人依据代理权与第三人之间的代理行为关系，这种关系为代理的外部关系；三是被代理人与第三人之间因代理行为而形成的权利义务关系，这种关系为代理的结果关系。

二、代理的特征

（一）代理人在代理权限内独立实施代理行为

代理人进行代理活动的依据是代理权，因此，代理人必须在代理权限内实施代理行为。为了更好地行使代理权和维护被代理人的利益，代理人并不是机械地执行被代理人的意思，代理人可以在代理权限内根据具体情况独立进行意思表示，以完成代理任务。

（二）代理人以被代理人的名义实施代理行为

依据《民法典》第 162 条，代理人在代理权限内，以被代理人名义实施的民事法律行为，对被代理人发生效力。代理人如果以自己的名义实施代理行为，这种行为是自己的行为而非代理行为。代理人只有以被代理人的名义进行代理活动，才能为被代理人取得权利、设定义务。

（三）代理行为是具有法律意义的行为

代理人所实施的代理行为必须能够产生一定的民事法律后果，即能够通过代理行为在被代理人和第三人之间设立、变更、终止一定的民事权利义务关系。日常生活中为他人代办某些事项的行为，如代友请客、替他人投寄邮件等，在当事人之间不能产生权利义务关系，不属于民法上的代理行为。

（四）代理行为直接对被代理人发生效力

代理人在代理权限内以被代理人的名义与第三人实施的民事法律行为，相当于被代理人自己实施的行为，产生与被代理人自己行为相同的法律后果。因此，被代理人享有因代理行为产生的民事权利，同时也承担代理行为产生的民事义务和民事责任。

三、代理的适用范围

（一）可以代理的事项

代理的适用范围非常广泛，无论是自然人、法人或非法人组织，都可以通过代理人实施民事法律行为和其他有法律意义的行为，实现自己的民事权利和履行自己的民事义务。代理的适用范围包括：

1. 代理各种民事法律行为

凡是民事主体之间有关民事权利义务的设立、变更、消灭的民事法律行为，都可以适用代理制度，这是最常见的代理行为，包括进行各种具有债务关系性质或财产意义的法律行为，如代签合同、代理履行债务等。

2. 代理民事诉讼行为

自然人、法人通过代理人代理诉讼行为，是实现和保护自己民事权利的一种重要手段。在民事诉讼中，委托代理人、法定代理人均可以代理诉讼中的当事人参加民事诉讼活动。

3. 代理实施某些财政、行政行为

尽管代理人所代理的某些行政、财政行为不是民事法律行为，而是行政法上的行为，但委托人与受托人之间存在的委托合同关系仍然适用民法有关代理制度的规定。如代理专利申请、商标注册、代理纳税、代理法人登记等。

（二）不得代理的事项

尽管代理的适用范围非常广泛，但还是受法律规定和当事人约定的限制，《民法典》第 161 条第 2 款规定："依照法律规定、当事人约定或者民事法律行为的性质，应当由本人亲自实施的民事法律行为，不得代理。"因而，如下情形不得代理：

1. 依照法律规定不得代理的情形

此类行为具有严格的人身属性，必须由本人亲自作出决定和予以表达，属于人身行为，不适用代理制度，如订立遗嘱、婚姻登记、收养子女等，《民法典》第 1049 条规定："要求结婚的男女双方应当亲自到婚姻登记机关申请结婚登记。"

2. 双方当事人约定应由本人亲自实施的民事法律行为

本着意思自治原则的要求，如果在本人与相对人之间明确约定不能代理，必须由本人亲自实施某些行为，则必须遵从约定，不适用代理。如加工承揽合同中双方约定必须由承揽人亲自完成全部任务，则承揽人必须亲自工作而不能委托他人完成。

3. 按照民事法律行为的性质不得代理的民事法律行为

具有人身性质的债务不适用代理，即基于对某人资信、能力、特长等方面的信任的法律行为具有典型的人身专属性，比如演出合同中，不得由他人代理。

4. 违法行为不得代理

依据《民法典》第 167 条的规定，代理人知道或应当知道代理的事项违法仍然实施代理行为，或者被代理人知道或者应当知道代理人的代理行为违法未作反对表示的，被代理人和代理人应当承担连带责任。也就是说对违法行为实施代理的后果已经明确为行为人应承担相应的民事责任。因此，从行为样态上讲，违法行为或者法律禁止的行为不得代理。

在案例 8-1 中，画店向黄某预约绘画的行为不适用代理。因为画店是基于对黄某的能力、信誉的信任与黄某订立合同，黄某应在合同规定的期限内，亲自完成合同规定的义务，不应转托他人。

四、代理的分类

（一）委托代理和法定代理

以代理权产生根据为标准，可将代理分为委托代理、法定代理。《民法典》第 163 条第 1 款规定："代理包括委托代理和法定代理。"

1. 委托代理

委托代理，是基于被代理人的委托授权所发生的代理。委托代理人所享有的代理权，是被代理人授予的，所以委托代理又称授权代理。授权行为是一种单方民事法律行为，仅凭被代理人一方授权的意思表示，代理人就取得代理权，故委托代理又称为意定代理。

委托代理一般产生于代理人与被代理人之间存在的基础法律关系之上，这种法律关系可以是委托合同关系，也可以是劳动合同关系（职务关系），还可以是雇佣关系、夫妻关系等，如甲委托家庭保姆乙去超市代买生活用品、去菜市场买菜等。

依照《民法典》第 163 条第 2 款，委托代理人按照被代理人的委托行使代理权。授予代理权的形式可以是口头形式，也可以是书面形式，如果是书面形式，《民法典》第 165 条规定："委托代理授权采用书面形式的，授权委托书应当载明代理人的姓名或者名称、代理事项、权限和期限，并由被代理人签名或者盖章。"

2. 法定代理

法定代理是指根据法律的直接规定而产生的代理。法定代理主要是为无民事行为能力人和限制民事行为能力人设定的代理。法定代理产生的根据是代理人与被代理人之间存在的血缘关系、婚姻关系、组织关系等。法定代理人所享有的代理权是由法律直接规定的，与被代理人的意志无关。

《民法典》第 23 条规定："无民事行为能力人、限制民事行为能力人的监护人是其法定代理人。"这一规定就是为他们设定代理人的法律依据。《民法典》第 163 条第 2 款规定："法定代理人依照法律的规定行使代理权。"法定代理人代理被监护人进行民事法律行为，实现和保护被监护人的合法权益，是法定代理人的重要职责。

关于法定代理与监护的关系，一般而言，监护作为保护无民事行为能力人或限制民事行为能力人权益的重要制度，二者存在密切联系，比如在主体方面相同、权利内容方面存在交叉。但二者在适用范围及法律后果方面存在本质不同，法定代理适用于民事法律行为范畴，对侵权行为不适用；但在监护关系中，被监护人实施的侵权行为，监护人要承担侵权责任，这并非法定代理人责任，也非被代理人责任，而是监护人自己应当承担的独立责任。

（二）一般代理与特别代理

以代理权限范围为标准，可将代理分为一般代理与特别代理。

一般代理，是指代理权范围及于代理事项的全部的代理，又称概括代理、全权代理。在实践中，如未指明为特别代理时则为一般代理。特别代理是一般代理的对称，是指代理权被限定在一定范围或一定事项的某些方面的代理，又称部分代理、特定代理或限定代理。

需要注意的是，在民事案件审判中也存在一般代理和特别授权之分。律师作为代理人代表原告或被告参与诉讼时，需要明确其代理权限，如果当事人给律师的授权是一般代理，则律师的代理权限主要是协助委托人提起诉讼或应诉、收集和提交证据、参与庭审和调解、代领法律文书等，而不能代为变更或放弃诉讼请求、承认对方的权利主张、与对方达成和解等，如果需要这些代理权限，则应该由委托人在书面的授权文件中明确列明具体事项，而不能简单地以"全权代理"或"特别授权"来说明。如果没有具体的授权事项，即使写明是"全权代理"或"特别授权"，也只能认为是一般代理。

（三）单独代理与共同代理

以代理权是授予一人还是数人为标准，可将代理分为单独代理与共同代理。

单独代理，又称独立代理，指代理权仅授予一人的代理。

共同代理是指数个代理人共同行使一项代理权的代理，如父母都是未成年人的代理人。《民法典》第 166 条规定："数人为同一代理事项的代理人的，应当共同行使代理权，但是当事人另有约定的除外。"所谓"共同行使代理权"，是指只有经过全体代理人共同同意才能行使代理权，即数人应当共同实施代理行为，有共同的权利义务。任何一个代理人单独行使代理权，均属于无权代理。如果数个代理人对同一个代理权可以单独行使，也属于单独代理，而不是共同代理。比如，被代理人授权甲、乙一起为其购买一台电视机和一台冰箱，但谁买都可以，此种情况属于单独代理，不是共同代理。共同代理人应共同行使代理权，如其中一人或数人未与其他代理人协商，其实施的行为侵害被代理人权益的，由实施行为的代理人承担民事责任。

（四）本代理与再代理

以代理权是由被代理人授予，还是由代理人转托为标准，可将代理分为本代理与再代理。

本代理是指基于委托人的直接授权或依法律规定而产生的代理，又称原代理。再代理是指代理人为了被代理人的利益将其享有的代理权转托他人而产生的代理，故又称复代理、转代理。因代理人的转托而享有代理权的人，称为再代理人。

再代理的主要特征有：（1）再代理人是由代理人以自己的名义选任的，不是由被代理人选任的；（2）再代理人不是原代理人的代理人，而是被代理人的代理人，其行使代理权时以被代理人的名义进行，法律后果直接归属被代理人；（3）再代理权不是由被代理人直接授予的，而是由原代理人转托的，并以原代理人的代理权限为限，不能超过原代理人的代理权。

通说认为，构成复代理后，原代理权并未消灭，复代理人并不取代代理人，代理人的地位不变，只是由复代理人分担了其部分职责。选任复代理人后，代理人仍然可以继续行使代理权。复代理人的行为，受代理人监督。代理人对复代理人还有解任权，可以取消其代理权。复代理人行使代理权须在原代理权范围之内，同时要受到代理人指示范围的约束，超出这两个范围权限的复代理行为构成无权代理。

《民法典》第 169 条规定："代理人需要转委托第三人代理的，应当取得被代理人的同意或者追认。转委托代理经被代理人同意或者追认的，被代理人可以就代理事务直接指示转委托的第三人，代理人仅就第三人的选任以及对第三人的指示承担责任。转委托代理未经被代理人同意或者追认的，代理人应当对转委托的第三人的行为承担责任，但是，在紧急情况下代理人为了维护被代理人的利益需要转委托第三人代理的除外。"所谓"紧急情况"，是指由于急病、通信联络中断、疫情防控等特殊原因，委托代理人自己不能办理代理事项，又不能与被代理人及时取得联系，如不及时转委托第三人代理，会给被代理人的利益造成损失或者扩大损失的情形。

可见，再代理附有条件，必须事先取得被代理人同意或事后告知被代理人并取得其同意，但在紧急情况下不需要取得被代理人的同意。转委托代理未经被代理人同意或追认的，代理人应对转委托的第三人的行为承担责任，被代理人因此遭受损失的，有权请求代理人赔偿。

（五）直接代理与间接代理

根据代理人实施代理行为是以被代理人的名义还是以自己的名义，代理可分为直接代理和间接代理。

直接代理是指代理人以被代理人的名义从事代理行为，代理活动的效果直接由被代理人承担。间接代理是指代理人进行代理活动时以自己的名义，进行代理活动的效果间接由被代理人承受的制度。《民法典》第 162 条规定只规定了直接代理，未规定间接代理制度，不过，《民法典》合同编在"委托合同"一章明确规定了间接代理制度，即受托人以自己的名义对外签订合同。同时，根据相对方是否知道委托人和受托人之间的内部委托关系，又进一步区分显名的间接代理和隐名的间接代理。因委托合同产生的间接代理，适用《民法典》第 925 条、第 926 条的特别规定。

五、代理制度的意义

代理制度的意义表现为三个方面：

1. 扩大民事主体的活动范围

民事主体从事民事行为，主观上受知识和认识能力的限制，客观上受时间和空间的限制，因此，不可能事必躬亲。特别是对于法人而言，仅靠法定代表人实施民事行为，法人的业务将大受限制。代理制度的价值就在于，克服民事主体在知识、认识水平、时间、空间等方面的局限性，使民事主体的权利能力得以充分实现。

2. 补充某些民事主体行为能力的不足

无民事行为能力人和限制民事行为能力人不能或不能完全通过自己的行为，以自己的意思为自己设定权利、履行义务，而代理能使这类民事主体的行为能力得以补充。

3. 降低成本，促进社会发展

确立民事代理制度，使民事主体可以利用他人的专业知识进行民事活动，使民事活动降低成本，也推动了提供专业知识和专业技能的服务行业的发展。

第二节 代理权的行使和消灭

一、代理权的行使

代理权的行使，是指代理人在代理权限范围内，以被代理人的名义依法独立、有效地实施民事法律行为，以达到被代理人所希望的或者客观上符合被代理人利益的法律效果。

（一）代理权行使的原则

代理人在行使代理权的过程中应当遵循以下原则：

1. 代理人应在代理权限范围内行使代理权，不得无权代理代理人只有在代理权限范围内实施的民事行为，才能被看做是被代理人的行为，由被代理人承担代理行为的法律后果。代理人非经被代理人的同意，不得擅自扩大、变更代理权限。代理人超越或变更代理权限所为的行为，非经被代理人追认，对被代理人不发生法律效力，由此给被代理人造成经济损失的，代理人应承担赔偿责任。

《民法典》第170条规定了职务代理，指根据代理人所担任的职务而产生的代理，即执行法人或者非法人组织工作任务的人员，就其职权范围内的事项，以法人或者非法人组织的名义实施民事法律行为，无须法人或非法人组织的特别授权，对法人或者非法人组织发生效力。工作人员超越职权范围实施民事法律行为的，构成无权代理。职权范围有的由法律、行政法规或规章规定，有的因法人或非法人组织的内部规定而定，有时法人或非法人组织还会临时授予工作人员一定的职权。

2. 代理人应亲自行使代理权，不得任意转托他人代理

被代理人之所以委托特定的代理人为自己服务，是基于对该代理人知识、技能、信用的依赖。因此，代理人必须亲自实施代理行为，圆满完成被代理人交付的事务。除非经过被代理人同意或者有不得已的事由发生，不得将代理事务转委托他人处理。

3. 代理人应积极行使代理权，尽勤勉和谨慎的义务

代理人行使代理权的目的是实现和维护被代理人的利益。因此，代理人在代理活动中应认真工作，尽到勤勉和谨慎的义务，充分维护被代理人的利益。对被代理人的财产妥善保管，及时报告代理事务的完成情况，在委托代理中，代理人应根据被代理人的指示进行代理活动，发现不利于被代理人的情形以及需要由被代理人做出决定的事项，应及时报告被代理人。对于在代理过程中了解到的被代理人的秘密，代理人有保密的义务。若代理人未尽到职责，给被代理人造成损害的，应承担民事责任。《民法典》第164条第1款规定："代理人不履行或者不完全履行职责，造成被代理人损害的，应当承担民事责任。"不履行职责，类似于违约责任中的不履行债务；不完全履行职责，指未按照代理权限内容履行职责，也包括逾期履行代理职责的情形，其核心是代理行为内容违背了本人授权或本人最大利益。不履行或不完全履行职责的结果是损害了被代理人利益。

4. 代理人必须正当行使代理权，不得违法代理

《民法典》第167条规定："代理人知道或者应当知道代理事项违法仍然实施代理行为，或者被代理人知道或者应当知道代理人的代理行为违法未作反对表示的，被代理人和代理人应当承担连带责任。"如委托他人代为销售假冒伪劣产品，代理人知道是假冒伪劣产品而代理销售的；或委托他人代为销售合法产品，代理人将产品上贴上假冒商标进行销售，被代理人知道而不反对的，这两种情况都属于违法代理，造成第三人损害的，代理人与被代理人承担连带责任。

（二）滥用代理权的禁止

滥用代理权，是指代理人行使代理权时，违背代理权的设定宗旨、代理行为的基本准则以及诚实信用原则，实施了有损被代理人利益的行为。

滥用代理权有以下特征：（1）代理人有代理权。在无权代理中，行为人没有代理权。这一要件使滥用代理权的行为与无权代理行为区别开来。（2）代理人在行使

代理权的过程中，违背了代理权的设定宗旨和基本行为准则，违背了诚实守信原则。

（3）代理人的代理行为有损被代理人的利益。

滥用代理权包括以下三种类型：

1. 自己代理

自己代理是指代理人以被代理人的名义与自己进行民事行为。在这种情况下，代理人同时为代理关系中的代理人和第三人，双方的交易行为实际上只有一个人实施。通常情况下，由于交易双方都追求自身利益的最大化，因此，在自己代理的情形，代理人自己的利益可能会与被代理人的利益发生冲突，代理人往往会更注重自己的利益，从而损害被代理人的利益。《民法典》第168条第1款规定："代理人不得以被代理人的名义与自己实施民事法律行为，但是被代理人同意或者追认的除外。"这就明确了代理人不得从事自己代理行为，在代理人实施自己代理行为时，只有在两种情况下才能发生效力：第一，被代理人事先同意；第二，被代理人事后追认。如果被代理人事先同意或事后追认的，法律自然要尊重被代理人的选择，认可自己代理的效力。

2. 双方代理

双方代理，又称同时代理，是指一人同时担任被代理人和相对人实施同一民事法律行为。在通常情况下，双方代理由于没有第三人参加进来，交易由一人包办，一人同时代表双方利益，难免顾此失彼，很容易损害其中一方当事人的利益，违反代理制度的宗旨。因此，双方代理应予禁止，《民法典》第168条第2款规定："代理人不得以被代理人的名义与自己同时代理的其他人实施民事法律行为，但是被代理的双方同意或者追认的除外。"由此可见，我国《民法典》原则上禁止双方代理。法律禁止双方代理的目的是保护被代理人和相对人的利益，如果这两方都觉得没有损害其利益或愿意承受这种不利益，法律也没必要强行干预，所以，法律规定，禁止双方代理，但被代理的双方同意或追认的除外。

3. 恶意串通

恶意串通是指代理人与相对人明知或应知其实施的行为会造成被代理人合法权益的损害，串通在一起，共同实施某种行为来损害被代理人的合法权益。代理人的职责是为被代理人实施一定的民事法律行为，维护和实现被代理人的利益。代理人与第三人恶意串通，损害被代理人的利益，这与其职责是相违背的。《民法典》第164条第2款规定："代理人和相对人恶意串通，损害被代理人合法权益的，代理人和相对人应当承担连带责任。"

二、代理权的消灭

代理权的消灭，又称为代理权的终止，指代理人与被代理人之间的代理关系消灭，代理人不再具有以被代理人名义进行民事活动的资格。由于委托代理权与法定代理权产生的根据不同，其消灭原因也有所区别。

（一）委托代理终止的原因

1. 代理期限届满或者代理事务完成

委托代理一般都有明确约定的代理期限或者特定的代理事务。在代理期限届满或代理事务完成之后，设立代理的目的已经达到，代理人的代理权自然终止。期限届满或事务完成的时间，有代理证书的依代理证书，无代理证书或代理证书记载不明的，依委托合同。授予代理权时未明确代理期间或者代理事务范围的，被代理人有权随时以单方面的意思表示加以确定。

2. 被代理人取消委托或者代理人辞去委托

委托关系存在的基础是代理人和被代理人之间的相互信任，一旦双方这一基础消失或客观上不需要委托，当事人双方就会解除代理关系。取消或辞去委托行为均属单方法律行为，一方当事人一旦作出这种意思表示并通知对方当事人，就可以使代理关系终止。代理权的取消或辞去都应事先通知对方，否则要承担由此造成对方损失的赔偿责任。被代理人也应将代理人变动的事项通知第三人，如果未通知第三人，于此情形下，第三人是善意、无过失的，代理权的消灭和变更不得对抗善意第三人。

3. 代理人丧失民事行为能力

代理人的职责是代替被代理人实施民事法律行为，实现被代理人的利益。如果代理人丧失民事行为能力，也就丧失了代理实施民事法律行为的能力，其代理权自应随之消灭。

4. 代理人或被代理人死亡

代理关系具有严格的人身属性。代理人死亡，使代理关系失去了一方主体，失去了代理关系中双方彼此信赖的主体要素。因此，代理人死亡，代理权随之消灭，而不能以继承方式转移给继承人。被代理人死亡也会导致代理关系终止。但如果出现下列情形，即便被代理人死亡，代理人的代理行为仍有效，具体包括：（1）代理人不知道且不应当知道被代理人死亡；（2）被代理人的继承人予以承认；（3）授权中明确代理权在代理事务完成时终止；（4）被代理人死亡前已经实施，为了被代理人的继承人的利益继续代理。

5. 作为代理人或者被代理人的法人、非法人组织终止

法人、非法人组织因各种原因终止后，其民事主体资格不再存在，在法律后果上近似于自然人死亡，故委托代理关系也因基础消失而相应终止。需要注意的是，法人、非法人组织终止，指其作为民事主体资格消灭。如法人、非法人组织被吊销营业执照而没有办理注销登记的，或正在清算期间，因其主体资格尚未消灭，并不会因此导致委托代理终止。

（二）法定代理终止的原因

1. 被代理人取得或恢复民事行为能力

法定代理是为无民事行为能力人和限制民事行为能力人设定的。因此，当被代理人已经成年并取得了民事行为能力，或者精神病人康复而恢复了民事行为能力的时候，设定法定代理的原因已经消失，理所应当导致法定代理终止。

2. 代理人丧失民事行为能力

法定代理人的职责，是代理无民事行为能力人或限制民事行为能力人为民事法律行为，故法定代理人必须具有民事行为能力。缺乏行为能力，意味着法定代理人不能

辨认自己的行为，自然难以保障被代理人的合法权益，法定代理自然应终止。

3. 代理人或被代理人死亡

代理人或被代理人死亡，意味着代理关系的一方主体消灭，故而引起法定代理关系的终止。需要注意的是，代理人或被代理人死亡，在委托代理和法定代理中所产生的法律效果并不完全相同；无论是在委托代理还是在法定代理中，代理人死亡均导致代理终止；但被代理人死亡后，委托代理人仍有可能继续实施代理行为并发生代理的效果，法定代理则必然终止。

4. 法律规定的其他情形

为防止列举不全，本条规定了兜底条款。除了上述三种情形外，由于其他原因引起的被代理人和代理人之间的监护关系消灭，也将使法定代理终止。如法定代理人是由监护人担任的，监护人不履行监护职责或者侵害被监护人合法权益，人民法院可根据有关个人或组织的申请，撤销其监护人资格，代理权也随之消灭。除此之外，夫妻离婚、收养关系解除等，都会引起法定监护关系的变化，从而导致法定代理关系的终止，代理权随之消灭。

第三节　无权代理

【案例 8-2】　某服装厂急于推销其积压产品，动员职工都参与销售，并为此制定了一系列的奖励措施。职工李某找到其在某商场当业务员的同学张某，让其帮忙销售。按照商场的规定，凡进货须经领导同意，但张某为显示自己有本事，用自己保留的盖过章的空白合同书与服装厂签订了一份购买价值 15 万元服装的合同。随后，服装厂按合同发去了服装。商场得知此事，坚称没有委托张某购买这批货，要求退货；服装厂认为双方合同合法有效，商场应收货付款。多次协商未果，服装厂诉至人民法院，要求商场支付货款。

请思考：商场应否付款？

一、无权代理的概念和特征

（一）无权代理的概念

无权代理是指没有代理权而以他人的名义与第三人进行民事活动。无权代理分为狭义的无权代理和表见代理。

无权代理和滥用代理权是两种不同的制度，其主要区别是：（1）性质不同。无权代理是没有代理权而进行的所谓代理；而滥用代理权则属有权代理，只是代理权行使不当。（2）情形不同。无权代理包括未经授权的代理、超越代理权的代理、代理权终止后的代理；而滥用代理权则包括自己代理、双方代理和代理人与相对人恶意串通损害被代理人利益的行为。（3）法律后果不同。无权代理并非绝对不能产生代理的法律效果；而滥用代理权的行为，一般属于无效民事法律行为。

（二）无权代理的特征

行为人所实施的民事行为符合代理行为的表面特征，即以被代理人的名义独立对第三人为意思表示，并将其行为的法律后果直接归属他人。若不具备代理行为的表面特征，则不属于无权代理行为。

行为人对实施的行为没有代理权。没有代理权包括未经授权、超越代理权和代理权终止三种情况。

无权代理行为并非绝对不能产生代理的法律效果。由于无权代理的行为未必对被代理人或相对人不利，同时为了维护交易安全和保护善意第三人的利益，狭义的无权代理行为应属效力未定的民事法律行为，在经被代理人追认的情况下，无权代理变为有权代理，能产生代理的法律效果，而表见代理直接发生代理的法律效果。

二、狭义的无权代理

（一）狭义的无权代理的概念

狭义的无权代理是指行为人既没有代理权，也没有令相对人相信其有代理权的事实或理由，而以被代理人的名义所进行的代理。

（二）狭义的无权代理的种类

1. 行为人自始没有代理权

行为人既未基于授权行为取得委托代理权，也未基于法律的直接规定取得法定代理权，但行为人却以被代理人的名义与相对人实施民事法律行为。

2. 行为人超越代理权

行为人虽然有一定的代理权限，但却擅自超越代理权范围进行代理活动。对于超越代理权的行为，除经被代理人追认的以外，其法律后果由行为人承担。

3. 代理权终止后的代理

在代理权终止后，行为人仍以被代理人的名义与相对人进行民事行为，这种代理因行为人无代理权而成为无权代理。

（三）狭义的无权代理的法律后果

无权代理行为为效力待定的行为，其效力处于不确定状态，有效或无效取决于被代理人追认与否。在被代理人追认之前，相对人可以催告被代理人予以追认，善意的相对人还可以撤回与无权代理人所进行的行为。如果得不到被代理人的追认，相对人也不撤回意思表示，无权代理人应对相对人承担相应的民事责任。

1. 被代理人有追认权

《民法典》第 171 条第 1 款规定："行为人没有代理权、超越代理权或者代理权终止后，仍然实施代理行为，未经被代理人追认的，对被代理人不发生效力。"追认是一种单方意思表示，应当以明示的方式向相对人作出，一经追认，无权代理行为自始有效，被代理人承担无权代理行为的后果。

2. 相对人的催告权与撤销权

《民法典》第 171 条第 2 款规定："相对人可以催告被代理人自收到通知之日起30 日内予以追认。被代理人未作表示的，视为拒绝追认。行为人实施的行为被追认前，善意相对人有撤销的权利。撤销应当以通知的方式作出。"

（1）相对人有催告权。相对人催促被代理人自收到通知之日起 30 日内明确答复是否追认无权代理行为。

（2）善意相对人的撤销权。法律为了保护善意第三人利益，赋予其撤销权，在被代理人对无权代理行为追认之前，可撤销与无权代理人的民事法律行为。

3. 无权代理人的责任

无权代理人实施的行为未得到被代理人的追认时，该民事法律行为不能对被代理人发生效力，应当由无权代理人对相对人承担民事责任。不过，依据《民法典》第 171 条第 3 款、第 4 款的规定，行为人承担责任应区分相对人是善意还是恶意而有所区别。

无权代理人实施的行为未得到被代理人追认的，善意的相对人享有选择权，既可以请求行为人直接承担该法律行为的后果，也可以请求行为人承担损害赔偿责任，但赔偿范围不超过被代理人追认时相对人能获得的利益。也就是说，赔偿的范围不能超过履行利益。这主要是考虑到善意相对人对因无权代理而遭受损害也有一定的过失，不能因此而多获利益，应当对行为人的赔偿责任适当加以限制。

但是如果相对人知道或者应当知道行为人无权代理的，相对人和行为人按照各自的过错承担责任。此时，行为人和相对人对无权代理都心知肚明，法律自无对哪一方保护的必要，双方应当根据各自的过错来确定相应的责任。

三、表见代理

（一）表见代理的概念

所谓表见代理，本属于无权代理，但因本人与无权代理人之间的关系，具有外表授权的特征，致使相对人有理由相信行为人有代理权而与其进行民事法律行为，法律使之发生与有权代理相同的法律效果。《民法典》第 172 条规定："行为人没有代理权、超越代理权或者代理权终止后，仍然实施代理行为，相对人有理由相信行为人有代理权的，代理行为有效。"这是表见代理制度的法律依据。设立表见代理制度的意义，在于确保交易安全和市场信用，保护善意第三人的合法利益。

（二）表见代理的构成要件

1. 须行为人无代理权

如果代理人对所实施的行为系有权代理，不发生表见代理。

2. 交易相对人有理由相信行为人具有代理权

这是构成表见代理的客观要件。这一要件是以行为人与被代理人之间存在某种事实上或法律上的联系为基础的。具体判断行为人是否有代理权可从如下方面考虑：其一，无权代理行为是否在被代理人的场所实施的；其二，无权代理人与被代理人的关系，如系亲属关系或劳动雇佣关系常构成认定为表见代理成立的客观依据；其三，无权代理人在与相对人缔约时出示了其有代理权的依据，如果行为人持有被代理人发出的证明要件，如被代理人的介绍信、盖有合同专用章或公章的空白合同书，或者有被代理人向相对人所作的授予其代理权的通知或公告，则成立表见代理。在我国司法实践中，盗用他人的介绍信、合同专用章或盖有公章的空白合同书签订合同的，一般不认定为表见代理，但本人应负举证责任，如不能举证，则构成表见代理。对于借用他人介绍信、合同专用章或盖有公章的空白合同书签订的合同，一般不认定为表见代理，由出借人与借用人对无效合同的法律后果负连带责任。

3. 相对人为善意

这是表见代理成立的主观要件，即相对人不知行为人所为的行为系无权代理行为。如果相对人出于恶意，即明知他人为无权代理，仍与其实施民事法律行为，或者相对人应当知道他人为无权代理却因过失而不知，并与其实施民事法律行为的，不能成立表见代理。

4. 该行为符合民事法律行为的一般有效要件

在构成表见代理的情况下，相对人之所以相信行为人有代理权，往往是因为被代理人有过失。但是，表见代理的成立不以被代理人主观上有过失为必要条件，即使被代理人没有过失，只要客观上有使相对人相信行为人有代理权的依据，即可构成表见代理。

案例8-2符合表见代理的特征：张某作为商场的代理人与服装厂签订合同时本无代理权，但由于商场内部管理不严，张某出具了盖有公章的空白合同书，使服装厂确信其有代理权，服装厂善意无过错，商场作为被代理人，当然应对服装厂负授权人的民事责任。

（三）表见代理的效力

1. 对被代理人的效力

表见代理对被代理人产生有权代理的效力，即在相对人与被代理人之间产生民事法律关系，被代理人应受无权代理人与相对人之间实施的民事法律行为的约束，享有该行为设定的权利并履行该行为约定的义务。被代理人不得以未授予无权代理人代理权而抗辩，不得以代理行为违背自己的意志和利益为由而拒绝承受表见代理的后果。在被代理人向相对人承担责任后，被代理人可以向无权代理人主张损害赔偿责任。

2. 对相对人的效力

表见代理对相对人来说，既可以主张狭义无权代理，也可以主张成立表见代理。如果相对人认为向无权代理人追究责任有利，则可主张狭义无权代理；如果相对人认为向被代理人主张权利更有利，也可以主张成立表见代理。

本章练习题

一、思考题

1. 代理不适用于哪些行为？委托代理与法定代理的区别是什么？

2. 试述表见代理与狭义的无权代理的区别与联系。

二、综合训练

1. 某商场委托业务员刘某到外地采购冰箱100台，并开具了授权委托书。刘某以商场的名义与某电器公司签订了100台冰箱的买卖合同。但该电器公司又向其推销冰柜。刘某开始称，自己只被授权购买冰箱，但最终禁不住对方的劝说，觉得该冰柜质量、样式不错，且价格合适，在当地也很畅销，在未请示商场的情况下，利用本商场交给的盖有合同专用章的空白合同书，又与这家电器公司签订了购买 50 台冰柜的买卖合同。请问：

（1）某商场与电器公司之间买卖冰箱的合同是否有效？为什么？

（2）某商场与电器公司之间买卖冰柜的合同效力如何？为什么？

（3）某商场与电器公司之间买卖冰柜的合同是否属表见代理？

（4）若使商场与电器公司之间买卖冰柜合同有效，有何补救措施？

【要点提示】

考虑代理人刘某的代理权，买冰柜属于超越代理权的行为，并且刘某已告知对方"自己只被授权购买冰箱"，所以购买冰柜的行为构成狭义的无权代理。

2. 李强与张娟经自由恋爱结婚。婚后第 3 年，张娟因工作受刺激得了精神分裂症。李强为张娟多方求医治疗，始终不见好转。张娟得病 5 年之后，李强感觉生活无望，不堪忍受压力，遂提出离婚诉讼。张娟父母已经死亡，其两个哥哥均表示不管张娟之事。请考虑在离婚诉讼中谁来代理张娟参加诉讼。

【要点提示】

因无民事行为能力人、限制民事行为能力人的监护人是其法定代理人，本来应考虑张娟的法定监护人顺序。

3. 甲公司业务经理乙长期在丙餐厅签单招待客户，餐费由公司按月结清。后乙因故辞职，月底餐厅前去结账时，甲公司认为，乙当月的几次用餐都是招待私人朋友，因而拒付乙所签单的餐费。请问：甲公司的说法是否有道理？为什么？

【要点提示】

考虑适用表见代理制度。

第九章　民　事　责　任

◎ 知识目标
  - 掌握民事责任的承担方式。
  - 掌握减轻和免除民事责任的抗辩事由。
  - 了解侵权行为与违约行为竞合时如何承担民事责任。
◎ 能力目标
  - 能结合社会生活实际判定是违约行为还是侵权行为。
  - 会处理侵权行为如何承担责任。

第一节　民事责任概述

【案例 9-1】　甲药厂生产的药品具有缺陷，乙医院在诊疗过程中使用该药物导致患者丙人身损害，造成财产损失 35 万元。

请思考：谁应对丙的损害负责？

一、民事责任的概念和特征

民事责任是指民事主体违反民事义务所应承担的不利后果。违反民事义务包括违反法律规定的民事义务和违反当事人约定的民事义务。违约责任是违反合同约定的义务所应承担的法律责任，侵权责任是侵害他人合法权益所应承担的法律后果。《民法典》第 176 条规定："民事主体依照法律规定或者按照当事人约定，履行民事义务，承担民事责任。"民事责任的判处和执行依靠的是国家公权力。与其他法律责任相比较，民事责任有如下特征：

（一）民事责任是民事主体违反民事义务所应承担的责任，是以民事义务为基础的

法律规定或当事人约定民事主体应当做什么和不应当做什么，这就是民事主体的义务。只有当事人不履行义务或履行义务不适当时，方发生责任。因此，民事义务是民事责任发生的前提，没有民事义务就没有民事责任。

（二）民事责任主要是为了补偿权利人所受损失和恢复权利圆满状态

民事责任的补偿性集中体现了民事损害纠纷的填平原则，即民事主体不能因其他民事主体的违法行为而获得超出自己损害范围的利益。民事责任的功能侧重于补偿，一般不具有惩罚性。这突出表明了民法"私"的性质。一方当事人不履行义务或侵

犯对方的权利时,违法行为人对受害人承担同样的不利后果,以使受损害人被破坏的平等地位和财产利益得到恢复。

(三)民事责任具有强制性和一定程度的任意性

民事责任的强制性体现在由法院最终确定责任的承担、由国家强制力来保障实现,如果义务人不履行,受害人有权请求法院强制执行。民事责任的任意性指民事责任的内容可以由民事主体在法律允许的范围内协商,主要体现在合同部分,例如约定免责条款、约定违约金和损害赔偿金的数额或计算方法等。这个特征是由民法的平等和自愿原则所决定的。当然,这种协商的内容不能超出法律允许的范围。

(四)民事责任主要是财产责任

民事责任的财产性,主要体现在责任体系中的财产责任占据主导地位,《民法典》第179条规定的十一种民事责任方式,除消除影响、恢复名誉、赔礼道歉外,其余的都是财产责任。

二、民事责任的分类

(一)违约责任、侵权责任与其他责任

这是根据责任发生的原因与法律要件不同而作的划分。违约责任,是指违反合同义务产生的责任;侵权责任,是指因侵犯他人的财产权或人身权产生的责任。其他责任就是合同责任与侵权责任之外的其他民事责任,如不履行不当得利债务、无因管理债务等产生的责任。

在现实生活中,往往同一违法行为既符合违约行为的成立要件,也符合侵权责任的构成要件,因而既为违约行为也为侵权行为,从而出现了违约责任和侵权责任都成立的现象,这种现象称之为违约责任与侵权责任的竞合。尽管如此,违约责任与侵权责任存在很大差别,主要体现在以下几方面:

1. 归责原则不同

对于违约责任,主要采用严格责任原则,只要有违约行为,又没有免责事由,就要承担违约责任。违约责任的成立一般也不以损害的实际发生为要件;对于侵权责任,主要采取过错责任原则,兼采无过错责任原则。

2. 赔偿范围不同

违约责任的赔偿范围,以完全赔偿实际损失为原则,包括既得利益的损失和可得利益的损失,但以违反合同一方于订立合同时预见到的或者应当预见到的因违反合同可能造成的损失为限。违约损害赔偿一般不包括精神损害的赔偿,但是因违约损害对方人格权并造成严重精神损害的除外。侵权责任的赔偿范围,原则上包括积极的财产损失和可得利益损失,不受可预见性规则的限制。在侵害人身权时,还可以主张精神损害赔偿。

3. 责任方式不同

违约责任主要是财产责任;侵权责任既包括财产责任,也包括非财产责任。

此外,在举证责任的分配、发生纠纷后的管辖法院等方面二者都存在区别。

由于这两种责任都主要以弥补受害人的损失为目的,因此受害人不能双重请求,只能主张其一，以防其获不当利益。《民法典》第186条规定："因当事人一方的违约行为，损害对方人身权益、财产权益的，受损害方有权选择请求其承担违约责任或者侵权责任。"

（二）过错责任、严格责任、公平分担损失

这是根据责任的构成是否以当事人的过错为要件进行的分类。

过错责任是指因行为人过错导致他人损害时应承担的责任。一般侵权责任以当事人有过错为要件，若当事人没有过错（如加害行为是因不可抗力造成的），即便有损害发生，行为人也没有责任。过错责任中还有一种特殊的谓之推定过错责任，其与一般过错责任不同之处，在于诉讼中由被告证明自己无过错，否则推定其有过错。

严格责任也叫无过错责任，是指依据法律的特别规定，通过加重行为人的举证责任的方式，使行为人承担较一般过错责任更重的责任。严格责任主要适用于违约责任和法定的特殊侵权责任。在严格责任中，受害人不需要就加害人的过错举证，而由行为人就其没有过错的事由予以反证，并且法律对免责事由作出严格的限制。例如高度危险作业的责任、环境侵害责任、产品责任等就属于无过错责任。

公平分担损失是指当事人双方对造成的损害都无过错，由人民法院根据公平的观念，考虑行为的手段、损失大小、影响程度、双方当事人的经济状况等实际情况，依照法律规定由双方分担损失。公平分担损失在调整当事人之间利益平衡、救济受害人权益方面起到一定作用。

（三）按份责任、连带责任、不真正连带责任

按份责任是指责任人为多人时，各责任人按照一定的份额向权利人承担民事责任。《民法典》第177条规定："二人以上依法承担按份责任，能够确定责任大小的，各自承担相应的责任；难以确定责任大小的，平均承担责任。"

连带责任是指依照法律规定或者当事人约定，两个以上的责任主体向权利人连带承担全部赔偿责任，权利人有权要求连带责任人中的一人或数人承担全部责任，而一人或数人在承担全部赔偿责任后，将免除其他责任人的赔偿责任的民事责任形态。《民法典》第178条规定："二人以上依法承担连带责任的，权利人有权请求部分或者全部连带责任人承担责任。连带责任人的责任份额根据各自责任大小确定；难以确定责任大小的，平均承担责任。实际承担责任超过自己责任份额的连带责任人，有权向其他连带责任人追偿。连带责任，由法律规定或者当事人约定。"

不真正连带责任是指两个以上债务人就同一债务共同对债权人承担责任，对外任何一个债务人均负有清偿全部债务的义务，对内只有一人承担最终责任。《民法典》侵权责任编中规定的产品生产者与销售者之间的连带责任、第三人与动物饲养人或者管理人对因动物致害的受害人承担的连带责任等都属于不真正连带责任。

在案例9-1中，甲药厂与乙医院应承担不真正连带责任。对外，它与连带责任没有区别，丙有权要求甲药厂、乙医院单独或者共同赔偿35万元；对内，它与连带责任有区别，即只有一个最终责任承担者甲药厂，如果是由乙医院对丙承担了赔偿责任，乙医院可以向甲药厂追偿。

三、民事责任的优先适用

《民法典》第187条规定："民事主体因同一行为应当承担民事责任、行政责任和刑事责任的，承担行政责任或者刑事责任不影响承担民事责任；民事主体的财产不足以支付的，优先用于承担民事责任。"这一条规定了民事责任优先，指在同一行为产生了民事责任、刑事责任和行政责任时，行为人的财产应当优先用于承担民事责任。当民事赔偿责任与行政责任中的罚款、刑事责任中的罚金及没收财产并存时，由于加害人的可供执行的财产较少，不足以在赔偿受害人的同时又支付行政罚款和刑罚罚金或没收财产时，坚持"私权优先"的原则，优先赔偿受害人，以更好地保护受害人利益。如甲因销售伪劣产品被判处有期徒刑并附加罚金，而受害人也向其提起民事赔偿诉讼，当甲的财产不能够满足民事赔偿和罚金时，优先支付民事赔偿。

第二节　民事责任的承担

【案例9-2】　胡大山与儿子胡小林因家庭琐事争吵，胡小林一时冲动，将汽油泼洒在二楼的房间内，扬言要点火焚烧全家。胡大山高喊救命，苏小辉、苏小兴、许立河等人闻讯赶来。胡小林见有人进来就不顾一切用打火机点燃了汽油，苏小辉、苏小兴、许立河用着火的身体撞破窗户，使得火势随风转向屋外，胡小林被救出。苏小辉、苏小兴、许立河被烧伤，各花去医疗费若干元。

请思考：谁应对三人的损失负责？

一、民事责任的承担方式

民事责任的承担方式是指行为人承担民事责任的具体方法。责任方式是落实民事责任的前提。《民法典》第179条规定了民事责任的承担方式，具体有：

（一）停止侵害

停止侵害是指责令侵害人停止正在进行或者延续的损害他人合法权益的行为。停止侵害可适用于各种侵害行为，是承担民事责任的基本方式，其功能在于及时制止侵害行为，防止损害后果的扩大。如果侵权行为已实施完毕，则不适用此种方式。

（二）排除妨碍

排除妨碍是指行为人实施的行为使他人无法行使或不能正常行使人身、财产权益的，受害人可以要求行为人排除妨害权益实施的障碍。行为人不排除妨碍的，受害人可以请求人民法院责令其排除妨碍。如在房屋建设中违反规划，影响邻舍通风、采光的，受害人可主张排除妨碍。妨碍既可以是现实存在的，也可以是将来可能出现的。

（三）消除危险

消除危险是指当行为人的行为或者其管领下的物件存在对他人人身和财产安全造成损害的危险时，权利人有权要求相关义务人采取紧急措施消除危险，以防止损害发生。例如，当公路旁的护路树因病虫灾害而枯死存在可能因自然原因树干倒塌、树枝折断的危险时，树木的所有人或管理人负有消除危险的义务。

（四）返还财产

返还财产是指侵权行为人没有合法根据，占有他人财产时，财产的有权占有人可请求非法占有人返还财产，返还的范围包括原物和孳息。但如果财产已经消灭或被第三人善意取得，则财产的所有人只能依法要求非法占有人赔偿损失。返还财产通常适用于三种情况：一是返还不当得利；二是民事法律行为被确认为无效或被撤销后，当事人基于该行为取得的财产也要返还；三是不法侵占他人财产的，所有权人有权请求返还财产。

（五）恢复原状

恢复原状是指当侵权行为致他人财产损害，受害人有权要求行为人对受损财产修复或采取其他措施使其恢复至原来状态。该责任方式的承担应具备以下条件：被损害财产有恢复原状的可能；有恢复的必要。恢复原状的费用由加害人承担。如果财产已无法恢复，或虽然可以恢复但权利人已不需要，则应当折价赔偿。

（六）修理、重作、更换

这主要是违反合同应当承担的民事责任形式。修理包括对产品、工作成果等标的物质量瑕疵的修补；如果通过修理还不能达到约定或法定的质量时，受损害方可以选择更换或重作的补救方式。

（七）继续履行

继续履行同修理、重作、更换一样，都属于违约责任的承担方式，在一方违反合同约定时，另一方有权要求违约方继续履行合同。

（八）赔偿损失

赔偿损失是指行为人因违反合同或侵权行为给他人造成损害的，承担的以给付金钱的方式补偿受害人所受损害的民事责任。这是民事责任中适用最普遍、最广泛的方式。既可以适用于违约责任，也可以适用于侵权责任。

（九）支付违约金

这也是违约责任的承担方式，是指当事人约定的，在违约行为发生后作出的独立于履行行为之外的给付，支付违约金不能代替履行合同，守约方当事人可以要求违约方支付违约金并要求其继续履行。

（十）消除影响，恢复名誉

消除影响是指加害人在其不良影响所及范围内消除对受害人不利后果的民事责任。恢复名誉是指加害人在其侵害后果所及范围内使受害人的名誉恢复到未曾受损害的状态。一般来说，消除影响、恢复名誉的范围应与侵权行为所造成不良影响的范围相当，即在什么范围内造成损害的，就应在什么范围内消除影响。此种非财产责任方式主要适用于人格权的救济。

（十一）赔礼道歉

赔礼道歉是指加害人以口头或者书面的方式向受害人承认过错、表示歉意。赔礼道歉一般应公开进行，否则不足以消除影响。但是，如果受害人不要求公开进行的，也可以由加害人向受害人秘密进行。由法院判决加害人承担赔礼道歉责任，赔礼道歉的内容，应当经法院审查同意。

（十二）惩罚性赔偿

《民法典》第179条第2款规定："法律规定惩罚性赔偿的，依照其规定。"惩罚性赔偿是指当侵权人以恶意、故意、欺诈等方式实施加害行为致权利人损害的，权利人可以获得实际损害赔偿之外的增加赔偿。我国《消费者权益保护法》第55条最早规定了惩罚性赔偿制度，《民法典》第1207条也规定了明知产品存在缺陷仍然生产、销售，造成他人死亡或健康严重损害的，被侵权人有权请求相应的惩罚性赔偿。《食品安全法》也有惩罚性赔偿的规定。

《民法典》第179条第3款规定："本条规定的承担民事责任的方式，可以单独适用，也可以合并适用。"

二、民事责任的抗辩事由

抗辩事由，是指在民事诉讼中，被告针对原告所提出的诉讼请求而提出的主张对方当事人的诉讼请求不成立或者不完全成立的事实依据。由于一个有效的抗辩事由可能导致民事责任的减免，故又称免责事由。《民法典》第180~184条所规定的免责事由既包括免除责任的事由，也包括减轻责任的事由。

（一）不可抗力

不可抗力，是指不能预见、不能避免并不能克服的客观现象，包括某些自然现象，如地震、台风等，也包括某些社会现象，如战争等。不可抗力属于法定的免责事由，在不可抗力是损害发生或扩大的唯一原因时，当事人不承担责任。如果不可抗力仅构成损害发生或扩大的部分原因，则应根据其原因力大小，适当减轻当事人的责任。

（二）正当防卫

正当防卫，是指为了使公共利益、本人或者他人的财产或人身免受正在进行的不法侵害而对行为人本人采取的防卫措施。

我国《民法典》第181条规定："因正当防卫造成损害的，不承担民事责任。正当防卫超过必要的限度，造成不应有的损害的，正当防卫人应当承担适当的民事责任。"这一规定从权衡各方利益的角度考虑，既要有利于维护防卫人的合法权益，也要考虑到对不法行为人合法权益的保护，防卫行为应以足以制止不法侵害为必要限度。超过必要限度，造成侵害人不应有的损害的，正当防卫人应承担适当的民事责任。

（三）紧急避险

紧急避险，是指为了防止公共利益、本人或者他人的合法权益免受正在发生的紧急危险的威胁，不得已而采取的损害另一较小利益的行为。

由于紧急避险行为以较小的损失挽救了较大的利益，所以不具有法律及道德上的可非难性，避险人不承担民事责任。但对于无辜的受害人而言，因他人的行为而使其承担紧急避险所带来的后果，显然是不公平的。为此，《民法典》第182条规定："因紧急避险造成损害的，由引起险情发生的人承担民事责任。危险由自然原因引起的，紧急避险人不承担民事责任，可以给予适当补偿。紧急避险采取措施不当或者超过必要的限度，造成不应有的损害的，紧急避险人应当承担适当的民事责任。"

（四）紧急救助造成损害的免责

《民法典》第184条规定："因自愿实施紧急救助行为造成受助人损害的，救助人不承担民事责任。"自愿实施紧急救助，是救助人在无法定义务或约定义务时，自愿实施的救助行为，指一般所称的见义勇为或乐于助人行为，不包括专业救助；在紧急情况下，救助人可能来不及考虑用哪种方法施救不会造成受助人损害，因此对救助人不能要求过高，即便造成受助人损害的，也不能让救助人承担民事责任，这一条款又被称为"好人条款"，作出如此规定是鼓励见义勇为的行为。

三、因见义勇为受损害的责任承担

《民法典》第183条规定："因保护他人民事权益使自己受到损害的，由侵权人承担民事责任，受益人可以给予适当补偿。没有侵权人、侵权人逃逸或者无力承担民事责任，受害人请求补偿的，受益人应当给予适当补偿。"该条规定了见义勇为情形下受益人的补偿义务。所谓见义勇为，是指在没有法定或约定义务的前提下，为保护他人的人身、财产权益，制止各种侵权行为、意外事件的救助行为。在见义勇为使自己遭受损害时，首先由侵权人承担责任，见义勇为者也可以要求受益人适当补偿，这里的"适当补偿"没有强制性。其次，没有侵权人、侵权人逃逸或根本无力赔偿时，受益人应当给予适当补偿，此处的补偿具有强制性。补偿不是赔偿，赔偿一般适用填平原则，受损多少赔偿多少，而补偿仅是其中一部分，就是要根据被侵权人的受损情况及受益人的受益情况决定补偿的数额。通过规定补偿义务，有利于鼓励人们实施见义勇为的行为，对于弘扬正气、弘扬社会主义核心价值观有重要意义。

在案例9-2中，苏小辉、苏小兴、许立河等人的行为属于见义勇为，胡小林是受益人，也是侵权人，应当对三人的损失承担补偿责任。

四、侵害英雄烈士人格利益的民事责任

《民法典》第185条规定："侵害英雄烈士等的姓名、肖像、名誉、荣誉，损害社会公共利益的，应当承担民事责任。"英雄、烈士是一个国家和民族精神的重要体现，是人们行为的榜样，强化对英雄、烈士的姓名等人格利益的保护，对于促进社会尊崇英烈、扬善抑恶、弘扬社会公共道德具有重要意义。

适用本条规定时，应注意以下几个方面，其一，本条保护的对象是英雄烈士，既包括已经牺牲的烈士、也包括未牺牲的英雄；我国《烈士褒扬条例》和《军人抚恤优待条例》规定了公民和现役军人被批准为烈士的条件。侵害英雄烈士等的姓名、肖像、名誉、荣誉，此处的"等"应理解为与英雄烈士类似的人。其二，保护的对象是英雄烈士等的相关人格利益，包括姓名、肖像、名誉、荣誉，对于英雄烈士的其他人格利益也应予以保护。其三，侵害英雄烈士等的人格利益的行为损害了社会公共利益，英雄烈士的人格利益常常会与社会公共利益联系在一起，如"狼牙山五壮士"及其精神，已经获得全民族的广泛认同，是中华民族共同记忆的一部分，是中华民族

精神的内核之一，也是社会主义核心价值观的重要内容。行为人实施了损害其名誉的行为，不仅伤害到五壮士近亲属的个人感情，伤害了社会公众的民族和历史情感，同时也损害了社会公共利益。

本章练习题

一、思考题

1. 民法中的民事责任方式有哪些？

2. 民事责任的抗辩事由有哪些？

二、综合训练

1. 杨某乘坐张某开的出租车外出办事，当车正常行使在主干道上时，突然前方有一小孩横穿马路，张某立即紧急刹车，避免了车祸的发生，但却导致杨某的头部擦伤，杨某前往医院治疗花去医疗费 500 元。事后杨某找到出租车司机张某和小孩的父亲蔡某要求承担医疗费。但张某和蔡某都认为自己没有过错不应承担杨某的医疗费。对于杨某的损失应该由谁承担责任？

【要点提示】

张某的行为虽然成立紧急避险，但是，他与杨某之间已经形成了合同关系，张某有将杨某安全送到目的地的义务，所以杨某可以向张某主张权利，张某可以要求引起险情发生的人承担。

2. 刘某从朋友家吃饭回来已是晚上 11 点，他回家后听到后院的牛圈有响动，他用手电照过去，发现有人偷牛，刘某大喊抓贼，小偷从怀里掏出匕首向他刺来，在相互搏斗中，刘某夺过匕首刺伤了小偷的胳膊，后小偷被群众扭送派出所。两个月后，刘某收到起诉状，原来是小偷被刘某刺伤后住院，现以侵害生命健康权为由要求刘某赔偿住院费用 5000 元，刘某应该赔偿吗？为什么？

【要点提示】

刘某刺伤小偷的行为属于正当防卫，反击也未超过必要限度。

第十章　诉讼时效和期限

◎ **知识目标**
- 理解诉讼时效的概念、种类、适用范围。
- 掌握诉讼时效的起算时间、诉讼时效的中止、中断和延长。
- 了解期日、期间的概念、分类、确定方式和计算方法。

◎ **能力目标**
- 能够结合具体案件准确计算诉讼时效期间。
- 能正确运用诉讼时效的中止、中断和延长来维护当事人的利益。

第一节　诉　讼　时　效

【案例 10-1】　李某与刘某是朋友，2017 年 1 月 5 日李某因买房向刘某借款 3 万元。当时，李某向刘某写有一张借据，借据上写明在 2017 年 10 月 5 日前还清。到还款时间，李某未向刘某还款，刘某也不好意思提及此事。直到 2020 年 10 月 9 日，刘某见李某既不还款也不提及此事，只好向李某说明他等钱用，希望李某尽快还款。不料，李某却声称并未向刘某借过款。刘某大怒，遂将李某起诉至人民法院，要求李某归还借款，被告辩称本案已经超过诉讼时效。人民法院经审理驳回了刘某的诉讼请求。

请思考：该笔借款是否超过了诉讼时效？

一、时效制度

时效是指一定的事实状态持续地经过一定期间即在法律上产生一定后果的民法规则，时效制度是各国民法普遍承认的制度。

时效分为两种类型，即取得时效和诉讼时效。取得时效，是指非所有人公开、持续地占有他人财产或行使某种他物权，这种事实状态经过一定期限，占有人取得该物的所有权或其他物权。消灭时效是指权利人在法定期间内不行使权利即丧失请求法院保护的权利。我国《民法典》仅规定了消灭时效，未规定取得时效。

时效制度最主要的功能体现在：一是督促权利人及时行使权利，避免权利"睡觉"。法律不保护"在权利上睡觉的人"，权利人不及时行使权利，将产生权利减损或消灭的法律后果。二是有利于证据的收集和判断，并能及时解决纠纷。如果对权利的行使无期限限制的话，过了若干年再向法院起诉，收集证据的难度会更大，也会增加法院对证据审查判断的难度，使得纠纷解决更困难。

二、诉讼时效的概念和特征

（一）诉讼时效的概念

诉讼时效，是指权利人在法定期间内不行使权利，如果起诉之后被告提出时效抗辩，则法院不再强制被告履行义务的法律制度。

（二）诉讼时效的特征

1. 诉讼时效具有法定性

诉讼时效期间是权利人请求人民法院保护其民事权利的法定期限，是由法律直接规定的。《民法典》第 197 条规定："诉讼时效的期间、计算方法以及中止、中断的事由由法律规定，当事人约定无效。"

2. 诉讼时效具有强制性

诉讼时效及其具体内容由国家法律作出规定，民事主体必须遵守。禁止当事人之间通过约定排斥诉讼时效的适用；禁止当事人就诉讼时效的计算方法、中止、中断作出约定；当事人之间也不得就诉讼时效期间的缩短、延长以及预先放弃时效利益订立协议，否则，均属无效。《民法典》第 197 条第 2 款规定："当事人对诉讼时效利益的预先放弃无效。"但是，时效完成后当事人放弃时效利益的行为与预先协议放弃时效利益的行为不同，前者属于一般弃权行为，并未对时效规范加以变更，是有效的；后者属于违反法律规定的行为，因而无效。

3. 体现了义务人的时效利益

时效利益，是指诉讼时效期间届满后，权利人丧失了请求法院强制义务人履行义务的权利，义务人因此可以不履行义务，继而获得了本不该获得的利益即时效利益。义务人的时效利益是受到法律保护的。

4. 超过时效，权利人并不必然败诉

超过诉讼时效，权利人仍有起诉的权利，只要起诉符合民事诉讼法的条件，法院即应受理。权利人起诉后，如果被告不提出时效抗辩，法院不得向义务人释明诉讼时效，且不得主动适用时效判案而驳回原告的诉讼请求。

5. 超过时效，权利人的实体权利并不消灭

诉讼时效期间届满后，义务人如自愿履行义务，权利人仍有权受领，义务人履行后则不得以不知时效届满为由要求返还。超过时效的权利，一般称之为"自然债权"。

三、诉讼时效的种类

（一）普通诉讼时效

普通诉讼时效，又称为一般诉讼时效，是指《民法典》规定的普遍适用于法律没有作特殊规定的各种民事法律关系的诉讼时效。除特别法另有规定外，所有的民事法律关系皆适用普通时效。《民法典》第 188 条第 1 款规定："向人民法院请求保护

民事权利的诉讼时效期间为三年。法律另有规定的，依照其规定。"

在案例 10-1 中，刘某虽有借据可以证明李某向其借款的事实，但他在还款期限届满后，既未向李某催还借款，又未向人民法院起诉，其享有此项债权的诉讼时效期间是三年，自 2017 年 10 月 6 日起至 2020 年 10 月 5 日止，在此期间刘某没有行使权利；2020 年 10 月 9 日提起诉讼时，已经超过诉讼时效，因被告提出时效抗辩，法院驳回刘某的诉讼请求是正确的。

（二）特别诉讼时效

特别诉讼时效，是指法律规定的仅适用于某些特殊民事法律关系的诉讼时效。如《民法典》第 594 条规定的"因国际货物买卖合同和技术进出口合同争议提起诉讼或者申请仲裁的时效期间为四年"。《保险法》第 26 条规定的"人寿保险的被保险人或者受益人向保险人请求给付保险金的诉讼时效期间为五年"，《海商法》第 257 条规定，"就海上货物运输向承运人要求赔偿的请求权，时效期间为一年"。

对各种不同的民事法律关系，只要有特殊诉讼时效规定的，就应适用特殊诉讼时效；没有特殊诉讼时效规定的，适用普通诉讼时效。

（三）权利最长保护期限

《民法典》第 188 条第 2 款规定："诉讼时效期间自权利人知道或者应当知道权利受到损害以及义务人之日起计算。法律另有规定的，依照其规定。但是，自权利受到损害之日起超过二十年的，人民法院不予保护；有特殊情况的，人民法院可以根据权利人的申请决定延长。"与普通诉讼时效和特别诉讼时效相比，最长诉讼时效期间有如下特点：一是自权利受损害时起计算。二是不考虑权利人何时知道权利受到侵害及具体义务人，即使权利受到侵害后权利人一直不知道，但是只要权利受到损害之日起超过 20 年的，除极特殊情况下的诉讼时效延长外，人民法院不予保护。三是具有固定性，该期限不适用诉讼时效中止、中断的规定，固定为 20 年。

四、诉讼时效的适用范围

（一）诉讼时效主要适用于债权请求权

《民法典》没有对诉讼时效的适用范围作出明确规定，但从第 196 条规定的不适用诉讼时效的情形来看，主要针对的是物权请求权。另外，《最高人民法院关于审理民事案件适用诉讼时效制度若干问题的规定》第 1 条规定："当事人可以对债权请求权提出诉讼时效抗辩。"该条明确了诉讼时效的适用范围是债权请求权。诉讼时效主要适用于债权请求权。债权请求权是特定的债权人请求债务人为一定的行为或不为一定行为的权利。

（二）不适用诉讼时效的请求权

依据《民法典》第 196 条规定，以下几种请求权不适用诉讼时效：

1. 请求停止侵害、排除妨碍、消除危险

这三种请求都是对物权的保护，学理上一般认为，物权请求权不适用诉讼时效，无论经过多长时间，法律不可能使侵害物权的行为取得合法性。另外，在请求停止侵害、排除妨碍、消除危险时，侵权行为一直是持续的状态，无法确定诉讼时效的起算点，因此，不应当适用诉讼时效。同理，对于其他绝对权请求权比如人身权、知识产权等涉及停止侵害、排除妨碍、消除危险的，都不适用诉讼时效。

2. 不动产物权和登记的动产物权的权利人请求返还财产

返还财产请求权是所有权等物权性质的权利派生出来的请求权，并非债权性质的请求权，故不适用诉讼时效。该规则适用于不动产物权和登记的动产（船舶、航空器和机动车等能够依法登记的特殊动产）物权。因为动产物权以占有为公示方法，但这一公示方法公信力效果较差，登记则具有公示力和公信力。不动产物权，包括登记了的和没有登记的不动产物权，如：农村的房屋没有进行登记，某甲外出打工，其房屋被他人占用，不能认为过了三年，就不能请求返还了。

3. 请求支付抚养费、赡养费或者扶养费

这三种请求权虽然是债权性质，但是属于身份利益上的请求权，关系到人的基本生存权利，也涉及对弱势群体利益的保护，义务人若以时效经过而不支付上述费用将使权利人的生活没有保障，既违背公序良俗原则，也违背法律。故这些请求权也不适用诉讼时效。

4. 依法不适用诉讼时效的其他请求权

本项规定为兜底条款，如最高人民法院《诉讼时效规定》第 1 条规定的如下情形不适用诉讼时效：支付存款本金及利息请求权；兑付国债、金融债券以及向不特定对象发行的企业债券本息请求权；基于投资关系产生的缴付出资请求权等。

五、诉讼时效期间的起算

（一）一般规则

诉讼时效期间的起算，又称诉讼时效期间的开始，是指从什么时候开始计算诉讼时效。《民法典》第 188 条规定："诉讼时效期间自权利人知道或者应当知道权利受到损害以及义务人之日起计算。"

诉讼时效的开始是权利人可以行使权利的时间，该权利的行使以权利人知道或者应当知道自己的权利受到侵害且知道义务人为前提。所谓"应当知道"，是一种法律上的推定，是以一般人的标准，权利人在当时的情况下应当知道权利受到侵害，不管当事人实际上是否知道，只要客观上存在知道的条件和可能，就开始计算诉讼时效期间。这一规定的目的，是为了防止权利人以不知道权利被侵害为借口规避诉讼时效。如借款合同中约定了履行期限，履行期限到来时，义务人未履行还款义务，从履行期限届满之日，视为权利人应当知道自己的权利受到了侵害。此外，还应当知道谁是义务人，如果权利人仅知道自己的权利被侵害，并不知道谁是侵权人，则无法行使请求权，诉讼时效也不能开始计算。

（二）特殊情形

在司法实践中，由于民事案件千差万别，因此，具体到各个案件，其时效的起算点也不相同，法律需要对各种特殊情形的时效起算点作出规定。

1. 分期履行债务

《民法典》第 189 条规定："当事人约定同一债务分期履行的，诉讼时效期间自最后一期履行期限届满之日起计算。"对于分期履行的债务来说，虽然每期债务具有一定的独立性，但都属于同一债务，单独计算过于复杂，另外，从最后一期债务履行期届满开始起算诉讼时效，可以从整体上推迟每一期债务的诉讼时效起算时间，更有利于债权人利益的保护，也有利于减少纠纷，节约司法资源。

2. 无民事行为能力人或限制民事行为能力人对其法定代理人的请求权

《民法典》第190条规定："无民事行为能力人或者限制民事行为能力人对其法定代理人的请求权的诉讼时效期间，自该法定代理终止之日起计算。"法定代理关系往往基于一定的亲属关系产生，被代理人由于行为能力的欠缺，对于损害自己利益的行为缺乏判断能力，并且，基于亲属关系的存在，即便知道了代理人损害自己的利益，由于在生活上还要依赖法定代理人，如果起诉法定代理人，会妨害家庭团结，可能导致法定代理人不履行代理职责，因而，在法定代理终止之前，无、限制民事行为能力人难以主张权利。因此，对于向法定代理人提出请求的诉讼时效期间应自代理关系终止之日起计算。

3. 未成年人遭受性侵害的损害赔偿请求权

《民法典》第191条规定："未成年人遭受性侵害的损害赔偿请求权的诉讼时效期间，自受害人年满十八周岁之日起计算。"之所以推迟到受害人年满18周岁，主要是为了充分保护未成年受害人的利益。在受害人未成年前，由法定代理人代为行使请求权，如果法定代理人未行使请求权的，受害人成年后，可以自己行使损害赔偿请求权，诉讼时效自其成年时起开始计算。

4. 其他特殊规定

除《民法典》规定了诉讼时效起算的特殊情形外，《诉讼时效规定》中也有一些特殊规定。如可以确定履行期限的，诉讼时效期间从履行期限届满之日起计算；不能确定履行期限的，诉讼时效期间从债权人要求债务人履行义务的宽限期届满之日起计算。诉讼时效期间的起算，法律有特别规定的，应依法律的特别规定。如《海商法》第258条规定，海上旅客运输向承运人要求赔偿的2年诉讼时效期间，分别依下列规定计算：有关旅客人身伤害的请求权，自旅客离船或应当离船之日起算；有关旅客死亡的请求权，发生在运输期间的，自旅客应当离船之日起算；因运输期间的伤害而导致旅客离船后死亡的，自旅客死亡之日起算，但是此期限自离船之日起不得超过3年；有关行李灭失或者损坏的请求权，自旅客离船或者应当离船之日起算。

六、诉讼时效的中止、中断和延长

（一）诉讼时效的中止

1. 诉讼时效中止的概念

诉讼时效的中止，又称诉讼时效不完成，是指在诉讼时效进行中，因法定事由发生而使权利人无法行使请求权，因而暂时停止计算诉讼时效期间，待法定事由消除后再继续计算诉讼时效期间的制度。

诉讼时效制度的目的是督促权利人及时行使权利，但在因不可抗力等客观原因造成权利人不能行使请求权时，权利人主观上并未怠于行使权利，而是客观上不能行使，如果任由诉讼时效期间继续计算，则会使权利人的权利因时效届满而得不到保护，违背时效制度设定的宗旨。因此，法律设立了诉讼时效中止制度，保证权利人有行使权利的足够时间，不至于因不可控的原因发生诉讼时效届满的后果。

2. 诉讼时效中止的事由

诉讼时效中止的事由是法定事由。根据《民法典》第194条规定，诉讼时效中止的事由包括：（1）不可抗力，是指不能预见、不能避免并不能克服的客观情况；（2）无民事行为能力人或者限制民事行为能力人没有法定代理人，或者法定代理人死亡、丧失民事行为能力、丧失代理权；（3）继承开始后未确定继承人或者遗产管理人；（4）权利人被义务人或者其他人控制，如被义务人扣押、拘禁而丧失行为自由，客观上无法主张权利；（5）其他导致权利人不能行使请求权的障碍。

3. 诉讼时效中止的时间

诉讼时效中止的时间为诉讼时效期间的最后6个月内。因为此时发生中止事由，可能导致权利人无足够的时间行使权利。如果是在时效期间最后6个月前的期间发生法定的中止事由，就不能使诉讼时效中止，因为权利人还有足够的行使权利时间。

4. 诉讼时效中止的效力

一旦出现诉讼时效中止的事由，诉讼时效期间停止计算，已经过的诉讼时效期间有效，待中止事由消除后，时效期间再计算6个月，不论中止前诉讼时效期间还剩余多少。如在一般诉讼时效中，当时效进行到2年零8个月时发生中止诉讼时效的法定事由，该事由延续2个月，自法定事由消除之日起，继续计算6个月的时效期限。

（二）诉讼时效的中断

1. 诉讼时效中断的概念

诉讼时效的中断，是指在诉讼时效进行期间，因发生一定的法定事由，使已经经过的时效期间归于消灭，重新计算诉讼时效期间的制度。

2. 中断的法定事由

根据《民法典》第195条的规定，引起诉讼时效期间中断的法定事由包括：

（1）权利人向义务人提出履行请求。这是权利人积极行使权利，当然属于合法阻却诉讼时效完成的诉讼时效中断事由。权利人向义务人提出履行请求，包括权利人向义务人、保证人、义务人的代理人或财产代管人主张权利或向清算人申报破产债权等。需要注意的是，权利人向义务人提出请求时，应采取书面或其他有证明力的方式进行，以避免因证据不足使时效中断不被认可的情况发生。

（2）义务人同意履行义务。这是指义务人通过一定方式向权利人做出愿意履行义务的意思表示，又称承认。义务人做出的同意履行义务的意思表示，意味着对权利人权利存在的认可。同意履行义务的表示方法除了书面或能够证明的口头方式之外，义务人作出分期履行、部分履行、提供担保、请求延期履行、制定清偿债务计划等承诺或者行为的，都属于义务人同意履行义务的表现方式。

（3）权利人提起诉讼或者申请仲裁。权利人依法向人民法院提起诉讼是行使自己权利的一种最有效的方式，当事人一方向人民法院提交起诉状或者口头起诉的，诉讼时效从提交起诉状或者口头起诉之日起中断。除了起诉之外，其他司法程序也同样引起时效中断，《诉讼时效规定》第11条将除起诉之外的开启司法程序的各种行为都作为引起时效中断的事由，如权利人申请强制执行、申请支付令、向仲裁机构申请仲裁等，都应视为行使权利的具体表现，与起诉有同等的效力。

（4）与提起诉讼或者申请仲裁具有同等效力的其他情形。如权利人向人民调解委员会以及其他依法有权解决相关民事纠纷的国家机关、事业单位、社会团体等社会组织提出保护民事权利的请求，向公安机关、人民检察院、人民法院报案或者控告，请求保护其民事权利的，都能引起诉讼时效中断。

3. 诉讼时效中断的效力

诉讼时效中断的效力在于，使此前已经经过的时效期间归于消灭，从中断时起重新计算时效期间。

（三）诉讼时效的延长

诉讼时效的延长，是指在诉讼时效期间届满后，权利人因有正当理由，要求人民法院根据具体情况延长时效期间，由人民法院依职权决定延长。《民法典》第188条第2款规定："自权利受到损害之日起超过二十年的，人民法院不予保护；有特殊情况的，人民法院可以根据权利人的申请决定延长。"法律作出这一规定的目的是保护由于特殊原因未能及时行使权利的权利人，是否同意延长，由人民法院根据实际情况决定。

七、诉讼时效期间届满的后果

（一）义务人产生抗辩权

《民法典》第192条第1款："诉讼时效期间届满的，义务人可以提出不履行义务的抗辩。"时效期间届满，义务人可以拒绝履行义务，权利人的实体权利依然存在，但是转化成为自然权利，法院不得强制义务人履行。

（二）义务人自愿履行的不得要求返还

《民法典》第192条第2款规定："诉讼时效期间届满后，义务人同意履行的，不得以诉讼时效期间届满为由抗辩；义务人已经自愿履行的，不得请求返还。"只要没有履行，债务依然存在，义务人履行义务，对于债权人来说，是其应该得到的，并不构成不当得利，债务人不得请求返还。

（三）法院不得主动适用诉讼时效

《民法典》第193条规定："人民法院不得主动适用诉讼时效的规定。"无论是在起诉阶段，还是诉讼过程中，当事人未提出诉讼时效抗辩，人民法院不应对诉讼时效问题进行释明及主动适用诉讼时效的规定进行裁判。在义务人提出时效抗辩后，法院有义务审查时效是否届满。

第二节　期　　限

一、期限的概念和意义

（一）期限的概念

期限是指民事权利义务产生、变更和终止的时间。期限分为期日和期间。期日是指不可分割的一定时间，它是时间的某一特定的点。期间是指一定的时间段，即自某一时间点开始至另一时间点终止的时间段。期日是时间的某一静态的点；而期间则是时间某一动态的阶段，即期日与期日之间的间隔时间。

（二）期限的种类

1. 法定期限

它是由法律直接规定的期限，如时效时间。

2. 指定期限

它是由法院或有关机关确定的期限，如法院或仲裁机构指定的债务履行期限。

3. 约定期限

它是当事人自行约定的期限，如附期限民事法律行为中所附的期限。

（三）期限的意义

任何民事法律关系的发生、变更、消灭都在一定的期限内进行，没有期限，就不能确定权利义务产生、变更、消灭和持续的时间。具体而言，期限具有以下法律意义：

（1）期限是确定民事主体权利能力和行为能力开始和终止的尺度，如自然人出生之日，即是其享有法定民事权利能力之时。

（2）期限是作出法律推定的根据，如自然人下落不明的期间是作出宣告死亡推定的根据。

（3）期限是确定权利的取得或丧失的根据，如撤销权的行使期限和追认权的行使期限。

（4）期限是行使权利和履行义务的时间段，如合同履行期限即属此种。

（5）期限是确定法律行为效力的起点或终点的根据。

二、除斥期间

（一）除斥期间的概念

除斥期间，又称预定期间，是指法律规定某种权利预定存在的期间，权利人在此期间不行使权利，期间届满，便发生该权利消灭的法律后果。如基于重大误解请求撤销民事法律行为的，自知道或者应当知道撤销事由之日起 3 个月内行使撤销权，这 3 个月就是除斥期间。《民法典》第 199 条规定："法律规定或者当事人约定的撤销权、解除权等权利的存续期间，除法律另有规定外，自权利人知道或者应当知道权利产生之日起计算，不适用有关诉讼时效中止、中断和延长的规定。存续期间届满，撤销权、解除权等权利消灭。"该条对除斥期间的起算规则、除斥期满后的法律后果作了规定。

除斥期间制度的价值在于，促使民事法律行为当事人及时纠正意思表示的瑕疵，及时确定不确定的权利义务关系以及不利于自己的情形发生时及时行使救济权。

（二）除斥期间与诉讼时效期间的区别

除斥期间与诉讼时效期间都是以一定的事实状态的存在和一定期间的经过为条件而发生一定的法律后果，都属于民事法律事实中的事件，其目的在于督促权利人及时行使权利及维护法律秩序。但二者又有区别，主要有以下方面：

1. 适用对象不同

除斥期间一般适用于形成权，如撤销权、解除权等；诉讼时效期间适用于债权请求权。

2. 法律效力不同

除斥期间届满后消灭的是实体权利本身；诉讼时效期间届满后，实体权利本身并不因此而消灭，只是在被告提出时效抗辩时，法院不再强制被告履行义务。

3. 期间起算不同

除斥期间自权利成立之时起算；诉讼时效期间自权利人能够行使请求权之时起算。

4. 期间性质不同

除斥期间是不变期间，不适用中止、中断和延长的规定；诉讼时效期间是可变期间，可以适用中止、中断和延长的规定。

5. 能否由当事人约定不同

诉讼时效不能由当事人约定，除斥期间既可由法律规定，也可由当事人约定。

6. 是否允许法院主动援引不同

法院不得主动援引诉讼时效，但除斥期间届满，会导致权利人的权利消灭，法院有权主动审查。

三、期限的确定和计算

（一）期限的确定方式

规定某一具体日期，如 2004 年 8 月 5 日。

规定一定的期间，如 2004 年 8 月 1 日起 4 个月。

规定某一必然到来或必然发生的时刻，如公路通车之日、货物交付之日等。

规定以当事人提出请求的时间为期限，如债权人请求偿还债务之日等。

（二）期限的计算方法

期限的计算有期日的计算和期间的计算两种情况。期日的计算比较简单，一般以法定期日、指定期日和约定期日为准。期间的计算比较复杂，依据《民法典》规定，计算方法如下：

1. 关于起点

按照年、月、日计算期间的，开始的当日不计入，自下一日开始计算。按照小时计算期间的，自法律规定或者当事人约定的时间开始计算。

2. 关于终点

按照年、月计算期间的，到期月的对应日为期间的最后一日；没有对应日的，月末日为期间的最后一日。

期间的最后一日的截止时间为 24 时；有业务时间的，停止业务活动的时间为截止时间。期间的最后一日是法定休假日的，以法定休假日结束的次日为期间的最后一日。

本章练习题

一、思考题

1. 诉讼时效与除斥期间的区别有哪些？

2. 诉讼时效的中止与诉讼时效的中断有何异同？

二、综合训练

从 2006 年 8 月 23 日起，三元公司与鑫昊公司相继签订 14 份《建设工程施工合同》，三元公司将厂房、仓库、锅炉房及其他附属钢结构工程发包给鑫昊公司施工。上述合同中，第 1—3 号合同、第 10 号合同明确约定了使用宝钢板。工程于 2007 年 6 月、7 月起相继完工并交付使用。2011 年 9 月，最先交付的一批厂房出现锈蚀现象，因在保修期间，为此鑫昊公司于 2011 年 10 月进行了二次清理喷漆。2012 年年初，三元公司以出现更大面积锈蚀为由要求更换屋面彩钢板，鑫昊公司建议使用有机硅除锈弹性涂料进行维护，不同意全面更换彩钢板。三元公司将彩钢板样本、鑫昊公司提交的产品质量证明书送上海宝钢查询，2013 年 3 月 25 日，宝钢公司复函称，提交的 6 份产品质量证明书中有 2 份与调查信息符合，其余 4 份不是宝钢产品；提供的彩钢板样本不是宝钢产品。三元公司起诉请求赔偿，但鑫昊公司称该工程已于 2007 年 6、7 月相继完工并交付使用，三元公司于 2013 年 5 月 6 日起诉已超过诉讼时效。

请问：本案诉讼时效应从何时开始起算？是否超过诉讼时效？

【要点提示】

诉讼时效期间自权利人知道或应当知道权利受到损害及义务人之日起计算。三元公司一直以为鑫昊公司在所有工程中使用的是约定的宝钢板，直到彩钢板产生大面积锈蚀，且送检后才发现鑫昊公司在涉案工程中未使用宝钢板，三元公司此时才发现权利被侵害，故应以三元公司得到送检回复日作为诉讼时效起算点，本案未超过诉讼时效。

第二编　物　　权

第十一章　物、物权和物权法

◎ **知识目标**
- 了解民法上物的基本特征，以及物从有形实物向无体物拓展的具体表现。
- 掌握物权的基本特征和法律属性；熟悉物权法的基本原则和物权的保护方式。

◎ **能力目标**
- 能够准确判断一项财产权是物权还是债权，抑或其他财产权。
- 能够结合物权的特征和《民法典》物权编的规定提出物权保护的合理化建议。

第一节　物

一、物的概念和特征

所谓民法上的物，是指能够被人们掌握和利用，满足人们生产生活的需要，具有一定经济价值的客观实物，亦即能够成为民事法律关系客体的物。可以说，人类社会的生存与发展，无时无刻都离不开物，大到土地、森林、河流、湖泊、道路、桥梁、港口、房屋，小到车辆、衣服、家具、书籍、文具、食物、票据、金钱等，都直接或间接地服务于人，但是，并非所有的物都是民法上的物，只有那些能够被人们现实地控制，在人与人之间可以流通转让的物才是民法上的物。如摆在超市里琳琅满目的商品就是民法上的物，因为超市里的商品就是交易的对象，具有交换的价值，即经济价值。与之相反，比如阳光和空气谁都离不了，但是由于自然界的阳光和空气难以被人直接控制，所以不能成为交易的对象，因此不具有经济价值，就不是民法上的物。但是，如果把空气中的氧气分离出来供病人使用或者工业使用，这部分氧气就被人所掌控，成为了商品，具有了经济价值，成为民法之物。物在民法中具有特殊重要的地位，是民事法律关系的客体中最重要的组成部分，也是民法之财产关系的基础。离开物，人们的财产关系便无所依附；离开物，人们的生活将难以为继。能够成为民法上的物，应当具备以下几个方面的特征：

其一，能够被人掌握和控制。民法上的物在于能够被人们拥有和转让，如果物不能被人掌握和控制，则难以实现物的所有和流转，那么称之为法律上的物也没有意义。如日月星辰、风雨雷电，虽给人类带来光明和生机，但人类还不能掌握控制它们，所以它们不是法律上的物。相反，人类从太空中取回的外星石块，因为已被人掌握控制，便成为了法律上的物。

其二，能够满足人们生产和生活需要。物若不能满足人的需要，则对人无任何价值，法律上也没有必要把它作为物来对待，人们也不会以之设定民事权利义务。物的价值就在于能够满足人们的物质文化需求，有一定的经济价值、使用价值。这里还需要注意的是，物的经济价值还体现在物的稀缺性上，如果物能够充足供应，则该物也不是民法之物，如某地水源充盈，人们可以随意使用、无所限制，则在该地，水就没有经济价值；但是，当今各国，水资源短缺成为常态，故无不将水资源作为重要的物质加以管控，并使之商品化，运用经济手段激励人们节约用水、合理用水。

其三，能独立存在。物的独立性决定了物能够独立地满足人的需求或被转让。若物不能独立存在，则该物亦不能被独立转让，也就不能成为法律关系的客体，如尚未出生之小狗就不能被称为物。

其四，一般为有体物。关于物的有体性，罗马法认为物应为有体物，即有形之物，占据空间之一部分，能够被人的感官所感知，如常见的固体、液体、气体。近年来，随着科技的发展，物的范围也在不断扩大，物的有体性也受到了挑战。如电、热、电磁波等，因其本身很难以某种形状来描述，与传统物的有体性不符，但却能够为人所掌握利用，人们可以通过自身或一定的设备感知，所以在法律上也是将它们当作物来对待的。《民法典》第252条规定的无线电频谱资源就属此类。需要注意的是无体物不同于无形财产，后者一般指知识产权的客体，知识产权虽然也属财产权的范畴，但是其客体不是物。知识产权与物权同属财产权的下位概念。

另外，随着空间权、空间法的提出和建筑物区分所有权的出现，空间也成为独立的物。因为空间虽不同于一般的有形之物，但一定的空间确实在一定的位置占据一定的体积，能够被人们掌握和控制，以满足人的需求。如购买房屋的目的在于取得房屋之内的独立空间的所有权及其使用权，而这一空间因被墙壁、屋顶、地板所隔离，形成独立之空间，亦可说该空间为有形。再如国家对其领空，如同对其土地一样，享有绝对的主权。《民法典》第345条规定建设用地使用权可以在地表、地上和地下分别设立，就承认了地上、地下的空间使用权。

以上为物的基本特征，但是需要特别说明的是人体及人体器官不是法律上的物。人作为法律关系的主体是由人类的主宰地位决定的。人不同于其他动物，是高级智能动物。人的尊严在法律上应得到充分的尊重。所以人体和人体的组成部分作为人存在的载体，是不能作为法律关系的客体被转让处分的。对于活人身体的组成部分，如可与人体分离而独立存在，则与人体分离之后可作为物来对待，比如剪下的头发、脱落的牙齿、抽出的血液等。另外，随着医学的发展，出现了器官移植等现象，对传统法律上物的概念提出了挑战。但是，对于器官移植、器官捐献，只要不违背法律的禁止性规定和公序良俗即可。当今世界，几乎所有国家的法律都禁止进行人体及器官的买卖，人体及人体器官不能成为买卖关系的客体，买卖器官不仅是违法行为，而且各国都以重罪加以规定。虽然各国都有活人器官买卖的讨论或建议，甚至地下黑市的存在，但是多年来各国几无所动，主要原因还在于出于对人的尊重，因为人体器官一旦出卖，绝无挽救之策。虽然法律禁止人体器官买卖，但是多数国家允许人体器官移植，我国于2007年制定《人体器官移植条例》，允许公民在自愿、无偿的原则下捐献器官，由法定机构进行器官移植。

关于人的尸体是否为物，以前曾有争论，现在通说认为尸体是一种特殊的物，只能作符合法律规定和公序良俗的处分，其所有权一般归死者的近亲属。骨灰为尸体的转化形式，其性质同尸体。

二、物的分类

根据不同的标准，物可以有多种分类，下面介绍主要的几种分类。

（一）动产和不动产

动产和不动产是根据物是否可以移动和移动是否会损害物的价值来划分的。动产是指依物的性质能够移动且移动不会损害其价值的财产；不动产是指依物的自然属性不能移动或移动会损害其价值的财产。这一分类是对物最重要的分类。

动产在日常生活中大量存在，如服装、家具、书籍、汽车等。货币和有价证券也属动产，但是特殊的动产。货币的特殊性表现在它不能直接满足人们的需要，而是作为交换和衡量财产价值的媒介存在。有价证券的特殊性表现在它并非财产本身，而是代表财产的一种凭证，其流转要按照法律规定的方式进行。另外，对于汽车、轮船、飞机，虽然从性质上讲属于动产，但因为其价值重大，所以各国法律多参照对不动产的有关规定来对待和管理，如规定汽车、轮船、飞机所有权的流转需要办理登记手续，只是登记的效力有所不同。

不动产一般是指土地、房屋、森林、公路、铁路、桥梁等。1995年制定的《担保法》第92条规定"本法所称不动产是指土地以及房屋、林木等地上定着物"。《民法典》没有对什么是不动产进行规定。《法国民法典》第518条规定，土地及建筑物，依其性质为不动产。《日本民法典》第86条规定，土地及其定着物为不动产。土地是最重要的不动产，包括耕地、草原、江河湖泊等自然资源。与土地尚未脱离的土地生成物也属土地之一部分，如地上的树木、庄稼、地下水等。房屋作为不动产，与人们的生活息息相关，是人们安居乐业的基础。城市里的住宅类商品房，既是人们的居所，又具有商品属性。我国城市住房实行商品化以来，房地产市场得到史无前例的爆发性增长，极大地满足了不同层次的住房需求，城市居民的生活水平也随之得到飞速提高。但是，多年来不断攀升的房价远远超出普通民众尤其是中低收入群体的购买能力，房屋成为炒房客投资营利的媒介，为解决这一社会问题，党的十九大报告提出，"坚持房子是用来住的、不是用来炒的定位，加快建立多主体供给、多渠道保障、租购并举的住房制度，让全体人民住有所居"。

区分动产和不动产的意义主要有三：第一，法律对动产和不动产物权的取得、转让、变更、丧失规定的程序不同。对于不动产，一般须经登记才发生物权变动的法律效力，仅有当事人达成合意还不足以导致物权变动；而对于动产，一般无须登记，只要当事人就物权的变动达成合意并进行了标的物的交付，就可以发生物权变动的效果。第二，关于动产纠纷和不动产纠纷引起诉讼时的管辖法院不同。对于动产纠纷，一般适用原告就被告的原则来确定管辖法院；对于不动产纠纷，则一般由不动产所在地的法院管辖。第三，关于动产纠纷和不动产纠纷适用法律有所不同。对于不动产纠纷，一般适用不动产所在地的法律；对于动产争议，则一般适用审理案件的法院所在地的法律。虽然我国境内适用的全国性法律都是一致的（香港特别行政区和澳门特别行政区适用其相关不动产法），但是不排除有立法权的地方人民代表大会和地方政府在不违反上位法的前提下制定的地方性法规和地方规章中，对不动产有不同的规定。不动产纠纷由不动产所在地法院管辖和适用不动产所在地的法律，既是我国相关法律所确定的基本原则，也是国际私法上的国际惯例。

（二）特定物和种类物

这一分类的依据是物是否具有独立的特性以及是否可以用同种类的物相替代。如果具有独立的特性，没有同种类的物或不能以同种类的物相替代，为特定物。如一件文物、一幅字画。种类物是指没有独立的特性，可以用同种类的物来替代的物。如化肥厂生产的同种型号的化肥。

特定物又可分为绝对特定物和一般特定物。绝对特定物是指独一无二的物，如一套房屋。而一般特定物是指虽具有独立的特性，但却还有同种类的物，在某些情况下还是可以以同种类的物来替代，如丢失他人一辆自行车，就可以买一辆同种品牌、型号的自行车来赔偿。另外，一般特定物可以从种类物中选出，学说谓之种类物的特定化，如顾客从商场某种牌子的自行车中选中一辆，则该辆自行车就具有了独立特性，商场无权擅自更换。

种类物和特定物分类的意义在于当物被毁损灭失时的法律后果不同。当特定物被毁损灭失时，权利人只能要求赔偿损失，而不能要求返还原物或以同种类的物来替代交付；当种类物被毁损灭失时，则可以用同种类的物来替代交付。另外，在需要返还原物时，其标的物必须为特定物；在以种类物为标的物的合同中，在交付时是可以用同类型、同质量、同数量的物来替代，物的毁损灭失，一般不能免除义务人的交付义务，如金钱债务不存在履行不能的问题。

（三）流通物、限制流通物和禁止流通物

这一分类的依据是法律对物的流通的限制程度。法律对物的流通没有任何限制，允许在当事人之间自由流转的物为流通物。限制流通物是指可以进行流转，但法律对其流转有所限制，这些限制主要是法律规定只能在特定人之间进行流转，或法律规定物的流转必须经过法定的特殊形式。例如，枪支、麻醉药品只能在法定的部门进行流转；再如，一些城市实行限购，在该市购买房屋需要符合购房资格，则这些城市的房屋就属于限制流通物。禁止流通物是指法律绝对禁止流转的物，如毒品、淫秽物品、假币等。

此种分类的意义在于物的流转必须依法进行。对于流通物，当事人可以自由流转；对于限制流通物，当事人只能按照法定的流转范围、程序和方式进行流转；对于禁止流通物，则绝对不允许进行流转。

（四）可分物和不可分物

这一分类的依据是物是否可以分割以及分割是否会损坏物的价值和效用。物从性质上不可分割或虽然可以分割，但分割之后会损害物的价值的，为不可分物。如一头牛、一辆汽车。可分物是可以分割且分割不会损坏物的价值的物，如一袋面粉、一桶食油。

此种分类的意义在于当物为多人共有、如需分割该物时，对可分物就可以直接分割实物；而对不可分物，则只能采取折价、变价等方式来进行分割，而不得分割实物，如夫妻离婚时，对于夫妻共有的一套房屋，不能分割该房屋，只能将房屋折价给一方，由一方给对方经济补偿，补偿价值以双方协商认可的价值或者共同委托评估所确定的价值计算，也可以根据双方通过竞价方式确定的补偿价值计算；如果双方都不想要房屋时，也可以共同将房屋出卖后分钱。

（五）主物和从物

这一分类的依据是两物之间是否会存在依赖关系。能够独立发挥作用的物为主物；非主物的组成部分，而附从于主物，并对主物发挥辅助效用的物为从物，从物必须是独立存在之物。如商品之包装、电视之遥控器就是从物。须注意的是主物的组成部分不是从物，如服装上的纽扣、房屋中的门窗，没有钉在服装上和安装在房屋上时为独立之物，无所谓主从之分，但是一旦钉在服装和安装在房屋之上，就构成服装和房屋的组成部分，亦不是从物。

区分主物和从物的意义在于：主物的物权变动及于从物，即当主物的所有权发生转移时，从物的所有权也随之而转移；当主物被抵押时，该抵押权的效力及于从物。应注意这一效力并不绝对，法律允许当事人协议排除其适用。

（六）原物与孳息

这是根据物与物的产生关系所做的分类。原物是指能够产生新的财产的物，而在原物之上产生的新的财产为孳息。如母鸡之与鸡蛋，存款之与利息。孳息分为天然孳息和法定孳息。根据自然规律所产生的孳息为天然孳息，而根据法律规定或当事人之约定所产生的收益为法定孳息，如利息和房租，再如中奖之奖金。需要注意的是已经在原物之上产生但尚未与原物相分离的物还不是孳息，如树上之苹果，母牛怀孕之小牛，只有该物作为物独立存在时才可以作为孳息。

此种分类的意义在于确定孳息的归属。现在各国一般规定，除法律有特殊规定和当事人有特别约定以外，孳息的所有权归原物所有权人。

（七）可称量物与不可称量物

可称量物是指可以用传统常规的度量方式进行称量的物，常见的物多为可称量物。不可称量物并非绝对不可称量，而是指如气味、噪声、微波、辐射等需专业人员借助于专门的仪器才可以进行检测的物。随着工业化的进程，环境污染的数量和类型也呈增多的趋势，如现在出现了光污染、甲醛污染、辐射污染、微波污染等。有的污染难以被人察觉，受害人往往在不知不觉中遭受到难以逆转的身体损害；有的污染虽然容易被人所感知，但是难以用常规方式检测。所以，为加强对人类的保护，有必要通过制定和实施更加严格的环保法律来加强对这些污染的防治。同时，在不损害人们身体健康的前提下，为社会发展的需要，人们还应当容忍这些不可称量物的存在。如随着无线通讯的发展，大量的电磁波在空中传播，人们就不能随便禁止；再如城市马路边居住的居民对马路上的正常汽车噪声也有容忍义务。

第二节　物权和物权法

一、物权的概念和特征

"物权"为大陆法系特有的概念，英美法系没有单独的"物权"类型，其相应的权利统一纳入财产权范畴。"物权"一词最早源于罗马法，但是被成文法所规定却是在 1900 年的《德国民法典》，随后，被许多国家和地区的法律所接受和移植。我国1986 年制定的《民法通则》没有采用"物权"的表述，只是规定了"财产所有权和与财产权所有权有关的财产权"。2007 年，立法机关审议通过《物权法》，标志着"物权"概念正式进入我国的法律体系。2020 年的《民法典》将物权作为其中一编来规定。

根据《民法典》第 114 条的规定，物权，是指权利人依法对特定的物享有直接支配和排他的权利，包括所有权、用益物权和担保物权。可见，物权为权利人依法在特定物之上所享有的权利，这是物权区别于债权的关键之处。债权是权利人要求义务人为或不为一定行为的权利，其权利并非建立在特定物之上，而是建立在合同或法定的权利义务关系之上。债权经常表现为权利人要求义务人交付金钱、履行某种积极的作为行为。

一般认为，物权具备以下几个特征：

（一）物权为绝对权

物权的绝对性区别于债权。在物权关系中，物权的权利人为特定人，义务人为权利人之外的不特定人，权利人的权利对抗的是除自身之外的任何人，物权人有权要求任何人尊重其物权，不实施侵犯其物权的行为，所以物权也称为对世权。而在债权关系中，权利人和义务人均为特定人。物权的绝对性还包含着另外一层含义，即物权的绝对保护性：物权人于其标的物之支配领域内，非经其同意，任何人均不得侵入或干涉，否则即构成违法。物权的这一效力也称为物权的绝对保护效力。

（二）物权为支配权

物权的这一特征也称为物权的支配性或支配效力，是指物权人得依自己的意思对标的物进行管领处分以实现其权利，而无须他人意思或行为的介入。物权的直接支配性表现为权利人依照法律的规定，可以直接行使其权利，如所有权人行使其对物的占有权、使用权、收益权、处分权，无须征得义务人同意。因为物权人一般现实占有其物，所以其行使权利无须要求他人做什么行为，而只需义务人不实施侵害其权利的行为即可，义务人的义务是一种不作为的义务。物权的这一性质亦不同于债权，债权的实现必须依赖于债务人的履行行为，如果债务人不履行债务或者没有履行能力，则债权人的权利是难以实现的。

（三）物权的客体为特定物

因为只有物权的标的物特定，其权利人才可以实现对物的管领支配。如果物权的标的不明，则物权人不能直接支配该物，其物权也难以体现。而在债权中，债权人要求交付的标的物可以是特定物，也可以是不特定的种类物。

除物之外，某些权利也可以作为物权的客体，《担保法》和《物权法》规定了权利质权，《民法典》延续了其规定。以权利为客体的物权被称为"权利物权"。权利物权只有在法律明确规定时才可以被当作物权来对待，否则只能是债权。法律之所以设定权利物权，是出于对权利人的保护，目的是赋予该权利以物权之效力。如在权利质权中，质权人有权以被质押的权利折价、拍卖或变卖所得价款优先获得偿还，假如没有赋予该质权以物权的效力，该权利仅为债权性质，则以质押的权利实现债权时，出质人的其他债权人有权要求平等地获得偿还，则质权人就丧失了优先受偿的机会。

（四）物权具有排他性

物权的排他性表现为物权法上的"一物一权主义"。"一物一权主义"的最初含义是一个物上只能有一个所有权，不允许存在两个以上的所有权。后来这一主义演变为"一个物上不允许存在性质相同、效力相同的两个以上的物权"。因为一个物上可以存在多个物权。如一套房屋，其所有权归甲，甲将该房屋抵押于乙，乙对该房屋就享有了抵押权，即担保物权。此时该房屋之上就出现了两个物权，但这两个物权的性质不同。再如甲在将该房屋抵押给乙之后又抵押给丙，这样，该物之上就有了两个抵押权，虽然都是抵押权，性质相同，但是它们的效力不同，抵押权在实现时具有顺位性，彼此不会发生冲突。这些抵押权依登记的先后顺序获得实现，即顺位在先的抵押权以抵押物实现时优先于顺位在后的抵押权。物权的这一性质不同于债权，在同一物上有几个没有担保的债权时，不论它们设定时间的先后，都应该平等地获得受偿，当财产不足以偿还时，应该平等地按比例偿还，不存在哪一个债权优先受偿的问题。

二、物权的分类

（一）所有权和他物权

所有权为物的所有人依法对物所享有的占有、使用、收益、处分的权利。其权利主体为财产所有人自己，所以也称为自物权；其权利内容包括了人对物的所有的权利方面，所以也称为完全物权。所有权是物权当中最完整的权利。

他物权指非财产所有人对该财产所享有的权利。他物权也称为定限物权或限制物权。他物权是所有权的权能与所有权人分离的结果，所以他物权人所享有的物权只能是所有权中的部分权能，而不可能是所有权的全部权能。如抵押权人对抵押物只享有优先受偿的权利，而没有占有、使用、收益的权利。他物权包括用益物权和担保物权。

所有权和他物权的区别主要表现在三个方面：第一，权利主体不同。所有权的权利主体为财产所有人自己；而他物权的权利主体为财产所有人之外的人，我国法律不允许所有权人为自己设定他物权。第二，权利的内容不同。所有权包括占有、使用、收益、处分四个方面的权能；而他物权只能是四个权能当中的部分权能。他物权的设定使得所有权的部分权能与所有权人相分离，但是，当他物权消灭时与所有权人分离的部分权能回归所有权人，实现所有权的完整状态。第三，权利的存续期间不同，所有权是没有期限的，只要有该物的存在，则该物的所有权就存在；但他物权一般是有期限的，如抵押权人应在主债权诉讼时效内行使抵押权，未行使的，人民法院不予保护。

（二）用益物权和担保物权

这一分类是对他物权的分类。用益物权是指为使用、收益的目的而对他人之物设定的物权。担保物权是为担保债权的实现而在他人之物上设置的物权。

用益物权包括建设用地使用权、地役权、土地承包经营权等权利。这些权利以支配物的利用价值为内容，以取得他人之物的使用价值为目的。用益物权一般由当事人通过合同方式设定。

担保物权包括抵押权、质押权、留置权。担保物权的权利人无权对物进行使用收益，而只能依法律的规定，在债务人不能履行其合同义务时有权通过法定的方式将担保物拍卖、折价或变卖以优先获得偿还。

用益物权与担保物权的区别主要表现在如下方面：第一，设定的目的不同。用益物权以实现对物的使用或收益为目的；担保物权不追求对物的使用或收益，而以担保债权的实现为宗旨。第二，权利存续的期限不同。用益物权设定时需要确定其存续期限，且用益物权的期限多为法律直接规定；担保物权的期限以债权的期限为基础，如果债权实现，则担保物权就归于消灭，如果债权消灭，担保物权也随之消灭。第三，权利的独立性不同。用益物权一般为独立的权利，而担保物权为从属性的权利，从属于主债权。第四，是否实际占有标的物不同。用益物权以实际占有标的物为前提，权利人只有占有标的物之后才能进行使用和收益。担保物权中的抵押权不以实际占有抵押物为前提，当需要实现抵押权时，债权人才有权通过法定方式对抵押物进行拍卖、变卖或折价，不得自行占有和处分抵押物。担保物权中的动产质押权和留置权需要以对质押的动产和留置的动产实际占有为基础，如果质押权人和留置权人自愿丧失对该动产的占有，则质押权和留置权也随之丧失。

（三）动产物权、不动产物权和权利物权

这是以物权标的物的种类为标准所做的划分。以动产为标的的物权为动产物权；而建立在不动产之上的物权为不动产物权；权利物权是指以权利为客体的物权。动产物权如动产的所有权、抵押权等。不动产物权如房屋所有权、建设用地使用权、地役权、土地承包经营权等。权利物权如权利质权、建设用地抵押权等。

法律之所以区分动产物权、不动产物权和权利物权，原因在于这些物权的取得、转让、变更和丧失应该具备的条件不同。对于动产物权，一般以占有为物权享有的公示方式，以交付为物权变动的公示方式；而不动产物权享有的公示方式为登记记载，物权变动的公示方式为变更登记；关于权利物权的物权享有和物权变动，应该依物权法的规定由当事人通过合同及登记方式设定。

（四）主物权和从物权

这是以物权能否独立存在和两个权利之间的关系来划分的。不以主体享有的其他民事权利的存在为前提，而能够独立存在的物权为主物权，如所有权、建设用地使用权等。

从物权是指不能独立存在，而从属于其他权利而存在的物权。如抵押权就是从属于主债权的一项物权，如果没有主债权的存在，就没有抵押权。

区分主物权和从物权的意义在于二者转让的后果不同，主物权是可以单独被转让的。从物权不能被单独转让，主权利被转让时，该从物权也应一并转让。另外，一般而言，主权利归谁享有，从物权也应归谁享有。

（五）法定物权和约定物权

法定物权和约定物权是基于物权的设定方式不同所做的分类，基于法律的直接规定而发生的物权为法定物权；基于当事人的约定而发生的物权为约定物权，约定物权也称为意定物权。法定物权如留置权，《民法典》第447条规定："债务人不履行到期债务，债权人可以留置已经合法占有的债务人的动产，并有权就该动产优先受偿。"约定物权是当事人在法律规定的前提下自愿设定的一种物权，如建设用地使用权。

需注意的是这一分类与物权法定原则并不矛盾。物权法定原则是指物权的种类、内容、效力等必须由法律预先做出规定，否则该权利不具备物权的性质和效力。对于法定物权，是法律直接规定了其成立的条件，而不需要当事人通过合同的方式再行约定。而对于约定物权，是在法律承认该权利为物权的前提下由当事人通过合同的方式约定产生。二者的共同前提还是法律承认该权利为物权。

三、物权的效力

法律之所以区分物权和债权，是在于赋予二者不同的法律效力，以建立和维护正常的社会经济秩序。其实所谓物权的效力，并非其本来就有，而是一种人为拟制，是一种制度设计。综合而言，物权的效力一般包括如下几个方面。

（一）支配效力

支配效力即物权支配性的体现，物权人通过行使对物的支配权利，以实现物的效用。物权的支配效力分直接支配效力和间接支配效力。直接支配效力是指物权人在直接占有标的物的情况下对标的物所具有的支配力，如所有权人基于对物的占有而可以直接行使对物的占有、使用、收益和处分权。间接支配效力是指物权人在不直接占有该物的前提下，基于他人的占有而间接支配该物的效力，如所有权人在设定用益物权后，将物交与用益物权人占有而形成间接支配。

（二）排他效力

物权的排他效力表现在两个方面，一是指物权人有权排除他人一切妨害其行使物权的行为。当物被他人不法侵害时，物权人有权要求侵权人返还原物、停止侵害、排除妨害、恢复原状。二是一物之上的物权具有排斥同种性质、同种效力的其他物权的效力。

（三）优先效力

物权的优先效力是指物权有优先实现的效力，具体是指物权和债权同时存在时，物权优先于债权；当有几个物权同时存在时，某些物权有优先于其他物权实现的效力；物权人转让其物时，其他物权人有优先购买的权利。具体包括以下三个方面：

1. 物权优先于债权的效力

具体是指就债权的特定标的物成立物权时，该物权可基于优先效力排除先成立的债权，使该债权不能获得实现。如买卖双方就一台机器达成买卖合同，在标的物交付之前，卖方又将标的物卖与善意第三人并进行了交付，这样，原买方就无权再要求卖方交付该标的物，而只能要求卖方承担违约责任，赔偿损失。因为该善意第三人基于机器的交付行为已经取得了机器的所有权，而原买方因为没有完成机器的交付而只享有请求卖方交付机器的债权。

2. 物权优先受偿的效力

当几个债权人对一债务人同时享有债权时，如果其中一项债权有物的担保，那么这一债权有优先以该担保物折价、拍卖、变卖所得价款获得偿还的效力。当一项不动产之上有两个以上的抵押权时，先登记的抵押权有优先于后登记的抵押权实现的效力。

3. 物权人的优先购买权

物权法领域的优先购买权主要指按份共有人的优先购买权，《民法典》第 305 条规定："按份共有人可以转让其享有的共有的不动产或者动产份额。其他共有人在同等条件下享有优先购买的权利。"需要注意的是，《民法典》第 726 条规定的房屋承租人所享有的优先购买权不属于物权人的优先购买权。该条规定："出租人出卖租赁房屋的，应当在出卖之前的合理期限内通知承租人，承租人享有以同等条件优先购买的权利；但是，房屋按份共有人行使优先购买权或者出租人将房屋出卖给近亲属的除外。"由于房屋承租人根据租赁合同所取得的房屋承租权不具有物权性质，故该优先购买权不属于物权优先权。

（四）追及效力

所谓物权的追及效力是指当物权的标的物被他人不法转让之后，不论经过几次辗转、最终落入何人之手，物权人都有权向最后的占有人要求返还原物。物权的追及效力是对物权的一种特殊保护措施，是相对于债权而言的，因为债权不具有追及效力。需注意的是物权的追及效力并非绝对，现代物权法为维护交易之安全和保护善意第三人的利益，对物权的追及效力做出了一些限制。

四、物权法

物权法是规范物权关系的法律规范的总称。我国于 2007 年制定了《物权法》，这是我国第一部专门的物权法。在此之前，虽然没有专门的物权法，但是我国已经在《民法通则》《土地管理法》《房地产管理法》等法律的基础上建立了物权法律制度。2017 年制定的《民法总则》第 114 条重申了民事主体依法享有物权的基本规定和物权的概念。2020 年《民法典》设置物权编，《物权法》于 2021 年 1 月 1 日废止，但是作为实质意义上的物权法还是存在的。

（一）物权法的调整对象

《民法典》第 205 条规定："本编调整因物的归属和利用产生的民事关系。"物的归属关系即物的所有关系。在物的归属关系中，占有人对物的占有为自主占有，即以所有的意思占有标的物，其物权对抗的义务人为除所有权人之外的任何人，物权人有权直接行使对物的占有、使用、收益及处分权。物的利用关系是指所有权人将其物交与他人使用收益时所形成的法律关系。所有权人对自己的物进行使用收益为行使所有权的权能。同时，所有权人还可以将物通过一定的方式授予他人来行使其权能。在现代社会，物被他人占有使用的情况越来越多，也是所有权人实现自己利益（如获取租金）的一种方式，这样，在物的利用关系中就形成了对物的直接占有和间接占有两种占有关系，使用人对物的占有为直接占有，所有权人对物的占有为间接占有。

（二）物权法的特征

1. 物权法为私法

物权法为私法主要有以下理由：第一，物权本身为私权，物权法所保护的国家、集体、法人及个人的财产权是平等的，即所谓各种所有权"一体承认、平等保护"。平等保护各种主体的物权乃至财产权，能够激发各种主体追求财富的积极性，使之为社会提供更好的产品和服务。第二，物权法的保护措施主要是私法手段。当物权受到损害时，权利人有权行使物权请求权及债权请求权以保护其权利，侧重于恢复性和补偿性。当私法手段不足以保护物权时，权利人有权提起诉讼，请求法院通过裁判以及执行等方式来保护该物权。当然，保护物权的法律除民事法律之外，宪法、刑法、行政法等法律也都起着保护的作用，但是，它们是以公法的手段来保护的，侧重于惩罚性、管理性。

2. 物权法为强行法

物权法的强行性主要表现为物权法定原则，指物权的种类及内容等都应该由法律预先作出规定，当事人只能按照法定的方式设定物权及进行物权变动。物权法的强行性表现了国家对物权的干预，尤其是现代社会，由于物权关系关乎国计民生，国家对物权进行干预的情况也呈增长趋势，尤其是对不动产物权变动的干预。但这并不能否认物权法的私法性质，国家的干预只是国家为维护交易之安全和有序而设计了一些程序，并非对具体物权变动的直接干涉，并且在物权法领域，也要强调意思自治，即在法律规定的范围内，物权人有权按法定方式依自己的意思设定、转移、变更、消灭其物权，他人无权干涉。

3. 物权法为固有法

所谓固有性是指物权法中保留了较多的国家、民族传统法律的特点。因为各国的历史传统和民族习惯不同，所以在物权法上差别较多，如我国法上禁止个人取得土地所有权；相反，在债权法领域，各国的法律差别不大。需说明的是物权法的固有法性并不是说对传统的物权制度就要因循守旧，墨守成规。而是在制定相关法律时，一方面要学习各国先进的制度，以期更好地设计我国的物权法律，促进经济的发展；另一方面要与我国的现实国情结合起来，而不能盲目照搬。

第三节　物权法的基本原则

一、坚持社会主义基本经济制度原则

"坚持公有制为主体、多种所有制经济共同发展的基本经济制度"是我国在社会主义初级阶段的基本经济制度，这一基本制度是当前社会主义生产关系在经济领域的具体体现。物权法作为规范经济关系的重要法律，必须全面准确地反映社会主义基本经济制度，体现我党十六大以来提出和重申的"必须毫不动摇地巩固和发展公有制经济""必须毫不动摇地鼓励、支持和引导非公有制经济发展"的精神。物权法对我国基本经济制度的重申，体现了法律对我国基本经济制度的确认，是对我国改革开放四十多年辉煌成就的肯定。在《物权法》制定过程中，还有人认为应该优先保护公有财产，这与我国现阶段公有制为主体、与其他所有制经济共同发展的制度是不符的。在财产领域，只要是合法财产，都应该得到法律的尊重和保护。国家财产、集体财产、法人财产和私人财产之间不应该存在法律冲突，如果在紧急情况下，确实需要在优先保护时作出选择，应该优先保护价值更高的，或者根据实际情况保护的难易程度作出决定。所以，《物权法》第 3 条第 3 款规定："国家实行社会主义市场经济，保障一切市场主体的平等法律地位和发展权利。"《民法典》第 206 条第 3 款继续沿用此规定。

二、平等保护原则

《民法典》第 207 条规定："国家、集体、私人的物权和其他权利人的物权受法律平等保护，任何组织或者个人不得侵犯。"在很长的历史时期内，我们总是强调优先保护国家和集体的财产，而轻视甚至仇视私人的财产和利益。但是，历史经验证明，这种制度只能打击人民群众创造财富的积极性，不能实现民富国强。我国改革开放以来，人民群众的创造力得到充分释放，社会财富极大增加，人们生活水平得到了极大的提高，综合国力显著提高。这都得益于我们建立和实行的社会主义市场经济，而公平竞争、平等保护、优胜劣汰是市场经济的基本法则。不论国家的、集体的，还是私人的财产，在市场竞争中，都应该平等地获得承认和保护，即"一体承认、平等保护"。只有这样，才能维护人民群众的根本利益、保障国民经济持续健康发展。即使是不进入市场交易的财产，不论其所有权人是谁，只要是合法财产，也应该平等地承认和保护，这也是宪法对公民合法私有财产保护的具体体现，是社会和谐的必然要求。在此还要说明，对物权以及财产权的平等保护并不意味着所有的国家利益和其他主体的利益都是平等的，如果国家的主权利益、政治利益、军事利益等任何时候都要优先保护，在此讨论的仅指财产利益。

三、物权法定原则

物权法定原则，即物权的种类、物权的内容都应由法律预先作出规定，不允许当事人自由创设物权及物权的内容；当事人只能按照法律规定的物权变动方式进行物权变动，否则不发生物权变动的效力。这不同于债权法，对于债权，法律允许当事人自由创设，只要不违背法律的禁止性规定，就是合法有效的，实行契约自由、意思自治。之所以实行物权法定，是因为物权具有支配性、排他性、优先性及追及性效力，只有法律明确承认是物权的权利才具有这些效力，对于法律没有明确承认的权利，只能是债权，不具有上述效力。如，对于一般合同债权，债权人无权要求债务人优先偿还；但是如果该债权有抵押，则债权人就有权要求以抵押物优先获得偿还。物权法定原则还包括物权变动的形式及其效力也应该由法律预先作出规定，如不动产物权的变动，应当依法办理登记，否则不发生物权变动的效力。

四、物权公示原则

物权公示原则是指物权享有及物权变动都应该以法定的方式向社会公开展示。物权公示是由物权的性质决定的，因为物权为绝对权，其对抗的是不特定的多人，所以需要以法定的形式向社会进行宣示，以使他人明白物权的归属及物权发生了变动。物权的公示方式因动产和不动产而有所不同，一般而言，动产享有的公示方式为占有，动产物权变动的公示方式为交付；不动产物权享有的公示方式为登记记载，物权变动的公示方式为变更登记。如当事人买卖房屋，双方进行了房屋的交付，但是房屋的所有权从法律上还没有发生变更，只有到不动产登记部门办理了过户手续，房屋的所有权才归买方。假如买卖的是电视机，则卖方将电视机交付给买方时，标的物的所有权就发生了转移。

需要注意的是，物权公示原则针对的是因法律行为引起的物权变动，对于非因法律行为引起的物权变动，则不适用。根据《民法典》第229条、第230条、第231条的规定，因司法裁判或政府征收等导致物权变动的，以法律文书或征收决定生效作为物权变动的时间；因继承取得物权的，自继承开始时发生效力；因合法建造、拆除房屋等事实行为设立或者消灭物权的，自事实行为成就时发生效力。

五、遵守法律和社会公德原则

这一原则是对物权的限制，指物权的取得和行使应当遵守法律、尊重社会公德，不得损害公共利益和他人合法权益。权利是法律赋予的，物权也不例外，其取得应按照法定方式进行，否则不发生取得物权的效力。如通过买卖方式取得房屋所有权，必须办理登记手续。任何权利都是有界限的，权利人行使权利不得超越该界限，不得有损于他人利益，不得有损于公序良俗。如饲养宠物不得对他人造成危险和污染环境。

第四节　物权的保护

物权的保护，是指当物权受到不法侵害时，物权人有权通过何种方式予以保护。物权是重要的财产权利，它事关国家和人民的切身利益，因此保护物权也是国家法律的重要内容。宪法、刑法、行政法、民法等法律都有有关保护物权的规定。如刑法对侵犯财产的犯罪行为（如盗窃、抢劫、贪污、破坏公私财产等）作出了详细的规定。但是，与民法相比较，刑法、行政法对物权的保护和民法对物权的保护的出发点不同。刑法、行政法侧重于对侵权人的制裁和惩罚，而民法侧重于对受侵害的物权的恢复与弥补，具有恢复物权或者对受损害的物权人以经济补偿的功能。物权的民法保护与其他法律的保护共同构成物权的保护体系。物权的民法保护方法包括物权保护方法和债权保护方法。

一、物权请求权

物权请求权是物权被侵害以后，物权人以物权的方法来保护其物权。物权请求权也称为物上请求权，是基于物权而生的请求权，具体是指当物或物权的圆满状态被侵害或有被侵害的危险时，物权人有权请求义务人为一定行为或不为一定行为，以恢复物或物权的圆满状态。

物权请求权是相对于债权请求权而言的请求权。债权请求权是指当物权请求权不能弥补物权人的损失或者不足以弥补损失时，物权人有权要求侵权人赔偿损失的权利。债权请求权是物权请求权的补充，其目的在于以金钱方式来弥补受害人的损失。

物权请求权包括请求确认物权、请求返还原物、请求排除妨害、请求消除危险、请求恢复原状五项权利。

（一）请求确认物权

请求确认物权是指当物权的权属不明或发生争议时，当事人有权通过一定的方式，请求确认所有权或他物权的归属。《民法典》第234条规定："因物权的归属、内容发生争议的，利害关系人可以请求确认权利。"这一请求权又包括请求确认所有权和请求确认他物权。传统的请求确认物权主要是确认所有权，但是随着社会的发展，请求确认他物权的情况越来越多。如在农村，土地承包经营权、宅基地使用权权属争议就经常发生。有权提出请求确认物权的人为认为自己对该物享有物权的人。请求人可以向法院提出诉讼，要求法院通过审理以确认物权之归属。

（二）请求返还原物

根据《民法典》第235条的规定，当物被他人不法占有时，物权人有权要求不法占有人予以返还。请求返还原物必须是向不法的占有人请求，对于合法占有物的人，则不得请求返还，如房屋之所有权人在租赁合同期限内无权向租赁其房屋的承租人要求返还（承租人有违约行为的除外）。有权请求返还原物的人包括物的所有权人、物的合法占有人、物的合法使用人等。请求返还原物还有一个重要的条件是必须原物有返还之可能和必要，如果原物已经被毁损灭失，没有返还的可能，则不能要求返还原物，只能要求赔偿损失；如果原物已经没有返还之必要（如被使用过的一次性注射器），则也无须要求返还原物，可以以同种类物来替代返还或者要求赔偿损失。

在请求返还原物时，因占有人的善意和恶意而有所不同。善意占有人是指误认为自己的占有为合法、不知自己事实上的占有或者基于拾得遗失物、不当得利等形成占有的人。对于善意之占有人，在返还原物时有权要求物权人支付自己为维护物之价值而支付的代价和对自己付出的劳动给予一定的补偿。且在返还原物时，只返还现存的利益，对于不是因自己的过错所造成的损失或减损不负赔偿责任。恶意占有人，是指明知自己无权占有或者发现自己无权占有之后想据为己有的人。对于恶意占有人，在返还原物时，不仅要返还现存的利益，对于物的价值之减损还要负损害赔偿责任；同时，也无权要求物权人支付相应的费用。

需注意的是返还原物请求权不是对任何"不法"占有人都可以提起的。如果占有人基于善意取得已经取得了该物的所有权，则从法律上讲原物的主人已经丧失了该物的所有权，他就无权再要求占有人返还原物了。

（三）请求排除妨害

这一请求权是指物权正在遭受他人的不法侵害时，物权人有权要求侵权人排除正在发生的侵害行为，以除去已构成之妨害。如对侵犯采光权的行为、对正在发生的环境污染。这一请求权发生的条件是：第一，必须是正在发生不法侵害行为，如果尚未发生侵害行为或者侵害行为已经结束，则不能提出；第二，必须是向不法侵害行为人提出，如果是对合法的妨害行为，则无权要求排除，如对法院的强制执行行为。请求排除妨害，权利人可以直接向侵权人提出，也可以向人民法院或有关主管机关提出。

（四）请求消除危险

这一请求权发生在侵权事实尚未发生，但是有发生侵权的现实危险之时，权利人有权要求对方当事人采取措施，以防止将来可能发生的侵权。需注意的是，必须是有发生侵权的现实危险时，权利人才可以提出，如邻居之房屋即将倒塌，倒塌就会砸到自己的房屋。如果没有发生侵权的现实危险，则无权提出。在情况紧急时，如果对方当事人不采取措施予以消除危险，权利人可以请求法院采取先予执行的措施，当然，如果情况特别紧急，当事人也可以采取一定的自救措施予以排除危险，所花费费用可以要求对方予以支付。

（五）请求恢复原状

当原物被损坏，有恢复原状之可能和必要时，物权人有权要求侵权人采取一定措施以恢复物之原状。《民法典》第237条规定："造成不动产或者动产毁损的，权利人可以请求修理、重作、更换或者恢复原状。"首先，这一请求权发生在物被毁损时，如果物已经灭失，则不能要求恢复原状，只能要求赔偿损失。其次是有恢复之可能和必要。最后是恢复原状从经济上讲是合理的，如果有恢复原状的可能，但经济上不合理，则也不能要求恢复原状。比如一个玻璃杯被打碎，用碎玻璃完全可以重新融化再注一个玻璃杯，但成本太高，就不能要求恢复原状。

以上是物权请求权的五种具体请求权，需明确的是这五种请求权，不是各自独立，互不联系的，它们在一定场合可以并用。如当物被他人不法侵占后就可以先请求确认所有权，再请求返还原物，如果在返还时原物被损坏，还可以提出恢复原状。

二、债权请求权

物权保护当中的债权请求权，是指物权被侵害以后，采取物权请求权不足以或者不能保护物权人的利益时，物权人要求侵权人赔偿损失的权利，即通常所说的赔偿损失。这里的赔偿损失包括两种情况，一是起补充作用的赔偿损失，即当物权人采取物权请求权以后其权利还是不能有效地得到弥补，权利人有权要求对方对不足部分予以赔偿。二是权利人没有采取物权请求权而直接要求对方赔偿损失。这里又包括权利人有、无采取物权请求权之可能的两种情况。对于有采取物权请求权可能的情况，权利人是否必须在采取物权请求权之后才可以要求赔偿损失予以补充？一般认为在此种情况下，权利人有选择权，而不是必须先行行使物权请求权。

本章练习题

一、思考题

1. 请列表比较物权与债权的区别。

2. 试比较物权法的基本原则与民法的基本原则之间的异同以及二者的关系。

二、综合训练

1. 2007 年 3 月，在《物权法》制定的前后，重庆发生了一起震惊中外的"最牛的钉子户"事件，一张极具震撼力的照片被各大媒体报道，在这张照片上，一位中年男子站在四周被挖空的二层小楼上，以挥舞国旗的方式维护自己的房屋所有权。该男子叫杨武，该房屋为杨家私有房屋。2004 年，某开发商取得了该房所在区域的拆迁许可，开始对该区域进行拆迁，到 2006 年 10 月，除杨武未与开发商达成拆迁协议外，其他居民全部搬迁。于是开发商对杨武的楼房断水断电，并将周围挖空。开发商经与杨武多次协商未果，向区房管局申请强制拆迁，2007 年 1 月 8 日，区房管局召开拆迁行政裁决听证会，杨武未参加。随后区房管局做出强制拆迁的行政决定。2 月 1 日，区房管局向区法院申请强制拆迁。3 月 19 日，法庭当庭裁定支持房管局的决定，限令杨武于 3 天内自行搬迁。3 月 22 日，杨武没有自行搬迁，法院也没有强制执行。当地政府有关部门负责人公开表示，强制拆迁符合法律规定。后经有关部门协调，双方最终达成协议，对杨武异地安置。随后该房屋被拆除。在房屋被拆之后，有关部门负责人表示，开发商前期断水断电确有不妥之处。试问在本案当中，开发商有无权利对杨武的房屋进行强制拆迁？杨武对自己的房屋有什么权利？在商业拆迁中，被拆迁人应该享有哪些权利？政府和法院在拆迁过程中应扮演什么角色？本案双方未达成拆迁协议时，开发商的断水断电、挖空房屋周围的行为是何种性质的行为？

【要点提示】

（1）请从自然人财产所有权都包括哪些权利内容的角度考虑杨武与开发商及政府之间的关系；（2）请检索商业拆迁与公益征收之间的区别，然后结合本案进行思考。

2. 张康在公共汽车上丢失价值 2000 元的手机一部，一个月后他发现自己的朋友李良在使用自己的手机，经询问得知是李良的女朋友所送，而其女朋友是在马路边上以 500 元从以陌生人手中购得。试问张康是否有权要求李良返还其手机？如果需要返还手机，李良之女朋友的损失应该由谁承担？

【要点提示】

请结合所有权的效力考虑张康是否有权向李良追回手机。

3. 李甲原为某村村民，早年因考上大学将户籍迁出，大学毕业后分配到外地工作。李甲为家中独子，其父母于 20 世纪 90 年代相继去世后，李甲将父母遗留在老家某村的宅院一处租给远房侄子李乙，双方签订了租赁协议一份，主要内容为：一，租期十年，租赁费八千元，在协议签订后一次性支付；二，租赁期间，如需要对房屋作重大修缮，李乙须告知李甲并经李甲同意，修缮费用由李甲承担。如果李甲不承担修缮费用，该房屋归李乙所有。协议签订后李乙一次性支付了租赁费八千元，李甲将宅院交付给李乙使用。21世纪初，李乙在未告知李甲的情况下将该处宅院拆除翻盖成二层小楼。租赁合同到期后双方未续订租赁合同，李乙也未再交租赁费。2018年夏天，自与李乙签订租赁协议后没有回过老家的李甲得知老家某村已经纳入城中村改造项目，李乙就该处房产与村委会、拆迁公司签订拆迁协议，得到三套房屋（每套120平方米）和100万元的安置补偿。随后，李甲多次找村委会和拆迁公司及相关部门协调未果，无奈之下向法院提起诉讼。在诉讼过程中李甲申请法院向当地土地部门调取了20世纪80年代该处宅院的宅基地登记表，登记户主为李甲的父亲。李乙答辩认为李甲已经将该处宅院卖给了李乙，并且李甲的房屋因年久失修早已倒塌，现在的二层小楼系李乙所盖，与李甲无关。但是，李乙没有取得该处土地的宅基地使用权证。

请考虑并分析如下问题：李甲与李乙签订的宅院租赁协议及李乙与村委会、拆迁公司签订的拆迁协议是否有效？李甲对该处宅院是否仍然享有房屋所有权？拆迁安置所得的房屋和金钱应该归谁？

【要点提示】

请检索我国相关法律关于宅基地的基本规定，包括宅基地的取得程序和是否允许转让，以及农村村民在宅基地上建造的房屋是否允许转让及转让的条件。

第十二章 物权变动

◎ **知识目标**
- 了解什么是物权变动，熟悉动产物权变动和不动产物权变动的基本规则。

◎ **能力目标**
- 能够根据物权变动的公示形式判断是否发生了动产的物权变动和不动产的物权变动，正确区分物权变动及其基础合同，掌握非法律行为引起的物权变动的生效条件。

第一节 物权变动概述

【**案例 12-1**】 张某与陈某签订房屋买卖协议，约定将张某位于石家庄市区的 90 平方米房屋一套卖给陈某，价款 70 万元，合同约定："买方付清房款之日即取得该房屋所有权。"由于张某购买时该房屋手续不全，尚未取得房产证，所以双方还约定等张某取得房产证后即为陈某办理过户手续。随后不久，陈某交付了房款，张某也交付了房屋。四年后张某取得了房屋所有权证，陈某要求张某为其办理过户，但是张某声称双方的房屋买卖协议无效，要求陈某返还房屋。据了解，此时该套房屋市场价为 120 万元。

请思考：该案应该如何处理？

一、物权变动

物权变动是指物权的取得、转让、变更和丧失的过程，即物权得丧变更的动态过程。究其实质，为当事人之间就物权的权利归属和利用所发生的法律关系。也只有在物权变动过程中，物的价值才得以实现，才能满足人们的生产生活需要。随着经济的发展，物的流转更加频繁，物权变动的形式及其效力就更需要法律作出明确的规定。

（一）物权的取得

物权的取得是指物权人基于何种方式取得物的所有权或者他物权。包括物权的原始取得和继受取得。

物权的原始取得是物权第一次产生或者不依赖于原物权人的物权而直接取得该物权，又称为物权的固有取得或权利的绝对发生。物权的第一次产生是基于物的第一次产生，物产生之后在该物之上就产生了所有权，所有权人依法取得该权利。不依赖于物权人的权利取得物权主要是依据法院的判决或行政命令，如没收、征收、国有化等而取得所有权。另外，物权的原始取得方式还包括基于合法建造房屋等事实行为而取得。

物权的继受取得是指在原物权人物权的基础上取得物权，也称物权的传来取得或者物权的相对发生，如基于买卖、交换、赠与、继承等而取得物权。物权的继受取得一般是依法律行为而取得。这种取得方式又可分为两种：移转的继受取得和创设的继受取得。前者是物权人通过一定方式将自己的物权转让给新的物权人，如买卖、交换。后者是指物权人在自己的物权之上为他人创设新的物权，如所有权人将自己的房屋抵押给他人而使他人取得了抵押权，再如土地所有权人将土地使用权转让给他人而使他人取得土地使用权。

（二）物权的转让

物权的转让是指物权人通过法定的方式将自己的物权转让给他人享有的过程。物权的转让与物权的取得相联系。依法律行为取得物权都是原物权人将自己的物权全部或部分转让给新物权人。物权转让人应是实际享有物权的人，物权转让应当按照法定的方式进行，否则不发生物权变动的效力，如建设用地使用权转让应当进行变更登记。

（三）物权的变更

物权的变更有广义和狭义之分，广义的物权变更是指物权的主体、客体、内容等所发生的变更。通常所说的物权变更是指物权的内容和客体发生变动，即狭义的变更。物权主体的变更为物权的转移。物权内容的变更也称为物权质的变更，如抵押权所担保的债权数量的增减。物权客体的变更也称为物权量的变更，如抵押物之价值的减损、所有物因添附而增加。

（四）物权的丧失

物权的丧失是指物权因一定的原因而消灭，包括物权的绝对丧失和物权的相对丧失。物权的绝对丧失是指物权之标的物消灭，当物被毁损灭失或者被消费掉时，该物之物权也就不复存在。物权的相对丧失是指物权在主体之间发生了流转，对于原物权人而言，其物权消灭，但是他人却取得了该物权。

二、物权变动的原因及其公示形式

物权变动的原因可以分为法律行为和非法律行为两种，而非法律行为又包括公法行为和事实行为。

因法律行为发生的物权变动是指当事人之间基于意思表示一致而形成合意并经法定物权变动的形式所发生的物权变动。该物权变动是在原物权人物权的基础上，由新物权人通过一定的方式取得该物权。如基于买卖、交换、互易、赠与等方式发生的物权变动。在因法律行为发生的物权变动中，动产物权变动的公示形式为交付，不动产物权变动的公示形式为变更登记。

非基于法律行为发生的物权变动是法律直接规定某种非法律行为的法律事实所引起的物权变动。包括生产、继承、司法裁判、行政决定等所引起的物权变动。非法律行为中的公法行为是指司法机关或政府部门依法作出的司法裁判或行政决定，如法院在执行中裁定被执行人的某项财产归某竞得人所有，则该竞得人从该裁定生效之时就取得该财产的所有权；再如政府依法作出决定征收属于个人所有的房屋，则从征收决定生效时起个人就丧失了房屋的所有权。非法律行为中的事实行为是指导致物权变动的客观事实，这些事实行为不是当事人之间的法律行为，如某人通过农业生产获得的粮食的所有权。《民法典》第231条规定："因合法建造、拆除房屋等事实行为设立或者消灭物权的，自事实行为成就时发生效力。"在非法律行为引起的物权变动中，不需要动产交付或不动产登记的公示形式也可以导致物权变动。但是，《民法典》第232规定，基于非法律行为取得不动产物权的，在处分该物权时，"依照法律规定需要办理登记的，未经登记，不发生物权效力"。如张某因继承取得其父亲名下的房屋一套，该房屋登记的所有权人还是张某的父亲，若张某想出卖该房屋，需要将房屋的所有权人变更为自己后，才可以出卖房屋并为买方办理过户手续。

三、物权变动与债权契约的关系

物权变动是指物权产生、消灭以及物权在当事人之间发生移转的过程，而物权变动的主要原因是法律行为，法律行为中最主要的是合同，即当事人之间的债权契约。在因合同导致的物权变动中，物权变动与债权契约之间存在着密切的联系。

（一）债权契约与物权变动是两个独立的法律阶段

债权契约与物权变动是当事人进行民事活动的两个阶段，各有其生效条件。债权契约是当事人为进行物权变动而订立的协议，其生效要依据《民法典》合同编有关合同生效的条件；而物权变动是当事人为履行协议实现物权的设立、变更、转让、消灭而实施的行为，也可以说物权变动是当事人履行协议的一种具体方式，其发生效力要符合《民法典》物权编有关物权变动的生效条件。当事人仅订立了有关物权变动的债权协议，还不能够导致物权在当事人之间发生移转，还需要实际履行该协议的行为，这一行为就是物权变动的具体体现。如当事人订立了买卖一幅字画的协议，该协议生效时字画的所有权并不转移，只有当卖方将字画交付给买方时，买方才取得字画的所有权。再如买卖房屋的协议生效并不导致房屋所有权转移，只有当事人办理了房屋过户手续时房屋所有权才发生转移。《民法典》第215条规定，当事人之间订立物权变动的合同，除法律另有规定或当事人另有约定外，自合同成立时生效；未办理物权登记的，不影响合同的效力。物权变动有其法定的表现形式，不符合法定形式不发生物权变动的后果，如在案例12-1中当事人之间"买方付清房款之日即取得该房屋所有权"的约定属无效内容，因为该约定不符合法定的房屋所有权物权变动的公示形式。

（二）债权契约是物权变动的原因，物权变动是债权契约的后果

由于我国法律没有采取物权行为理论，所以债权契约与物权变动为因果关系，除依法适用善意取得制度的外，只有在有效的债权契约基础上所进行的符合法定公示形式的物权变动方为有效；如果合同无效，即使进行了动产的交付或不动产的变更登记，该物权变动也属无效。在案例12-1中，由于双方签订的房屋买卖协议有效，买

方就有权要求卖方履行双方签订的协议，为买方办理过户手续，卖方无权以合同无效来拒绝履行合同义务，也无权以房屋价值增加为由要求买方增加价款。基于善意取得制度取得动产或不动产的所有权，是法律的一种例外规定。法律为保障交易之安全而特殊规定了其适用条件，当善意买受人出于善意、以合理价格从无处分权人处买得并完成了动产交付或不动产变更登记，就可以主张取得标的物的所有权。这里还需说明：善意买受人主张善意取得只是其选择权之一，他还可以选择不主张善意取得而主张返还原物并要求受让人退还货款。

第二节　不动产登记

一、不动产登记的概念

不动产登记指有关不动产物权的设立、变更、转让和消灭，都应该依法在法定登记机关进行记载的过程。《民法典》第 209 条规定："不动产物权的设立、变更、转让和消灭，经依法登记，发生效力；未经登记，不发生效力，但是法律另有规定的除外。"登记作为不动产物权变动的法定公示形式，是由不动产的性质决定的。因不动产一般价值重大，多涉及土地等自然资源，且不像动产那样可以直接进行交付，为合理开发和使用自然资源，实现资源的合理配置和可持续发展；为确保不动产交易的安全与便捷，确保不动产物权人的权利，法律设计了登记制度。

二、不动产登记的原则

（一）统一登记原则

由于历史原因，我国的不动产登记是由不同部门完成的，如土地部门主管土地登记，房屋主管部门管理房屋登记，林业部门负责林木的登记等，这种多头登记的做法造成了很大的混乱，不利于国家的管理和当事人权利的维护，为规范不动产登记，《物权法》规定了统一登记制度，由一个部门具体负责不动产登记。2015 年 3 月，国务院制定的《不动产登记暂行条例》实施，将住建（房管）部门负责的房屋登记、农业部门负责的农村土地承包经营权登记、林业部门负责的林权登记等职责整合到国土资源部门，真正构建统一的不动产登记制度。到 2018 年，全国许多地方基本完成了不动产统一登记机构的整合和建立，并向社会提供统一的不动产登记服务。

（二）属地登记原则

不动产登记制度实行属地登记，即由不动产所在地的登记机关负责。《民法典》第 210 条第 1 款规定："不动产登记，由不动产所在地的登记机构办理。"《不动产登记暂行条例》第 7 条规定，不动产登记由不动产所在地的县级人民政府不动产登记机构办理；直辖市、设区的市人民政府可以确定本级不动产登记机构统一办理所属各区的不动产登记。跨县级行政区域的不动产登记，由所跨县级行政区域的不动产登记机构分别办理。不能分别办理的，由所跨县级行政区域的不动产登记机构协商办理；协商不成的，由共同的上一级人民政府不动产登记主管部门指定办理。

（三）申请原则

不动产登记由当事人申请引起，没有当事人的申请，登记机关无权自行登记。当事人申请登记时，应当提交相关材料，如房屋买卖合同、不动产权属证书等。《不动产登记暂行条例》第14条规定，因买卖、设定抵押权等申请不动产登记的，应当由当事人双方共同申请。符合法定情形的，可以由当事人单方申请登记：尚未登记的不动产首次申请登记的；继承、接受遗赠取得不动产权利的；人民法院、仲裁委员会生效的法律文书或者人民政府生效的决定等设立、变更、转让、消灭不动产权利的；权利人姓名、名称或者自然状况发生变化，申请变更登记的；不动产灭失或者权利人放弃不动产权利，申请注销登记的；申请更正登记或者异议登记的；以及法律、行政法规规定的其他情形。

（四）程序审查和实质审查相结合原则

这一原则也称全面审查原则。登记机关对当事人的登记申请，要进行全面审查，不仅要查验当事人提供的相关资料，还有权向当事人询问，并按规定进行实地查看。登记机关对不动产登记申请的审查不仅是程序性的，而且对登记的实质内容也要进行审查，以确保登记的准确公正。《不动产登记暂行条例》第19条规定了可以进行实地查看的情形：房屋等建筑物、构筑物所有权首次登记；在建建筑物抵押权登记；因不动产灭失导致的注销登记等。但是，登记机关不得以登记为借口要求对不动产进行评估或年检以收取费用。

三、不动产登记的效力

登记作为不动产物权变动的公示形式，其具体表现为登记机关将不动产设立、转让、变更和消灭的内容记载于登记簿册，这一时间即为登记的时间，其他如申请登记的时间、颁发权属证书的时间等均不是登记的时间。根据《民法典》第209条的规定，只有将物权变动的内容记载于登记簿时，物权变动才发生效力，在此之前的任何阶段，物权变动都不发生。

不动产登记簿为记载不动产物权状况的法定档案，是不动产物权归属和内容的根据。不动产权属证书是权利人享有该不动产物权的证明。当登记簿与权属证书记载内容不一致时，除有证据证明登记簿记载确有错误的以外，应以登记簿的记载为准。关于不动产登记簿的内容，权利人和利害关系人有权进行查询和复制，如因所有权归属发生争议进行诉讼的当事人就有权到登记机关调查取证。

四、不动产更正登记、异议登记、预告登记

（一）更正登记

不动产更正登记是指登记机关根据权利人或利害关系人的申请，对登记记载错误的事项予以更正的过程。更正登记有两个条件，一是要有权利人或利害关系人的申请；二是申请人有证据证明登记记载确有错误或登记簿记载的权利人书面同意更正登记。这里证明登记确有错误的证据一般是指生效裁判等具有强制力的法律文书，一般的证据尚不能导致更正登记，如果权利人或利害关系人有相关证据证明自己的权利但

是登记记载的权利人不同意更正的，权利人或利害关系人可以申请异议登记。如果权利人或利害关系人有证据证明登记错误而又不与他人发生争议的，经申请更正登记后，登记机关审查属实的，应当直接进行更正。

（二）异议登记

异议登记是权利人或利害关系人认为不动产登记记载错误而登记权利人不同意更正时，有权向登记机关申请将异议内容记载于登记簿册的过程。异议登记并非更正登记，而仅是将异议的内容记载于登记簿册。其实质作用在于阻却登记记载的公示公信效力，给予登记权利人进行不动产交易和物权变动的第三人以警示，如果事后的法院判决认定异议成立，则登记权利人与第三人进行的物权变动无效。由此可见，异议登记不能阻止登记权利人进行物权变动，但是可以使其效力降低，第三人不得以善意取得主张物权；如果登记权利人实质上没有处分权且处分的是未被异议登记的权利，则第三人有主张善意取得的权利。

异议登记应当符合以下条件：第一，有权申请异议登记的人是认为登记记载错误的不动产权利人或利害关系人；第二，登记权利人不同意更正该登记错误。

登记机关进行了异议登记并不能更正被异议的错误记载，《民法典》第220条规定，申请人还应当在十五日内向法院提起诉讼，否则，异议登记失效。申请人的诉讼应以登记权利人为被告，其诉讼请求应与被异议的权利相关，以确认其物权为内容。如果其诉讼最终胜诉，则根据生效判决可直接向登记机关申请更正；如果败诉，则无权申请更正登记，登记权利人有权要求异议申请人赔偿因异议登记给其造成的损失。

（三）预告登记

预告登记与本登记相对应，是指当事人在订立有关不动产物权变动的协议之后，为确保将来取得该物权，而根据约定向登记机关申请将该物权变动请求权予以登记记载的过程。当事人订立物权变动的合同并不能直接导致物权变动，而是产生了请求权，该请求权为债权属性，不能对抗第三人。为防止对方与第三人进行现实的物权变动（如一房二卖，卖方为第三人办理过户手续），买方就有权要求将自己的请求权记载于登记簿册，以对抗第三人。

预告登记应当具备以下条件：第一，当事人签订了不动产物权变动的协议，如房屋买卖协议、建设用地使用权抵押协议等。第二，不动产物权变动将来发生。如果在订立协议时就同时进行物权变动，则无须进行预告登记。第三，当事人约定进行预告登记。《民法典》第221条规定的预告登记并非强制登记，而是根据当事人双方的约定自愿进行。但是，这一规定不影响其他法律法规规定的强制登记，如《城市商品房预售管理办法》第10条规定的商品房预售登记。

预告登记的目的在于赋予债权请求权对抗第三人的物权效力。但是并非预告登记之后权利人就取得了物权，其权利还是债权，只是具有了排他属性。预告登记后，未经登记权利人同意，处分该不动产的，不发生物权效力。可见，预告登记与异议登记一样，并不能绝对阻止不动产原权利人处分该不动产物权，只是该物权变动行为不发生物权变动的效果。从理论上讲，预告登记后，卖方仍然可以与买方以外的第三人办理过户手续，只是该第三人不能因过户而取得房屋所有权；在实践中，为确保交易安全，登记机关一般都拒绝为已经办理了预告登记的卖方为第三人办理有悖于预告登记的物权变动登记。

预告登记后，在能够进行不动产登记之日起 90 日内，权利人应该申请正式登记，否则，该预告登记失效。另外，如果预告登记的债权消灭（如当事人解除了房屋买卖协议），该预告登记也失效。

第三节 动 产 交 付

交付是因法律行为导致动产物权变动的法定公示形式，是指动产在当事人之间进行了占有的转移。《民法典》第 224 条规定："动产物权的设立和转让，自交付时发生效力，但法律另有规定的除外。"如甲乙买卖一相机，自甲将相机交付给乙时乙取得标的物的所有权，交付之前的所有权归甲，交付之后的所有权归乙。在非基于法律行为发生的动产物权变动中，不以交付作为物权变动的公示形式，如在继承中，继承人自继承开始时取得动产物权；再如农民因生产而取得粮食的所有权。

一、交付的类型

交付包括现实交付和观念交付，观念交付又包括简易交付、占有改定和指示交付。

（一）现实交付

现实交付是指动产物权的让与人将其对动产的现实占有转移给受让人。一般而言，将标的物直接交付给受让人掌握和控制，即完成物的交付，但是也有将物之标志交付给对方以完成物的交付的，如将自行车之钥匙交给对方以完成自行车的交付。另外，现实交付也可以通过第三人的交付行为完成。

（二）观念交付

观念交付是指不实际转移物之占有，为考虑交易的便利而从观念上所完成的交付。具体包括简易交付、占有改定和指示交付。

简易交付是指让与动产物权前，受让人已经基于租赁、借用、保管等法律关系占有该动产，则该动产物权在以移转所有权为目的的法律行为（包括买卖、赠与等）生效时发生转移。《民法典》第 226 条对此作了规定。

占有改定是指动产物权转让后，让与人有必要继续占有该动产时，根据双方订立的协议，使受让人取得标的物的间接占有，以替代交付。《民法典》第 228 条规定："动产物权转让时，当事人又约定由出让人继续占有该动产的，物权自该约定生效时发生效力。"

指示交付是指动产物权设立和转让前，第三人依法占有该动产的，负有交付义务的人可以通过转让请求第三人返还原物的权利以代替交付。这是《民法典》第 227 条的规定。

二、特殊动产的交付与登记

根据现行法律的规定，机动车、船舶、航空器等特殊动产也需要办理登记手续，如汽车需要在车辆主管部门办理车辆权属登记并领取机动车辆所有权证书，买卖汽车也需要在登记部门办理过户手续。但是这些动产的登记是否为物权取得和变动的公示形式？对此《民法典》作了与不动产不同的规定，即登记不是这些特殊动产物权取得和变动的公示形式，但登记是对抗第三人的法定形式。《民法典》第 225 条规定："船舶、航空器和机动车等的物权的设立、变更、转让和消灭，未经登记，不得对抗善意第三人。"可见，交付仍然是这些动产物权变动的公示形式，但是没有登记的，对善意第三人不发生效力。

本章练习题

一、思考题

1. 试论述物权变动与债权契约的关系。

2. 试比较更正登记、异议登记与预告登记三者的适用条件。

3. 试比较特殊动产之登记与不动产登记的差异。

二、综合训练

1. 某开发商将自己开发的楼盘中的一套房屋分别与张三、李四、王五订立买卖合同并都收取了房款，但是只为张三办理了商品房预售登记，张三、李四、王五互不知情。房屋建成后，开发商以建房成本提高为由要求三人补交 30% 的房款，如不同意则解除合同，退还所收房款。此时，三人得知购买的是同一套房屋。张三拒不补交房款并要求开发商为自己办理产权登记，李四愿意补交房款并要求开发商为自己办理产权登记，王五不同意补交房款但是对开发商为自己办理产权登记一事采取无所谓的态度，只要交房即可。请问：在本案中三个买卖合同是否有效？最终谁有权得到房屋的所有权，没有得到房屋所有权的人的利益如何保护？

【要点提示】

请考虑房屋买卖合同的效力与房屋登记之间的关系。

2. 齐某将自己的汽车一辆卖与刘某，交付了汽车，但是没有办理过户手续。后齐某又与尚某订立汽车买卖协议并收取了价款，齐某用自己保留的一把车钥匙乘刘某不注意时将车开走交给尚某，并办理了过户手续。刘某发现汽车丢失后报警，后警察将尚某抓获，尚某才知道齐某已经将车卖给刘某。此时齐某已经不知去向。试问该汽车的所有权应该归谁？刘某是否可以以交付为由主张汽车所有权？不能取得汽车的一方应如何主张权利？

【要点提示】

请考虑动产物权变动的公示形式及车辆等特殊动产物权变动登记的效力。

第十三章 所 有 权

◎ 知识目标
- 了解所有权的四种积极权能和所有权的取得方式。
- 熟悉善意取得的适用条件、财产共有的类型、建筑物区分所有权的权利构成。

◎ 能力目标
- 掌握善意取得尤其是不动产善意取得的特殊条件。
- 掌握财产共有、相邻关系以及建筑物区分所有权的具体内容。

第一节　所有权概述

一、所有权的概念

关于所有权，《民法典》第240条规定："所有权人对自己的不动产或者动产，依法享有占有、使用、收益和处分的权利。"可见立法对所有权的定义采取了列举的方法，但是，所有权并不是占有权、使用权、收益权及处分权的简单相加，占有、使用、收益、处分是所有权的积极权能，但所有权的权能还包括其消极权能。

二、所有权的特征

（一）所有权为完全物权

所有权的这一特征是相对于限制物权而言的。所有权人有权对物享有占有、使用、收益和处分的权利以及排除他人非法干预之权利，其内容包含了人对物所享有权利的全部，因此其权利是最完整、最全面的。对于限制物权而言，如土地使用权等，其权利人所享有的权利只能是所有权权能之一部分，而绝非全部。

（二）所有权具有整体性、唯一性

所有权的整体性，是指所有权为占有、使用、收益、处分等各项积极权能和消极权能的总和，而绝非仅指其中的某一项或几项权利，而是这些权利所构成的整体。对于所有权的整体性，除法律特别规定外，不允许当事人约定做出特殊限制，如不允许当事人约定禁止买方处分标的物（例如：甲、乙约定，甲将物卖与乙，但乙在取得该物所有权后不得将该物卖与丙）。

所有权的唯一性是指一个物上只能存在一个独立的所有权，即本书前面所讲的一物一权主义，不允许一项物上有两个以上的所有权。

（三）所有权具有恒久性

所有权的恒久性包含如下意思：第一，只要有物的存在，就有其所有权的存在。不会出现有物存在，而没有所有权的情况，即使是被抛弃所有权的物，根据无主物归国家所有的规定，应当归国家所有。物被转让，只是所有权人发生变化，而物的所有权依然存在。第二，除法律特别规定外，所有权的存续没有时间限制。不允许当事人约定所有权的存续时间（如当事人约定，甲将一物卖与乙，期限一年，到期时乙必须将物再卖与甲）。这里的法律特别规定为：第一，标的物灭失可以导致所有权绝对消灭。第二，转让、抛弃所有权可以导致所有权的相对消灭。

（四）所有权的权能具有可分离性，也称弹力性、归一性

这一特征是指所有权人可以将其权利的部分内容让渡给他人来行使，如房屋所有人将房屋出租给他人来使用，以收取租金。所有权权能的分离是现代社会发展的需要，它能够促进物尽其用，最大限度实现物之价值，满足双方的利益。当约定的期限届满或其他条件具备时，与所有权分离的权能又回归所有权人，恢复所有权的圆满状态。

值得注意的是所有权与其权能分离后，往往物被他人占有使用，这样就容易出现物之所有权人与使用人（他物权人）之间的权利冲突问题。他物权一般是依法律直接规定或者合同约定而形成，因此在法律和合同允许的期限和权利范围内，他物权人可以行使其权利，甚至可以对抗所有权人的非法干预行为；但是在上述范围之外，他物权人无权限制所有权人的正当权利行使行为。

随着社会的发展，物的利用价值越来越重要，逐渐出现了人们不再追求物的所有，而追求物之所用，以达到节省资金、提高功效的目的。如租用他人之厂房、设备进行生产经营，只需花少量的租金即可，但是如果自己建造厂房、购买设备则必然会花费大量的资金。

三、所有权的权能

所有权的权能也称为所有权的内容。根据所有权的概念可以看出，所有权的权能包括积极权能和消极权能。其积极权能是指所有权人对物主动支配的权能；消极权能是指所有权人就物的支配排斥他人干涉的权能。

（一）所有权的积极权能

所有权的积极权能包括占有权、使用权、收益权和处分权四个方面的权能。

1. 占有权能

占有权能为所有权人对标的物进行事实上的掌握和支配的权利，亦即管领权。现实生活中，一般而言，权利人行使对物的权利，须以对物的占有支配为前提。即使物被他人合法占有，行使用益物权，但对于所有权人来说，也是一种间接占有，且他人之占有毕竟是暂时状态，用益物权期满，物就应当恢复为所有权人占有。

2. 使用权能

使用权能为所有权人或其他物权人依法对物进行有效的利用，以满足生产生活的需要。物的价值主要体现在其使用价值上，如果一物没有使用价值，则其所有权也就

没有任何意义。在现代社会，物的使用价值有超出其所有权价值的趋势，如人们在追求物的使用价值时不再必须以追求物的所有权为前提，"不求所有，只求所用"。

使用权能的行使分为所有权人行使和他物权人行使。一般而言，财产所有权人自然有权对其物行使使用权，以满足自己的生产生活需要；同时，所有权人也可以将自己的使用权能转让给他人来行使，即形成他物权，他人通过对非己之物的占有来行使使用权，实现某种经济利益。须注意的是，他物权人行使物之使用权时不得损害所有权人的利益，不能出卖标的物；他物权人必须合理使用标的物，而不得滥用使用权，如使用他人之房屋从事违法行为。另外，物之使用权依法设定以后，所有权人也不得随意进行干涉，否则即构成对他物权人使用权的侵害，如房屋所有权人无正当理由不得提前解除合同。

使用权的行使一般以占有标的物为前提，所以使用权能与占有权能一般一并存在，尤其是他物权人行使使用权能必须占有标的物。但是对标的物享有占有权并不必然意味着有使用权，如在质押合同中，质押权人占有质押人的标的物，但却无权进行使用收益，保管合同亦然。

3. 收益权能

收益权能是指权利人在物的基础上获得新的利益的权利，亦即收取由原物产生的新增经济利益的权利。

物之收益，可以分为孳息和劳动所得。孳息是基于自然规律或者法律的规定在原物之上而获得的利益。又包括天然孳息和法定孳息。劳动所得是人在原物之上通过自己的劳动而取得的劳动成果（如自己建造之房屋、生产的产品）。

收益权能包括所有权人的收益权和他物权人的收益权。收益权并非只是所有权人的权利，在法律规定和当事人有约定时，收益权也可以由他物权人来行使，如将自己之房屋出租于他人经商，他人通过对房屋的利用而获得经济利益。

4. 处分权能

处分权能是决定财产事实上或者法律上的命运的权能。

处分可以分为事实上的处分和法律上的处分。事实上的处分是指在生产或者生活中使物的物质形态发生变化或者消灭，如原料被加工成产品、食物被消费掉；法律上的处分指基于法律的规定，所有权人对标的物进行了物权变动，如转让标的物、设定担保物权等。事实上的处分与法律上的处分有三点区别：第一，法律上的处分属于法律行为，事实上的处分属于事实行为；第二，法律上的处分一般引起物权的转让，事实上的处分一般引起物的消灭或者物的形态的变化；第三，法律上的处分是对物的自身价值的利用，追求或实现物的经济价值，如转让标的物以获得金钱、设置抵押权以实现担保。事实上的处分是实现物的使用价值，目的在于满足人们的生产生活需要。

处分权能是财产所有权人的权利，除法律极特别规定外，他人无权处分所有权人之物，否则就构成对所有权人财产所有权的侵犯。处分权能一般应当由所有权人自己来行使，但是如果有所有权人的明确授权，他人也可以代为行使所有权的处分权。在法律有特别规定时，他人也可以行使对所有权人之物的处分权，如《民法典》物权编规定，留置权人在债务人不履行债务时，有权留置标的物，当债务人经过催告后还不履行义务，留置权人有权通过法定途径和方式将标的物折价、拍卖、变卖，以获得偿还。再如《铁路法》规定，铁路运输部门有权对旅客携带的危险物品进行处理。

（二）所有权的消极权能

所有权的消极权能也称为所有权的隐性权能、排除他人干涉的权能，只有当所有权被他人不法侵害时，所有权人才有权要求排除侵害，以维护和实现物及其所有权之完整状态。

所有权消极权能的理论来源是所有权的绝对性，所有权人对其物享有绝对的占有权、使用权、收益权和处分权，他人之干涉行为必然使所有权人的权利受到限制，因此所有权人就有绝对排斥和除去之权。

所有权的消极权能包括排斥权和除去权。排斥权是指当所有权有受到他人不法侵害行为侵害的现实危险时，所有权人有权要求排除这种危险。这种权利也可以说是所有权消极权能中的积极防御权。除去权是指在发生了侵权行为之后，所有权人要求排除已经造成的现实危害，以恢复物之原来状态的权利。

第二节 所有权的取得和消灭

【案例 13-1】 张某为某事业单位职工，二十世纪八十年代单位将一套住房分给其居住，张某按规定交纳租金。九十年代末期国家房改时由于该住房为危房，故单位没有将该房屋卖给张某。2018 年，张某得重病，自觉不久于人世，遂留遗嘱一份将该房屋留给与其同住的次子继承。张某死后，其长子与次子为继承该房屋发生纠纷。

一、所有权的取得

所有权的取得是指民事主体通过何种方式取得财产所有权。财产所有权必须通过合法方式取得，否则即使当事人取得了财产的占有，也不能取得财产的所有权。财产所有权的取得方式分为原始取得和继受取得两种。

（一）原始取得

财产所有权的原始取得是指财产所有权的第一次产生或者不依赖于原所有权人的权利而取得所有权。财产所有权第一次产生是指财产首次出现后其所有权的归属。不依赖于原所有权人的权利取得所有权是指直接依照法律的规定或者国家的行政命令、法院的判决等取得所有权。原始取得包括以下几种情况：

1. 生产

包括工业生产和农业生产。如农民在承包集体的土地上生产的粮食归其自己所有；工厂生产的产品归工厂享有所有权。再如根据矿产资源法的规定，矿产资源归国家所有，但合法的开采者将矿产开采出来后就取得矿产品的所有权。

2. 没收和征收

没收是指国家根据行政命令或司法裁判将非法财产或违法行为人的合法财产强制

收归国家所有。这是国家取得所有权的一种方式。没收针对两种财产：一是非法财产，如赃物、走私物品、非法所得；二是对违法行为人的合法财产，如法院判决没收刑事被告人的全部个人财产，即是对其合法财产的收归国有。征收是指国家出于国家利益或者社会公共利益的考虑，将属于私人所有的合法财产强制收归国有。如我国《中外合资经营企业法》第 2 条规定："国家对合营企业不实行国有化和征收；在特殊情况下，根据社会公共利益的需要，对合营企业可以依照法律程序实行征收，并给予相应的补偿。"《民法典》第 243 条对征收的条件作了明确的规定，一是为了公共利益的需要，二是按法定权限和程序进行，三是征收对象为集体所有的土地和组织、个人的房屋及其他不动产，四是应给被征收人足额的补偿和安置。

3. 行政命令和司法裁判

行政机关根据职权通过命令的方式将某项财产授予单位或个人所有，单位和个人因此取得所有权。法院在审理和执行民事案件中，也可根据事实和法律，将属于甲之财产裁决给乙所有，乙即因此原始取得财产所有权。

4. 收取孳息

不论天然孳息还是法定孳息，一般而言，原物的所有权人有权获得孳息的所有权，法律有特别规定或者当事人有特殊约定时，孳息也可以由原物的合法占有人或其他人享有所有权。从该孳息产生（如利息）或者与原物分离独立存在（如果实）时，该孳息就作为一项独立的财产出现，从而就产生了其所有权。须注意的是，在"孳息"产生以后还没有与原物分离之前，还不属于真正意义上的孳息，应属原物的一部分。

5. 添附

添附，是指不同所有权人的财产或劳动成果因某种法律事实结合在一起，如果恢复原状在事实上已经不可能或者经济上不合理，从而法律规定形成另一种新的财产所有状态。添附包括三种情况：

（1）混合。混合是指不同所有人的动产相互掺合在一起，形成不能识别也不能分离的新财产的事实。如不同所有权人的两种化工原料混合以后化合成一种新的物质；再如两人的大米混合在一起。不动产不能混合。

（2）附合。附合是指不同所有人的财产相互结合在一起形成新的财产，虽然各原所有人的物仍可以识别，但已不能再行恢复或者非经拆毁不能达到原来的状态。如甲之油漆被粉刷在乙的家具上。

（3）加工。加工指一方对他人财产进行加工改造成为价值更高的新财产。如将一块玉石加工成玉器。

《民法典》第 322 条规定："因加工、附合、混合而产生的物的归属，有约定的，按照约定；没有约定或者约定不明确的，依照法律规定；法律没有规定的，按照充分发挥物的效用以及保护无过错当事人的原则确定。因一方当事人的过错或者确定物的归属造成另一方当事人损害的，应当给予赔偿或者补偿。"

6. 无主物的归属

无主财产是指没有所有权人或者所有权人不明的财产。如《民法典》规定，无人继承又无人受遗赠的遗产，归国家所有，用于公益事业；如果死者生前是集体所有制组织成员的，归所在集体所有制组织所有。

7. 先占

先占是指以所有的意思，占有无主之动产，从而取得动产所有权的法律事实。1949年以前，民法中规定了先占制度，至今在台湾地区仍然适用。我国大陆地区现行法律中没有规定先占制度，但是现实生活中先占的情况却很多，如国家允许自然人进入国有的森林、荒滩、山地、水面进行砍柴、捕鱼、采摘野果、挖取药材，并取得所得之柴薪、鱼虾、野果、药材的所有权。

（二）继受取得

继受取得是指民事主体通过某种法律行为或继承从原所有权人那里承继取得物的所有权。继受取得不同于原始取得，它需要依赖于原所有权人的意志，以原所有权人转让标的物所有权为前提（继承除外）。具体包括以下几种方式：

1. 买卖

买卖是指一方支付标的物的价款，对方交付标的物而使买方取得标的物的所有权。

2. 互易

互易即交换，以物易物。

3. 赠与

赠与是指一方无偿将标的物所有权转让给对方。

4. 继承

继承包括法定继承和遗嘱继承。

继承人根据法律的规定或者有效遗嘱指定而取得遗产所有权。案例13-1中由于张某自己对该房屋就不享有所有权，所以其所立遗嘱也无效，其子不能因继承取得房屋所有权。

二、所有权的消灭

所有权的消灭，包括两种方式：所有权的绝对消灭和相对消灭。所有权的绝对消灭是原物灭失，即所有权客体的消灭，如食物被消费掉，原材料被使用。所有权的相对消灭是原物并不灭失，而是物之所有权在不同的主体之间发生了转移，如基于买卖、交换、赠与、继承等所发生的所有权变动。另外，所有权人抛弃其财产，也可导致所有权的消灭；所有权还可以被强制消灭，如国家司法机关依法定程序强制剥夺所有权人的所有权或者强制转移其所有权。

第三节 善意取得

【案例13-2】 张甲与李乙为要好朋友，李乙一次外出，将自己的名贵手表交张甲保管。张甲遂将手表戴在手上，向其女朋友王丙炫耀，谎称是自己的手表，王丙非常喜欢该表，要求张甲赠送。张甲不得已将表送给王丙。后李乙得知情况，要求王丙返还自己的手表。王丙称已经善意取得了该表的所有权，拒不返还。

请思考：王丙是否善意取得了该表的所有权？

一、善意取得的概念

善意取得，亦称即时取得或瞬间取得，是指无权处分他人财产的占有人，在将财产不法转让给第三人以后，如果该第三人在受让该财产时出于善意并支付了合理的价款，且受让的动产已经交付，不动产已经办理了变更登记，就可以依法取得该财产的所有权。这样，受让人在取得该财产的占有或登记时就取得了财产的所有权，而不必向原所有权人返还原物，原所有权人也无权要求受让人予以返还。善意取得是所有权取得的一种方式，其目的在于保护善意受让人的利益，以维护交易的安全和市场秩序。因为在市场交易过程中，一方当事人往往并不知道对方对标的物是否有处分权，如果对无处分权的交易一概宣布无效，则势必会造成当事人对交易的不安全感，从而影响到正常的经济秩序。所以法律在选择利益保护上倾向了对交易中善意买方利益的维护，在一定程度上就牺牲了真正所有权人的利益，但是并不是完全以损害原所有权人的利益为代价，因为原所有权人还可以通过向不法出卖人要求损害赔偿，从而维护自己的利益，只是不能再要求返还原物了。在《物权法》之前的理论和司法实践中，一般认为善意取得只适用于动产，不动产不适用善意取得，但是《物权法》第 106 条明确规定，善意取得可以适用于动产和不动产，至此，建立了我国法上的不动产善意取得制度。《民法典》第 311 条沿用此规定。

二、善意取得的适用条件

（一）善意取得的标的物为依法可以自由流通的动产或不动产

善意取得的标的物必须是可以依法自由流通的财产，如果是法律禁止流通的物或者限制流通物，则不适用善意取得。比如对于毒品、枪支弹药、爆炸物、淫秽物品、麻醉药品，法律不允许流转或者不允许一般民事主体取得所有权，所以也就不能通过善意取得获得财产所有权。

货币和无记名有价证券也不适用于善意取得。因为它们是一种特殊的财产，一般谁持有谁就享有所有权，当被他人不法转让时，原权利人可以要求转让人给予相等数额的货币或有价证券，而不是必须要求返还原物，因该货币或有价证券可能早已流转多次，难以追回。当然，对于非法取得如抢劫、盗窃而来的货币、有价证券，持有人是不能取得所有权的。但善意取得保护的是善意第三人的利益，所以当盗贼用货币购买物品而卖方不知其货币来历的，卖方当然地取得货币的所有权，而不用返还。对于记名有价证券，也不适用于善意取得。因为记名有价证券是不允许自由流通的，该证券所记载的权利属于特定人，只有该人才有权予以转让，而买方也只能从该记名权利人处购得该证券并在证券登记机构进行了登记方可取得证券的所有权。

债权、知识产权等权利，因不属于物权性质，所以不适用于善意取得。

（二）让与人对该财产没有处分权

如果让与人对该财产有处分权，则受让人就可以依合同取得财产的所有权，而没有必要适用善意取得制度。让与人没有该财产的处分权，是指其对该财产无转让权。让与人的无权转让具体包括两种情况：一是合法占有他人之物而非法转让（此种情况下的物一般被称为"委托物"），如借用人、承租人、保管人等出卖他人之物，再如在占有改定情况下，所有权人已经将物的所有权转移给他人但仍然占有标的物而又出卖给第三人的；二是非法占有、非法转让（此种情况下的物一般被称为"脱离物"），如将盗窃、抢劫、贪污而来的财产出卖。第一种情况一般可以适用善意取得，第二种情况不适用善意取得。

（三）受让人取得财产时须为善意

如果受让人在取得该财产时，明知让与人无处分权，则属于恶意，这样即使其取得了物的占有或办理了变更登记，也不应受法律的保护，因为法律保护的是善意受让人的利益。受让人的善意是指其在受让动产或不动产时，不知让与人无处分权，且无重大过失，误以为让与人就是财产的所有权人或具有处分权。由于善意和恶意是人的主观心态，外人很难看出，所以只能依据当时的实际情况来判断。具体应根据受让财产的性质、价格、交易环境、让与人的状况、受让人的经验等来判断。

根据《民法典》第311条第1款的规定，受让人的善意是指其受让标的物时的主观心态，至于其事后是善意还是恶意，在所不问，不影响其物权的取得。受让的具体时间是指依法完成不动产物权转移登记或者动产交付之时，如果在签订协议后动产交付或不动产登记前知道让与人没有处分权而仍然要求交付或登记，则明显属于恶意，是明知要侵害真正权利人的利益而为之，这样，其取得了交付或登记也不应得到保护，此时受让人应以对方没有处分权为由要求对方赔偿损失。

（四）受让人必须通过合理的价格转让

善意取得制度保护的是交易的安全，如果受让人无偿取得该财产，则不属交易范畴，所以也就没有必要保护受让人的利益。法律设计在保护受让人和所有权人利益之间，选择了保护后者。

这里的转让方式主要是买卖、互易、清偿债务等《民法典》规定的是"以合理价格转让"，"合理的价格"应当根据转让标的物的性质、数量以及付款方式等具体情况，参考转让时交易地市场价格以及交易习惯等因素综合认定。如果受让人是通过继承、受赠、受遗赠等方式取得财产，不发生善意取得的效力，因为继承、受赠或受遗赠，只能取得被继承人、赠与人或遗赠人的合法财产，而不得通过这种方式取得被继承人、赠与人或遗赠人之外他人的财产。还有一个重要原因，继承、受赠或受遗赠是无偿行为而非交易行为，即便继承人、受赠人或者受遗赠人返还财产给原所有权人，也不会导致其受到损害，因此，此时更应当选择保护原所有权人的利益。

另外，如果受让人与让与人之间实施的交易行为是被认定无效或撤销了的民事行为，则也不适用善意取得。因为被撤销的民事行为的后果是返还财产，这样所有权人还可以要求让与人予以返还财产。

关于善意取得制度中让与人与受益人之间所订立的转让标的物的合同的效力问

题，曾有不同的理解。1999 年的《合同法》第 51 条曾规定："无处分权的人处分他人财产，经权利人追认或者无处分权的人订立合同后取得处分权的，该合同有效。"但是该条规定引发了很多争议，因为现代社会交易的形式复杂，要求订立合同时必须具有处分权过于苛刻，如期货交易、商品房预售合同等。所以，2012 年《最高人民法院关于审理买卖合同纠纷案件适用法律问题的解释》事实上改变了《合同法》第 51 条的规定。该解释第 3 条规定："当事人一方以出卖人在缔约时对标的物没有所有权或者处分权为由主张合同无效的，人民法院不予支持。"《民法典》不再规定无处分权人处分他人财产所订立的合同为效力待定的合同。综合法理解释和相关规定，我们要掌握的是，合同的有效无效仅指合同在当事人之间的法律效力，不具备外部性，对第三人不具备约束力，这是合同的相对性决定的，不能因合同的有效无效给第三人设定义务或造成损失。

（五）转让的动产已经交付或不动产已经办理了变更登记

《民法典》第 311 条规定，"转让的不动产或者动产依照法律规定应当登记的已经登记，不需要登记的已经交付给受让人"。因为善意取得制度保护的是现存的财产状态，而非将来的财产状态。可见，如果仅是订立了转让物权的协议而没有交付或登记，则不能适用善意取得。

三、善意取得的后果

（一）善意取得人取得标的物的所有权或其他物权

善意取得的直接后果是受让人取得了标的物的所有权，而原所有权人就丧失了标的物的所有权。因此，原所有权人也就无权要求受让人返还原物。根据《民法典》第 311 条的规定，善意取得不仅可以取得标的物的所有权，还可以取得其他物权，如建设用地使用权等。

（二）侵权之债的发生

因为无权处分人将他人之物转让给受让人，造成了对原所有权人财产权的侵害，所以，原所有权人依然有权要求不法的转让人予以赔偿损失。对于处分人转让该动产所得价款，原所有权人当然有权依不当得利要求偿还，但是不以该价款的数额为限，因为可能发生处分人以低价处分的情况，所以，如果该价款数额不足以弥补原所有权人的损失时，原所有权人依然有权要求赔偿损失。

四、关于赃物、遗失物是否适用善意取得的问题

对于赃物，《民法典》没有直接规定可否适用善意取得，但是通说持否认观点。因为赃物属于法定禁止转让之物，即使出于善意而购买，也不应予以保护，但是善意受让人有权要求转让人赔偿损失。

对于遗失物，根据《民法典》第 312 条之规定，是不适用于善意取得的。《民法典》第 312 条规定，所有权人或者其他权利人有权追回遗失物。当遗失物被他人以非转让的方式占有时，权利人有权要求占有人无偿返还。当遗失物被他人通过转让方式占有时，权利人有两种选择，一是向无处分权人请求损害赔偿；二是自知道或者应

当知道受让人之日起 2 年内向受让人请求返还原物，但受让人通过拍卖或者向具有经营资格的经营者购得该遗失物的，权利人请求返还原物时应当支付受让人所付的费用。权利人向受让人支付所付费用后，有权向无处分权人追偿。

对于拾得遗失物的，法律规定应当返还权利人，不能返还的，应当送交公安等部门，由有关部门通知权利人领取或发布招领公告。权利人领取遗失物时，应当向拾得人或者有关部门支付保管遗失物等支出的必要费用。遗失物自发布招领公告之日起一年内无人认领的，归国家所有。如果权利人悬赏寻找遗失物的，领取遗失物时应当兑现其承诺，但是拾得人侵占遗失物的，无权要求权利人兑现承诺，也无权要求权利人支付保管遗失物的必要费用。

第四节　业主的建筑物区分所有权

【案例 13-3】　李款在某高档小区购买楼房一套。该小区环境优雅，物业服务也很规范，李款非常满意。某年夏天，物业公司欲将临街的一片绿地改建为房屋对外出租，遭到包括李款在内的全体业主反对。物业公司称业主购房时并没有出资购买绿地，该绿地是开发商留给物业公司的，物业公司有权处分。物业公司拿出开发商与其签订的将绿地交其管理的协议。但是全体业主称对该协议不知情，认为该协议无效。

请思考：该绿地的归属。

一、建筑物区分所有权的概念和特征

建筑物区分所有权制度是近现代民法的一项重要的不动产制度，它是随着现代高层复合式建筑物的出现而产生的。在以往社会，房屋多为独立式结构，一般隶属于一个所有权人，房屋之内一般不与他人发生权利义务关系。但是，工业革命以后，由于工商业的发展，大量的人口涌入城市，造成楼房的大量建设。在城市楼房之内，往往有多个不同的房屋所有权人或者使用权人，他们分别对各自独立的房间享有权利，而整个楼房却是一体的、不可分割的，所以，这些主体之间必然会基于这种关系而产生一定的权利义务，这就是所谓建筑物区分所有权关系。在国外立法例上，德国称之为"住宅所有权"，法国称之为"住宅分层所有权"，瑞士称之为"楼层所有权"，英美法中称为"公寓所有权"，日本称之为"区分所有权"。

（一）建筑物区分所有权的概念

建筑物区分所有权是指由区分所有建筑物的专有部分所有权、共有部分的共有权（也称共有部分持份权）以及因共同关系所产生的成员权共同构成的特别所有权。《民法典》第 271 条规定："业主对建筑物内的住宅、经营性用房等专有部分享有所有权，对专有部分以外的共有部分享有共有和共同管理的权利。"

（二）建筑物区分所有权的特征

1. 建筑物区分所有权的前提是区分所有的建筑物

如果是结构上非复合的、或者为复合结构但是所有权人为一人的，不发生建筑物区分所有权问题。区分所有的建筑物是由分别隶属于不同主体所有的多个独立结构的单元共同构成的一个建筑物整体。这里首先是一栋建筑物，如果是两栋以上独立存在的建筑物，则它们相互之间无区分所有的关系，而是各自独立的所有权问题。其次，该建筑物内部分为多个独立的单元，这些单元之间被墙壁、地板、屋顶、大门等分割，相互之间是独立存在的，亦即在构造上具有独立性。这种结构也称为复合性结构。

区分所有建筑物的种类有横切式、纵切式、复合式等多种。横切式是指一栋建筑物的各层分别属于不同的所有权人；纵切式为建筑物的纵向分为不同的独立部分，分属不同的主体；复合式兼有前两者的分法，不仅不同各层属于不同的所有权人，而且同一层中又有多个独立的单元，分别属于不同的所有权人。

2. 建筑物区分所有权的权利主体为多人

对于一般的财产所有权，其所有权人多为一个；即使是多人，也是多人共同享有一个所有权。而区分所有的建筑物，其权利人就是各个独立的单元所有权人，也称区分所有权人或区分所有人，所以一栋建筑物的区分所有人为多人，他们分别对自己的区分所有建筑物享有所有权。

3. 建筑物区分所有权为多个权利的总和

一般认为，建筑物区分所有权由专有部分所有权、共有部分共有权及成员权构成。这三部分权利缺一不可，共同构成建筑物区分所有权。在这三种权利中，其权利主体的身份也不相同，对专有部分，其为所有权人；对共有部分，其为共有权人或持份权人；对成员权而言，是其作为建筑物的区分所有人成员之一行使管理权的主体。

二、建筑物区分所有权的内容

（一）专有部分所有权

专有部分所有权，也称"专有权"或"特别所有权"，是指区分所有人对建筑物中的各个独立部分所享有的所有权。区分所有权人对其区分所有的单元，享有独立的财产所有权，他有权进行完全的占有、使用、收益、处分。该权利同其他财产所有权一样，是绝对权和对世权，是完全物权。

关于专有部分所有权的性质，通说认为是一种空间所有权，即该权利为权利人对其区分建筑物的独立空间所享有占有、使用、收益及处分的权利。因为人们对房屋的购买、使用，不是仅仅为取得对房屋的墙壁、地板等财产的所有权，更重要的是为了取得该房屋之中的独立空间的占有、使用、收益及处分，如果没有了该独立空间，则该房屋的所有权将无任何意义。

专有部分所有权的客体为区分所有建筑物中独立存在的部分。一个区分所有的建筑物中，有多个独立存在的部分，分别属于不同的所有权人。这些独立部分（或称独立单元）应具备如下两个条件：

第一，必须在构造上具有独立性。这种独立性也被称为"物理上的独立性"，是指各个独立部分虽然同属于一个建筑物的组成部分，但由于被墙壁、地板、屋顶、大门等分割为一个个独立的空间。

第二，必须在使用上具有独立性。这些独立的空间可以被不同的主体所掌握、支配、利用，一方在行使自己的权利时不必借助他人的空间就可以实现。如在楼房当中，一户出入楼房不必经过他人的房间，而直接进入公用的楼道即可。如果该空间在使用上不具备独立性，则该部分就不是区分所有权之客体。

专有部分的独立性就决定了其具有经济上的独立效用，所以区分所有人就可以自由地对自己所有的房屋行使权利，包括进行处分，而与他人之间并无直接的利害冲突。如所有权人可以将自己的一套商品房出售，而不必征求该楼上其他房屋所有权人的同意，他人也无任何权利可言（如优先购买权）。

还须注意的是，专有部分的独立性应当通过登记的方式实现法律上的公示，因为房屋属于不动产，其权利人的权利只有经过登记，才具有法律上的公示公信作用。各个区分所有权人应对自己所有的房屋进行登记，取得房屋所有权证书，证书上应详细记载该套房屋所在的位置、楼层、面积等资料。

（二）共有部分共有权

具体是指区分所有人对各自专有部分之外的建筑物的其他部分所享有的共有权。因为区分所有人的房屋毕竟属于一栋建筑物之内，除各自独立享有权利的部分外，还有诸如楼道、走廊、外墙、地基、楼顶等设施，这些部分很难说是归哪个区分所有人所有，并且也不可能归某个区分所有人所有。法律规定这些部分为区分所有人共有。

共有部分的范围一般包括建筑物的地基（即地下基础部分）、楼道、电梯、走廊、支柱、楼顶、消防设备、外墙以及建筑物的附属设施等。

关于共有部分共有权的性质为共同共有还是按份共有，要根据共有部分的实际情况来确定。一般认为，对于共同使用的楼道、电梯、走廊等设施，不论各区分所有人所有之房屋面积的大小，都要平等地进行利用，不能按照房屋面积的大小而确定共有权及使用权的大小，这部分的所有权与利用权与房屋面积的大小无关，应确定为共同共有。对这些部分的修缮、维护费用就应该由区分所有人平等地承担。如一个楼道需要粉刷，其费用应由本楼道各户均摊。

对于需要按照区分所有人房屋面积大小而加以利用的共有部分，如外墙、楼顶、供暖设施等，可以确定为按份共有。如利用楼房的屋顶、外墙做广告所获得的收益，就应该按照各区分所有人在整栋楼房中所占的比例来进行分配。同时，对这些部分的修缮、维护费用也应该按照这一比例来承担。根据建设部《城市异产毗连房屋管理规定》第9条规定："异产毗连房屋发生自然损坏（因不可抗力造成的损坏，视同自然损坏），所需修缮费用依下列原则处理：（一）共有房屋主体结构中的基础、柱、梁、墙的修缮，由共有房屋所有人按份额比例分担。……"

这些共有部分的共有权，由区分所有人共同行使所有权及使用权，但是，每个区分所有人无权要求予以分割共有部分，如要求划分楼梯的所有权或使用权。同时，区分所有人在行使自己的权利时，不得侵害他人的权利，如在公共通道上堆放杂务，修建小房等，他人有权要求停止侵害，排除妨害。

关于小区内的道路、绿地、车库、车位的归属，《物权法》最早于2007年作了规定，《民法典》沿用该规定。建筑区划内的道路和绿地，属于业主共有，但属于城镇公共道路和绿地以及明示归个人的绿地除外。对于新建小区内的车库、车位归属，由当事人通过出售、附赠或者出租等方式约定。对于已建小区内占用业主共有的道路或者其他场地用于停放汽车的车位，属于业主共有；规划用于停放汽车的车位、车库应当首先满足业主的需要。

《民法典》第 282 条规定："建设单位、物业服务企业或者其他管理人等利用业主的共有部分产生的收入，在扣除合理成本之后，属于业主共有。"

（三）成员权

成员权是指区分所有人基于其对区分所有建筑物的专有部分所有权和共有部分的共有权而作为成员之一享有的对共同事务进行管理的权利。一栋区分所有的建筑物上有多个区分所有人，但由于建筑物的一体性，必然会有一些共同事务需要区分所有人来进行管理，如公用设施的维修、环境卫生的管理、共同收益的分配等事务。这样，各个区分所有人就作为一个成员，共同组成成员大会，对这些事项，应由全体成员按照民主集中制的原则来进行决定，每个区分所有人都有一个表决权。当然，成员也可以委托代表来行使表决权。

一般来说，成员权是对一栋建筑物而言，其区分所有权人为成员权人。但是随着城市居住小区的建立，人们在购买商品房时不仅购买了某栋楼上的某套房屋，而且在其房款当中也多包含了对小区公共设施共有权以及使用权的购买。这样，如果在购房时未与开发商明确约定公共设施的所有权仍归开发商的，那么，这些业主不仅是其所在建筑物的成员权人，而且对于整个小区而言，他也是当然的成员权人，他有权参与并决定有关小区管理、服务等有关活动。

成员权具有如下特征：

（1）成员权是建立在专有部分所有权基础之上的一项权利。只有区分所有权人对整栋建筑物的一部分享有所有权，他才有权作为成员之一行使对整栋建筑物公共事务的管理权。

（2）成员权基于区分所有人之间的共同关系而产生。

（3）成员权是一项永续性权利。只要成员权人作为区分所有建筑物的成员之一，他就当然享有成员权；只要有其区分所有权的存在，成员权就不得被剥夺。

（4）成员权是一项从属性权利，不得单独被转让。它从属于专有部分所有权，如果专有部分所有权（即房屋所有权）被转让，成员权和共有部分共有权一样，也当然地转让给新所有权人，原所有权人不得保留成员权和共有部分所有权。

成员权包括如下内容：

成员权人（也称业主）作为区分所有人之一，享有参加公共管理的权利；有请求分割共有部分收益的权利；有遵守共同制定的规约的义务；有接受管理者正当管理的义务。

根据《民法典》第 278 条的规定，下列事项由业主共同决定：（1）制定和修改业主大会议事规则；（2）制定和修改管理规约；（3）选举业主委员会或者更换业主委员会成员；（4）选聘和解聘物业服务企业或者其他管理人；（5）使用建筑物及其附属设施的维修资金；（6）筹集建筑物及其附属设施的维修资金；（7）改建、重建建筑物及其附属设施；（8）改变共有部分的用途或者利用共有部分从事经营活动；（9）有关共有和共同管理权利的其他重大事项。业主共同决定事项，应当由专有部分面积占比三分之二以上的业主且人数占比三分之二以上的业主参与表决。决定以上第（6）～（8）项规定的事项，应当经参与表决专有部分面积四分之三以上的业主且参与表决人数四分之三以上的业主同意。决定以上其他事项，应当经参与表决专有部分面积过半数的业主且参与表决人数过半数的业主同意。可见，法律对表决实行的是人员和资本双重多数决的标准。与《物权法》相对比，《民法典》明显降低了业主的表决门槛，更有利于形成共同意志。

同时，业主还有法定义务。主要包括：（1）遵守法律、法规以及管理规约；（2）相关行为应当符合节约资源、保护生态环境的要求；（3）配合应急处置措施和其他管理措施的义务。

业主可以设立业主大会，选举业主委员会。业主大会、业主委员会成立的具体条件和程序，依照法律、法规的规定。地方人民政府有关部门、居民委员会应当对设立业主大会和选举业主委员会给予指导和协助。业主大会由全体业主组成，可以说是小区的最高权力机构，其主要职责包括：制定、修改业主公约和业主大会议事规则；选举、更换业主委员会委员，监督业主委员会的工作；选聘、解聘物业管理企业等。业主委员会是业主大会的执行机构，负责对业主大会的决议执行并监督物业管理企业的服务。业主大会和业主委员会，对任意弃置垃圾、排放污染物或者噪声、违反规定饲养动物、违章搭建、侵占通道、拒付物业费等损害他人合法权益的行为，有权依照法律、法规以及管理规约，要求行为人停止侵害、消除危险、排除妨害、赔偿损失。业主大会或者业主委员会作出的决定侵害业主合法权益的，受侵害的业主可以请求人民法院予以撤销。

业主大会或者业主委员会，对任意弃置垃圾、排放污染物或者噪声、违反规定饲养动物、违章搭建、侵占通道、拒付物业费等损害他人合法权益的行为，有权依照法律、法规以及管理规约，请求行为人停止侵害、排除妨碍、消除危险、恢复原状、赔偿损失。

三、物业服务合同

物业服务合同，是指业主委员会和物业服务企业签订的，物业服务企业为业主提供物业服务，业主支付物业服务报酬的合同。《民法典》第937条规定："物业服务合同是物业服务人在物业服务区域内，为业主提供建筑物及其附属设施的维修养护、环境卫生和相关秩序的管理维护等物业服务，业主支付物业费的合同。物业服务人包括物业服务企业和其他管理人。"物业服务的内容一般包括物业服务企业负责小区内的环境卫生、公共秩序、安全保护、绿化维护等专业服务。《民法典》将物业服务合同规定为典型合同。

（一）物业服务合同的特征
1. 物业服务合同的当事人一般为特殊主体

即常见的物业服务合同的一方为代表业主行使权利的业主委员会，另一方为依法成立的专业的物业服务企业或其他管理人。之所以由业主委员会代表业主签订合同，是因为小区的业主人数较多，让物业公司和每一个业主签订合同不仅在经济上不合理，而且也不利于规范统一的管理，所以一般先由小区的业主选出业主委员会，由业主委员会代表全体业主来签订物业服务合同。在业主委员会成立之前，建设单位依法与物业服务人订立的前期物业服务合同，对业主具有法律效力。另外，现在一些国家机关、企事业单位也会把办公楼及相关区域内的环境卫生、绿化维护等职能发包给物业服务企业，并与之签订物业服务合同。

2. 物业服务合同的内容由双方协商确定

《民法典》第938条规定"物业服务合同的内容一般包括服务事项、服务质量、服务费用的标准和收取办法、维修资金的使用、服务用房的管理和使用、服务期限、服务交接等条款。物业服务人公开作出的有利于业主的服务承诺，为物业服务合同的组成部分。"维护服务区域内的环境卫生、绿化维护、安全保护等是一般物业服务合同的内容，但是具体内容还需要双方在合同中进行明确的约定，比如是否负责服务区域内的公共设施维修、是否负责对小区内车辆的管理等。针对居民小区的物业服务合同一般包括小区内公共秩序的维护和安全保障，但是，与国家机关、企事业单位签订的物业服务合同一般不包括安全保障，这些单位一般需要聘请专门的保安服务公司来进行安全保障和秩序维护。

3. 物业服务合同为要式合同

《民法典》第938条规定，物业服务合同应当采取书面形式。

4. 物业服务合同有一定的期限

该期限由双方协商确定。

（二）物业服务合同双方的权利义务

1. 业主的权利义务

（1）业主有权要求物业服务企业提供符合合同约定的服务。当物业服务企业提供的服务不符合合同约定时，业主有权向物业服务企业提出，也有权向业主委员会提出，要求业主委员会督促物业服务企业进行整改。当物业服务企业的服务仍然不能达到合同约定时，业主可以通过法定程序发动召开业主大会，并决定解聘物业服务企业。

（2）接受管理的义务。单个业主不得以物业服务合同未经自己同意而拒绝接受物业的管理和服务。

（3）支付物业服务费的义务。业主应该根据物业服务合同的约定标准及时交纳物业服务费，不得以物业服务合同未经自己同意或者物业公司违约等原因拒绝支付物业服务费。

（4）告知和协助义务。业主装饰装修房屋的，应当事先告知物业服务人，遵守物业服务人提示的合理注意事项，并配合其进行必要的现场检查。业主转让、出租物业专有部分、设立居住权或者依法改变共有部分用途的，应当及时将相关情况告知物业服务人。

2. 物业服务企业的权利义务

（1）按照合同约定提供物业服务的义务。根据合同约定提供服务是物业服务企业的本职所在。物业服务企业应该亲自履行合同义务，不得将合同的全部义务转托他人，也不得以将合同义务支解后转托他人。但是，物业服务企业可以将合同中的部分专项服务事项委托他人完成，但是由该物业服务企业向业主负责。《民法典》第 942条规定："物业服务人应当按照约定和物业的使用性质，妥善维修、养护、清洁、绿化和经营管理物业服务区域内的业主共有部分，维护物业服务区域内的基本秩序，采取合理措施保护业主的人身、财产安全。对物业服务区域内违反有关治安、环保、消防等法律法规的行为，物业服务人应当及时采取合理措施制止、向有关行政主管部门报告并协助处理。"

（2）信息公开义务。物业服务人应当定期将服务的事项、负责人员、质量要求、收费项目、收费标准、履行情况，以及维修资金使用情况、业主共有部分的经营与收益情况等以合理方式向业主公开并向业主大会、业主委员会报告。

（3）收取物业服务费的权利。物业服务企业为营利性机构，收取物业服务费是维持企业正常运转的资金来源。当业主拒不支付物业服务费时，物业服务企业有权通过诉讼或根据双方达成的仲裁协议申请仲裁，以维护自己的合法权利。但是不得采取停止供电、供水、供热、供燃气等方式催交物业费。

第五节　相 邻 关 系

一、相邻关系的概念和特征

相邻关系是指两个以上相互邻近的不动产的所有权人、使用权人在行使对不动产的占有、使用、收益、处分权时所发生的权利义务关系。

相邻关系是当事人之间的一种权利义务关系。它表现在权利人在行使自己的不动产物权时与相邻不动产的物权人之间所产生的权利义务关系，是不动产物权人自己权利的延伸，也是对他人物权的一种限制。如两家相邻，甲家如要出入，须必经乙的门前通道，则乙无权将该通道堵死，必须允许甲家自由进出。再如南北两家相邻，南边一家欲盖高楼，但是不得影响北边一家的采光，所以其房屋高度应有所限制，并不能任意为之。由此可见，相邻关系表现为相邻一方基于不动产相邻的前提而享有对对方的一种权利，即相邻权；对方因此也承担一种义务，即相邻义务。并且相邻关系是相互的，双方当事人之间互相都享有一定的相邻权，也都有一定的义务，如各方都有义务不侵犯对方的通风采光、正常生活。

相邻关系的特征主要有：

1. 相邻关系的前提是两个以上不动产相邻

如果是动产之间相邻或者动产与不动产之间相邻，则不产生民法上的相邻关系。相邻关系是因为不动产之间因为邻近所发生的关系。如房屋相邻、土地相邻等。相邻一般指直接毗邻，但是民法上的相邻并不仅局限于直接邻近或接壤，有时候，不动产之间并不直接邻近，但是相互之间存在着某种共同的利益关系，则也认为相邻，如我国的陕西与山东两省并不直接接壤，但是由于黄河的流经，使他们在利用黄河水的问题上就发生了利害关系，所以也可以说是相邻关系。

2. 相邻关系的主体为相邻不动产的所有人或使用人

法律关系是人与人之间的关系，相邻关系也不例外，其主体为不动产的所有权人以及使用权人。不动产的所有人或者使用人在行使自己的不动产权利时往往要与对方发生权利义务关系。这些主体可以是法人、自然人，也可以是其他非法人组织。须注意的是不仅不动产的所有权人可以主张相邻权，不动产的合法使用人也可以主张相邻权。那种认为只有所有权人才可以主张相邻权的理解是片面的。

3. 相邻关系是一种法定的权利义务关系

相邻关系表现为当事人之间的权利义务关系，这种权利义务关系的产生是基于法律的直接规定而产生，并不是当事人之间通过约定而产生，所以相邻权属于一种法定权利，无须当事人约定。这也是相邻权不同于地役权之处。

4. 相邻关系表现为一方权利的延伸和对对方权利的限制

本来不动产的权利人各自行使自己的权利，互不相干，但是因为相邻，彼此之间为了生产生活的方便安宁，就产生了一定的权利义务，互相之间应本着维护对方利益、维护正常的生产生活秩序而有必要互有利用、互相谦让、和睦共处。但一旦违背这些原则，势必会侵害对方利益，或给对方带来不便，这样，对方就有权要求停止这种行为、防止危险发生等，这就是相邻权。相邻权主要表现为一种消极的权利，当这种权利没有被侵犯时，往往不被人注意，但是在该权利被侵犯时，当事人就可以向对方主张相邻权。

二、相邻关系的具体种类

（一）基于通行权所发生的相邻关系

所谓通行权是指相邻一方确有必要使用对方土地通行的，对方应该允许。《民法典》第 291 条规定："不动产权利人对相邻权利人因通行等必须利用其土地的，应当提供必要的便利。"

行使相邻通行权应具备如下条件：

一是确有必要使用对方土地进行通行。如果本来已有通道，或者还有其他通道，或者将自己的土地上原有的通道堵死而要求在他人土地上通行的，不应得到支持。实践中常有人在翻盖自己的房屋时将通道也扩建成房屋而向邻人主张相邻通行权，对方有权拒绝。但是实践中对于历史形成的通道，一般不得随意堵塞。如在农村，甲村出行必须经过乙村，乙村无权拒绝甲村村民正常的来往。再如在多家居住的四合院里，一般只有一个通街出路，即一个大门，而此大门往往属于一家所有，但是无论如何，此家也无权禁止其他人家的通行，他也无权要求他人另开出路，因为我们还应该尊重传统的风俗习惯。

二是有通行权的人为相邻土地或建筑物的所有人、使用人。这里须注意并不是只有不动产所有权人才可以向相邻对方主张通行权，不动产的合法使用人也有权予以主张。如房屋的承租人有权行使房屋所有人的通行权。

三是给对方造成损失的应当支付必要的补偿。如果行使通行权没有给对方造成损失的就不必支付费用，比如对于历史形成的通道，对方也在该通道通行，邻人通行不会给其造成损失，对方无权要求支付补偿；但是如果该通道需要维修的，可以要求邻人支付部分费用。另外，对于通行确需支付的必要费用，如果对方不予支付，相邻权人一般也不得因之而堵塞通道，禁止对方通行，他可以依债务不履行而起诉。

四是应在必要范围内使用他人土地进行通行。使用他人土地进行通行应以能够正常通行、最大限度减少给对方造成损失为原则，不得随意扩大通道范围；同时，对方也不得随意缩小通道的宽度，否则也属侵权。

在行使通行权时还需注意如下法律的限制：

其一，因土地或房屋的让与或分割，致使房屋、土地的一部分有不通公路者，不通公路的土地、房屋的所有人、使用人仅可使用原权利人通行的邻人的通道，或者使用其他分得人的通道进行通行，而不得向邻人主张另开通道，即使主张，邻人亦有权拒绝。当然，如果协商一致也无不可。

其二，土地原有与公路相连的通道，但是因为使用人的恶意行为致使通道不能正常通行的，不得向邻人另行主张通行权。

其三，土地之禁止侵入的例外。一般而言，对于他人的土地等不动产，非在正常、必需的通道通行外，一般不得侵入。但是也有例外，一是邻人搜寻物品或动物，确有必要进入时，应当允许，但仅限于在必要范围内进行寻找，因此造成损失的应予赔偿。邻人的这一权利不及于房屋。二是邻人的樵牧权。依当地习惯许可邻人进入未设围障的田地、牧场、山林，刈取杂草、采取枯枝、枯干或者采集野生植物、放牧牲畜的，应当允许，但狩猎的除外。对于他人已经设置围栏的，不得入内。

（二）基于用水排水而产生的相邻关系

《民法典》第 290 条规定："不动产权利人应当为相邻权利人用水、排水提供必要的便利。"

1. 用水权

对于自然形成的流水，相邻各方都有用水的权利，任何一方不得擅自阻挡、改道，不得污染，如果因此给对方造成损失的，其他相邻人有权要求停止侵害、恢复原状、赔偿损失。对自然流水的利用，应当在不动产的相邻权利人之间合理分配。对自然流水的排放，应当尊重自然流向。

关于河流的宽度，如河流两岸的土地都属于一个土地所有人的，可以改变河流的宽度，但不得违背有关防洪的规定。如两岸分别属于不同的土地所有人，则未经对方同意，不得擅自变动河流的宽度和深度，以免给对方造成损失。

根据传统民法理论，对于地下水，相邻各方都有开采使用的权利。但是不得因为一方无限制地抽取地下水导致邻人水位下降、水源枯竭，否则，邻人有权要求停止滥采地下水、赔偿损失。随着工业化的发展，水逐渐成为稀缺资源，世界各国纷纷立法加以规制，以期合理利用水资源，保持水资源的可持续发展。我国水资源立法经历了国家所有和集体所有并存到全部归国家所有的发展历程。2002 年修订《水法》，将之前法律规定的"水资源属于国家所有,即全民所有","农业集体经济组织所有的水塘、水库中的水,属于集体所有",修改为"水资源属于国家所有。水资源的所有权由国务院代表国家行使。""农村集体经济组织所有的水塘、水库中的水,归农村集体经济组织使用。"这一立法变化并非对集体水权的剥夺,而是便于国家更加积极合理地统筹保护和利用水资源。

我国现在规定城市的地下水不允许私自开采,只能由规定的部门和经过批准的单位开采。对农村的地下水现在还没有规定,但是也应当合理开采。

2. 邻地余水利用权

实际生活中,如果邻地有余水,而自己又缺水或无水又无其他水源的,可以请求利用邻地的余水,他方不得拒绝,但是利用人应当支付必要的费用。

3. 用水权人的物上请求权

用水权人因他人的行为导致水源断绝、减少、被污染等损害的,有权要求停止侵害、排除污染、赔偿损失。这里不能简单地用赔偿损失的方法来解决,对于能够停止侵害、排除污染的,不能以赔偿损失代替。

4. 排水权

相邻各方中如果一方确有必要使用对方土地进行排水时,对方应当允许,但因此给对方造成损失的应当予以赔偿。

房屋相邻也会发生排水问题,一方在建造房屋时不得使自己的房屋之上的雨水排到邻人的房屋之上或者房屋的墙上,所以在建造房屋时就应与对方的房屋保持适当的距离。如果因此给对方造成损失的,应该停止侵权、消除妨碍、赔偿损失。

(三)因防险而发生的相邻关系

相邻一方在进行施工建设过程中应注意与邻人的建筑物保持必要的距离,以免造成他人建筑物的根基倾斜等危险。相邻一方在自己使用的土地上挖水沟、水池、地窖或者种植的竹木根部伸延,危及另一方建筑物的安全和正常使用的,应当分别情况,责令其消除危险,恢复原状,赔偿损失。

(四)因环境污染发生的相邻关系

《民法典》第294条规定:"不动产权利人不得违反国家规定弃置固体废物,排放大气污染物、水污染物、土壤污染物、噪声、光辐射、电磁辐射等有害物质。"相邻一方在排放废水、废气、废渣等废弃物时,必须严格遵守环境保护的有关规定,不得因此给造成他人污染。如果因排放废物给他人造成损害的,应该承担停止侵权、排除妨害、赔偿损失等责任。在实践中,环境污染不仅仅局限于上述三废的排放所造成的污染,随着社会的发展,噪声污染、光污染、辐射污染等污染现象逐渐引起了人们的重视。相邻一方给对方造成这些污染的,同样应承担法律责任。这里还须注意的是环境污染给对方造成损害承担责任的前提不是以是否达标排放为标准的,即使是达标排放,但是如果给对方造成了损害,也应该承担责任。

与环境污染相关的相邻关系中还有一个问题是不可称量物的侵入。随着社会的发展,不可称量物侵入的案例也越来越多,如城市楼房的玻璃幕墙将太阳光反射到他人屋内造成屋内温度升高、明亮异常;再如有的楼房一层开饭馆导致二层持续高温、空气污浊。对于不可称量物的侵入，权利人有权禁止，学说称为不可称量物侵入的禁止权。英美法上将不可称量物的侵入称为"安居妨害"，法国法称为"近邻妨害"。对于明显轻微的不可称量物侵入，邻人应该容忍，即所谓"炊烟袅袅、歌韵悠悠"之类。对于风俗习惯中允许的一些暂时性的活动，如春节期间他人燃放烟花（由于近年来北方地区雾霾的影响，环境保护受到前所未有的重视，许多地方通过立法明确禁止全年内在城市区域燃放烟花爆竹，包括春节期间）、婚丧嫁娶时鼓乐吹奏，他人应该予以忍受。但是对于长期的、持续的或者不可称量物侵入较重的，则构成侵权，权利人有权排除。

（五）因通风采光所发生的相邻关系

《民法典》第293条规定："建造建筑物，不得违反国家有关工程建设标准，不得妨碍相邻建筑物的通风、采光和日照。"不动产所有人、使用人在进行建造房屋或者其他工作物的建设时，应与相邻方的房屋或其他建筑物保持适当的距离和适当的高度，以免影响他人房屋等建筑物正常的通风采光。

对于采光权，实践中，一般是在南的建筑影响在北建筑的采光，但也会存在在北建筑影响在南建筑采光的问题。因为采光权并不仅指采取太阳直射光线的权利，对于其他自然光采取的影响也构成采光权的侵犯。

对于违章建筑有无采光权的问题，一般认为，违章建筑本身为非法，所以不可能在此基础上产生采光权。因违章建筑之间发生采光纠纷，或合法建筑影响违章建筑采光而起诉到法院的，法院应予驳回；因违章建筑影响合法建筑采光权的，应保护合法建筑之采光权。

关于通风权，一般是指建筑物或其他工作物的所有人、使用人有权进行自然通风，并排斥他人阻挡的权利。

一方在建造房屋或其他工作物有妨碍相邻房屋或其他工作物之通风采光的危险的，相邻方有权提出异议，并可请求采取避免阻风、遮光的措施。对于相邻方已经提出异议，但是拒不接受仍然进行建设的，对方有权请求拆除侵权建筑。对于明知他人的建设会影响自己的采光通风而不及时提出异议，待对方的建筑完成后要求拆除的，学理上还有争议，有人认为只要侵犯他人的通风采光就应该予以拆除，也有人认为应考虑建筑物的价值，如果拆除明显损失过大的，可以采取经济补偿的方式解决，而不予拆除。作者同意后一种观点。

对于后建建筑物的权利人起诉在先建建筑物影响其采光权的，一般不应得到支持，除非能够证明在先建筑为非法建筑。

对于城镇商用建筑之间的采光通风问题，还应考虑建筑物的性质来处理。因为商业街道上，寸土寸金，店铺林立，房屋的商业价值已经明显高于其生活价值，所以一方要求相邻人建造房屋给自己留出足够的距离以避免影响通风采光的，一般不应支持，但是可以采取经济补偿的办法予以解决。

我们还需注意，在城市区域内进行建设，必须先取得城市规划部门的批准才可进行。如果没有取得城市规划部门的批准就开工建设的房屋，是不享有法定的通风采光权的。如果认为已经批准的建设项目可能影响自己通风采光的，可以规划部门为被告提起行政诉讼。

（六）因利用邻地而发生的相邻关系

具体是指相邻一方因自己生产生活的需要确有必要使用他人土地的，他人应该允许，但是因此给对方造成损失的，应予赔偿。实践中，经常发生一方利用他人土地架设管线、铺设管道、修建通道或者建设过程中需要长期或临时占用他人土地的情况，如确有必要，则对方无权拒绝，应予允许。但是，使用他人土地，应最大限度地降低给他人可能造成的损失，临时占用后应及时恢复原状，并且应给予对方一定的经济赔偿。这里使用邻地的权利不同于后面的邻地利用权（即地役权），后者是指一方基于合同取得对方邻地的使用权，而前者是一种法定的权利。

相邻关系还包括因越界根枝而发生的越界根枝刈除权、因建筑物影响电信信号的正常传输所发生的电信妨害的改善请求权等，在此就不再赘述。

三、处理相邻关系的原则

《民法典》第 288 条规定：“不动产的相邻权利人应当按照有利生产、方便生活、团结互助、公平合理的原则，正确处理相邻关系。”根据这一规定，处理相邻关系应当掌握下列原则：

（一）有利于发展生产

相邻各方的矛盾，有的发生在生产过程中，有的与生产有直接、间接的关系。相邻关系处理的好，能调动各方面的积极性，促进生产的发展。处理不好，则会影响生产的发展。因此，处理相邻关系一定要从有利于生产，促进社会主义市场经济的发展出发。特别是在处理因土地、水面等的使用而引起的相邻关系纠纷时，既要注意保护相邻各方的合法权益，又要考虑如何处理才能有利于生产发展。

（二）方便人民生活

相邻关系往往直接或间接地与人民群众的生活有关，处理不好，就要影响人民群众的生活。因此，在处理相邻关系纠纷时，特别是在处理涉及群众住房、生活设施等相邻关系纠纷时，必须从有利于生活出发，为群众生活提供方便，既要维护所有人或使用人的合法权益，又要便利群众的生活。

（三）公平合理

相邻关系涉及相邻各方的利益。因此，相邻各方的合法权益都要受法律的保护。相邻各方在处理相邻关系时，必须依法公平合理地行使自己的权利。不能只顾自己的利益而妨碍或损害相邻人的利益，造成对方损失的，应给予合理补偿。比如，邻人建房，要从土地使用人的土地上通过，而土地上种植有农作物，因建房人通过，使农作物遭到践踏，建房人应给予对方以合理补偿，以体现权利义务相一致的原则。相邻一方如不履行义务，应承担民事责任。

（四）有利于团结互助

在我国，相邻各方不仅是平等的民事主体之间的关系，而且还应是互助协作的关系。在处理相邻关系时，相邻各方应依法相互给予对方行使财产所有权或使用权的方便。在发生矛盾时，要互谅互让，从团结互助的精神和原则出发，协商解决。协商不成，由主管机关或人民法院处理。主管机关或人民法院在处理相邻关系纠纷时，应当在查清事实、分清是非和责任的基础上，本着有利生产，方便生活，团结互助，公平合理的原则予以及时解决。在处理相邻纠纷过程中，多做说服教育工作，晓之以理，明之以法，着重调解解决纠纷，以促进相邻各方的团结。对那些不符合实际过高要求或无理取闹的，不应使其得到满足。对于给相邻方造成妨碍或者损失的，必须根据事实和法律准确、恰当地划分法律责任。实事求是、调查研究、全面弄清事实，支持合法行为、反对违法行为是正确处理相邻关系的前提条件，切忌是非不分、先入为主、偏袒一方的思想和行为。这样会失去公平，不仅不能正确处理纠纷，反而会使矛盾加剧，不利于生产和安定团结，更不利于纠纷的解决。

第六节 财 产 共 有

一、财产共有概述

（一）财产共有的概念和特征

所谓财产共有，是指对一项财产，由两人以上共同拥有所有权。实际生活中财产共有的情况很多，如合伙当中的财产共有、家庭财产共有、夫妻财产共有等，这些共有中，都是两人以上对一项财产或者财产的集合共同享有一个所有权。一般而言，财产共有具有如下特征：

1. 财产共有的所有权人为二人以上

财产共有不同于一般财产所有之处在于其权利主体为二人以上。这里的所有权为一个独立的所有权，由共有人共同享有，而非几个主体分别享有所有权。

2. 共有权的客体为特定物

这里的特定物可以是独立的物，也可以是物之集合。如在继承中，继承人所取得的遗产往往包括多项财产。共有不同于分别所有，在共有关系存续期间，共有财产不能分割，也不能由各个共有人分别对其中的某部分财产单独享有所有权，只有在分割之后，各共有人对自己分得的财产才单独享有所有权。

3. 共有人对共有物按照各自的份额或平等地享有权利和承担义务

每个共有人对共有物都享有占有、使用、收益、处分的权利，这些权利不受他人及其他共有人非法干涉；同时，每个共有人都应该对共有物依法承担义务，如支付共有物需要维修时的维修费用。共有人应按照各自享有的份额或者平等地享有权利和承担义务，按份额享有权利、承担义务的为按份共有，平等地享有权利和承担义务的为共同共有。

4. 共有关系是基于共有人的共同生产经营、共同生活而形成

共有关系主要包括家庭共有、夫妻共有以及因合伙、继承等而形成的共有。其原因不外乎因家庭关系和共同生产经营两种情况。

（二）财产共有与财产公有

财产共有不同于财产公有。"公有"为所有制的一种，为公法上的概念。公有包

含两层含义：一种是社会经济制度形态，即通常我们所说的公有制，如我国是以公有制为主体的社会主义国家；一种为财产所有权形态，如我国的公有制分为国家所有和集体所有，国家财产的所有权人为国家亦即全民，集体财产的所有权人为集体经济组织。具体而言，"公有"和"共有"的区别主要如下：

（1）公有的主体只能是国家和集体经济组织，而共有的主体可以是国家、集体，也可以是个人、企事业单位及其他非法人组织。

（2）公有财产和共有财产的成员对财产的权利不同。公有财产为国家所有（全民所有）或集体所有，并不是由全体国家的公民或者集体经济组织的成员共同享有所有权，其成员无权要求分割该财产，也无权要求按照份额分享权利。而对于共有财产，共有人却有这些权利。

（3）成员的增加和减少对共有财产的影响不同。对于公有财产，不因成员的增加或减少而进行分割。如农村集体经济组织的财产不能因村民的迁出而进行分割。但是对于共有财产，共有人在退出共有关系时是有权要求分割其财产份额的。

二、按份共有

（一）按份共有的概念和特征

按份共有是指两个以上的共有人按照各自的份额分别对共有物享有权利和承担义务的一种财产共有关系。按份共有在日常生活中经常发生，如个人合伙、共同投资、共同生产、合伙购买等。《民法典》第308条规定："共有人对共有的不动产或者动产没有约定为按份共有或者共同共有，或者约定不明确的，除共有人具有家庭关系等外，视为按份共有。"按份共有具有如下特征：

1. 按份共有人对共有财产享有一个所有权

几个按份共有人对共有财产是共同享有一个财产所有权，而不是各自独立享有财产所有权。

2. 按份共有人基于各自的份额对共有财产享有权利和承担义务

《民法典》第298条规定："按份共有人对共有的不动产或者动产按照其份额享有所有权。"按份共有人之间的份额是按照出资比例或者共有人的约定来确定，如果共有人之间不能确定比例关系的，应该推定份额均等。共有人内部基于份额对共有物享有权利或者承担义务，份额的大小决定了享有权利和承担义务的多少，这也符合风险和利益一致的原则，其获得的权利越大，则风险也越大。《民法典》第309条规定："按份共有人对共有的不动产或者动产享有的份额，没有约定或者约定不明确的，按照出资额确定；不能确定出资额的，视为等额享有。"

3. 按份共有人的权利和义务及于共有财产的全部

虽然在按份共有中共有人之间有份额关系，但并不是共有人分别对一部分财产享有权利和承担义务，而是共有人的权利和义务均涉及共有财产的全部，每个共有人都有权对全部的共有物进行使用。从所有权角度来看，在共有关系存续期间，共有物为共有人共同享有所有权，不是各个共有人分别对其中的一部分单独享有所有权。

4. 按份共有人对外承担连带责任

按份共有人之间的份额关系为他们的内部关系，当因共有财产需要对外承担责任时（如共有之牲畜给他人造成损失），共有人应该承担连带赔偿责任。共有人不能因为内部的份额关系而拒绝对外承担连带责任。但是如果其中一个共有人偿还了全部的债务后有权向其他共有人行使追偿权，要求其他共有人向其支付他们应该承担的份额。

（二）按份共有的效力

按份共有人除按照各自的份额对共有财产享有权利和承担义务之外，他们还有如下权利：

1. 分割共有财产请求权

如无特别约定或者法律的规定，各共有人都有权要求分割共有财产，如合伙人在散伙或者退伙时提出分割。分割共有财产是结束共有关系的一种形式。分割之后，各共有人对自己分得的部分财产就单独享有了所有权。

2. 优先购买权

各共有人在转让自己的共有份额时，在同等条件下，其他共有人有优先购买的权利。这里的同等条件一般指同等价格，但也不排除其他条件。这样，就要求共有人在转让自己的份额时应该把出售的价格及其他条件及时告诉其他共有人，以确定其他共有人是否购买。如果没有告知其他共有人而出卖给第三人，则愿意购买的其他共有人有权请求确认该出卖行为无效。该出卖行为是否最终无效，需要由法院根据具体情况来认定。

至于是否允许共有人之一出卖其共有份额，要看法律的规定和当事人的约定，法律没有特殊限制和当事人无不允许转让的特别约定时，共有人都有权转让，否则相反。如在合伙当中，合伙人在合伙协议中约定合伙期间不允许合伙人转让自己的份额给第三人，这样合伙人（即合伙财产的共有人）就无权转让自己的份额给第三人。

3. 就自己的财产份额设定担保物权

按份共有人对自己的财产份额享有一定的处分权，包括将自己的财产份额抵押给他人，设置担保物权。但是如果对所有的共有财产设定抵押，须征得其他共有人的同意。

4. 物上请求权

当共有物被他人不法侵害时，各共有人都有权就共有财产之全部对侵权人行使物上请求权，如要求排除妨害、停止侵害、返还原物、恢复原状等。

三、共同共有

（一）共同共有的概念和特征

共同共有是指两个以上的共有人不分份额地对共有财产享有权利和承担义务的共有关系。共同共有关系在日常生活中也很常见，主要是基于共同生活或者共同劳动而形成，如夫妻之间和家庭成员之间基于共同生活、劳动而形成夫妻共有财产和家庭共有财产关系。所以共同共有主要包括夫妻共有和家庭共有。当然也有一些其他原因形成的共同共有关系，如基于继承而形成的共有关系，在遗产分割之前，各继承人对遗产就是一种共同共有关系，而不是按份共有关系，因为继承人之间的继承份额不一定都是均等的。共同共有主要有如下特征：

1. 共有人对共有财产不分份额地享有权利和承担义务

与按份共有相反，共同共有人对共有财产享有权利和承担义务不分份额，没有明确的比例关系。但是并不是说各共有人的权利和义务是均等的，而是平等地享有权利和承担义务。需注意的是当共有人在分割共有财产时，才需要确定分割的比例关系。

2. 共同共有关系以共同关系的存在为前提

共同关系主要是指共有人之间共同生活及共同劳动关系，如夫妻关系、家庭关系。共同共有因共同关系的存在而存在，因共同关系的消灭而消灭，当夫妻离婚或者家庭分家时，就需要分割共有财产。而在共同关系存续期间，单个共有人不得自由处分共有财产或者其中的一部分，也不得请求分割共有财产。

3. 共同共有关系中，共有人平等地享有权利和承担义务

各共有人对全部共有财产平等地享有占有、使用、收益、处分的权利及承担义务。这种平等关系显示了共同共有人之间比按份共有人之间更为密切的利害关系。

（二）共同共有的效力

1. 对外效力

共同共有人处分共有财产时，应由全体共有人形成合意方可进行。但是如果部分共有人未经其他共有人同意而转让共有财产给第三人，若该第三人出于善意，且是以合理价格买得，则可以取得所有权。但是其他共有人可以要求转让人赔偿损失。另外，共有人之间也可以通过推举代表人的方式由代表人来对共有财产进行处分，这样，代表人的行为对全体共有人有效。

2. 对内效力

在共有关系存续期间，共有人一般无权要求分割共有财产。

（三）共同共有的种类

1. 夫妻财产共有

如无特别约定，夫妻双方在婚姻关系存续期间取得的财产为夫妻共有财产。根据《民法典》第 1062 条规定："夫妻在婚姻关系存续期间所得的下列财产，为夫妻的共同财产，归夫妻共同所有：（一）工资、奖金、劳务报酬；（二）生产、经营、投资的收益；（三）知识产权的收益；（四）继承或者受赠的财产，但是本法第一千零六十三条第三项规定的除外；（五）其他应当归共同所有的财产。"并且还规定，夫妻对共同所有的财产，有平等的处理权。因此，在婚姻关系存续期间，对于夫妻共有财产，双方都有平等的占有、使用、收益、处分的权利。一方出卖、赠与属于夫妻共有的财产，应取得对方的同意。一方明知对方处分共有财产而未做否认表示的，应视为同意。夫妻共同财产，在离婚或者一方死亡、遗产继承开始之前，一般不得进行分割。

根据《民法典》第 1063 条规定："下列财产为夫妻一方的个人财产：（一）一方的婚前财产；（二）一方因受到人身损害获得的赔偿或者补偿；（三）遗嘱或者赠与合同中确定只归一方的财产；（四）一方专用的生活用品；（五）其他应当归一方的

财产。"这些财产，即使在婚姻关系存续期间，也不能作为夫妻共有财产来对待。

另外还需注意，我国《民法典》允许夫妻双方可以约定婚姻关系存续期间所得的财产以及婚前财产归各自所有、共同所有或部分各自所有、部分共同所有。约定应当采用书面形式。没有约定或约定不明确的，按照《民法典》第 1062 条、第 1063 条的规定归夫妻共有或者个人所有。对于夫妻一方个人收入中未交给家庭共享的财产，如无特别约定，即使未交给对方，也属于夫妻共有财产。夫妻对婚姻关系存续期间所得的财产以及婚前财产的约定，对双方具有约束力。

2. 家庭共有财产

家庭共有财产是指家庭成员在家庭关系存续期间，通过共同劳动、共同积累所取得的财产。包括家庭成员共同劳动所得、家庭成员将个人财产交给家庭的部分、家庭成员共同接受赠与所得的财产，以及用家庭财产购置的财产和家庭财产所产生的孳息。家庭财产是家庭成员用于家庭生活、生产所必需的财产，每个家庭成员都享有平等的占有、使用、收益以及处分权。任何人不得单独据为己有。对于家庭共有财产的处分，应由家庭成员共同作出处分决定。家庭共有财产，只有在分家析产时才能进行分割。

家庭共有财产不同于家庭成员个人的财产。在家庭财产中，既有用于家庭成员共同生活所需的家庭共有财产，也有专属于家庭成员个人所有的财产。如个人的服装、生活用品等即属于个人所有。

区别家庭共有财产与家庭成员个人财产的意义在于：第一，对于家庭共同生活支出的费用，应该用家庭共有财产支付。而对于满足家庭成员个人需要而支出的费用，需要具体情况具体分析，家庭成员为求学、治病等学习、生活必需的花费，应该从家庭共有财产中支付；如果纯属个人兴趣需要支出费用（如购买游戏装备）而其他家庭成员不同意用家庭财产支付，且该成员已经成年且有自己的财产时，应该用该家庭成员自己的财产支付。第二，对于因生产经营而所负债务，如是家庭共同投资经营、收益归家庭成员共享的，应由家庭共有财产来偿还，如是个人经营、收益归个人的，由个人财产来承担。第三，在分家析产时，只能分割家庭共有财产，而不能对属于家庭成员个人所有的财产进行分割。第四，在家庭成员一人死亡发生继承时，只能将死者的个人财产以及家庭财产中死者应分得的那一份财产作为遗产来进行继承，而不能把全部家庭共有财产或者家庭成员中他人的个人财产作为遗产来继承。

四、共有财产的分割与处分

（一）共有财产分割的原则

不论按份共有还是共同共有，当共有关系结束时都需要进行共有财产的分割。《民法典》第 303 条规定，共有人约定不得分割共有财产以维持共有关系的，应当按照约定，但共有人有重大理由需要分割的，可以请求分割；没有约定或者约定不明确的，按份共有人可以随时请求分割，共同共有人在共有的基础丧失或者有重大理由需要分割时可以请求分割。因分割对其他共有人造成损害的，应当给予赔偿。在分割共有财产时，应该在平等协商、和睦团结的精神下，遵守法律规定和当事人的协议，公平合理地进行分割。对于按份共有，应该按照共有人之间的份额比例关系进行分割，不得损害份额少的一方的利益；如果不能确定当事人之间的份额比例，则应推定份额均等。对于共同共有财产的分割，应坚持有利于维护团结、有利于发挥财产价值的原则，考虑对共有财产的贡献和共有人的经济情况等因素来进行分割。如对劳动能力欠缺的共有人要适当多分，对某些特殊财产如钢琴等要分给能够发挥财产价值的人。

（二）共有财产的分割方法

《民法典》第 304 条规定："共有人可以协商确定分割方式。达不成协议，共有的不动产或者动产可以分割且不会因分割减损价值的，应当对实物予以分割；难以分割或者因分割会减损价值的，应当对折价或者拍卖、变卖取得的价款予以分割。共有人分割所得的不动产或者动产有瑕疵的，其他共有人应当分担损失。"在具体分割共有财产时，一般有如下三种分割方式：

1. 实物分割

在不影响物的价值的前提下，对于粮食、布匹、木料、钢材等财产，可以采取直接进行实物分割的方式。

2. 变价分割

对于那些不宜进行实物分割或者共有人都不愿意取得该物的，可以由共有人一起将共有物变卖后，再对所获得的金钱进行分割。但是需注意的是在变卖时应征得所有共有人的同意，或者由全体共有人委托他人来拍卖、变卖，不得由部分共有人擅自进行处分。

3. 作价补偿

对于不可分割的共有物，如果共有人中有一人愿意取得共有物的，可以由该人取得共有物，而由该人对超出其应得份额的价值部分以金钱方式给其他共有人补偿。至于补偿的具体数额，应由全体共有人对共有物的价值进行协商确定后，而不能由部分共有人擅自确定。

4. 竞价补偿

所谓竞价是指共有人都想取得共有物的所有权而给对方补偿时，双方可以通过竞相出价的方式确定哪一方取得标的物的所有权。如夫妻离婚分割共有的一套房屋而双方想都要房屋时，就可以采取竞价补偿方式来进行，一方直接报价如果自己要房屋给对方多少钱，对方需要在这一报价基础上增加报价，循环往复，直到最后不再增加时确定哪一方取得房屋所有权，并以最后一次的报价给对方金钱补偿。

共有财产被分割后，各共有人对自己取得的部分共有财产享有单独的所有权，对他人取得的财产不再有任何权利。另外还须注意如下问题：第一，如果共有人在分割共有财产之前还有基于共有而未偿还的债务，则共有人之间对该债务还应该承担无限连带责任；第二，如果分割后属于某个人的财产由于分割前的原因而被第三人追夺或者发现有瑕疵的，原共有人还要承担责任，应按照原共有的份额来弥补该共有人因第三人追夺或者因该瑕疵所受损失。因为每个共有人都有义务担保各人分得的财产不受任何第三人的追夺、担保分得的财产无瑕疵。

（三）共有财产的处分

共有人有权处分共有财产。共有人处分共有财产或对共有财产作重大修缮的，应当经占份额三分之二以上的按份共有人或者全体共同共有人同意，但共有人之间另有约定的除外。按份共有人可以转让其享有的共有财产份额。其他共有人在同等条件下享有优先购买的权利。

本章练习题

一、思考题

1. 试论述所有权的特征。

2. 试论善意取得的适用条件。

3. 试论建筑物区分所有权之构成。

二、综合训练

1. 张康与刘强签订房屋买卖协议，约定将登记为张康的房屋一套卖与刘强。签订协议后刘强及时支付了房款，张康也交付了房屋。在办理过户手续后，张康之妻李华以未经其同意为由主张买卖合同无效，要求刘强退还房屋。问刘强是否可以主张善意取得？

【要点提示】

请考虑张康的无权处分及于房屋的全部还是部分。

2. 张三将自己在某小区的房屋一套卖与李四并办理了过户手续。由于该房所在的楼房为临街建筑，有商人利用临街墙面做广告，每年给该楼全体业主 10 万元广告费，每户可以分得 5000 元，故张三、李四在协议中约定，张三在卖房之后保留该房 5 年的广告收益权。问该约定是否具有法律效力？

【要点提示】

请考虑物权法领域主权利与从权利的关系。

3. 某山区小村有几户村民迁往外地定居。在迁出时，这些村民向村委会提出要求分割山上的树木，欲将自己分得的树木砍伐后出卖。这些树木为全体村民 20 年前所栽，归集体所有。请问：是否应该分割这些树木？

【要点提示】

请考虑财产共有与公有的区别。

第十四章　用　益　物　权

◎ **知识目标**

- 了解用益物权的主要类型。
- 熟悉各种用益物权取得和消灭的方式、权利的具体内容、权利的存续期限等。

◎ **能力目标**

- 能够根据法律规定判断当事人订立的土地使用权、土地承包经营权、宅基地使用权转让合同是否有效，能否导致相应的物权变动。

第一节　用益物权概述

一、用益物权的概念和特征

用益物权是指非所有权人对他人所有的物，在一定范围内进行占有、使用、收益以及处分的权利。用益物权与担保物权共同构成物权当中的他物权。一般认为，用益物权具有如下特征：

（一）用益物权的权利人为非所有权人

所有权人对自己的物所享有的权利为财产所有权。只有权利人为了对他人的财产进行使用、收益，而在他人之物上所设定的权利，才是用益物权。实际生活中，人们往往不需要追求物的所有，而只需要对物的利用，这样，就产生了用益物权，如使用国有土地进行建设，使用集体所有的土地进行生产等，所以，用益物权是权利人对他人之物所享有的权利。

（二）用益物权是在占有他人之物的前提下，以实现对物的使用、收益为目的权利

用益物权人要实现对物的使用、收益，必须建立在对物实行有效占有的前提下，否则，他也无法进行有效的利用。对于动产，其占有表现为对物进行实际地掌控；对于不动产，其占有表现为对物能够有效地加以支配，而不损害他人之合法权益。用益物权不同于所有权，所有权人的权利是追求物的所有，包括对物进行全面的占有、使用、收益、处分；而用益物权人不是为实现对物的所有，而是"不求所有，但求所用"。它也不同于担保物权，其目的在于权利人通过对他人之物进行占有和利用，达到实现自己的经济利益，所以被称为用益物权。

（三）用益物权为定限物权

用益物权是他物权的一种，所以，其权利的内容不像所有权那样完整，而只是所

186

有权权能的一部分。一般而言，用益物权人可以基于合同或者法律的规定对他人之物进行占有、使用，以实现其经济目的，但只能在法律规定和合同约定的范围内占有和使用，无权越权进行使用。

用益物权为定限物权还表现在其权利的期限性上。用益物权不同于所有权，所有权是没有期限限制的，是一种永续性的权利。而用益物权都有一定的期限，超过了期限，该项权利即告消灭。如相关法律规定了耕地的承包期限为30年，住宅建设用地使用权为70年。

（四）用益物权的标的物为不动产

根据现行法律规定，用益物权的标的物为不动产。在动产之上，一般不设定用益物权，因为动产价值相对较低，且动产物权以占有为公示方式，所以动产之间的法律关系较为简单，即使需要使用他人之物，也可以通过租赁、借用等债的方式进行，而无须以设定用益物权的方式来保护使用人的利益。而对于不动产，因为其价值往往较高，且不动产物权的公示方式为登记，所以不动产物权较为重要，为更好地保护使用人的利益，规范交易秩序，所以法律赋予了使用人以物权保护效力。需要注意的是，房屋为不动产，承租人因房屋租赁取得的房屋使用权不属于用益物权，仅是合同债权。立法过程中曾有观点主张赋予房屋承租权以物权效力，但是最终被否定，原因是，在当今时代房屋并非稀缺资源，对承租人的利益没有必要过度保护。即使是历史上曾经被广泛保护的承租人的优先购买权，也逐渐失去法律硬性保护的社会环境和法理基础。现行法律当中关于承租人优先购买权的规定，多为较早的法律。

二、用益物权的种类

根据《民法典》的规定，用益物权主要包括建设用地使用权、土地承包经营权、宅基地使用权、地役权、国有自然资源使用权、采矿权等。本章后几节对《民法典》规定的用益物权做详细论述，这里只对国有自然资源使用权、采矿权做一说明。

（一）国有自然资源使用权

国有自然资源使用权，是指企事业单位、社会团体以及公民个人依法取得国有自然资源的占有、使用、收益的权利。我国《宪法》规定："矿藏、水流、山岭、森林、草原、荒地、滩涂等自然资源，都属于国家所有，即全民所有；由法律规定属于集体所有的森林和山岭、草原、荒地、滩涂除外。"对于国家所有的这些自然资源，企事业单位、社会团体以及公民个人可以通过法定程序，取得使用权，通过对这些国有自然资源的使用，充分发挥国有自然资源的效益，增加社会财富。使用国有自然资源，必须依法使用，不得滥用资源，造成资源枯竭，否则，国家有权收回使用权。

（二）采矿权

根据《中华人民共和国矿产资源法实施细则》第6条规定：采矿权是指在依法取得的采矿许可证规定的范围内，开采矿产资源和获得所开采的矿产品的权利。取得采矿许可证的单位或个人称为采矿权人。我国《宪法》和《矿产资源法》规定，矿产资源属于国家所有，由国务院行使国家对矿产资源的所有权。地表或者地下的矿产资源的国家所有权，不因其所依附的土地的所有权或者使用权的不同而改变。对于矿产, 有关单位和个人可以依法取得开采权。传统物权理论将采矿权界定为用益物权, 是基于矿产资源归国家所有、国家授权企事业单位或个人开采使用的权利配置。但是, 此种权利的使用与建设用地使用权、宅基地使用权中的使用完全不同, 矿产资源被开采出来之后就成为矿产品, 采矿权人可以出卖, 且矿产资源是可能被开采完毕的。有鉴于此, 有学者提出"资源产品采掘权"的概念, 改变传统用益物权不能有效解释此类物权的局面。

第二节 土地承包经营权

【案例 14-1】 村民刘二水于 1998 年承包了集体的荒山 30 亩, 约定承包期 40 年, 每年每亩给集体缴纳承包费 100 元。承包之后, 刘二水一家常年吃住在山上, 精心改造荒山, 种植了多种果树。另外, 刘二水每年都按时交纳承包费。到 2006 年, 全家的辛勤劳动终于有了收获, 当年的林果收入达到每亩 2000 元。2007 年秋, 村委会认为该承包合同显失公平, 严重损害了集体的利益, 要求解除承包合同。刘二水坚决不同意。在村委会的鼓动下, 部分村民上山哄抢果实, 砍伐果树, 造成巨大的经济损失。

请思考: 本案当中刘二水有何权利?

一、土地承包经营权的概念和特征

土地承包经营权, 是指公民或有关组织, 依照法定程序取得国家或者集体所有的耕地、山林、草原、滩涂、水面等土地的使用权。土地承包经营权具有如下特征:

(一) 土地承包经营权人为取得土地承包经营权而从事农业生产的人

根据我国《农村土地承包法》的规定, 农村集体经济组织成员有权依法承包由本集体经济组织发包的农村土地。任何组织和个人不得剥夺和非法限制农村集体经济组织成员承包土地的权利。一般而言, 集体的土地应该承包给本集体经济组织的成员。但是也可以依法承包给非本集体经济组织的成员, 我国《土地管理法》第 13 条规定: "农民集体所有和国家所有依法由农民集体使用的耕地、林地、草地, 以及其他依法用于农业的土地, 采取农村集体经济组织内部的家庭承包方式承包, 不宜采取家庭承包方式的荒山、荒沟、荒丘、荒滩等, 可以采取招标、拍卖、公开协商等方式承包, 从事种植业、林业、畜牧业、渔业生产。" 根据《农村土地承包法》规定, 不宜采取家庭承包方式的荒山、荒沟、荒丘、荒滩等农村土地, 可以采取招标、拍卖、公开协商等其他方式承包, 以其他方式承包农村土地, 在同等条件下, 本集体经济组织成员享有优先承包权。承包的方式, 可以采取家庭承包, 也可以个人承包。但承包人都应与集体经济组织签订土地承包合同。

(二) 土地承包经营权的客体为属于集体或国家所有的耕地、山岭、草原、荒滩、荒地、水面等自然资源

这里土地承包经营权的客体为农业生产用地, 包括耕地、山岭、草原、荒滩、荒

地、水面等，而非其他自然资源或其他不动产。

（三）土地承包经营权人依法对土地享有占有、使用、收益以及一定的处分权

土地承包经营权人取得土地使用权后，有权在土地上从事农业生产，其正当的经营活动，任何人包括发包方都无权进行干涉；其经营所取得的收益，除按照约定交纳承包费外，全部归其所有。对于处分权，《农村土地承包法》第 17 条规定，通过家庭承包方式取得土地承包经营权的承包方有权依法互换、转让土地承包经营权，有权流转土地经营权。

2016 年 10 月，中共中央办公厅、国务院办公厅印发《关于完善农村土地所有权承包权经营权分置办法的意见》，继续深化农村土地制度改革，推动农村土地的所有权、承包权、经营权"三权分置"。"三权分置"改革的核心是家庭承包的承包户在经营方式上发生转变，即由农户自己经营，转变为保留土地承包权，将承包地流转给他人经营，实现土地承包经营权和土地经营权的分离。"三权分置"的目的在于进一步拓宽农村土地流转的方式，使有限的土地资源流转到真正能否发挥土地价值的经营者手中，既保护了土地承包权人的合法利益，又使得经营权人通过合同取得的土地经营权得到法律更强有力的保护，保障其经营预期。土地经营权人有权在合同约定的期限内占有农村土地，自主开展农业生产经营并取得收益。

（四）土地承包经营权为定限物权

使用权人承包土地之后，只能按照合同约定的方式进行农业生产，而不得做其他使用，也不得随意撂荒土地，否则发包方有权收回土地使用权。并且，使用权人取得土地使用权是有期限的，根据《农村土地承包法》第 21 条的规定，耕地的承包期为 30 年；草地的承包期为 30 ~ 50 年；林地的承包期为 30 ~ 70 年；特殊林木的林地承包期，经国务院林业行政主管部门批准可以延长。《民法典》第 332 条作了同样的规定。

二、土地承包经营权的取得

土地承包经营权的取得方式主要有以下两种：

（一）依土地承包合同而取得

《民法典》第 333 条规定："土地承包经营权自土地承包经营权合同生效时设立。登记机构应当向土地承包经营权人发放土地承包经营权证、林权证等证书，并登记造册，确认土地承包经营权。"土地承包经营权合同的主体是发包方和承包方。农民集体所有的土地依法属于村农民集体所有的，由村集体经济组织或者村民委员会发包；已经分别属于村内两个以上农村集体经济组织的农民集体所有的，由村内各该农村集体经济组织或者村民小组发包。村集体经济组织或者村民委员会发包的，不得改变村内各集体经济组织农民集体所有的土地的所有权。国家所有依法由农民集体使用的农村土地，由使用该土地的农村集体经济组织、村民委员会或者村民小组发包。《农村土地承包法》第 24 条规定，不动产登记机关统一对土地承包经营权进行登记，颁发相应证书，确认土地承包经营权。但是，承包经营权不是以登记作为权利取得和公示的法定方式，而是自承包合同生效时设立。

（二）依继承而取得土地承包经营权

《农村土地承包法》第32条规定："承包人应得的承包收益，依照继承法的规定继承。林地承包的承包人死亡，其继承人可以在承包期内继续承包。"可见法律对在承包期内林地的承包经营权，允许继承人继承，但是对其他土地，法律没有规定，应理解为不允许继承，因为林地的经营收益期限较长，如果不允许继承，则不利于发挥承包人的积极性。针对荒山、荒沟、荒丘、荒滩，《农村土地承包法》第54条规定："依照本章规定通过招标、拍卖、公开协商等方式取得土地经营权的，该承包人死亡，其应得的承包收益，依照继承法的规定继承；在承包期内，其继承人可以继续承包。"另外还须注意，对于家庭承包的，发包方不能因为家庭成员之一尤其是户主的死亡而要求解除合同。其他家庭成员不是依继承而取得土地使用权，而是作为家庭成员，本来就有土地承包经营权。

三、土地承包经营权人的权利和义务

（一）土地承包经营权人的权利

（1）依法享有承包地使用、收益的权利，有权自主组织生产经营和处置产品。

（2）依法互换、转让土地承包经营权。《民法典》第335条规定："土地承包经营权互换、转让的，当事人可以向登记机构申请登记；未经登记，不得对抗善意第三人。"土地承包经营权互换、转让的，当事人可以向登记机构申请登记；未经登记，不得对抗善意第三人。

（3）依法流转土地经营权。《民法典》第339条规定："土地承包经营权人可以自主决定依法采取出租、入股或者其他方式向他人流转土地经营权。"流转期限为5年以上的土地经营权，自流转合同生效时设立。当事人可以向登记机构申请土地经营权登记；未经登记，不得对抗善意第三人。

（4）承包地被依法征收、征用、占用的，有权依法获得相应的补偿。

（5）法律、行政法规规定的其他权利。

另外，我国有关法律还对妇女在承包期内户口迁出的承包户的权利做了特殊规定。农村土地承包，妇女与男子享有平等的权利。承包中应当保护妇女的合法权益，任何组织和个人不得剥夺、侵害妇女应当享有的土地承包经营权。承包期内，妇女结婚，在新居住地未取得承包地的，发包方不得收回其原承包地；妇女离婚或者丧偶，仍在原居住地生活或者不在原居住地生活但在新居住地未取得承包地的，发包方不得收回其原承包地。

根据十八届三中全会以来我国城镇化和户籍制度改革的精神，不再强制全家迁入设区的市的承包户交回承包地。2014年7月，国务院颁布《关于进一步推进户籍制度改革的意见》（国发〔2014〕25号），明确规定，进城落户农民是否有偿退出"三权"，应根据党的十八届三中全会精神，在尊重农民意愿前提下开展试点。现阶段，不得以退出土地承包经营权、宅基地使用权、集体收益分配权作为农民进城落户的条件。立法趋势是，一方面，鼓励农村居民流转其承包地进入城市工作和生活，既提高其生活质量，也便于土地流转更好地发挥土地的效益；另一方面，还要保障进城农民

在农村的土地权利和相关财产利益，赋予其土地承包经营权、宅基地使用权等以更多的财产价值，将来在条件成熟时允许其通过转让其在农村的土地财产权，有序退出农村，成为真正的城市居民。2018 年修订后的《农村土地承包法》第 27 条规定：“承包期内，发包方不得收回承包地。国家保护进城农户的土地承包经营权。不得以退出土地承包经营权作为农户进城落户的条件。承包期内，承包农户进城落户的，引导支持其按照自愿有偿原则依法在本集体经济组织内转让土地承包经营权或者将承包地交回发包方，也可以鼓励其流转土地经营权。承包期内，承包方交回承包地或者发包方依法收回承包地时，承包方对其在承包地上投入而提高土地生产能力的，有权获得相应的补偿。”

（二）土地承包经营权人的义务

（1）维持土地的农业用途，未经依法批准不得用于非农建设。

（2）依法保护和合理利用土地，不得给土地造成永久性损害；土地承包经营权人以及土地再次流转后的经营权人，不得在土地上修建房屋，从事非农经营；不得进行掠夺性经营，损害土地的肥力和可持续发展。

（3）法律、行政法规规定的其他义务。

四、发包方的权利义务

根据《农村土地承包法》的规定，发包方享有如下权利并负担一定的义务。

（一）发包方的权利

（1）发包本集体所有的或者国家所有依法由本集体使用的农村土地。

（2）监督承包方依照承包合同约定的用途合理利用和保护土地。

（3）制止承包方损害承包地和农业资源的行为。

（4）法律、行政法规规定的其他权利。

（二）发包方的义务

（1）维护承包方的土地承包经营权，不得非法变更、解除承包合同。

（2）尊重承包方的生产经营自主权，不得干涉承包方依法进行正常的生产经营活动。

（3）依照承包合同约定为承包方提供生产、技术、信息等服务。

（4）执行县、乡（镇）土地利用总体规划，组织本集体经济组织内的农业基础设施建设。

（5）法律、行政法规规定的其他义务。

五、土地承包经营权的消灭

土地承包经营权的消灭方式主要有：

（1）土地承包合同到期，又没有续订合同的。

（2）有严重违反合同的行为，经法定程序解除承包合同的。

（3）在承包期内，自愿将承包地交回发包方的。

（4）因征收、土地灭失等原因导致土地承包经营合同不能继续履行的。

第三节　建设用地使用权

一、建设用地使用权的概念和特征

建设用地使用权，是指为了在国家或集体所有的土地上建造并拥有建筑物或其他附着物而使用土地的权利。建设用地使用权也称基地使用权、地上权、土地使用权，《民法典》称之为建设用地使用权。建设用地使用权具有如下特征：

（一）建设用地使用权是建立在国家或集体所有的土地之上的用益物权

建设用地使用权是以国家或集体所有的土地为标的物，属于不动产用益物权的一种。国家和农村集体使用属于自己所有的土地不构成用益物权，但是如果国家授权国家机关、企事业单位以及个人使用国有土地或者集体授权其他主体使用集体土地进行建设的，则这些使用权人取得的就是建设用地使用权。需注意的是，国家或者集体将耕地、林地等土地授权给单位或者个人经营的，不属于建设用地使用权，而是土地承包经营权；集体经济组织授权本集体成员建造住宅供该成员家庭使用的，也不属于建设用地使用权，而是宅基地使用权。另外，根据我国《土地管理法》第 63 条的规定，农民集体所有的土地的使用权不得出让、转让或者出租用于非农业建设；但是，农村集体经济组织使用乡（镇）土地利用总体规划确定的建设用地兴办企业或者以土地使用权入股、联营等形式与其他单位、个人共同举办企业而使用集体土地，但应该按有关规定办理审批手续。

（二）建设用地使用权是在他人土地之上建造并保有建筑物或其他工作物为目的的用益物权

这里的建筑物包括房屋、桥梁、隧道、公路等，同时建筑物既包括地上的建筑物，也包括地下建筑物，并且随着现在高层建筑物的增加，空间的重要性也逐渐显现出来，所以空间使用权也重要起来，《物权法》把空间使用权也纳入到建设用地使用权当中来，第 136 条规定建设用地使用权可以分地表、地上、地下分别设立。《民法典》第 345 条沿用该规定。

（三）建设用地使用权属于定限物权

虽然建设用地使用权属物权性质，但是建设用地使用权人使用他人土地有一定的限制。他只能依据法律的规定和合同的约定来利用土地，如合理使用土地、按约定用途使用土地。如果按规定或约定使用人应该交纳使用费的，还应该及时交纳，否则土地所有权人有权收回土地使用权。

二、建设用地使用权的取得

《民法典》第 347 条规定："设立建设用地使用权，可以采取出让或者划拨等方式。工业、商业、旅游、娱乐和商品住宅等经营性用地以及同一土地有两个以上意向用地者的，应当采取招标、拍卖等公开竞价的方式出让。严格限制以划拨方式设立建设用地使用权。"国有建设用地使用权最初的取得主要有两种方式：出让和划拨。另外，取得建设用地使用权的人还有权通过法定方式将建设用地使用权流转，从而使他人取得建设用地使用权。设立建设用地使用权的，应当向登记机构申请建设用地使用权登记。建设用地使用权自登记时设立。登记机构应当向建设用地使用权人发放权属证书。

（一）出让

建设用地使用权的出让，是指国家以国有土地所有权人的身份将土地使用权授权给使用者在一定期限内进行使用并交纳土地使用金的行为。这是国有土地使用权由土地所有权人第一次转让给使用权人。土地使用者应与国家土地主管部门签订土地出让合同。该合同订立要坚持自愿、平等、有偿的原则。在具体出让过程中，为了充分发挥国有土地的价值，不仅可以采取协议方式来进行，而且可以采取招标、拍卖等方式，这样，更有利于合理确定土地使用权的价值。建设用地使用权人应当依照法律规定以及合同约定支付出让金等费用。国有土地使用权的期限，一般由双方协商确定，但不得超过法律规定的最高年限，具体为：居住用地70年，工业用地50年，教育、科技、文化、卫生、体育用地50年，商业、旅游、娱乐用地40年，综合或者其他用地40年。

（二）划拨

划拨是指国家直接授权有关单位使用国有土地。通过划拨方式取得土地使用权的，一般是出于公益目的使用土地，使用权人多是国家机关或国有事业单位，其取得土地使用权一般是无偿的，但并不绝对。对基于商业目的使用土地的，一般应通过公开招投标方式进行。

（三）流转

根据《民法典》规定，建设用地使用权人有权将建设用地使用权转让、互换、出资、赠与，但法律另有规定的除外。通过这些方式流转的，当事人应当采取书面形式订立转让合同。使用期限由当事人约定，但不得超过建设用地使用权的剩余期限。同时，还应向登记机构申请变更登记，其物权变动自登记时发生效力。建设用地使用权转让、互换、出资或者赠与的，附着于该土地上的建筑物、构筑物及其附属设施一并处分。

关于集体建设用地，2013年11月十八届三中全会决议提出，建立城乡统一的建设用地市场。在符合规划和用途管制前提下，允许农村集体经营性建设用地出让、租赁、入股，实行与国有土地同等入市、同权同价。在此之前，集体建设用地仅限于兴办集体企业和集体公益事业，其取得方式为经依法批准。2015年2月，全国人民代表大会常务委员会决定授权国务院在北京市大兴区等33个试点县市暂时调整实施部分法律，暂停实施《土地管理法》《城市房地产管理法》的6个条款，根据重大改革于法有据的原则推进农村土地征收、集体建设用地入市、宅基地制度改革的试点，授权试点的期限至2017年12月31日。2017年10月，全国人民代表大会常务委员会决定延长上述授权至2018年12月31日，进一步探索包括集体用地使用权平等入市等集体土地制度改革。2019年8月26日，全国人民代表大会常务委员会修改《土地管理法》删除了原第82条禁止擅自使用集体土地进行非农建设的规定，为集体建设用地进一步平等入市创造条件。《民法典》第 361 条规定："集体所有的土地作为建设用地的，应当依照土地管理的法律规定办理。"

三、建设用地使用权的消灭

（一）放弃

建设用地使用权人可以通过放弃方式消灭建设用地使用权，但是应当办理注销登记。

（二）收回

根据《土地管理法》第 58 条的规定，在下列情形发生时，国家有权按法定程序收回建设用地使用权：为实施城市规划进行旧城区改建以及其他公共利益需要，确需使用土地的；土地出让等有偿使用合同约定的使用期限届满，土地使用者未申请续期或者申请续期未获批准的；因单位撤销、迁移等原因，停止使用原划拨的国有土地的；公路、铁路、机场、矿场等经核准报废的。《民法典》第 358 条规定，因公共利益需要提前收回土地的，应当依照征收的规定给予补偿，并退还相应的出让金。另外，还须注意的是，住宅建设用地使用权期间届满的，自动续期。

（三）土地灭失

因自然灾害等原因导致土地灭失的，该建设用地使用权归于消灭。

四、建设用地使用权人的权利和义务

其权利主要包括：使用土地的权利；通过法定方式流转建设用地使用权的权利，但是通过划拨方式取得土地使用权的，其流转在法律上有严格限制；到期申请续期的权利。

其义务主要有：及时支付土地使用费的义务；合理使用土地的义务；到期返还土地的义务。

第四节　宅基地使用权和地役权

一、宅基地使用权

宅基地使用权是指农村集体经济组织成员依法取得一定面积的土地用于建造房屋所取得的土地使用权。取得宅基地使用权，应该由农村村民向本集体经济组织（村委会）提出申请，村委会同意后，经乡（镇）人民政府审核，由县级人民政府批准。城镇居民为建造自住性质的房屋使用土地的，应向所在地的土地主管部门提出申请，经批准后才可以取得住宅建设用地使用权。现在，在城市区域内，除原有住宅可以依法申请取得住宅建设用地使用权登记以外，单个城市居民或家庭为建设住宅而申请土地的，一般不予批准，原因在于节约利用城市的土地资源。且城市的住宅建设用地使用权不能称之为宅基地使用权，只有农村居民在本集体土地之上依法取得的建造房屋的土地才叫"宅基地"，其土地使用权才能称为"宅基地使用权"。根据我国《土地

管理法》第 62 条的规定，农村村民一户只能拥有一处宅基地，其宅基地的面积不得超过省、自治区、直辖市规定的标准。如果取得宅基地使用权新建房屋的，在房屋建成后应将原宅基地使用权交还集体。农村村民建住宅，应当符合乡（镇）土地利用总体规划，并尽量使用原有的宅基地和村内空闲地。农村村民出卖、出租、赠与住房后，再申请宅基地的，不予批准。国家允许进城落户的农村村民依法自愿有偿退出宅基地，鼓励农村集体经济组织及其成员盘活利用闲置宅基地和闲置住宅。相关法律禁止城镇居民购买农村宅基地或购买农民的住宅。

二、地役权

（一）地役权的概念和特征

地役权，是指土地所有人、建设用地使用权人或土地承包经营权人为使用其土地的方便与利益而利用他人土地的权利。地役权当中有双方当事人，提供土地供他人使用的一方为供役地权利人（简称供役地人），其提供给对方使用的土地为供役地；需要使用供用地人土地的人为地役权人，其自己的土地为需役地。

地役权不同于相邻关系当中的相邻权，主要原因是：第一，地役权是依合同而取得的权利；而相邻权是直接依据法律规定而产生，如一方确需通过对方土地通行的，对方必须容忍，无权禁止，当事人之间不必订立合同。第二，地役权的地役权人应该向对方支付一定的使用费，即租金，而相邻权的权利人不一定都要支付租金，如依习惯不必支付的可以不予支付。第三，地役权是有期限的，因为它是依合同而取得对方土地的使用权，合同应当约定使用的期限，到期该权利即消灭，但是相邻权却没有期限限制。

地役权主要有如下特征：

（1）地役权是土地的权利人为了使用自己土地的便利而对他人的土地所享有一定的权利。其使用方式一般是指在供役地上进行通行、取水、排水、通风、采光、眺望以及架设管线、埋设管道等。地役权的范围不仅局限于地面之上，也包括地下或者地上的空间。

（2）地役权为限制物权。地役权人应该在合同约定的期限内按照约定的方式使用对方土地，而不得随意扩大使用范围及改变使用方式。

（3）地役权是对供役地人权利的限制。地役权设立之后，供役地人必须容忍对方使用自己的土地。

（4）地役权为从属性物权。地役权从属于地役权人的土地所有权、建设用地使用权、土地承包经营权或宅基地使用权，不得与这些权利相分离而单独转移。当需役地上的建设用地使用权或土地承包经营权等物权转移时，地役权应当一并转移。

（二）地役权的内容

1. 地役权人的权利

主要包括：一是按照合同约定的用途和方式使用供役地的权利；二是为附属行为的权利，如果为了使用土地的便利，需要在土地上开辟道路、修建设施以及对这些设施进行维修保护的行为，对方应予容忍。但是这些附属行为须为合同约定使用对方土地之必要行为，如果这些行为会导致超出合同约定的方式使用对方土地，则不属于附属行为，对方有权禁止。

2. 地役权人的义务

主要包括：（1）合理使用供役地的义务。地役权人应选择给对方造成损害最小的地点和方式来使用对方土地；（2）及时交纳租金的义务；（3）在合同到期时恢复原状的义务。当地役权消灭时，地役权人应该及时清理在对方土地上建造的设施，恢复土地原状，但是对方需要使用这些设施的除外。

（三）地役权的取得和消灭

1. 地役权的取得

地役权的取得方式主要有三种：合同设立、主权利转让和继承。

（1）合同设立。合同是取得地役权最主要的方式，双方应当采取书面形式订立地役权合同，合同中约定双方当事人的名称、地址、需役地与供役地的位置、对供役地的使用目的、方式、使用期限、租金及支付方式等内容。《民法典》第374条规定，地役权自地役权合同生效时设立。当事人要求登记的，可以向登记机构申请地役权登记；未经登记，不得对抗善意第三人。

（2）主权利转让。因合同取得地役权还包括通过转让方式取得地役权。因为地役权属于从权利，当地役权人将自己的建设用地使用权、土地承包经营权等主权利转让给受让人时，该地役权也应随之而转让，受让人取得该地役权。

（3）继承。因继承而取得地役权是指在地役权人死亡后，其继承人在继承其土地主物权时对附属于该主物权的地役权也一并继承。

2. 地役权的消灭

地役权的消灭方式主要有：

（1）土地的灭失。无论供役地还是需役地的灭失都可导致地役权的消灭。

（2）设定地役权的目的已经实现或不能实现。如为了建造房屋而需使用他人土地通行的，在房屋建成后，地役权就消灭。再如利用他人土地是为了引进水流，如果水源已经枯竭，则再没有利用邻地之必要，地役权即消灭。

（3）合同到期或者合同约定的解除合同的条件发生。合同到期，如没有续订合同，则地役权消灭。如果合同当中约定地役权人违约，供役地人有权解除合同的，当约定条件发生，供役地人可以依法定程序解除合同导致地役权的消灭。

（4）抛弃。地役权人可以将地役权抛弃，但是如果合同约定支付租金的，地役权人不得因其抛弃权利而拒绝支付剩余的租金。

第五节 居 住 权

一、居住权的概念

居住权是《民法典》新规定的一项用益物权，是指居住权人为了满足生活和居住的需要，按照合同约定或遗嘱，在他人享有所有权的住宅之上设立的占有、使用该住宅的权利。居住权起源于罗马法，是为解决无夫权婚姻中的妻子或被解放奴隶的居住问题，而在丈夫或奴隶主的房屋上设定的可以长期居住的权利。后来大陆法系的民法多规定此项权利。《民法典》第 366 条规定："居住权人有权按照合同约定，对他人的住宅享有占有、使用的用益物权，以满足生活居住的需要。"法律之所以规定居住权，是因为随着社会和经济的发展，人们可能基于多种原因需要长期居住他人的房屋，设定居住权后可以保障居住权人对房屋享有长期稳定的居住权利，该权利不仅可以对抗房屋权利人，还可以对抗基于继承、买卖等方式取得所有权的新权利人。如某夫妻二人将自己名下的一套房屋过户给了儿子，但是和儿子约定有权在该房屋居住到老，这就是典型的居住权；再如父母出资给子女买房，同时与子女约定有权一直居住该房屋；还有老年再婚者中的一方为对方设置的在自己死后对方一直居住自己房屋的权利，都是典型的居住权。

二、居住权的特征

（一）居住权需要通过书面合同和遗嘱的方式设定

居住权是房屋的所有权人与居住权人通过合同方式设定的一项权利，《民法典》规定设立居住权应当订立书面合同，是为了确保居住权设定的严肃性，因为设定居住权之后，该房屋之上就承受了重大的负担，会严重影响房屋所有权人对房屋的占有和使用。书面合同中应该约定清楚设定居住权的房屋的基本情况、居住条件及居住权的期限等内容。另外，根据《民法典》第 371 条规定，居住权还可以通过遗嘱的方式设定。生活中许多人正是通过遗嘱的方式为再婚配偶、无劳动能力或欠缺自理能力的共同居住者设定了居住权。

（二）居住权是权利人对他人的房屋占有、使用的用益物权

居住权设定的目的主要在于维护老年人、离婚或丧偶的妇女、共同居住者等社会弱势群体的居住权益。在此需要注意，设定居住权的合同不同于房屋租赁合同，房屋租赁合同所设定的房屋使用权是一种债权性质的权利；而居住权合同设定的居住权是用益物权，可以对抗房屋所有权人和其他权利人。

（三）居住权经登记而设定

《民法典》第 368 条规定，设立居住权应该向登记机构申请登记，自登记时居住权设定。所以，当事人订立了居住权协议，居住权协议发生效力，但是从法律意义上居住权尚未设定，还需要当事人共同向登记机构申请办理居住权登记。法律规定居住权登记也在于重申设定居住权的严肃性及更好地维护居住权设定之后居住权人能够更好地对房屋进行居住利用。

（四）居住权一般是无偿的、长期的

居住权一般是无偿设定，但是法律允许当事人协议采取有偿的方式。无偿性也是居住权区别于房屋租赁权的主要特征。居住权主要为社会弱势群体设定，故一般不需要居住权人支付对价。同时，如果没有特殊约定，居住权也是一项长期的权利，直至居住权人死亡。

（五）居住权不得转让和继承，一般不允许出租

居住权是为了特定的关系密切者所设定，以保障其有房可住，故居住权人一般只能在房屋中居住生活，但是不得转让或继承，且一般情况下也不允许出租谋利，但是当事人约定允许出租的，法律亦不禁止。

（六）居住权因居住权人死亡而消灭

居住权具有人身属性，是房屋的所有权人为特定的关系人所设定，故该特定关系人死亡后该权利因权利主体的消灭而终止。至于与居住权人在该房屋内共同生活的其他近亲属或者密切关系人，是无权继续居住该房屋的。那么，如果向前回溯，一个现实的问题是居住权设定之后，居住权人的近亲属或其他关系密切者能否居住该房屋？对此问题，《民法典》没有明确规定，从居住权制度的立法本意来看，居住权不应该再惠及居住权人的近亲属或关系密切者，如果惠及，则会无限循环，必然会给房屋所有权人带来巨大的负担，产生严重的社会矛盾，从而殃及并动摇居住权本身。但是，如果居住权人丧失自理能力，需要有人照顾生活时，其近亲属出于照顾生活的目的而共同居住，应该允许；但是，在居住权人死亡后，其近亲属就无权再继续居住该房屋。

本章练习题

一、思考题

1. 试比较建设用地使用权和土地承包经营权在取得方式、权利内容、期限以及权利消灭等方面的异同。

2. 试比较地役权与相邻关系中当事人权利之间的差异。

3. 试比较住宅建设用地使用权与宅基地使用权之间的差异。

二、综合训练

1. 甲公司与乙村相邻，为扩大生产规模，甲公司与乙村签订地役权合同，约定乙村将邻近甲公司的 2 亩土地提供给甲公司使用，用于修建一个车间，使用期限为 10 年，甲公司每年给乙村使用费 20 万元。至合同签订后的第三年，甲公司共拖欠乙村使用费 40 万元。为维护自己的权利，乙村将甲公司诉之法院，要求甲公司支付拖欠的费用并解除合同。请结合地役权的规定分析本案该如何处理？

【要点提示】

请从地役权的设立目的角度考虑。

2. 2002 年 7 月，画家李玉兰购买了农民马海涛位于北京市通州区宋庄镇辛店村的房屋 8 间及院落。协议签订后，李玉兰支付了购房款 4.5 万元，并到村委会办理了房产转让的登记手续。在购买了这处房屋后，她不仅对原有房屋进行了翻新及装修，还在院落内新建了 3 间新房，并安装了上下水、暖气等生活设施，共花费了十几万元。2006 年 12 月，马海涛向通州法院提起诉讼，要求确认与李玉兰签署的买卖协议无效。2007 年 7 月，一审法院认定双方买卖合同无效，判令李玉兰向马海涛返还房屋，马海涛向李玉兰支付原房及添附部分的折价补偿 9.3 万余元。判决后李玉兰提出

上诉。同年 12 月北京市二中院作出终审判决，维持原判。但二中院同时认定，考虑到出卖人在出卖时即明知其所出卖的房屋及宅基地属禁止流转范围，出卖多年后又以违法出售房屋为由主张合同无效，故出卖人应对合同无效承担主要责任。对于买受人信赖利益损失的赔偿，应当全面考虑出卖人因土地升值或拆迁、补偿所获利益，以及买受人因房屋现值和原买卖价格的差异造成损失两方面因素予以确定。但鉴于李玉兰在原审法院审理期间未就其损失提出明确的反诉主张，在二审程序中，不宜就损失赔偿问题一并处理，李玉兰可就赔偿问题另行主张。随后，李玉兰提起诉讼，要求马海涛赔偿 48 万元经济损失。请结合本案查阅相关资料，分析我国宅基地法律制度。

【要点提示】

1. 请结合我国宅基地制度进行考虑；2. 请查阅有关信赖利益的相关理论和法律规定来分析李玉兰的损失包括哪些。

第十五章 担保物权

◎ **知识目标**
- 理解抵押权、质权、留置权三种担保物权的含义。
- 熟悉各种担保物权的设定方式，重点掌握抵押权的相关内容。

◎ **能力目标**
- 掌握三种担保物权的设定方式，具备设定各种担保物权的能力。
- 能够根据当事人的行为判断抵押合同和质押合同的效力，判断是否设定了抵押权、质权。

第一节 担保物权概述

【案例 15-1】 甲向乙借款 20 万元，甲将自己的汽车作价 15 万抵押给乙，未约定担保数额，并依法进行了抵押登记。因一次意外事故使该汽车报废，保险公司赔偿 10 万。

请思考：甲、乙之间的抵押关系是否还存在？

一、担保物权的概念

担保物权，是指为了确保债权人债权的实现，而以债务人或者第三人的特定物或权利为标的提供担保，当债务人不履行到期债务或者发生当事人约定的实现担保物权的情形时，债权人有权就该担保物通过法定程序变价并优先受偿的权利。对于债务人有多名债权人的，当债务人需要偿还债务，而其全部财产不足以偿还所有债务时，如果某一债权人在债务人的某项财产上设定了担保物权，就可以优先获得偿还。从理论上讲，债务人对于自己的债务，应以自己的全部财产来承担担保责任，但是如果债务人自己的财产不足以承担债务，或者债务人对多名债权人负有债务时，就有必要要求债务人提供担保。对于债务人财产不足以偿还债务的，还可以由第三人提供担保，从而使债权人债权实现的可能性再次得到加强，当债务人的财产到期不足以偿还时，债权人可以向第三人要求履行。

根据我国《担保法》的规定，担保的方式包括保证、抵押、质押、留置、定金五种。在这五种担保方式当中，保证和定金属于债权担保方式，另外三种属于物权担保方式，即以物权来担保债权的实现。《物权法》规定了抵押、质押和留置三种物权担保。《民法典》将物权担保和债权担保分别规定在物权编、合同编的保证合同以及违约责任中。法律明确规定的担保方式被称为典型担保，实际上，在法律明确规定的方式之外，还有一些担保方式，如所有权保留、押金等，也被大量采用，这些担保方式被称为非典型担保。《民法典》第641条规定了所有权保留，虽然没有明确将所有权保留界定为担保，但是实际上也是一种担保方式。

二、担保物权的特征

作为一类非常重要的物权，担保物权除具有物权的一般特征外，还具有如下特征：

（一）担保物权以担保债权的实现为目的

在担保人的特定物上设定担保，就是使债权人在债务人不能偿还债务时有权就该物变价获得优先受偿。

（二）担保物权是在债务人或者第三人的特定物及其他财产权利上所设定的物权

提供担保的物或权利，可以是债务人自己的，也可以是第三人的；可以是动产，也可是不动产，还可以是不动产物权，如土地使用权抵押，就是以权利提供担保的。用以提供担保的物或财产权利，必须是提供担保的人有权处分的财产或者财产权利，且法律允许以该物或财产权利提供担保。另外，提供担保的物，必须是特定的物。有些担保物权在设定时，其客体虽不特定，但是实现该担保物权时也必须特定。如动产浮动抵押权设定时，其客体并不特定，包括抵押人现有的以及将有的动产，但是实现抵押权时该抵押财产必须特定。

（三）担保物权是以支配担保物的价值为内容的定限物权

担保的前提就是担保物具有一定的经济价值，担保权人才可能与担保人订立担保合同。担保物权成立后，担保权人就取得了对标的物一定的支配权，当债务人到期不履行债务或发生当事人约定的情形时，担保权人就有权行使该支配权，以满足自己债权的实现。在质押和留置当中，债权人还有权占有担保物。但担保期间，担保权人无权使用和处分担保物，并有义务对担保物进行妥善保管。

（四）担保物权具有从属性和不可分性

担保物权具有从属性和不可分性。担保物权存在的前提是主债权的存在，其成立以债权的成立为前提，因债权的转移而转移，因债权的消灭而消灭。我国《民法典》第388条规定："设立担保物权，应当依照本法和其他法律的规定订立担保合同。担保合同包括抵押合同、质押合同和其他具有担保功能的合同。担保合同是主债权债务合同的从合同。主债权债务合同无效的，担保合同无效，但是法律另有规定的除外。"这实际上是对担保物权从属性的规定。

担保物权的不可分性，是指被担保的债权在未受全部清偿前担保物权人有权就担保物的全部行使权利。当债权部分实现时，债权人仍然有权就担保物的全部对剩余债权享有担保权，而不因债权的部分实现而减少对担保物所享有权利的份额；当担保物因意外原因部分毁损灭失时，剩余部分的担保物仍然担保全部的债权，债权人无权要求担保人重新或补充提供担保。

（五）担保物权具有物上代位性

担保物权具有物上代位性，即担保物因灭失、毁损而获得金钱或其他物的赔偿或补偿时，该赔偿或补偿成为担保物的代替物，担保物权依然存在于其上，债权人有权就该代替物行使担保物权。《民法典》第390条明确规定："担保期间，担保财产毁损、灭失或者被征收等，担保物权人可以就获得的保险金、赔偿金或者补偿金等优先受偿。被担保债权的履行期未届满的，也可以提存该保险金、赔偿金或者补偿金等。"依据该条，担保财产的代位物主要是三种：保险金、赔偿金和补偿金。案例15-1即涉及担保期间担保物毁损、灭失的情况，乙的抵押权并不因抵押物的消灭而灭失，由于甲得到保险公司10万元的赔偿，所以该保险赔偿金应成为该汽车的替代物，继续作为甲对乙的担保。

三、担保物权的意义

担保物权的目的在于确保债权人债权的实现，这只是其表面特征，其实质在于通过这种方式，使债务人获得贷款或其他交易的机会，以实现赢利的目的，进而促进经济的发展。具体而言，主要有如下意义：

1. 担保物权是实现融资的重要渠道

一般而言，当事人向银行申请贷款，银行要审查申请人的资信能力，银行只贷款给那些有能力偿还贷款的人。对于还贷能力不太充足的申请人，如果提供了房产、机器等财产来担保，就较容易获得贷款。

2. 保障交易的安全，促进经济的发展

市场经济中，诚信交易为最高理想，但是商场如战场，风险随处可见，防不胜防。为了把交易风险降至最低，当事人往往采取要求对方提供担保的方式来确保其履行债务的能力，尤其是物的担保，这也是罗马法以来物权担保制度长盛不衰的原因。交易安全有了保障，也间接促进社会经济的发展。

第二节　抵　押　权

【案例15-2】　甲将1套房屋作抵押向乙借款200万元，抵押期间，知情人丙向甲表示愿以300万元购买甲的该套房屋，甲也想将抵押的房屋出卖。

请思考：甲能否将抵押的房屋卖给丙？

一、抵押权的概念和特征

（一）抵押权的概念

抵押权是指为确保债权人债权的实现，债权人对债务人或者第三人不移转占有而提供担保的财产，在债务人不履行到期债务或发生当事人约定的实现抵押权的情形时，依法享有的就该财产变价并优先受偿的权利。提供担保财产的债务人或者第三人为抵押人，债权人为抵押权人，提供担保的财产为抵押物。

（二）抵押权的特征

抵押权与其他担保物权比较，具有如下特征：

1. 抵押权是就债务人或者第三人的特定财产所设定的担保物权

可以抵押的财产不仅包括一般动产，还包括不动产以及一些财产权利。但是这些财产或财产权利应由债务人或者第三人提供，用第三人的财产提供抵押的，必须征得第三人的同意。

2. 抵押权是不转移财产的占有的物权

在抵押权成立后，抵押人不必将抵押物转移给债权人占有，而是由债务人继续占有并使用，以充分发挥抵押物的价值。不转移财产的占有也是抵押和质押的主要区别。

二、抵押财产

抵押物是抵押人用于担保债权实现的财产。作为抵押物必须具备下列条件：其一，抵押的物或者财产权利应该特定，如果该物或者财产权利都不特定，则债权人的权利就没有具体的标的，也难以实现。其二，抵押物为具有一定经济价值的流通物，如果该物没有任何经济价值，则在该物上设定抵押就没有任何意义；如果该物属禁止流通物，则难以通过变价方式以实现抵押权。

（一）允许抵押的财产

我国《民法典》第 395 条第 1 款第 1~6 项规定了可以抵押的财产的具体种类，第 1 款第 7 项作出了一个兜底性规定，即除前 6 项财产之外，其他财产只要是法律、行政法规规定没有禁止抵押的，都可以作为抵押财产。从《民法典》第 395 条第 1 款前 6 项的规定来看，允许抵押的财产大致可以分为：不动产、不动产他物权、动产以及法律、行政法规未禁止抵押的其他财产。

1. 不动产

（1）建筑物和其他土地附着物。建筑物如住宅、商业用房、工业用房等房屋，其他土地附着物如土地上的林木、楼房的配套设施等。这些建筑物和其他土地附着物，可以根据当事人的约定设定抵押，但是，楼房的配套设施作为楼房的从物，一般不得单独抵押，需要在主物抵押时一并抵押。

（2）正在建造的建筑物，如在建商品房。现行法律允许开发商以在建商品房抵押，以取得融资贷款；也允许预售商品房的购房人以所购的在建商品房办理抵押以获得贷款，即购房人与开发商签订购房合同后，再与银行签订抵押贷款合同，购房人在支付首期约定的房价款后，由贷款银行代其支付其余的购房款，并将所购的预售商品房抵押给贷款银行作为偿还贷款的担保。如果购房人（亦即贷款人）不能按期偿还贷款，银行有权以该在建商品房和将来建成的商品房折价、拍卖、变卖所得价款优先受偿。需要注意的是，如果开发商已经将在建商品房抵押，则预售商品房时应该如实告知购房人该在建商品房已经抵押的事实，购房人应该考虑购房风险后再决定是否购买该房屋。

2. 不动产他物权

（1）建设用地使用权。建设用地使用权抵押是实践中最为常见的抵押。需要注意的是，不是所有的建设用地使用权都可以抵押，只有可以通过市场流转方式进行交易的建设用地使用权才可以抵押，国家机关、事业单位使用的国有土地的建设用地使用权以及企业通过无偿划拨方式取得的建设用地使用权均不得抵押。随着集体土地建设用地使用权入市改革的进行，集体土地上的建设用地使用权也可以设定抵押。

（2）土地经营权。《农村土地承包法》第47条第1款规定："承包方可以用承包地的土地经营权向金融机构融资担保，并向发包方备案。受让方通过流转取得的土地经营权，经承包方书面同意并向发包方备案，可以向金融机构融资担保。"《民法典》第342条规定：通过招标、拍卖、公开协商等方式承包农村土地，经依法登记取得权属证书的，可以依法采取出租、入股、抵押或者其他方式流转土地经营权。"土地经营权的抵押不同于土地承包经营权的抵押。由于土地承包经营权具有一定的身份属性，故不能抵押，而土地的经营权从土地承包经营权中分离出来，消除了其身份属性，法律明确规定可以抵押。

（3）以乡（镇）、村企业的厂房等建筑物抵押的，其占用范围内的土地使用权同时抵押。法律之所以对集体土地抵押权作出较多的限制，旨在维护农民基本生产资料的土地掌握在农村集体手中，保证农民的基本生存。将来随着社会保障措施的完善，农民和土地的依赖关系淡化之后，土地仅仅作为农民的一项财产而存在，土地所附的社会保障作用消灭之时，耕地、宅基地等入市交易或设定抵押才有可能被法律所许可。

（4）法律允许抵押的特种物权，如海域使用权和采矿权。这些特殊的物权具有财产属性，且可以依法在市场上流通，故法律允许以其设定抵押权。

3. 动产

《民法典》第395条第1款对能够设定抵押权的动产的范围作出了明确规定。

（1）生产设备、原材料、半成品、产品。

（2）交通运输工具，船舶、航空器等。

4. 法律、行政法规未禁止抵押的其他财产

法律的列举式规定总是难以穷尽所有可以抵押的财产类型，所以，法律在规定允许抵押和禁止抵押的财产类型的同时，还坚持"法无禁止则许可"的民事立法原则，法律和行政法规未禁止抵押的其他财产，一般均允许抵押。司法实践中的掌握原则是，这些法无明确规定的财产，应当具有如下特征：第一，这些财产是合法的动产或不动产。如果是不动产物权，则法无明确规定则应该坚持物权法定原则，不允许抵押；如果是其他财产性质的权利，则应该适用质押等其他担保形式，而不适用抵押。第二，这些财产可以在市场上流通转让以变现，如果不能自由流转，则不允许抵押。

（二）禁止抵押的财产

依据《民法典》第399条，以下财产禁止抵押：

（1）土地所有权。我国的土地所有权只有两种，即国家和集体，如果允许土地所有权抵押，就会造成土地成为私人财产，与我国公有制的国家制度相悖。

（2）宅基地、自留地、自留山等集体所有的土地使用权，但法律规定可以抵押

的除外。

（3）学校、幼儿园、医疗机构等以公益为目的成立的非营利法人的教育设施、医疗卫生设施和其他公益设施。

（4）所有权、使用权不明或者有争议的财产。

（5）依法被查封、扣押、监管的财产。

（6）法律、行政法规规定不得抵押的其他财产。

三、抵押权的设定

理论上有法定抵押权和约定抵押权之说。法定抵押权是指基于法律的直接规定不需要当事人之间订立合同而产生的抵押权。约定抵押权是指当事人之间通过订立合同的方式来设定的抵押权。我国现在法律当中还没有直接规定法定抵押权，所以一般的抵押权都是约定抵押权，需要当事人订立抵押合同。

（一）抵押合同的形式

依据《民法典》第400条第1款，当事人应当采用书面形式订立抵押合同，而不能采取口头形式。所谓书面形式既可以是单独订立的合同书、具有担保性质的信件和数据电文，如传真、电子数据交换、电子邮件，也可以是书面主合同中的担保条款。抵押合同的双方当事人就是抵押人和抵押权人。

抵押合同自当事人双方意思表示一致、订立合同时成立。一般而言，如无特别约定，抵押合同自成立时生效。

（二）抵押合同的内容

根据《民法典》第400条第2款，抵押合同一般包括下列条款：

1. 被担保债权的种类和数额

如果被担保的主债权类型和数额不明，则设定抵押就是无源之水、无本之木，没有实际价值。

2. 债务人履行债务的期限

债务人履行债务的期限决定了债权人向抵押人行使权利的期限。如果债权人未在主债权诉讼时效内向抵押人主张债权，就导致超过诉讼时效，此后再行主张抵押权的，抵押人有权提出诉讼时效抗辩。

3. 抵押财产的名称、数量等情况

抵押合同应当约定抵押财产的名称、数量、质量、状况、所在地、所有权归属或者使用权归属。如果抵押财产不明，则抵押权人的权利难以得到有效的担保。

4. 担保的范围

抵押人可以和抵押权人约定担保的范围，既可以约定只对主债权的本金提供担保，也可以约定只对本金的一部分提供担保，还可以在法定范围内作出其他担保范围的约定。如果没有约定担保的范围，则应该对主债权及其利息、违约金、损害赔偿金、保管担保财产和实现担保物权的费用承担担保责任。

（三）禁止流押契约

所谓流押契约，是指抵押人与抵押权人在订立抵押合同时作出如下约定：债务人届期不履行债务时，抵押权人有权直接取得抵押物的所有权。

我国法律曾明确禁止流押契约。《担保法》第 40 条规定："订立抵押合同时，抵押权人和抵押人在合同中不得约定在债务履行期届满抵押权人未受清偿时，抵押物的所有权转移为债权人所有"。《物权法》第 186 条也规定："抵押权人在债务履行期届满前，不得与抵押人约定债务人不履行到期债务时抵押财产归债权人所有。"法律之所以这样规定，一方面是因为抵押权属于物权，根据物权法定原则，抵押权的实现方式应由法律做出明确规定；另一方面是因为抵押物的价值在实现抵押权时可能会增加，也可能会降低，如果允许当事人在合同中作出上述约定，可能会损害任何一方当事人的利益。但是法律允许当事人在实现抵押权时协议以抵押物折价或者以拍卖、变卖该抵押物所得的价款受偿。《民法典》第 401 条规定："抵押权人在债务履行期限届满前，与抵押人约定债务人不履行到期债务时抵押财产归债权人所有的，只能依法就抵押财产优先受偿。"第 428 条对质权作了类似的规定。《民法典》的修改更加清晰地界定了合同效力和物权效力，当事人约定流抵押的内容，如无法定无效情形，在当事人之间发生合同的效力；但是对于能否依此实现抵押权和质物所有权的变动，还需要根据法律的规定来进行。抵押权的实现有其法定形式，故《民法典》的本质还是不支持流抵押的。

（四）抵押权登记

抵押权登记，是指依据财产权利人的申请，登记机关将与在该财产上设定抵押权相关的事项记载于登记簿册上的行为。我国《物权法》与《担保法》对于抵押权登记原则上采取登记生效要件主义，例外采取登记对抗要件主义，《民法典》沿用该制度。

1. 不动产抵押权和某些不动产物权设定的抵押权采取登记生效要件主义

《民法典》第 402 条规定："以本法第 395 条第 1 款第 1 项至第 3 项规定的财产或者第 5 项规定的正在建造的建筑物抵押的，应当办理抵押登记。抵押权自登记时设立。"第 395 条第 1 款第 1 项至第 3 项规定的财产是建筑物和其他土地附着物、建设用地使用权、海域使用权。对于这几类财产设定抵押时，办理了抵押登记后抵押权方产生。没有登记，抵押权不设立，但是未办理抵押权登记不影响当事人之间订立的抵押合同的效力。

2. 动产抵押权和动产浮动抵押权采取登记对抗要件主义

依据《民法典》第 403 条的规定，以动产抵押的，抵押权自抵押合同生效时设立；未经登记，不得对抗善意第三人。本条既适用于一般抵押，也适用于浮动抵押。对于动产抵押，抵押权不以登记为生效要件，登记仅具有对抗效力。善意第三人，指不知道也不应当知道该财产已经被抵押的人。所谓不得对抗善意第三人，包括两个方面的含义：一是合同签订后，如果抵押人将抵押财产转让，对于善意取得该财产的第三人，抵押权人无权追偿，抵押权人将失去在该财产上的抵押权，只能要求抵押人重新提供新的担保，或者要求债务人及时偿还债务。二是抵押合同签订后，如果抵押人以该财产再次设定抵押，而后位抵押权人进行了抵押登记，那么，实现抵押权时，后位抵押权人可以优先于前位未进行登记的抵押权人受偿。

《民法典》第 404 条规定："以动产抵押的，不得对抗正常经营活动中已经支付合理价款并取得抵押财产的买受人。"

四、抵押权人和抵押人的权利和义务

（一）抵押权人的权利和义务

（1）保全抵押权的权利。虽然抵押权人并不直接占有抵押物，如果抵押人实施的某种行为足以使抵押财产价值减少的，抵押权人有权要求抵押人停止该行为。《民法典》第 408 条规定："抵押人的行为足以使抵押财产价值减少的，抵押权人有权要求抵押人停止其行为；抵押财产价值减少的，抵押权人有权要求恢复抵押财产的价值，或者提供与减少的价值相应的担保。抵押人不恢复抵押财产的价值，也不提供担保的，抵押权人有权要求债务人提前清偿债务。"

（2）转让抵押权的权利。《民法典》第 407 条规定："抵押权不得与债权分离而单独转让或者作为其他债权的担保。债权转让的，担保该债权的抵押权一并转让，但是法律另有规定或者当事人另有约定的除外。"抵押权作为物权，抵押权人有权将该权利连同主债权一起转让给他人，而无须征得抵押人的同意，但应该及时告知抵押人及债务人。如果抵押合同约定不得转让抵押权的除外。

（3）实现抵押权的权利。当债务人到期不履行或不完全履行债务时，债权人有权要求以抵押物折价、拍卖、变卖所得价款优先受偿。

（4）不得干涉抵押人对抵押物正常使用的义务。

（5）依法定方式和程序实现抵押权的义务。

（二）抵押人的权利和义务

1. 继续占有抵押物并正常使用、收益的权利

虽然抵押之后，抵押物上设定了担保物权，但是抵押物的所有权仍然归抵押人所有，他有权继续占有标的物并进行使用，以充分发挥抵押物的价值。在使用期间所获得的收益也应归抵押人所有，抵押权人无权要求分得。但是《民法典》第 412 条规定了当债务人不履行到期债务或者发生当事人约定的实现抵押权的情形，致使抵押物被人民法院扣押的，自扣押之日起抵押权人有权收取该抵押财产的天然孳息或者法定孳息，但抵押权人未通知应当清偿法定孳息的义务人的除外。抵押权人应将扣押抵押物的事实及时通知应当清偿法定孳息的义务人，否则，该抵押权的效力不及于该孳息。

2. 抵押人有权对抵押物行使一定的处分权

由于抵押物已经担保了债权，所以抵押之后，抵押人一般不得对抵押物为事实上的处分，如销毁等，因为事实上的处分会影响到抵押物的价值。但是他仍然可以为法律上的处分，享有一定的处分权，因他毕竟还是财产的所有人。只是他的处分权受到一定的限制。具体而言，他有如下处分权：

（1）转让抵押物的权利。在抵押期间，抵押人仍旧是抵押物的所有权人，有权转让已办理登记的抵押物，为了避免抵押权人或者第三人的利益受损，《民法典》第 406 条对抵押人转让抵押物的问题作出了以下规定：抵押期间，抵押人可以转让抵押

财产。当事人另有约定的，按照其约定。抵押财产转让的，抵押权不受影响。抵押人转让抵押财产的，应当及时通知抵押权人。抵押权人能够证明抵押财产转让可能损害抵押权的，可以请求抵押人将转让所得的价款向抵押权人提前清偿债务或者提存。转让的价款超过债权数额的部分归抵押人所有，不足部分由债务人清偿。因此，在案例15-2中，甲可以将抵押的房屋卖给丙，乙的抵押权不受影响；乙如果能证明抵押财产转让可能损害其抵押权，可以请求甲将转让所得价款提前清偿债务或提存。

（2）就抵押物再设定抵押的权利。财产抵押之后可以再次抵押。如果一项财产之上，存在有两个以上的抵押权，则这些抵押权之间必然会产生顺位问题。《民法典》第414条规定："同一财产向两个以上债权人抵押的，拍卖、变卖抵押财产所得的价款依照下列规定清偿：（一）抵押权已经登记的，按照登记的时间先后确定清偿顺序；（二）抵押权已经登记的先于未登记的受偿；（三）抵押权未登记的，按照债权比例清偿。"关于未登记的不动产抵押权的受偿问题，不存在已经登记的抵押权优先于未登记的抵押权实现的顺序，因为未登记的不动产抵押权没有设定，故该抵押权人实际上并不享有抵押权，故谈不上与登记的抵押权相比较确定顺位的问题。对于一项动产之上设定的两个抵押权，如果都办理了登记，则依登记先后确定受偿顺位；如果一个抵押权办理登记，另一个没有办理登记，则登记的抵押权具有对抗未登记的抵押权的效力；如果均未登记，则两个抵押权只能按照比例受偿。法律对均未登记的两个抵押权，没有规定按照合同订立的先后确定顺位，是因为未登记的动产抵押合同不具备公示效力，故极难防止当事人故意将合同订立时间提起的问题。

（3）将抵押物出租的权利。抵押权设定后，由于抵押人仍然是该财产的所有权人，他仍然有权将该物出租以获得收益。但是，如果抵押权办理了登记，因实现抵押权而导致抵押物被拍卖、变卖时，租赁关系不得对抗已经登记的抵押权，不适用"买卖不破租赁"的规则，租赁合同的承租人可以依据租赁合同，追究出租人即抵押人的违约责任。

3. 抵押人有妥善保管抵押物的义务

财产抵押之后，该项财产上就产生了抵押权人的担保物权，所以为维护抵押权人的权利，抵押人应当妥善保管抵押物，合理进行使用，不致抵押物价值减损。如果因抵押人的过错导致抵押物价值降低的，抵押权人有权要求抵押人就抵押物价值降低部分重新提供担保。但是如果抵押物的价值降低不是因抵押人的过错导致的，则抵押权人无权要求抵押人重新提供担保，在实现抵押权时也只能以抵押物现存的价值及财产变现的价值来优先受偿，不足部分，只能作为一般债权来实现。

五、抵押权的实现

抵押权的实现是指当债务人到期不履行债务时或者发生当事人约定的实现抵押权的情形，债权人通过行使抵押权，以抵押物的价值来优先受偿，达到实现债权的目的。根据《民法典》第410条的规定，债务人不履行到期债务或者发生当事人约定的实现抵押权的情形，抵押权人可以与抵押人协议以抵押财产折价或者以拍卖、变卖该抵押财产所得的价款优先受偿。协议损害其他债权人利益的，其他债权人可以请求人民法院撤销该协议。抵押权人与抵押人未就抵押权实现方式达成协议的，抵押权人可以请求人民法院拍卖、变卖抵押财产。

抵押权实现的方式有两种：一是协商，二是诉讼。

1. 协商方式

抵押人与抵押权人协议实现抵押权的，可以将抵押财产折价、拍卖、变卖将抵押物变价，从而使抵押权人抵押权得以实现。

2. 诉讼方式

采取协商方式不能实现时，抵押权人只能通过诉讼方式来实现其抵押权，他无权直接对抵押物采取任何措施。诉讼以后，法院应当采取拍卖、变卖的方式处置抵押物，并以处置价款优先偿还抵押权人。

六、抵押权的终止

抵押权终止的原因主要有如下几种：

（一）主债权消灭

当主债权因债务人的清偿、提存、抵销以及债权人免除等原因而消灭时，抵押权也随之而消灭。因为抵押权从属于主债权，当主权利消灭时，从权利也随之也消灭。

（二）抵押物灭失，又没有替代物

当抵押物灭失时，抵押权人在该物上所享有的优先受偿的权利就消灭，但是如果抵押物灭失后有替代物的，则该抵押权就转化到替代物上。如当抵押物被他人损毁后抵押权人获得赔偿的，该赔偿金就应继续担保该债权，抵押权人有权就该赔偿金优先受偿。如果抵押物灭失后又没有替代物或赔偿金的，则该抵押权就最终消灭。

（三）抵押权已经实现

抵押权人对于抵押物已经实现抵押权的，不论抵押物变价后是否足以偿还债务，该抵押权都告消灭。

七、特殊抵押

特殊抵押包括动产浮动抵押、最高额抵押、共同抵押以及财团抵押三种。

（一）动产浮动抵押

《民法典》第396条规定："企业、个体工商户、农业生产经营者可以将现有的以及将有的生产设备、原材料、半成品、产品抵押，债务人不履行到期债务或者发生当事人约定的实现抵押权的情形，债权人有权就抵押财产确定时的动产优先受偿。"这就是我国《物权法》确立的一类新型抵押权——动产浮动抵押权，《民法典》继续沿用。

1. 动产浮动抵押的特征

与普通抵押不同，浮动抵押有以下几个特点：

（1）抵押人的特殊性。设定普通抵押权的人可以是自然人、法人或者其他组织，而设定浮动抵押的只能是企业、个体工商户和农业生产经营者。这里的企业包括具有法人资格的企业，也包括非法人企业。

（2）抵押客体不同。普通抵押权仅以现存的各类财产，如动产、不动产以及某些权利为客体；而浮动抵押权的客体仅限于抵押人的动产，既包括现有的动产，还包括抵押人将来所有的动产，且是生产经营过程中的生产设备、原材料、半成品、产品。

2. 动产浮动抵押权采取登记对抗要件主义

根据《民法典》相关规定，动产浮动抵押中，抵押权自抵押合同生效时设立，只是未经登记不得对抗善意第三人。

3. 抵押财产的确定

《民法典》没有限制浮动抵押中抵押人对抵押财产的处分，因此在抵押期间，浮动抵押的客体不是确定的，而是处于变动状态，这对于维持抵押人的正常经营活动具有极大的益处。但是，一旦发生债务人不履行到期债务的情形，抵押权人要实现抵押权时就必须确定浮动抵押中的财产，否则抵押权人无法行使抵押权。浮动抵押财产的确定也被称"结晶"或"封押"，即浮动抵押权因抵押财产的确定而成为固定抵押权（即一般抵押权），抵押人处置抵押财产的权利终止，抵押权人有权就抵押财产变价所得价款优先受偿。《民法典》第411条规定了浮动抵押中抵押财产的确定事由：（1）债务履行期届满，债权未实现；（2）抵押人被宣告破产或者解散；（3）当事人约定的实现抵押权的情形；（4）严重影响债权实现的其他情形。

（二）最高额抵押

最高额抵押是指抵押人与抵押权人协议，在最高债权额限度内，以抵押物为将来一定期间内连续发生的债权提供的担保，当债务人不履行到期债务或发生当事人约定的实现抵押权的情形，抵押权人有权在最高债权额限度内就该担保财产优先受偿。最高额抵押主要适用于连续交易关系、劳务关系以及连续借款关系当中。

最高额抵押不同于一般的抵押。主要表现在：

（1）一般的抵押所担保的债权是现在就成立或即将成立的债权，而最高额抵押所担保的债权却是将来一定时期内成立的债权。

（2）一般抵押所担保的债权数额在设定担保时是明确的，但是最高额抵押所担保的债权数额在订立抵押合同时还不明确，只是有最高数额的限制。

（3）一般抵押所担保的债权一般为一个单独发生的债权，而最高额抵押所担保的债权为多个债权，并且在订立合同时往往还不确定。

（4）一般担保的债权可以被转让，转让主债权不影响担保物权的效力，但是最高额抵押的主债权不能被转让，如果主债权被转让，又没征得抵押人的同意，则该担保物权消灭，抵押人有权拒绝承担担保责任。因为主债权的转让可能导致主债权数额的增加，因此就会增加抵押人承担担保责任的范围。

最高额抵押合同自双方当事人订立合同时生效，如果根据法律规定抵押需要办理登记手续的，当事人应当办理登记手续。

最高额抵押所担保的债权，只有在决算期届满时才可以确定，如果此时债权数额已经超过最高限额，则抵押物就担保该最高限额的债权；对于超过最高限额部分的债权，只能作为一般债权来受偿，不具有优先受偿权。如果决算时债权数额没有超过最高限额，就按该实际发生的债权以抵押物承担担保责任。

（三）共同抵押

共同抵押是指为担保同一项债权而在数项不动产、动产或财产权利上设定的抵押权。这数项财产可以属于同一个人，也可以分别属于不同的人。《民法典》第395条第2款规定："抵押人可以将前款所列财产一并抵押。"由此来看，我国法律是承认共同抵押的。共同抵押适用法律关于一般抵押的基本规定，只是有如下区别：如果当事人约定了共同抵押的抵押物中的不同抵押物分别担保债权的一部分的，则债权人在实现抵押权时只能以该抵押物所担保的数额来主张优先受偿权，抵押物价值超过该数额的部分，抵押权人不得主张优先受偿权。如果没有上述约定，则抵押权人有权就抵押物的任何财产主张优先受偿权。

第三节 质 权

【案例15-3】 10月5日甲向乙借款2000元，同时签订了一份质押合同，约定甲于同年10月8日将一头牛作为质物交付给乙，甲如期交付。

请思考：质权何时产生？

一、质权的概念和特征

质权，是指为担保债权的实现，债务人或者第三人将其动产或权利凭证交付债权人占有或办理质押登记手续，以此作为债权的担保，当债务人到期不履行债务或发生当事人约定的实现质权的情形时，债权人有权就该动产或者权利优先获得偿还。质权也被称为质押权，债权人也称质权人或质押权人，提供质押的债务人或者第三人是质押人、出质人，质押的物或者财产权利被为质物。质权与抵押权都属于担保物权，都具有担保物权的一般特征，但二者有明显的区别，比较而言，质权具有如下特征：

1. 质权为动产担保物权

与抵押权不同，质权的标的只能是动产和财产权利，不动产不能作为质权的客体，只能作为抵押权的客体。

2. 质押须转移对动产或者权利凭证的占有

抵押当中，抵押人不必转移抵押物给抵押权人占有，但是当事人之间设立动产质权必须转移标的物的占有，即由质权人占有该标的物。至于权利质权的设定，则需要交付权利凭证或者进行登记。法律之所以这样规定，是因为抵押的标的物一般为不动产，抵押生效需办理登记手续，登记之后，抵押人就难以再行转让该不动产；而质押的标的为动产或者财产权利，如果不转移质物的占有，则难以控制质押人在质押后将质物转让给他人，从而使质权难以获得实现。

3. 质权的内容与抵押权有所不同

质权人因占有质押物，法律规定质押人有权收取质押期间质物所产生的孳息，而抵押当中抵押权人无此权利；质权人占有质押物的同时还负有保管质押物的义务，如果因为质权人保管不善造成质物毁损灭失的，质权人应予赔偿，抵押权人无此义务。

根据有关质押的法律规定，质权包括动产质权和权利质权两种。

二、动产质权

（一）动产质权的概念

动产质权是质押人将动产提交给债权人占有，以该动产作为债权的担保，债权人于债务人不履行到期债务或发生当事人约定的实现质权的情形时，有权就该动产优先受偿的权利。可以做动产质押标的的财产很多，如汽车、机器设备、货物、金银首饰等。该动产可以是债务人自己的财产，也可以是第三人的财产，但是用第三人的财产提供质押的，必须征得该第三人的同意。

（二）动产质权的产生

根据《民法典》规定，设立质权，当事人应当采取书面形式订立质权合同。质权自出质人交付质押财产时设立。如案例 15-3，甲、乙之间的合同是 10 月 5 日签订的，但质物即牛是 10 月 8 日交付给乙的，质权从 10 月 8 日产生。如果仅是订立了质押合同，但是没有实际交付质物的，质权不产生。

动产质押合同应当包括以下内容：

（1）被担保的债权种类、数额。

（2）债务人履行债务的期限。

（3）质物的名称、数量等情况。

（4）担保的范围。没有约定的，担保的范围包括主债权及利息、违约金、损害赔偿金、质物保管费用和实现质权的费用。

（5）质押财产交付的时间、方式。

《民法典》第 428 条规定："质权人在债务履行期限届满前，与出质人约定债务人不履行到期债务时质押财产归债权人所有的，只能依法就质押财产优先受偿。"可见，《民法典》对流质押和流抵押的态度是一致的。

（三）动产质押中当事人的权利义务

1. 质权人的权利

（1）占有质物的权利。占有质物是质权产生的条件，也是质权存续的必要条件。

（2）收取质物孳息的权利。在质押期间，质权人有权收取质物的孳息，质押合同另有约定的，按照约定。收取的孳息应当先充抵收取孳息的费用。

（3）保全质权的权利。当质物因不能归责于质权人的事由而有损坏或价值明显减少的可能，足以危害质权人权利的，质权人有权要求出质人提供相应的担保。出质人不提供的，质权人可以请求法院拍卖或变卖质物，并与出质人协商，将拍卖或变卖所得价款提前清偿债务或者向与出质人约定的第三人提存。如果质物是因质权人保管不善导致毁损灭失的，则质权人无此权利。

（4）优先受偿权。当债务人在履行期限届满时没有履行债务或者履行债务不完全时，质权人有权以该质物折价、拍卖或者变卖所得价款优先获得偿还。如果该变价价款不足以偿还时，剩余债权作为一般债权由债务人偿还；如果该变价价款超过债务或债务余额的，超过部分应返还给出质人。

（5）转质权。转质，是指质权人为了担保自己的或者他人的债务，将质物向第三人再度设定新的质权。《民法典》第431条规定：质权人在质权存续期间，未经出质人同意转质，造成质押财产毁损、灭失的，应当向出质人承担赔偿责任。

（6）因质权受侵害的请求权。作为担保物权，质权具有对世的效力。依据物权保护的规定，质权人享有物权请求权。此外，质权人还可基于占有而行使《民法典》第462条规定的占有保护请求权。另外，因不可归责于质权人的事由而丧失对质物的占有，质权人可以向不当占有人请求停止侵害、恢复原状、返还质物。

2. 质权人的义务

（1）妥善保管质押财产的义务。由于动产质权存续期间，质权人占有质押财产，因此质权人负有妥善保管质押财产的义务，因保管不善致使质押财产毁损、灭失的，应当承担赔偿责任。

（2）不得擅自使用、处分质押财产的义务。《民法典》第431条规定："质权人在质权存续期间，未经出质人同意，擅自使用、处分质押财产，造成出质人损害的，应当承担赔偿责任。"但是，如果质权人是为了履行妥善保管质押财产的义务而对该财产加以必要的使用，应为法律允许。

（3）返还质物的义务。《民法典》第436条规定："债务人履行债务或者出质人提前清偿所担保的债权的，质权人应当返还质押财产。"

3. 出质人的权利

（1）质物的收益权。由于出质人须将质物的占有移转给质权人，因此原则上出质人对于质物没有使用收益的权利，但是依据《民法典》第430条，出质人可以与质权人约定仍然保留对质物的收益权。

（2）质物的处分权。出质人虽然将质物移交债权人占有，但出质人并不丧失对质物的处分权，不过此种处分仅指法律上的处分而非事实上的处分，因为出质人在丧失对质物的占有后已无法对质物进行事实上的处分，况且此种处分也将有害于质权人的利益。

（3）保全质物的权利。《民法典》第432条第2款规定，质权人的行为可能使质押财产毁损、灭失的，出质人可以要求质权人将质押财产提存，或者要求提前清偿债务并返还质押财产。由此产生的提存费用应由质权人负担；如果出质人提前清偿债务的，则应当扣除未到期部分的利息。

（4）物上保证人的追偿权。当出质人是债务人以外的第三人时，该第三人代为清偿债务或者因质权的实现而丧失质物所有权的，出质人有权向债务人追偿。

4. 出质人的义务

因质物存在隐蔽的瑕疵而致质权人遭受损害时，应由出质人承担赔偿责任。

三、权利质权

（一）权利质权的概念

所谓权利质权，是指以所有权以外的财产权为标的物而设定的质权。权利质权的标的物为财产权利，是债务人或第三人有权处分的财产权，且必须是依法可以转让的财产权利，如果是不能转让的财产权，则不得设定质权，比如养老金债权。

权利质权是建立在财产权利的基础之上的一种担保物权，它不同于一般的物权，一般的物权是建立在物的基础之上。法律之所以把权利质押当作担保物权来对待，是为了确保债权人权利的实现，而以法律的形式赋予其物权效力。

（二）权利质权的设定

权利质押也应由质押人和质权人订立书面的质押合同。权利质权的设立不同于动产质押，要根据具体的出质权利的类型来判断质权的设立时间。具体包括：

（1）以汇票、支票、本票、债券、存款单、仓单、提单出质的，质权自权利凭证交付质权人时设立，没有权利凭证的，质权自有关部门办理出质登记时设立。

（2）以基金份额、证券登记结算机构登记的股权出质的，质权自办理出质登记时设立。

（3）以注册商标专用权、专利权、著作权等知识产权中的财产权出质的，质权自办理出质登记时设立。

（4）以应收账款出质的，质权自办理出质登记时设立。

（三）权利质押当事人的权利义务

权利质押当中，质权人和出质人的权利义务基本与动产质押中当事人的权利义务相同。法律还有一些特殊的规定，简单介绍如下：

以载明兑现或者提货日期的汇票、支票、本票、债券、存款单、仓单、提单出质的，汇票、支票、本票、债券、存款单、仓单、提单的兑现或者提货日期先于主债权到期的，质权人可以在债务履行期届满前兑现或者提货，并与出质人协议将兑现的价款或者提取的货物用于提前清偿债务或提存。

以基金份额、股权出质的，出质后不得转让，但经出质人与质权人协商同意的可以转让。出质人转让基金份额、股权所得的价款应当向质权人提前清偿债务或者提存。

以商标专用权、专利权、著作权中的财产权出质后，出质人不得转让或者许可他人使用，但经出质人与质权人协商同意的除外。出质人所得的转让费、许可费应当向质权人提前清偿债务或提存。

第四节 留 置 权

【案例 15-4】 王某开车为李某运送旧家具，约定到达目的地后支付运费150 元。运送到目的地后，王某提出路途太远要求李某再加 50 元运费。李某不同意，但提出可以旧家具抵价，王某认为旧家具不值钱，把李某家的电视搬走了，要王某尽快付清运费，否则电视归他。

请思考：这种行为属于行使留置权吗？

一、留置权的概念和特征

留置权，是指债权人合法占有债务人的动产，当债务人到期不履行债务时，债权人依法享有的留置该财产，以该财产折价或者以拍卖、变卖所得价款优先受偿的权利。债权人即留置权人，被留置的动产为留置物。留置权有如下特征：

（1）留置权属于法定担保物权，它不需要当事人提前在合同中约定，而是根据法律的规定，符合法定条件时，权利人就可以直接行使该权利。

（2）留置权是以动产为标的物的担保物权。留置权只适用于动产，对于不动产不能适用。留置权人须是基于合法的合同关系占有对方的动产，才可以行使该权利，并且行使留置权所担保的债权应该与该财产有一定的牵连，属于同一法律关系，如果是基于两个合同关系一方占有对方财产，而对方负有债务，则不得行使留置权。

（3）留置权为具有二次效力的担保物权。当债务人到期不履行债务时，债权人有权直接对其占有对方的动产进行留置，就其所占有的物有继续占有的权利，以督促对方及时履行债务，这是留置权的第一次效力。如果债务人经催告后还是不履行债务，则债权人有权通过法定方式将留置物折价、拍卖、或者变卖，用所得价款优先受偿，这是留置权的第二次效力。

（4）留置权具有从属性、不可分性、物上代位性。留置权的从属性不同于抵押权、质权，在抵押权、质权中，被担保的债权可以是将来发生的债权，但是留置权却只能用于担保履行期限已经届满的债权；留置权的不可分性是指，债权人于其债权未受全部清偿前，得就留置物之全部行使留置权，然而，过分严格强调留置权的不可分性可能会对债务人不公平，也不利于对留置物的充分利用，因此，《民法典》第450条对留置权的不可分性作了一定限制，即留置财产为可分物的，留置财产的价值应当相当于债务的金额。另外，依据《民法典》第390条，留置权还具有物上代位性。

二、留置权的成立

留置权成立，即留置权的发生，是指留置权行使的条件已经具备。一般而言，留置权行使应具备如下条件：

1. 债权人合法占有了债务人的动产

《物权法》颁布之前，依据《担保法》和《合同法》，只有在因保管合同、运输合同、加工承揽合同、仓储合同、行纪合同中发生的债权，债务人不履行债务的，债权人才有权享有留置权，除此之外，其他的债权关系中债权人都不享有留置权。《物权法》第230条第1款规定，债务人不履行到期债务，债权人可以留置已经合法占有的债务人的动产，并有权就该动产优先受偿。《民法典》第447条保留了该规定。即不仅债权人依据合同关系而合法占有的债务人的动产可以被留置，而且债权人基于其他法律关系而合法占有的债务人的动产也可以被留置，如基于无因管理之债占有的他人的动产，当受益人不偿付管理人由此而支付的必要费用时，管理人也有权留置该动产。

2. 债权人占有的债务人的动产与债权属于同一法律关系

《民法典》第 448 条规定："债权人留置的动产，应当与债权属于同一法律关系，但企业之间留置的除外。"所谓同一法律关系也被称为有牵连关系，即是基于同一个双务合同关系留置权人占有对方财产，对方承担义务。案例 15-4 中王某在李某拒付运费时如果扣留所运输的旧家具即构成留置，其行为是合法的；但是王某将李某家的电视搬走，电视机与该运输合同并没有关系，因此，王某扣留李某家的电视机行为不构成留置，属于违法行为。对于企业之间的留置，不受同一法律关系的约束，即企业之间为担保某一债权可以留置基于其他法律关系合法占有的对方的动产。法律之所以这样规定，是为了更好地保障企业之间的交易活动和交易安全，便于企业之间快速地解决经济纠纷。

3. 债务人不履行到期债务

在债务人履行期限到来之前，债权人无权行使留置权，只有到期之后，债务人没有履行债务的，债权人才可以拒绝交付标的物给对方，行使留置权。如果合同没有约定履行债务的期限，则债权人应在合理的期限内催告对方履行，并给对方一个适当的期限，对方在此期限内还是没有履行的，债权人才可以行使留置权。

以上是留置权产生的积极条件，《物权法》第 232 条和《民法典》第 449 条规定："法律规定或者当事人约定不得留置的动产，不得留置。"这一条是对留置权产生的消极条件的规定。留置权是法定担保物权，但是法律允许当事人通过约定的方式而排除其适用，如当事人约定一方不得留置对方动产的，该约定有效。另外，法律、行政法规禁止转让的动产不得出质。行使留置权也不得与社会公序良俗相违背，如留置对方的身份证、护照。

三、留置权人的权利义务

（一）留置权人的权利

1. 占有留置物的权利

行使留置权之后，留置权人有权占有留置物，有权拒绝债务人要求交付的请求，也有权排除第三人的侵夺。但是，如果留置物为可分物，对于超出债权价值部分的财产，应及时交付给债务人，而不得对全部财产行使留置权，因为留置权的目的在于担保债权的实现，留置权人应在能够担保其债权的范围内留置对方的财产；如果财产为不可分物，则可以留置全部的财产。

2. 收取留置物孳息的权利

《民法典》第 452 条规定，留置权人有权收取留置财产的孳息。收取的孳息应当先充抵收取孳息的费用。因为留置财产由留置权人占有，因此由其收取孳息是最方便的选择。

3. 保管费用求偿权

留置权人占有留置物期间应对留置物进行妥善保管，为保管留置物所支付的必要费用，有权要求债务人承担。

4. 优先受偿权

留置权人留置标的物后，有权就该动产折价或者就拍卖、变卖所得价款优先受偿。如果留置物的价值不足以偿还债务的，债务人应该继续履行；如果留置物价值超过债权数额的，超过部分，应返还给债务人。

（二）留置权人的义务

1. 妥善保管留置物的义务

《民法典》第 451 条规定："留置权人负有妥善保管留置财产的义务；因保管不善致使留置财产毁损、灭失的，应当承担赔偿责任。"另外，留置权人在留置权存续期间，未经留置物所有人同意，擅自使用、出租、处分留置物，因此给留置物所有人造成损失的，留置权人应当承担赔偿责任。

2. 返还留置物的义务

如果债务人履行了债务，或者债务人另行提供担保并被债权人接受而消灭留置权时，留置权人负有将留置物返还给债务人的义务。

四、留置权的行使

（一）留置权担保的范围

留置担保的范围包括主债权及利息、违约金、损害赔偿金、留置物保管费用和实现留置权的费用。当然，虽然留置权属于法定担保物权，不需要当事人提前约定，但是如果当事人在合同中约定了留置权，并约定了具体担保的范围，则该约定有效。

（二）留置权行使的方式

当债务履行期限届满，债务人不履行或者履行债务不完全的，债权人就可以行使留置权。但是，债权人留置对方财产后，应及时催告债务人，通知其履行债务，并且应当给债务人不少于六十日的期限。但留置鲜活易腐等不易保管的动产的，留置权人给债务人履行债务的期间不受六十日的限制。《民法典》第 453 条规定："留置权人与债务人应当约定留置财产后的债务履行期限；没有约定或者约定不明确的，留置权人应当给债务人六十日以上履行债务的期限，但是鲜活易腐等不易保管的动产除外。债务人逾期未履行的，留置权人可以与债务人协议以留置财产折价，也可以就拍卖、变卖留置财产所得的价款优先受偿。留置财产折价或者变卖的，应当参照市场价格。"

留置权实现的具体方式，包括两种：协议以留置物折价偿还；拍卖、变卖留置物，就拍卖、变卖留置财产所得价款优先受偿。

五、留置权的消灭

留置权消灭的原因主要有：主债权消灭，留置权实现，留置权人丧失对标的物的占有，留置物灭失以及债务人另行提供担保并经债权人同意的。其中主债权的消灭包括债务人履行，债权人债务人之间抵销、混同等。

本章练习题

一、思考题

1. 同一财产向两个以上债权人抵押的,拍卖、变卖抵押财产所得价款应如何清偿给抵押权人?

2. 留置权的成立需具备什么条件?

二、综合训练

甲向乙借款 20 万元,由丙提供价值 15 万元的房屋作抵押,并订立了抵押合同。甲因办理登记手续费过高,经乙同意未办理登记手续。甲又以自己的一辆价值 6 万元的汽车质押给乙,双方订立了质押合同。乙认为将车放在自家附近不安全,决定仍放在甲处。1 年后,甲因亏损无力还债,乙诉至法院要求行使抵押权、质权,问:抵押合同、质押合同的效力如何? 抵押权、质权是否产生?

【要点提示】

抵押权和质权设定的公示形式。

第十六章 占 有

◎ 知识目标
- 理解占有的基本含义和法律属性。
- 熟悉占有的分类，重点掌握占有作为一种事实状态与基于法律原因产生的占有权的区别。

◎ 能力目标
- 掌握占有的分类及其依据，能够根据善意占有和恶意占有分析占有人的权利和义务。
- 能够根据占有的事实分析占有人与权利人之间的关系。

第一节 占有的概念、特征和分类

【案例 16-1】 张某在马路边上行走时，发现从一辆行使中的货车上掉下一箱货物，张某就把该箱货物搬到路边，等待货车司机回来寻找货物。在张某等待期间，李某骑摩托车通过时不慎撞到该箱货物上，把货物撞坏。

请思考：张某是否应该赔偿货主的损失？

一、占有的概念

占有是一项古老的民事法律制度，起源于罗马法，后世大陆法系国家和地区也多有关于占有的规定。我国法律中《物权法》最早单独规定了占有制度，《民法典》延续了该规定。占有是指占有人事实上对物的控制和支配状态。从理论上看，占有包括广义的占有和狭义的占有，财产所有权人占有自己的财产是占有，承租人基于租赁合同占有租赁物也是占有，但是，这些占有都是常态化的占有，根据法律关于财产所有权和合同的规定就可以解决其法律问题，《民法典》第 458 条规定，当事人基于合同等原因发生的占有关系，适用合同法等法律。法律专门规定占有主要是针对非常态的占有，如基于拾得遗失物发生的占有，再如基于自助行为临时控制对方财产发生的占有等。对于这种占有，法律并没有赋予占有人"占有权"，而是以承认其事实上的控制或支配为核心，只是保护了一种客观事实状态，在此基础上占有人享有一定的权利，承担一定的义务。但是，当占有人的权利与财产的真正权利人发生冲突时，占有人的权利将退居次要地位，不能对抗真正权利人的权利。如遗失物的拾得人对物的占有状态是不能对抗失主的，当失主出现时就应该予以返还。

二、占有的特征

(一) 占有人具有占有动产或不动产的主观心态

这是法律保护占有的基础，如果占有人并不知道自己占有某项特定的动产或不动产，则法律没有保护占有状态的必要，如甲家的羊群中混入了一只乙家的养，甲并不知情，则甲无从行使占有的权利，也无法履行占有的义务。至于占有人占有物是否具有据为己有的意思，则是区分善意占有和恶意占有的依据。

(二) 占有人须在客观上对物实际控制

如果占有人事实上没有对物形成有效的控制，不能对物进行有效的支配，则不构成占有。但是，占有人将物交付给他人占有，可以形成占有人对物的间接占有。间接占有也是占有的一种形态。

三、占有的分类

(一) 有权占有和无权占有

有权占有和无权占有的分类依据是占有是否存在法律上的原因。占有人基于合法的原因占有动产或不动产，构成有权占有，如占有人基于所有权占有自己的物，基于承包经营合同占有承包的土地，基于租赁合同关系占有租赁物。无权占有是占有动产或不动产没有法律上的原因，如占有人占有拾得的遗失物。这一分类的意义在于，对于有权占有，没有必要适用法律的特别规定处理占有人与其他人之间的法律关系，直接依据其基础法律关系就可解决。而对于无权占有，就需要根据无权占有的形成原因来界定其占有的法律属性，来处理占有人与物的本权主体及其他人之间的法律关系。

(二) 善意占有和恶意占有

无权占有又分为善意占有和恶意占有，这一分类的依据是占有人占有他人之物时的主观心态。无权占有人不知道、也不应知道自己的占有为无权占有的，构成善意占有，反之就构成恶意占有。如遗失物的拾得人占有遗失物时积极寻找失主，就构成善意占有；但是，寻找未果时拾得人想据为己有，这时就转变为恶意占有。善意占有与恶意占有的区别意义在于，占有人承担的责任不同，对于物因意外原因发生毁损灭失时，善意占有人不承担损害赔偿责任，但是恶意占有人却应该赔偿损失。在案例16-1中，张某对拾得的遗失物占有构成善意占有，故因货物被李某撞坏所造成的损失，张某对货主不负赔偿责任。

(三) 自主占有和他主占有

自主占有是指，占有人占有物时是以自己是物的所有权人的意思占有该物，即以"所有的意思"对物占有；他主占有是占有人以"非所有的意思"占有该物，即占有人明知该物不是自己的，或者明知自己没有权利占有该物。此种分类对判断是否构成取得时效有一定的意义，但是我国《民法典》没有规定取得时效。

(四) 直接占有和间接占有

占有人自己对物实际控制构成直接占有，而占有人通过自己能够控制的方式将物交给他人占有为间接占有。间接占有的原占有人与实际占有人之间要形成法律上的媒介关系，如出租、保管、借用等，如果没有媒介关系，则不构成间接占有。如张三的手机被李四偷走，李四对手机的占有是直接占有，但是张三不构成对手机的间接占有，因为其对手机的占有已经丧失。区别直接占有和间接占有的意义在于，直接占有人有权基于与间接占有人之间的媒介关系要求间接占有人将物交还。

第二节 占有的法律效力

一、占有人的权利

（一）占有的权利推定效力

占有人对物占有期间，如无相反证据，先行推定占有人为物的权利人，有权行使权利人对物享有的权利。如物被他人盗窃、抢夺或损坏时，占有人有权要求侵权人返还原物、赔偿损失。之所以赋予占有人权利推定的效力，在于维护物被占有人占有所形成的稳定的财产社会关系，有利于发挥财产的社会价值。当然，占有的权利推定效力不能对抗真正的权利人对物行使权利，真正的权利人有权要求占有人返还原物；不动产的实际占有人的占有不能对抗不动产的登记权利人，因为不动产以登记为权利享有的公示形式。

（二）占有的请求权

《民法典》第462条规定，"占有的不动产或者动产被侵占的，占有人有权请求返还原物；对妨害占有的行为，占有人有权请求排除妨害或者消除危险；因侵占或者妨害造成损害的，占有人有权依法请求损害赔偿。占有人返还原物的请求权，自侵占发生之日起一年内未行使的，该请求权消灭。"可见，当占有的财产被他人侵害时，占有人有权要求侵权人返还原物、排除妨害、消除危险，即占有人可以行使物权人所享有的此三种物权请求权；当财产被毁损灭失时，占有人还有权要求侵权人赔偿损失，行使债权请求权。但是需要注意的是，占有人请求返还原物的请求权，法律规定了1年的除斥期间，如果权利人没有在侵权之日起一年内行使该权利的，该请求权消灭。

二、占有人的义务

（一）占有人返还原物的义务

占有人没有法定理由占有他人之物的，占有人应该及时返还原物。如果因为客观原因不能返还，但是当本权的权利人要求占有人返还原物时，占有人必须返还。返还原物时如果原物有孳息，则应该将孳息与原物一起返还。比如占有他人的母牛期间母牛产下小牛，则小牛也应该一并予以返还。如果占有人为善意，则其对物占有期间为维护物的价值所支付的必要费用，有权要求物的所有权人予以支付。

（二）恶意占有人赔偿损失的义务

恶意占有人占有他人之物，不仅应该返还原物，如果占有期间因对物进行使用造成损失的，还应该赔偿损失。法律对善意占有人和恶意占有人作出区别待遇，就在于鼓励形成良好的社会风气。

（三）物被毁损灭失时的替代返还的义务

根据《民法典》第 461 条的规定，占有人因占有的物毁损灭失取得保险金、赔偿金、补偿金的，物的权利人要求占有人将保险金、赔偿金和补偿金交付给权利人的，占有人应该予以交付。如果交付保险金、赔偿金和补偿金仍然不能弥补物的损失时，恶意占有人还应当继续赔偿损失，善意占有人则不用承担赔偿责任。

本章练习题

一、思考题

1. 试比较占有与占有权的异同。

2. 试分析占有人有哪些权利和义务。

二、综合训练

甲、乙二人为多年好友，甲因事需要去外地常住，于是委托乙照看自己的房屋，双方约定不收房租，甲何时返回，乙就在何时将房屋交还给甲。甲外出后，乙悉心照料房屋，随时进行修缮，还将其中的两间房屋出租。十年后甲返回，乙交还房屋。后甲得知乙出租房屋获得租金 1 万元，遂要求乙将该 1 万元租金交付给自己，被乙拒绝，乙提出维修房屋花费 5 千元，并拿出证据，要求甲支付。请问：乙应否将 1 万元租金交付给甲，甲应否支付 5 千元的房屋维修费用？

【要点提示】

请结合《民法典》的相关规定进行分析。

第三编　合　同

第十七章　债的一般原理

◎ 知识目标
- 了解债的概念、特征和要素。
- 了解债的发生根据。
- 掌握债的分类。
- 掌握特定物之债和种类物之债的区别。
- 掌握连带之债的法律规定。

◎ 能力目标
- 能够结合案例分析连带之债。
- 能够结合案例分析特定物之债和种类物之债。
- 能够结合案例分析选择之债。

第一节　债的概念、特征和要素

一、债的概念、特征

（一）债的概念

日常生活中，债有多种含义。有时债是指欠钱，如债台高筑、欠债还钱；有时债是指情感上的赊欠，如情债。但这些都不是法律上所说的债。法律上的债是指按照合同的约定或者依照法律的规定，在当事人之间产生的特定的权利和义务关系。享有权利的人是债权人，负有义务的人是债务人。债权人有权请求债务人按照合同的约定或者法律的规定履行其义务；债务人有义务按照合同的约定或者法律的规定为特定的行为，以满足债权人的请求。

（二）债的特征

债作为一种法律关系，是民法调整财产关系的结果。但债的关系与同样是财产关系的物权关系相比较，具有如下特征：

1. 债反映的是财产流转关系

财产关系以其形态分为财产的归属利用关系和财产流转关系。物权关系反映的是财产的归属利用关系，称为静态的财产关系，其目的是保护财产的静态安全；债权关系则是财产利益从一个民事主体流向另一个民事主体的财产流转关系，其目的是保护财产的动态安全。

2. 债的主体双方只能是特定的

债是特定当事人之间的民事法律关系，因此，债的主体，无论是权利主体还是义务主体都是特定的，债权人只能向特定的债务人主张权利，债务人也只能向特定的债权人履行义务。而物权关系中只有权利主体是特定的，义务主体则是不特定的多数人，也就是说权利主体可以向一切人主张权利。

3. 债的客体是给付，即债务人应为的特定行为

而给付又是与物、智力成果以及劳务等相联系的，也就是说物、智力成果、劳务等都是给付的标的或客体。而物权关系的客体原则上为物。

4. 债通过债务人的特定行为才能实现目的

债的目的是一方从另一方取得某种财产利益，而这一目的的实现，只能通过债务人的给付才能达到，如果没有债务人的给付行为，债权人的权利就无法实现。而物权关系的权利人可以通过自己的行为实现其权利，无须借助于义务人的行为。

5. 债的发生具有任意性、多样性

债的发生原因多种多样，既有合法行为，如合同；也有违法行为，如侵权。对于合同行为设立的债权，当事人可依法自行任意设定。如合同行为的当事人可在法律许可的范围内以自己的意愿决定合同的种类、内容。而物权关系只能依合法的行为取得，并且其种类、内容都是法定的。

6. 债具有平等性和相容性

在同一标的物上不仅可以成立数个内容相同的债，而且债与债之间的相互关系是平等的。而物权具有优先性和不相容性，在同一物上不能成立内容不相容的数个物权关系，同一物上有数个物权关系时，其效力有先后之分。

二、债的要素

债作为一种法律关系，其构成要素包括主体、客体和内容。

（一）债的主体

债的主体包括债权人和债务人。在债的关系中，享有权利的人是债权人，负有义务的人是债务人。每一方当事人都既可以是一人，也可以是数人。在某些债中，债的一方当事人仅享有权利，另一方当事人仅负有义务，而在大多数债中，当事人双方相互享有权利和负有义务。例如，在买卖关系中，从标的物的交付与所有权移转上说，买受人是债权人，出卖人为债务人；而从价款支付上说，出卖人为债权人，买受人为债务人。

（二）债的客体

债的客体是指债权债务所共同指向的对象。没有债的客体，债的关系就无法成立。通说认为债的客体是给付，给付包括了积极的作为和消极的不作为，前者如买卖合同中交付标的物的作为义务，后者如合伙协议中禁止同业竞争的不作为义务等。

（三）债的内容

债的内容就是债的主体双方间的权利和义务，即债权人享有的权利与债务人负担

的义务。

债权是债权人享有的请求债务人为特定行为的权利。债权是请求权、相对权，具有任意性、平等性的特点。债务是债务人有义务按照约定或者法律的规定为特定行为的义务。

第二节　债的发生原因

任何法律关系的发生、变更和终止都以一定的法律事实为根据。《民法典》第118 条规定："民事主体依法享有债权。"债权是因合同、侵权行为、无因管理、不当得利以及法律的其他规定，权利人请求特定义务人为或者不为一定行为的权利，所以引起债发生的法律事实主要包括合同、不当得利、无因管理、侵权行为及其他。

1. 合同

合同是平等主体的自然人、法人或其他组织之间设立、变更、终止民事权利义务关系的协议。《民法典》第 119 条规定："依法成立的合同，对当事人具有法律约束力。"因此合同是债的发生原因。基于合同所产生的债称为合同之债。合同是最常见、最重要的基于当事人之间的合意而产生的债。

2. 不当得利

《民法典》第 122 条规定："因他人没有法律根据，取得不当利益，受损失的人有权请求其返还不当利益。"所以根据法律规定，不当得利人应将不当利益返还给利益受到损害的人，利益受到损害的人也有权要求不当得利人返还不当得利，不当得利成为债的发生原因，基于不当得利产生的债称为不当得利之债。不当得利之债是基于法律的直接规定而形成的债。

3. 无因管理

《民法典》第 121 条规定："没有法定的或者约定的义务，为避免他人利益受损失而进行管理的人，有权请求受益人偿还由此支出的必要费用。"根据法律的规定，无因管理一经成立，管理人有权要求受益人偿还管理所支出的必要费用，受益人也有偿还的义务。因此，无因管理成为债发生的又一原因。

4. 侵权行为

《民法典》第 120 条规定："民事权益受到侵害的，被侵权人有权请求侵权人承担侵权责任。"任何民事主体的合法权益均受法律保护，侵害人实施了不法行为，给受害人造成损害，侵害人就应承担相应的民事责任，因此侵权行为导致侵害人和受害人之间产生了侵权行为之债。

5. 其他原因

合同、不当得利、无因管理、侵权行为是债发生的主要原因，除此之外，其他法律事实也会引起债的发生。例如，拾得遗失物会在拾得人与遗失物的所有权人之间产生债权债务关系；因缔约过失会在缔约当事人之间产生债权债务关系。

第三节　债 的 分 类

一、单一之债与多数人之债

单一之债，是指债的双方主体仅为一人的债。多数人之债，是指债的一方或双方主体为二人以上的债。

区分单一之债与多数人之债的意义在于：因单一之债的主体双方都只有一人，当事人之间的权利、义务明了；而多数人之债当事人之间的关系比较复杂，不仅有债权人和债务人之间的权利、义务关系，而且还有多数债权人之间或多数债务人之间的权利、义务关系。因此，正确区分单一之债与多数人之债，有利于准确地确定债的当事人之间的权利、义务关系。

二、按份之债和连带之债

对于多数人之债，根据多数人一方当事人相互之间的权利、义务关系可分为按份之债和连带之债。

（一）按份之债

按份之债是指多数债权人或多数债务人之间按照确定的份额享有债权或承担债务。

按份之债包括按份债权和按份债务。按照《民法典》规定，债权人为二人以上，标的可分，按照份额各自享有债权的，为按份债权。例如，甲、乙筹资 200 万元，借款给丙，借款合同中明确约定甲、乙各自享有 50% 的债权，甲、乙对丙所享有的债权就是按份债权。在按份债权中，各个债权人只能就自己享有的份额请求债务人给付，无权请求债务人全部给付。债务人为二人以上，标的可分，按照份额各自负担债务的，为按份债务。例如，甲将 200 万元出借给乙、丙二人，约定乙、丙分别负担 50% 的债务，乙、丙对甲所负担的债务就是按份债务。在按份债务中，各个债务人只对自己分担的债务份额负清偿责任，债权人无权请求某一债务人清偿全部债务。按份债权人或者按份债务人的份额难以确定的，视为份额相同。

（二）连带之债

连带之债，是指依照法律的规定或者当事人的约定，享有连带权利的每个债权人，都有权要求债务人履行义务；负有连带义务的每个债务人，都负有清偿全部债务的义务。

1. 连带债权和连带债务

连带之债包括连带债权和连带债务。《民法典》第 518 条规定："债权人为二人以上，部分或者全部债权人均可以请求债务人履行债务的，为连带债权。"例如，各个共有人对其共有财产所产生的收益享有连带债权。债务人为二人以上，债权人可以请求部分或者全部债务人履行全部债务的，为连带债务。例如，法人的设立人在从事民事活动时对外所负担的债务为连带债务。连带债权或者连带债务，由法律规定或者当事人约定。

2. 连带债权和连带债务中的追偿权

连带债权中的追偿权是指连带债权人受领了债务人的全部给付或超过了其按照比例应当享有的债权数额，则其他债权人有权按照比例向该债权人追偿。连带债权人之间的份额难以确定的，视为份额相同。

连带债务中的追偿权是指连带债务人承担债务超出了其按照内部比例应分担的债务时享有向其他债务人追偿的权利。连带债务人之间的份额难以确定的，视为份额相同。《民法典》第519条第2款规定："实际承担债务超过自己份额的连带债务人，有权就超出部分在其他连带债务人未履行的份额范围内向其追偿，并相应地享有债权人的权利，但是不得损害债权人的利益。其他连带债务人对债权人的抗辩，可以向该债务人主张。"依据此规定，其一，连带债务人必须实际承担了超过其份额的债务。其二，已经承担超过份额的债务的连带债务人，只能就其他连带债务人未履行的份额追偿。例如，甲享有对乙、丙、丁三人的300万元债权，乙、丙、丁三人是连带债务人，各自承担的份额相同。如果乙向甲清偿了200万元的债务，丙向甲清偿了100万元的债务，那么乙不能就超出自己应负担的部分向丙请求清偿，因为丙承担了自己应承担的债务份额，乙只能向丁追偿100万元。其三，连带债务人之间债务份额采取二次分担规则。《民法典》第519条第3款规定："被追偿的连带债务人不能履行其应分担份额的，其他连带债务人应当在相应范围内按比例分担。"据此，在上述的案例中丁因为资不抵债、破产等原因，无法履行其应分担的100万元债务份额时，则乙就超出其份额的100万元与丙按照比例分担。

《民法典》第520条规定："部分连带债务人履行、抵销债务或者提存标的物的，其他债务人对债权人的债务在相应范围内消灭；该债务人可以依据前条规定向其他债务人追偿。部分连带债务人的债务被债权人免除的，在该连带债务人应当承担的份额范围内，其他债务人对债权人的债务消灭。部分连带债务人的债务与债权人的债权同归于一人的，在扣除该债务人应当承担的份额后，债权人对其他债务人的债权继续存在。债权人对部分连带债务人的给付受领迟延的，对其他连带债务人发生效力。"例如，甲享有对乙、丙、丁三人的300万元债权，乙、丙、丁三人为连带债务人。乙对甲无论是采取履行、抵销还是提存的方式清偿了200万元的债务，对于剩余的100万元债务，乙、丙、丁都负有向甲继续清偿的义务。乙在内部关系中，可以依据《民法典》第519条的规定向丙、丁追偿。再如在上面的例子中，如果甲免除了乙的100万元债务，或甲与乙发生混同的情形，丙、丁还需承担200万元债务。

区分按份之债和连带之债的法律意义在于：按份之债的多数债权人的债权或多数债务人的债务各自是独立的，任何一个债权人接受了其应受份额的权利或任何一个债务人履行了自己应负担份额的义务后，与其他债权人或债务人均不发生任何权利义务关系；而连带之债的连带债权人或连带债务人的权利义务是连带的，连带债权人中的任何一人接受了全部义务的履行，或者连带债务人的任何一人清偿了全部债务时，虽然原债归于消灭，但连带债权人或连带债务人之间则会产生新的按份之债。

三、特定物之债和种类物之债

根据债的标的物属性的不同，债可分为特定物之债和种类物之债。

特定物之债是指以特定物为标的物的债；种类物之债是指以种类物为标的物的债。前者在债发生时，其标的物即已存在并被特定化；后者在债发生时，其标的物尚未被特定化，甚至尚不存在，但当事人之间可就债的标的物的种类、数量、质量、规格或型号等内容达成协议。种类物之债和特定物之债是相对应的概念，种类物之债也可转化为特定物之债。例如甲向乙购买10辆某品牌自行车，并没有指定哪十辆，甲乙之间成立种类物之债，当乙为完成交付将该10辆自行车和其他同品牌自行车分离时，种类物之债转化为特定物之债。

这种分类的法律意义在于：特定物之债的履行，债务人只能以给付特定的标的物履行义务。原则上，当事人不能以其他标的物代替约定的标的物给付，在特定的标的物灭失时，发生债的履行不能。而种类物之债的标的物（包括种类物之债转化为特定物之债），具有可替代性，在约定的标的物发生毁损灭失时，一般不发生履行不能。

四、简单之债与选择之债

根据债的标的有无选择性，债可分为简单之债与选择之债。

简单之债是指债的标的是单一的，当事人只能就该种标的履行，没有选择的余地，又称为不可选择之债。选择之债是指债的标的是两种以上，当事人可以从中选择其一来履行的债。例如，对商品实行"三包"制度，在出售的商品出现质量问题时，是修理，还是更换、退货，当事人可以选择，就是一种选择之债。凡在债的给付标的、履行时间、方式、地点、债务不履行的责任等方面可供选择的债，都是选择之债。选择之债的特殊性主要体现在履行方面。《民法典》第515条就具体规定了选择之债的履行过程。一是选择权的归属。标的有多项而债务人只需履行其中一项的，债务人享有选择权；但是，法律另有规定、当事人另有约定或者另有交易习惯的除外。二是如何行使选择权？当事人行使选择权应当及时通知对方，通知到达对方时，标的确定。标的确定后不得变更，但是经对方同意的除外。三是选择权的移转。享有选择权的当事人在约定期限内或者履行期限届满未作选择，经催告后在合理期限内仍未选择的，选择权转移至对方。四是选择之债中发生履行不能的处理方法。可选择的标的发生不能履行情形的，享有选择权的当事人不得选择不能履行的标的，但是该不能履行的情形是由对方造成的除外。例如，甲乙双方约定，甲可以在乙的两幅画中选择其中一幅请求交付，但是，在甲选择之前，乙将其中一幅卖给他人，甲可以选择请求乙交付已经出卖的那幅画，只不过此时甲的合同请求权转化为违约损害赔偿请求权或违约金请求权，即使另一幅画可以交付，甲仍然可以要求乙承担违约责任。但如果该画被他人盗窃，则甲不能要求交付该幅画，只可以请求交付另一幅画。

这种分类的法律意义在于：第一，简单之债的标的是特定的一种；而选择之债的标的是两种以上，只有在有选择权的一方行使选择权，标的特定以后，才能履行。第二，简单之债的标的无法履行时，发生债的履行不能，而选择之债的某种可供选择的标的无法履行时，不发生债的履行不能，当事人可在其余的标的中选择其一履行，只有在诸标的都无法履行时，才发生债的履行不能。

五、主债与从债

根据两个债之间的关系，债可分为主债和从债。

主债，是指能够独立存在，不以他债的存在为前提的债。从债，是不能独立存在，而必须以主债的存在为前提的债。主债与从债是相互对应的，没有主债不发生从债，没有从债也无所谓主债。

区分主债与从债的法律意义在于：从债对主债起着担保作用，从债的效力决定于主债的效力，从债随主债的存在而存在。

六、财物之债与劳务之债

根据债务人的义务是交付财物还是提供劳务，债可区分为财物之债和劳务之债。

财物之债，是指债务人须交付财物的债，即债的标的是财物。劳务之债是指债务人须提供劳务的债，即债的标的是劳务。

区分财物之债和劳务之债的法律意义在于：第一，财物债务在一般情况下可由第三人代为履行；而劳务债务除法律另有规定或当事人另有约定外，一般不能由第三人代为履行。第二，当债务人不履行债务时，财物债务可强制履行，而劳务债务则不宜强制履行。

本章练习题

一、思考题

1. 债的发生原因有哪些？

2. 简述按份之债和连带之债的区别？

3. 举例说明选择之债。

二、综合训练

1. 甲驾车不慎将路人乙撞伤，甲乙之间成立什么债？甲向乙支付货款 1 万元，因点钞疏忽多支付了 300 元。请问：此债发生的原因是什么？

【要点提示】

一个是侵权之债，一个是不当得利之债。

2. 甲欠乙 1000 元，双方约定 2 年后甲以自己的手机或电视机抵债。请问：

（1）两年后，甲将自己的手机交付给乙，乙可否拒绝，要求甲用电视机抵债？

（2）假如债务到期后，甲的手机不慎被盗，则甲用电视机抵债，乙可否拒绝？

（3）假如债务到期后，经乙催告后，又过了 3 个月，甲既没有交给乙手机，也没有交给乙电视机，此时，乙直接请求交付电视机抵债，可否？

【要点提示】

（1）不可，因为选择权在债务人甲一方，甲可选择用手机或者电视机抵债。

（2）不可，因为此时手机已构成履行不能，而且不是由甲造成的。

（3）可以，因为甲经催告后在合理期限内没有行使选择权，选择权已经转移至债权人乙处。

3. 甲、乙、丙三人结为个人合伙，并签订了合伙协议，在经营中该个人合伙欠了9000元债务。请问：

（1）假设上例中，丁要求甲一人偿还9000元，甲能否拒绝？

（2）假设上例中，甲对丁偿还了9000元，问丁还能否对丙、乙主张债权？

（3）假设上例中，甲对丁偿还了9000元，甲取得了什么权利？

（4）假设上例中，丁请求甲履行了全部债务，甲履行了3000元，甲是否可对乙、丙行使追偿权？

【要点提示】

（1）不能，甲乙丙承担连带之债，债权人可请求连带债务人中的任何一人偿还全部债务，被请求人不得拒绝。

（2）不能。甲偿还了全部债务后，丁的债权消灭，无权请求丙、乙偿还。

（3）甲取得了对乙、丙的追偿权，并享有债权人丁享有的权利。

（4）不可以，连带之债中，各债务人内部之间的份额，有约定从约定，无约定推定为均额。甲、乙、丙的内部份额为每人3000元，甲履行的债务额未超出自己应当承担的份额，无权进行追偿。

第十八章　合同概述

◎ 知识目标
- 理解合同的概念和特征。
- 掌握合同的分类及其意义。

◎ 能力目标
- 能够从分类角度把握每一类合同的特点。

第一节　合同的概念和特征

一、合同的概念

合同有广义与狭义之分。广义的合同泛指一切确定权利义务的协议，包括行政法上的合同、劳动法上的合同、民法上的合同等。狭义的合同仅指民法上的合同。《民法典》规定的合同是狭义的合同，即"民事主体之间设立、变更、终止民事法律关系的协议"。而基于有关身份关系的协议具有独有的特性和规律，因此"婚姻、收养、监护等有关身份关系的协议，适用该有关身份关系的法律规定；没有规定的，可以根据其性质参照适用本编规定"。

《民法典》合同编是调整市场关系的基本法律，体现了商品交换运行的客观规律，合同编中的规则是商品交易实践的反映和要求，合同法律的发展与完善，是人类对交易规则发展与完善的一种表现。

二、合同的特征

合同具有如下法律特征：

其一，合同是一种民事法律行为。依法签订的合同受法律保护。合同以意思表示为要素，并且按意思表示的内容赋予法律效果，故为民事法律行为，而非事实行为。

其二，合同是双方（或多方）民事法律行为。合同的成立必须有两方以上的当事人，他们相互为意思表示，并且意思表示相一致，故为双方（或多方）民事法律行为，而非单方民事法律行为。

其三，合同是当事人各方在平等自愿基础上实施的民事法律行为。在民法中，当事人各方在订立合同时的法律地位应当是平等的，其作出意思表示应当是自主自愿的。

其四，合同是以设立、变更和终止民事权利义务关系为目的的民事法律行为。人的行为一般都有目的性，合同的目的在于设立、变更和终止民事权利义务关系。

第二节 合同的分类

【案例 18-1】 大学放暑假时，张某与李某相约乘火车回家，在候车时，张某突然肚子疼，便将自己的背包交给李某照看，自己起身去了卫生间。此时，李某在候车室遇见了自己的一位老同学，随手将背包放在椅子上，与同学攀谈起来。当张某从卫生间出来时发现自己的背包不见了。张某要求李某赔偿她的损失，可李某觉得自己只是暂时替张某照看一下，只是帮忙而已，怎么可能承担张某的损失呢。

请思考：李某是否承担赔偿责任？

科学的分类有助于我们把握合同的规律性，有助于民事主体更好地安排合同事务，有助于人民法院或仲裁机构准确适用法律，正确处理合同纠纷。我国民法学理论上对合同作出如下分类。

一、有名合同与无名合同

以法律是否设有规范并赋予一个特定名称为标准，合同分为有名合同和无名合同。

有名合同，是指法律设有规范并赋予特定名称的合同。《民法典》和其他民事法律规定的合同都是有名合同，如买卖、租赁、借款合同等。

无名合同，是指法律尚未特别规定，亦未赋予一定名称的合同。根据合同自由原则，只要不违背法律、行政法规的强制性规定和社会公共利益，允许当事人根据实际需要订立无名合同。

区分有名合同和无名合同的法律意义在于：处理合同纠纷时运用的规则不同。有名合同纠纷应按照有关该合同的规定处理，无名合同纠纷则适用合同法总则规定以及参照与该合同类似的有名合同的法律规定处理。

二、双务合同与单务合同

以当事人是否互负对待给付义务为标准，合同分为双务合同和单务合同。

双务合同，是指双方当事人互负对待给付义务的合同，即双方当事人均负给付义务，且任何一方当事人之所以负给付义务，旨在取得对方当事人的对待给付。买卖、租赁、商业借款、承揽、有偿保管、有偿委托、居间、行纪等合同均为双务合同。

单务合同，是指仅一方当事人负给付义务的合同。赠与、借用、自然人之间的借款、无偿保管、无偿委托等合同为单务合同。

区分双务合同与单务合同的法律意义在于：其一，双务合同在履行阶段适用同时履行抗辩规则，而单务合同不适用。其二，双务合同因不可归责于双方当事人的原因而不能履行时，发生风险负担问题。而在单务合同中，因不可归责于双方当事人的原因致合同不能履行时风险由债务人承担。其三，在双务合同中，因当事人一方违约而致合同解除并溯及既往时，若另一方已履行合同义务，有权请求违约方返还受领的给付。而单务合同不发生这种返还后果。

三、有偿合同与无偿合同

参阅本书第七章第二节对有偿民事法律行为与无偿民事法律行为的论述。

四、诺成合同与实践合同

参阅本书第七章第二节对诺成性民事法律行为与实践性民事行为的论述。

五、要式合同与不要式合同

参阅本书第七章第二节对要式民事法律行为与不要式民事法律行为的论述。

六、主合同与从合同

参阅本书第七章第二节对主民事法律行为与从民事法律行为的论述。

在案例 18-1 中，李某虽然是无偿替张某临时照看背包，其义务有别于有偿保管合同中保管人的善良管理人注意义务，但其仍负有无偿保管人的一般注意义务，而其将保管物放置在不安全的地方，疏于保管，导致保管物被盗，其行为明显存在重大过失，应当承担赔偿责任。

本章练习题

一、思考题

1. 《民法典》合同编的调整对象有哪些合同？哪些合同不受《民法典》合同编的调整？

2. 合同具有哪些特征？

3. 合同的典型分类有哪些？这些分类有什么意义？

二、综合训练

下列不属于《民法典》合同编调整对象的是（   ）

（1）甲税务稽查局对乙公司开具《税务处罚决定书》进行处罚，双方就此发生的争议。

（2）甲税务稽查局因盖办公大楼，将工程发包给乙公司承建，双方签订建设工程施工合同，后因履行合同发生纠纷。

（3）甲公司与乙签订劳动合同，双方在履行过程中因支付报酬发生争议。

（4）甲乙两人所签订的关于子女抚养和财产分割的离婚协议。

【要点提示】

《民法典》合同编所调整的合同是民事主体之间设立、变更、终止民事法律关系的协议。婚姻、收养、监护等有关身份关系的协议，适用该有关身份关系的法律规定；没有规定的，可以根据其性质参照适用本编规定。因此，（1）（3）（4）项下的争议或协议不属于《民法典》合同编调整。

第十九章 合同的订立

◎ **知识目标**
- 正确理解并掌握合同订立的过程以及合同成立的条件。
- 理解缔约过失责任理论及构成要件。

◎ **能力目标**
- 能够正确分析合同订立的过程和环节，界定合同是否成立。
- 能够分析是否构成缔约过失及如何追究缔约过失责任。

第一节 合同成立的概念和要件

【案例 19-1】 甲公司与乙公司签订一份秘密从境外买卖免税香烟并运至国内销售的合同。甲公司依双方约定，按期将香烟运至境内，但乙公司提走货物后，以目前账上无钱为由，要求暂缓支付货款，甲公司同意。3 个月后，乙公司仍未支付货款，甲公司多次索要无果，遂向当地人民法院起诉要求乙公司支付货款并支付违约金。该合同是否具有法律效力？应如何处理？

一、合同的成立要件

所谓合同成立，一般说来，仅需要达成合意即可，就是指合同当事人在意图建立的民事权利义务方面达成一致。当然，这个达成一致并非是指在任何方面都要达成一致，而是指当事人就该交易的主要方面达成一致即可，比如买卖合同应在买卖标的物和价格方面达成一致，就当事人未达成一致的履行时间、履行地点、违约责任等部分，事后可由当事人通过协商予以填补，也可以在发生争议时由法院、仲裁机构依据法律规定进行推定。

根据法律规定和合同约定，有些合同的成立因涉及公共利益、国家利益或者当事人的特别需求，需要具备法律规定的或者当事人约定的特别成立要件，这些要件一般均为形式要件，比如《民法典》第 491 条规定："当事人采用信件、数据电文等形式订立合同要求签订确认书的，签订确认书时合同成立。"再如，有的当事人约定合同自公证之日起成立。上述合同的特别成立要件虽然反映了法律的特别要求或者当事人的特别需求，在形式意义上成为评价合同是否成立的要件，但究其实质，合同的成立与否更注重当事人是否达成意思表示的一致，在司法实践中也多采用事实认定标准，如果当事人一方已经履行合同主要义务，而另一方也予以接受的，虽然不符合形式要件，但也应视为双方达成了实质意义上的一致，合同已然成立。这一实质认定标准也为法律规定所吸收，《民法典》第 490 条第 2 款规定："法律、行政法规规定或者当事人约定合同应当采用书面形式订立，当事人未采用书面形式但是一方已经履行主要义务，对方接受时，该合同成立。"

二、合同的订立与合同成立、有效及生效

合同的订立，是指缔约人为意思表示并达成合意的过程。任何合同的成立，都要经过合同订立的过程。这一过程涵盖了缔约各方自接触、洽商直至达成合意的动态行为和最终达成静态协议两个阶段、两种状态。其中，静态协议的达成标志着合同的成立。合同订立的目的在于合同最终的成立。一般情况下，合同成立是合同订立的最后环节；有些情况下，有合同订立的动态行为，但却未必出现合同成立的静态结果。

合同的成立不同于合同的有效。合同的成立是当事人意思表示一致的结果，而合同是否有效即是否产生法律约束力则取决于法律的评价，若法律认可当事人之间达成的这种合意，合同就有效，当事人就需要受到合同权利义务的约束，否则就会构成违约。有效的合同必须已经成立，但是成立的合同不一定有效，比如违反法律、行政法规效力性禁止规定的合同，即便当事人达成合意已经成立，但也无效。在合同的效力上，并不仅仅是有效、无效两种类型，还会因为主体的不适格、意思表示的不真实导致合同效力待定和可撤销两种情况。

在案例 19-1 中，买卖香烟的合同系双方达成合意，已经成立，但因为买卖的香烟是逃避海关税收的禁止流通物，违反了法律效力性禁止规定，因此合同是无效的。既然合同为无效，则不得履行。应当依法收缴香烟，买卖双方还应受到相应的处罚。

合同的有效也不同于合同的生效。合同的有效是指合同所反映的当事人的意志与法律规定相符合，因此为法律所肯定，在当事人之间产生法律约束力。而合同的生效是指有效的合同产生了实际履行的效力，具备了实现权利的条件和履行义务的需求。生效的合同必须有效，但有效的合同不一定立即生效，比如附生效条件的合同，在条件成就之前已经成立并有效，但是只有当所附条件成就时，合同才生效，即需要义务方实际履行合同义务去满足权利方合同利益的实现。

第二节　要　约

【案例 19-2】　一公司刊登广告，声称：为纪念本公司成立 50 周年，推出优惠价黄金项链。项链为 24K 金，重 10 克，每条售价 1000 元。广告详细介绍了项链的特点，并有彩色图形作辅助说明。并称欲购者请汇款至本公司，本公司将在一周内将项链寄出，广告 3 个月内有效。李某寄钱购买，却被告知已售完，无货可供。故双方发生纠纷。

请思考：合同是否成立？公司是否承担应违约责任？

一、要约的概念和要件

(一) 要约的概念

要约,根据《民法典》第 472 条规定,"要约是希望与他人订立合同的意思表示",可见,要约是指一方当事人以缔结合同为目的,向对方当事人所作出的意思表示。其中,发出要约的人称为要约人,接受要约的人称为受要约人、相对人或承诺人。

(二) 要约的构成要件

1. 要约是由具有订约能力的特定人作出的意思表示

要约的发出旨在与他人订立合同,并唤起相对人的承诺,所以要约人必须是订立合同的一方当事人。例如订立买卖合同,发出要约的人既可以是买受人也可以是出卖人,但必须是准备订立买卖合同的当事人。根据《民法典》第 143 条之规定,实施民事法律行为的行为人应当具有相应的民事行为能力。因此,要约人应当具有订立合同的行为能力,无行为能力人或依法不能独立实施某种行为的限制行为能力人发出欲订立合同的要约,不应产生行为人预期的效果。

2. 要约必须向要约人希望与其缔结合同的受要约人发出

要约只有向要约人希望与之缔结合同的受要约人发出,才能唤起受要约人的承诺。要约原则上应向特定人作出。但某些特定情况下承认向不特定人发出的订约提议具有要约的效力。还有要约人愿意向不特定多数人发出要约,并自愿承担由此产生的后果,也可以是要约。

3. 要约必须具有订立合同的意图

要约是希望与他人订立合同的意思表示,要约应当表明经受要约人承诺,要约人即受该意思表示约束。例如甲对乙声称"我正在考虑卖掉家中祖传的一套家具,价值 10 万元",显然甲并没有决定订立合同,但是如甲向乙提出"我愿意卖掉家中祖传的一套家具,价值 10 万元",则表明甲已经决定订立合同,且在该意思表示中已表明如果乙同意购买,则甲要受到拘束。

4. 要约的内容必须具体确定

《民法典》第 472 条规定,要约的内容应当具体确定。"具体"是指要约应当包含依合同性质应当具备的必要条件。"确定"是指要约的内容必须明确,而不能含糊不清或自相矛盾,使受要约人不能通过要约了解要约人的真实意图而无法承诺。

只有完全具备上述四个要件,才能构成要约。

二、要约邀请与要约

要约邀请,又称要约引诱,是一方向他方发出的希望他方向自己发出要约的提议。《民法典》第 473 条规定:"拍卖公告、招标公告、招股说明书、债券募集办法、基金招募说明书、商业广告和宣传、寄送的价目表等为要约邀请。商业广告和宣传的内容符合要约条件的,构成要约。"

要约与要约邀请的区别主要表现在以下几方面:

第一，要约以订立合同为直接目的。而要约邀请只是唤起他人向自己发出要约表示，它只是订立合同的预备行为。

第二，要约的内容必须明确具体，能够决定合同的主要内容，即必须包含能使合同得以成立的必要条款。要约邀请一般比较笼统，只是对自己的产品质量、服务态度及业务能力等进行宣传。

第三，要约原则上要向特定人发出，只在法律规定的特殊情况下才能向不特定人发出。要约邀请的对象一般是不特定的大众；要约多采取对话和信函方式。要约邀请往往借助电视、广播、报刊等媒介传播，一般双方并没有实际接触；要约对要约人具有约束力。

第四，一旦要约送达受要约人，要约人就不能撤回，只能在符合法定的条件下撤销要约。要约邀请人不会承受要约人那样的约束力，当事人可以任意撤回，要约邀请不存在撤销问题。

根据《民法典》第473条的规定，典型的要约邀请行为有以下几种：

（1）拍卖公告。拍卖是指拍卖人在众多竞买人的报价中，选择报价最高者订立合同的一种公开买卖方式。拍卖前要刊登或发出拍卖公告，对拍卖物进行介绍和宣传，让潜在的竞买人了解相关信息，以决定是否参与竞买以及以何种价格参与竞买。各国合同法一般认为拍卖公告属于要约邀请，因为在该表示中并不包括合同成立的主要条件，特别是确定的成交价格条款，而只是希望竞买人提出价格条款。据此，我国《民法典》第473条确认其为要约邀请。

（2）招标公告。招标是指订立合同的一方当事人采取向不特定多数人或者一定范围内的人发布招标公告的形式，吸引或者邀请相对方向自己发出要约的意思表示。在招标中，发布招标公告是订约前的预备行为，目的在于引诱更多的相对人向自己提出要约，从而使招标人能够从中寻找条件最优者订立合同。而投标则是投标人根据招标人所公布的标准和条件向招标人发出以订立合同为目的的意思表示，所以投标属于要约。在投标人投标后招标人选择最能够达到合同目的的投标人进行承诺，合同才最终成立。

（3）招股说明书。招股说明书是指拟公开发行股票的人经批准公开发行股票后，依法在法定的日期和证券主管机构指定的媒体或者其他平台上刊登的全面、真实、准确地披露发行股票的人的信息，以供投资者参考的法律文件。招股说明书通过向投资者提供股票发行人的信息，目的是吸引投资者向发行人发出购买股票的要约，其本身是一种要约邀请。

（4）债券募集办法。发行公司债券是企业为了集中资本、扩大生产经营的一种融资方式，企业通过该种方式可以快速为生产和经营注入新的资金，进而为获取更大的利益创造条件和空间。我国《公司法》第153条对公司债券是这样定义的："本法所称公司债券，是指公司依照法定程序发行、约定在一定期限内还本付息的有价证券。公司发行公司债券应当符合《中华人民共和国证券法》规定的发行条件。"公司想要公开发行公司债券，必须制定债券募集办法，向国务院授权的部门申请。发行公司债券的申请经国务院授权的部门核准后，应当公告公司债券募集办法。《公司法》

第 154 条规定了公司债券募集办法应当载明下列主要事项：（1）公司名称；（2）债券募集资金的用途；（3）债券总额和债券的票面金额；（4）债券利率的确定方式；（5）还本付息的期限和方式；（6）债券担保情况；（7）债券的发行价格、发行的起止日期；（8）公司净资产额；（9）已发行的尚未到期的公司债券总额；（10）公司债券的承销机构。债券募集办法与招股说明书相类似，不论是债券发行人还是股票发行人都有固定的募集额度，并不具备无限的履行能力。如果将债券募集办法认定为要约，则意味着一旦有投资者认购，发行人将不得不接受超出原定募集额度的认购申请而被迫履约，发行人利益将受到损害。因此，《民法典》将债券募集办法明确界定为要约邀请。同时，要约邀请的"容纳规则"使得要约邀请的内容进入合同并不存在理论障碍。

（5）基金招募说明书。基金招募说明书是基金发起人（基金公司）向社会公众公开发售基金时，提供的对基金情况进行说明的一种法律性文件，该说明书主要披露了包括基金管理人、基金托管人、基金销售渠道、申购和赎回的方式及价格、费用种类及比率、基金的投资目标与策略、收益分配方式等重要信息。招募说明书在初次发行之后称为公开说明书，对于开放式基金，公开说明书会定期更新。

（6）商业广告和宣传。所谓商业广告，按照我国《广告法》第 2 条的规定，是指商品经营者或者服务提供者承担费用，通过一定的媒介和形式直接或者间接地介绍自己所推销的商品或者所提供的服务的商业广告。商业广告旨在宣传和推销某种商品或服务，而一般并没有提出出售该商品或提供该服务的主要条款。发出广告的人通常只是希望他人向其发出购买该商品或者要求提供该服务的要约，所以商业广告一般不是要约，仅仅是要约邀请。但如果广告的内容符合要约规定的，应视为要约。例如注明为要约或者广告中含有广告人希望订立合同的愿望，或者写明相对人只要作出规定的行为就可以使合同成立，则应该认为该广告属于要约而不仅是要约邀请。

（7）寄送的价目表。生产厂家、销售者、服务提供商为了推销商品或服务，经常会向不特定的人派发或者寄送商品的价目表。价目表常常包含商品和服务的种类、价格等条款，目的是为了让相对人了解其能够提供的商品和服务的信息，以便与其订立合同。但由于该行为是向不特定多数人发出，发出信息的人也并不能确定一定能与有意向与其缔约的相对人订立合同，只是希望对方向自己提出缔约条件后进一步确认是否缔约，而不受到发出信息的必然约束，因此一般说来，该行为仅构成要约邀请，而不是要约。当然，如果行为人向不特定的相对人派发或者寄送某种商品或者服务的价目表，并在价目表中明确声明愿意接受承诺的约束，或者从订单的内容中可以确定他具有接受承诺后果拘束的意图，应认为该订单不是要约邀请，而是构成了要约。

在案例 19-2 中，该公司发布广告声称：所售项链为 24K 金，重 10 克，每条售价 1000 元。广告详细介绍了项链的特点，并有彩色图形作辅助说明。并称欲购者请汇款至本公司，本公司将在一周内将项链寄出，广告 3 个月内有效。该广告包含了订立买卖合同的要件，足以让相对方据此作出决定，而且明确了广告 3 个月内有效，因此应当视为要约而不是要约邀请，李某寄钱购买，是依照要约的要求以行为的方式作出承诺，至此合同成立，该公司应当履行合同承诺，其不履行合同的行为构成违约。

三、要约的法律效力

（一）要约生效

要约到达受要约人时生效。所谓到达，是指要约到达受要约人能够控制的地方。《民法典》第137条规定："以对话方式作出的意思表示，相对人知道其内容时生效。以非对话方式作出的意思表示，到达相对人时生效。以非对话方式作出的采用数据电文形式的意思表示，相对人指定特定系统接收数据电文的，该数据电文进入该特定系统时生效；未指定特定系统的，相对人知道或者应当知道该数据电文进入其系统时生效。当事人对采用数据电文形式的意思表示的生效时间另有约定的，按照其约定。"

（二）要约的约束力

要约对要约人的约束力，是指要约一经发出，要约人即受到要约的约束，不得随意撤回、撤销或变更要约；要约对受要约人的约束力，是指要约一经生效，受要约人即取得承诺的权利和资格。

（三）要约的存续期间

要约的存续期间，即要约的有效期间，在存续期间内承诺人可以为有效承诺，因此存续期间又称承诺期间。它分为定有存续期间和未定存续期间两种情形：要约中定有存续期间的，受要约人须在此期间承诺才为有效承诺；要约未定存续期间的，在对话缔约人间，只有受要约人立即承诺才为有效承诺；在非对话缔约人间，只有受要约人在合理期间作出承诺并到达要约人才为有效承诺。合理期间包括受要约人考虑是否承诺所需的时间、承诺发出并到达要约人所需的时间。

（四）要约的撤回和撤销

要约的撤回，是指要约发出后生效之前，要约人发出撤回要约的通知使要约不发生法律效力的行为。撤回要约的通知须先于或同时与要约到达受要约人，才会产生撤回的效力。要约的撤销，是指要约生效之后，要约人发出撤销的通知使该要约的效力归于消灭的行为。撤销要约的通知必须于受要约人发出承诺通知前到达受要约人，才会产生撤销的效力。但以下情况下，要约不可撤销：一是要约人确定了承诺期限或者以其他形式明示要约不可撤销；二是受要约人有理由认为要约是不可撤销的，并已经为履行合同作了准备工作的。

（五）要约的失效

要约的失效，是指要约的法律效力归于消灭，要约人和受要约人不再受其约束。要约在下列情况下失效：一是要约被拒绝；二是要约被依法撤销；三是承诺期限届满，受要约人未作出承诺；四是受要约人对要约的内容作出实质性变更。

第三节 承 诺

【案例19-3】 万某经营着一家软件公司，某日，万某收到某银行的信函，要求万某为其制作某软件，报酬10万元。万某看到该信函时注明的承诺有效期只有两天了，万某赶紧制作软件，第二天便将承诺和软件一起发给该银行。由于邮政局的疏忽造成滞留，本来一天就可以到的信件，这一次却三天才到。万某认为承诺过期，为失去一个大订单懊悔不已。

请思考：迟到的承诺有效吗？

一、承诺的概念和构成要件

承诺，是受要约人作出的同意接受要约中的条件以成立合同的意思表示。在商业活动中，承诺又称接盘。

承诺应当具备下列要件：

1. 承诺必须由受要约人向要约人作出

受要约人是要约人选定的缔约对象，只有受要约人有承诺的资格，因此承诺必须由受要约人作出。同时承诺既然是对要约人发出的要约所作的答复，因此，只有向要约人作出承诺，才能导致合同成立。受要约人以外的第三人对要约作出同意的表示或向要约人以外的其他人作出的承诺，只能视为发出了新的要约，不产生承诺的效力。

2. 承诺的内容必须与要约的内容一致

只有承诺的内容与要约的内容一致，即缔约双方达成合意，合同才能成立。承诺的内容与要约的内容一致是指受要约人必须同意要约的实质内容，而未对要约的内容作出任何实质性的扩张、限制或变更，否则便不构成承诺，而应视为对要约的拒绝从而构成反要约。按照《民法典》第488条的规定，有关合同标的、数量、质量、价款或者报酬、履行期限、履行地点和方式、违约责任和解决争议的方法等的变更，是对要约内容的实质性变更。承诺对要约的内容作出非实质性变更，不影响承诺的效力，但要约人及时表示反对或者要约表明承诺不得对要约的内容作出任何变更的，该承诺无效。

3. 承诺必须在要约的存续期间内作出并到达要约人

要约的存续期间，是指要约人确定的要约有效期间或在特定情况下根据交易惯例确定的要约的合理有效期间。承诺必须在要约的存续期间内作出并到达要约人。超过这一期间，要约消灭，受要约人不能再为承诺，其作出的同意表示也只能视为向要约人发出的新要约。

4. 承诺的方式必须符合要约的要求

根据《民法典》第480条规定，承诺应当以通知的方式作出；但是，根据交易习惯或者要约表明可以通过行为作出承诺的除外。例如，某体委向某自行车厂去函，订购50辆某种型号的自行车，要求在1个月内给予答复。自行车厂没有回函，但却于10天后向某体委发送了该型号的自行车。我们认为，如果交易惯例可以以发送车辆作出答复，或者从要约中不能看出要约禁止以行为作出承诺，则自行车厂通过发货的方式作出承诺，应该是有效的。

二、承诺的效力

1. 承诺生效与合同成立

承诺通知到达要约人时生效。承诺不需要通知的，根据交易习惯或者要约的要求作出承诺的行为时生效。承诺生效时合同成立，但法律有特别规定或者当事人有特别约定的除外。

2. 承诺迟到

承诺未在要约的存续期间内作出并到达要约人的为承诺迟到，承诺迟到有两种后果：一种是因受要约人的原因导致承诺迟到，即受要约人超过承诺期限发出承诺或虽在承诺期限内发出承诺但未留足在途时间，承诺到达时已超过承诺期限的，除要约人及时通知受要约人该承诺有效的以外，为新要约；另一种是受要约人在承诺期限内发出承诺，按照通常情形能够及时到达要约人，但因其他原因到达要约人时超过承诺期限的，除要约人及时通知受要约人因承诺超过期限不接受该承诺的以外，该承诺有效。

在案例 19-3 中，由于邮政局的疏忽造成信件滞留而导致承诺迟到，非因万某自身原因造成承诺迟到，这样的承诺是有效的，除非银行及时通知万某因承诺超过期限不接受该承诺。这也提示要约人，在收到迟到的承诺后一定要关注迟到的原因，及时作出回应。

3. 承诺的撤回

承诺的撤回，是指承诺发出后生效前，受要约人阻止承诺发生法律效力的行为。撤回承诺的通知必须先于或同时与承诺到达要约人。

三、合同成立的时间和地点

承诺生效时合同成立。但如果为要式合同，缔约人履行完法定或约定手续的时间为合同成立的时间。例如：当事人采用合同书形式订立合同的，自双方当事人均签名、盖章或者按指印时合同成立。在签名、盖章或者按指印之前，当事人一方已经履行主要义务，对方接受时，该合同成立。法律、行政法规规定或者当事人约定合同应当采用书面形式订立，当事人未采用书面形式但是一方已经履行主要义务，对方接受时，该合同成立。

当事人采用信件、数据电文等形式订立合同要求签订确认书的，签订确认书时合同成立。

当事人通过互联网等信息网络发布的商品或者服务信息符合要约条件的，对方选择该商品或者服务并提交订单成功时合同成立，但是当事人另有约定的除外。

承诺生效的地点为合同成立的地点。采用数据电文形式订立合同的，收件人的主营业地为合同成立的地点；没有主营业地的，其住所地为合同成立的地点。当事人另有约定的，按照其约定。当事人采用合同书形式订立合同的，最后签名、盖章或者按指印的地点为合同成立的地点，但是当事人另有约定的除外。

四、合同的条款

《民法典》第 470 条规定了合同的示范性条款，这些条款包括：

1. 当事人的姓名或者名称和住所

当事人是合同权利义务和合同责任的承受者，合同当事人应是客观存在和特定化的人，因此要求在订立合同时通过明示当事人的名称或者姓名和住所，将当事人特定化、明确化。

2. 标的

标的是合同权利义务指向的对象。标的是一切合同的主要条款，合同必须清楚地写明合同的标的，以使标的特定化，能够界定权利义务的基本指向。

3. 质量和数量

标的的质量和数量是确定合同标的的具体条件。标的的质量指明标的应是什么样的，包括标的的技术指标、规格、型号等。标的的数量指明标的的多少，应选择双方认可的计量方法。标的的质量和数量要订得具体明确。

4. 价款或报酬

价款是取得标的物所应支付的代价，报酬是获得服务所支付的代价。价款或报酬应约定明确。除此之外，对合同履行中需要支出的费用如运费、保险费、装卸费、保管费、报关费等应由谁支付也应约定明确。

5. 履行期限、地点和方式

履行期限是当事人履行合同义务的时间，可以是即时履行、定时履行、定期履行等；履行地点是当事人履行合同义务的场所，可以是债务人住所地、债权人住所地等，履行地点关系到费用由谁负担，风险由谁承受等重大利益问题，还是确定诉讼管辖的依据之一；履行方式是当事人履行合同义务的方法，事关当事人的合同目的能否实现，是一次履行还是分次履行，是交付实物还是交付标的物的所有权凭证等，合同应写明。

履行期限、地点和方式没有约定或约定不明时，可以适用合同法的有关规定填补漏洞，不会影响合同的成立。

6. 违约责任

违约责任是指违反法定的或约定的合同义务应当承担的民事责任。违约责任可以由当事人进行约定，例如，约定免责条款、违约责任方式、赔偿范围等，以明确责任，促使当事人履行债务，并为违约时解决问题提供依据。当然，违约责任是法定责任，即便合同中没有约定，违约方仍应承担。

7. 解决争议的方法

解决争议的方法，是发生合同纠纷时采用何种方式来解决纠纷。当事人可以约定采用诉讼或仲裁方式，还可就如何选择适用的法律、如何选择管辖的法院作出决定。这一条款具有独立性，即使合同被宣布无效或被撤销，该条款仍然有效，当事人仍可依据该条款解决纠纷。

五、格式条款

(一) 格式条款的概念和特征

《民法典》第 496 条第 1 款规定，格式条款是当事人为了重复使用而预先拟定，并在订立合同时未与对方协商的条款。格式条款的产生和发展是 20 世纪合同法发展的重要标志之一。格式条款的提供方通常基于避免个别协商寻求重复使用进而提高交易效率的目的来事先拟定格式条款，因此，格式条款具有"预先拟定性"和"重复使用性"的特征，但是格式条款最重要、最本质的特征是"未与对方协商"，因此法律需要从格式条款的这一特征入手进行规制，以避免格式条款成为"霸王条款"，陷于损害对方利益的境地，从而使得格式条款对于提高交易效率的优越性得以释放的同时，又能够平衡双方当事人的利益。

（二）格式条款订入合同及效力判断

首先，格式条款应订入合同，成为合同条款。《民法典》第496条第2款规定，采用格式条款订立合同的，提供格式条款的一方应当遵循公平原则确定当事人之间的权利和义务，并采取合理的方式提示对方注意免除或者减轻其责任等与对方有重大利害关系的条款，按照对方的要求，对该条款予以说明。提供格式条款的一方未履行提示或者说明义务，致使对方没有注意或者理解与其有重大利害关系的条款的，对方可以主张该条款不成为合同的内容。

其次，已经成为合同条款的格式条款的效力判断。订入合同成为合同条款，仅仅是格式条款成为约束合同双方当事人的第一个环节，进一步要做的是对该格式条款的效力进行判断。只有该格式条款有效，才能最终使得该条款对双方当事人产生法律约束力。《民法典》第497条规定："有下列情形之一的，该格式条款无效：（一）具有本法第一编第六章第三节和本法第五百零六条规定的无效情形；（二）提供格式条款一方不合理地免除或者减轻其责任、加重对方责任、限制对方主要权利；（三）提供格式条款一方排除对方主要权利。"

（三）对格式条款的解释

根据《民法典》第498条之规定，对格式条款的理解发生争议的，应当按照通常理解予以解释。对格式条款有两种以上解释的，应当作出不利于提供格式条款一方的解释。格式条款和非格式条款不一致的，应当采用非格式条款。

第四节　缔约过失责任

【案例19-4】　2019年8月，张某、王某共同出资设立A有限公司。经营半年多后，张某、王某都打算退出A公司。张某、王某找到当地的B公司，表示想转让A公司股权。B公司有意受让，特委托中介机构进行尽职调查并支付费用8万元。张某、王某与B公司后续就股权转让合同内容进行了多轮磋商，价格已经谈妥，当合同文书起草好准备签字盖章的时候，张某、王某突然说要将股权以更高的价格转让给C公司。

请思考：张某、王某是否应向B公司承担缔约过失责任？

一、缔约过失责任的概念与特征

缔约过失责任，是指在合同订立过程中，一方因违背其依据诚实信用原则所产生的义务，给对方造成损失所应承担的损害赔偿责任。

缔约过失责任作为债务不履行责任与违约责任相比，具有以下特点：（1）缔约一方当事人违反了先合同义务；（2）缔约过失责任不以合同有效成立为前提，包括合同未成立、合同无效或被撤销、合同有效三种类型；（3）缔约一方违反先合同义务具有可归责性；（4）缔约一方违反先合同义务造成缔约相对方利益损失。

二、缔约过失责任的构成要件

1. 当事人一方违反先合同义务

依据诚实信用原则的要求，当事人在订立合同时负有一定的附随义务。这些义务称为先合同义务，包括使用方法及瑕疵的告知义务、协作和照顾义务、忠实义务、及时通知义务、保密义务等。例如，样品买卖合同的订立需要先检测样品，出卖人应当告知样品的使用方法及瑕疵，如果出卖人有意隐瞒致买卖合同被撤销并给对方造成损害，出卖人就应当承担缔约过失责任。

2. 对方当事人受有损害

损害事实是缔约过失责任的构成要件之一，无损害则无缔约过失责任。损害既包括人身损害，也包括财产损害，通说认为缔约过失责任的赔偿范围不包括精神损害。

3. 违反先合同义务与损害之间有因果关系

违反先合同义务与损害之间有因果关系，即损害是由违反先合同义务引起的。如果对方遭受损害的事实非因一方违反先合同义务的行为所引起，即使损害发生在缔约过程中，也不产生缔约过失责任。

4. 违反先合同义务的一方有过错

这里的过错指故意和过失的心理状态。过错是缔约过失责任的构成要件，无过错即无缔约过失责任。

三、缔约过失责任的主要类型

根据《民法典》第 500 条、第 501 条相关规定，缔约过失责任主要有如下类型：

（一）假借订立合同，恶意进行磋商

所谓"假借"，就是根本没有与对方订立合同的目的，与对方进行谈判只是个借口，目的是损害对方或者他人利益。所谓"恶意"，是指故意给对方造成损害的主观心理状态，它不仅包括行为人主观上并没有谈判意图，还包括行为人主观上具有给对方造成损害的目的和动机。例如，在房价见涨之际，甲明知自己的房屋已经出售给丙，仍与乙就房屋买卖进行磋商，并许诺与乙订立合同，最后致使乙丧失缔约机会不得不以高价与他人订立房屋买卖合同，从而遭受损害。

（二）故意隐瞒与订立合同有关的重要事实或者提供虚假情况

故意隐瞒与订立合同有关的重要事实或者提供虚假情况属于缔约过程中的欺诈行为。例如，对财产状况、履约能力、产品瑕疵等决定当事人是否订立合同的重要事实不告知或故意告知虚假情况。

（三）泄露或者不正当使用商业秘密或者其他应当保密的信息

这是指对于在订立合同过程中知悉的有关对方的商业秘密或者其他应当保密的信息，违反保密义务或者有关保密要求，泄露、不正当使用或允许他人使用。泄露、不正当地使用该商业秘密或者信息，造成对方损失的，应当承担赔偿责任。

（四）因过错导致合同被宣告无效或被撤销

合同无效或被撤销，如果一方有过错并给另一方造成损失，可按缔约过失责任给予对方赔偿。

（五）在订立合同过程中的，其他违背诚实信用原则的故意或过失行为，造成对方损失的

在订立合同过程中，未尽通知、保护、协助等义务而导致对方遭受损害的，未尽义务的一方应负缔约过失责任。如依照法律、行政法规的规定经批准或者登记才能生效的合同成立后，有义务办理申请批准或者申请登记等手续的一方当事人未按照法律规定或者合同约定办理申请批准或者未申请登记的，即属于"其他违背诚信原则的行为"。相对方可向法院请求自己办理有关手续，由此产生的费用和造成的实际损失，应由未尽义务方承担损害赔偿责任。

四、缔约过失责任的赔偿范围

缔约过失责任的责任方式为损害赔偿，其目的在于弥补当事人所受损害。关于缔约相对方遭受的利益损失范围，目前通说为信赖利益的损失，包括直接利益损失，及可预见的间接利益损失。信赖利益的损害赔偿，旨在使受损一方当事人的利益恢复到未曾参与合同订立或者合同成立之前的状态。缔约相对方实际损失一般包括与对方联系、赴实地考察以及检查标的物所支出的各种合理费用、准备履行合同所支出的费用等。

在案例 19-4 中，随着 B 公司与张某、王某谈判磋商的进行，双方之间产生了一种信赖关系，基于这种信赖，法律要求双方在缔约过程中遵守基本的诚信，特别是当双方已经谈妥价格以后，一般而言不能随意再行反悔。不过，由于张某、王某与 B 公司之间的股权转让协议并未签订，更谈不上生效，故张某、王某有权将股权卖给 C 公司。但是，由于张某、王某与 B 公司的缔约谈判已经到了相当的程度，张某、王某在即将签订合同前突然宣布不再与 B 公司签订合同，构成了对诚信原则的违反，故应该赔偿因此给 B 公司造成的实际经济损失 8 万元。

本章练习题

一、思考题

1. 合同的成立和有效的评价标准是否相同？
2. 要约与要约邀请有何区别？请结合身边事例进行分析。
3. 什么样的承诺才是有效的承诺？

二、综合训练

某杂志社发布征稿启事："凡被我杂志社选中稿件者，按千字 300 元付稿酬。"

刘某见到征稿启事后，立即写了一篇 3000 字的散文寄给杂志社。杂志社采用了该稿件，并随后寄给刘某 900 元。请分析该合同运行的过程和环节。

【要点提示】

杂志社发布征稿启事，内容具体明确，表达了明确的缔约意图，已构成要约。刘某以投寄稿件的行为方式进行承诺，该合同即告成立。而后杂志社依约履行义务，寄送稿费，是履行合同的行为。

第二十章　合同的履行

◎ 知识目标

- 了解合同履行的原则。
- 重点掌握合同条款约定不明时如何履行。
- 掌握第三人履行的法律规定。
- 掌握同时履行抗辩权、不安抗辩权、先履行抗辩权的构成要件和行使方式。

◎ 能力目标

- 能够运用所学知识掌握合同履行中的具体规则。
- 能够结合案例分析向第三人履行和由第三人履行的规则。
- 能够结合案例分析情势变更。
- 能够运用双务合同履行中的各种抗辩权制度解决合同履行中出现的相关问题。

第一节　合同履行的原则

一、合同履行的概念

合同的履行，是指债务人按照合同的约定或者法律的规定履行其义务的行为。只有债务人履行了自己的义务，债权人的债权才能实现，债权人的利益才能得到满足。所以，债的履行从债权人方面来说是债权的实现。

二、合同履行的原则

（一）全面履行原则

《民法典》第 509 条第 1 款规定："当事人应当按照约定全面履行自己的义务。"全面履行原则要求合同当事人按照合同约定的主体、标的以及标的物的质量、数量、履行期限、履行地点、履行方式等，全面、适当地履行义务。合同义务除了主给付义务，还包括从给付义务、附随义务。《民法典》第 577 条规定："当事人一方不履行合同义务或者履行合同义务不符合约定的，应当承担继续履行、采取补救措施或者赔偿损失等违约责任。"

（二）诚信履行原则

《民法典》第 7 条规定："民事主体从事民事活动，应当遵循诚信原则，秉持诚实，恪守承诺。"《民法典》第 509 条第 2 款规定："当事人应当遵循诚信原则，根据合同的性质、目的和交易习惯履行通知、协助、保密等义务。"第 509 条第 2 款是诚信原则在合同履行中的具体体现。

（三）绿色履行原则

《民法典》第 9 条规定："民事主体从事民事活动，应当有利于节约资源、保护生态环境。"《民法典》第 509 条第 3 款规定："当事人在履行合同过程中，应当避免浪费资源、污染环境和破坏生态。"《民法典》第 509 条第 3 款是绿色原则在合同履行中的具体体现。

（四）情势变更原则

按照《民法典》第 533 条规定，情势变更是指合同成立后，合同的基础条件发生了当事人在订立合同时无法预见的、不属于商业风险的重大变化，继续履行合同对于当事人一方明显不公平的，受不利影响的当事人可以与对方重新协商；在合理期限内协商不成的，当事人可以请求人民法院或者仲裁机构变更或者解除合同。人民法院或者仲裁机构应当结合案件的实际情况，根据公平原则变更或者解除合同。2020 年新冠肺炎疫情在世界范围内暴发。最高人民法院发布的《新冠肺炎指导意见（二）》将其作为情势变更事由进行了规定，该意见规定，买卖合同能够继续履行，但疫情或者疫情防控措施导致工人、原材料、物流等履约成本显著增加，或者导致产品大幅降价，继续履行合同对一方当事人明显不公平，受不利影响的当事人请求调整价款的，人民法院应当结合案件的实际情况，根据公平原则调整价款。疫情或者疫情防控措施导致出卖人不能按照约定的期限交货，或者导致买受人不能按照约定的期限付款，当事人请求变更履行期限的，人民法院应当结合案件的实际情况，根据公平原则变更履行期限，已经通过调整价款、变更履行期限等方式变更合同，当事人请求对方承担违约责任的，人民法院不予支持。

第二节　合同履行的具体规则

【案例 20-1】　甲地一果农与乙地一公司签订买卖柑橘的农产品购销合同，总价款 100 万元，双方约定履行地点是江边。而恰巧果农在江的南边，公司在江的北边。后来交货的时候双方对合同的履行地点发生争议。

请思考：本案如何处理？

当事人应当按照约定全面履行自己的义务。一般情况下，债的履行人为债务人，受领人为债权人。在债的履行过程中，也会出现一些特殊情形。

一、部分履行

《民法典》第 531 条规定："债权人可以拒绝债务人部分履行债务，但是部分履行不损害债权人利益的除外。债务人部分履行债务给债权人增加的费用，由债务人负担。"例如，甲乙双方订立 100 吨货物的买卖合同，如果乙到期请求向甲供应 50 吨货物，剩余的 50 吨 20 日后再供应。如果该货物的部分履行损害甲的合法利益，甲可以拒绝，如未损害甲的利益，则甲无权拒绝受领。

二、条款约定不明的履行

合同条款应当明确、具体，以便于履行，但合同条款欠缺或条款约定不明的现象是不可避免的。为了保证这类合同的顺利履行，《民法典》规定了一系列补救性规则。

首要的补救方法就是明确化。明确化的步骤：一是由当事人补充，就是由当事人通过协商的形式，就内容不明的条款或欠缺的条款达成补充协议；二是在不能达成补充协议的情况下，按照合同的有关条款或交易习惯确定。如果仍然不能确定的，按照下列规则确定：

（一）质量要求不明确的履行

《民法典》第 511 条第 1 项规定："质量要求不明确的，按照强制性国家标准履行；没有强制性国家标准的，按照推荐性国家标准履行；没有推荐性国家标准的，按照行业标准履行；没有国家标准、行业标准的，按照通常标准或者符合合同目的的特定标准履行。"

（二）价格或报酬不明确的履行

《民法典》第 511 条第 2 项规定："价款或者报酬不明确的，按照订立合同时履行地的市场价格履行；依法应当执行政府定价或者政府指导价的，依照规定履行。"第 513 条规定："执行政府定价或者政府指导价的，在合同约定的交付期限内政府价格调整时，按照交付时的价格计价。逾期交付标的物的，遇价格上涨时，按照原价格执行；价格下降时，按照新价格执行。逾期提取标的物或者逾期付款的，遇价格上涨时，按照新价格执行；价格下降时，按照原价格执行。"第 514 条规定："以支付金钱为内容的债，除法律另有规定或者当事人另有约定外，债权人可以请求债务人以实际履行地的法定货币履行。"

（三）履行地点不明确的履行

履行地点是指债务人应为履行行为的地点。《民法典》第 511 条第 3 项规定："履行地点不明确，给付货币的，在接受货币一方所在地履行；交付不动产的，在不动产所在地履行；其他标的，在履行义务一方所在地履行。"结合案例 20-1，当履行地点约定不明时，看有没有交易惯例，如后来查证，像这种农副产品收购通常都是到果农所在地，而果农的果园正好在江边，则可以推定双方的交货地点是在果农所在的江边。如没有交易惯例，谁履行义务，其所在方就是履行地。就本案而言，果农所在的江边即为履行地。

（四）履行期限不明确的的履行

《民法典》第 511 条第 4 项规定："履行期限不明确的，债务人可以随时履行，债权人也可以随时请求履行，但是应当给对方必要的准备时间。"必要的准备时间，应当根据交易习惯、给付类型、标的额等因素判断。

《民法典》第 530 条第 1 款规定："债权人可以拒绝债务人提前履行债务，但是提前履行不损害债权人利益的除外。"例如，乙订购甲的家具放在新房中，约定甲于

2月1日交付，乙同时支付货款。现在甲要提前1月23日送货，而此时乙的新房还在装修中，甲提前履行会损害乙的利益，故乙有权拒绝甲提前履行。按照《民法典》第530条第2款的规定，债务人提前履行债务可能会给债权人增加额外的费用，例如仓储费等，由债务人负担。

（五）履行方式不明确的履行

履行方式是指当事人履行合同义务的具体做法。例如运输合同按照运输方式的不同可以分为公路、铁路、海上、航空运输合同等；价款或者报酬的结算方式，如现金结算、转账结算、支票结算等。履行可以是一次性的，也可以是在一定时期内分期或分批履行。《民法典》第511条第5项规定："履行方式不明确的，按照有利于实现合同目的的方式履行。"

（六）履行费用负担不明确的履行

履行费用，是指履行合同所需要的必要费用，例如运输费、包装费、邮寄费、装卸费等。《民法典》第511条第6项规定："履行费用的负担不明确的，由履行义务一方负担；因债权人原因增加的履行费用，由债权人负担。"

三、电子合同的履行时间

电子合同成立并生效后，即进入了合同履行阶段，商品的交付时间决定着风险负担的归属、违约责任的承担等问题。《民法典》第512条规定：通过互联网等信息网络订立的电子合同的标的为交付商品并采用快递物流方式交付的，收货人的签收时间为交付时间。电子合同的标的为提供服务的，生成的电子凭证或者实物凭证中载明的时间为提供服务时间；前述凭证没有载明时间或者载明时间与实际提供服务时间不一致的，以实际提供服务的时间为准。电子合同的标的物为采用在线传输方式交付的，合同标的物进入对方当事人指定的特定系统且能够检索识别的时间为交付时间。电子合同当事人对交付商品或者提供服务的方式、时间另有约定的，按照其约定。

四、涉及第三人合同的履行

涉及第三人的合同，包括向第三人履行的合同和由第三人履行的合同。

（一）向第三人履行的合同

向第三人履行的合同，是指合同双方当事人为第三人设定了合同权利，由第三人享有利益的合同。向第三人履行的合同因第三人是否取得履行请求权而不同，第三人能否取得履行请求权，取决于法律规定或者当事人的约定。法律规定的情形，例如按照保险法的规定，对于投保人与保险人订立的保险合同，被保险人或者受益人即使不是投保人，在保险事故发生后，也享有向保险人请求赔偿或者给付保险金的权利；当事人约定的情形，例如甲将货物出卖给乙，乙又将该货物出卖给丙，乙指示甲将该货物直接交付给丙，如果甲、乙在合同中约定丙有权请求甲交付货物，则第三人丙取得履行请求权，如果无明确约定或法律规定，第三人丙不能取得履行请求权。

1. 第三人未取得履行请求权

《民法典》第522条第1款规定："当事人约定由债务人向第三人履行债务，债务人未向第三人履行债务或者履行债务不符合约定的，应当向债权人承担违约责任。"此条款中所规定的第三人只是纯粹的履行受领人，并不能取得针对债务人的履行请求权，故债务人不履行或者履行债务不符合合同约定的，应当向债权人承担违约责任。例如，在前例买卖合同中，如果丙是未取得履行请求权的第三人，则在甲未按时交货的情形下，丙无权请求甲承担继续履行、赔偿损失等违约责任，只有乙有权请求甲承担违约责任。当然，第三人也可以拒绝受领给付，此时债务人应当将第三人拒绝受领的情况告知债权人，债权人可以亲自受领给付。

2. 第三人取得履行请求权

《民法典》第 522 条第 2 款规定："法律规定或者当事人约定第三人可以直接请求债务人向其履行债务，第三人未在合理期限内明确拒绝，债务人未向第三人履行债务或者履行债务不符合约定的，第三人可以请求债务人承担违约责任；债务人对债权人的抗辩，可以向第三人主张。"此款规定的第三人按照法律规定或合同约定取得了履行请求权，当债务人不履行债务或者履行债务不符合合同约定的，第三人有权直接请求债务人承担违约责任。当然依据民法自愿的原则，第三人对于被赋予的利益也有拒绝的权利，第三人如果在合理期限内拒绝，则自始未取得履行请求权。

一般认为，第三人对债务人虽取得履行请求权，但由于其不是合同当事人，合同本身的权利，如解除权、撤销权等，第三人不得行使。另外，债务人对债权人所享有的抗辩，不因向第三人履行而受到影响，可以向第三人主张。

（二）由第三人履行的合同

由第三人履行的合同，是指合同当事人约定由第三人履行债务的合同。此类合同为第三人增加负担。

由第三人履行的合同是在债权人和债务人之间签订的，第三人并不是合同的当事人，因而按照《民法典》第 523 的规定，当第三人不履行债务或者履行债务不符合约定的，应当由债务人向债权人承担违约责任。

五、具有合法利益的第三人代为履行

在实践中，常常出现第三人在无合同约定情况下自愿代债务人向债权人履行合同义务的情形，我们称之为第三人履行。第三人履行债务大体上分为两种情况，就债务履行有合法利益的第三人和非就债务履行有合法利益的第三人。《民法典》就第三人对履行该债务具有合法利益而履行债务及其法律效果作了规定。

《民法典》第 524 条第 1 款规定："债务人不履行债务，第三人对履行该债务具有合法利益的，第三人有权向债权人代为履行；但是，根据债务性质、按照当事人约定或者依照法律规定只能由债务人履行的除外。"按照此法条的规定，第三人单方自愿代为履行应当符合以下条件：

1. 合同未约定第三人具有履行义务

如果合同已约定债务由第三人履行，则应适用《民法典》第 523 条的规定。

2. 债务人不履行债务

债务人有明确拒绝履行债务的意思表示；或债务人在约定的债务履行期限内无实

际履行行为；亦或债务人明显丧失履行能力，如经营状况严重恶化等。

3. 第三人对履行该债务具有合法利益

例如，经出租人甲同意，承租人乙将租赁物转租给第三人丙。如乙无正当理由未支付租金，经甲催告，在合理期限内乙仍未履行，甲有权解除与乙的租赁合同，甲可以请求丙返还租赁物，此时第三人丙对乙的债务履行具有了合法利益，丙有权向债权人甲代为履行，乙不得提出异议，甲不得拒绝。

4. 根据债务性质、当事人约定或法律规定，未明确将第三人代为履行排除在外

例如基于信赖关系的雇佣合同；以选择指定演员、画家为基础发生的演出合同、创作合同；当事人约定只能由债务人履行的债务等都将第三人履行排除在外。

债权人接受第三人履行后，其对债务人的债权转让给第三人，但是债务人和第三人另有约定的除外。

第三节　双务合同履行中的抗辩权

【案例 20-2】　张三和李四签订了一份苹果买卖合同，双方约定：张三卖给李四 3000 公斤苹果，单价为每公斤 6 元，履行顺序双方未作约定。张三向李四供应 500 公斤苹果后，向李四提出付款请求。

请思考：李四可不可以提出抗辩不予支付货款？

【案例 20-3】　甲餐饮服务公司与乙装饰公司签订装修合同，约定合同总价为 20 万元，甲餐饮服务公司先支付 12 万元预付款，余款待验收合格后结清，工期两个月。合同签订后，甲餐饮服务公司按照合同约定支付了 12 万元预付款，但是乙装饰公司在工程进行到一大半时，就要求支付余款，否则停工，如停工不能按期完成工程将给甲餐饮服务公司带来损失。

请思考：此时甲餐饮公司是否需要支付余款？

【案例 20-4】　2019 年 5 月 6 日，甲公司与乙公司签约，约定甲公司于 6 月 1 日付款，乙公司 6 月 15 日交付"连升"牌自动扶梯。合同签订后 10 日，乙公司销售他人的"连升"牌自动扶梯发生重大安全事故，质监局介入调查。

请思考：甲公司 6 月 1 日是否必须履行付款义务？

双务合同履行中的抗辩权，是指在双务合同的履行中符合法定条件时，当事人一方对抗对方当事人的履行请求权，暂时拒绝履行其债务的权利。抗辩权的行使，只是行使抗辩权的一方在一定期限内暂时中止履行义务，并不消灭债的效力。产生抗辩权的原因消失后，该方仍应履行债务。所以，双务合同中的抗辩权为一时的抗辩权、延缓的抗辩权。它包括同时履行抗辩权、不安抗辩权和先履行抗辩权。

双务合同履行中的抗辩权，是抗辩权人保护自己的一种手段，一方面，通过行使抗辩权，暂时中止履行，可以免去自己履行义务后得不到对方履行的风险，使对方当

事人产生得不到履行、提供担保等压力，督促对方及时履行，所以抗辩权制度是非常行之有效的债权保障制度之一；另一方面，当事人行使双务合同中的抗辩权，暂时中止履行合同义务，不是违约，而是合法行使权利，权利人不会因此承担违约责任。

一、同时履行抗辩权

（一）同时履行抗辩权的概念

同时履行抗辩权，是指双务合同的当事人在无先后履行顺序时，一方在对方未为对待给付以前，可拒绝履行自己债务的权利。

（二）同时履行抗辩权的构成要件

1. 须因同一双务合同互负债务

首先，须由同一双务合同产生债务，即指双方当事人之间的债务是根据同一合同产生的。如果双方的债务基于两个甚至多个合同产生，即使双方在事实上具有密切联系，也不产生同时履行抗辩权。如甲先向乙购买自行车，然后又出售画册一本给乙，甲不能以乙未交付画册的价款为由，拒绝交付自行车。其次，须双方当事人互负相互牵连的债务。双方所负的债务是相互依存，而不是相互独立的。

2. 须双方互负的债务均已届履行期

合同义务未届履行期之前，当事人尚享有期限利益，此时不能行使同时履行抗辩权。只有双方债务都已届履行期时，才能行使同时履行抗辩权。

3. 须对方未履行债务或未适当履行债务

合同一方向对方行使同时履行抗辩权，必须是对方未履行债务或者虽提出履行但明显无履行合同的诚意，或者是对方虽为履行但履行不适当。对方履行不适当情况下，能否行使同时履行抗辩权，应视具体情形而定，若行使同时履行抗辩权有违诚实信用原则时，不得主张同时履行抗辩权。

4. 须对方的对待给付是可能履行的

同时履行抗辩权旨在促使双方当事人同时履行其债务。若对方当事人的对待给付已不可能时，因同时履行的目的已不可能达到，行使同时履行抗辩权没有任何意义，此时应通过合同解除制度寻求问题的解决。

同时履行抗辩权主要适用于双务合同，如买卖、互易、租赁、承揽等合同，在单务合同中无适用余地。

案例 20-2 涉及双务合同的同时履行抗辩权。合同的一方当事人提出部分履行时，对方当事人有权拒绝受领。若受领了部分给付，可以提出相应部分的对待给付；对未给付的部分，可以主张同时履行抗辩权。即李四对张三已给付的 500 公斤苹果不得主张同时履行抗辩权，就未给付的部分则可以。

二、先履行抗辩权

（一）先履行抗辩权的概念

先履行抗辩权，是指当事人互负债务，有先后履行顺序，应当先履行债务一方未履行的，后履行一方有权拒绝其履行请求。先履行一方履行债务不符合约定的，后履行一方有权拒绝其相应的履行请求。

（二）先履行抗辩权的构成要件

1. 须因同一双务合同互负债务

与同时履行抗辩权不同的是，先履行抗辩权履行义务有先后顺序。

2. 须后履行义务一方的债务已届履行期

后履行义务一方的债务未届履行期之前，尚享有期限利益，此时无需行使先履行抗辩权，行使债务未届期的抗辩权足够。只有后履行义务一方债务已届履行期时，才需要行使先履行抗辩权，来对抗先履行义务一方的履行请求。

3. 须先履行义务一方未履行债务或未适当履行债务

在先履行义务一方未履行债务或未适当履行债务的情况下，后履行一方才可行使先履行抗辩权对抗先履行义务一方的履行请求。但在先履行义务一方未适当履行债务的情况下，后履行一方能否行使先履行抗辩权，应视具体情形而定，若行使先履行抗辩权有违诚实信用原则时，则不得行使先履行抗辩权。

4. 须先履行义务一方的给付是可能履行的

先履行抗辩权旨在促使先履行一方履行其债务，若其履行已不可能时，因先履行抗辩权的目的不可能达到，行使先履行抗辩权没有任何意义，此时也应通过合同解除制度来寻求问题的解决。

先履行义务一方不履行义务或不适当履行合同义务，向后履行义务一方提出履行请求时，后履行义务一方行使先履行抗辩权，中止履行债务，一般需要明确表示。在先履行一方采取了补救措施，能够实现合同目的时，先履行抗辩权的原因消失，后履行一方应恢复履行；在先履行义务一方未采取补救措施或虽采取了补救措施，仍不能实现合同目的时，后履行一方可以解除合同。先履行一方有异议时，可以请求人民法院或者仲裁机构确认合同解除的效力。

在案例20-3中，甲餐饮公司不需要支付余款。根据双方所订立的合同，履行义务是有先后顺序的，装修工程完工验收合格后，才能要求甲餐饮公司支付余款。所以在工程验收之前，针对乙装饰公司要求甲餐饮公司支付余款的无理要求，甲餐饮公司可以行使先履行抗辩权，拒绝付款。

三、不安抗辩权

（一）不安抗辩权的概念

不安抗辩权，是指在异时履行的合同中，应当先履行债务的一方有确切的证据证明对方在履行期限到来后，将不能或不会履行债务，则在对方没有履行或提供担保以前，有权暂时中止履行债务的权利。

（二）不安抗辩权的构成要件

（1）须因同一双务合同互负债务。

（2）须一方当事人先履行债务。履行是在不同时间作出的，因此，先履行一方只有在对方有可能难以作出对待履行时，才有权拒绝。从根本上说，不安抗辩权是法律赋予先履行的一方在符合法律规定的条件下方可享有的权利。

（3）后给付义务人有不能为对待给付的现实危险。《民法典》第527条列举了后给付义务人有不能为对待给付的现实危险的三种情形：其一，经营状况严重恶化。如在借贷合同订立后，银行发现借款人因经营管理不善导致资不抵债，可能导致到期无力还贷，银行有权行使不安抗辩权，中止贷款。其二，转移财产、抽逃资金，以逃避债务。这些行为表明债务人信用不佳，存在着极大的违约危险，可能到期不会履行合同。其三，丧失商业信誉。如欺诈他人或经常欠钱不还等。其四，有丧失或可能丧失履行债务能力的其他情形。如某演员在演出前几天已患重病卧床不起，或某项特定物已遭受毁损。在出现上述事实后，先履行一方应有权行使不安抗辩权。

（三）不安抗辩权的行使

为了在保护先给付义务人利益的同时，兼顾后给付义务人的利益，《民法典》第528条对不安抗辩权的行使条件和程序做了严格规定。先履行义务一方行使不安抗辩权，应遵循以下程序：

（1）先给付义务一方于中止履行时负有举证及通知义务。先给付义务一方在认为后给付义务人有上述不能为对待给付的现实危险情形时，可以中止自己应为的履行，同时应将中止履行的原因及要求对方提供担保的合理期限通知对方，并负有举证证明后给付义务人有不能为对待给付的现实危险的具体情形的义务，以便后给付义务人一方进行抗辩或者提供担保。如果先给付义务人一方未履行上述义务，应承担违约责任。

（2）先给付义务人于后给付义务人及时恢复履行能力或者提供适当担保时，行使不安抗辩权的原因消失，先给付义务人应当恢复履行，否则即为违约。

（3）先给付义务人于后给付义务人未于合理期限内恢复履行能力或者提供适当担保即构成预期违约时，不仅可以解除合同，还可以请求对方承担违约责任。后给付义务人有异议时，可以请求人民法院或者仲裁机构确认合同解除的效力。

在案例20-4中，乙公司销售他人的"连升"牌自动扶梯发生重大安全事故，质监局介入调查，由此导致乙公司于客户甲公司已经丧失商业信誉。甲公司的付款义务虽然已于6月1日到期，通常情况下，甲公司如果不履行付款义务会构成违约，但是本案中由于乙公司发生上述丧失商业信誉的情况，甲公司由此取得对乙公司的不安抗辩权，甲公司可以拒绝履行付款义务，依法行使抗辩权。

本章练习题

一、思考题

1. 简述条款约定不明时的履行规则。

2. 同时履行抗辩权、不安抗辩权、先履行抗辩权三者的相同和区别是什么？

二、综合训练

1. 甲公司向乙公司买100部手机，双方签订了一份买卖合同。请问：

（1）如果合同双方就合同的履行的地点没有约定，且未达成补充协议的，甲公司给付货币，则履行地点在哪里？

（2）如果合同双方没有约定合同履行期限的，且未达成补充协议的，甲公司可以要求乙公司随时履行吗？

（3）如果乙公司交付的 100 部手机中有 2 部质量有问题，甲公司可以拒绝支付全部货款吗？

【要点提示】

（1）履行地点在乙方所在地。

（2）甲可以随时请求乙履行，但是应当给对方必要的准备时间。

（3）甲可以拒绝履行交付全部货款的义务，只履行交付部分货款的义务。

2. 甲钢厂与乙贸易公司签订钢材买卖合同，约定乙贸易公司先支付钢材款，甲钢厂随后发货。但是乙贸易公司不经意间从网上获知该钢厂因不能偿还到期债务，债权人已经向法院提出破产申请，甲钢厂即将被宣告破产重整，就担心甲钢厂不能履行合同而不敢先付款，但是又担心不付款构成违约要承担合同约定的违约责任，处于两难境地，请问此时乙贸易公司该怎么办？

【要点提示】

乙贸易公司无须担心，根据相关法律规定，后履行义务的甲钢厂陷入经营状况严重恶化，先履行义务的乙贸易公司享有不安抗辩权，按照程序合法行使即可，无须担心因此构成违约而承担责任。

第二十一章　合同的保全

◎ 知识目标
- 掌握代位权的含义、行使的条件及效力。
- 掌握撤销权的含义、行使的条件及效力。

◎ 能力目标
- 能够运用所学知识正确行使代位权。
- 能够运用所学知识正确行使撤销权。

当债的关系依法确立之后，债务人是以其全部财产担保债务的履行，只有债务人履行了债务，债权人的债权才能实现。当债务人的财产应当增加而未增加，或不应减少而减少时，就会危及债权人的债权。因此，为保障债权的顺利实现，法律突破债的相对性原理，赋予了债权人对第三人行使保全的权利。虽然《民法典》将此称为"合同的保全"，但合同的保全规则实际上构成债的保全的一般性规则，适用于所有债权，而不限于合同债权。

合同保全包括债权人代位权和债权人撤销权两种。

第一节　债权人的代位权

【案例21-1】　甲公司向乙商业银行借款10万元，借款期限为1年。借款合同期满后，甲公司经营不善，无力偿还借款本息。同时丙公司欠甲公司到期货款20万元，而甲公司不积极向丙公司主张。为此，乙商业银行以自己的名义起诉丙公司，要求以丙公司的财产偿还甲公司的借款。

请思考：法院是否应支持乙商业银行的请求？若乙商业银行为此花费8000元必要费用，此费用应由谁承担？

一、债权人代位权的概念

债权人代位权，是指债权人为了保全其债权，而于债务人怠于行使自己的权利危及债权人的债权实现时，以自己的名义向相对人主张权利的权利。简言之，债权人的代位权就是债权人代债务人之位以自己名义行使债务人债权的权利。为了更好地保障债权人权利的实现，代位权制度赋予了债权人能够向债务人的债务人直接追诉的权利，使债权具备了一定的追及效力，它对于解决经济生活中广泛出现的三角债，具有特别的意义。

二、债权人代位权的成立要件

（一）债权人对债务人享有债权

债权人对债务人享有债权应是到期、有效的债权，因此，《民法典》第 535 条第 1 款以"债权人的到期债权"作为行使代位权的首要条件。

但是，债权人的债权未到期的，也可能将来影响债权人实现债权。《民法典》第 536 条规定："债权人的债权到期前，债务人的债权或者与该债权有关的从权利存在诉讼时效期间即将届满或者未及时申报破产债权等情形，影响债权人的债权实现的，债权人可以代位向债务人的相对人请求其向债务人履行、向破产管理人申报或者作出其他必要的行为。"例如，甲对乙享有 50 万元债权未到期，但乙对丙享有的 50 万元债权诉讼时效期间即将届满，如果影响到甲的债权实现，甲也可以行使代位权，请求丙向乙履行债务来中断诉讼时效。

（二）债务人对第三人享有债权或与该债权有关的从权利

债权人代位权的标的不能是专属于债务人自身的权利，专属于债务人自身的债权是指基于扶养关系、抚养关系、赡养关系、继承关系产生的给付请求权，以及劳动报酬、退休金、养老金、抚恤金、安置费、人寿保险、人身伤害赔偿请求权等权利。

（三）债务人怠于行使权利

债务人对第三人享有的债权，在其积极行使时，债权人的代位权不能成立。只有在债务人能行使而怠于行使时，债权人的代位权才能成立。债务人没有以诉讼或仲裁的方式向第三人主张权利，即构成怠于行使权利。

债务人怠于行使的权利，包括债务人对第三人的债权或者与该债权相关的从权利。例如，乙怠于行使对丙的 50 万元债权，如果丁为丙的债务提供保证，而乙怠于请求丁承担保证责任，甲可以代位行使。

（四）影响到债权人到期债权的实现

债务人怠于行使权利若不影响债权人到期债权的实现，则不发生代位权。如果债务人怠于行使其债权，但其资产足以清偿对债权人所负的债务，则债权人不得代位行使债务人的债权。

三、债权人代位权的行使

债权人的代位权必须通过诉讼程序行使，而不能以仲裁方式行使代位权，即使债权人与债务人或者债务人与相对人之间约定了仲裁管辖。在代位权之诉中，应由债权人以自己的名义行使，即债权人为原告，相对人为被告，债务人为第三人，未将债务人列为第三人的，法院可追加其为第三人。两个或者两个以上债权人以同一相对人为被告提起代位权诉讼的，人民法院可以合并审理。

债权人代位权行使的范围，应以保全债权人债权的必要为限度，即以债权人的到期债权额为限。债权人行使代位权的请求数额超过债务人所欠债务额或者相对人所负债务额的，对超出部分人民法院不予支持。例如，甲对乙享有 50 万元到期债权，乙对丙享有 100 万元到期债权，甲只能请求丙向甲清偿 50 万元。如果甲对乙享有 200 万元到期债权，乙对丙享有 60 万元到期债权，甲只能请求丙向甲清偿 60 万元。

四、债权人代位权行使的效力

（一）对于债权人、债务人的效力

人民法院认定代位权成立的，由债务人的相对人向债权人履行义务，债权人接受履行后，债权人与债务人、债务人与相对人之间相应的权利义务终止。

债务人对相对人的债权或者与该债权有关的从权利被采取保全、执行措施，或者债务人破产的，依照相关法律的规定处理。

债权人行使代位权的必要费用，由债务人负担。例如，针对相对人采取财产保全措施的费用，为查明债务人权利所支出的调查取证费用，是为债务人债权的实现而支出的，应属必要费用。代位权诉讼中，债权人胜诉的，诉讼费用由次债务人负担，从实现的债权中优先支付。

（二）对于相对人的效力

债务人对于相对人的权利，无论是自己行使还是由债权人代位行使，对于相对人的法律地位及其利益均无影响。因此，相对人对债务人的抗辩，可以向债权人主张。例如，债务人对相对人的权利尚未到期，相对人对债务人所享有的债权未到期的抗辩，可以向债权人主张。

对案例 21-1 的分析意见：

（1）法院应支持乙商业银行的请求。本案中，甲公司怠于行使对丙公司的债权，损害了债权人乙商业银行的利益，因此，乙商业银行有权行使代位权，乙商业银行在诉讼中为原告，丙是相对人为被告，甲公司是债务人为第三人，丙在乙商业银行债权范围内向乙进行清偿，甲、乙、丙之间的债权债务相应消灭。

（2）花费的 8000 元必要费用按法律规定应由债务人甲公司承担。

第二节 债权人的撤销权

【案例 21-2】 2017 年 6 月 13 日，李某在县农行借款 10 万元，约定利息及还款期限。到期后，李某仅归还本金 3 万元及利息，余款 7 万元没有归还。后县农行向李某催收借款，李某以经济困难为由没有偿还。2019 年 6 月 25 日，李某将一栋上下两层建筑面积为 111.44 平方米的楼房赠与女儿，并于同日办理了过户。2019 年 9 月 15 日县农行作为原告向被告李某主张债权，法院判决李某偿付原告 7 万元及逾期利息，该判决书已生效。后原告得知李某于 2019 年 6 月 25 日已将其房产无偿转让，而李某又无其他有价值的财产。原告遂于 2020 年 4 月 27 日向法院提起诉讼，要求撤销李某的赠与行为，确认赠与行为无效。

请思考：被告李某将楼房赠与女儿的合同是否有效？县农行是否享有撤销权？

一、债权人撤销权的概念

债权人的撤销权，是指当债务人所为的减少其财产的行为危害债权实现时，债权人为保全债权得请求法院予以撤销该行为的权利。债权人撤销权也是债权的保全方式。

二、债权人撤销权的成立要件

（一）债权人对债务人存在有效债权

债权人对债务人存在有效债权，才能发生债的效力，也才能将债的效力扩张至第三人。无效的债权、已被消灭的债权、超过诉讼时效的债权，自然不能发生撤销权。

债权人对债务人的债权，可以到期，也可以不到期。例如，甲对乙的债权虽未到期，若乙实施了有害债权的行为，甲仍可以行使债权人撤销权。

（二）债务人实施了对财产的处分行为

债权人的撤销权，是针对债务人法律上生效的处分行为，无效或未生效的无须撤销，且处分行为是在债权人债权发生之后。债务人的行为必须以财产为标的，非以财产为标的的不得撤销，如婚姻、收养等行为。

（三）债务人的行为将影响债权人债权的实现

如果债务人实施的处分的财产行为未影响债权人的债权实现，则无须债权人撤销权提供救济。例如，甲方欠乙方 1000 万元，甲方有 3000 万元资产，甲方向丙方低价处分了 1000 万元的财产，就不能认为是对债权人的侵害。

三、可行使撤销权的几种情形

债务人实施的处分行为包括：

（一）债务人的无偿财产行为

《民法典》第 538 条规定了债务人放弃其债权、放弃债权担保、无偿转让财产等无偿处分财产的情形。例如，甲对乙享有 50 万元债权，乙将其房屋赠与丙，放弃对丁的 50 万元债权，或放弃对戊债权的抵押权，如果影响了债权人的债权实现，则甲有权撤销。在债务人实施无偿处分财产行为时，不要求债务人明知或应知其行为会影响债权人债权的实现。《民法典》538 条还规定了恶意延长其到期债权的履行期限，影响债权人的债权实现的，债权人行使撤销权的情形，此种情形特别强调了债务人的主观恶意，而如果债务人的债权履行期限届满后，债务人的相对人暂时无力履行债务，债务人通过延长履行期限让其筹措资金，不构成恶意，债权人无撤销权。

在上述债务人的财产行为中，债务人的相对人对此是否明知或应知，不影响债权人行使撤销权。

（二）债务人的有偿财产行为

《民法典》第 539 条列举了了债务人以明显不合理的低价转让财产、以明显不合理的高价受让他人财产，均属有偿行为。明显不合理低价应当以交易当地一般经营者的判断，并参考交易当时交易地的物价部门指导价或者市场交易价，结合其他相关因素综合考虑予以确认。转让价格达不到交易时交易地的指导价或者市场交易价70%的，一般可以视为明显不合理的低价；对转让价格高于当地指导价或者市场交易价30%的，一般可以视为明显不合理的高价。《民法典》第539条还列举了为他人的债务提供担保的行为，作为撤销权的对象，其中担保，包括为他人债务提供保证或为他人债务设立担保物权。

在上述行为中，只有当债务人的相对人知道或者应当知道影响债权实现的行为时，债权人才享有撤销权，对恶意的判断时点，应是取得权利时。

四、债权人撤销权的行使

债权人的撤销权，应由债权人以自己的名义通过诉讼的方式行使，由人民法院审查并作出最终裁决。债权人为数人时，可以共同行使此权利。

债权人通过诉讼的方式行使撤销权，债权人为原告，债务人为被告，受益人或者受让人为诉讼上的第三人。如果债权人提起撤销权诉讼，未将受益人或受让人列为第三人的，人民法院可以追加该受益人或受让人为第三人。

债权人行使撤销权的范围，以债权人的债权额为限。

债权人行使撤销权，应自债权人知道或应当知道撤销事由之日起1年内行使。自债务人的行为发生之日起5年内没有行使撤销权的，该撤销权消灭。

五、债权人行使撤销权的效力

债权人行使撤销权的效力依人民法院的判决的确定而产生，其效力及于债务人、第三人和债权人。

1. 对于债务人的效力

债务人影响债权人的债权实现的行为被撤销的，自始没有法律约束力。债务人放弃其债权、放弃债权担保的行为被撤销后，债务人的相对人仍对债务人负有债务、担保人仍对债务人负有担保责任。

2. 对于第三人的效力

债务人无偿或低价转让财产的行为、高价受让财产的行为被撤销后，债务人尚未给付的，不得再向相对人给付；已经向相对人给付或已经互相给付的，债务人、债务人的相对人负有返还财产、恢复原状的义务，不能返还的应当折价补偿。债务人为他人的债务提供担保的行为被撤销后，债务人不再负有担保责任，已经承担担保责任的，担保权人对债务人负有返还义务。

3. 对于债权人的效力

行使撤销权的债权人可请求相对人将所得利益返还给债务人。债权人行使撤销权所支付的必要费用，由债务人负担；第三人有过错的，应适当分担。

对案例21-2的分析意见：

本案中被告李某将其所有的楼房赠与其女儿，赠与合同应为有效。但是李某是在明知自身负有到期债务未履行的情况下进行赠与，该赠与行为降低了自己的偿还能力，严重损害了债权人的债权，符合撤销权的构成要件。作为债权人的县农行有权在法定期限内行使撤销权，请求人民法院撤销李某的赠与合同。

本章练习题

一、思考题

1. 简述债权人代位权的成立要件及行使效力。

2. 简述债权人撤销权的成立要件及行使效力。

3. 简述债权人撤销权中可以行使撤销权的情形。

二、综合训练

乙欠甲 10 万元，到期未还。丙欠乙 11 万元货款也到期，乙一直未向丙主张，但乙拥有汽车 1 辆，价值在 20 万元左右。请问：

（1）甲是否可以向丙行使代位权？

（2）如乙将汽车赠与丁，丁不知甲乙之间的情况。这时甲可否行使撤销权？

【要点提示】

（1）甲不可以向丙行使代位权。因乙尚拥有汽车 1 辆，还没有危及甲的债权。

（2）甲可以行使撤销权。其符合撤销权成立的条件。

第二十二章　合同的变更和转让

◎ 知识目标
- 掌握合同变更的类型和条件。
- 掌握债权转让的条件及效力。
- 掌握债务承担的条件及效力。

◎ 能力目标
- 能够运用合同变更的知识点解决实践中的合同变更问题。
- 能够结合案例分析债的移转的法律效力。

第一节　合同的变更

【案例 22-1】　2019 年 4 月，某商场向某空调生产企业订购空调 1000 台，双方约定交付日期为 6 月 25 日。由于当年高温来得较早，商场要求空调生产企业在 5 月 30 日提前交付空调。由于生产能力有限，空调生产企业答应尽早交货。但是，空调生产企业无法在 5 月 30 日完成交货。商场以空调生产企业违约为由要求其承担违约责任。

请思考：双方合同是否变更？空调生产企业是否承担违约责任？

一、合同变更的概念

合同的变更有广义与狭义之分。广义的合同变更，包括合同主体的变更和合同内容的变更。前者是指合同的内容不变，仅合同主体改变的现象，其实是合同权利义务的转让。后者是指合同的主体不变，仅合同的权利义务改变的现象，此为狭义的合同变更，也就是本节所说的合同变更。

合同的变更，按其变更内容的不同，可分为合同的要素变更和非要素变更。所谓合同的要素变更，是指合同内容发生重要部分的变更。这种变更会导致合同关系失去同一性，即原合同关系消灭，产生新的合同。比如买卖房屋改为租赁房屋、承揽甲工程改为承揽乙工程等。合同的非要素变更，是指合同内容发生非实质部分的变更，这种变更只是对原合同关系作某些修改和补充，不改变合同的同一性。例如标的数量的增减、履行地点的改变、履行期限的改变等均属于合同的非要素变更。合同的变更一般是指合同内容的非要素变更。

二、合同变更的条件

（一）原已存在合同关系

合同的变更必须具备原已存在合同关系这一条件。合同无效、被撤销、未被追认的情况下，没有合同关系自然不可能有合同的变更。

（二）合同内容发生明确变化

不论如何变更，当事人变更后的合同必须为有效合同，《民法典》第544条规定："当事人对合同变更内容约定明确的，推定为未变更。"

（三）合同的变更须有合法的依据

合同的变更须依据一定的形式。依法院裁决程序而变更合同，如订立合同后发生情事变更的合同；依法律的直接规定而变更合同，如债务人因客观上履行不能导致违约，使履行合同的债务变为损害赔偿债务；依形成权人的意思表示而变更合同，如合同约定当事人在某种条件下有变更权，条件成就时，变更权人行使变更权，使合同变更。上述合同也可由当事人协商一致变更。

除此以外的合同变更必须由当事人双方协商一致，才能发生合同变更的效力。

（四）须遵守法律要求的方式

法律、行政法规规定变更合同应当办理批准、登记手续的，依照规定办理相应手续后才能产生合同变更的效力。当事人约定变更合同须采用特定形式的，一般须采用该形式才能产生合同变更的效力。

在案例22-1中，商场与空调生产企业先前订有合同，该合同合法有效，具有约束力。而后来双方虽然就提前交货进行过磋商，但并未达成明确的关于交货日期的重新约定，因此应视为合同未变更，空调生产企业按照原合同所约定的6月25日交货不属于违约。

三、合同变更的效力

合同变更原则上仅向将来发生效力，不溯及既往，当事人已按原合同履行的部分并不因合同的变更而失去法律根据。但在合同发生变更以后，当事人应当按照变更后的合同内容履行合同。

合同变更仅对已经变更的部分发生效力，未变更部分的合同关系继续存在。合同变更原则上不影响当事人要求赔偿损失的权利，但法律依据情势变更原则变更合同和当事人另有约定的除外。

第二节　债的移转

【**案例22-2**】　甲公司欠乙公司贷款300万元，现丙公司兼并了甲公司。请思考：应当由谁对乙公司的这笔债务承担清偿责任？

一、债的移转的概念

债的移转，是指不改变债权的内容，由债的一方主体将其债权或债务全部或部分转让给第三人的行为。债的移转属于债的变更的范畴。债的变更有广义和狭义之分。广义的债的变更，指债的三要素，即债的主体、债的客体、债的内容中的任何一个要素的变更。狭义的债的变更，仅指债的内容与客体的变更。现代民法所指的债的变更通常只指狭义的债的变更，而将债的主体的变更称为债的移转。债的主体的变更包括债权人的变更和债务人的变更，即债权转让和债务转移。如果将债权和债务一并移转给新的债的主体，则称为债的概括承受。

二、债权转让

（一）债权转让的概念

债权转让是指不改变债的关系的内容，债权人将其债权移转于第三人享有的行为。其中的债权人称为让与人，第三人称为受让人。

债权转让可分为全部转让和部分转让。债权的全部转让是指债权人将其债权全部转让给第三人，于转让生效后，原债权人退出债的关系，受让人成为债权人。债权的部分转让是指债权人将其债权的一部分转让给第三人，于转让生效后，原债权人并不退出债的关系，而是与受让第三人共同成为债权人。

（二）债权转让的条件

债权转让一般应具备以下条件：

1. 须存在有效债权

有效债权是指该债权真实存在且并未消失。债权转让的目的是转让债权，因此，有效债权的存在成为债权转让的前提。

2. 被转让的债权须具有可转让性

债权是财产权，一般情况下债权人可将其债权转让他人，但是并非所有的债权都具有可转让性。根据《民法典》第545条的规定，下列三类债权不具有可转让性，债权人不得转让：

（1）根据债权性质不得转让。这类债权主要是指基于特定当事人的身份关系或者对特定人资质能力等的信赖或者是基于信任关系而订立合同产生的债权。例如，赠与合同的赠与人明确表示将赠与的钱用于某贫困地区希望小学的建设，受赠人如果将受赠的权利转移给他人，将受赠的钱款用来建造别的项目，显然违反了赠与人订立合同的目的，损害了赠与人的合法权益。

（2）按照当事人约定不得转让的。当事人可以对债权转让作出特别约定，禁止债权人将权利转让给第三人，以防止债务人面对可能更加苛刻的新债权人。如果债权人违反该约定将债权转让他人，受让人能否取得债权呢？《民法典》第545条第2款规定："当事人约定非金钱债权不得转让的，不得对抗善意第三人。当事人约定金钱债权不得转让的，不得对抗第三人。"即如果被转让的债权是非金钱债权，应区分受让人是善意还是恶意。在受让人是善意时，受让方可以取得债权，债务人不能对受让人提起债权禁止转让的抗辩，在受让人是恶意时，受让人不能取得债权。如果被转让的债权是金钱债权，因为金钱债权的转让对债务人的影响较小，况且金钱债权在流通中的作用非常大，所以，受让人无论是善意还是恶意，都能取得债权，债务人因此遭受的损失，有权要求让与人承担违约损害赔偿责任。

（3）依照法律规定不得转让的债权。对于这些规定，当事人必须严格遵守。

3. 须当事人之间达成合意

债权转让时，让与人与受让人应订立债权让与合同。债权转让合同应具备合同成立的有效要件。

（三）债权转让的通知

债权转让合同是让与人与受让人意思表示一致的协议，因此，受让人在债权转让合同生效时就取得了债权。但是，为保护债务人，债权转让未通知债务人的，该转让对债务人不发生效力，债务人有权向让与人履行债务，也有权向受让人履行以消灭债权，而在债务人接到转让通知后，债务人只能向受让人履行而不能向让与人履行。

债权转让的通知不得撤销，但是经受让人同意的除外。如果随意允许债权人撤销该通知，会导致已经转让的权利处于不稳定的状态。但债权转让又对受让人的利益影响较大，所以在受让人同意的情况下，可以撤销。

（四）债权转让的效力

债权转让的效力是指债权转让所发生的法律效果，其效力可分为内部效力和外部效力两方面。

1. 债权转让的内部效力

债权转让的内部效力，是指债权转让在让与人和受让人之间发生的法律效果。其效力为：

（1）债权及其从权利转让于受让人，但该从权利专属于债权人自身的除外。从权利包括抵押权、质权、保证等担保权利以及附属于主债权的利息等孳息。《民法典》第696条第1款规定，债权人将全部或者部分债权转让给第三人，通知保证人后，保证人对受让人承担相应的保证责任。有些从权利是针对债权人自身设置的，与债权人不可分离，因此法律规定对于专属于债权人自身的从权利不随主债权的转让而转让。

受让人取得从权利不因该从权利未办理转移登记手续或者未转移占有而受到影响。债权受让人取得这些从权利是基于法律的规定，并非是基于法律行为的物权变动，并且，在债权转让前，这些从属性的担保权利已经进行了公示，公示公信的效果已经达成。

（2）让与人应使受让人能够完全行使债权。

（3）让与人对其让与的债权负瑕疵担保责任。

2. 债权转让的对外效力

债权转让的对外效力，是指债权转让对债务人及第三人的效力。其效力为：

（1）债务人在收到债权转让通知后，应向受让人履行债务。

（2）债务人可以向受让人主张其对让与人的抗辩。债务人接到债权转让通知后，债务人对让与人的抗辩，可以向受让人主张。例如，甲方卖给乙方价值 10 万元的电器，乙方收货后，发现该批货物没有安全认证标志，即以甲方违反国家强制性规定为由拒绝付款，并准备退货，而甲方已将债权转让给丙方。在这种情况下，乙方对甲方的抗辩事由，可以向丙方主张。

（3）债务人可以向受让人主张抵销权。按照《民法典》第 549 条规定，有下列情形之一的，债务人可以向受让人主张抵销：一是债务人接到债权转让通知时，债务人对让与人享有债权，且债务人的债权先于转让的债权到期或者同时到期；二是债务人的债权与转让的债权是基于同一合同产生。例如，甲方卖给乙方 100 万元的茶叶，乙方应于 2018 年 10 月 1 日付款。甲方曾欠乙方 50 万元蔬菜款，应于 2018 年 9 月 1 日付款。直至 2018 年 9 月 20 日，甲方将 100 万元的债权转让给丙方，丙方受让该债权后要求乙方偿付，乙方以甲方尚欠 50 万元蔬菜款为由主张抵销权，只付给丙方 50 万元。

《民法典》第 550 条规定："因债权转让增加的履行费用，由让与人负担。"

三、债务转移

（一）债务转移的概念

债务转移即债务的承担，是指在不改变债的内容的前提下，债务人将债务全部或部分的移转给第三人承担的行为。如甲欠乙 3 万元货款，经乙同意，甲将债务转移给丙，丙为乙的债务人，负担清偿债务的责任。

债务转移分两种情况：一种是债务全部转移，由第三人代替债务人承担全部债务，原债务人脱离债的关系；另一种是债务的部分转移，即原债务人与新债务人负有按份债务。

（二）债务转移的条件

1. 须存在有效的债务

债务的有效存在是债务承担的前提条件。债务自始无效或已消灭的，债务承担合同不发生效力。

2. 所移转的债务须具有可移转性

性质上不能移转的债务、当事人特别约定不能移转的债务和法律规定不能移转的债务均不得移转。例如，歌手登台演出或者画家绘制画作的债务，这些债务依赖于个人的技能，通常不允许转移。

3. 债务人和第三人就债务的移转达成合意

债务承担要求债务人与第三人订立债务承担协议，该协议的订立及效力应适用民事法律行为和合同的相关规定。

4. 债务承担须经债权人同意

因为债的关系建立在债权人对债务人履行能力的了解和信任基础上，债务人的履行能力对于债权人债权的实现至关重要。因此，为保护债权人的利益不受债务人与第三人之间债务承担合同的影响，我国《民法典》第 551 条规定：债务人将债务的全部或者部分转移给第三人的，应当经债权人同意。债务人或者第三人可以催告债权人在合理期限内予以同意，债权人未作表示的，视为不同意。

（三）债务转移的效力

1. 第三人作为债务人法律地位的产生

债务承担有效成立以后，债务全部转移的，第三人取代原债务人成为新的债务人，原债务人脱离债的关系，由第三人直接向债权人承担债务。债务被部分转移的，第三人仅就部分债务负责，原债务人对未转移的债务仍然负责，第三人和债务人对债权人负有按份债务。

2. 抗辩权随之移转

《民法典》第553条规定："债务人转移债务的，新债务人可以主张原债务人对债权人的抗辩。"例如甲乙双方订立承揽合同，约定甲方4月1日交付工作成果，乙方5月5日付款7万元。甲方履行义务后，乙方经甲方同意在4月2日将债务转让给丙方，乙方在4月3日又将检验结果通知丙方，说明接受的工作成果不符合要求，丙方可以向甲方行使履行抗辩权，在甲方修理或重做之前，拒绝支付7万元。

3. 原债务人对债权人的抵销权不发生移转

原债务人对债权人享有债权的，新债务人不得向债权人主张抵销。这是原债务人对自己债权的处分。

4. 从债务一并随之移转

《民法典》第554条规定："债务人转移债务的，新债务人应当承担与主债务有关的从债务，但是该从债务专属于原债务人自身的除外。"例如，甲乙双方约定，甲方借给乙方100万元人民币，乙方除到期返还100万元本金外，还要给甲画一幅肖像充抵利息。乙方是著名画家。当100万元本金债务转移时，乙方给甲画一幅画的从债务不发生转移。

四、债务加入

债务加入，又称为并存的债务承担，即原债务人不退出债权债务关系，第三人作为新的债务人和原债务人一起向债权人承担连带责任。《民法典》第552条规定："第三人与债务人约定加入债务并通知债权人，或者第三人向债权人表示愿意加入债务，债权人未在合理期限内明确拒绝的，债权人可以请求第三人在其愿意承担的债务范围内和债务人承担连带债务。"根据规定，如果债务加入是第三人和债务人约定的，则无须债权人明确同意，但是应当通知债权人，债权人有权在接到通知后的合理期限内予以明确拒绝。如果债务加入是第三人直接单方向债权人表示愿意加入的，则无须债务人同意，但至少应当通知债务人，债务人也可以拒绝，债务人拒绝后第三人和债权人之间的合同只能在他们之间有效，不能对债务人发生效力。债务加入的法律后果是债权人没有在合理期限内明确拒绝的，第三人和债务人一起对债权人的债务承担连带责任。如果债务人对第三人和债权人订立的债务加入合同明确表示拒绝的，按照《民法典》第980条规定，债务人享有利益的，应当向第三人偿还必要费用，但以债务人获得利益的范围为限。

构成债务加入后，除另有约定外，第三人与债务人一起对债权人负有连带债务，

《民法典》第 553 条和第 554 条关于新债务人抗辩、抵销权和承担有关从债务的规定，在债务加入中，在不相抵触的范围内也予以适用。

五、债的概括承受

债的概括承受，是指债权债务一并移转给第三人。债的概括承受包括合同承受和其他法定债权、债务的概括承受。

1. 合同承受

《民法典》第 555 条规定："当事人一方经对方同意，可以将自己在合同中的权利和义务一并转让给第三人。"由第三人承受其在合同中的地位，享受合同权利，承担合同义务。因为合同承受不仅包括合同权利的转让，还包括合同义务的转让，因此，必须取得对方当事人的同意。

合同的权利和义务一并转让的，适用债权转让、债务转移的有关规定。

2. 法定债权、债务的概括承受

法定债权、债务的概括承受，一般无须对方当事人的同意，适用特别的规定。最为典型的是法人合并和分立情形中的概括承受。另外，在被继承人死亡后，被继承人的遗产由继承人继承，同时，继承人也应当概括继承被继承人的债务。

案例 22-2 属于法人合并后的债权债务概括承受。因此，甲公司的债务由丙公司承担。

本章练习题

一、思考题

1. 合同的变更条件是什么？
2. 简述债务转移的条件及法律效力。
3. 简述债权转让的条件及法律效力。

二、综合训练

甲公司欠乙公司 300 万元，乙公司欠丙公司 300 万元，丁公司欠甲公司 300 万元。现甲、丁公司达成协议，由丁公司向乙公司清偿甲公司的 300 万元债务，甲公司、丁公司之间的债权债务关系消灭，该协议经乙公司同意。后乙公司又与丙公司达成协议，由丁公司向丙公司清偿 300 万元，乙公司、丙公司之间的债权债务消灭。请问：

（1）甲公司、丁公司之间的协议的性质是什么？该协议是否生效？

（2）乙公司、丙公司之间的协议的性质是什么？该协议是否已生效？

【要点提示】

（1）甲、丁公司之间的协议是债务转移。协议经债权人（乙公司）同意生效。

（2）乙、丙公司之间的协议是债权转让。生效。

第二十三章 合同的权利义务终止

◎ 知识目标

- 掌握债的消灭情形。
- 掌握法定抵销的条件。
- 掌握提存的原因及效力。
- 掌握合同约定解除和法定解除的条件。

◎ 能力目标

- 结合案例分析债消灭的原因。
- 能够运用合同解除的知识点去设计合同的解除条款以及解决实践中的合同解除问题。

第一节 债的消灭的一般原因

【案例 23-1】 胡某于 2017 年 1 月 10 日向李某借款 100 万元，期限 3 年。2018 年 3 月 30 日，胡某又借 100 万元，期限 2 年。胡某仅于 2020 年 2 月归还借款 100 万元。

请思考：胡某归还的 100 万元，为哪笔借款呢？

一、合同之债消灭的概念

合同之债的消灭，一是指债权债务关系中的单个债权债务的消灭，二是指合同债权债务关系整体终止。《民法典》第 557 条第 1 款所规定的情形是债权债务关系中单个债权债务的终止，具体包括清偿、抵销、提存、免除、混同以及法律规定或者当事人约定终止的其他情形；第 2 款规定合同解除导致该合同的权利义务终止。本节主要针对第 1 款的内容。

二、履行

（一）履行的概念

履行与清偿基本同义，"债务已经履行"实质上就是"债务已经清偿"。履行是从债的效力、债的动态方面讲的，而清偿则是从债消灭的结果角度讲的。履行，是指债务人按照法律的规定或者合同的约定，全面履行义务使债权人的权利实现，债的目的达到。履行是债消灭的最常见的原因。

（二）履行抵充

《民法典》第560条和第561条明确规定了履行抵充的制度。

《民法典》第560条规定了数项债务的履行抵充顺序。数项债务的履行抵充的适用条件是：第一，债务人对同一债权人负担数项债务。第二，债务人负担的数项债务的种类相同。如果种类不同，则应当以不同的种类进行清偿，没必要发生抵充。第三，债务人的给付不足以清偿全部债务。第四，如果债务人的给付不足以清偿数项债务中的某一项，则可以将第560条和第561条结合，确定某一项债务中费用、利息和主债务的履行顺序。确定履行抵充顺序的基本原则是：有约定从约定，无约定从指定，无指定从法定。如果当事人就抵充顺序达成一致，则约定优先。当事人对抵充顺序没有约定，由债务人指定履行顺序，但债务人的指定应在清偿时作出，清偿后不可以指定。当事人对抵充顺序没有约定且债务人在清偿时未指定的，依据法定的顺序清偿。依据《民法典》第560条第2款规定，法定顺序为：（1）优先履行已经到期的债务。（2）数项债务均到期的，优先履行对债权人缺乏担保或者担保最少的债务。（3）均无担保或者担保相等的，优先履行债务人负担较重的债务。例如，有低利息的债务和高利息的债务，高利息的债务对于债务人负担较重。（4）负担相同的，按照债务到期的先后顺序履行。（5）到期时间相同的，按照债务比例履行。在案例23-1中，胡某归还的100万元借款应为2017年的借款，因为按照法律规定，当事人对抵充顺序没有约定且债务人在清偿时未指定的，依据法定顺序清偿。本案例中优先履行先到期的债务。

《民法典》第561条规定了费用、利息和主债务的履行抵充顺序。该条的适用条件：一是债务人在履行主债务外还应当支付利息和实现债权的有关费用。二是债务人的给付不足以清偿全部债务。确定履行抵充顺序的基本原则是：有约定从约定，无约定从法定。法定顺序为：（1）实现债权的有关费用。如保管费用、诉讼费用等。（2）利息。（3）主债务。

三、抵销

（一）抵销的概念

抵销，是指二人互负债务时，各以其债权充抵债务的履行，使其债务与对方的债务在对等额内相互消灭的行为。

抵销依其产生的依据不同，可分为法定抵销和约定抵销。法定抵销由法律规定其构成要件，当要件具备时，依一方当事人的意思表示即可发生抵销的效力。约定抵销是指双方当事人协商一致，使自己的债务与对方的债务在对等额内消灭。它是当事人意思自由的反映，并不受法定构成要件的限制。《民法典》第569条规定："当事人互负债务，标的物种类、品质不相同的，经协商一致，也可以抵销。"

（二）法定抵销的要件

1. 必须是双方当事人互负债务、互享债权

抵销是在对等额内使双方债权消灭，因此，抵销必须以当事人双方互负债务、互

享债权为前提。若当事人一方仅享债权或仅负债务，就不能发生债的抵销。当事人双方存在的两个债权债务还必须合法有效才能抵销。任何一个债权或债务不成立或无效时，其债权不能有效存在，故不能抵销。其中，提出抵销的一方所享有的债权，为主动债权，被抵销的债权，为被动债权。

2. 双方互负的债务必须标的物种类、品质相同

抵销的债务以是同一种类的给付为必要。只有给付的种类、品质相同时，才能进行比较和计算进而抵销。标的物的种类、品质相同的，无须当事人协商，一方即可将自己的债务与对方的债务抵销。

3. 被抵销一方的债务已到清偿期

因为抵销具有清偿的效力，因此只有在提出抵销的一方所享有的主动债权的履行期限届至时，才可以主张抵销；否则，等于强制债务人提前履行债务，牺牲其期限利益。如果双方的债权均已到期，则双方均可主张抵销；以自己的到期债权与对方未到期的债权抵销，则应当允许，因为这样就等于请求抵销的一方自愿提前履行义务。

4. 须双方的债务均为可抵销的债务

根据债务性质、按照当事人约定或者依照法律规定不得抵销的债务，不能抵销。

（三）抵销的方法及效力

当具备法定抵销的要件时，享有抵销权的当事人一方将抵销的意思表示通知对方即发生效力。《民法典》第568条第2款规定："当事人主张抵销的，应当通知对方。通知自到达对方时生效。抵销不得附条件或者附期限。"如须协商才能抵销的债权债务，当事人意思表示一致时发生抵销的效力。双方的债权债务在对等额内因抵销而予以消灭。

四、提存

（一）提存的概念

提存，是指债务人将已届履行期限，但因法律规定的原因无法交付的标的物交由提存机关，以消灭债务的行为。

债务人履行债务需要债权人的协助，如果债权人不予协助，债务人就不能清偿其债务。在此情况下，为使债务人能够以某种形式履行其债务，避免因不能履行债务给其带来损失，法律设立了提存制度。通过提存，债务人将其无法交付的标的物交给提存机关，以代替向债权人的给付，从而免除自己的清偿责任。提存后，债务人的债务得以消灭。因此，提存也是债的消灭原因。

（二）提存的原因

根据《民法典》第570条的规定，有下列情形之一，难以履行债务的，债务人可以将标的物提存：

1. 债权人无正当理由拒绝受领

债权人无正当理由拒绝受领，使债务人无法履行债务，为保护其合法利益，所以允许债务人提存。但债权人有正当理由拒绝受领的，债务人不得提存。

2. 债权人下落不明

债权人下落不明包括债权人不明确、地址不详、债权人失踪且无财产代管人等情况。债权人下落不明，使债务人无法履行债务，允许债务人提存。

3. 债权人死亡未确定继承人、遗产管理人，或者丧失民事行为能力未确定监护人

这些同样是因债权人的原因使债务不能履行，为保护债务人的利益，赋予了债务人提存权。

4. 法律规定的其他情形

法律规定的因债权人的其他原因不能履行债务的，债务人也可以因提存而消灭债务关系。

（三）提存的标的物

提存的标的物是根据债务应当给付的标的物。《提存公证规则》规定了适于提存之物，包括：货币、有价证券、票据、提单、权利证书、贵重物品等，标的物不适于提存或者提存费用过高的，债务人依法可以拍卖或者变卖标的物，提存所得的价款。如易腐、易烂、易燃、易爆等物品。

（四）提存的程序

提存作为债的消灭原因之一，须符合法定程序。首先由提存人向提存部门提出申请，经提存部门审查同意，提存人将提存标的物交提存部门，最后由提存部门制作提存证书，并交给提存人。提存证书具有与受领证书同等的法律效力。

提存部门是指法律规定的有权接受提存物并为保管的部门。关于哪个部门为提存部门，《民法典》并未规定。根据《提存公证规则》规定，提存公证由债务履行地的公证处管辖，以担保为目的的提存公证或在债务履行地申办提存公证有困难的，可由担保人住所地或债务人住所地的公证处管辖。

（五）提存的效力

1. 债务人和债权人之间的效力

关于提存成立的时间，《民法典》第571条第1款规定："债务人将标的物或者将标的物依法拍卖、变卖所得价款交付提存部门时，提存成立。"提存成立后，对于债务人而言，视为债务人向债权人在其提存范围内已经交付标的物，债务人不再负清偿的责任，债因提存而消灭。对于债权人而言，标的物提存后，毁损、灭失的风险由债权人承担。提存期间，标的物的孳息归债权人所有，提存费用由债权人负担。为了保证债权人能够及时得知提存的事实，标的物提存后，债务人也应当及时通知债权人或者债权人的继承人、遗产管理人、监护人、财产代管人。

2. 提存部门和债权人之间的效力

提存成立后，提存部门提供提存服务，保管提存物。债权人在缴纳提存费用后，可以随时领取提存物，但是存在例外情形。《民法典》第574条第1款规定："债权人对债务人负有到期债务的，在债权人未履行债务或者提供担保之前，提存部门根据债务人的要求应当拒绝其领取提存物。"同时，《民法典》第574条第2款规定："债权人领取提存物的权利，自提存之日起五年内不行使而消灭，提存物扣除提存费用后归国家所有。但是，债权人未履行对债务人的到期债务，或者债权人向提存部门书面

表示放弃领取提存物权利的，债务人负担提存费用后有权取回提存物。"

五、免除

免除，是指债权人免除债务人的债务，使债务消灭的意思表示。

债务免除实质是债权人对其债权的抛弃。债务全部免除的，债即全部消灭；债务部分免除的，债在免除的范围内消灭。主债务因免除而消灭的，从债务也随之消灭。债权人免除债务人债务的，无须债务人明确同意，即可发生免除效力，但如果债务人在合理期限内拒绝的，免除效力自始不发生。

六、混同

混同，是指债权与债务同归于一人，而使债的关系消灭的事实。《民法典》第576条规定，债权和债务同归于一人的，债权债务终止，但是损害第三人利益的除外。

混同的原因有两种：一是概括承受，如企业合并，债权人继承债务人的财产，债务人继承债权人的财产。二是特定承受，因债权转让或债务移转，而使债权债务同归于一人。例如，债权人甲与债务人乙订立合同后，甲将合同权利转让给乙。

债权债务因各种原因终止后，当事人之间的债消灭，当事人应当遵循诚信等原则，根据交易习惯履行通知、协助、保密、旧物回收等义务。债权债务终止时，债权的从权利同时消灭，但是法律另有规定或者当事人另有约定的除外。

第二节　合同的解除

【案例23-2】　甲房地产公司将1套房屋卖给丙，丙向甲公司支付了首付款20万元。后因国家出台房地产调控政策，丙不具备购房资格，导致甲公司与丙之间的房屋买卖合同不能继续履行。

请思考：该合同应当如何处理？

【案例23-3】　2013年1月15日，万某和赵某达成买卖合同，约定万某在2月1日交付给赵某春联200副，赵某同时向万某支付春联款1000元。合同约定后，万某迟迟不能交货，直到2月9日，万某才找到赵某要求交付春联，而此时已经到了腊月三十。赵某家忙着筹备过年，已经没有时间和人手将春联卖出，遂拒绝收货。但是万某直接将对联放在赵某家，说必须收货交款，否则就要到法院告赵某违约。

请思考：赵某拒绝收货算违约吗？

一、合同解除的概念和特征

合同的解除，是指在合同有效成立以后，当事人双方协商一致或在解除的条件具备时因当事人一方的意思表示，使合同关系自始或仅向将来消灭的行为。包括双方协议解除和单方行使解除权解除两种情况。

合同解除具有如下法律特征：

1. 合同解除以有效成立的合同为标的

合同的解除制度解决的是特定条件下有效成立的合同提前消灭的问题。

2. 合同解除必须具备解除的条件

合同解除的条件可以是法定的，也可以是约定的。所谓法定解除条件就是由法律规定在何种情况下合同当事人享有解除合同的权利。所谓约定解除条件就是指当事人在合同中约定，如果出现了某种约定的情况，当事人一方或双方享有解除权。

3. 合同解除原则上必须有解除行为

解除条件仅为合同解除提供了前提，合同并不因解除条件的成就而当然地发生解除的后果，欲使合同解除，还必须要有解除行为，可以是双方当事人达成解除协议，也可以是解除权人向对方发出解除的单方意思表示。

4. 解除的效果是使合同关系消灭

在当事人有约定的情况下，只要这种约定没有损害国家利益和社会公共利益，就应尊重当事人的约定；当事人若没有特别约定，那么合同解除的效力应依据合同法相关规定而具体确定。有些解除将产生溯及既往的效力，有些解除将不产生溯及既往的效力。

二、合同解除的类型

（一）协议解除和单方解除

协议解除是当事人协商一致将合同解除的行为。其实质是双方通过协商一致成立一个新合同，内容是将原来的合同废除，使基于原合同发生的债权归于消灭。《民法典》第 562 条第 1 款规定，当事人协商一致，可以解除合同。

单方解除是解除权人行使解除权将合同解除的行为。它不必经过对方当事人的同意，只要在法定或约定的解除条件成就时，解除权人将解除合同的意思通知对方，合同自通知到达对方时解除。对方有异议的，可以请求人民法院或者仲裁机构确认解除合同的效力。《民法典》第 562 条第 2 款规定，当事人可以约定一方解除合同的事由。解除合同的事由发生时，解除权人可以解除合同。

（二）法定解除和约定解除

单方解除按其解除条件产生依据之不同又可分为法定解除和约定解除。

法定解除是合同解除的条件由法律直接加以规定的解除。在法定解除条件中，有适用于所有合同的一般法定解除条件和仅适用于特定合同的特别法定解除条件。《民法典》第 563 条规定了适用于所有合同的法定解除的一般条件，在买卖合同、租赁合同、承揽合同、建筑工程合同、委托合同、物业服务合同中，还规定了适用于该类合同的特别法定解除条件。

约定解除是合同解除的条件由当事人事先在合同中约定的解除。合同中有关当事人一方或双方在某种情况下享有解除权的条款称之为解约条款。因为约定解除是根据当事人的合意产生的，其本身具有较大的灵活性，它可以更好地适应当事人的需要，对合同事务预先作出安排。

三、合同解除的条件

协议解除是指当事人达成协议将合同解除，既然是达成协议，就需要遵循合同的订立程序，一般要经过要约和承诺这个过程，同时该协议必须是有效的，才能产生解除合同的效果，因此要求该协议还必须符合合同的有效条件，即当事人有相应的行为能力，意思表示真实，不违反强行性规范和社会公共利益。

约定解除的条件由当事人事先在合同中约定。只要不违反强行性规范和社会公共利益，当事人可以自由约定任何产生解除权的条件。

法定解除的条件是由法律基于一定的利益平衡和价值选择的需要预先在法律规范中确定的。《民法典》第563条规定了法定解除的一般条件，具体又可以细分为合同的有条件解除和不定期合同的随时解除两类。

（一）合同的有条件解除

《民法典》第563条第1款规定了合同的一般法定解除条件：

（1）因不可抗力致使不能实现合同目的。不可抗力发生以后，对合同的影响程度是不一样的，有些只是暂时阻碍合同的履行，有些只是影响到合同的部分内容的履行。因此，只有因不可抗力致使当事人订立合同所追求的目标和基本利益不能实现时才能解除合同。发生不可抗力不能履行合同义务的一方当事人可以免去履行及损害赔偿的责任，但迟延履行后发生不可抗力而致合同目的不能实现的，不能免除该方损害赔偿的责任。

在案例23-2中，由于国家的房地产调控政策，导致丙不具备购房资格，因而导致合同目的不能实现，任何一方均可以提出解除合同，甲房地产公司应当将首付款20万元及利息退还给丙。

（2）在履行期限届满之前，当事人一方明确表示或以自己的行为表明不履行主要债务。此种情况属于预期违约的两种类型，即明示毁约和默示毁约。在预期违约的情况下，表明毁约当事人根本不愿意受合同约束，也表明了该当事人具有了完全不愿受合同约束的故意，合同对该当事人形同虚设。在此情况下，另一方当事人应有权在要求其继续履行和解除合同之间作出选择。当非违约方选择了解除合同时，才能尽快从合同关系中解脱出来，避免遭受不必要的损失。

（3）当事人一方迟延履行主要债务，经催告后在合理期限内仍未履行。具体而言，包括：第一，必须是债务人在履行期限到来后未履行主要债务，而不是次要债务。第二，必须经过债权人的催告履行，如未催告则不能随意解除。第三，在催告后，债权人要给予债务人一段合理的宽限期，使债务人继续准备履行。在合理的宽限期期满后，如果债务人仍不履行，则债权人有权解除合同。第四，经催告后在合理期限内仍未履行。

（4）当事人一方迟延履行债务或者有其他违约行为致使不能实现合同目的。包括两种情况：第一，迟延履行影响到合同目的的实现，则不需要经过催告程序，便可以解除合同。例如，对于季节性和时间性很强的货物，如月饼、圣诞物品等，若迟延交货，将影响商业销售，债权人有权解除合同。第二，其他违约行为致使不能实现合同目的，是指当非违约方在违约方已构成根本违约的情况下，享有解除合同的权利。

在案例23-3中，春联是节庆用品，交货期限至关重要。万某无法按时交货，推迟到腊月三十才履行合同，导致赵某不能实现合同目的，则赵某有权解除合同，拒绝收货，而且无须承担违约责任。

（5）法律规定的其他情形。

（二）不定期合同的随时解除

《民法典》第563条第2款还规定，以持续履行的债务为内容的不定期合同，当事人可以随时解除合同，但是应当在合理期限之前通知对方。除了在合同编第一分编通则中的这一规定外，根据该一般规定，《民法典》还在一些具体合同中特别规定了此种法定解除权，以防止其被滥用。例如在《民法典》第933条委托合同中规定，委托人或者受托人可以随时解除委托合同。因解除合同造成对方损失的，除不可归责于该当事人的事由外，无偿委托合同的解除方应当赔偿因解除时间不当给对方造成的直接损失，有偿委托合同的解除方应当赔偿对方的直接损失和合同履行后可以获得的利益。随时解除属于合同法定解除的一种类型，法律规定其适用范围有限，对于除了以持续履行的债务为内容的不定期合同之外，合同应当被严格遵守不得随意解除是一般原则。

四、合同解除的程序

合同解除的程序有两种，即协议解除的程序和行使解除权的程序。

（一）协议解除的程序

协议解除的程序，是当事人协商一致，即一方发出解除合同的要约，另一方发出同意该要约的承诺并到达要约人一方，从而成立解除合同的合同。在合同符合有效条件情况下该解除即时生效或于双方约定的解除之日生效。在合同解除须经有关部门批准情况下，有关部门批准解除的日期即为合同解除的日期。

（二）行使解除权的程序

解除权属于形成权，解除权人需要在一定期限内行使。根据《民法典》第564条之规定，法律规定或者当事人约定解除权行使期限，期限届满当事人不行使的，该权利消灭。法律没有规定或者当事人没有约定解除权行使期限，自解除权人知道或者应当知道解除事由之日起1年内不行使，或者经对方催告后在合理期限内不行使的，该权利消灭。

行使解除权的程序以当事人享有法定的或约定的解除权为前提，另外，还要有行使解除权的行为。根据《民法典》第565条之规定，当事人一方依法主张合同解除的，应当通知对方。合同自通知到达对方时解除；通知载明债务人在一定期限内不履行债务则合同自动解除，债务人在该期限内未履行债务的，合同自通知载明的期限届满时解除。对方对解除合同有异议的，任何一方当事人均可以请求人民法院或者仲裁机构确认解除行为的效力。当事人一方未通知对方，直接以提起诉讼或者申请仲裁的方式依法主张解除合同，人民法院或者仲裁机构确认该主张的，合同自起诉状副本或者仲裁申请书副本送达对方时解除。这一规定是对现实生活中民事主体多采用这样的方式去解除合同的法律上的回应，需要注意的是，如果最终人民法院或者仲裁机构确认了解除合同的主张，则解除时点为"起诉状副本或者仲裁申请书副本送达对方时"。

五、合同解除的效力

合同解除导致合同效力确定地向将来消灭，但是否溯及既往，应视合同性质及当事人意思表示等具体情况而定。《民法典》第566条规定："合同解除后，尚未履行的，终止履行；已经履行的，根据履行情况和合同性质，当事人可以请求恢复原状或者采取其他补救措施，并有权请求赔偿损失。"学理界认为继续性合同的解除原则上无溯及力，客观上不得请求恢复原状，非继续性合同原则上有溯及力，可以请求恢复原状，但当事人另有约定的除外。

合同因违约解除的，解除权人可以请求违约方承担违约责任，但是当事人另有约定的除外。主合同解除后，担保人对债务人应当承担的民事责任仍应当承担担保责任，但是担保合同另有约定的除外。合同的权利义务关系终止，包括合同的权利义务关系因合同解除而终止，不影响合同中结算和清理条款的效力和当事人请求损害赔偿的权利。

本章练习题

一、思考题

1. 简述提存的原因、程序及效力。
2. 简述法定抵销的条件。
3. 简述履行抵充的法律规定。
4. 合同解除有哪些类型？
5、法律规定的合同解除的一般条件是什么？

二、综合训练

1. 甲与乙签订了一份棉花买卖合同。约定：甲于2016年8月1日向乙交货。甲如期交付时，发现乙不在家，也无其他办法联系乙。甲遂向乙所在地的提存机关办理提存，提存机关对棉花进行了妥善保管。不曾想因雷电引起棉花自燃，棉花完全被烧毁。请问：棉花的损失应当由谁承担？

【要点提示】

乙应该自行承担棉花的损失，甲乙之间的债因提存而消灭。标的物提存后，毁损、灭失的风险由乙承担。如果因提存部门的过错造成损失，提存部门才承担赔偿责任。此案例中棉花是因雷电引起自燃，提存部门没有过错。

2. 甲设备制造公司与乙热电厂签订了一份机械设备购销合同。合同约定，甲设备制造公司为乙热电厂专门制造一套除灰设备，一年之后交付，总价款80万元。合同签订后，乙热电厂先后按照合同支付 50 万元价款，在合同履行期限届满前，甲设备制造公司表示，由于钢材价格上涨，利润较低，不能按照原价格提供设备，要求提高价格，乙热电厂不同意。甲设备制造公司要求解除合同。请问：该如何处理？

【要点提示】

合同已经订立，即具有法律约束力，双方非因约定和法定的原因不可随意变更或者解除。本案中，双方未就提高设备价格达成新的协议，因此未发生有效的合同变更。如果钢材价格上涨幅度属于正常市场波动，甲设备制造公司无权要求变更价款或者解除合同，应该严格履行合同；但是如果钢材价格上涨属于非正常波动，合同继续履行将导致双方利益显著失衡，此时甲设备制造公司可以请求法院适用情势变更原则对合同价款作出变更。

第二十四章 违约责任

◎ 知识目标
  ● 了解违约责任的含义、特征。
  ● 理解违约责任的归责原则及其构成要件。
  ● 掌握各种违约责任的形式及适用条件。
◎ 能力目标
  ● 能够结合案例正确判断当事人的行为是否构成违约，并能准确适用违约责任方式。

第一节 违约责任的概念和特征

一、违约责任的概念

违约责任，即违反合同的民事责任，是指合同当事人因不履行合同义务或者履行合同义务不符合约定所应承担的不利的民事法律后果。

二、违约责任的特征

《民法典》第三编"合同"中第一分编"通则"第八章专章规定了违约责任，从相关条款内容来看，违约责任具有以下特征：

（一）违约责任的成立以当事人不履行或不适当履行合同义务为前提条件

《民法典》第577条规定："当事人一方不履行合同义务或者履行合同义务不符合约定的，应当承担继续履行、采取补救措施或者赔偿损失等违约责任。"从该条规定来看，首先，有效合同的存在是违约责任产生的前提。其次，只有当事人违反了合同义务，才需要承担违约责任，违约责任是合同义务的转化和延伸。该条按照违约行为的具体形态，将违约行为区分为不履行合同义务和履行合同义务不符合约定两种情形。

（二）违约责任具有相对性

《民法典》第593条规定："当事人一方因第三人的原因造成违约的，应当依法向对方承担违约责任。当事人一方和第三人之间的纠纷，依照法律规定或者按照约定处理。"

从以上规定来看，违约责任具有相对性，具体包含以下含义：其一，违约责任应由合同债务人承担。合同债务人因自己的原因造成违约的，应对自己的行为负责，不得将违约责任推卸给第三人；其二，违约责任应向合同债权人承担。

（三）违约责任具有一定的任意性

违约责任作为一种民事法律责任，相较于侵权责任而言，具有一定的任意性。违约责任的成立以当事人违反合同义务为前提，在当事人违反合同约定义务的情况下，违约责任的具体承担方式、免责事由等均可在法律规定的范围内进行约定。例如，《民法典》第585条第1款规定："当事人可以约定一方违约时应当根据违约情况向对方支付一定数额的违约金，也可以约定因违约产生的损失赔偿额的计算方法。"

但是，违约责任具有任意性，并不意味着否定和减弱违约责任的强制性。基于违约责任补偿性的特点，为合理平衡当事人间的权利义务关系，法律对相关违约责任的内容及适用提出了具体要求。如：法律对免责条款的控制、违约金的依法调整、违约金及定金的选择适用等。

（四）违约责任主要具有补偿性

《民法典》第584条规定："当事人一方不履行合同义务或者履行合同义务不符合约定，造成对方损失的，损失赔偿额应当相当于因违约所造成的损失，包括合同履行后可以获得的利益；但是，不得超过违约一方订立合同时预见到或者应当预见到的因违约可能造成的损失。"该条规定体现了违约责任的补偿性。

违约责任的补偿性，是指违约责任的目的主要在于弥补当事人一方因违约行为造成的损失，而不在于对违约方的惩罚，法律亦不支持因违约方承担责任而使对方当事人获得额外利益。违约责任的适用以完全赔偿损失为原则，对于不符合这一原则的，可依法予以调整。但应注意，认可违约责任具有补偿性的同时，不能完全否认违约责任的惩罚性。例如：在不以损害的实际发生为条件的违约金责任承担上，就体现了违约责任的惩罚性。通过这种惩罚性，使得违约责任能够更有效地发挥促使债务人履行债务，保障债权实现的功能。

第二节　违约责任的归责原则、构成要件及免责事由

【案例24-1】　张某与李某订立了一份买卖合同，约定张某将一对古董花瓶以10万元的价格卖给李某。交付前因地震致房屋倒塌，古董花瓶毁损致张某无法交付。

请思考：张某是否承担违约责任？

一、违约责任的归责原则

归责原则，是指将民事法律责任归于债务不履行方承担的依据和方法。从我国现行民事法律责任制度来看，多以债务不履行方是否存在过错来区分不同的归责原则。按照通说，我国《民法典》对违约责任确立了以严格责任原则为主，辅之以过错责任原则的二元归责体系。

（一）严格责任原则

所谓严格责任原则，是指不考虑当事人过错与否，只要当事人违反合同义务，就应当承担违约责任。我国《民法典》第 577 条规定，"当事人一方不履行合同义务或者履行合同义务不符合约定的，应当承担继续履行、采取补救措施或者赔偿损失等违约责任。"从该条规定可以看出我国《民法典》采用了严格责任原则作为违约责任的一般归责原则，该原则适用于法律无特别规定的违约责任的情形。

（二）过错责任原则

所谓过错责任原则，是指只有在合同当事人因过错违反合同义务的情况下，违约责任才成立。与严格责任原则不同，过错责任原则以当事人的主观过错作为确定违约责任构成的依据。此类情形主要体现在《民法典》关于部分典型合同的具体规定中，例如《民法典》第 660 条第 2 款规定："依据前款规定应当交付的赠与财产因赠与人故意或者重大过失致使毁损、灭失的，赠与人应当承担赔偿责任。"

二、违约责任的构成要件

违约责任的构成要件是指违约责任成立所必须具备的条件，可分为一般构成要件和特别构成要件。一般构成要件是所有的违约责任成立必须具备的条件，特别构成要件是特定的违约责任成立所必须具备的条件。

违约责任的构成要件一般涉及违约行为、损害事实、违约行为与损害事实之间的因果关系、行为人主观上的过错四个方面，但这四方面要件并不是所有的违约责任都必须同时具备的。违约责任的构成要件一方面取决于责任形式，另一方面也取决于归责原则。如在严格责任原则下，违约金责任的构成要件只有违约行为一个要件；而赔偿损失责任的构成要件需包括违约行为、损害事实以及违约行为与损害事实之间的因果关系三个要件。而在过错责任原则下，违约金责任和赔偿损失责任的构成要件还需加上违约方主观上有过错。

三、免责事由

所谓免责事由，是指法律规定的或当事人约定的免除承担违约责任的事由，又称为违约责任的抗辩事由。违约责任的免责事由可分为法定的免责条件和约定的免责条款两种。

（一）免责条件

免责条件是指法律明文规定的当事人免于承担违约责任的事由。我国《民法典》违约责任一章中规定的免责事由主要有不可抗力，典型合同分编则就各类有名合同的不同特点分别作出规定。

例如，《民法典》第 590 条第 1 款即规定，当事人一方因不可抗力不能履行合同的，根据不可抗力的影响，部分或者全部免除责任，但是法律另有规定的除外。因不可抗力不能履行合同的，应当及时通知对方，以减轻可能给对方造成的损失，并应当在合理期限内提供证明。《民法典》第 832 条有关货运合同"承运人对运输过程中货物的毁损、灭失承担赔偿责任"的规定中，将"不可抗力""货物本身的自然性质或者合理损耗""托运人或者收货人的过错"均列为免责事由。

在案例 24-1 中，张某系因地震致房屋倒塌使得标的物毁损灭失而无法履行合同项下交付义务，因地震属于"不能预见、不能避免并不能克服的客观情况"，张某依法可以不可抗力为由主张免除违约责任。

（二）免责条款

免责条款是指当事人约定的排除或限制其未来责任的合同条款。民法以意思自治为基本原则，民事主体可以依法放弃民事权利、免除他人的民事义务、民事责任。因此，当事人在订立合同时，奉行合同自由原则，可以约定免责条款。只要具有免责条款规定的情形，当事人纵有违约行为，也不承担违约责任。但应注意，根据《民法典》第 506 条的规定，"造成对方人身损害的""因故意或者重大过失造成对方财产损失的"免责条款无效。

第三节 违 约 行 为

违约行为是违约责任的一般构成要件。违约行为是指违反合同义务的行为。按违约时是否已届债务履行期，可将违约行为的形态区分为预期违约和实际违约。

一、预期违约

预期违约，也称先期违约，是指一方于合同义务履行期限到来之前无正当理由而明确表示其在履行期到来后将不履行合同，或者其行为表明在履行期到来以后将不履行合同。预期违约包括两种形态，即明示毁约和默示毁约。我国《民法典》第 578 条规定了预期违约制度。

预期违约是与实际违约相对应的一种特殊的违约形态，与实际违约不同之处在于：（1）预期违约是在履行期到来之前的违约而非履行期到来之后的违约。（2）预期违约侵害的是期待债权而不是现实债权。（3）当事人可以在履行期限届满之前要求预期违约方承担违约责任。

预期违约行为发生时，非违约方可以要求预期违约方在履行期到来之前承担预期违约责任，也可以等到履行期到来后要求违约方承担实际违约的责任。

二、实际违约

实际违约，是指在履行期限到来以后，当事人无正当理由不履行或不完全履行合同义务。实际违约行为有如下几种类型：

（一）不能履行

不能履行，是指债务人在客观上已经没有履行能力，或者在法律上、事实上已经不可能实际履行。例如：在以交付特定物为标的的合同中，该特定物灭失，或为第三人合法取得；在以提供劳务为标的的合同中，债务人丧失行为能力，均构成不能履行。

（二）拒绝履行

拒绝履行，是指在履行期限到来后，债务人能够履行却明确表示不履行或者其行为表明不履行合同。拒绝履行具备以下要件：有合法债务的存在、债务人能够履行债务、债务人不履行债务、债务人不履行债务没有合法理由。如果债务人不履行债务有合法理由，例如正当地行使抗辩权的情况下，不构成违约。

拒绝履行与不能履行不同。拒绝履行是能够履行而不履行，而不能履行则是无能力履行或不得履行。

（三）不适当履行

不适当履行，是指债务人虽然履行了债务，但其履行不符合合同的要求。包括在履行的主体、标的、期限、地点、方式等方面不符合合同的要求。不适当履行主要有以下几种形态。

1. 迟延履行

迟延履行，是指合同债务已经到期，合同当事人迟于约定的时间履行。迟延履行是合同当事人在合同履行期限方面的不适当履行。作为违约行为的迟延履行必须具备以下要件：有合法债务的存在、履行期限已届满、债务人的履行迟于约定的期限履行、债务人迟于期限履行没有正当理由。判断是否构成迟延履行的关键是明确债务履行期限。有约定的按约定，如果当事人没有约定或有约定但约定不明的，债务人可以随时履行，债权人也可以随时要求履行，但应给对方必要的准备时间，于该时间届满时债务人仍不履行的，就构成迟延履行。

迟延履行分两种情况：（1）债务人迟延，指因可归责于债务人的原因导致履行迟延，如迟延交货、不按时提供劳务等。（2）债权人迟延，指因可归责于债权人的原因导致受领迟延。债权人的受领权，既是一项权利，同时也是一项义务。债务人按照约定履行债务，债权人无正当理由拒绝受领的，债务人可以请求债权人赔偿增加的费用。在债权人受领迟延期间，债务人无须支付利息。

2. 瑕疵履行

瑕疵履行，是指债务人虽然履行了债务，但其履行标的质量上不符合合同约定或法律规定。瑕疵履行可分为违约瑕疵履行和损害瑕疵履行。

违约瑕疵履行，是指债务人履行的标的仅在品种、规格、技术要求等质量方面不符合合同约定或法律规定，尚未由于其质量瑕疵给他人造成人身或财产损失。对于违约瑕疵，债权人可依《民法典》第582条的规定，根据标的的性质以及损失的大小，合理选择要求债务人承担修理、重作、更换、退货、减少价款或报酬等违约责任。

损害瑕疵履行又称为加害给付，是指债务人因交付的标的物或提供的劳务有缺陷构成违约，同时还造成了他人的人身、财产损害的行为。与违约瑕疵履行不同的是，损害瑕疵履行不但侵犯了债权人的债权，构成了违约，造成了债权人履行利益的损失，而且还侵犯了债权人的人身权、财产权等固有权益，因此此种情况下既成立违约责任又成立侵权责任。根据我国《民法典》第186条的规定，违约责任与侵权责任发生竞合时，当事人应择一主张。

3. 部分履行

部分履行，是指虽然履行了合同义务但履行数量不符合合同约定，或者说履行在数量上存在着不足。如果部分履行系因债务人合法行使抗辩权，则不构成违约。在财物之债部分履行的情况下，债权人可以要求债务人继续履行，同时要求依法赔偿损失或按约定支付违约金。在部分履行影响实现合同根本目的的情况下，债权人可以依法解除合同。

4. 其他不适当履行的行为

除上述不适当履行行为外，合同当事人在履行主体、履行地点、履行方式等方面不符合债的本旨，也构成不适当履行的违约行为。

第四节　违约责任的形式

【案例 24-2】　A 公司与 B 公司签订总额为 50 万元的购销合同。合同中约定，违约金依货款总额的 4% 计算。同时，购货方 A 公司向 B 公司交付定金 1 万元。后来，A 公司违约，并导致 B 公司损失 4 万元。

请思考：B 公司有关违约金和定金的约定如何适用？

根据《民法典》第 577 条、第 585 条、第 586 条的规定，违约责任的方式有继续履行、采取补救措施、赔偿损失、支付违约金及适用定金罚则。

一、继续履行

（一）继续履行的概念

继续履行又称强制履行、实际履行，指在一方当事人违反合同义务时，另一方当事人请求法院强制违约方继续履行合同债务的责任形式。继续履行是在履行期限到来后未履行，侵害了债权人的期限利益，损害了合同目的的正常实现，因此法律对债务人的行为给予否定性评价，并以国家强制力来强制债务人履行，债务人履行后，还需承担其他责任。例如迟延履行违约金责任、赔偿损失责任等，但继续履行不能与解除合同并用。

（二）继续履行的构成要件

《民法典》第 579 条规定："当事人一方未支付价款、报酬、租金、利息，或者不履行其他金钱债务的，对方可以请求其支付。"该条针对金钱债务，赋予非违约方继续履行的请求权。因金钱具有可替代性，一般不会出现法律或事实上不能履行、不适于强制履行或履行费用过高的情形，故金钱债务原则上必须实际履行。

《民法典》第 580 条规定："当事人一方不履行非金钱债务或者履行非金钱债务不符合约定的，对方可以请求履行，但是有下列情形之一的除外：（一）法律上或者事实上不能履行；（二）债务的标的不适于强制履行或者履行费用过高；（三）债权人在合理期限内未请求履行。有前款规定的除外情形之一，致使不能实现合同目的的，人民法院或者仲裁机构可以根据当事人的请求终止合同权利义务关系，但是不影响违约责任的承担。"

根据以上规定，适用继续履行这种责任形式承担违约责任，应具备如下条件：（1）须有合同债权人的请求。（2）债务履行在法律上及事实上仍有可能，即合同债务人具有实际履行合同的能力。（3）有继续履行的必要，即继续履行符合债权人的需要，且不损害社会公共利益和公序良俗。（4）依据合同的性质和强制的手段可以继续履行；如果强制合同债务人实际履行费用过高或依合同性质不宜强制履行时，不得作出继续履行的裁决。例如提供劳务的合同，如果强制履行就意味着要对债务人的人身进行强制，而人身强制是不被允许的。如债务性质虽不得强制履行，但可由第三人替代履行的，非违约方可请求对方负担第三人替代履行的费用。

二、采取补救措施

采取补救措施，是指《民法典》第 582 条所规定的情形，即"履行不符合约定的，应当按照当事人的约定承担违约责任。对违约责任没有约定或约定不明确，依据本法第五百一十条的规定仍不能确定的，受损害方根据标的的性质以及损失的大小，可以合理选择要求对方承担修理、重作、更换、退货、减少价款或者报酬等违约责任"。如采取补救措施后还有其他损失的，违约方还应赔偿损失。

三、赔偿损失

（一）赔偿损失的概念

赔偿损失，又称损害赔偿，在合同法中称为违约损害赔偿，是指债务人不履行合同债务而给对方造成损失，依法应当承担的赔偿对方所受损失的责任。我国《民法典》在违约损害赔偿的方式上采取了以金钱赔偿为主的赔偿方式。

（二）赔偿损失的构成要件

适用赔偿损失这种责任方式承担违约责任，须具备如下条件：

1. 须有违约行为

这里的违约行为包含不能履行、拒绝履行、不适当履行等所有违约形式。

2. 须债权人受有损失

损失包括直接损失和间接损失。直接损失又称积极损失，指因违约行为而减少的既存利益的损失。间接损失又称消极损失，指因违约行为而没有获得的可得利益的损失。

3. 违约行为与损失的发生有因果关系

所谓因果关系是指违约行为与损失之间的相互联系，即损失是由违约行为造成的。

严格责任原则下，赔偿损失责任形式需同时具备上述三个要件。过错责任原则下，还需具备违约方主观上有过错这一要件。

（三）赔偿损失的范围

赔偿损失的范围，包括赔偿的项目以及数额的限定。我国《民法典》第 584 条规定："当事人一方不履行合同义务或者履行合同义务不符合约定，造成对方损失的，损失赔偿额应当相当于因违约所造成的损失，包括合同履行后可以获得的利益；

但是，不得超过违约一方订立合同时预见到或者应当预见到的因违约可能造成的损失。"由此可以看出，违约损失赔偿的责任范围以完全赔偿为原则，同时也辅之可预见性规则的限定。

1. 完全赔偿原则

所谓完全赔偿原则，是指违约方对于违约行为造成的损失，应当全部赔偿以完全填补非违约方所遭受的损失，即损失多少，赔偿多少。目的是通过赔偿损失使非违约方的财产和利益达到合同适当履行情况下的状态。根据这一原则，违约方应赔偿对方当事人的直接损失和间接损失，即既得利益的损失和可得利益的损失。

2. 可预见性规则

根据《民法典》第584条的规定，当事人一方违反合同的赔偿责任范围，应当相当于另一方因此所遭受的损失，包括合同履行后可以获得的利益，但不得超过违反合同一方订立合同时预见到或者应当预见到的因违反合同可能造成的损失。

3. 减轻损失规则

根据《民法典》第591条第1款的规定，当事人一方违约后，对方应当采取适当措施防止损失的扩大；没有采取适当措施致使损失扩大的，不得就扩大的损失要求赔偿。

4. 损益相抵规则

损益相抵规则，也称损失同销规则，是指受损一方基于损害发生的同一原因而获得利益时，应将其所获利益由所受损害中扣除以确定损害赔偿范围的规则。损益相抵规则是确定受损一方"净损失"的规则。

5. 与有过失规则

与有过失，又称过失相抵。《民法典》第592条规定："当事人都违反合同的，应当各自承担相应的责任。当事人一方违约造成对方损失，对方对损失的发生有过错的，可以减少相应的损失赔偿额。"该规则是基于公平原则考量，当赔偿权利人对其损害的发生或扩大亦负有过失时，可以相应减轻违约方的损害赔偿责任。

四、违约金

（一）违约金的概念和分类

违约金，是指由当事人约定的或法律直接规定的，在一方违约后向对方支付一定数额的金钱或代表一定价值的财物。通常情况下，只有当事人对违约金做出约定，才可请求违约方支付违约金。

违约金有两种类型：赔偿性违约金与惩罚性违约金。赔偿性违约金是指仅具有弥补因一方违约给另一方所造成的损失之功能的违约金。该类赔偿性违约金是对于不履行合同义务所致损害赔偿额的预先约定，性质上相当于替代履行，因此该违约金主张不能与继续履行或不履行的损害赔偿责任主张同时并用。惩罚性违约金是指具有制裁违约一方违约行为之功能的违约金。这种违约金的性质决定了无论违约行为是否造成损害，受害人均可以要求支付违约金，且在请求支付违约金的同时，还可以同时请求强制实际履行或赔偿损失。

（二）违约金的调整

违约金的调整，是指对当事人约定的违约金的数额和比例进行调整。当事人约定的违约金如为赔偿性违约金，按照《民法典》第 585 条第 2 款的规定，约定的违约金低于造成的损失的，人民法院或者仲裁机构可以根据当事人的请求予以增加；约定的违约金过分高于造成的损失的，人民法院或者仲裁机构可以根据当事人的请求予以适当减少。

五、定金

（一）定金的概念和种类

定金是指当事人约定的，为保证债权的实现，由一方当事人在履行前预先给付另一方当事人一定的金钱或其他替代物。

（二）定金合同的成立

定金合同的成立除应具备合同成立的一般要件外，还应具备以下条件：

1. 定金合同必须以主合同的有效存在为前提

定金合同是从合同，定金所担保的合同是主合同，从合同的效力决定于主合同，当主合同无效或被撤销时，定金合同也就不能发生效力。

2. 定金合同自实际交付定金时成立

如果只有当事人的约定，并未实际交付定金的，定金合同不成立。

3. 定金的数额须符合法律的规定

定金的数额，应由当事人约定，但不能超过法律规定的最高限额。我国《民法典》第 586 条规定，定金的数额由当事人约定；但是，不得超过主合同标的额的20%，超过部分不产生定金的效力。实际交付的定金数额多于或者少于约定数额的，视为变更约定的定金数额。

（三）定金的效力

1. 证约效力

因为定金是为主合同的履行而设定的担保，因此，交付和收受定金的，表明主合同已经成立。

2. 预先给付和抵销的效力

债务人履行债务的，定金应当抵作价款或者收回。从抵作价款的效力上说，定金具有预先给付和抵销的效力。

3. 担保的效力

这是定金的最主要和最基本的效力。定金的担保效力表现在定金罚则上，即给付定金的一方不履行债务或者履行债务不符合约定，致使不能实现合同目的的，无权请求返还定金；收受定金的一方不履行债务或者履行债务不符合约定，致使不能实现合同目的的，应当双倍返还定金。

（四）定金、违约金、法定赔偿损失之间的关系

《民法典》第 588 条规定："当事人既约定违约金，又约定定金的，一方违约时，对方可以选择适用违约金或者定金条款。定金不足以弥补一方违约造成的损失的，对

方可以请求赔偿超过定金数额的损失。"合同当事人既约定了违约金，又约定了定金，如果一方违约，守约方可以选择适用违约金或定金条款，但二者不能并用。如果选择适用定金，而定金不足以弥补一方违约造成的损失的，守约方既可以请求定金，同时也可以就超过定金数额的部分请求赔偿损失，定金和赔偿损失的数额总和不能超过因违约造成的损失。

在案例 24-2 中，当事人既约定违约金又约定定金，一方违约时，对方可以选择适用违约金或者定金，即 A 公司违约，B 公司可以在违约金或定金约定中选择其一适用。如果 B 公司选择定金，则 A 公司无权要求返还定金。因约定的定金不足以弥补 B 公司的损失，B 公司有权同时请求 A 公司赔偿损失，但定金和损失赔偿的数额总和不应高于 B 公司的损失。B 公司如果选择适用违约金，则可以要求 A 公司支付 2 万元的违约金，同时主张增加违约金金额以完全弥补损失。B 公司可主张应予返还 A 公司的 1 万元定金与 A 公司应支付违约金中的部分金额等额抵偿。

本章练习题

一、思考题

1. 论述违约损害赔偿责任。

2. 分析损害赔偿金、违约金、定金三者的关系。

3. 论缔约过失责任的构成要件。

二、综合训练

2018 年 7 月 15 日，张某和李某约定：张某将一祖传的玉器卖给李某，价款 8 万元；玉器应于 8 月 5 日交付，玉器交付的同时李某向张某支付价款。8 月 1 日，由于王某愿出价 10 万元购买玉器，张某就将玉器卖给了王某，并进行了交付。请问：

（1）李某能否在 8 月 1 日要求张某承担违约责任？为什么？李某可否解除合同？

（2）李某可否在 8 月 5 日要求张某承担继续履行的违约责任？

【要点提示】

（1）李某可以要求张某承担违约责任。依据是构成预期违约。因张某已经将玉器卖给了王某，其行为表明已不能履行对李某的义务，所以李某可以解除合同。

（2）不可以。因为标的物的所有权已转移给王某，张某已不可能再履行合同。

第二十五章 典型合同

◎ **知识目标**
- 掌握各类典型合同当事人各方的权利和义务。

◎ **能力目标**
- 能够合理设定各种典型合同中当事人的权利、义务和责任。
- 能够正确处理各种典型合同的纠纷。

第一节 买卖合同

【案例25-1】　甲公司借用乙公司的一套设备，在使用过程中不慎损坏一关键部件，于是甲公司提出买下该套设备，乙公司同意出售。双方还口头约定在甲公司支付价款前，乙公司保留该套设备的所有权，设备的合格证、说明书等资料也未交给甲公司。不料在支付价款前，甲公司生产车间失火，造成包括该套设备在内的车间所有财物被烧毁。

请思考：该设备是否交付？所有权是否转移？该设备被烧毁的风险由哪方承担？甲公司是否还要向乙公司交付设备的约定价款？

【案例25-2】　李某向某商场以分期付款方式购买价值2万元的家用电器。双方约定，货物交付时首付2000元，以后每月一日付款1500元，12个月付清。该商场提供的格式合同规定：若买方未支付的价金达到两期，则卖方有权解除合同，取回货物。李某在支付共计14000元后，因母亲生病，家中经济出现困难，2个月未交价金，商场以李某违约为由，取回电器，解除合同。

请思考：该商场有权解除分期付款买卖合同吗？李某已支付的价金如何处理？

一、买卖合同的概念和特征

买卖合同，是出卖人交付标的物并转移标的物的所有权于买受人，买受人支付价款的合同。其中，出卖人应当是标的物的所有权人或其他有处分权人。其他有处分权人在我国现行立法上主要包括抵押权人、质押权人、留置权人、法定优先权人、行纪人、经营权人以及人民法院。对买受人一般没有特别要求，但在特殊情况下会受到限制，比如在有些地区基于减轻环境保护压力以及交通压力的需要，买受人购买机动车受到相应政策的限制，须具有相应的购买资格。标的物应当是法律、行政法规允许在相应民事主体间流通的物，可以是现实存在的物，也可以是将来产生的物；可以是特定物，也可以是不特定物，各个国家和地区的规定不尽一致，不同时期也会有变化。

买卖合同的内容一般包括标的物的名称、数量、质量、价款、履行期限、履行地点和方式、检验标准和方法、结算方式、合同适用的文字及其效力等条款。

买卖合同具有双务、有偿、诺成、不要式等特征。

二、买卖合同当事人的权利和义务

（一）出卖人的义务

1. 交付标的物

买卖合同生效后，出卖人应将买卖合同的标的物或者提取标的物单证交付给买受人。交付是指将自己占有的物或提取单证移转给他人占有的行为。交付又分为现实交付和观念交付。

出卖人对出卖的标的物一般应有处分权，如果出卖人对没有处分权的物进行了处分，根据《民法典》第 597 条之规定，因出卖人未取得处分权致使标的物所有权不能转移的，买受人可以解除合同并请求出卖人承担违约责任。

出卖人应当按照约定的质量、数量、时间、地点、方式交付标的物。

出卖人应当按照约定的时间交付标的物。约定交付期限的，出卖人可以在该交付期限内的任何时间交付。当事人没有约定标的物的交付期限或者预定不明确的，适用《民法典》第 510 条、第 511 条第 4 项的规定。

出卖人应当按照约定的地点交付标的物。当事人在合同中没有约定交付地点或者约定不明确，当事人可以协议补充；不能达成补充协议的，按照合同有关条款或者交易习惯确定；仍不能确定的，适用《民法典》第 603 条的规定：（1）标的物需要运输的，出卖人应当将标的物交付给第一承运人以运交给买受人；（2）标的物不需要运输的，出卖人和买受人订立合同时知道标的物在某一地点的，出卖人应当在该地点交付标的物；不知道标的物在某一地点的，应当在出卖人订立合同时的营业地交付标的物。在观念交付中，出卖人可以交付提取标的物的单证的方式履行交付标的物的义务，如交付仓单、提单等。

标的物有从物的，按照"从随主"的原则，除当事人另有约定外，出卖人于交付标的物主物时应一并交付从物。出卖人应按照约定或者交易习惯向买受人交付提取标的物单证以外的有关单证和资料，如产品合格证、使用说明书、质量保证书等。

2. 移转标的物的所有权

买受人以取得标的物的所有权为主要目的，因此，将标的物的所有权转移给买受人，是出卖人的一项主要义务。

《民法典》第 224 条规定，动产物权的设立和转让自交付时发生效力，但是法律另有规定的除外。依此规定，移转标的物的所有权有如下情形：（1）一般情形下，移转标的物的占有即可移转标的物的所有权，即所有权移转原则上采交付主义。在此情形下，交付标的物与移转所有权的行为合二为一，无须出卖人在交付标的物之外另有移转所有权的行为。（2）在法律有特别规定情形下，移转标的物的占有并不能使所有权移转，二者是分离的，移转所有权须另有行为。例如，法律规定不动产及某些大型动产的所有权移转必须办理过户登记等手续。（3）当事人有特别约定情形下，移转标的物的占有与转移所有权也可以是分离的。《民法典》第641条第1款规定，当事人可以在买卖合同中约定买受人未履行支付价款或者其他义务的，标的物的所有权属于出卖人。这就是所有权保留制度。所有权保留作为一种新型的担保制度，在分期付款买卖中常常被用来担保出卖人债权的实现。《民法典》第641条第2款规定，出卖人对标的物保留的所有权，未经登记，不得对抗善意第三人。按照《最高人民法院关于审理买卖合同纠纷案件适用法律问题的解释》第34条的规定，本条关于所有权保留制度的规定不适用于不动产。《民法典》第642条规定，当事人约定出卖人保留合同标的物的所有权，在标的物所有权转移前，买受人有下列情形之一，造成出卖人损害的，除当事人另有约定外，出卖人有权取回标的物：（1）未按照约定支付价款，经催告后在合理期限内仍未支付；（2）未按照约定完成特定条件；（3）将标的物出卖、出质或者作出其他不当处分。出卖人可以与买受人协商取回标的物；协商不成的，可以参照适用担保物权的实现程序。但是，如果第三人依据《民法典》第311条的规定已经善意取得标的物所有权或者其他物权的，出卖人无权取回标的物。《民法典》第643条规定，出卖人依据《民法典》第642条第1款的规定取回标的物后，买受人在双方约定或者出卖人指定的合理回赎期限内，消除出卖人取回标的物的事由的，可以请求回赎标的物。买受人在回赎期限内没有回赎标的物，出卖人可以合理价格将标的物出卖给第三人，出卖所得价款扣除买受人未支付价款以及必要费用后仍有剩余的，应当返还买受人；不足部分由买受人清偿。本条是关于买受人回赎权和出卖人再出卖权的规定。

3. 瑕疵担保义务

出卖人承担标的物的权利瑕疵担保义务和质量瑕疵担保义务。《民法典》第612条规定，出卖人就交付的标的物，负有保证第三人对该标的物不享有任何权利的义务，但是法律另有规定的除外。这一义务被称为出卖人的权利瑕疵担保义务。第三人对标的物享有权利的情形大致包括：一是标的物上存在第三人的所有权，即第三人对标的物享有部分或者全部所有权；二是标的物上存在第三人的使用权，例如第三人对标的物享有承租权、居住权等；三是标的物上存在第三人的担保物权，例如第三人对标的物享有抵押权、质权、留置权、所有权保留等。同时，《民法典》第613条规定，买受人订立合同时知道或者应当知道第三人对买卖的标的物享有权利的，出卖人不承担前条规定的义务。这一条规定了出卖人权利瑕疵担保义务的免除。

出卖人应当按照约定的质量要求交付标的物。出卖人提供有关标的物质量说明的，交付的标的物应当符合该说明的质量要求。当事人对标的物的质量要求没有约定或者约定不明确，依据《民法典》第510条的规定仍不能确定的，适用《民法典》第511条第1项的规定。出卖人交付的标的物不符合质量要求的，买受人可以请求出卖人承担违约责任。

4. 回收义务

《民法典》第 625 条规定，依照法律、行政法规的规定或者按照当事人的约定，标的物在有效使用年限届满后应予回收的，出卖人负有自行或者委托第三人对标的物予以回收的义务。本条规定是《民法典》第 9 条绿色原则的具体体现。出卖人对于买卖合同标的物在有效使用年限届满后的回收义务，需要基于法律、行政法规或者当事人的约定。目前，有关回收义务的法律、行政法规主要有《环境保护法》《固体废物污染环境防治法》《水污染防治法》《大气污染防治法》《土壤污染防治法》《废弃电器电子产品回收处理管理条例》等。

（二）买受人的义务

1. 支付价款

价款是买受人取得标的物的所有权应支付的对价，支付价款是买受人的主要义务。买受人应当按照约定的数额、地点、时间交付价款。合同没有约定或约定不明确的，买受人应当按照《民法典》第 510 条、第 511 条第 2 项和第 5 项的规定支付价款。

2. 受领标的物

买受人有依照合同约定或者交易习惯受领出卖人交付的符合合同约定的标的物的义务。对于出卖人不按合同约定条件交付的标的物，例如多交付、迟延交付、交付的标的物有瑕疵等，买受人有权拒绝接受。

3. 检验及通知义务

《民法典》第 620 条规定，买受人收到标的物时应当在约定的检验期限内检验。没有约定检验期限的，应当及时检验。该条对买受人的检验义务作出了一般规定。《民法典》第 621 条具体规定了买卖合同当事人对检验期间有约定和无约定两种情形下买受人的检验义务和异议通知义务及其法律后果，即当事人约定检验期间的，买受人应当在检验期限内将标的物的数量或者质量不符合约定的情形通知出卖人。买受人怠于通知的，视为标的物的数量或者质量符合约定。当事人没有约定检验期间的，买受人应当在发现或者应当发现标的物的数量或者质量不符合约定的合理期间内通知出卖人。买受人在合理期间内未通知或者自收到标的物之日起 2 年内未通知出卖人的，视为标的物的数量或者质量符合约定；但是，对标的物有质量保证期的，适用质量保证期，不适用该 2 年的规定。上述这些规定均形成对买受人的约束，对买受人不积极履行义务的行为作出了不利于买受人的规定，但是如果出卖人知道或者应当知道提供的标的物不符合约定的，买受人不受上述规定的通知时间的限制，因为出卖人故意提供不符合约定的标的物属于一种欺诈行为，不应当让其享有这种法律规定的利益，而应当对出卖人的欺诈行为加以惩罚，以充分体现民法的公平原则和诚实信用原则。

《民法典》第 622 条规定，当事人约定的检验期限过短，根据标的物的性质和交易习惯，买受人在检验期限内难以完成全面检验的，该期限仅视为买受人对标的物的外观瑕疵提出异议的期限。约定的检验期限或者质量保证期短于法律、行政法规规定期限的，应当以法律、行政法规规定的期限为准。该条规定是对当事人约定的检验期限和质量保证期过短时的处理。

《民法典》第623条规定，当事人对检验期限未作约定的，买受人签收的送货单、确认单等载明标的物数量、型号、规格的，推定买受人已经对数量和外观瑕疵进行检验，但是有相关证据足以推翻的除外。据此，本条规定了检验期限未约定时的处理，签收即推定为检验合格是一般原则，但是有相反证据证明当事人对于没有对数量和外观瑕疵进行检验的除外。还应注意，如果出卖人明知或者应知交付的标的物的数量或者外观与约定不符的，不能适用该规定。

基于合同相对性原理，《民法典》第624条规定，出卖人依照买受人的指示向第三人交付标的物，出卖人和买受人约定的检验标准与买受人和第三人约定的检验标准不一致的，以出卖人和买受人约定的检验标准为准。

三、标的物意外毁损灭失的风险负担和利益承受

（一）标的物意外毁损灭失的风险负担

标的物意外毁损灭失的风险负担，是指在合同订立后，标的物因不可归责于任何一方的事由而发生的毁损、灭失的损失由何方负担。

《民法典》第604条规定，标的物毁损、灭失的风险，在标的物交付之前由出卖人负担，交付之后由买受人负担，但法律另有规定或者当事人另有约定的除外。依此规定，风险负担有如下情形：（1）一般情形下，标的物毁损灭失的风险随标的物的交付而转移，在交付之前由出卖人负担，交付之后由买受人负担，即风险负担原则上采交付主义。例如，6月2日杜某将自己家的耕牛借给邻居刘某使用。6月8日刘某向杜某提出将耕牛卖给自己，杜某表示同意。双方商定了价格，并约定三天后交付价款。但6月10日，该头耕牛失足坠崖摔死。对于该耕牛死亡的财产损失，应由刘某承担，因为刘某因借用占有耕牛在先，此后又于6月8日买下耕牛，买卖双方已于6月8日完成了耕牛的简易交付。（2）因买受人的原因致使标的物不能按照约定的期限交付的，自约定交付之日起标的物毁损灭失的风险转移给买受人承担。（3）出卖人出卖交由承运人运输的在途标的物的，除当事人另有约定外，标的物毁损、灭失的风险自合同成立时起转移给买受人承担。例如，甲、乙订立一运输合同，委托乙将一批货物从大连港运往广州黄埔港。乙于8月1日启运。8月3日，甲、丙订立该批货物的买卖合同。8月4日，乙船行至广东海域遭强暴风袭击而沉，货物全损，就应由丙承担货物损失的风险。（4）出卖人按照约定将标的物运送至买受人指定地点并交付给承运人后，标的物毁损、灭失的风险由买受人承担。当事人未约定交付地点或约定不明确，依据《民法典》第603条第2款第1项的规定，标的物需要运输的，自出卖人将标的物交付给第一承运人后，标的物毁损、灭失的风险由买受人承担。（5）出卖人按照约定或规定将标的物置于交付地点，买受人违反约定没有收取的，自买受人违反约定之日起标的物毁损、灭失的风险转移给买受人。（6）因标的物质量不符合要求致使不能实现合同目的，买受人拒绝接受标的物或者解除合同的，标的物毁损、灭失的风险由出卖人承担。

出卖人未按照约定和交易习惯交付提取标的物单证以外的有关单证和资料的，不影响标的物毁损、灭失风险的转移。标的物毁损、灭失的风险由买受人承担的，不影

响因出卖人履行债务不符合约定，买受人要求其承担违约责任的权利。

在案例25-1中，双方对设备先借后买，在达成买卖设备的合意时，即完成买卖合同标的物的交付（简易交付），但因甲公司未付设备款，乙公司为维护自身利益保留了设备的所有权，因此所有权并未转移。设备的风险是随着设备本身的交付而转移的，与所有权是否转移、价款是否支付并无直接联系，也不会受到合格证、说明书等资料未交付的影响，因此，该设备毁损的风险应当由甲公司承担，甲公司还需要向乙公司支付约定的设备价款。

（二）标的物的利益承受

标的物的利益承受，是指买卖合同订立后标的物所产生的孳息的归属。这里的孳息包括天然孳息和法定孳息。利益承受一般应与风险负担相一致，因此除当事人另有约定和法律另有规定外，利益承受也应采交付主义作为一般原则，既标的物在交付之前产生的孳息归出卖人所有，交付之后产生的孳息，归买受人所有。

四、特种买卖合同

我国《民法典》规定特种买卖包括分期付款买卖、样品买卖、试用买卖、招标投标买卖和拍卖。

（一）分期付款买卖合同

分期付款买卖合同是指买受人将其应付的总价款按照一定期限分期向出卖人支付的买卖。在案例25-2中李某和某商场订立的合同就是一个典型的分期付款买卖合同。一般情况下，分期付款买卖的总价款略高于一次性付款买卖的价款，但买受人仅支付部分价款即可取得标的物的占有和使用权；出卖人卖出标的物的总价款略高于一次性付款的价款，但出卖人有到期收不回价款的风险。因此出卖人多在分期付款买卖合同中作出有利于自己的约定来避免这种风险，买受人在这种买卖中常处于弱势地位，为平衡保护出卖人和买受人双方的利益，法律对分期付款买卖的合同条款予以一定限制。主要包括以下两项：

1. 对剥夺期限利益和解除合同条款的限制

分期付款买卖的买受人以支付较高的代价取得了分期付款的期限利益，出卖人不得随意剥夺买受人的这种期限利益，即一般情况下出卖人不能要求买受人提前支付未到期款项，但是出卖人面临买受人的严重违约行为，有不能按期回收价款的巨大风险时，应允许出卖人提前要求买受人支付未到期款项或解除合同。《民法典》第634条第1款规定，分期付款的买受人未支付到期价款的数额达到全部价款的五分之一，经催告后在合理期限内仍未支付到期价款的，出卖人可以请求买受人支付全部价款或解除合同。这一条款是对出卖人剥夺买受人分期付款的期限利益和解除合同条款的限制，出卖人不得突破这一限制在合同中规定对买受人更为不利的条款，否则该条款无效，应按本规定执行，但出卖人与买受人可以在合同中约定比此规定对买受人更为有利的条款，该约定有效，此时有约定时从约定。依据该规定，出卖人行使请求买受人支付全部价金的权利或解除合同的权利必须符合一个条件，即买方未支付的到期的金额已达合同总价金的五分之一。这一标准是强制性的，是卖方行使解除权或者请求支付全部价金的最低要求。若买卖双方在合同中约定的条件低于本条规定的，比如在案例25-2中，李某未支付2个月应付款，数额为3000元，未达到总价金的五分之一，商场无权解除合同。假若李某未能支付3个月款项，即4500元，达到法定的五分之一标准，则商场可以催促李某将剩余各期的价金即6000元一并支付，或者解除合同，收回电器。

2. 对解除合同时损失赔偿金额条款的限制

出卖人为保护自己的利益，在分期付款买卖合同中经常有关于出卖人因买受人的原因而解除合同时，出卖人得扣留买受人已支付的价款或请求买受人支付一定金额的约定，这种约定过于苛刻则对买受人不利。为了平衡双方的利益，必须对这种条款予以限制。《民法典》第634条第2款规定，出卖人解除合同的，可以向买受人请求支付该标的物的使用费。也就是说因买受人一方的原因导致出卖人解除合同时，出卖人向买受人请求支付或扣留的金额，不得超过相当于该标的物的通常使用费的金额。如标的物有毁损灭失时，则应再加上相当的损失赔偿金额，如当事人约定的出卖人于解除合同时得扣留的价款或请求支付的金额超过上述限度，则其超过部分的约定无效。

在案例25-2中，假如商场在李某未能支付的款项达到法定的五分之一标准时，选择解除合同收回电器，那么李某已支付的14000元应予返还，但李某已使用该电器达10个月，应向商场支付相应的使用费。至于使用费的计算应采取何种标准，法律并无明文规定。从操作的可行性角度看，可以比照租金来确定，由出卖方在买方已交付的价金中折抵，若使用费高于已支付价金的，可以请求买方补足。

（二）试用买卖合同

试用买卖，又称试验买卖，是指由买受人于约定期限内试用标的物，并以买受人经试用后对标的物的认可为买卖合同生效条件的买卖。试用买卖合同的当事人可以约定标的物的试用期限，对试用期限没有约定或者约定不明确，依照《民法典》第510条的规定仍不能确定的，由出卖人确定。买受人在试用期限内可以购买标的物，也可以拒绝购买。法律规定，试用期间届满，买受人对是否购买标的物未作表示的，视为购买。试用买卖的买受人在试用期内已经支付部分价款或者对标的物实施出卖、出租、设立担保物权等行为的，视为同意购买。

试用买卖的当事人对标的物使用费没有约定或者约定不明确的，出卖人无权请求买受人支付。标的物在试用期内毁损、灭失的风险由出卖人承担。

第二节　赠 与 合 同

【案例25-3】　贾某的超市新开业，其朋友胡某送给贾某一辆小货车用于经营。贾某开着小货车出去拉货，路上遇到紧急情况，车撞上路边的树，贾某受轻伤。事后查明，事故原因是刹车失灵导致，在胡某自己使用过程中就屡次出现刹车失灵问题，但胡某没有将此情况告知贾某，还告知贾某车况很好，可以放心使用。

请思考：因该车所造成的人身损害怎么处理？

【案例 25-4】 2013 年 7 月，某地发生特大洪水，导致大范围山体滑坡和泥石流，房屋受到严重破坏。为了灾后重建，某中央媒体呼吁大家积极捐助灾区，甲企业表示捐助 200 万元用于当地希望小学校舍的灾后重建，受到社会褒奖。但后来该企业并未履行捐献资金的承诺。经了解，该企业经营状况良好。

请思考：捐赠资金未交付，赠与合同是否成立？甲企业可否反悔？如甲企业确因经营陷入困境，没有能力捐献资金，可以不捐吗？

一、赠与合同的概念和特征

赠与合同是指赠与人将自己的财产无偿给与受赠人，受赠人表示接受该赠与的合同。无偿给予财产的一方为赠与人，接受财产的一方为受赠人。

赠与合同具有以下特征：

1. 赠与合同为诺成合同

根据《民法典》的规定，只要赠与人表示愿意赠与，受赠人表示接受该赠与，双方意思表示一致，赠与合同即成立，不以赠与人将赠与物交付给受赠人为成立条件，因此赠与合同为诺成合同而非实践合同。

2. 赠与合同为单务、无偿合同

在赠与合同中，仅赠与人负有将赠与财产交付给受赠人的义务，而受赠人并无对待给付义务。因此，赠与合同为单务合同。

赠与人将其财产无偿转移给受赠人，尽管可能有各种各样的原因和理由，或给受赠人附加了一些条件，但并不以从受赠人处取得任何财产为代价，受赠人取得赠与物无须偿付任何代价，所以赠与合同是无偿合同。这是赠与合同与买卖合同的根本区别。

二、赠与合同的效力

赠与合同为单务合同，仅赠与人一方负担合同义务。赠与人的义务主要有以下几项：

1. 交付赠与物并移转赠与物的所有权于受赠人的义务

赠与合同生效后，赠与人应当按照合同的约定将赠与物交付给受赠人并将赠与物的所有权移转于受赠人。赠与财产依法需要办理登记等手续的，应当办理有关手续。

赠与合同为无偿合同，因此，法律规定只有经过公证的赠与合同或者依法不得撤销的具有救灾、扶贫、助残等公益、道德义务性质的赠与合同，赠与人不交付财产的，受赠人才可以请求赠与人交付。在此类合同中，若因赠与人故意或者重大过失致使赠与财产毁损、灭失的，赠与人还应当承担赔偿责任。除了这类合同之外的一般赠与合同，即便赠与人不交付财产，法律也没有赋予受赠人要求赠与人交付的权利，并且，在交付之前，赠与财产毁损、灭失的，赠与人也无须承担赔偿责任。

2. 瑕疵担保义务

由于赠与合同为无偿合同，因此一般情况下赠与人不承担瑕疵担保责任。但是对于附义务的赠与，法律对赠与人提出了更高的要求，如果赠与的财产有瑕疵的，赠与人应在附义务的限度内承担与出卖人相同的责任。

赠与合同为无偿合同，因此法律对赠与人的瑕疵担保责任采用过错归责原则，且只有赠与人的过错程度比较高的情况下，才对赠与人科以瑕疵担保责任。按照《民法典》第662条的规定，赠与人故意不告知瑕疵或保证无瑕疵，造成受赠人损失的，赠与人应当承担损害赔偿责任。基于该规定，如果赠与人仅具有一般过错，则无须对赠与物瑕疵致害承担责任。

在案例25-3中，胡某虽是无偿赠与朋友贾某小货车，但该小货车也应当符合安全适用的基本性能，胡某明知道小货车有刹车失灵问题，却向贾某保证车况很好，可以放心使用，导致贾某受伤，胡某应当承担瑕疵担保责任，赔偿贾某的损失。

三、赠与合同的撤销与解除

（一）赠与合同的任意撤销

赠与合同的任意撤销是指在赠与财产的权利转移之前，赠与人可以依其意思撤销赠与合同。赠与人在赠与财产的权利转移之前撤销赠与，使得赠与合同溯及既往地发生消灭的效果，赠与人未交付赠与物的，受赠人不能要求赠与人交付，赠与人已交付赠与物的，受赠人应将赠与物返还给赠与人。

但有些赠与合同不适用任意撤销。根据《民法典》第658条、第660条之规定，经过公证的赠与合同或者依法不得撤销的具有救灾、扶贫、助残等公益、道德义务性质的赠与合同，不适用任意撤销。

（二）赠与合同的法定撤销

赠与合同中，赠与财产权利转移之后，赠与人即丧失了任意撤销赠与合同的权利，但在以下条件具备时，赠与人仍可享有撤销赠与合同的法定权利，此为赠与合同的法定撤销。法定撤销不受赠与合同性质的限制，同样适用于救灾、扶贫、助残等公益、道德义务性质的赠与合同或者经过公证的赠与合同。

根据《民法典》第663条的规定，受赠人有下列情况之一的，赠与人可以撤销赠与：

（1）严重侵害赠与人或者赠与人近亲属的合法权益。

（2）对赠与人有扶养义务而不履行。

（3）不履行赠与合同约定的义务。

赠与人的撤销权，自知道或者应当知道撤销事由之日起1年内行使。因受赠人的违法行为致使赠与人死亡或者丧失民事行为能力的，赠与人的继承人或者法定代理人可以撤销赠与。赠与人的继承人或者法定代理人的撤销权，自知道或者应当知道撤销事由之日起6个月内行使。

（三）赠与合同的法定解除

根据《民法典》第666条的规定，赠与合同订立后，赠与人未履行赠与义务之前，赠与人的经济状况显著恶化，严重影响其生产经营或者家庭生活的，赠与人可以不再履行赠与义务。该合同解除不发生溯及既往的法律效力，赠与人就原已履行的赠与，无权要求受赠人返还。

在案例 25-4 中，赠与合同为诺成合同，因此虽然捐赠资金未交付，但双方达成捐赠的合意，赠与合同就已经成立。该赠与合同为具有救灾社会公益性质的赠与，不能任意撤销，希望小学有权要求甲企业履行承诺捐出资金。但如果赠与合同签订后，甲企业确因经营状况严重恶化，无力支付捐赠资金的，按照规定，甲企业可以不再履行赠与义务。

第三节　借款合同

【案例 25-5】　佳美超市因资金周转困难，向某信托投资公司贷款。双方在借款合同中约定：信托投资公司贷款 500 万元给佳美超市，贷款期限为 3 年，年利息为 10%，利息预先在本金中扣除。合同签订后，信托投资公司按照约定向佳美超市提供贷款 350 万元。3 年后，借款合同到期，佳美超市在还款时，在本金和利息的计算方法上却与信托投资公司发生了分歧。佳美超市认为，当时他们仅从信托投资公司拿到了 350 万元，因此合同到期后贷款本金应按 350 万元计算，并应依此计算利息为 105 万元，本息共计 455 万元。而信托投资公司则坚持，佳美超市还款的计算方法违反了借款合同，应该返还 500 万元贷款。

请思考：信托投资公司与佳美超市的计算方法哪个符合法律规定？

一、借款合同的概念和特征

借款合同是借款人向贷款人借款，到期返还借款并支付利息的合同。其中，借出钱款的一方为贷款人或出借人，借入钱款的一方为借款人。

借款合同依据合同主体可分为以金融机构为贷款人的金融机构借款合同和以非金融机构、自然人为贷款人的民间借款合同。我国《民法典》采民商合一的立法体例，对这两类借款合同均加以规范。

借款合同的内容一般包括借款种类、币种、用途、数额、利率、期限和还款方式等条款。

借款合同具有以下特征：

1. 金融机构借款合同为有偿合同，而民间借款合同原则上为无偿合同

金融机构是经批准依法可办理贷款等业务的营业组织，金融机构发放贷款，目的在于获取一定的营业利润即利息，利息是借款人使用金融机构贷款所应支付的对价，所以金融机构借款合同均为有偿合同。

而民间借款合同则不同，根据《民法典》第 680 条规定，禁止高利放贷，借款的利率不得违反国家有关规定。借款合同对支付利息没有约定的，视为没有利息。借款合同对支付利息约定不明确，当事人不能达成补充协议的，按照当地或者当事人的交易方式、交易习惯、市场利率等因素确定利息；自然人之间借款的，视为没有利息。据此，民间借款往往是具有一定关系的民事主体之间的互帮互助行为，民间借款合同原则上为无偿合同。但是如果约定了利息，只要不属于高利放贷，法律也予以肯

定和保护。根据 2021 年 1 月 1 日实施的最高人民法院新修订的《民间借贷司法解释》，民间借贷利率以中国人民银行授权全国银行间同业拆借中心每月 20 日发布的一年期贷款市场报价利率（LPR）的 4 倍为标准确定民间借贷利率的司法保护上限，取代了之前"以 24% 和 36% 为基准的两线三区"的规定，大幅度降低了民间借贷利率的司法保护上限，促进了民间借贷利率逐步与我国经济社会发展的实际水平相适应。例如以 2020 年 11 月 20 日发布的一年期贷款市场报价利率 3.85% 的 4 倍计算，民间借贷利率的司法保护上限为 15.4%，相较于过去的 24% 和 36% 有较大幅度的下降。《民间借贷司法解释》第 31 条进一步对新旧利率的适用做了规定，即该解释施行后，人民法院新受理的一审民间借贷纠纷案件，适用本解释。2020 年 8 月 20 日之后新受理的一审民间借贷案件，借贷合同成立于 2020 年 8 月 20 日之前，当事人请求适用当时的司法解释计算自合同成立到 2020 年 8 月 19 日的利息部分的，人民法院应予支持；对于自 2020 年 8 月 20 日到借款返还之日的利息部分，适用起诉时本解释规定的利率保护标准计算。

2. 金融机构借款合同为诺成性合同，而民间借款合同一般为实践性合同

在传统民法上，借款合同为实践性合同，仅有当事人双方的合意，还不能使合同成立，只有贷款人将款项交付给借款人，合同才能成立。将借款合同一概作为实践性合同，不利于保护双方的利益，使借款人的资金运营计划随时被打乱，使借款人不能根据借款合同所取得的款项组织生产，因而，已远不能适应现代社会的要求。因此，现代社会中以银行等金融机构为贷款人的借款合同已成为诺成性的合同。而民间借款合同一般为实践性合同，《民法典》第 679 条明确规定，自然人之间的借款合同，自贷款人提供借款时成立。

3. 金融机构借款合同为双务合同，而民间借款合同一般为单务合同

金融机构借款合同自双方达成合意时合同即成立生效。贷款人负有按合同约定向贷款人交付款项的义务，借款人负有按期偿还借款和利息的对待给付义务。因此，金融机构借款合同为双务合同。而民间借款合同一般为单务合同，例如自然人之间的借款合同为实践性合同，只有贷款人将借款交付给借款人时，合同才成立，在此之后贷款人不再负担义务，而仅有借款人一方负担返还借款的义务，在有明确约定时，还负有支付利息的义务。

4. 金融机构借款合同为要式合同，而民间借款合同为不要式合同

金融机构借款合同一般借款数额较大，周期较长，采用书面形式有利于明确权利义务，减少纠纷，也使得纠纷发生后易于解决，因此采用书面形式。而民间借款合同尤其是其中的自然人之间的借款合同一般数额较小，周期较短且多发生在亲友之间，因此不应该要求必须采用书面形式，可由当事人自由选择合同的形式。《民法典》第668 条规定，借款合同应当采用书面形式，但是自然人之间借款另有约定的除外。

二、借款合同当事人的权利和义务

（一）贷款人的合同义务

贷款人是否负有义务，依借款合同为金融机构借款合同还是民间借款合同而定。

由于民间借款合同一般为实践合同、单务合同，在借款合同生效后，贷款人并不负担任何义务。而金融机构借款合同为诺成合同、双务合同，在合同生效后，贷款人才负担义务。金融机构借款合同贷款人负有如下合同义务：

1. 按期足额提供借款

该项义务系贷款人的主要合同义务。贷款人应当按照合同约定的日期提供借款，未按照约定日期提供借款，造成借款人损失的，应当赔偿损失。贷款人还应当按照合同约定的数额足额提供借款。借款的利息不得预先在本金中扣除，利息预先在本金中扣除的，人民法院应当将实际出借的金额认定为本金。

在案例25-5中，信托投资公司要求佳美超市在本金中预先扣除利息的做法违反法律规定，其要求佳美超市返还500万元本金也没有法律依据。佳美超市针对信托投资公司预先扣息的贷款，还款时返还实际借款本金350万元和按此计算的105万元利息的做法符合法律规定。并且《民法典》第671条还规定，贷款人未按照约定的数额提供借款，造成借款人损失的，应当赔偿损失。

2. 保密义务

贷款人对于其在合同订立和履行阶段所掌握的借款人的商业秘密有保密义务，不得泄露或不正当使用，否则应对由此造成的损失承担赔偿责任，该项义务系贷款人的附随义务。

（二）借款人的合同义务

1. 按照约定的用途使用借款

借款人应当按照约定的借款用途使用借款，借款人未按照约定的用途使用借款的，贷款人可以停止发放借款、提前收回借款或者解除合同。

2. 容忍义务

在贷款人按照合同约定检查、监督借款的使用情况时，借款人应当按照约定向贷款人定期提供有关财务报表等资料。

3. 按期返还借款及支付利息的义务

借款人应当按期返还借款。借款合同明确约定还款期限的，借款人应当按照约定的期限返还借款。借款期限没有约定或者约定不明确，依照《民法典》第510条的规定仍不能确定的，借款人可以随时返还；贷款人可以催告借款人在合理期限内返还。借款人未按照约定期限返还借款的，应当按照约定或者国家有关规定支付逾期利息。对于民间借贷，根据《民间借贷司法解释》第28条的规定，借贷双方对逾期利率有约定的，从其约定，但是以不超过合同成立时1年期贷款市场报价利率4倍为限。未约定逾期利率或者约定不明的，人民法院可以区分不同情况处理：（1）既未约定借期内利率，也未约定逾期利率，出借人主张借款人自逾期还款之日起参照当时1年期贷款市场报价利率标准计算的利息承担逾期还款违约责任的，人民法院应予支持；（2）约定了借期内利率但是主张借款人自逾期还款之日起按照借期内利率支付资金占用期间利息的，人民法院应予支持。借款人不得逾期返还借款，如确有需要，借款人可以在还款期限届满之前向贷款人申请展期。贷款人同意的，可以展期。借款人一般可以提前返还借款。借款人提前返还借款的，除非当事人另有约定，应当按照实际借款的期间计算利息。

借款人应当按期支付利息。借款合同明确约定支付利息的期限的，借款人应当按照约定的期限支付利息。支付利息期限没有约定或者约定不明确，依照《民法典》第 510 条的规定仍不能确定的，借款期间不满 1 年的，应当在返还借款时一并支付，借款期限 1 年以上的，应当在每届满 1 年时支付，剩余期间不满 1 年的，应当在返还借款时一并支付。

第四节　保证合同

【案例 25-6】　　张三于 2018 年 3 月 1 日向工商银行借款 12 万元，借期 3 个月。李四对张三的上述借款提供保证责任，双方约定保证期间自 2018 年 6 月 1 日到 2018 年 11 月 1 日，但并未约定保证方式。如果工商银行与张三擅自协商将该借款中的 55000 元由王五负责清偿，对此，李四是否还承担保证责任？如贷款到期后，张三无力偿还，工商银行直到 2018 年 12 月 1 日才请求李四承担保证责任，对此，李四可以拒绝吗？

请思考：李四的保证方式是哪种？

一、保证合同概述

（一）保证合同的概念

保证合同是为保障债权的实现，保证人和债权人约定，当债务人不履行到期债务或者发生当事人约定的情形时，保证人履行债务或者承担责任的合同。

保证合同是为了担保主债务的履行而订立的，只有主债务存在，保证合同才存在，所以，保证合同是主债权债务合同的从合同。主债权债务合同无效的，保证合同无效，但是法律另有规定的除外。保证合同被确认无效后，债务人、保证人、债权人有过错的，应当根据其过错各自承担相应的民事责任。

（二）保证合同的当事人

保证合同的当事人包括保证人和债权人。保证人必须是具有代为清偿能力的组织或者个人，《民法典》第 683 条规定了不能作为保证人的主体：（1）机关法人不得为保证人，但是经国务院批准为使用外国政府或者国际经济组织贷款进行转贷的除外。机关法人的主要职责是依法履行公共管理职能，且机关法人的财产和经费由国家财政和地方财政划拨。因此，机关法人不能直接参与经济活动，不得为他人的债务提供保证。在使用外国政府和国际经济组织贷款转贷和还款问题上，中央政府将筹措到的外国政府或者国际经济组织贷款转贷给相关项目使用，同时要求地方政府委托其计划、财政管理部门向中央政府提供还款担保，保证向中央政府偿还所用的贷款。因此，依法定程序经国务院批准后，机关法人可以为此类贷款的转贷活动提供担保。（2）以公益为目的的非营利法人、非法人组织不得为保证人。非营利法人和非法人组织是为公共利益或者其他非营利目的成立的，如果允许上述机构为债权人提供担保，极有可能减损其用于公益目的的财产，无疑有违公益法人的宗旨，因此，法律不允许它们作保证人。

（三）保证合同的内容

按照《民法典》第 684 条规定，保证合同的内容包括：（1）被保证的主债权的种类、数额；（2）债务人履行债务的期限；（3）保证的方式；（4）保证的范围；（5）保证的期间；（6）双方认为需要约定的其他事项。

（四）保证合同的形式

按照《民法典》第 685 条规定，保证合同可以是单独订立的书面合同，也可以是主债权债务合同中的保证条款。第三人单方以书面形式向债权人作出保证，债权人接收且未提出异议的，保证合同成立。

（五）保证的方式

保证的方式有一般保证和连带责任保证两种方式。当事人在保证合同中对保证方式没有约定或者约定不明确的，按照一般保证承担保证责任。《民法典》第 687 条规定："当事人在保证合同中约定，债务人不能履行债务时，由保证人承担保证责任的，为一般保证。一般保证的保证人在主合同纠纷未经审判或者仲裁，并就债务人财产依法强制执行仍不能履行债务前，有权拒绝向债权人承担保证责任，但是有下列情形之一的除外：（一）债务人下落不明，且无财产可供执行；（二）人民法院已经受理债务人破产案件；（三）债权人有证据证明债务人的财产不足以履行全部债务或者丧失履行债务能力；（四）保证人书面表示放弃本款规定的权利。"一般保证的保证人享有先诉抗辩权，又称检索抗辩权，是指一般保证的保证人在就债务人的财产依法强制执行仍不能履行债务前，对债权人可拒绝承担保证责任的权利。一般保证中，保证人仅对债务人不履行债务负补充责任。连带责任保证，是债务人不履行到期债务或者发生当事人约定的情形时，债权人可以请求债务人履行债务，也可以请求保证人在其保证范围内承担保证责任的保证方式。连带责任保证和一般保证最主要的区别是连带责任保证人不享有先诉抗辩权。《民法典》第 688 条规定："当事人在保证合同中约定保证人和债务人对债务承担连带责任的，为连带责任保证。"在案例 25-6 中，张三和李四的保证方式约定不明，故李四的保证方式是一般保证。

（六）反担保

保证人可以要求债务人提供反担保。反担保是为了换取担保人提供保证，由债务人或第三人向该担保人新设担保，该新设担保相对于原担保而言被称为反担保。反担保的目的是确保担保人承担担保责任后实现对债务人的求偿权。

（七）最高额保证

最高额保证是指保证人与债权人约定，就债权人与主债务人之间在一定期间内连续发生的债权，预定最高限额，由保证人承担保证责任的合同。保证人与债权人可以协商订立最高额保证合同，约定在最高债权额限度内就一定期间连续发生的债权提供保证。最高额保证除适用保证合同规定外，参照适用《民法典》物权编中最高额抵押权的有关规定。

二、保证责任

（一）保证范围

保证范围是保证所担保的主债务范围，也是保证人承担义务的范围。当事人可在不超过主债务的范围内自由约定保证范围，既可约定主债务的全部，也可约定主债务的部分。当事人没有约定就按法律规定确定保证范围。根据我国《民法典》第691条的规定，法定保证范围包括：（1）主债权；（2）利息；（3）违约金；（4）损害赔偿金；（5）实现债权的费用。

（二）保证期间

保证期间是确定保证人承担保证责任的期间，不发生中止、中断和延长。债权人与保证人可以约定保证期间，但是约定的保证期间早于主债务履行期限或者与主债务履行期限同时届满的，视为没有约定；没有约定或者约定不明确的，保证期间为主债务履行期限届满之日起6个月。债权人与债务人对主债务履行期限没有约定或者约定不明确的，保证期间自债权人请求债务人履行债务的宽限期届满之日起计算。

一般保证的债权人未在保证期间对债务人提起诉讼或者申请仲裁的，保证人不再承担保证责任。连带责任保证的债权人未在保证期间请求保证人承担保证责任的，保证人不再承担保证责任。一般保证的债权人在保证期间届满前对债务人提起诉讼或者申请仲裁的，从保证人拒绝承担保证责任的权利消灭之日起，开始计算保证债务的诉讼时效。连带责任保证的债权人在保证期间届满前请求保证人承担保证责任的，从债权人请求保证人承担保证责任之日起，开始计算保证债务的诉讼时效。一般保证情形下，如果在保证期间内，债权人不向主债务人提起诉讼或者申请仲裁主张债权，保证人不再承担保证责任，也就没有保证债务诉讼时效的问题。连带责任保证情形下，如果在保证期间内，债权人不向保证人主张保证债权，保证人不再承担保证责任，同样也就没有保证债务诉讼时效可言。

在案例25-6中，当事人约定了保证期间，而保证期间是保证责任的存续期间，如果债权人没有在保证期间内向保证人主张权利，则保证人免除保证责任。因而工商银行在2018年12月1日无权请求李四承担保证责任。

（三）主合同变更对保证责任的影响

债权人和债务人未经保证人书面同意，协商变更主债权债务合同内容，减轻债务的，保证人仍对变更后的债务承担保证责任；加重债务的，保证人对加重的部分不承担保证责任。这是因为未经保证人书面同意，增加主债权数额，对保证人实属不利。债权人和债务人变更主债权债务合同的履行期限，未经保证人书面同意的，保证期间不受影响。主债务履行期限和保证期间关系密切，如果主合同当事人协商延长履行期限，尤其是延长后的主合同履行期限届满日接近或者超过保证期间的，这就无异于同时延长了保证期间，所以，主合同当事人变更履行期限，未经保证人书面同意，仍以原合同约定或者法律规定的期间为准。

（四）主债权转让对保证责任的影响

债权人转让全部或者部分债权，未通知保证人的，该转让对保证人不发生效力。

保证人与债权人约定禁止债权转让，债权人未经保证人书面同意转让债权的，保证人对受让人不再承担保证责任。主债权转让一般不会增加保证人的风险和负担，主债权转让时，债权人通知保证人的，保证人对受让人承担相应的保证责任。主债权转让时，未通知保证人的，该转让对保证人不发生效力。

（五）主债务转移对保证责任的影响

债权人未经保证人书面同意，允许债务人转移全部或者部分债务，保证人对未经其同意转移的债务不再承担保证责任，但是债权人和保证人另有约定的除外。第三人加入债务的，保证人的保证责任不受影响。主债务的转移关系到保证人的利益，未经保证人同意，主债务转移只在当事人之间发生效力，保证人在转移的主债务范围内免除保证责任。第三人加入债务，债务人的整体偿债能力只会增加不会减损，对保证人的利益不会发生不利影响，因此，第三人加入债务不需要保证人书面同意，保证人按照原来的约定继续承担保证责任。

在案例 25-6 中，银行与张三协商将借款中的 55000 元转由王五承担，但是并未经过保证人李四的书面同意，因此，李四对于转移的 55000 元不再承担保证责任，他只对未转移的 65000 元承担保证责任。

（六）一般保证人的特定免责事由

一般保证的保证人在主债务履行期限届满后，向债权人提供债务人可供执行财产的真实情况，债权人放弃或者怠于行使权利致使该财产不能被执行的，保证人在其提供可供执行财产的价值范围内不再承担保证责任。一般保证的保证人享有先诉抗辩权，仅就债权人对债务人的财产依法强制执行后未获清偿的部分承担保证责任。因此，如果保证人发现了债务人有可供执行的财产，并向债权人提供了真实情况，债权人积极行使权利，则不但能实现债权人的债权，保证人的保证责任也会相应的减少。反之，如果债权人放弃或者怠于行使该权利，则会加重保证人的保证责任。所以，因债权人自己的原因导致债务人的财产不能执行，保证人可以在相应范围内免责。

（七）共同保证

共同保证，是指数人共同担保同一债务人的同一债务履行而为的保证。共同保证分为按份共同保证和连带共同保证。共同保证的每个保证人与债权人约定保证份额的，是按份保证。按份保证的每个保证人仅就约定的份额向债权人承担保证责任。连带共同保证是各保证人约定均对全部主债务承担连带保证责任或者保证人与债权人之间没有约定所承担保证份额的共同保证。在连带共同保证中，债权人可以请求任何一个保证人在其保证范围内承担保证责任。

（八）保证人的追偿权

保证人的追偿权，是指保证人在承担保证责任后，可以向主债务人请求偿还的权利。保证人承担保证责任后，除当事人另有约定外，有权在其承担保证责任的范围内向债务人追偿，享有债权人对债务人的权利，但是不得损害债权人的利益。

（九）保证人的抗辩权

在主债权人请求保证人承担保证责任时，保证人可以主张债务人对债权人的抗辩。债务人放弃抗辩的，保证人仍有权向债权人主张抗辩。主债务人对债权人所享有的任何抗辩，保证人均可以自己的名义主张。

（十）保证人享有债务人对债权人的抵销权或者撤销权

债务人对债权人享有抵销权或者撤销权的，保证人可以在相应范围内拒绝承担保证责任。在主债务人对债权人享有抵销权的情况下，如果主债务人自己行使，则主债务消灭。如果主债务人自己不主张抵销权，保证人可在主债务人对债权人享有抵销权的情形下，在相应的范围内享有拒绝承担保证责任的抗辩权。在主债务人对债权人享有撤销权的情况下，如果主债务人行使撤销权，则主合同自始无效，保证合同也无效。如果主债务人自己不行使撤销权，保证人可依据主债务人的撤销权在相应范围内拒绝承担保证责任。在此需要注意，抵销权和撤销权是主债务人享有的，保证人不能直接行使，保证人只能援引债务人享有的抵销权和撤销权，拒绝向债权人承担保证责任。

第五节　租赁合同

【案例 25-7】　居民甲将房屋出租给乙，乙经甲同意对承租房进行了装修并转租给丙。丙擅自更改房屋承重结构，导致房屋受损。

请思考：甲应当怎样主张房屋的损失？

【案例 25-8】　甲与乙订立房屋租赁合同，约定租期 5 年。半年后，甲将该出租房屋出售给丙，但未通知乙。不久，乙以其房屋优先购买权受侵害为由，请求法院判决甲、丙之间的房屋买卖合同无效。

请思考：法院该如何处理？

一、租赁合同的概念和特征

租赁合同是出租人将租赁物交付给承租人使用、收益，承租人支付租金的合同。其中交付租赁物给对方使用、收益的一方称为出租人，使用租赁物并支付租金的一方称为承租人。

租赁合同具有以下特征：

1. 租赁合同是出租人转移财产使用权于承租人，承租人支付租金的合同

租赁合同以承租人在一定期限内取得对租赁物的使用收益为目的，而并不以承租人取得租赁物的所有权为目的。这是租赁合同与以转移物的所有权为目的的买卖合同的根本区别。由于租赁合同转移的仅是租赁物的使用权，因此租赁权本质上仍为债权，但这种债权较为特殊之处在于，为保障承租人对租赁物长期稳定居住的权益，我国民法上将租赁权视为物权化的债权，这一特征使得租赁权与其他普通债权不同。但是，该权利虽然为物权化的债权，承租人也并不享有对租赁物的处分权，同时承租人仅需向出租人支付租赁物的使用费即租金，而不是支付相当于标的物本身价值的价金。承租人须支付租金，这一特征是租赁合同与借用合同的根本区别。

2. 租赁合同为诺成、双务、有偿合同

租赁合同自双方意思表示一致时即成立生效，而不以租赁物的实际交付作为合同的成立生效条件，因此为诺成性合同。租赁合同生效后，当事人双方都互享权利、互负义务，因此为双务合同。租赁合同的任何一方取得利益，均需向对方支付代价，因此为有偿合同。

3. 租赁合同具有临时性

租赁合同只是出租人将其财产的使用收益权于一定期限内转让给承租人，因此，租赁合同具有临时性或期限性的特征，租赁合同不适用于财产的永久性使用。我国《民法典》第 705 条规定，租赁合同不得超过 20 年。超过 20 年的，超过部分无效。租赁期间届满，当事人可以续订租赁合同，但约定的租赁期限自续订之日起不得超过 20 年。

二、租赁合同的分类

（一）动产租赁与不动产租赁

以租赁合同的标的物为标准，可将租赁合同分为动产租赁合同与不动产租赁合同。以动产为标的物的租赁合同，为动产租赁合同，包括一般的动产租赁、船舶租赁、汽车租赁等；以不动产为标的物的租赁合同，为不动产租赁合同，包括房屋租赁、土地使用权租赁、承包经营权租赁、宅基地使用权租赁等。这种区分的法律意义在于，法律一般对不动产租赁有特殊要求，如需采用法律规定的特别形式，例如登记等；而动产租赁一般没有这些特别要求。

（二）定期租赁与非定期租赁

以租赁合同是否有固定期限为标准，可将租赁合同分为定期租赁合同和不定期租赁合同。定期租赁合同指明确约定租赁期限的租赁合同。不定期租赁合同有三种情况：一是当事人在租赁合同中没有约定租赁期限或约定不明确；二是当事人在租赁合同中将租赁期限约定为 6 个月以上，但未采用书面形式，无法确定租赁期限的，视为不定期租赁，由此可见，租赁期限在 6 个月以上的定期租赁合同为要式合同，应当采用书面形式；三是定期租赁合同期间届满，承租人继续使用租赁物，出租人没有提出异议的，原租赁合同继续有效，但租赁期限为不定期。

这种区分的法律意义在于，在定期租赁中，于租赁期间内当事人不得擅自变更、解除合同；而在不定期租赁中，当事人可随时解除合同，但出租人解除合同的，应当在合理期限之前通知承租人。

三、租赁合同当事人的权利和义务

（一）出租人的义务
1. 交付租赁物的义务

承租人实现对租赁物使用收益的目的，一般是以对租赁物的占有为前提的，因此出租人应履行向承租人交付租赁物的义务，出租人交付的租赁物应符合合同中约定的名称、数量、质量，并按合同中约定的交付时间、地点、方式交付。

2. 维修并使租赁物于租赁期间合于使用收益状态的义务

《民法典》第 712 条规定，出租人应当履行租赁物的维修义务，但当事人另有约定的除外。《民法典》第 713 条规定，承租人在租赁物需要维修时可以请求出租人在合理期限内维修。据此规定，出租人不但应于交付租赁物时使租赁物符合能够正常使用收益的状态，而且应于整个租赁期间内使租赁物符合能够正常使用收益的状态，在当事人没有特别约定的情况下，由出租人承担对租赁物的维护和修理义务。此维修义务以租赁物有维修的必要和可能、承租人已为维修的通知为条件。出租人未履行维修义务的，承租人可以自行维修，维修费用由出租人负担。因维修租赁物影响承租人使用的，应当相应减少租金或者延长租期。因承租人的过错致使租赁物需要维修的，出租人不承担上述规定的维修义务。

3. 瑕疵担保责任

租赁合同中，出租人应承担瑕疵担保责任，包括物的瑕疵担保责任和权利瑕疵担保责任。

关于出租人物的瑕疵担保责任，是指如果租赁物有使承租人不能为正常使用收益的瑕疵的，出租人应承担责任。但承租人在订立合同时已知道租赁物存在瑕疵的，不得就该瑕疵要求承租人承担违约责任，但如果租赁物危及承租人的安全或者健康的，即使承租人订立合同时明知该租赁物质量不合格，承租人仍然可以随时解除合同。

关于出租人的权利瑕疵担保，是指出租人应担保如因第三人对承租人主张权利而使承租人不能按照约定使用收益的，出租人应承担责任。因第三人主张权利，致使承租人不能对租赁物使用、收益的，承租人可以要求减少租金或不支付租金。第三人主张权利的，承租人应当及时通知出租人。

4. 费用返还义务

出租人对于承租人为租赁物支出的费用有偿还的义务。出租人应当偿还的费用包括必要费用和有益费用。

所谓必要费用，是指为维持租赁物处于正常的使用、收益状态而不能不支出的费用。例如，租赁物的保管费、机器的养护费用等。关于必要费用的负担，在当事人有约定时，则应依当事人的约定负担。如当事人没有约定或约定不明时，可以根据当事人对维修义务的约定来确定，一般说来，由哪方负维修义务，由此而产生必要费用就应由哪方承担，如果当事人对维修义务和必要费用的负担都无约定，一般应由出租人承担。

所谓有益费用，是指对租赁物进行改善或在租赁物上增设他物以使租赁物价值增加而支出的费用。例如，房屋的装修费用、机器的升级换代费用等。承租人支出有益费用，须经出租人同意，才涉及租赁合同终止时的有益费用返还问题，出租人返还的有益费用的范围仅限于租赁合同终止时租赁物增加的价值额，而不能以承租人支出的数额为准。如未经出租人同意，承租人不但不能享有请求出租人返还费用的权利，而且根据《民法典》第 715 条第 2 款规定，出租人可以要求承租人恢复原状或者赔偿损失。

（二）承租人的义务

1. 按照合同约定的方法或租赁物的性质使用租赁物的义务

《民法典》第 709 条、第 710 条、第 711 条规定，承租人应当按照约定的方法使用租赁物，对租赁物的使用方法没有约定或者约定不明确，依照本法第 510 条的规定，仍不能确定的，应当按照租赁物的性质使用。承租人按照约定的方法或者租赁物的性质使用租赁物，致使租赁物受到的损耗为正常损耗，承租人对此不承担损害赔偿责任。承租人如果未按照约定的方法或者租赁物的性质使用租赁物，致使租赁物受到的损耗为非正常损耗，出租人可以要求承租人停止侵害，消除危险，还可以解除合同并要求赔偿损失。

2. 妥善保管租赁物的义务

所谓妥善保管，是指承租人应尽善良管理人的注意保管租赁物。具体地说，合同中约定保管方法的，应当依照约定的方法保管；合同中没有约定保管方法的，应当按照租赁物的性质采取适当的保管方法。《民法典》第 714 条规定，承租人应当妥善保管租赁物，因保管不善造成租赁物毁损、灭失的，应当承担损害赔偿责任。

如需出租人具体实施保存行为的，在出租人不知情的情况下，承租人应负及时通知的义务，例如租赁物有修缮的必要，合同约定出租人负修缮义务，或第三人主张权利等。同时，承租人对出租人的保存行为给自己使用租赁物带来的不便有容忍义务，但因出租人维修租赁物等影响承租人使用的，承租人可以要求相应减少租金或延长租期。

3. 支付租金的义务

支付租金是承租人的主要义务。承租人应当依照约定的期限支付租金。对支付期限没有约定或者约定不明确，可以协议补充，不能达成补充协议，按照合同有关条款或者交易习惯确定。仍不能确定的，租赁期间不满 1 年的，应当在租赁期间届满时支付。租赁期间在 1 年以上的，应当在每届满 1 年时支付，剩余期限不满 1 年的，应当在租赁期限届满时支付。承租人无正当理由未支付或者迟延支付租金的，出租人可以请求承租人在合理期限内支付；承租人逾期不支付的，出租人可以解除合同。承租人拖欠租金的，次承租人可以代承租人支付其欠付的租金和违约金，但是转租合同对出租人不具有法律约束力的除外。

4. 不作为义务

租赁合同中，承租人仅有对租赁物为正常使用收益的权利，而并无擅自处分租赁物的权利，因此，承租人应负下列不作为义务：一是不得随意对租赁物进行改善或在租赁物上增设他物。承租人经出租人同意，方可对租赁物进行改善或者增设他物。未经出租人同意，对租赁物进行改善或者增设他物的，出租人可以请求承租人恢复原状或者赔偿损失。二是不得随意转租。承租人经出租人同意，可以将租赁物转租给第三人。承租人转租的，承租人与出租人之间的租赁合同继续有效；第三人造成租赁物损失的，承租人应当赔偿损失。承租人未经出租人同意转租的，出租人可以解除合同。出租人知道或者应当知道承租人转租，但是在 6 个月内未提出异议的，视为出租人同意转租。

在案例 25-7 中，乙经甲同意将房屋转租给丙，乙并未退出租赁关系，仍为租赁合同当事人一方，因此需要对转租人丙的行为向甲负责，所以甲能够向乙主张违约损害赔偿，而不能向丙主张违约责任。但是丙擅自更改房屋承重结构致房屋受损，侵犯了甲的财产权，因此甲可以向丙主张侵权责任，让丙赔偿损失。同时，由于违约和侵权的竞合，甲向乙主张侵权损害赔偿也是没有问题的。

5. 返还租赁物的义务

租赁期间届满，承租人应当返还租赁物于出租人。定期租赁合同应于租赁期间届满时为之；不定期租赁合同，应于通知终止租赁合同时为之。承租人逾期返还租赁物的，应当支付逾期期间的租金并承担违约金责任或赔偿损失。按照《民法典》第 733 条规定，承租人返还的租赁物应当符合按照约定或者租赁物的性质使用后的状态。在租赁物发生非正常的毁损、灭失时，若因承租人以及承租人的同居人或承租人允许对租赁物使用收益的第三人保管使用不当引起，承租人应负赔偿责任。

四、租赁合同的特别效力

(一) 租赁合同的风险负担与利益承受

当由于不可归责于合同当事人任何一方的事由，致使租赁物部分或全部毁损灭失时，就产生了租赁合同中的风险负担问题。《民法典》第 729 条规定，因不可归责于承租人的事由，致使租赁物部分或者全部毁损、灭失的，承租人可以请求减少租金或者不支付租金；因租赁物部分或者全部毁损、灭失，致使不能实现合同目的，承租人可以解除合同。由此可见，租赁合同中采所有权人主义作为风险负担的原则，即租赁物的所有权人应负担租赁物毁损灭失的风险。

在租赁期间因占有、使用租赁物获得的收益，归承租人所有，但当事人另有约定的除外。也就是说，在租赁物的利益承受上，采交付主义原则，交付之前租赁物的利益由出租人享有，交付之后租赁物的利益由承租人享有，但允许当事人有另外的约定。

(二) 租赁权的物权化

租赁本为一种债权债务关系，在早期民法上，基于债权相对性原则，承租人只能向出租人本人主张对租赁物的使用、收益，租赁权不能对抗第三人。这种权利配置反映了重视所有权，相对轻视使用、收益权的观念。随着社会经济的发展，为保护承租人的利益，法律强化租赁权的效力，从而使其有物权化的趋势。具体表现在：其一，对抗效力。在一般债权关系中，债权人不得以其债权对抗对标的物享有物权的人。但在租赁关系中，承租人在租赁关系存续期间，可以其租赁权对抗取得租赁物所有权或其他物权的人，而对租赁物使用、收益，这种情况称为租赁权的对抗效力。典型的表现就是法律逐渐承认在房屋等财产的租赁关系中，租赁物所有权在租赁期间内的转移，并不影响承租人的权利，原租赁合同对受让租赁物的第三人仍然有效，该第三人不得解除租赁合同。此即"买卖不破租赁"原则。《民法典》第 725 条确立了这一原则，租赁物在承租人按照租赁合同占有期限内发生所有权变动的，不影响租赁合同的效力。其二，对侵害租赁权的第三人的效力。即承租人得基于其租赁权对第三人的侵害行使损害赔偿请求权及妨害排除请求权。

（三）承租人的优先购买权

承租人的优先购买权，是指在租赁合同存续期间，出租人要出卖租赁物时，承租人在同等条件下享有优先购买的权利。

我国《民法典》第726条、第727条、第728条确定了房屋租赁合同中承租人的优先购买权。理解承租人的优先购买权须注意以下几方面：

（1）出租人的"通知义务"。出租人在出卖房屋之前应当向承租人履行通知义务，通知的内容为出租人和第三人协议的房屋出售条件，承租人针对该条件享有优先购买权。

（2）出卖人和买受人双方都应当遵守"期限"。一是出租人须在出卖之前的"合理期限"内通知承租人。出租人与第三人确定房屋交易条款后，出租人应当及时通知承租人，在可合理期待的时间内，给予承租人一定的考虑时间。二是承租人对出租人表示是否购买应当在"15日之内"，否则视为承租人放弃优先购买权。此款为法律拟制，如果承租人在收到通知之日起的15日内仍未明确表示购买房屋，则视为承租人放弃优先购买权。此外，要注意出租人委托拍卖租赁房屋的特殊情况下，承租人的优先购买权不受影响。出租人应当在拍卖5日前通知承租人，如承租人接到拍卖通知但未参加拍卖的，推定其放弃优先购买权。

（3）承租人行使权利的前提是"同等条件"。"同等条件"旨在平衡承租人和出租人之间的利益，因此强调承租人应当在"同等条件"下才能行使优先购买权。但"同等条件"不等于"同等价格"，还应当考虑房款交付方式、履行期限，以及第三人是否提供担保等影响出租人利益的实质性内容。

（4）承租人不能行使权利的"两种例外"。一种情况是，如果房屋是数个共有人按份享有房屋所有权，其他共有人在同等条件下具有优先购买的权利。虽然按份共有人和承租人均享有优先购买权，但按份共有人的优先购买权具有物权属性，而承租人的优先购买权仅具有债权属性。因此，按份共有人的优先购买权更优越于承租人的优先购买权。另一种情况是，如果出租人的近亲属想要购买租赁房屋，如父母把房屋出售给自己的子女，那么承租人也不能主张优先购买权。

依据《民法典》第728条规定，出租人未通知承租人或者有其他妨害承租人行使优先购买权情形的，承租人可以请求出租人承担赔偿责任。但是出租人与第三人订立的房屋买卖合同的效力不受影响。该合同效力应当依据《民法典》有关民事法律行为的有效条件和合同的有效条件的规定进行评价。

在案例25-8中，甲虽然在出售房屋时没有履行通知义务并因此侵害了乙的优先购买权，但甲、丙之间的买卖合同并不能因此被认定为无效，该合同的效力应当根据其本身是否符合合同的有效条件进行分析界定。由于甲的行为侵犯了乙的优先购买权，乙可以向甲主张赔偿责任。

（四）与承租人生前共同居住的人或者共同经营人的继续承租权

根据《民法典》第732条规定，承租人在房屋租赁期限内死亡的，与其生前共同居住的人或者共同经营人可以按照原租赁合同租赁该房屋。承租人死亡后，生前与承租人共同居住的人或者共同经营人可以继续在剩余租期内租赁原房屋，但应与出租人变更租赁合同及办理相关手续，变更承租人。承租人死亡后无共同居住人或者共同经营人的，租赁关系终止。

（五）租赁期限届满承租人继续使用租赁物以及优先承租权

根据《民法典》第734条规定，租赁期限届满，承租人继续使用租赁物，出租人没有提出异议的，原租赁合同继续有效，但是租赁期限为不定期。根据本条规定，租赁期限届满，承租人仍继续对租赁物为使用收益，出租人亦不反对；承租人继续支付租金，而出租人也接受。当事人有此行为即可以推定双方有继续租赁关系的意向，租赁期限为不定期，任何一方当事人均可以随时解除合同。

租赁期限届满，房屋承租人享有以同等条件优先承租的权利。

第六节　融资租赁合同

【案例25-9】　甲建筑工程公司因施工需要，急需挖掘机一台，遂决定从乙建筑设备租赁公司租用，并指明了要丙挖掘机生产企业的设备。三方随后订立了融资租赁合同，此后乙建筑设备租赁公司按约定向丙挖掘机生产企业支付了价款，并通知甲建筑公司负责收货。但是丙挖掘机生产企业却未能按合同约定的交货日期交货，导致施工进度一拖再拖。万般无奈之下，甲建筑工程公司向乙建筑设备租赁公司和丙挖掘机生产企业提起诉讼，要求交货，并承担违约造成的损失。

请思考：甲建筑工程公司向上述两企业提起诉讼是否能得到支持？

一、融资租赁合同的概念和形式

《民法典》第735条规定："融资租赁合同是出租人根据承租人对出卖人、租赁物的选择，向出卖人购买租赁物，提供给承租人使用，承租人支付租金的合同。"这是融资租赁的一般形式，也被称为"正租"。除此之外，2021年1月1日实施的《融资租赁司法解释》第2条还规定："承租人将其自有物出卖给出租人，再通过融资租赁合同将租赁物从出租人处租回的，人民法院不应仅以承租人和出卖人系同一人为由认定不构成融资租赁法律关系。"这种方式一般被称为"回租租赁"，也被称为"回租"或者"售后回租"。例如，乙公司为解决资金缺口，将生产设备以200万元的价格卖给甲融资租赁公司。甲融资租赁公司又与乙公司签订租赁合同，将该设备出租给乙公司使用2年，租金总计300万元，这种形式就是"回租租赁"。

本节内容主要针对一般融资租赁形式展开。

融资租赁合同的内容一般包括租赁物的名称、数量、规格、技术性能、检验方法、租赁期限、租金构成及其支付期限和方式、币种，租赁期限届满租赁物的归属等条款。

《民法典》第737条规定，当事人以虚构租赁物方式订立的融资租赁合同无效。

本条规定是《民法典》总则编虚假表示无效规定的具体化。实践中，出现较多的是"名为融资租赁实为借贷"，这种情况下，不能产生融资租赁的法律效果，而应当适用借款合同的相关规定，依法认定借款合同的效力。

二、融资租赁合同与租赁合同的区别

融资租赁合同具有区别于传统租赁合同的特征，区别如下：

（1）融资租赁合同的主体具有特殊性，融资租赁物一般为价值比较大的物，比如航空器、大型机器设备等，因此出租人设立的门槛较高，必须是取得融资租赁业务经营资格的企业法人，属于特许经营。而传统的租赁合同主体仅为一般主体，无经营资格方面的特殊要求。

（2）融资租赁合同是一个由出卖人、买受人（同时又是出租人）、承租人多方当事人订立的合同，但却并非买卖合同和租赁合同的简单叠加，而是形成了一种将买卖合同、租赁合同有机地融为一体的新型合同；而传统的租赁合同、买卖合同、借贷合同仅仅是双方当事人订立的合同。

（3）融资租赁合同的标的物并非订立合同前出租人就拥有，而是出租人根据承租人的需要和指定，专门为承租人购买来出租给承租人的；而传统租赁合同的标的物是出租人把已经拥有的标的物出租给承租人以获取租金。

（4）融资租赁合同的标的物一般是大型动产，例如大型机器设备等。承租人一般基于解决购买力不足或者分散资金压力等需要选择利用出租人资金购买，而后自己租赁使用；而传统的租赁合同的标的物可为动产或者不动产，其价值或大或小。

（5）融资租赁合同出租人的目的是通过出租标的物而获得租金，由于其出资购买标的物是专为满足承租人的使用目的，因此收取多少租金依据购买租赁物的大部分或者全部成本再加上出租人的合理利润确定；而传统租赁合同的出租人的目的是通过出租闲置的标的物获得租金，该标的物为通用物品，收取的租金仅仅是承租人使用该租赁物的对价，因此融资租赁合同的租金一般会远远高于传统租赁合同的租金。

（6）融资租赁合同中，标的物的维修义务由承租人承担；而在传统的租赁合同中，标的物的维修义务如无特别约定则由出租人承担。

（7）融资租赁合同中，标的物毁损灭失的风险由承租人承担；而在传统的租赁合同中，标的物毁损灭失的风险由出租人承担。

（8）融资租赁合同租赁期满，按照约定有三种情况：一是返还租赁物；二是续租；三是租赁物无偿或者由承租人象征性地支付一定金钱后归承租人所有。而传统的租赁合同租期届满，只有出租人收回租赁物一种结果。

三、融资租赁合同的效力

（一）出卖人的义务

1. 交付标的物及移转标的物所有权的义务

《民法典》第739条规定："出租人根据承租人对出卖人、租赁物的选择订立的买卖合同，出卖人应当按照约定向承租人交付标的物，承租人享有与受领标的物有关

的买受人的权利。"按照上述规定，在融资租赁合同中，出卖人应按照约定直接将标的物交付给承租人而非买受人，以避免支出无谓的费用。在此可以理解为通过三方约定买受人将受领标的物的权利让渡给了承租人且通知了出卖人，因此出卖人向承租人交付标的物即应视为完成了向买受人的交付。

2. 瑕疵担保义务

在融资租赁合同中，出卖人与买受人之间建立了买卖法律关系，出卖人依法应当承担所交付标的物的瑕疵担保义务。出卖人交付的标的物有瑕疵的，应当对买受人承担瑕疵担保责任，比如修理、更换、重作、退货以及赔偿损失等。《民法典》第741条规定："出租人、出卖人、承租人可以约定，出卖人不履行买卖合同义务的，由承租人行使索赔的权利。承租人行使索赔权的，出租人应当协助。"从条文看，出租人即买受人为了方便的目的，可以通过三方约定将要求出卖人承担瑕疵担保责任的权利让渡给承租人，且负有协助承租人的义务，比如提供买卖合同、购买发票、合格证明等。

在案例25-9中，出卖人丙挖掘机生产企业负有向承租人甲建筑工程公司交付租赁物的义务和责任，出租人乙建筑设备租赁公司已完成支付出资的义务，其不负交付租赁物的义务，甲建筑工程公司向出卖人丙挖掘机生产企业主张可以得到支持。并且，自乙建筑设备租赁公司按约完成出资购买义务之时，其就享有向甲建筑工程公司主张支付租金的权利，这都是由融资租赁合同的特性决定的。

（二）出租人的义务

1. 向出卖人支付价金的义务

出租人同时也是买受人，其需要根据出租人对出卖人、租赁物的选择订立买卖合同，并履行买卖合同，为取得标的物的所有权向出卖人支付对应的价金。

2. 取回权

融资租赁合同中租赁物的所有权属于出租人，因此当融资租赁期限届满，如无特殊约定，出租人当然可以取回租赁物，该权利被称为取回权。但是，由于租赁物在租赁期间由承租人占有，如果出租人不具有表彰其对租赁物享有所有权的公示形式，一旦该租赁物被善意第三人取得，则出租人难以实现取回权，因此，《民法典》第745条规定："出租人对租赁物享有所有权，未经登记，不得对抗善意第三人。"这一条规定有两层意思，一是出租人作为支付租赁物对价的买受人，享有租赁物的所有权自不待言。法律进一步作出明确租赁物所有权归属的规定，是为了防止融资租赁关系的复杂性可能导致的认识上的混淆，将租赁物明确与承租人的财产区分开来。二是基于保护交易安全，实现消灭隐形担保的总目标的考虑，进一步规定出租人对租赁物的所有权未经登记不得对抗善意第三人，明确了租赁物必须登记才能取得对抗第三人的效力。由于《民法典》已经确立了融资租赁中出租人的所有权本质上起到了担保的作用，事实上是担保的具体形式之一，所以，对于融资租赁，也理应适用《民法典》第414条之规定处理清偿顺序问题。

3. 租赁物不符合约定或者不符合使用目的时的责任

《民法典》第747条规定："租赁物不符合约定或者不符合使用目的的，出租人不承担责任。但是，承租人依赖出租人的技能确定租赁物或者出租人干预选择租赁物的除外。"在融资租赁合同中，租赁物一般由承租人选择后，由出租人支付价款购买，由于合同的融资属性，即便租赁物因不符合约定或者不符合使用目的导致不能全部实现或者不能实现合同目的，承租人也应当支付租金，出租人不承担瑕疵担保责任，也不因此而减免租金，此时承租人应就不能使用租赁物的损失向出卖人主张。但是如果承租人依赖出租人的技能选择租赁物或者出租人干预选择租赁物的情况下，租赁物的瑕疵则与出租人有了关联，此时出租人应当对此承担责任，不但应承担瑕疵担保责任，还应相应减免租金。

《民法典》第 748 条第 1 款规定："出租人应当保证承租人对租赁物的占有和使用。"在融资租赁合同中，出卖人承担租赁物本身的瑕疵担保责任和权利瑕疵担保责任自不待言，那么法律规定出租人应当保证承租人对租赁物的占有和使用又是为何？本书认为，承租人付出不菲的租金取得对租赁物的使用权，但是作为出租人具有对租赁物的所有权，其自然有处分租赁物的权利，比如设定抵押甚至出卖给他人等，但是其权利的行使必须以不影响承租人的使用为前提，比如在设定抵押时，实现抵押权的时间不应早于租赁到期的时间，在出卖给他人时，应当和买受人约定"买卖不破租赁"或者采用保留所有权的方式。本书认为，出租人出卖租赁物时，还应当参照买卖合同和租赁合同的规定，保证承租人在同等条件下享有优先购买权。根据《民法典》第 748 条第 2 款之规定，出租人有下列情形之一的，承租人有权请求其赔偿损失：（1）无正当理由收回租赁物；（2）无正当理由妨碍、干扰承租人对租赁物的占有和使用；（3）因出租人的原因致使第三人对租赁物主张权利；（4）不当影响承租人对租赁物占有和使用的其他情形。

出租人明知租赁物有质量瑕疵而不告知承租人，或者在承租人行使索赔权利时，未及时提供必要帮助，导致承租人对出租人行使索赔权利失败的，承租人有权请求出租人承担相应的责任。

（三）承租人的义务

1. 验收标的物的义务

出卖人按照约定向承租人交付标的物，承租人有验收标的物的义务。在融资租赁合同中，作为买受人的出租人只负担支付货款的义务，而承租人是租赁物的占有、使用、收益人，因此承租人有验收标的物的义务，应当按照合同约定的时间、地点、验收方法受领标的物，同时也享有与受领标的物有关的买受人的权利。当租赁物存在瑕疵或租赁物的交付存在瑕疵时，承租人有拒绝受领的权利。根据《民法典》第 740 条，出卖人违反向承租人交付标的物的义务，有下列情形之一的，承租人可以拒绝受领出卖人向其交付的标的物：（1）标的物严重不符合约定；（2）未按照约定交付标的物，经承租人或者出租人催告后在合理期限内仍未交付。由于租赁物一般是基于承租人的选择而购买，承租人对租赁物的规格、品质、性能等有着特定要求，租赁物能否满足承租人的要求，只有承租人能够作出最佳的检验和判断，因此，对租赁物的质量瑕疵或交付瑕疵，如租赁物质量不合格或者迟延供货等原因，需要对租赁物行使拒绝受领权的，由承租人行使更为合适。承租人拒绝受领标的物的，应当及时通知出租人。承租人迟延通知或者无正当理由拒绝受领租赁物造成出租人损失的，出租人有权请求承租人承担损害赔偿责任。

2. 支付租金的义务

关于融资租赁合同的租金，有以下几个特点：

其一，在融资租赁合同中，承租人应按照约定向出租人支付租金，这是承租人的基本义务，融资租赁合同的租金包括出租人购买租赁物所支出的全部或者大部分费用，以及付出资金所要获取的利润。该利润应当在合理的限度之内，如果约定过高，承租人可以主张显失公平，以维护自己的利益。

其二，对于承租人来说，是以融资为手段、融物为目的，但对于出租人来说，却是以融物为手段、融资为目的。由于对于出租人来说，所收取的租金并非使用租赁物的对价，而是融资的对价，因此在租赁标的物存在瑕疵时，承租人也不得拒付租金。对于标的物的瑕疵，承租人可以按照合同的约定向出卖人主张承担瑕疵担保责任。《民法典》第 742 条也规定，承租人对出卖人行使索赔权利，不影响其支付租金的义务。但是，承租人依赖出租人的技能确定租赁物或者出租人干预选择租赁物的，承租人可以请求减免相应租金。

其三，在租赁期间，承租人需承担租赁物毁损、灭失的风险。《民法典》第 751 条规定，承租人占有租赁物期间，租赁物毁损、灭失的，出租人有权请求承租人继续支付租金，但是法律另有规定或者当事人另有约定的除外。

3. 保管、使用和维修义务

《民法典》第 750 条规定："承租人应当妥善保管、使用租赁物。承租人应当履行占有租赁物期间的维修义务。"融资租赁合同具有融资性，而且租赁物往往不具有通用性，且租赁期间内长期由承租人使用，但其所有权属于出租人，因此，在租赁期间内承租人应当对租赁物尽到妥善保管、合理使用的义务，而且应当承担维修义务。

4. 租赁物致第三人损害的赔偿责任

《民法典》第 749 条规定，承租人占有租赁物期间，租赁物造成第三人人身损害或者财产损失的，出租人不承担责任。依据本条规定，承租人应当承担租赁物致第三人损害的赔偿责任。如果租赁物是因为他人原因对第三人造成损害的，则应由他人负责，承租人有过错的，应当就其过错承担相应责任。

5. 租赁物的返还义务

租赁物在租赁期间届满后所有权归属有两种途径：一是按照约定及法律规定进行确定；二是原则上归出租人。实践中，租赁物在租赁期满后有三种可能：一是返还；二是作价给承租人（也称"留购"）；三是续租。《民法典》第 757 条规定："出租人和承租人可以约定租赁期间届满租赁物的归属；对租赁物的归属没有约定或者约定不明确，依照本法第 510 条的规定仍不能确定的，租赁物的所有权归出租人。"此种情况下，承租人对租赁物负有返还义务。但是，当事人约定租赁期限届满，承租人仅需向出租人支付象征性价款的，视为约定的租金义务履行完毕后租赁物的所有权归承租人，这种情况下承租人无须返还租赁物给出租人。

四、融资租赁合同的解除

（一）出租人的解除权

1. 承租人不支付租金，出租人可以解除合同

《民法典》第 752 条规定，承租人应当按照约定支付租金。承租人经催告后在合理期限内仍不支付租金的，出租人可以请求支付全部租金，也可以解除合同，收回租赁物。

2. 承租人有导致租赁物风险的不当处分行为，出租人可以解除合同

《民法典》第 753 条规定，承租人未经出租人同意，将租赁物转让、抵押、质押、投资入股或者以其他方式处分的，出租人可以解除融资租赁合同。

（二）出租人和承租人均享有的解除权

有下列情形之一的，出租人和承租人均可以解除融资租赁合同：一是出租人与出卖人订立的买卖合同解除、被确认无效或者被撤销，且未能重新订立买卖合同；二是租赁物因不可归责于当事人的原因毁损、灭失，且不能修复或者确定替代物；三是因出卖人原因致使融资租赁合同的目的不能实现。

第七节 承 揽 合 同

【案例 25-10】 甲提供了一块木料，由乙加工成一把椅子，乙完成加工以后，甲发现其加工的方式与自己的要求不符，因此造成损失 1000 元。经查，确实是因为乙没有搞清甲的确切要求，但同时甲的指示含糊不清也是乙未能清楚其要求的重要原因。

请思考：对于 1000 元的损失，应由谁承担责任？

一、承揽合同的概念和特征

承揽合同是承揽人按照定作人的要求完成工作，交付工作成果，定作人支付报酬的合同。承揽合同的主体是承揽人和定作人。其中，按照定作人的指示完成特定工作并向定作人交付工作成果的人叫承揽人；要求承揽人完成特定工作并接受工作成果、支付报酬的人叫定作人。

承揽合同具有以下特征：

1. 承揽合同的客体是完成特定的工作

承揽合同中的承揽人应当按照定作人的要求完成特定的工作，并交付工作成果。该工作成果不具有通常性、通用性，而是具有特定性，以满足定作人特别需求为目的。由此决定，承揽合同的条款一般由定作人与承揽人个别商定。

2. 承揽人需要亲自、独立完成工作

承揽合同建立在定作人对承揽人的技术、能力、工作条件等信任的基础上，承揽人必须以自己的设备、技术和劳力亲自、独立完成工作，方能满足定作人的需求。承

揽人不得将承揽的主要工作交由他人完成，但是不排除承揽人为了完成工作经定作人同意将主要工作交由他人完成或者直接将辅助工作交由他人完成。《民法典》第772条规定："承揽人应当以自己的设备、技术和劳力，完成主要工作，但是当事人另有约定的除外。"

3. 承揽合同为诺成合同

定作人与承揽人意思表示一致，承揽合同即告成立，而不以定做材料、加工材料、测试材料等的交付为承揽合同的成立条件。承揽合同约定的内容一般包括承揽的标的、数量、质量、报酬，承揽方式，材料的提供，履行期限，验收标准和方法等条款。

4. 承揽合同为双务、有偿合同

承揽合同成立后，承揽人为定作人完成工作并交付工作成果，定作人需要支付相应对价，因此承揽合同为双务、有偿合同。

二、承揽合同的种类

根据《民法典》第770条的规定，承揽包括加工、定作、修理、复制、测试、检验等工作。

1. 加工

所谓加工就是指承揽人以自己的技能、设备和劳力，按照定作人的要求，将定作人提供的原材料加工为成品，定作人接受该成品并支付报酬的合同。

2. 定作

定作就是承揽人根据定作人的要求，以自己的技能、设备和劳力，用自己的材料为定作人制作成品，定作人接受该特别制作的成品并支付报酬的合同。

3. 修理

修理既包括承揽人为定作人修复损坏的动产，如修理汽车、手表、电器等；也包括对不动产的修缮，如修缮屋顶的防水层。

4. 复制

复制是指承揽人按照定作人的要求，根据定作人提供的样品，重新制作类似的成品，定作人接受复制品并支付报酬的合同。

5. 测试

测试是指承揽人按照定作人的要求，利用自己的技术和设备为定作人完成某一项目的性能测试，定作人接受测试成果并支付报酬的合同。

6. 检验

检验是指承揽人以自己的仪器、设备和技术为定作人提供的特定事物的质量、性能等进行检查化验，定作人接受该检查化验的结果，并支付报酬的合同。

三、承揽合同的效力

（一）定作人的义务

1. 按照约定提供材料、图纸和技术要求

根据《民法典》第775条、第776条之规定，承揽合同约定由定作人提供原材料的，定作人应当按照约定提供。原材料主要指完成承揽工作所必需的材料，比如制作家具的木材、制作衣服的面料等。定作人还应当提供合理的图纸和技术要求。

2. 定作人的协助义务

《民法典》第778条规定，承揽工作需要定作人协助的，定作人有协助的义务。协助义务是指完成承揽工作所必需的工作条件、工作环境等。定作人不履行协助义务致使承揽工作无法按时完成的，承揽人可以催告定作人在合理期限内履行义务，并可以顺延履行期限；定作人逾期不履行协助义务，导致合同目的不能实现的，承揽人可以解除合同。由此给承揽人造成的停工、窝工等损失，定作人应当承担赔偿责任。

3. 验收工作成果的义务

《民法典》第780条规定，定作人应当验收承揽人完成并交付的工作成果。验收的主要目的是检验工作成果的质量、数量是否符合合同约定或者定作人的要求。验收通常是双方当事人进行结算、定作人支付报酬的前提条件，因此，定作人在接到工作成果时，应当及时进行验收。承揽合同作为有偿合同，在检验期限上可以参照买卖合同的有关规定。定作人无正当理由拒绝验收或者迟延验收的，承揽人可以请求定作人支付因此而增加的相应费用。

4. 支付报酬、材料费的义务

定作人按照合同约定的期限、币种、数额，向承揽人支付报酬，是定作人最基本的义务。当然，定作人支付报酬的前提是承揽人交付的工作成果符合合同约定的数量和质量；不符合数量、质量要求的，定作人可以不支付报酬或者相应减少报酬。对支付报酬的期限没有约定或者约定不明确，依照《民法典》第510条的规定，当事人可以协议补充报酬支付期限，定作人按照补充约定的期限向承揽人支付报酬。当事人达不成补充协议的，定作人按照合同有关条款、合同性质、合同目的或者交易习惯确定支付的期限，向承揽人支付报酬。如果据此仍不能确定报酬支付期限的，定作人应当在承揽人交付工作成果时支付；工作成果部分交付的，定作人应当验收该部分工作成果，并根据已经交付部分的成果，向承揽人支付相应报酬。

承揽人提供材料的，应当按照约定选用材料，并接受定作人检验。经检验不符合要求的，定作人应当及时通知承揽人更换、补齐或者采取其他补救措施。经检验符合要求的，定作人应当按照约定的时间和价格向承揽人支付材料费。

5. 定作人的赔偿义务

根据《民法典》第775条、第776条的规定，因定作人怠于答复承揽人关于定作人提供的材料不符合约定、图纸或者技术要求不合理的通知等，而给承揽人造成损失的，定作人应当赔偿损失。另根据《民法典》第777条规定，定作人可以中途变更对承揽工作的要求，但是，因此造成承揽人损失的，应当赔偿损失。理由是承揽合同具有满足定作人特定要求的特性，因此法律赋予定作人中途变更承揽工作要求的权利，但是从节约资源的角度，并不鼓励定作人随意、无意义的变更。并且，根据公平原则，定作人中途变更对承揽工作的要求，承揽人提供材料且按照原要求已经完成部分工作的，定作人应当支付该部分工作的报酬和材料的费用。定作人中途变更对承揽工作的要求，造成承揽人停工、窝工等损失的，也应当赔偿承揽人的损失。

（二）承揽人的义务

1. 对定作人提供的材料、图纸和技术要求进行验收、保管并合理使用的义务

当定作人提供材料后，承揽人应当检验材料，如果发现材料不符合约定，应当及时通知定作人更换、补齐或者采取其他补救措施。承揽人不得浪费或者擅自更换定作人提供的材料，不得更换不需要修理的零部件。承揽人应当妥善保管定作人提供的材料，因保管不善造成毁损、灭失的，应当承担赔偿责任。承揽人发现定作人提供的图纸和技术要求不合理，难以产生符合合同约定的工作成果的，承揽人应当及时将该情况通知定作人进行调整。

在案例 25-10 中，甲、乙之间形成加工承揽合同关系。乙未按甲的要求将木料加工成符合要求的椅子，构成违约，应当承担违约损害赔偿责任。但同时，乙之所以违约，与甲"含糊不清"的表达也有关系，因此，对于 1000 元的损失，按照过错相抵原则，甲也应该承担相应的部分。

2. 按期独立完成承揽工作

承揽人应当按照约定的期限完成工作，如遇因定作人原因导致不能按期完成工作的，可以顺延工期并可要求赔偿损失。并且，按照《民法典》第 772 条第 1 款之规定，承揽人应当以自己的设备、技术和劳力，完成主要工作，但是，当事人另有约定的除外。主要工作，是指对工作成果的质量起决定性作用的部分，一般应当由承揽人亲自完成，不得转承揽给他人。但是，如果定作人同意，也可以转承揽给他人即次承揽人。转承揽情况下，并不改变原承揽关系。根据《民法典》第 772 条第 2 款之规定，承揽人将其承揽的主要工作交由第三人完成的，应当就该第三人完成的工作成果向定作人负责。所以，承揽人在选择转承揽人时需审慎负责。如果承揽人未经过定作人同意擅自转承揽，定作人有权解除合同。当然，对于辅助性工作部分，按照《民法典》第 773 条之规定，承揽人可以将其承揽的辅助工作交由第三人完成。承揽人将其承揽的辅助工作交由第三人完成的，应当就该第三人完成的工作成果向定作人负责。

共同承揽是承揽的一种方式，是指由两个或者两个以上的人共同完成承揽工作，负有连带义务和责任，每一个承揽人都应当对承揽的全部工作向定作人负责，同时也享有连带权利，任何一个共同承揽人都可以根据法律规定或者合同的约定向定作人主张权利，再根据约定或者工作比例承担义务和责任或者分享权利。根据《民法典》第 786 条之规定，共同承揽人对定作人承担连带责任，但是当事人另有约定的除外。

3. 交付工作成果，并对工作成果承担瑕疵担保责任

承揽人完成工作的，应当妥善保管完成的工作成果，因保管不善造成毁损、灭失的，应当承担赔偿责任。承揽人应当按照约定的时间、地点、方式向定作人交付工作成果，并提交必要的技术资料和有关质量证明。定作人应当验收该工作成果。承揽人交付的工作成果不符合质量要求的，定作人可以合理选择请求承揽人承担修理、重作、减少报酬、赔偿损失等违约责任。如果承揽人交付的工作成果严重不符合要求，致使不能实现合同目的，依照《民法典》第 563 条、第 610 条之规定，定作人可以拒绝接受工作成果或者解除合同。

但是，根据《民法典》第 783 条之规定，定作人未向承揽人支付报酬或者材料费等价款的，承揽人对完成的工作成果享有留置权或者有权拒绝交付，但是当事人另有约定的除外。这一规定赋予了承揽人两种权利，一是在定作人未向承揽人支付报酬或者材料费等价款的情况下，承揽人享有留置权，该权利为法定担保物权，用以担保上述价款的履行，无须当事人约定即可行使留置权，但是，当事人可以通过约定对留置权加以排除。二是，与《合同法》相比，《民法典》增加了承揽人对完成的工作成果"有权拒绝交付"的规定，赋予承揽人于定作人不履行合同的支付价款义务时可以行使同时履行抗辩权的自力救济手段。

4. 容忍义务

承揽人在工作期间，应当接受定作人必要的监督检验。定作人不得因监督检验妨碍承揽人的正常工作。此义务为承揽人的法定义务，承揽人不得以合同未作约定而拒绝定作人进行必要且不妨碍承揽人正常工作的监督检验。

5. 保密义务

承揽人应当按照定作人的要求保守秘密，未经定作人许可，不得留存复制品或者技术资料。承揽人未按照约定尽到相关的保密义务，自己使用或者泄露秘密给他人使用，给定作人造成损失的，承揽人承担损害赔偿责任。

三、承揽合同中的风险负担

(一) 材料的风险负担

关于材料的风险负担，要区分是由定作人提供还是承揽人自己提供。各国普遍的规定是由材料提供方来负担材料损毁、灭失的风险。在承揽合同中，如果由定作人提供材料，在承揽人占有定作人提供的材料时，发生材料的意外毁损、灭失的，定作人为风险负担方。如果由承揽人提供材料，材料的风险由承揽人承担。

(二) 工作成果的风险负担

关于承揽合同中工作成果的负担，需要看工作成果的所有权归属。工作成果的所有权一般随交付而转移，因此，在承揽人完成工作成果交付给定作人之前，承揽人承担风险；在承揽人完成工作成果并已经交付给定作人的情形下，一般来讲，工作成果的所有权已经随着交付转移给了定作人，故应由定作人承担工作成果意外毁损、灭失的风险。但是如果双方当事人已经明确约定工作成果所有权的归属，则应由风险发生时约定的所有权人承担风险。并且，在定作人受领延迟的情形下，虽然工作成果仍然处于承揽人的控制之下，但意外的发生与定作人的违约有一定关联，故该意外风险应由定作人承担。

第八节　建设工程合同

一、建设工程合同的概念和特征

建设工程合同是承包人进行工程建设，发包人支付价款的合同。

建设工程合同包括工程勘察、设计、施工合同。建设工程勘察、设计合同是指勘察人、设计人根据建设工程的要求，完成工程的地质勘察、建造设计任务，并交付建设工程勘察文件、设计文件，发包人支付勘察、设计费的合同。在勘察、设计合同中一般应包含提交基础资料和概预算等文件的期限、质量要求、费用以及其他协作条件等条款。建设工程施工合同主要指施工人根据建设工程设计文件的要求，完成工程的新建、改建、扩建、安装工作，并交付工作成果，发包人支付工程价款的合同。施工合同中一般应包含工程范围、建设工期、中间交工工程的开工和竣工时间、工程质量、工程造价、技术资料交付时间、材料和设备供应责任、拨款和结算、竣工验收、质量保修范围和质量保证期、相互协作等条款。

建设工程合同是承揽合同的一种，《民法典》第508条规定："本章没有规定的，适用承揽合同的有关规定。"但是，与一般承揽合同相比，建设工程合同有着显著不同的特点：

1. 建设工程合同标的具有限定性

建设工程合同的标的仅限于基本建设工程项目，即土木建筑工程和建筑业范围内的线路、管道、设备安装工程的新建、改建、扩建及大型的建筑装修装饰活动，涉及房屋、铁路、公路、机场、港口、桥梁、矿井、水库、电站、通信线路等。

2. 建设工程合同主体具有特定性

首先，建设工程合同主体必须是法人和其他组织，不能是自然人。其次，主体必须是具有一定资质的法人和非法人组织。建设工程具有投资大、建设周期长、专业性强、质量要求高的特点，关系到国家利益及社会公共利益，因此，发包人一般是经过批准的建设单位，承包方也必须是具备相应资质等级的从事勘察、设计、建筑、安装的法人和非法人组织。

3. 建设工程合同实行全流程管理，且具有一定程度的强制性

建设工程的完成关系重大资金的使用，关系生产、生活的安全以及质量，关系环境保护和生态健康，因此，在建设工程合同的订立、履行乃至履行完毕后诸方面，国家都进行了严格规范和管理，通过一系列行政许可制度对重大建设工程进行计划干预，包括工程的立项、用地规划许可、工程规划许可等。《招标投标法》第9条规定，招标项目按照国家有关规定需要履行项目审批手续的，应当先履行审批手续，取得批准。《民法典》第792条规定，国家重大建设工程合同，应当按照国家规定的程序和国家批准的投资计划、可行性研究报告等文件订立。《建设工程质量管理条例》第5条规定，从事建设工程活动，必须严格执行基本建设程序，坚持先勘察、后设计、再施工的原则。县级以上人民政府及其有关部门不得超越权限审批建设项目或者擅自简化基本建设程序。在实践中，国家重大建设工程要事先进行可行性研究，提交研究报告，申请立项；立项批准后，根据立项作出投资计划并报国家有关部门批准；投资计划批准后，建设单位根据工程的可行性研究报告和国家批准的投资计划，遵照国家规定的程序进行发包，与承包人订立建设工程合同。这里所说的规定的程序，即某些建设工程合同必须采用招投标程序。在合同履行方面，除了对合同履行主体科以严格的义务和责任以外，还规定了在某些建设工程合同中采用强制监理制度，并赋予

了国务院发展计划部门、国务院经济贸易主管部门、县级以上地方人民政府建设行政主管部门和其他有关部门对不同建设工程项目相应的监督管理职责，规定了建设工程质量事故报告制度和处理程序。在合同履行完毕后，实行建设工程质量保修制度。

为实现建设工程的全流程管理，明确参与各方的权利义务和责任，我国制定实施了若干规范性法律文件，包括《民法典》《建筑法》《城乡规划法》《招标投标法》《招标投标法实施条例》《建设工程质量管理条例》《建设工程勘察设计管理条例》《建设工程安全生产管理条例》《建设工程施工许可管理办法》《建设工程造价鉴定规范》以及最高人民法院《建设工程施工合同司法解释（一）》等。

4. 建设工程合同的形式具有要式性

《民法典》第789条规定，建设工程合同应当采用书面形式。双方当事人通过协商达成一致，通过合同书、信件等形式订立合同。此外，当事人也可以选择有关的合同示范文本作为参照订立建设工程合同。

二、建设工程合同的订立

（一）建设工程的招标投标竞争缔约形式

《建筑法》第19条规定，建筑工程依法实行招标发包，对不适于招标发包的可以直接发包，因此并非所有的建设工程合同都必须采用招投标形式订立，但是，建设工程合同的确是采用招投标形式缔约的集中领域。根据相关规定，有一些建设工程合同必须采用招投标形式。例如，《招标投标法》第3条规定，下列工程建设项目的勘察、设计、施工、监理以及与工程建设有关的重要设备、材料等的采购，必须进行招标：（1）大型基础设施、公用事业等关系社会公共利益、公众安全的项目；（2）全部或者部分使用国有资金投资或者国家融资的项目；（3）使用国际组织或者外国政府贷款、援助资金的项目。《必须招标的工程项目规定》《必须招标的基础设施和公用事业项目范围规定》对上述必须进行招标的项目进行了细化，规定了项目的具体范围和规模标准。《招标投标法》第4条还规定，任何单位和个人不得将依法必须进行招标的项目化整为零或者以其他任何形式规避招标。根据《建设工程施工合同司法解释（一）》第1条第1款第3项规定，建设工程应当进行招标而未招标的，合同无效。

根据《民法典》第790条的规定，建设工程的招标投标活动，应当依照有关法律的规定公开、公平、公正进行。《招标投标法》第5条规定，招标投标活动应当遵循公开、公平、公正和诚实信用的原则。招标分为公开招标和邀请招标。公开招标，是指招标人以招标公告的方式邀请不特定的法人或者其他组织投标。邀请招标，是指招标人以投标邀请书的方式邀请特定的法人或者其他组织投标。国务院发展计划部门确定的国家重点项目和省、自治区、直辖市人民政府确定的地方重点项目不适宜公开招标的，经国务院发展计划部门或者省、自治区、直辖市人民政府批准，可以进行邀请招标。与招标相对应的是投标，符合投标条件、有意向承包该工程项目的相关建筑单位作为投标方，各自向招标方提出自己的工程报价和其他承包条件，参与投标竞争，经招标方对各投标方的报价和其他条件进行审查比较后，从中择优选定中标者，并与之签订建设工程合同。通过招标投标这种竞争缔约形式，发包人可以从中选出技术力量强、报价相对较低的投标人作为承包人，从而有效保障工程质量、降低工程成本，提高投资效益；承包人可以获得一个公平竞争的环境，并且程序公开透明，防止了"暗箱操作"，有助于遏制行贿受贿等腐败行为。

（二）建设工程的发包、承包、分包

1. 建设工程的发包和承包

根据《民法典》第791条之规定，发包人可以在遵守规定的前提下，选择由承包人采用建设工程总承包或者单项工程承包两种承包方式。

建设工程合同总承包，是指由总承包人负责工程的从勘察、设计到施工的全部建设工作，直至工程竣工，向发包人交付经验收合格的建设工程，所以又称之为"交钥匙工程"。总承包有利于发挥具有较全面技术力量、较强组织管理能力的大承包商的专业优势。

单项工程承包，是指发包人将建设工程中的勘察、设计、施工等不同工作任务，分别发包给勘察人、设计人、施工人。单项承包合同有利于发包人对建设工程的各环节、各阶段实施直接的监督管理。

采用工程总承包还是单项工程承包，由发包人根据实际情况确定。但是，都不得将建设工程支解发包，即不得将应当由一个承包人完成的建设工程支解成若干部分分别发包给数个承包人。

2. 建设工程的分包

建设工程的分包，是指上述工程总承包人、单项工程承包人将其承包的部分工程，再发包给其他承包人，分包可以有效分散承包人的风险，降低成本。

根据《民法典》第791条之规定，总承包人或者勘察、设计、施工承包人经发包人同意，可以将自己承包的部分工作交由第三人完成，这里的第三人即分包人。分包人就其完成的工作成果与总承包人或者勘察、设计、施工承包人向发包人承担连带责任。这一规定突破了合同的相对性，适当地加重了分包人的责任，即分包人就其完成的工作不仅仅是向与其有合同关系的总承包人或者勘察、设计、施工承包人负责，而且与总承包人或者勘察、设计、施工承包人向发包人承担连带责任。分包的工程出现问题，发包人可以要求勘察、设计、施工承包人承担责任，也可以直接要求分包人承担责任。

分包有如下要求：作为分包人，必须具有相应资质，禁止承包人将工程分包给不具有相应资质条件的单位；建设工程主体结构的施工不能分包，必须由承包人自行完成，承包人违反规定，将工程主体部分的施工任务分包给第三人的，该分包合同无效；为了避免因层层分包造成责任难以厘清以及因中间环节过多造成实际用于工程的费用减少而导致出现质量问题，法律还规定禁止分包单位将其承包的工程再分包，即只能分包一次。

建设工程的转包，是指建设工程的总承包人或者勘察、设计、施工承包人将其承包的全部建设工程倒手转让给第三人，使该第三人实际上成为该建设工程新的承包人的行为。转包与分包的区别在于，转包是工程的全部转手，形式可能是直接转包，也可能形式上是分包，但其实是支解分包形式的转包，承包人从中谋取不正当利益，但却不履行任何合同义务；而分包只是承包人将非主体结构部分的工程分包给第三人，承包人仍然要完成工程的部分建设任务，包括工程的主体结构部分，并且承包人不脱离承包关系，仍然就承包合同约定的全部义务对发包人负责。

根据法律规定，承包人不得将其承包的全部工程转包给第三人或者将其承包的全部建设工程支解以后以分包的名义转包给第三人。也就是说，总承包人或者勘察、设计、施工承包人在法律框架下的分包行为是被允许的，但是转包行为是绝对被禁止的。

三、建设施工工程合同的无效及其法律效果

(一) 建设施工工程合同的无效

根据现行规定，建设施工工程领域中导致合同无效的情形主要包括：

1. 因违反工程建设审批手续而无效

根据《土地管理法》《城乡规划法》《建筑法》的相关规定，在我国进行工程建设，一般应当取得国有土地使用证、建设用地规划许可证、建设工程规划许可证和建设工程施工许可证。发包人、承包人双方在签订建设工程施工合同时，应当已将上述"四证"办理完毕，但实践中经常出现"四证"不全的建设工程项目。为此，《建设工程施工合同司法解释（一）》第3条规定，当事人以发包人未取得建设工程规划许可证等规划审批手续为由，请求确认建设工程施工合同无效的，人民法院应予支持，但发包人在起诉前取得建设工程规划许可证等规划审批手续的除外。发包人能够办理审批手续而未办理，并以未办理审批手续为由请求确认建设工程施工合同无效的，人民法院不予支持。

上述规定应从三个层次理解。其一，建设单位取得建设工程规划许可证是进行合法建设的前提，这类规定属于国家权力对当事人意思自治进行干预的规定，体现了国家对土地利用、建设规划的调控和监督，对维护土地流转秩序、科学用地和建设工程规划具有重大意义。综合考虑法律意旨、权益种类、交易安全和规制对象，未取得建设规划许可证即进行建设或者未按照建设规划许可证的规定进行建设的行为，严重侵害了国家、集体和社会公共利益，是法律明确禁止的行为，上述关于违反工程建设审批手续而无效的规定属于违反法律、行政法规效力性强制规定的行为，因此签订的合同应属无效。其二，因违反工程建设审批手续而无效，可以通过发包人的行为加以补正而使其转化为有效，补正的时间节点为"起诉前"，即只有发包人在起诉前取得了相应的审批手续，建设工程施工合同才能转化为有效。其三，发包人能够办理审批手续而未办理，并以未办理审批手续为由请求确认建设工程施工合同无效的，人民法院不予支持。该规定规制的对象为发包人，意在遏制发包人的恶意违约行为，保护承包人的利益。根据《民法典》第502条规定，发包人未办理批准等手续影响合同生效的，不影响合同中履行报批义务条款以及相关条款的效力。应当办理申请批准等手续的当事人未履行义务的，对方可以请求其承担违反该义务的责任。根据《建筑法》第7条、《城乡规划法》第40条的规定，办理建设规划审批手续的法定义务主体是

发包方，因此，因未取得建设规划审批手续而导致合同无效的过错在发包方，如果因合同无效造成承包方损失的，发包方需要承担过错赔偿责任。

2. 因违反招投标领域法律、行政法规导致施工合同无效

根据《建设工程施工合同司法解释（一）》第 1 条第 1 款第 3 项的规定，一是必须进行招标而未进行招标的建设工程施工合同无效，二是必须进行招标而中标无效的，签订的建设工程施工合同无效。依据《招标投标法》第 50 条、第 52 条、第 53 条、第 54 条、第 55 条、第 57 条之规定，中标无效有六种情形，分别为：（1）招标代理机构违反本法规定，泄露应当保密的与招标投标活动有关的情况和资料，或者与招标人、投标人串通损害国家利益、社会公共利益或者他人利益；（2）依法必须进行招标的项目的招标人向他人透露已获得招标文件的潜在投标人名称、数量或者可能影响公平竞争的有关招标投标的其他情况，或者泄露标底，该行为足以影响中标结果的；（3）投标人相互串通投标或者与招标人串通投标的，投标人以向招标人或者评标委员会成员行贿的手段谋取中标；（4）投标人以他人名义投保或者以其他方式弄虚作假，骗取中标的；（5）依法必须进行招标的项目，招标人违反本法规定，与投标人就投标价格、投标方案等实质性内容进行谈判，该行为足以影响中标结果的；（6）招标人在评标委员会依法推荐的中标候选人以外确定中标人的，依法必须进行招标的项目在所有投标被评审委员会否决后自行确定中标人的。

3. 因主体违反建筑领域资质管理规定而无效

（1）承包人未取得相应资质等级承揽建设工程的，据此签订的建设工程施工合同无效。依据是《建筑法》第 26 条，承包建筑工程的单位应当持有依法取得的资质证书，并在其资质等级许可的范围内承揽工程。禁止建筑施工企业超越本企业资质等级许可的业务范围承揽工程。《建设工程施工合同司法解释（一）》第 4 条规定，承包人超越资质等级许可的业务范围签订建设工程施工合同，在建设工程竣工前取得相应资质等级，当事人请求按照无效合同处理的，人民法院不予支持。基于该解释，因主体违反建筑领域资质管理规定而无效的情形下，合同效力补正的时间节点为"工程竣工前"。

（2）没有资质的实际施工人借用有资质的建筑企业的名义签订的建设工程施工合同无效。依据是《建筑法》第 26 条，禁止建筑施工企业以任何形式用其他建筑施工企业的名义承揽工程。禁止建筑施工企业以任何形式允许其他单位或者个人使用本企业的资质证书、营业执照，以本企业的名义承揽工程。因此，《建设工程施工合同司法解释（一）》第 1 条第 1 款第 2 项规定，没有资质的实际施工人借用有资质的建筑企业的名义签订的建设工程施工合同无效。《建设工程施工合同司法解释（一）》第 7 条规定，缺乏资质的单位或者个人借用有资质的建筑施工企业名义签订建设工程施工合同，发包人请求出借方与借用方对建设工程质量不合格等因出借资质造成的损失承担连带赔偿责任的，人民法院应予支持。

4. 因转包、违法分包而无效

（1）转包。无论是承包人将其承包的全部建设工程直接倒手转包，还是以支解分包形式掩盖的转包，都严重违背了发包人的意志，破坏了合同的稳定性和严肃性。

（2）违法分包。违法分包有三种情况：承包人将工程分包给不具有相应资质条件的单位；承包人将建设工程主体结构部分进行分包；分包人再行分包。

（3）无论是上述任何形式的转包和分包，根据《建设工程施工合同司法解释（一）》第1条第2款规定，承包人因转包、违法分包建设工程与他人签订的建设工程施工合同，应当依据民法典第153条第2款及第791条第2款、第3款的规定，认定无效。

5. 当事人另行签订的背离中标合同实质性内容的合同无效

《建设工程施工合同司法解释（一）》第2条规定，招标人和中标人另行签订的建设工程施工合同约定的工程范围、建设工期、工程质量、工程价款等实质性内容，与中标合同不一致，一方当事人请求按照中标合同确定权利义务的，人民法院应予支持。招标人和中标人在中标合同之外就明显高于市场价格购买承建房产、无偿建设住房配套设施、让利、向建设单位捐赠财物等另行签订合同，变相降低工程价款，一方当事人以该合同背离中标合同实质性内容为由请求确认无效的，人民法院应予支持。审判实践中，我们通常把中标合同称为"白合同"，把当事人另行订立的与中标合同实质性不一致的合同成为"黑合同"。这一现象也就是建筑工程招标投标领域存在的"黑白合同"问题。由于当事人背离中标合同另行签订协议，既损害正常的招标投标程序，也可能损害中标人的合法权益，因此所签"黑合同"无效，其目的在于保护中标人的利益。在实践中，处理这一问题还必须正确把握"实质性背离"与合同变更的关系，不能把合同履行过程中正常的补充、变更与此等同对待。《建设工程施工合同司法解释（一）》第23条对此作出规定，发包人将依法不属于必须招标的建设工程进行招标后，与承包人另行订立的建设工程施工合同背离中标合同的实质性内容，当事人请求以中标合同作为结算建设工程价款依据的，人民法院应予支持，但发包人与承包人因客观情况发生了在招标投标时难以预见的变化而另行订立建设工程施工合同的除外。这一条规定是对该司法解释第2条规定的除外情况的规定，即这种情况下订立的与中标合同实质性内容不一致的合同应当为合同的变更，不属于"黑合同"，性质上是有效合同，不能按照无效合同对待。

（二）建设工程施工合同无效的法律后果

建设工程施工合同无效的处理。建设工程施工合同无效情况的发生，都是基于合同当事人实施了违法行为，违反了相关的效力性强制规定，因此对包括违法发包、转包，违法分包，出借和借用资质的合同当事人可以依法采取罚款、收缴非法所得、停业整顿、降低或吊销资质证书等行政处罚，构成犯罪的，依照刑法有关规定刑事责任。

在民事责任领域，合同当事人也需要承担如下民事责任。《民法典》第157条规定，民事法律行为无效、被撤销或者确定不发生效力后，行为人因该行为取得的财产，应当予以返还；不能返还或者没有必要返还的，应当折价补偿。有过错的一方应当赔偿对方由此受到的损失；各方都有过错的，应当各自承担相应的责任。法律另有规定的，依照其规定。根据该规定，建设工程施工合同无效情况下的民事责任有以下责任形式。

1. 折价补偿

建设工程施工合同的履行过程就是承包人将劳务及建筑材料物化到建设工程的过程，基于这一特殊性，合同无效时，发包人既无法向承包人返还建设工程，也无法向承包人返还已经付出的劳务和使用的建筑材料，因此只能折价补偿。客观上说，合同无效也并不等同于工程质量不合格。《民法典》第793条规定，建设工程施工合同无效，但是建设工程经验收合格的，可以参照合同关于工程价款的约定折价补偿承包人。建设工程施工合同无效，且建设工程经验收不合格的，按照以下情形处理：（1）修复后的建设工程经验收合格的，发包人可以请求承包人承担修复费用；（2）修复后的建设工程经验收不合格的，承包人无权请求参照合同关于工程价款的约定折价补偿。

2. 赔偿损失

《建设工程施工合同司法解释（一）》第6条规定，建设工程施工合同无效，一方当事人请求对方赔偿损失的，应当就对方过错、损失大小、过错与损失之间的因果关系承担举证责任。损失大小无法确定，一方当事人请求参照合同约定的质量标准、建设工期、工程价款支付时间等内容确定损失大小的，人民法院可以结合双方过错程度、过错与损失之间的因果关系等因素作出裁判。《民法典》第793条也规定，发包人对因建设工程不合格造成的损失与过错的，应当承担相应的责任。

需要说明的是，上述关于建设工程施工合同无效处理的规定，其适用对象也包括"实际施工人"。实际施工人并非一个法律概念，关于何为实际施工人，在司法实践和各种规定中，存在着内涵外延不统一、不断变化的情况。根据有关规定，结合司法实践可以归纳出三类实际施工人：一是转包合同的承包人；二是违法分包合同的承包人；三是不具备相应资质而借用他人资质签订建设工程施工合同的单位或者个人。《建设工程施工合同司法解释（一）》第43条规定，实际施工人以转包人、违法分包人为被告起诉的，人民法院应当依法受理。实际施工人以发包人为被告主张权利的，人民法院应当追加转包人或者违法分包人为本案第三人，在查明发包人欠付转包人或者违法分包人建设工程价款的数额后，判决发包人在欠付建设工程价款范围内对实际施工人承担责任。第44条还规定，实际施工人依据《民法典》第535条的规定，以转包人或者违法分包人怠于向发包人行使到期债权或者与该债权有关的从权利，影响其到期债权实现，提起代位权诉讼的，人民法院应予支持。

四、建设施工工程合同的效力

（一）承包人的合同义务

1. 按合同约定完成工程并承担瑕疵担保责任

承包人最为重要的义务，是按照合同约定的质量、期限等完成所承揽的工程，并按照程序和标准完成竣工验收，在约定期间内交付给发包人使用。质量是建筑工程的第一生命力，《建筑法》明确规定了建筑施工企业对工程的质量负责，其必须按照工程设计图纸和施工技术标准施工，不得偷工减料、不得擅自修改工程设计。交付竣工验收的建筑工程，必须符合规定的建筑工程质量标准，并实行质量保修制度。《民法典》第 801 条规定，因施工人的原因致使建设工程质量不符合约定的，发包人有权请求施工人在合理期限内无偿修理或者返工、改建。经过修理或者返工、改建后，造成逾期交付的，施工人应当承担违约责任。《民法典》第 802 条还规定，因承包人的原因致使建设工程在合理使用期限内造成人身损害和财产损失的，承包人应当承担赔偿责任。

2. 接受发包人的监督检查

《民法典》第 797 条规定，发包人在不妨碍承包人正常作业的情况下，可以随时对作业进度、质量进行检查。发包人对工程作业的检查一般有两种方式：一是委派具体管理人员作为工地代表；另一种是发包人委托监理人实施对工程建设过程的检查。我国推行建筑工程监理制度。国务院可以规定实行强制监理的建筑工程的范围。作为工程监理单位，应当客观、公正地履行监理职责。承包人应当接受发包人的检查，为工地代表和监理人员的工作提供方便和协助。

3. 通知义务

发包人提供的主要建筑材料、建筑构配件和设备不符合强制性标准或者不履行协助义务，致使承包人无法施工，承包人有通知和催告发包人进行补充、调换的义务。另外，对于地基、电气管线、供水与供热管线等需要覆盖、掩盖的隐蔽工程，为了避免不必要的损失，承包人在对隐蔽工程隐蔽之前，应当通知发包人检查。发包人检查发现隐蔽工程不合格的，有权要求承包人进行修改完善；发包人检查合格后，承包人方可进行隐蔽工程的覆盖、掩盖。

（二）发包人的合同义务

1. 协助义务

一是发包人有为承包人提供施工条件的协助义务。发包人应按照合同约定的时间和要求提供原材料、设备、场地、资金、技术资料，以保证工程作业的顺利实施。《民法典》第 803 条规定，发包人未按照约定的时间和要求提供原材料、设备、场地、资金、技术资料的，承包人可以顺延工期，并有权请求赔偿停工、窝工等损失。第 804 条规定，因发包人的原因致使工程中途停建、缓建的，发包人应当采取措施弥补或者减少损失，赔偿承包人因此造成的停工、窝工、倒运、机械设备调迁、材料和构建积压等损失和实际费用。二是对隐蔽工程验收的协助义务。

2. 验收义务

一是对隐蔽工程的验收义务。《民法典》第 798 条规定，隐蔽工程在隐蔽以前，承包人应当通知发包人检查。发包人没有及时检查的，承包人可以顺延工期，并有权请求赔偿停工、窝工的损失。二是对竣工工程的验收义务。《民法典》第 799 条规定，建设工程竣工后，发包人应当根据施工图纸及说明书、国家颁发的施工验收规范和质量检验标准及时进行验收。建设工程竣工经验收合格后，方可交付使用；未经验收或者验收不合格的，不得交付使用。

3. 支付工程价款的义务及责任

发包人有支付工程价款的义务。《民法典》第 799 条规定，建设工程竣工验收合格的，发包人应当按照约定支付价款。第 806 条规定，合同解除后，已经完成的建设工程质量合格的，发包人应当按照约定支付相应的工程价款；已经完成的建设工程质量不合格的，参照《民法典》第793条的规定处理。

发包人未支付工程价款要承担相应的责任。《民法典》第807条规定，发包人未按照约定支付价款的，承包人可以催告发包人在合理期限内支付价款。发包人逾期不支付的，除根据建设工程的性质不宜折价、拍卖外，承包人可以与发包人协议将该工程折价，也可以请求人民法院将该工程依法拍卖。建设工程的价款就该工程折价或者拍卖的价款优先受偿。《建设工程施工合同司法解释（一）》第35～42条对优先受偿权的权利主体、受偿范围、行使期限等作了相应规定。其一，优先受偿权的权利主体包括与发包人订立建设工程施工合同的承包人、装饰装修工程的承包人；其二，优先受偿权的受偿范围仅限于工程价款，不包括逾期支付建设工程价款的利息、违约金、损害赔偿金等；其三，承包人应当在合理期限内行使建设工程价款优先受偿权，但最长不得超过18个月，自发包人应当给付建设工程价款之日起算。由于赋予承包人建设工程价款优先受偿权的法律旨意根本上在于保护建筑工人的利益，因此发包人与承包人约定放弃或者限制建设工程价款优先受偿权，损害建筑工人利益，发包人根据该约定主张承包人不享有建设工程价款优先受偿权的，人民法院不予支持。

第九节 运输合同

【案例25-11】 暑假期间，罗某陪同母亲乘车回家探亲。途中，罗某的母亲突发疾病，罗某要求司机就近停车，但是，司机却说客运公司不允许司机擅自改变行车路线，直到客车进站，才将罗某的母亲送到附近的医院。但是，罗某的母亲因错失最佳治疗时机而死亡，罗某要求客运公司承担责任，客运公司称罗某的母亲是突发心脏病而死亡，有就医病历为证，属于因为乘客自身健康状况而导致的死亡，因此自己不应承担责任。

请思考：客运公司的说法成立吗？

【案例25-12】 2018年4月21日，陈功委托在武汉的代理人鲜运兵将一箱服装在捷龙公司办理了快件托运交接手续，填写了托运单，当班车为鄂EB××××，当班司机为王斌，乘务员为李爽，货物上车堆放在〈002-6〉边仓，注明凭收货人陈功身份证签收。该车下午5时从武汉发车，晚上9时到达宜昌市，收货人陈功在车到站后持身份证到客运站提货时，无货物可提，随即找到捷龙公司宜昌分公司瞿经理。瞿经理把情况向总公司汇报，并证明陈功当晚没有提到货物。陈功提供证据证明服装是从厦门现代时装有限公司购进，发票价值65672元，其中包括17%的税金。

请思考：丢失的货物应当由谁承担赔偿责任？

一、运输合同的概念和特征

运输合同是指承运人将旅客或者货物从起运地点运输到约定地点，旅客、托运人或者收货人支付票款或者运输费用的合同。依此，运输合同包括客运合同和货运合同两大类。

运输合同具有以下特征：

1. 运输合同以运送旅客或者货物的行为为标的

运输合同的标的不是承运人运送的旅客或者货物，而是承运人运送旅客或者货物的行为，承运人收取的价款或运费仅为履行运送行为的对价。

2. 运输合同多采格式合同形式

运输合同多为由承运人提供且为了重复使用而预先拟定的格式合同，在订立合同时旅客或者托运人一般不得与承运人协商，当然，并不排除有的运输合同不采用格式合同的形式，而是由双方协商订立。

二、客运合同的效力

客运合同，即旅客运输合同，是承运人将旅客安全运送到目的地，旅客支付票价的合同。客运合同的效力主要体现为：

（一）承运人的义务

1. 按照客票运输的义务

客票是旅客运输合同的书面凭证。《民法典》第814条规定，客运合同自承运人向旅客出具客票时成立，但当事人另有约定或者另有交易习惯的除外。例如，在长途公交运输中，常存在先乘车后买票的情况，在买票之前如果乘客受到人身伤害或财产损失，公交公司经常以乘客未买票运输合同尚未缔结为由拒绝承担民事责任，这种做法是错误的。依照交易习惯，这类客运合同自旅客登上交通运输工具时成立，公交公司应该承担民事责任。

承运人应当按照客票载明的时间、班次以及运输工具提供运输服务。承运人迟延运输的，应当根据旅客的要求安排改乘其他班次或者退票。承运人擅自变更运输工具而降低服务标准的，应当根据旅客的要求退票或者减收票款；提高服务标准的，不应当加收票款。

2. 救助和告知义务

承运人在运输过程中，应当尽力救助患有急病、分娩、遇险的乘客。承运人对于运输中出现的不能正常运输的异常情况，以及有关运输安全应当注意的事项，及时向旅客告知。承运人不履行上述义务造成旅客的人身或者财产损害的，承运人应当负赔偿责任。

3. 对旅客人身损害承担无过错责任

《民法典》第823条规定，承运人应当对运输过程中旅客的伤亡承担损害赔偿责任，但是，伤亡是旅客自身健康原因造成的或者承运人证明伤亡是旅客故意、重大过失造成的除外。据此规定，承运人对旅客人身损害承担无过错责任，其免责事由仅有两种情况：一是伤亡是由旅客自身健康原因造成的，例如一旅客在客车正常行驶过程中突发心脏病死亡；二是伤亡是由旅客的故意或者重大过失造成的，例如一失恋旅客在行车途中吞服过量安眠药致死。除此之外，诸如不可抗力、承运人无过错、旅客的一般过失、第三人的行为等都不能成为承运人的免责事由。这一规定也适用于按照规定免票、持优待票或者经承运人许可搭乘的无票旅客。

4. 对旅客随身携带的行李损失承担过错责任

《民法典》第824条规定，在运输过程中旅客自带物品毁损、灭失，承运人有过错的，应当承担损害赔偿责任。据此规定，承运人只有在有过错的情况下，对旅客随身携带的行李的损失承担赔偿责任，无过错则不承担责任，原因是该行李虽然在运输工具上，但为旅客随身携带，由旅客自己控制和管理。例如，甲乘坐公交车途中发现钱包被扒手窃走，就不能要求公交公司赔偿，除非是公交公司对此有过错，比如在收到甲的求助信息后，不采取必要的救助措施。对于旅客交由承运人托运的行李，因其在承运人的控制和管理下，则应当按照货物运输的有关规定，由承运人就该行李的毁损灭失承担无过错责任。

在案例25-11中，当罗某的母亲突发疾病时，客车司机有义务将其紧急送往附近的医院救治，但司机却没有履行法定义务，没有采取任何有效措施，从而延误了病人治疗的最佳时机而导致病人死亡，虽然病人死亡是因心脏病急性发作而死，但是作为承担安全运送乘客义务的客车所在公司因未履行法定的及时救治义务而承担责任。

（二）旅客的义务

1. 支付票款的义务

支付票款是旅客接受承运人运送服务应当支付的对价，是承运人的基本义务，同时，一般只有在支付票款后，旅客才能取得可以要求承运人履行运送义务的客票。《民法典》第815条规定，旅客应当按照有效客票记载的时间、班次和座位号乘坐。旅客无票乘坐、超程乘坐、越级乘坐或者持不符合减价条件的优惠客票乘坐的，应当补交票款，承运人可以按照规定加收票款；旅客不支付票款的，承运人可以拒绝运输。

2. 按照约定和有关规定乘运的义务

旅客应当按照客票记载的时间乘坐运输工具。旅客因自己的原因，不能按照客票记载的时间乘坐的，应当在约定的时间内办理退票或者变更手续。逾期办理的，承运人可以不退票款，并不再承担运输义务。

旅客在运输中应当按照约定的限量携带行李。超过限量携带行李的，应当办理托运手续。

旅客不得随身携带或者在行李中夹带易燃、易爆、有毒、有腐蚀性、有放射性以及有可能危及运输工具上人身和财产安全的危险物品或者其他违禁物品。违反规定的，承运人可以将违禁物品卸下、销毁或者送交有关部门。旅客坚持携带或者夹带违禁物品的，承运人应当拒绝。

三、货运合同的效力

货运合同即货物运输合同，是承运人将托运人托运的货物运送到约定地点，托运人或收货人支付运费的合同。货运合同的效力主要体现为：

（一）承运人的义务

1. 按照合同约定运输的义务

承运人接受承运人交付的承运货物的，应当按照规定向托运人填发提单或者其他运输单证，并应当按照合同约定的时间、车次、运输工具提供运输服务。在承运人将货物交付收货人之前，托运人可以要求承运人中止运输、返还货物、变更到达地或者将货物交给其他收货人，但应当赔偿承运人因此受到的损失。

2. 对货物的损失承担无过错责任

承运人应依合同约定，采取各种措施妥善保管运输的货物，以确保将货物安全运输到约定地点并交付收货人。《民法典》第832条规定，承运人对运输过程中货物的毁损、灭失承担赔偿责任。但是，承运人证明货物的毁损、灭失是因不可抗力、货物本身的自然性质或者合理损耗以及托运人、收货人的过错造成的，不承担赔偿责任。据此规定，承运人对货物的损失承担无过错责任，其免责事由只有三种情况：一是损失是由不可抗力造成的；二是损失是由货物本身的自然性质或者合理损耗造成的；三是损失是由托运人、收货人的过错造成的。除此之外，诸如承运人无过错、第三人的行为等均不能成为承运人的免责事由。

3. 通知托运人或收货人并交付货物

在货运合同中，订约当事人为承运人与托运人。托运人可以自己为收货人，也可以第三人为收货人。货物运输到达后，承运人知道收货人的，应当及时通知收货人，以便收货人及时提货。在收货人提交提单或者其他提货凭证时，承运人应当将货物交付给收货人。收货人不明或者收货人无正当理由拒绝受领货物的，承运人可以提存货物。收货人逾期提货的，应当向承运人支付保管费等费用。托运人或者收货人不支付运费、保管费以及其他运输费用的，承运人对相应的货物享有留置权，但当事人另有约定的除外。

在案例25-12中，陈功和捷龙公司之间的公路运输合同法律关系成立。捷龙公司收到交付承运的货物后，因交接手续不严，造成货物丢失的法律后果，按照货物运输合同中承运人应当对货物承担无过错责任的规定，捷龙公司应当承担民事赔偿责任。

（二）托运人的义务

1. 如实申报以及按规定提交审批、检验文件的义务

托运人应按照承运人的要求申报与货物运输有关的事项，以便承运人准确、安全地进行运输。因托运人申报不实或者遗漏重要情况，造成承运人损失的，托运人应当承担损害赔偿责任。

根据规定需要得到有关部门批准或者通过有关机关检验方可运输的货物，托运人应将办结有关手续的文件提交承运人，否则承运人有权拒绝运输。

2. 妥善包装的义务

托运人应当按照约定的方式包装货物。对包装方式没有约定或者约定不明确的，应当按照通用的方式包装，没有通用方式的，应当采取足以保护标的物的方式包装，否则承运人可以拒绝运输。

托运人托运易燃、易爆、有毒、有腐蚀性、有放射性等危险物品的，应当按照国家有关危险物品运输的规定对危险物品妥善包装，作出危险物标志和标签，并将有关危险物品的名称、性质和防范措施的书面材料提交承运人，否则承运人可以拒绝运输，也可以采取相应措施以避免损害的发生，因此产生的费用由托运人负担。

3. 支付运费以及其他相关费用的义务

托运人或者收货人应当按照约定及时向承运人支付运费、保管费以及其他有关费用。托运人或者收货人不支付运费、保管费以及其他有关费用的，除当事人有禁止留置的约定外，承运人对相应的运输货物享有留置权。

货物在运输过程中因不可抗力灭失，未收取运费的，承运人不得要求支付运费；已收取运费的，托运人可以要求返还。这一规定体现了在双方当事人均无过错的情况下合理分担风险的公平原则。

（三）收货人的义务

1. 及时提货、支付运费以及相关费用的义务

收货人应当按照货运合同的约定及时提货并支付托运人未付或者少付的运费以及其他费用。收货人逾期提货的，应当向承运人支付保管费等费用。在收货人不支付运费以及相关费用情况下，承运人可留置相关货物以担保应收取的费用；在收货人逾期提货、收货人无正当理由拒绝收货或者收货人不明无法交付的情况下，承运人可在留置相关货物后，将其他货物向有关部门提存。

2. 收货人有在一定期限内检验货物的义务

收货人提货时应当按照约定的期限检验货物。对检验货物的期限没有约定或者约定不明确的，当事人可以协议补充，不能达成补充协议的，按照合同有关条款或者交易习惯确定。仍不能确定的，应当在合理期限内检验货物。收货人在约定的期限或者合理的期限内对货物的数量、毁损等未提出异议的，视为承运人已经按照运输单证的记载交付的初步证据。

本章练习题

一、思考题

1. 买卖合同当事人双方的权利和义务是什么？

2. 民间借贷与金融机构借贷有何不同？

3. 租赁合同和融资租赁合同有何区别？

4. 一般保证与连带责任保证有哪些区别？

二、综合训练

1. 甲、乙公司于 3 月 1 日签订大蒜买卖合同，约定由乙公司代办托运，货交承运人丙公司后即视为完成交付。大蒜总价款为 100 万元，货交丙公司后甲公司付 50 万元货款，货到甲公司后再付清余款 50 万元。双方还约定，甲公司向乙公司交付的

50 万元货款中包含定金 20 万元，如任何一方违约，需向守约方赔付违约金 30 万元。

甲公司工作人员张某发现乙公司尚有部分绿豆要出售，认为时值绿豆销售旺季，遂于 3 月 1 日擅自决定与乙公司再签订一份绿豆买卖合同，总价款为 100 万元，仍由乙公司代办托运，货交丙公司后即视为完成交付。其他条款与大蒜买卖合同的约定相同。

4 月 1 日，乙公司按照约定将大蒜和绿豆交给丙公司，甲公司将 50 万元大蒜货款和 50 万元绿豆货款汇付给乙公司。按照托运合同，丙公司应在 10 天内将大蒜和绿豆运至甲公司。

4 月 5 日，甲、丁公司签订以 120 万元价格转卖大蒜的合同。4 月 7 日因大蒜价格大涨，甲公司又以 150 万元价格将大蒜卖给戊公司，并指示丙公司将大蒜运交戊公司。4 月 8 日，丙公司运送大蒜过程中，因山洪暴发大蒜全部毁损。戊公司因未收到货物拒不付款，甲公司因未收到戊公司货款拒绝支付乙公司大蒜尾款 50 万元。

后绿豆行情暴涨，丙公司以自己名义按 130 万元价格将绿豆转卖给不知情的已公司，并迅即交付，但尚未收取货款。甲公司得知后，拒绝追认丙公司行为，要求已公司返还绿豆。请问：

（1）大蒜运至丙公司时，所有权归谁？为什么？

（2）甲公司与丁、戊公司签订的转卖大蒜的合同的效力如何？为什么？

（3）大蒜在运往戊公司途中毁损的风险由谁承担？为什么？

（4）甲公司能否以未收到戊公司的大蒜货款为由，拒绝向乙公司支付尾款？为什么？

（5）乙公司未收到甲公司的大蒜尾款，可否同时要求甲公司承担定金责任和违约金责任？为什么？

（6）甲公司与乙公司签订的绿豆买卖合同效力如何？为什么？

（7）丙公司将绿豆转卖给已公司的行为法律效力如何？为什么？

（8）甲公司是否有权要求已公司返还绿豆？为什么？

【要点提示】

（1）甲公司。因为大蒜是动产，除合同有特别约定外，以交付作为其所有权转移的标志。甲公司和乙公司约定，大蒜交给丙公司时视为完成交付，故此时甲公司是大蒜所有权人。

（2）有效。大蒜在交付之前，甲公司仍有所有权，享有处分权，出卖人就同一标的物订立的多重买卖合同，合同的效力相互之间是不排斥的。

（3）戊公司承担。在途货物的买卖，自买卖合同签订之日起，标的物意外毁损灭失的风险由买方承担。故大蒜毁损灭失的风险由买方戊公司承担。

（4）不能。因为合同具有相对性，甲乙公司是大蒜购销合同的当事人，甲公司不能因为第三人戊公司的原因拒付尾款。

（5）不能。因为甲公司和乙公司大蒜购销合同中既约定定金又约定违约金，乙公司只能选择适用违约金或者定金。

（6）有效。因为甲公司通过向乙公司支付 50 万元绿豆货款的行为，表示其已对张某无权代理行为进行了追认。

（7）有效。虽然丙公司的转卖行为是无权处分行为，但是根据法律规定，由此签订的合同有效。

（8）无权。因为已公司构成善意取得。

2. 甲公司向乙宾馆发出一封电报称：现有一批电器，其中电视机 80 台，每台售价 3400 元；电冰箱 100 台，每台售价 2800 元，总销售优惠价 52 万元。如有意购买，请告知。

乙宾馆接到该电报后，遂向甲公司回复称：只欲购买甲公司 50 台电视机，每台电视机付款 3200 元；60 台电冰箱，每台电冰箱付款 2500 元，共计支付总货款 31 万元，货到付款。

甲公司接到乙宾馆的电报后，决定接受乙宾馆的要求。甲乙签订了买卖合同，约定交货地点为乙宾馆，如双方发生纠纷，选择 A 仲裁机构仲裁解决。

甲公司同时与丙运输公司签订了合同，约定由丙公司将货物运至乙宾馆。丙公司在运输货物途中遭遇洪水，致使部分货物毁损。丙公司将剩余的未遭损失的货物运至乙宾馆，乙宾馆要求甲公司将货物补齐后一并付款。

甲公司迅速补齐了货物，但乙宾馆以资金周转困难为由，表示不能立即支付货款，甲公司同意乙宾馆推迟 1 个月付款。1 个月后经甲公司催告，乙宾馆仍未付款。于是，甲公司通知乙宾馆解除合同，乙宾馆不同意解除合同。甲公司拟向法院起诉，要求解除合同，并要求乙宾馆赔偿损失。

根据上述情况及合同、仲裁法律制度的有关规定，回答下列问题：

（1）甲公司向乙宾馆发出的电报是要约还是要约邀请？

（2）乙宾馆的回复是承诺还是新的要约？为什么？

（3）丙公司是否应对运货途中的货物毁损承担损害赔偿责任？为什么？

（4）甲公司能否解除与乙宾馆的买卖合同？为什么？

（5）甲公司能否向法院起诉？为什么？

【要点提示】

（1）要约。因为该电报内容具体，表示了明确的缔约意图，已经具备了要约的全部条件。

（2）新要约。乙宾馆的回复没有对甲公司的要约表示承诺，而是改变了其中标的物的数量、价格等实质性要素，因此构成新要约。

（3）在丙公司运输货物途中因遭遇洪水致货物部分毁损，洪水属于不可抗力，此所谓非因当事人原因而是因不可抗力所引致的货物风险，因交货地点为乙宾馆，此时尚未交付，因此货物毁损的风险应当由出卖人甲公司承担。但是丙公司应当承担运费的风险，即丙公司不能向甲公司主张支付运费。

（4）可以解除。因为乙宾馆违约迟延付款，且甲公司已经催告并给予延期，但乙宾馆在催告期满仍未履行付款义务，符合《合同法》第 94 条规定的法定解除条件。

（5）不能向法院起诉。因为双方约定发生争议由仲裁解决，该条款为有效条款，这种情况下，甲公司必须向该仲裁机构申请解决纠纷。

3. 陈某从甲银行贷款，将其自有房产抵押给甲银行，在抵押之前，该房屋已经租赁给乙培训机构使用。后陈某到期不能偿还甲银行贷款本息，经法院裁定拍卖抵押该房产用于偿还债务。

（1）王某通过拍卖购得该房产后，乙培训机构租期尚未届满，王某能否以自己是新的所有人为由主张租赁合同提前终止，让乙培训机构搬离？

（2）如果在办理抵押的时候，甲银行和乙培训机构订立了合同约定"一旦甲银行实现抵押权，租赁合同自动到期，乙培训机构可以行使优先购买权，但不得享有买卖不破租赁之权益。"此约定是否有效？

【要点提示】

（1）由于涉案房产租赁在先，乙培训机构的合同承租权应当得到保护，王某不能以自己是新的所有人为由主张租赁合同提前终止，乙培训机构有权在租赁期满前继续占有、使用该房产。

（2）该约定是乙培训机构对自己权益的处置，是有效的，由于乙培训机构放弃了买卖不破租赁之权益，因此，其不能主张继续占有、使用该房产，应当按照王某的要求返还房屋。

4. 甲乙双方拟订的借款合同约定：甲向乙借款 11 万元，借款期限为 1 年。乙在签字之前，要求甲为借款合同提供担保。丙应甲要求同意担保，并在借款合同保证人一栏签字，保证期间为 1 年。甲将有担保签字的借款合同交给乙。乙要求将借款期限和保证期间均延长为 2 年。甲应允，双方签字，乙依约将 10 万元交付给甲。请问：丙承担保证责任吗？

【要点提示】

保证人丙虽然在第一份主合同中以保证人的身份签字了，但是该签字是在债权人乙签字之前进行的，后甲、乙经过协商改变了原来约定的主合同内容，同时将借款期限和保证期间进行延长，但没有经过丙同意并以保证人的身份签字或盖章。因此，丙仅需依据合同承担责任，无需承担加重部分的责任。

第二十六章　准　合　同

◎ 知识目标
- 掌握无因管理的构成要件。
- 掌握不当得利的构成要件。

◎ 能力目标
- 能够分析判断是否构成无因管理，可以主张返还哪些费用。
- 能够解决不当得利的返还问题。

第一节　无　因　管　理

【案例 26-1】　某日，甲发现乙的孩子丙咳嗽发烧，而乙却不知去向。甲担心孩子病情加重，便叫了一辆出租车将其送往医院治疗。乙返回家中后，甲即告知孩子病情并要求乙偿还出租车费 20 元和垫付的各种医药费 300 元。而乙认为丙病情不重，用不着小题大做，再说自己也没有委托甲照顾丙，因此拒绝支付上述费用。

请思考：乙的说法有无道理？

一、无因管理概述

无因管理，是指没有法定或约定义务，为避免他人利益受损而管理他人事务或为他人提供服务的行为。其中管理他人事务的人为管理人，他人为本人。无因管理发生后，管理人与本人之间便发生债权债务关系，这就是无因管理之债。其主要内容是，管理人享有请求本人偿还因管理事务而支出的必要费用的债权，本人负有偿还该笔费用的债务。

一般而言，若没有法律规定或特别授权委托，对他人事务予以干预，是对他人自由管理事务的侵犯，应属侵权行为。但是，法律所承认的无因管理，是为他人利益而主动管理他人事务的行为，是符合助人为乐、危难相助、见义勇为的道德准则的行为，是应该得到鼓励和保护的行为，而不是应受制裁的侵权行为。

无因管理能引起债的发生，是一种民事法律事实。无因管理中，管理人管理他人事务的意思不同于民事法律行为中的意思表示，该意思无须表示于外为他人知晓，也不包含效果意思。无因管理的效力由法律直接规定，不以当事人的效果意思为必要。

所以无因管理从性质上看，是一种事实行为。管理人为管理行为时应有意思能力，但无须具备完全民事行为能力，可以是限制民事行为能力人或无民事行为能力人。

二、无因管理的构成要件

《民法典》第121条规定："没有法定的或者约定的义务，为避免他人利益受损失而进行管理的人，有权请求受益人偿还由此支出的必要费用。"第979条第1款规定："管理人没有法定的或者约定的义务，为避免他人利益受损失而管理他人事务的，可以请求受益人偿还因管理事务而支出的必要费用；管理人因管理事务受到损失的，可以请求受益人给予适当补偿。"依此规定，无因管理的成立应包括以下要件：

（一）管理他人事务

管理他人事务，就是为他人进行管理或者服务，这是成立无因管理的客观条件。对此要件可以从以下几方面理解。

1. "事务"的范围

管理他人事务的范围相当广泛，原则上包括一切可以满足人们生活并适合于为债的客体的事项。它可以是财产性事项，如为他人修缮房屋，也可以是非财产事项，如抢救落水儿童；可以是事实行为，如为本人饲养牲畜，也可以是法律行为，如将昏迷的路人送往医院并办理入院手续；可以是继续性事项，如长期照看他人生病的父母，亦可为一次性事项；保存行为、改良行为、利用行为、处分行为和服务行为等也包括在内。

但是下列行为不构成无因管理：违法事项，如替他人看管、隐匿赃物并支出保管费用；不能发生债之关系的纯粹道德、宗教行为或好意施惠行为；依法必须由本人亲自办理的事项如结婚、离婚；非经本人授权不得办理的事项，如公司股东出席股东会并行使表决权；单纯的不作为，如不侵犯他人权利的不作为义务无法实施无因管理。

2. 须为"他人"的事务

管理的事务必须是他人的事务，对自己的事务进行管理，或误把自己事务作为他人事务进行管理都不能成立无因原理。管理人所管理的事务是否为他人的事务，应依事务的性质和管理人的证明来确定。一般而言，如果事务在性质上与他人具有当然的结合关系，事务的内容属于他人利益的范畴，就事务的性质从外部形式上即可断定为管理他人事务的，无需管理人证明。例如修理他人的家具、救助溺水的人等。但如果事务从外部形式不能断定是否为他人事务的，若管理人主张无因管理，则须证明该事务为他人事务。如果管理人欠缺证据则应当推定该事务属于管理人自己的事务，其管理不能构成无因管理。例如购买书籍，承租房屋等。

应当注意的是，"他人"必须特定，为特定的一人或数人，如甲见友人乙驾车撞伤路人丙，赶紧送丙赴医救治。于此情形，认定甲、乙间成立无因管理，甲、丙间亦可成立无因管理。

另外，只要是为了他人利益，管理人即使对本人发生误认，不妨碍就真实的本人成立无因管理。例如，一老人晕倒于街道，甲以为是乙的父亲，赶紧打车将老人送医院并垫付3000元，事后得知老人系丙的父亲。甲对本人的认识错误并不影响无因管理的成立，甲、丙间成立无因管理。

3. "管理" 他人事务

管理，指对事务进行处理，实现事务内容的行为。管理行为包括事实行为与法律行为。无论管理行为属于事实行为还是法律行为，管理事务的承担本身均属于事实行为，不要求管理人具有民事行为能力，无民事行为能力人、限制民事行为能力人只要具有管理能力，均可实施无因管理。管理人为管理而实施法律行为时，可以自己名义为之，亦可以本人名义为之。以本人名义为之构成无权代理的，不影响无因管理的成立。

（二）为他人利益的意思

为他人利益的意思，又称管理意思，是指管理人认识到他所管理的事务为他人事务，并欲使管理事务所生之利益归于本人，即通过自己的管理行为增加本人利益或避免本人发生损失的主观意思。

为他人利益的意思，是无因管理成立的主观要件，也是无因管理阻却违法性的根本原因。正是该要件，使无因管理与不当得利、侵权行为区分开来。一般而言，无因管理是为他人利益，但也不排除管理人主观上既为他人又为自己的目的，客观上自己也同时受益的情形。如果管理人纯粹为自己的利益管理他人事务，即使本人从其管理中受有利益，也不能构成无因管理。

由于管理的意思为事实上的意思，而非效果意思，故无须表示。管理人是否为了他人利益而为管理，只有由管理人举证证明。管理人应从自己的主观愿望、事务的性质、管理的必要性以及管理的后果诸方面来证明自己的管理是为他人利益。

（三）无法律上的原因

无法律上的原因，是指没有法律规定或当事人约定的义务。下列情况下不成立无因管理：

1. 管理人负有法定义务

法定义务是法律直接规定的义务。如民法上规定父母对未成年子女负有抚养义务、成年子女对父母有赡养的义务，负有法定义务的人的管理行为不构成无因管理；在公法上，如消防人员救火的行为，警察的救助行为，因属公法上义务的内容，故也不构成无因管理。

2. 管理人负有约定的义务

约定义务是基于合同约定产生的义务。例如雇佣合同、委托合同等都可以产生管理他人事务的义务。在这种合同关系下，义务人不得对他人主张无因管理。

须指出的是，管理人虽负有法定或约定义务，但其超过义务范围处理事务并且该事务不属于诚实信用原则的当然要求时，就其超过的部分，仍属于无义务，可成立无因管理。

管理人是否有法定或约定义务，应以开始管理事务时的状态确定。如果起初有义务，而后义务消灭的，自该义务消灭起可构成无因管理；反之起初无义务而为管理，嗣后发生义务的，义务发生前的管理为无因管理。

管理人是否存在义务，应以客观标准来确定，而不以管理人的主观认识为标准。

如果负有义务而管理人误认为没有义务，其管理行为不构成无因管理；如果本无义务而管理人误认为有义务，其管理行为可构成无因管理。

三、无因管理的法律效力

无因管理的效力，表现在无因管理一经成立，管理人与本人之间即产生债的关系。管理人有要求本人偿付因管理而支付的必要费用和补偿因管理而遭受的相应损失的权利。但是，与不当得利不同之处在于无因管理之债中管理人不仅是债权人也是债务人。

（一）管理人的义务

1. 适当管理义务

这是管理人的主义务，管理人自开始管理时起，就应依本人明示或可推知的意思，以利于本人的方法管理。

这一义务表现在两个方面：第一，管理人不应违背本人的管理意思；本人就事务管理的意思曾作出明确表示的，不论该明示是否向管理人作出，也不论以何种方式作出，只要管理人知悉，就应依本人意思进行管理。如果管理人违反本人明示或可推知的意思而管理本人事务，对本人造成损害的，应承担损害赔偿责任。但若本人明示的意思违反法律或违背公序良俗的，管理人出于维护公共利益目的，违反本人意思所为管理，仍为适当管理。《民法典》第 979 条第 2 款规定："管理事务不符合受益人真实意思的，管理人不享有前款规定的权利；但是，受益人的真实意思违反法律或者违背公序良俗的除外。"如甲遗弃妻子，其妻贫病交加，乙将其送医治病，供给食物，乙的行为虽然违反了甲的意思，但因甲的真实意思违法，乙的行为构成无因管理。第二，管理人应以有利于本人的方法进行管理。《民法典》第 981 条规定："管理人管理他人事务，应当采取有利于受益人的方法。中断管理对受益人不利的，无正当理由不得中断。"所谓有利于本人的方法，应就具体情况确定，而不以管理人或本人的主观意思为标准。管理人主观上认为其管理方法有利于本人，但客观上并不利于本人，甚至反而会使本人的利益受损，则认定其管理是不适当的。反之，本人主观上认为管理人的管理方法不利于自己，但从当时的情况看，管理人的管理是有利于本人利益的，则应认定管理是适当的。

管理人应当适当管理本人的事务，应尽到善良管理人的注意义务。管理人是否尽到善良管理人应尽的注意义务，应结合管理人的管理能力或水平，管理事务的性质以及社会通常管理常识综合判断。如果管理人未尽到善良管理人的注意义务，造成了本人的损害，管理人应承担债务不履行的损害赔偿责任。但是，管理人为免除本人生命、身体或财产上之急迫危险而为事务之管理，对于因其管理所生的损害，除有故意或者重大过失外，不承担赔偿责任。

只要管理人为了本人利益，以利于本人的方法，不违反本人明示或者可得推知的意思，尽到善良管理人的注意义务，无论管理目的是否实现，效果是否显著，均不影响无因管理之债的成立。

2. 通知义务

《民法典》第982条规定:"管理人管理他人事务,能够通知受益人的,应当及时通知受益人。管理的事务不需要紧急处理的,应当等待受益人的指示。"管理人在管理开始时,应将开始管理的事实通知本人。管理人的通知义务以能够通知为限。如果管理人无法通知,如不知本人为何人或找不到本人,则不负通知义务。通知本人后,如果本人指示管理人继续管理的,则无因管理转化为委托合同。如果本人指示停止管理,管理人应停止管理;管理的事务不需要紧急处理的,应当等待受益人的指示。

3. 报告与交付义务

《民法典》第983条规定:"管理结束后,管理人应当向受益人报告管理事务的情况。管理人管理事务取得的财产,应当及时转交给受益人。"管理关系终止时,管理人应向本人报告事务管理始末,并将管理事务所得转归于本人,以自己名义为本人取得之权利,应移转于本人。

(二)管理人的权利

管理人的权利也就是本人应承担的义务。管理人的权利主要是可以请求本人偿付管理人因管理事务支出的必要费用。管理人的这一权利,又称为求偿请求权。根据《民法典》第979条,这一费用应包括:

其一,管理人为管理本人事务所支出的必要费用及利息。

其二,管理人为本人负担的必要债务。

其三,管理人因管理事务而遭受的损失。

管理人享有上述三种请求权不以本人因管理人的管理行为所受利益范围为限。

《民法典》第980条规定:"管理人管理事务不属于前条规定的情形,但是受益人享有管理利益的,受益人应当在其获得的利益范围内向管理人承担前条第一款规定的义务。"本条规定的是不真正无因管理,不真正无因管理和真正无因管理的共同之处在于,均无法定和约定义务管理他人事务;区别在于,不真正无因管理之事务管理结果可能不利于本人,或违反本人明示或可推定的意思。该管理行为虽然不符合真正无因管理构成要件,但是因管理行为给受益人带来了利益,法律为平衡当事人之间的权益,所以规定受益人在其受益范围内向管理人支付其付出的必要费用或补偿其受到的损失。

在案例26-1中,甲的行为符合无因管理的构成要件,甲送乙的孩子就医所花费的租车费和为其垫付的医药费,乙应当偿付。

第二节 不 当 得 利

【案例26-2】 张某去银行取款,银行工作人员由于疏忽多给张某100元,张某回家之后才发现。后银行工作人员找到张某家中要求返还,张某声称自己没错,拒不返还。

请思考:张某的说法有无道理?

一、不当得利概述

(一) 不当得利的概念

不当得利作为债的发生原因，最早起源于罗马法的请求返还之诉，历经各个国家和地区私法的发展变化，现已构成民法上的基本制度。不当得利制度，使无法律上原因受益而致他人损害者，负返还该利益的义务，以纠正有悖于利益权利人意志的财产让渡，恢复当事人之间在特定情形下所发生的非正常的利益变动。

所谓不当得利，是指无合法的根据获得利益，致使他人受损失的事实。正因为取得利益没有合法根据，因此即便既成事实也不能受到法律保护，取得不当利益之人应将利益返还给受损失的人，这种权利义务关系即为不当得利之债。其中取得利益一方，称为受益人或得利人，是不当得利之债的债务人；受到损失的一方，称为受害人或受损人，是不当得利之债的债权人。

(二) 不当得利的性质

不当得利的性质如何，理论上有不同的看法。我们认为，不当得利之债是依据法律规定直接发生，不是基于当事人的意思，因此，它不属于民事法律行为。即便该不当利益系基于受益人取得财产的行为所致，因不具备民事法律行为构成要件中的意思表示，该行为也只是属于民事法律事实中的事实行为。当事人之间利益变动也有因事件发生的，如邻家池塘的鱼跳入己家池塘。但就债的发生而言，不论当事人的主观意志如何，只要有不当得利的事实存在，债即发生，所以不当得利本质上属于事件。

二、不当得利的构成要件

我国《民法典》第 122 条规定："因他人没有法律根据，取得不当利益，受损失的人有权请求其返还不当利益。"第 985 条第 1 款规定："得利人没有法律根据取得不当利益的，受损失的人可以请求得利人返还取得的利益。"根据此规定，不当得利应具备以下四个要件：

(一) 一方获得利益

一方受有利益，是指因一定事实获取了财产或利益。判断受益人是否受有财产利益，一般以其现有的财产或利益与如果没有与他人之间发生利益变动所应有的财产或利益的总额比较决定。凡是现在财产状况或利益较以前增加或者应减少而未减少，为受有利益；既有得又有失的，损益抵销后剩有利益的也为受有利益。

具体而言，取得财产利益主要表现为财产的积极增加和财产的消极增加。

1. 财产或利益的积极增加

即通过取得权利、增强权利效力或获得某种财产利益或义务的减弱而扩大财产范围。包括：

(1) 取得财产权或其他财产利益，例如所有权、用益物权、债权、担保物权、知识产权等。占有在我国虽非一种权利，但通说认为占有具有财产利益性质的法律的地位，通过占有亦可获得财产上的利益，故可因占有而成立不当得利。

(2) 财产权的扩张或效力的加强，受益人在原有权利的基础上扩张了行使权利标的范围或效力范围，也属受有利益。如因第一顺序抵押权消失而使后次序抵押权的顺位依次上升。

（3）权利或利益上的限制或负担消灭，如存在于所有物上的抵押权消灭，对所有人来说也属一种得利。

2. 财产或利益的消极增加

这是指当事人的财产或利益本应减少而未减少所获得的利益。包括本应支出的费用而没有支出、本应负担的债务而未负担或少负担、本应在自己的财产上设定负担（如抵押）而没有设定等。具体而言：

（1）债务的减少或消灭。债务人以其总财产为一般债权提供担保，债务的减少或消灭，对债务人而言，也是得利。

（2）本应设定的权利负担未设定。

（3）劳务或物的使用。例如甲依据与乙签订的劳动合同为其提供劳务，后该劳动合同因违反劳动法而被宣告无效，乙因甲提供的劳务而受有利益。无合法权利擅自使用他人之物的人也因物的使用而受有利益。

（二）一方遭受损失

仅仅有一方受有财产上的利益，而未给他人带来任何损失，不成立不当得利。如甲投资兴建广场，邻近乙的房屋价值剧增，乙获有利益但未给甲带来损失，乙对甲而言不成立不当得利。这里所谓的损失，是指因一定的事实使财产利益的总额减少，包括积极损失和消极损失。积极损失，又称直接损失，是指现有财产利益的减少。消极损失，又称间接损失，是指财产应增加而未增加，即应得财产利益的损失。"应增加"的判定不以"必然增加"为必要，只要在通常情况下受损人的利益能增加即为"应增加"，如无权使用而使用他人房屋，不管他人是否有使用该房屋或是否有出租房屋给第三人的打算，都可认为该房屋所有人受有相当于租金数额的损失，因为他对房屋进行使用收益的潜在价值受到侵害。

（三）一方取得利益与对方所受损失间有因果关系

一方获得利益与对方受到损失之间有因果关系，是指一方的损失是因另一方获利造成的。例如，在案例26-2中张某得到的100元就是银行的损失。但受损人的损失与受益人的受益范围不必相同，并且损失和利益的表现形式是否一致、损失和利益是否同时发生也在所不问。

对于因果关系的理解，学界有直接因果关系说与非直接因果关系说。直接因果关系说认为获得利益与受到损失必须基于同一原因事实，才认为两者之间有因果关系，如在案例26-2中，张某得利与银行受损都是基于银行工作人员工作疏忽多给张某100元导致。非直接因果关系说认为，获得利益的原因事实不必与受到损失的原因事实相同，只要社会观念认为获有利益与受有损失有牵连关系，就可认定二者间有因果关系。

（四）获得利益没有合法根据

没有合法根据是指缺乏受有利益的法律上的原因，获利而没有合法根据是不当得利构成的实质性条件。在社会交易中，任何利益的取得都须有合法根据，或直接依据法律，或依据民事法律行为。如果一方获得利益和他方受到损失有法律上的根据，当事人之间的关系就受到法律的认可和保护，不构成不当得利。应当注意的是，不当得利既包括自始无合法根据，也包括取得利益时有合法根据，但之后该合法根据丧失的情形。

三、不当得利的基本类型

依据不当得利是否基于给付行为而产生，可将其划分为给付不当得利与非给付不当得利：

1. 给付不当得利

给付不当得利，是指基于给付而发生的不当得利。给付应以一定的目的而为之，或是为清偿债务，或是为直接设立一种债的关系，如赠与。这里的给付目的或原因就成了受领给付者受取利益的法律上的根据。欠缺给付目的而增加他人的财产，他人即构成不当得利。以欠缺的目的为标准，给付不当得利可分为自始欠缺给付目的、给付目的嗣后消灭、给付目的不达的不当得利。

（1）自始欠缺给付目的。这是指给付之时即不具有给付的原因，典型的有非债清偿及作为给付的原因不成立、无效或被撤销。非债清偿是指没有任何法律上的债务而以清偿目的为一定给付的行为。如甲对于其已清偿的欠乙的债务疏于注意又进行清偿，乙所受的第二次清偿，便构成非债清偿的不当得利。

给付不当得利在于使给付者能向受领者请求返还给付的利益，以救济交易失败。但在下列情形中，受损人不得行使不当得利请求权：第一，因履行道德上的义务而为给付。基于亲属关系、情谊行为而为给付后，不得以不当得利请求返还，如养子女赡养其生父母并无法律上的义务，生父母的受领不构成不当得利。第二，债务人提前清偿债务。债务尚未到期，债权人没有请求清偿的权利，债务人也没有清偿的义务，但若债务人主动提前清偿，债权人取得利益，债务人不得主张不当得利请求权。第三，明知无给付义务而进行的债务清偿。一方明知自己无给付义务而向他人交付财产，对方接受该财产的可视为赠与，不成立不当得利。第四，债务人清偿时效届满的债务。因为债务超过诉讼时效，虽然存在，但是债权人已经无法通过强制执行程序实现其债权，在性质上属于自然债务。债务人清偿后以不当得利为由请求返还的，得不到人民法院支持。

（2）给付目的嗣后不存在。这是指给付时虽有法律上的原因，但其后该给付的原因消灭，因一方的给付而发生不当得利。属于这种不当得利的主要有：附解除条件或终期的法律行为，条件成就或期限届满，当事人一方因该民事法律行为受有的另一方的给付此时即构成不当得利；依双务合同交付财产后，因不可归责于双方当事人的事由致一方不能为对待给付时，该方所受的给付即构成不当得利；合同解除后因先前生效合同而受领的给付也属于不当得利。

（3）给付目的不达。为实现将来某种目的而为给付，但因种种障碍，给付目的不能按照给付意图实现的，受领给付的一方欠缺保有给付利益的正当性，因而构成不当得利。

2. 非给付不当得利

非给付不当得利，是指基于给付以外的事由而发生的不当得利，包括人的行为、自然事件以及法律规定。

（1）基于人的行为。基于人的行为发生不当得利又可分为受益人的行为、受损人的行为和第三人的行为。如案例 26-2 就是基于受损人自己的行为造成的，再如擅自在他人墙壁上张贴广告牌就是基于受益人的行为产生的不当得利。

（2）基于法律规定。基于法律规定的不当得利，是指在一定事实或行为发生时，法律不问当事人的意思，直接规定因而产生使一方得利的后果。如在因附合、混合、加工而获取被添附物所有权时，允许被添附物原所有人向受益者依据不当得利请求权主张返还与被添附物价值相当的利益。

（3）基于事件。即由于自然事件产生一方受损，一方受益的现象。如甲池塘的鱼被暴雨冲入乙的池塘，就是基于事件发生的不当得利。

四、不当得利的法律效力

不当得利作为债的发生根据之一，在受益人与受损人之间发生不当得利返还的债权债务关系。不当得利的法律效力在于赋予受损人不当得利返还请求权。该项请求权目的不在于填补受损人所受的损害，而是以受益人返还其所受利益为目的。决定返还范围取决于两个因素，一是所获利益是否存在，二是受益人的主观心理状态，即善意或恶意。善意、恶意是指受益人是否知道其所得利益没有法律根据的心理状态，是否为善意应根据社会常识、交易习惯和交易价格来判断，如果受益人获得利益违背社会常理、明显有悖人之常情，则可以断定得利人知道或应当知道获利没有法律根据，或者根据交易习惯、行业惯例，受益人得利之对价明显低于市场价格的，则可判定受益人不是善意的。

1. 善意受益人的返还义务

善意受益人是指于受益时不知其受益无法律上的原因的受益人。受益人得利之后若为善意（如知道得利事实之后积极返还），其返还利益的范围以现存利益为限，对因意外原因减损的利益则不负返还义务。现存利益，是指受益人受到返还请求时享有的利益，因不当得利一经受损人催告返还（直接向受益人请求返还或向人民法院起诉），受益人即应该知道其所得利益无法律根据，受益人即从善意变为恶意，故不当得利现存利益之时间点，应以受损人请求返还之诉求到达得利人时为准。现存利益并不以原物的固有形态为限，原物的形态改变但价值仍在或可以他物代偿的，仍应作为现存利益返还。在确定现存利益时，应当扣除善意得利人在得利过程中所受到的损失和支出。

2. 恶意受益人的返还义务

恶意受益人是指明知无法律上的原因而取得利益的受益人。恶意得利人有两种，一是自始恶意，即得利人在获得利益时即知道或应当知道无法律上根据；二是嗣后恶意，受益人于受领时不知其受益无法律上的原因，其后知晓但是拒不返还的，自知晓之日起，成为恶意受益人。恶意受益人负担较善意受益人更为严格的返还义务，应当返还其当初所受的一切利益、由该利益所生的利益以及当初所受利益的利息，即使该利益现已不存在，也应负责偿还。同时，对因其拒不返还给受损人造成的其他损失还要负赔偿责任，如对方的诉讼费用、为追讨利益而支出的必要的差旅费用、交通费用、误工费用等。

受益方在取得利益时为善意、嗣后为恶意的，其返还范围应以恶意开始时存在的利益为准。例如，甲的手机（价值3000元）丢失，被乙拾得，后乙不慎遗失该手机。甲查知此事，请求乙返还不当得利。本案例中乙系恶意的不当得利人，所受利益虽不存在，仍负返还义务。甲有权请求乙返还不当得利的价额（3000元）。

3. 第三人的返还义务

如果受益人将其取得的利益，无偿转让给第三人，受损失的人可以请求第三人在相应范围内承担返还义务。当第三人无偿取得该利益时，因其获利为无偿，如果得利人不返还利益、第三人也不返还所得利益，将导致受损人损失，所以第三人应以其无偿取得的利益为限负返还义务。

本章练习题

一、思考题

1. 不当得利的构成要件有哪些？

2. 如何理解无因管理？

二、综合训练

1. 张某在一风景区旅游，爬到山顶后，见一女子孤身站在山顶悬崖边上，目光异样，即心生疑惑。该女子见有人来，便向悬崖跳去，张某情急之中拉住女子衣服，将女子救上来。张某救人过程中，随身携带的价值2000元的照相机被碰坏，手臂被擦伤。张某将女子送到山下医院，为其支付各种费用500元，并为包扎自己的伤口花费20元。请问：

（1）张某与轻生女子之间存在何种民事法律关系？

（2）张某的照相机被损坏以及治疗自己伤口的费用女子应否偿付？为什么？

（3）张某为女子支付的医疗费等费用能否请求女子偿付？为什么？

【要点提示】

分析无因管理的构成要件，结合《民法典》的具体规定判断。

2. 甲出外打工，因梅雨季节将至，邻居乙擅自以甲的名义向丙借钱3000元，将甲漏雨的屋顶修缮。请问：如何认定乙的行为性质？向丙借的钱应由谁负责偿还？

【要点提示】

乙的行为构成无权代理，若甲拒绝追认，甲、丙间借款合同不能生效。但是，乙的行为还符合无因管理的构成要件，乙有权请求甲补偿修房支出的3000元。

第四编 人 格 权

第二十七章　人格权概述

◎ **知识目标**
- 了解人格权的含义，理解人格权基本特征。
- 掌握一般人格权的内容、人格权与身份权的区别。

◎ **能力目标**
- 会运用一般人格权解决实际问题。
- 掌握我国人格权权利体系。

第一节　人格权的概念和特征

一、人格

在法律意义角度，人格为法律上"人"的"资格"，是人之所以成为人的主体性要素的总和。人格关系是自然人基于彼此的人格或人格要素形成的关系。人格要素是与自然人人身不可分离的，没有直接经济内容的要素，包括生命、身体、健康等物质性要素以及姓名、肖像、荣誉、名誉、隐私等精神性要素。

不仅自然人，法人也是具有民事权利能力和民事行为能力的民事主体，法律允许其参与民事生活，从中享有民事权利承担民事义务，法人就被赋予了法律人格。法人的人格是法人组织在社会关系中所享有的法人意志、行为自由和精神利益完整等人格利益，法人享有包括名称、荣誉和名誉在内的多种人格利益。

二、人格权

人格权是指民事主体固有的，由法律确认的，以人格利益为客体，为维护民事主体法律上的独立人格所必备的基本权利。其基本特征为：

1. 人格权是民事主体固有的民事权利

对于财产权利，民事主体要取得，必须通过特定的法律行为或法律事实才能取得。而人格权则为与生俱来的固有权，自然人和法人在其具有法律上的人格时起，直至死亡或消灭，都自然地享有人格权。无论民事主体是否意识到，人格权都客观地存在着，即使民事主体不知其享有某种人格权，但一旦权利遭到侵害，法律同样给予保护。

2. 人格权与权利主体的人身紧密联系、不可分离人格权是以自然人的人身或法人、其他组织体（即法律人格）为依附的，人格权不能离开民事主体而存在，民事主体也不能离开人格权而存在。一个民事主体如果没有人格权，其作为民事权利主体的资格也就不存在了。人格权是维护民事主体的独立人格必须具备的权利，不能想象一个人不具有生命、健康、名誉、自由而能生存于世间。《民法典》第 992 条明确规定："人格权不得放弃、转让或者继承。"人格权是与权利主体的人身紧密结合，不可分割、不得转让、不得继承，在某些特殊情形下，民事主体可以转让其具体人格利益中的某一部分内容，但其权利本身不能转让。如自然人的肖像权，权利人可以将肖像的使用权部分地转让给他人，但肖像权不能全部转让他人。只有法人的名称权可以全部转让，这是人格权专属性的一个例外。

3. 人格权没有直接的财产内容

人格权的客体与财产权的客体有着明显的不同，财产权以直接的财产利益为客体，人格权则仅以民事主体自身的人格利益为客体。人格权的这一特征表明，人格权是不能用金钱来计算和衡量的，但并不能因此说人格权没有丝毫的财产内容，有些人格利益，可以间接地给权利人带来财产利益，如自然人可以通过允许他人使用自己的肖像而获得使用费，法人可以通过转让其名称而获得转让费。另外，虽然人格权没有直接的财产内容，但是当人格利益受到损害时，权利人有权要求侵权人给予经济赔偿，如权利人的身体健康受到侵害时，有权要求侵权人赔偿医疗费、误工费等；当身体健康、名誉、隐私等受到严重损害给权利人造成精神痛苦的，权利人还有权要求精神损害赔偿，该精神损害赔偿的抚慰金是以财产的方式弥补受害人的精神痛苦。需要说明的是，赔偿医疗费、误工费、精神损害抚慰金等不是人格权间接带来的财产利益，也不能说受害人的精神痛苦与该赔偿数额价值相等，只是受害人因人格利益受损而遭受的实际经济损失的填补和对受害人精神痛苦的一种补偿。

第二节　人格权的种类

【案例 27-1】　王小姐在一大型超市工作，该超市有一项奇怪的规定，就是要求所有员工在下班前把自己的包打开给保安检查。王小姐认为，自己的包是个人隐私，女孩子的包每天给男保安检查是很屈辱的事，但由于给超市打工，大家都敢怒不敢言。超市也有自己的说法，之所以这么做的原因是超市内盗严重，而且员工在进超市工作前都签订了自愿被检查包的协议。

请思考：如何看待超市的做法？

《民法典》第 990 条规定："人格权是民事主体享有的生命权、身体权、健康权、姓名权、名称权、肖像权、名誉权、荣誉权、隐私权等权利。除前款规定的人格权外，自然人享有基于人身自由、人格尊严产生的其他人格权益。"由此，人格权分为一般人格权和具体人格权。民法典以此划分为基石构建了人格权体系，有利于民事主体的权利保护，并且使得立法具有开放性，为今后新型人格利益的出现提供基础和条件，为其保护提供可能。

一、一般人格权

（一）一般人格权的概念和特征

一般人格权是基本的人格权，具有抽象性的特点，对于具体的人格权有指导意义和补充功能，是具体人格权存在的基础。具体人格权是以某一方面的具体人格利益为客体的人格权，如健康权、名誉权等。而一般人格权是以民事主体全部人格利益为客体的，以人的存在价值及尊严为保护对象的总括性权利。

一般人格权有以下特征：

（1）权利主体自然人。一般人格权作为自然人人格利益的法律表现，其保护对象为自然人。

（2）权利客体具有高度概括性。一般人格权的客体是一般人格利益，任何具体人格权所保障的具体人格利益都可以概括在其中。

（3）权利内容具有广泛性。它不仅包含全部具体人格权的内容，还包含具体人格权所不包括的内容，当人格权利受到侵害又不能援引具体人格权获得法律保护时，就可以根据一般人格权获得法律救济。

（二）一般人格权的内容

一般人格权的主要内容包括以下四个方面：

1. 人格平等

民法上的平等，是指民事主体的法律地位平等。人格平等区分于财产法上的平等，主要指的是精神利益的平等，无关性别，不分年龄、种族、民族、贫富等，民事主体之间都是平等的。

人格平等首先体现为民事主体资格上的平等，也就是民事权利能力一律平等。没有民事权利能力就没有享有生命、健康、名誉、荣誉的可能，所以这是所有具体人格权享有的基础。实践中出现的侵犯受教育权、侵犯平等就业权、歧视女性、歧视少数民族等行为都是对人格平等的违反。其次，人格平等还体现为人格权享有和保护上的平等。一般人格权体现人的基本精神利益，每个民事主体都享有，而且被侵犯后可以得以平等地保护。

2. 人格独立

人格独立，是指任何民事主体都享有平等的主体资格，不受他人支配、干涉和控制。其基本含义是民事主体彼此相互独立，任何人不得对他人的意思和民事法律行为加以侵犯。每个民事主体都有权根据自己的独立判断和选择，自主地参与市民生活，根据自己的意愿设立、变更和终止民事法律关系，同时要独立地为自己的行为承担责任。实践中强行支配干涉他人人格，如干涉他人遗嘱自由、婚姻自主等行为就是对人格独立的侵犯。

3. 人格自由

人格自由，指任何主体均享有的保持和发展自我人格的自由，不受约束和控制。

人格是作为人的资格，只有保持自己的人格才能成为独立的民事主体。同时民事主体在其生存期间可以采取各种方式发展并完善自己的人格，使自己成为更完善的、为社会做更多的贡献的人。权利主体享有充分的自由来发展自己的人格，完善自己的人格。实践中，禁止他人接受教育、禁止他人接受治疗等多种行为干预了权利主体发展人格的自由，是对人格自由方面的侵权行为。

4. 人格尊严

人格尊严，是指民事主体基于自己所处的社会环境、家庭关系、声望地位等各种客观条件而对自己或他人的人格价值和社会价值的认识和尊重。它有两方面的含义，是一种主观状态与客观状态相结合的产物。首先，人格尊严是自然人对自身价值的认识，这也是人格尊严的主观方面；其次，人格尊严又是社会公众对特定主体的最起码的做人的资格的尊重，这是人格尊严的客观方面。也就是说，人格尊严既包括自然人对自身价值的认识，也包括社会公众对其做人资格的评价。在公众场合公然辱骂他人、丑化他人形象、践踏他人人格等多种行为都是对人格尊严的侵犯。

如案例27-1，超市的做法侵犯了员工的人格权，不论是员工的包也好，还是储物柜也好，都是公民的隐私空间，而查包事实上是超市把员工都当成小偷怀疑，已经侵犯到员工的人格尊严，对其名誉也是一种侵害。国家法律明文禁止非执法机关对公民进行搜身、搜包等检查，至于员工与超市签订的查包协议，表面上看是自愿，实质上是一种违法的合同，是违背员工真实意愿的，也是违法与无效的。

（三）一般人格权的功能

一般人格权是民事主体所有的人格利益在法律上的体现，它保护的是民事主体人格利益的总和。与具体人格权不同，一般人格权不是对名誉、肖像等某一具体方面的规范，它是抽象的、不确定的。所以，一般人格权具有一般条款的功能，它可以对具体人格权进行创造、解释和补充。

1. 创造具体人格权

一般人格权是具体人格权的源泉，为形成新的具体人格权提供了基础和条件。随着社会的发展，从一般人格权中还会演变出新的具体人格利益，这些人格利益先以一般人格权得到保护，在成熟之后再提升为具体人格权。人格权的发展历史就是一个逐渐从少到多，不断发展壮大的过程。这就使得人格权立法能够适应社会经济文化的发展以及道德伦理价值观念的变化，能够与时俱进，实现其对社会的规范功能。

2. 解释具体人格权

从性质上来看，一般人格权具有高度概括性和抽象性，它明确了人格权立法的目的和宗旨，所以一般人格权成为对各项具体人格权具有指导意义的基本权利。每一种具体人格权所保护的人格利益都是不同的，具有特定性，应根据一般人格权的基本原理进行解释和指导，不得违背一般人格权所规定的价值内涵，保证各具体人格权制度的正确使用。

3. 补充具体人格权

具体人格权所保护的人格利益具有特定性，彼此之间很难做到无缝对接。当某些人格利益遭到侵害，而现行法律并未规定此种具体人格权，此时就可以发挥一般人格权作为一般条款的作用。一般人格权是一种总括性的权利，具有高度的包容性，它既可以概括现有的具体人格权又可以包含尚未被具体人格权确认保护的其他人格利益。所以，一般人格权就是对基于人格而发生的全部利益从整体上进行保护，这种总括性的权利有助于对未列入具体人格权的其他人格利益的保护。

二、具体人格权

与一般人格权相对应，具体人格权以具体人格要素为权利客体。具体人格要素包括物质性人格要素和精神性人格要素。具体人格权又根据权利客体不同分为物质性人格权和精神性人格权。

（一）物质性人格权

物质性人格权，是指自然人对其自身所拥有的物质性人格要素享有的人格权，这种权利直接依附于人体，以物质性的人体作为其存在之载体。物质性人格权包括身体权、健康权、生命权三种人格权利。

（二）精神性人格权

精神性人格权，是指自然人对其自身所拥有的精神性人格要素享有的人格权，这种权利对物质性的人体本身无直接依附性。精神性人格权包括姓名权、名称权、肖像权、名誉权、荣誉权、隐私权及其他人格权。

第三节　人格权与其他民事权利

【案例 27-2】　二原告赵某、官某系夫妻关系。十年前，官某在被告某医院顺产一名男婴，新生儿由院方在婴儿室看护三日后，官某与被告交予的男婴一同出院，男婴由二原告抚养至今。十年后，二原告通过 DNA 亲子鉴定方知儿子并非其亲生子。后经多方寻找，与官某同在被告处生产的李某之子孙某系二原告亲生子。经调查，造成这后果的直接原因是被告某医院疏于管理，导致抱错婴儿。为此，二原告向法院提起诉讼。

请思考：原告何种权利被侵犯？

一、人格权与身份权

民法所调整的平等主体的民事权利包括财产权和人身权两大类。人身权按照权利是否直接、普遍地由民事主体享有为标准，划又分为人格权和身份权两种。

身份权是指基于民事主体的特定身份而产生的人身权。身份权具有如下特征：（1）主体的非普遍性。身份权并非是任何民事主体都可以享有的权利，而必须具备一定身份之后才能享有，如尚未结婚者就不能享有配偶权。（2）权利义务的两位一体性。身份权，尽管以权利相称，事实上还有义务的内容。如享有配偶权的夫妻双方彼此享有权利，也彼此负有义务。另外，亲权本身也具有职责性质。（3）内容往往与财产相关联，如抚养费、扶养费、遗产等内容。

身份权主要包括两大类：一是婚姻家庭中的身份权，如亲权、亲属权、监护权等；二是知识产权中的身份权，如作者的身份权、设计者的身份权、发明者的身份权等。案例27-2即为医院侵犯婚姻家庭中的身份权赔偿案，在该案件中具体侵犯的是亲权，所谓"亲权"，就是父母对未成年子女在人身和财产方面享有和承担的以管教和保护为内容的权利义务的总和。

人格权和身份权作为两种人身权利，它们既有联系也有区别：

（一）人格权和身份权的相同点

1. 人格权与身份权都具有专属性

它们都与民事主体的人身密切不可分离，具有专属性和排他性，只能由民事主体自己享有和行使，不得继承、转让、剥夺、放弃。

2. 人格权与身份权都为绝对权、支配权

人身权均为绝对权，其体现的人身利益均由民事主体直接支配。这种支配在人格权中支配的是人格利益，在身份权中支配的是身份利益。这种支配是排他的，任何人不得干扰。

3. 人格权与身份权均具有非财产性

无论是人格还是身份都不是财产，都不能以金钱衡量。两种权利与财产权不同，不具有直接的财产内容。民事主体行使身份权和人格权，其目的主要是满足自身精神情感上的需要，主要的不是财产上的目的。但人身权并非毫无财产因素，与财产有间接联系。

（二）人格权与身份权的区别

1. 权利主体不同

人格权与身份没有联系，权利是先天固有的。权利主体具有普遍性。只要自然人出生，法人依法成立，他们无需作任何意思表示或行为，就当然地取得了这类权利。而身份权不同，权利主体是特定的，权利和民事主体的特定身份紧密相连，有身份才有权利，无身份即无权利。

2. 权利客体不同

人格权的客体是人格利益，表现为人之所以为人的资格。身份权的客体是身份利益。身份有多种，身份利益就具有多元性，不同的身份对应不同的权利。各个不同的具体身份权的客体表现为不同的身份利益。身份利益有一个重要的特点，就是具有双重属性，如父母子女之间的身份利益既体现为父母对未成年子女的教育、管理，又体现为相互尊重、爱护的亲情和责任。

3. 权利的作用和地位不同

人格权以维护民事主体的基本人格为其基本功能，是民事主体的必备权利。民事主体不享有人格权利就没有做人的权利，也就没有进入社会的资格。身份权的法律作用是维护以身份关系为基础的社会关系。这种社会关系仅是民事主体生活的一部分，而非全部。所以即便民事主体不享有身份权，依然可以独立的人格进入社会，从事民事活动。根据身份权与人格权法律作用的不同，导致在人身权体系当中身份权与人格权的法律地位并不相同，人格权是人身权中主导性权利，而身份权实质上以人格权为存在前提，在人身权体系当中处于次要地位。

基于人格权和身份权的上述异同，《民法典》第 1001 条规定，对自然人因婚姻家庭关系等产生的身份权利的保护，适用民法总则编、婚姻家庭编和其他法律的相关规定；没有规定的，可以根据其性质参照适用人格权保护的有关规定。这就确立了身份权利保护参照适用人格权保护的规则。

自然人因婚姻家庭关系产生的身份权利，与人格权在保护上具有一定相似性。建立和维持与他人之间的身份关系，本身就是人格发展的必要条件，保护身份权利往往同时就是保护个人利益。同时需要注意的是本条规范只适用于身份权的保护问题。

二、人格权与财产权

人格权是人身权的基本形式，而人身权和财产权为民事权利的基本构成，所以，人身权和财产权成为民事权利中最主要和最重要的部分，是我国民法重点保护的对象。根据现行的立法，侵权行为也主要表现为两个方面：一是侵害人身权的侵权行为，二是侵害财产权的侵权行为。

人格权与财产权有共通之处：一方面，人格权的享有和保障是民事主体取得和行使财产权的前提；另一方面，财产权的享有和行使可以为民事主体人格权的享有提供更为充分的保障。而且某些人格利益与财产关系较为密切，如肖像。

人格权与财产权的区别也是显而易见的：首先，权利内容不同，人格权是非财产性权利，以人格利益为基本内容。人格利益不能用金钱来表现其价值，也不得流转。财产权以财产利益作为客体，无论客体是物，行为还是智力成果，都可体现为财产利益，都可以金钱计算其价值。只要不损害他人和社会的利益，民事主体消费、转让、继承、抛弃均可。其次，权利取得不同，人格权与生俱来，为民事主体的固有权利。人格权为民事主体所普遍享有。自然人和法人不分贵贱，不分身份，每个人的人格权一律平等。财产权并非固有的权利，必须根据一定的民事行为或法律事实而取得。民事主体所实际享有的财产权不可能完全相同。

本章练习题
一、思考题
1. 一般人格权的含义与功能分别是什么。
2. 比较人格权与身份权的异同。
二、综合训练
甲男与乙女婚后多年未生育，后甲男发现乙女因不愿生育曾数次擅自中止妊娠，为此甲男多次殴打乙女。乙女在被打住院后诉至法院要求离婚并请求损害赔偿，甲男以生育权被侵害为由提起反诉，请求乙女赔偿其精神损害。法院经调解无效，拟判决双方离婚。请问：

（1）甲男殴打乙女的行为侵犯了乙女的什么人身利益？

（2）乙女擅自终止妊娠的行为是否侵犯了甲男的生育权？

（3）乙女的行为是否侵害了甲男的人格尊严？

【要点提示】

结合人格权和身份权的基本特点，讨论婚姻关系中存在的夫妻的人格权和身份权。

第二十八章　具体人格权

◎ **知识目标**
- 掌握姓名权、肖像权、名誉权、隐私权所包含的内容及常见的侵权行为表现。

◎ **能力目标**
- 会判断某一行为是否构成对他人人格权的侵害。
- 会分析比较多种人格权利之间的异同，掌握每种人格权利的基本含义。

第一节　生命权、身体权、健康权

【案例28-1】　原、被告为同事关系。三原告系一般职员，被告系公司高管。被告对三原告以下流语言挑逗骚扰，还经常以工作之名邀请三原告轮流到其办公室，故意触摸、碰撞对方性敏感部位。给三原告的生活造成很大困扰。三原告认为被告的行为侵犯了其人身权，请求法院判令被告停止侵犯原告人身权利的行为，公开向原告赔礼道歉，赔偿原告精神损害抚慰金。

请思考：原告的何种权利被侵犯？

一、生命权

法律意义上的生命，是指自然人的生命，是人体维持其生存的基本的物质活动能力。人的生命是人的最高人格利益，生命是人具有民事权利能力的基础。《民法典》第1002条规定：自然人享有生命权。自然人的生命安全和生命尊严受法律保护。任何组织或者个人不得侵害他人的生命权。

（一）生命权的概念和特征

生命权，是以自然人的生命安全利益为内容的权利。生命权是自然人最基本的人格权。其特征在于：

1. 生命权以自然人的生命存在和生命安全为客体

生命权的这一特征使生命权与身体权相区别。身体权的客体是人体的整体构造，以及维护该种构造的完整性的利益。生命权的客体是人的生命存在及生命安全，即让生命能够正常维持、保障生命不受非法剥夺的人格利益。身体权受侵害，表现为身体完整性的破坏，有可能恢复；生命权受侵害，则是以不可逆转、不可恢复的生命丧失为标准的。

2. 生命权以维护自然人生命活动的延续为其基本内容

生命权的这一特征使其与健康权相区别。人体生命活动的延续依赖于人的健康状况，人的健康又以人的生命活动的存在为前提。但两种权利在内容上是不同的，健康权维护的是人体机能的完善性，保持其正常运作；而生命权维护的是人的生命活动的延续，防止人为地终止。

3. 生命权只有在生命存在和生命安全受到威胁，或者处于危险状态时才能行使

生命权遭受不法妨害或者有不法妨害危险时，生命权人可主张排除妨害或消除危险；受害人死亡的，只能由法定的权利主体主张损害赔偿等救济。生命权一旦受到实际侵害，任何法律救济对于权利主体都无实际意义。出于人类繁衍的需要和对生命的尊重，任何放弃生命的行为都是违背生命伦理的。因为死亡是不可逆转的，对死亡救济的唯一功能是使死者的近亲属得到财产上的补偿和精神上的抚慰。

（二）生命权的内容

生命权的内容包括生命安全维护权和生命利益支配权。

1. 生命安全维护权

生命是人的最高人格利益，其基本内容，就是维护生命的延续，也就是保护人的生命不受外来非法侵害。包括三个方面：（1）法律保护自然人的生命安全利益，禁止他人非法剥夺生命，以使人的生命得以按照自然规律延续。（2）防止生命危害发生，有危及生命安全的危险或行为发生时，生命权人有权采取紧急避险、正当防卫等措施，保护自己的生命不受侵害；也可以请求负有法定救助义务的人履行救助义务，对此，《民法典》第1005条规定："自然人的生命权、身体权、健康权受到侵害或者处于其他危难情形的，负有法定救助义务的组织或者个人应当及时施救。"（3）生命权人有权改变生命危险环境，当环境对生命构成危险，生命权人可主张人格权请求权，请求特定的人排除妨害、消除危险。如《民法典》第179条规定的消除危险民事责任，就是要改变生命危险环境的体现。

2. 生命利益支配权

生命权中是否包含生命利益支配权，实际上意味着生命权人可否处分自己的生命。民法理论对此有争议。传统民法理论对此持否定态度，主要理由就是自杀为法律所不许。本书认为，从人道主义出发，从尊重个人的选择出发，应当承认有限制的生命利益支配权，即这种支配权仅限制在特殊情形下的献身和安乐死两种情况。

献身指献出生命。如为保护国家、集体及他人的生命、财产安全不惜牺牲自己的生命；或者参加危险性大的竞技项目前与举办者签订协议，作出"因竞赛死亡不追究他人责任"的承诺，实际上就是生命利益支配权的行使。另外对于负有特殊职责的人来讲，当需要以其生命来履行其职责时，如消防队员在火灾发生地、军人在战场上，如果他们临阵脱逃，其行为就不是行使生命权的行为，而是违法甚至是犯罪行为，应受到法律的制裁。

安乐死问题，在刑法领域一直争论不休，涉及的问题是给他人实施安乐死的行为是否构成故意杀人。从民法的角度去看，应立足于个人对自己的生命利益有无支配权。如果承认有生命利益支配权，对身患绝症、濒临死亡、身心遭受极度痛苦不堪忍

受的人来讲，请求安乐死的行为就属于支配自己生命利益的正当行为，从而使医生实施安乐死的行为也就合法化了。对于安乐死的实施，必须严格限制。荷兰于 2001 年 4 月 10 日通过了世界上第一部安乐死法案，比利时、瑞士等是世界上为数不多的允许安乐死的国家。

二、身体权

（一）身体权的概念和特征

身体权，是指自然人维护其身体完整并支配其肢体、器官和其他组织的具体人格权。《民法典》第 1003 条规定："自然人享有身体权。自然人的身体完整和行动自由受法律保护。任何组织或者个人不得侵害他人的身体权。"

身体权的法律特征包括：

1. 身体权以自然人的身体及其利益为客体

它体现在身体的完整性利益和行动自由利益两个方面。身体是指一个自然人生理组织的整体。自然人的身体包括两部分：（1）主体部分，包括肢体、器官和其他组织；（2）附属部分，如毛发、指甲等附属于人体的其他组织。移植的器官和其他组织可以构成身体的组成部分，人工制作的不可自由装卸的器官或组织替代物也视为身体的组成部分。

2. 自然人对自己身体的组成部分有支配权

随着现代科学技术的发展，人体组织和器官的移植成功，人们对自己身体的组织或器官可以支配，并且不影响本人的生存。自然人对身体所享有的权利，尽管同所有权一样，都是一种支配权，但这种支配的客体仍是人格利益，而不是财产。

3. 身体权是自然人享有的一种独立的人格权

身体权与健康权尽管关系密切，但健康权不具有可支配性，并且有些侵犯身体权的行为如非法剪人毛发，并不伤及健康，有些损害健康的行为如致人患病并不破坏身体的完整性。所以身体权有其独立存在的必要性。

（二）身体权的内容

1. 身体完整维护权

任何人有权维护自己的身体完整，任何人不得侵犯这种完整性。

2. 身体组织及器官的支配权

在不违反法律和伦理的情况下，自然人有权支配自己的器官或组织，如捐献血液、骨髓、角膜甚至大型器官如肾脏等，但这种支配是有限制的，其前提是对器官和组织不能进行有偿转让。对于活体器官的捐献，《民法典》第 1006 条第 1 款规定，完全民事行为能力人有权依法自主决定无偿捐献其人体细胞、人体组织、人体器官、遗体。任何组织或者个人不得强迫、欺骗、利诱其捐献；第 3 款规定，自然人生前未表示不同意捐献的，该自然人死亡后，其配偶、成年子女、父母可以共同决定捐献。同时第 1007 条也明确了禁止以任何形式买卖人体细胞、人体组织、人体器官、遗体。违反前款规定的买卖行为无效。

3. 身体行动自由权

自然人享有身体活动自由的权利，任何人不得强制搜查自然人的身体，不得非法拘禁。

（三）对尸体的法律保护

自然人死亡后，对其尸体应当予以法律保护，这种保护的理论依据是对自然人生前人格利益予以保护的延伸。自然人死亡前，对其身体享有身体权；死亡后，身体成为尸体，其尸体所体现的人格利益也应当予以保护。对尸体的保护方法包括两方面：

1. 自然人有权合法利用和处置尸体

自然人生前可以遗嘱方式对自己身后尸体的安置、利用进行安排，是自然人行使身体权的一种体现，他人及死者近亲属应当予以尊重。现实中经常出现死者以遗嘱或其他方式表明捐献尸体或器官、组织的意愿，但死者近亲属并不尊重该遗愿，法律上应对死者此类遗嘱的效力予以认可和保障；如果捐献者生前未订立捐献器官的遗嘱，且生前未表示不同意捐献的，该自然人死亡之后，法律允许其配偶、成年子女、父母可以共同决定捐献器官。由此可见，自然人死亡后，生前没有个人意愿的，自然人的尸体由其近亲属进行安置和利用。需要注意的是无论按死者意愿还是按近亲属的意志安置和处置尸体，都不得违反法律、公共秩序和善良风俗。

2. 禁止非法损害、利用尸体和其他侵害尸体的行为

侵害尸体的行为包括：（1）非法损害尸体。如为报复、泄愤而损害尸体。（2）非法利用尸体，如未经死者近亲属同意或无死者遗嘱，又无合法的强制理由，而擅自将尸体、器官或组织进行解剖、移植或其他利用。（3）其他侵害尸体的行为，如盗墓毁尸、盗窃骨灰、非法陈列尸体、殡仪馆将他人尸体错误火化、他人将尸体冒名火化等。

（四）侵害身体权的行为

实践中下列行为可认定为侵害身体权：

（1）未致伤亡的殴打。

（2）对他人身体组织的侵害，主要是指强制他人出让身体组织如强制输血、植皮、出让器官等，不当的外科手术，损害尸体等。

（3）性骚扰行为。性骚扰行为，是指违背他人意愿，以身体动作、言语、文字或图像等方式实施的以性为取向的有辱尊严的性暗示、性挑逗以及性暴力等行为。性骚扰危害很大，不能为身体权所完全覆盖，也可能侵害健康、名誉、隐私，是对他人人格尊严、人格自由的践踏。《民法典》第1010条第1款明确规定，违背他人意愿，以言语、文字、图像、肢体行为等方式对他人实施性骚扰的，受害人有权依法请求行为人承担民事责任。同时，职场、高校是性骚扰的高发区域，针对职场性骚扰，本条第2款规定，机关、企业、学校等单位应当采取合理的预防、受理投诉、调查处置等措施，防止和制止利用职权、从属关系等实施性骚扰。因此，机关、企业、学校等单位的义务主要是对性骚扰的预防和制止义务。受到性骚扰的受害人有权通过要求停止侵害并结合实际情况要求赔偿物质损失和精神损失、消除影响、恢复名誉等方式获得救济。

（4）侵犯人身自由，主要是指非法拘禁等方式剥夺、限制他人的行动自由，或

者非法搜查、侵扰自然人身体等。

案例28-1即为违背他人意愿，对他人实施性骚扰，侵犯了原告的身体权和人格尊严，造成了原告精神损害，原告可以依法请求行为人承担民事责任。现代社会，办公室性骚扰时有发生，用人单位应当在工作场所采取适当措施，预防和制止性骚扰行为。

三、健康权

(一) 健康权的概念和特征

健康权，是指自然人享有的以维护其生理机能正常运作和功能完善发挥的利益为内容的权利。《民法典》第1004条规定：自然人享有健康权。自然人的身心健康受法律保护。任何组织或者个人不得侵害他人的健康权。健康权具有以下特征：

1. 健康权以人体生理机能的正常运作和功能正常发挥为具体内容

这是健康权区别于身体权的重要特征。健康和身体都是自然人的物质人格利益，但身体指的是人的肌体构造完整性，健康指的是人体生理机能的正常运作和功能的完善发挥，尽管健康有赖于肌体的完整，并且肌体的完整性受到破坏自然会损及健康，但两者仍是不同的权利客体。实践中，损坏他人肌体导致健康受损，应认定为侵犯健康权，而没有导致健康受损，则以侵犯身体权认定。

2. 健康权以维持人体的正常生命活动为根本利益

这是健康权与生命权的重要区别。健康与生命密切联系，并且共存于身体这一物质形态之中，但健康具有可康复性，生命具有不可逆转性，健康权以正常生命活动为根本利益，而生命权以维护生命活动的延续为根本利益。在民事审判实践中，无论主观上以侵害健康还是侵犯生命为目标，只要实际上生命尚存，就认定为侵犯健康权，反之，生命丧失，就认定为侵犯生命权。

(二) 健康权的内容

1. 健康维护权

健康维护权的含义包括两方面：（1）任何人都有保持自己身心健康的权利。法律保障人们为健康权利的实现而付出的努力，如人们有权通过体育运动提高健康水平，有权接受医疗服务，有权获得有益于健康的良好环境、饮食等。（2）当人们的健康受到侵害甚至威胁时，有权获得法律保护。

2. 劳动能力保持权

劳动能力是人们创造物质财富和精神财富的能力，包括脑力劳动和体力劳动。劳动能力是人们获取物质财富，满足衣食住行等的前提。自然人享有劳动能力保持权，有权保有和发展自己的劳动能力，有权利用劳动能力满足自己及社会的需要，当这种能力受到侵害时，受害人可以请求司法保护。

侵害生命权、健康权的民事违法行为十分广泛。通常人们较多关注的是以暴力形式所实施的侵权行为，实践中，非暴力实施的侵权行为日益严重和突出，如交通事故、医疗事故、环境污染、有害食品致人伤亡、忽视劳动安全、高度危险作业、产品责任等致人损害。例如对于临床实验和医学、科研活动可能造成的人身伤害，《民法典》第 1008 条和第 1009 条加以规范：为研制新药、医疗器械或者发展新的预防和治疗方法，需要进行临床试验的，应当依法经相关主管部门批准并经伦理委员会审查同意，向受试者或者受试者的监护人告知试验目的、用途和可能产生的风险等详细情况，并经其书面同意。进行临床试验的，不得向受试者收取试验费用。从事与人体基因、人体胚胎等有关的医学和科研活动，应当遵守法律、行政法规和国家有关规定，不得危害人体健康，不得违背伦理道德，不得损害公共利益。

此种违法行为除包括作为外，还包括不作为，如《民法典》第 1253 条、第 1258 条规定的建筑物、构筑物或者其他设施及其搁置物、悬挂物脱落坠落致人损害和公共场所或道路施工未设安全标志和采取安全措施致人损害；对未成年人或精神病人疏于监护，或带领其进行危险活动导致损害等，都可能造成侵害健康权的后果。

（三）身体权与健康权的区别

健康权是自然人以其器官乃至整体的功能利益为内容的人格权，着眼于人体机能正常运作，身体功能的完整发挥。身体权是以身体器官和组织的完整、安全利益为内容的人格权，着眼于身体组织的圆满状态。很明显，健康权的客体是健康，身体权的客体是身体；健康权体现的利益是自然人机体功能的完善性，身体权体现的利益是自然人身体组织的完全性。

在实践中，由于生理机能包括内部机能和外部组织，故侵害健康权一般均造成受害人内部机能或外部组织的伤害，而侵害身体权却并不一定。在同样是打一耳光的情形下，如果造成耳鸣、头晕甚至闭合性颅脑损伤等不健康状态，应定性为侵害健康权；如果没有造成这些后果，只是打了一耳光，则定性为身体权纠纷。又比如朝他人身体上泼脏水，通常不会给受害人造成组织的伤害，此时则构成侵害身体权。值得注意的是，侵害身体权经常会和侵害隐私权、名誉权等精神性人格权结合在一起，如非法搜身等；健康权则不会。

第二节　姓名权、名称权

【案例 28-2】　中国人民解放军警卫第一师仪仗大队（又称三军仪仗队）成立于 1952 年，主要担负迎送外国元首、政府首脑的仪仗司礼任务，是国家的窗口、三军的形象。某工艺品公司为销售工艺产品"将军佩剑"和"红色八一步枪"，多次在产品宣传画册和光盘中使用"三军仪仗队"的字样和形象，包括涉及"三军仪仗队"50 周年阅兵、军官敬礼、操练、检阅等画面。

请思考：工艺品公司的行为是否构成侵权？侵犯了三军仪仗队的什么权利？

一、姓名权

（一）姓名权的概念和特征

姓名权，是指自然人依法享有的决定、使用、变更或许可他人使用自己的姓名，并排除他人干涉和侵害的权利。姓名权具有以下特征：

1. 姓名权所保障的是权利主体的姓名以及与姓名相关的精神利益

姓名是使自然人特定化的文字符号标志，广义的姓名，不仅指自然人在户籍和居民身份证上显示的姓名，还包括曾用名、笔名、艺名以及我国传统文化中所特有的"字""号"等。

2. 自然人的姓名权具有专属性

姓名权专属于特定的自然人享有，但并不意味着自然人对与其姓名相同的文字符号具有专有使用权。姓名是借助于有限的文字符号来表示的，因重名导致的姓名冲突在所难免，但基于不正当目的故意使用与他人相同的姓名，则构成对他人姓名权的侵犯。

3. 自然人的姓名权具有经济价值

姓名权包含了精神利益和财产利益，姓名尤其是名人的姓名和一定的声誉、名望等联系在一起，具有商业价值。随着人格权商业化的利用日益普遍，包括姓名权在内的人格权当中包含的经济价值逐渐得到认可。权利人可以对其进行积极利用，既可以自己利用，也可以许可他人使用自己的姓名，但不得违背公序良俗。

（二）姓名权的内容

《民法典》第 1012 条规定，自然人享有姓名权，有权依法决定、使用、变更或者许可他人使用自己的姓名，但是不得违背公序良俗。可见姓名权包括以下内容：

1. 姓名决定权

姓名决定权，是指自然人有权决定自己的姓名，其他人无权干涉。自然人对自己姓名的决定权，不仅包括有权决定名字，而且有权在法律规定范围内决定自己的姓氏。自然人出生时，由于本人无法亲自行使姓名决定权，该权利一般由监护人代为行使，自然人在具备命名能力后，可以通过行使变更权来决定自己的姓名。我国《婚姻法》规定子女可以随父姓，也可以随母姓。《民法典》第 1015 条规定，自然人应当随父姓或者母姓，但是有下列情形之一的，可以在父姓和母姓之外选取姓氏：（1）选取其他直系长辈血亲的姓氏；（2）因由法定扶养人以外的人扶养而选取扶养人姓氏；（3）有不违背公序良俗的其他正当理由。少数民族自然人的姓氏可以遵从本民族的文化传统和风俗习惯。

2. 姓名使用权

姓名使用权是指自然人依法使用自己姓名的权利。它包括积极行使和消极行使两方面，前者如在进行民事行为时以自己的名义进行、在自己的作品上署上自己的姓名或笔名、在特定的场合下表明自己的身份以区别于其他社会成员，后者如在作品上不署名、在为特定行为后拒绝透露自己的姓名。姓名使用权的限制在于，在特定情形下，自然人不许使用非正式姓名，如在户口登记本、居民身份证、护照上必须使用正式姓名，在进行重要法律行为时，也有义务使用正式姓名。

3. 姓名变更权

姓名变更权，指自然人依照有关规定改变自己的正式姓名而不受他人干涉的权利。自然人变更姓名须按一定程序办理。我国《户口登记条例》第 18 条规定，未满 18 周岁的公民要由本人的父母、收养人向户口登记机关申请变更登记。18 周岁以上的公民要由本人向户口登记机关申请变更登记。

4. 姓名许可使用权

姓名权作为人格权的一种，不得转让。但随着社会的发展，姓名商业利用问题日益突出，一些自然人姓名中的财产利益凸显。姓名具有巨大的广告效应和商业价值，姓名权人可以在一定程度上对自己的姓名进行商业利用，允许他人使用自己的姓名，并取得一定的经济收益。

（三）侵害姓名权的行为

侵害姓名权的行为主要表现为：

1. 干涉他人行使姓名权

包括干涉他人决定、使用、变更自己的姓名。如户籍部门无正当理由拒绝自然人登记或更改姓名的要求；父母离婚后，或再婚家庭中强行要求更改子女姓名。

2. 盗用他人姓名

盗用是未经他人同意而使用其姓名，如自称是某名演员的弟子以吸引观众。

3. 假冒他人姓名

假冒是冒名顶替，如称自己就是某人，完全以他人的身份从事活动。

二、名称权

（一）名称权的概念

名称权，是指自然人以外的法人或其他组织享有的决定、使用、变更和转让或许可他人使用自己的名称并排除他人非法干涉的权利。名称权的性质是人格权，是具有法律人格的标志，不享有名称权，民事主体资格不能成立。同时，名称权的客体具有明显的财产利益因素，表现为企业名称具有很高的商业价值，驰名的企业名称会与企业信誉相得益彰，为企业带来较好的商业利润。不仅如此，名称权具有与其他人格权不同的显著特征，这就是企业的名称具有可转让性。

（二）名称权的内容

《民法典》第 1013 条规定："法人、非法人组织享有名称权，有权依法决定、使用、变更、转让或者许可他人使用自己的名称。"由此决定名称权的内容包括：

1. 名称决定权

法人及非法人组织有权为自己设定名称，他人无权干涉。名称权的设定应当符合相关法律规定。如企业只准使用一个名称，名称应由字号或商号、行业或经营特点、组织形式依次组成，不得使用欺骗或使人误解的文字，并且法人与非法人的名称应当与其性质相符等。

2. 名称使用权

名称使用权包括两个方面，一是名称权主体对其名称享有独占的使用权，在登记主管辖区内，其他组织不得再以相同的名称进行登记。二是名称权人与被许可使用人达成协议，允许他人在一定期限，一定范围之内使用其名称，权利人不丧失名称权。特许经营即为名称许可使用的典型情况。这种许可使用一般通过合同加以确认，被许可人超出合同约定范围的使用将面临侵权或违约责任的承担。

3. 名称变更权

名称权主体在使用其名称的过程中可以依法变更自己的名称，变更程序与设定名称相同。

4. 名称转让权

名称权主体可以将名称转让给他人，这是名称权最具特色的内容。依我国法律规定，企业法人、个体工商户、个人合伙有权依法转让自己的名称；此外对于非公有制的企业法人，以及其他自然人组合的营业实体，当营业中的自然人死亡后，其财产应当由其继承人继承。当继承人继承该营业实体时，自然就发生名称权的继承问题。

侵害名称权的行为主要表现为：（1）干涉名称权的行为，如干涉名称权的转让。（2）非法使用他人名称的行为。这种行为是指未经名称权人许可，冒用或盗用他人登记的名称。（3）名称的混同。这种行为是指在名称登记的范围内，同行业的营业组织使用与他人登记的名称相同或相似以致于为人误认的名称。

在案例 28-2 中，该工艺品公司使用"三军仪仗队"名称的根本目的在于对自己的产品进行推销，而且是以营利为目的的使用，其行为构成对三军仪仗队名称权的侵犯；除此之外，其在未征得同意的情况下，将三军仪仗队在各种场合的形象用于商业目的，广为宣传，必然导致降低和损害三军仪仗队的对外形象，侵犯了该部队所拥有的整体肖像利益。

第三节　肖　像　权

【案例 28-3】　摄影爱好者李某为好友丁某拍摄了一组生活照，并经丁某同意上传于某社交媒体群中。蔡某在社交媒体群中看到后，擅自将该组照片上传于某营利性摄影网站，获得报酬若干。

请思考：蔡某的行为是否涉嫌侵权？上述民事主体的何种权利受到侵犯？

【案例 28-4】　甲为摄影家乙充当模特，双方未对照片的发表和使用作出约定。后乙将甲的裸体照片以人体艺术照的形式出版发行，致使甲受到亲朋好友的指责。

请思考：乙发表照片是否侵犯了甲的肖像权呢？

一、肖像权的概念与特征

肖像是指通过影像、雕塑、绘画等方式在一定载体上所反映的特定自然人可以被识别的外部形象。不仅再现自然人面部形象的视觉表达属于肖像，即使不包含自然人的面部，只要具有可识别性的自然人外部形象的视觉再现，也属肖像。如自然人的特有姿势、招牌动作等都是自然人的外部形象，具有可识别性，也是肖像。

肖像权，是指自然人对自己的肖像享有再现、使用并排斥他人侵害的权利。《民法典》第 1018 条规定："自然人享有肖像权，有权依法制作、使用、公开或者许可

他人使用自己的肖像。"肖像权的法律特征包括:

1. 肖像权的主体只能是自然人

只有自然人才具有反映其生理特征的外貌属性,法人及非法人团体都不具有这种生理属性,因而不具有肖像权。

2. 肖像权所体现的基本利益是精神利益

如自然人对自己的形象享有维护其完整的权利,有权禁止他人非法毁损、恶意玷污以维护自己的尊严,法律保护自然人的肖像权,就是为了保护这种精神利益。

3. 肖像权还体现一定的物质利益

肖像权与其他人格权相比,与财产有着较密切的关系。比如自然人的肖像,具有美学和标志价值,这种价值能够转化为财产利益,如以肖像做广告宣传或作为商标注册,会给企业带来经济效益,所以法律赋予肖像权人许可他人使用其肖像并获取报酬的权利。

4. 肖像权的客体即肖像具有可重复利用性和再生性

肖像具有众多的表现形式,而且可以不断地重复利用,这是肖像权与其他人格权的一个重要不同之处。

二、肖像权的内容

1. 肖像制作权

肖像的制作,是指通过造型艺术手段将人的外部形象表现出来,并固定在某种物质载体上。肖像制作权是指自然人决定是否制作、以何种手段制作自己肖像的权利。

2. 肖像使用权

自然人有权使用自己的肖像以获得精神满足和取得财产利益。自然人可以自己使用,也可以通过授权或同意等方式许可他人使用。许可他人使用可以是有偿的,也可以是无偿的。而任何组织或个人未经权利人许可,擅自使用其肖像,无论是否以营利为目的,都构成侵犯肖像权。

3. 肖像公开权

肖像权人对于已经制作的肖像,有权决定是否公之于众。其可以自己对外公开或者许可他人公开,禁止他人擅自公开。

4. 维护肖像完整权

自然人有权维护自己肖像的完整性并有权禁止他人的毁坏、修改及玷污。肖像权受到侵害时,肖像权人有权维护自己的肖像利益。

三、侵害肖像权的行为

侵害肖像权的行为须具备如下三个要件:

其一,有制作、公开、使用、丑化、污损他人肖像或者利用信息技术手段伪造等方式侵害他人的肖像权的行为。根据《民法典》第 1019 条的规定,以丑化、污损,或者利用信息技术手段伪造等方式侵害他人的肖像权;或擅自制作、使用、公开肖像权人的肖像;肖像作品权利人擅自以发表、复制、发行、出租、展览等方式使用或者公开肖像权人的肖像都属于侵权行为。

其二，未经肖像权人同意。只有肖像权人可以自由利用自己的肖像。任何其他人不得擅自实施受肖像权控制的行为，否则即成立侵害肖像权。

其三，无阻却违法事由。《民法典》第 1020 条规定了以下行为为肖像权的合理利用，具有阻却违法性：（1）为个人学习、艺术欣赏、课堂教学或者科学研究，在必要范围内使用肖像权人已经公开的肖像；（2）为实施新闻报道，不可避免地制作、使用、公开肖像权人的肖像；（3）为依法履行职责，国家机关在必要范围内制作、使用、公开肖像权人的肖像；（4）为展示特定公共环境，不可避免地制作、使用、公开肖像权人的肖像；（5）为维护公共利益或者肖像权人合法权益，制作、使用、公开肖像权人的肖像的其他行为。

在肖像权保护中有两个问题需要注意：其一，绘画、雕塑以及照相、电影等作品中除了包含肖像权人的肖像权，还涉及肖像作品作者的著作权，所以擅自使用他人的肖像往往还涉及对知识产权的侵犯。例如案例 28-3，蔡某的行为既侵害了丁某的肖像权，也侵害了李某的著作权。其二，在肖像作品作者和肖像权人对肖像作品利用有分歧时，基于人身利益高于财产利益的原则，肖像权人的肖像权应优先得以保护。例如案例 28-4，乙是照片的著作权人，出版发行该照片本来是合法行使著作权的行为，但未经肖像权人甲的同意，不得使用肖像作品，这里的规定就是对肖像权人的权利保护。所以，乙的行为构成了对甲的肖像权的侵犯。

第四节　名誉权和荣誉权

【案例 28-5】　甄先生与赵老先生系同村村民。3 月 7 日晚，派出所民警来到甄先生家，告知赵老先生家丢了 500 元钱，赵老先生指认是他偷的，他对此予以否认。后来民警又将他带到派出所讯问。4 月 9 日，真正的小偷被抓获。甄先生认为，由于赵老先生的虚假指控，四处宣扬他是小偷，引起村里人的议论，致使自己不愿与他人接触，精神压力很大。他认为赵老先生的行为侵犯了其名誉权。遂起诉要求赵老先生书面向原告赔礼道歉，恢复名誉并赔偿精神损失费500 元。

请思考：赵老先生的行为是否侵犯了甄先生的名誉权？

一、名誉权

（一）名誉权的概念和特征

《民法典》第 1024 条规定："民事主体享有名誉权。任何组织或者个人不得以侮辱、诽谤等方式侵害他人的名誉权。名誉是对民事主体的品德、声望、才能、信用等的社会评价。"名誉权，是指民事主体就自己获得的社会评价享有利益并排除他人干涉的权利。名誉权具有以下特征：

1. 名誉权的主体包括所有民事主体

大多数人格权为自然人所专有，名誉权是少数自然人与非自然人都享有的人格权之一。

2. 名誉权的客体是名誉及其利益

名誉，也称名声，是指社会对民事主体的品德、声望、才能、信用等的社会综合评价。其中，信用是民事主体经济上的客观社会评价，我国民法典没有独立规定信用权，认为信用也属于名誉利益。侵害行为导致民事主体信用评价降低的，成立对名誉权的侵害；但如果行为只涉及信用有关的个人信息的不法收集和处理，不导致信用评价降低的，则成立对个人信息的侵害。

每个主体，包括自然人、法人和其他组织，都享有自己的名誉利益，有权维护自己的社会评价。对法人和其他组织来说，是指其经营状况、履约能力、商业信用、经济效益等。

3. 名誉权不具有财产性，但与财产有一定的联系

名誉权不具有直接的财产价值，也不能产生直接的经济利益，但却与财产利益有着密切联系。作为自然人，良好的名誉对其就业、晋级、提薪都有正面影响；作为企业法人或非法人团体，名誉在一定意义上就代表了企业的利润和效益，与企业财产的关系尤为密切。

（二）名誉权的内容

1. 名誉保有权

每个自然人从出生之日起，每个法人或非法人团体自成立之日起，享有名誉权，有权保有自己的名誉不降低、不丧失。在知悉自己的名誉处于不佳状态时，有权凭借自己的实际行动来改进这种状态，他人不得干预。

2. 名誉利益支配权

民事主体可以利用自己良好的名誉，与他人进行广泛的政治、经济来往，使自己获得更好的社会效益和财产效益。另外，对于有损自己名誉的事实，自己允许他人散布，也是对自己名誉利益的一种支配，但是，这种支配不得违反法律的强制性规定和公序良俗。

3. 名誉维护权

权利人有权禁止他人以侮辱、诽谤方式损害其名誉，对于他人侵害自己名誉权的行为可以寻求司法保护。

（三）侵犯名誉权的行为

1. 侵害名誉权的行为须具备的要件

（1）行为人实施了侮辱、诽谤等行为。所谓侮辱，是指以语言、文字或行为使受害人名誉受损、蒙受耻辱的行为，如在历史小说中以影射手法对他人进行侮辱、丑化，以张贴大字报、小字报的方式用言辞侮辱他人。所谓诽谤，是指以口头或文字方式散布虚假事实，损害他人名誉的行为，如以写匿名信、传播小道消息等方式散布他人所谓桃色新闻。需要指出的是，民事诽谤与刑事诽谤不同，民事诽谤即使过失也可构成。

（2）侵害名誉的行为须指向特定的人。这种指向可以是指名道姓的明确指向，

也可以是以暗示等方法使人识别到具体的受害人。

（3）行为人的行为须为第三人所知悉。如侮辱行为，如果仅使受害人人格受辱，而不为人所知，不影响他人对受害人的评价，不应认定是侵犯名誉权的行为。

（4）行为人有过错。过错包括故意和过失，但并非有过失的行为都构成侵权。如通过正当程序检举，但举报失实，如无诬告目的则不构成侵权。

2. 新闻报道、社会舆论、文学艺术作品侵权案件的认定

这类案件是名誉侵权案件中占较大比例的一类案件，并且社会影响较大，对受害人侵害比较严重。《民法典》第1025~1027条就该类案件规定了认定标准。

《民法典》第1025条规定，行为人为公共利益实施新闻报道、舆论监督等行为，影响他人名誉的，不承担民事责任，但是有捏造、歪曲事实；对他人提供的严重失实内容未尽到合理核实义务或使用侮辱性言辞等贬损他人名誉情形的要承担侵权责任。可见，实施新闻报道和正常的舆论监督，只要主要内容真实无诽谤、侮辱内容，且行为人能举证证明尽到合理审查义务即可。

关于合理审查义务，民法典规定应当结合以下因素综合考量：内容来源的可信度；对明显可能引发争议的内容是否进行了必要的调查；内容的时限性；内容与公序良俗的关联性；受害人名誉受贬损的可能性；核实能力和核实成本。

对于文学艺术作品侵权案件的认定，《民法典》第1027条考虑到文学艺术作品的多样性，区分两种情况作了规定：一是行为人发表的文学、艺术作品以真人真事或者以特定人为描述对象，含有侮辱、诽谤内容，承担侵害名誉权的民事责任；二是行为人发表的文学、艺术作品不以特定人为描述对象，仅其中的情节与该特定人的情况相似的，不构成名誉权侵害。

在案例28-5中，由于赵老先生的错误指认，使甄先生受到村民的议论，让大家都怀疑其是小偷，使大家对甄先生的社会评价降低，赵老先生的行为构成侵犯甄先生的名誉权。

二、荣誉权

（一）荣誉权的概念和特征

荣誉权，是指民事主体对自己的荣誉享有利益并排除他人非法侵害的权利。荣誉权的法律特征是：

（1）荣誉权所保障的客体是荣誉及其利益。同名誉一样，荣誉也是一种社会评价，但这种评价是特定民事主体在社会生产、社会活动中有突出表现，政府、单位、团体或其他组织所给予的积极、正式的评价，如劳动模范、优秀团员、先进集体、质量信得过单位等。荣誉利益是因荣誉而获得的精神与物质利益。如受人敬仰以及自我精神上的满足感、因荣誉而获得物质待遇等。

（2）荣誉权具有继受取得性、楷模性、物质性和稳定性的特点。如前所述，荣誉是人们后天经努力取得；荣誉在人们心目中具有楷模作用；荣誉往往伴有直接或间接的物质利益；荣誉非有正当理由和正当程序，不得被剥夺。这些都是其他人格权所不具有的特点。

（3）荣誉权可因荣誉被取消而消灭。

（二）荣誉权的内容

（1）荣誉获得权。民事主体有权获得荣誉及因荣誉所生的利益，包括授予荣誉时颁发的物质奖励及其后带来的物质利益。

（2）荣誉保持权。民事主体对于已被授予的荣誉保持归自己所有，非经一定程序不被取消的权利。

（3）荣誉利用权。

（三）侵害荣誉权的行为

侵犯荣誉权的行为主要表现为：不法否定或贬损他人荣誉，如非经正当程序对他人获取的荣誉进行质疑、贬低；非法剥夺他人的荣誉称号，如无权剥夺他人荣誉称号的机关、团体、领导人擅自剥夺或超越权限剥夺他人荣誉称号；非经正当理由和程序剥夺他人荣誉称号；占有或故意毁损他人的荣誉证书或代表荣誉的纪念品；拒发权利人应得的物质奖励。民事主体的荣誉权受到侵害，有权获得法律救济。

（四）荣誉权和名誉权的区别

首先，权利客体不同。名誉权的客体为名誉利益，名誉是社会大众对民事主体的生活作风、品德才干、声望地位等各方面的抽象评价。社会评价有好坏之分，有积极评价也有消极评价。荣誉权的客体为荣誉利益，荣誉是由某些具体机关组织或单位对于某一个特定的民事主体所授予的一种特殊名誉。荣誉一般是具体化的、某方面的、正式的、积极的评价。

其次，权利范围不同。名誉权是每一个民事主体普遍享有的人身权，只要作为一个民事主体就有名誉，就有名誉权。荣誉权却并非每个民事主体都享有，只有某些特定的人才能享有，所以它具有专属性。

最后，权利剥夺和限制不同。名誉权通常无法剥夺和限制。荣誉权则不同，在法定事由下对自然人、法人或非法人组织已经获得的荣誉称号可以依法予以限制、撤销或剥夺。

第五节 隐私权和个人信息保护

【案例 28-6】 某媒体未征得艾滋病孤儿小兰的同意，发表了一篇关于小兰的报道，将其真实姓名、照片和患病经历公之于众。报道发表后，隐去真实身份开始正常生活的小兰再次受到歧视和排斥。

请思考：该媒体的行为是正当的吗？

一、隐私权

（一）隐私权的概念和特征

隐私是自然人的私人生活安宁和不愿为他人知晓的私密空间、私密活动、私密信息。隐私权，是指自然人享有的私人生活安宁与私人生活秘密依法受到保护，不受他人知悉或披露的权利。《民法典》第 1032 条明确规定，自然人享有隐私权。任何组织或者个人不得以刺探、侵扰、泄露、公开等方式侵害他人的隐私权。隐私权具有以下特征：

（1）隐私权的主体只能是自然人。隐私意识源于自然人的羞耻心理，法人作为组织体，因其没有精神活动，因而不具有隐私权。企业法人的技术秘密或经营秘密作为商业秘密受知识产权法等法律保护。

（2）隐私权的客体包括私生活安宁、私密空间、私密活动、私密信息。

（3）隐私权具有秘密性。作为隐私权客体的隐私，都具有一定的秘密性，权利主体对这些秘密享有相应的不公开权，法律保护权利主体这种秘密的存在，排除他人的干涉。

（4）隐私权具有可放弃性。权利主体有权处分其隐私，如披露个人秘密，允许他人介入自己的私生活，对自己的私人生活进行报道等。

（5）隐私权的保护范围受公共利益的限制。当隐私权与公共利益发生冲突时，对隐私权应有所限制。

（二）隐私权的内容

隐私权的内容主要包括以下方面：

1. 个人生活安宁权

权利主体能够按照自己的意志支配个人的私生活，不受他人的干涉与破坏。如私人住宅不受非法监视、摄影等。

2. 个人信息和生活情报的控制、保密权

个人信息和生活情报的内容广泛，如身高、体重、病史、生活经历、婚姻、财产状况等情况，权利主体有权禁止他人非法调查、公布和使用其个人信息和生活情报。

3. 个人通信秘密权

权利主体有权对个人信件、电话、传真的内容加以保密，禁止他人擅自查看、刺探和非法公开。

4. 个人对其隐私有利用权

权利主体有权利用自己的隐私从事有关活动，不受他人非法干涉。如将自己的特殊生活经历作为文学创作的素材，如有人为唤起社会对心疾患者的理解和重视，而将自己心理疾病的成因及治疗在电视上公开祖露；在传记中泄露隐私以提高传记的发行量。

（三）侵害隐私权的行为

面对实践中个人隐私保护面临巨大威胁的实际情况，民法典对于侵害隐私权的行为作出了列举性规定，有利于在司法审判当中，对相关行为的性质作出准确认定。《民法典》第 1033 条规定，下列行为可认定为侵害隐私权的行为：（1）以电话、短信、即时通讯工具、电子邮件、传单等方式侵扰他人的私人生活安宁；（2）进入、拍摄、窥视他人的住宅、宾馆房间等私密空间；（3）拍摄、窥视、窃听、公开他人的私密活动；（4）拍摄、窥视他人身体的私密部位；（5）处理他人的私密信息；（6）以其他方式侵害他人的隐私权。在案例 28-6 中，该媒体的行为就是非法公开他人隐私，是典型的侵犯他人隐私权的行为。

自然人在行使隐私权时，常与他人的知情权发生冲突，所谓知情权，即公民有权知道他应该知道的东西。在两者发生冲突时，应贯彻如下原则：（1）社会政治及公共利益原则，如对政治人物财产状况方面的隐私应予以限制，以满足公众知悉和监督的权利。（2）权利协调原则，对知情权的满足以必需为条件，能尽量在较小范围内公开的，不在较大范围内公开，不是必须公开或知晓的信息尽量不公开。（3）人格尊严原则，即使需要公开某些隐私，也不得伤害当事人的人格尊严，如有的报刊揭露腐败分子的腐朽生活，也不应涉及私生活中具体细节。

二、个人信息保护

（一）个人信息的概念和特征

个人信息是以电子或者其他方式记录的与已识别或者可识别的自然人有关的各种信息，不包括匿名化处理的信息，包括自然人的姓名、出生日期、身份证件号码、生物识别信息、住址、电话号码、电子邮箱、健康信息、行踪信息等。个人信息的特征是：第一，个人信息的利益主体是自然人。法人和非法人组织没有个人信息。对于公司企业享有的商业秘密等重要信息由反不正当竞争法等法律加以保护。第二，个人信息的利益客体为个人的信息资料。该信息资料具有可识别性，它和特定人相关，可以通过该个人资料信息锁定识别某人。第三，个人信息的利益内容是自然人对个人信息资料的自我决定。个人信息作为个人的资料信息，其固定、保存、传播、利用等权利都应由自然人自己享有，他人不得非法干涉和侵害。

根据《民法典》第1034条规定，自然人的个人信息受法律保护。个人信息中的私密信息，适用有关隐私权的规定；没有规定的，适用有关个人信息保护的规定。

关于个人信息是权利还是法益存在争议。因立法过程中争议过大，考虑到将来要制定专门的个人信息保护法，故民法典并未明确将个人信息规定为一项权利。在学理研究上，有学者认为个人信息权是一种新型的民事权利，但是本书遵从民法典的立法原意，将个人信息作为一种自然人的信息利益进行解释。

（二）个人信息利益的内容

个人信息利益包括以下几方面的内容：

1. 个人信息控制

个人信息由信息主体个人支配，未经信息主体同意，他人无权擅自搜集和利用；但是根据法律规定和合同约定，信息使用人为了正常的管理或维护信息主体利益而使用个人信息的，应该允许，如学校使用学生的身份证号码、家庭住址、电话等进行学籍登记，就不构成侵权。

2. 个人信息利用

信息主体有权使用自己的个人信息或者授权他人使用自己的信息，尤其是能够产生经济效益的信息，如个人的特殊经历，信息主体可以授权他人撰写文学或纪实作品、拍摄影视作品等。

3. 对他人使用自己个人信息的知情权

根据《民法典》第 1035 条第 1 款的规定，信息主体有权了解他人收集，处理自己个人信息的规则、目的、方式及范围。

4. 对他人使用自己个人信息的载体查阅复制权

信息主体有权查阅其个人信息被处理的情况，并有权对处理的个人信息的载体进行复制，任何组织或者个人都不得非法剥夺。

5. 更正删除权

信息主体发现他人处理的信息有错误的，有权提出异议并请求及时采取更正等必要措施；信息主体发现信息处理者违反法律、行政法规的规定或者双方的约定处理其个人信息的，有权请求信息处理者及时删除。

6. 受保密权

根据《民法典》第 1038 条第 2 款规定，信息处理者应当采取技术措施和其他必要措施，确保其收集、存储的个人信息安全，防止信息泄露、篡改、丢失；发生或者可能发生个人信息泄露、篡改、丢失的，应当及时采取补救措施，按照规定告知信息主体并向有关主管部门报告。

（三）侵犯他人个人信息利益的界定

根据《民法典》第 1035 条和第 1036 条的规定，个人信息的处理包括个人信息的收集、存储、使用、加工、传输、提供、公开等。处理自然人个人信息的，应当遵循合法、正当、必要原则，并应当符合以下条件：（1）征得该自然人或其监护人同意；（2）公开处理信息的规则；（3）明示处理信息的目的、方式和范围；（4）不违反法律、行政法规的规定和当事人之间的约定。不符合该条件擅自处理他人信息的行为即为侵犯他人个人信息权。

下列行为不具有违法性，行为人不承担民事责任：（1）取得个人的同意；（2）为订立或者履行个人作为一方当事人的合同所必需；（3）为履行法定职责或者法定义务所必需；（4）为应对突发公共卫生事件，或者紧急情况下为保护自然人的生命健康和财产安全所必需；（5）为公共利益实施新闻报道、舆论监督等行为在合理的范围内处理个人信息；（6）法律、行政法规规定的其他情形。

（四）个人信息利益与隐私权

个人信息利益和隐私权有关联，两者均体现为一种人格利益。但两者是不同的：

首先，客体范围不同。隐私权的客体主要是个人的私密信息，必须具有私密性；个人信息利益的客体不一定为私密信息，既可以具有私密性，如病历资料、存款理财信息，也可以不具有私密性，如姓名、手机号码。

其次，权利（权益）内容不同。隐私权的内容主要包括维护个人的私生活安宁、个人私生活自主决定、个人私密不被公开等方面；个人信息利益的内容主要是对个人信息的支配、利用和自主决定。法律设置个人信息保护，就是要对个人信息的收集、利用、传输、存储和加工等行为进行规范，从而形成个人信息保护和利用的良好秩序。

最后，保护方式不同。隐私权同其他人格权一样，更多地是一种消极的防御性的权利，只是在权利人受到侵害时可以提出停止侵害等请求；个人信息利益则包含更多，除了消极防御之外，还可以包括在个人信息不准确或不完整时的更新、更正之类的综合性救济方式。

本章练习题

一、思考题

1. 侵犯姓名权的行为有哪些？
2. 比较名誉权与荣誉权的异同。
3. 举例说明哪些行为是对他人肖像的正当使用，不构成侵犯他人肖像权。
4. 简述个人信息权与隐私的区别。

二、综合训练

1. 某医院在一次优生优育的图片展览时，展出了某一性病患者的照片，并在说明中用推断性的语言表述该患者系性生活不检点所致。虽然患者眼部被遮，也未署名，但有些观众仍能辨认出该患者是谁。患者得知这一情况后精神压力过大，投河自尽。为此患者家属向法院起诉，状告医院。请问：医院这一行为侵害了患者哪些权利？

【要点提示】

医院未经患者同意展出患者照片的行为构成侵犯患者的肖像权；在说明中用推断性的语言表述该患者系性生活不检点，而且观众仍能辨认出该患者是谁，这样的行为侵犯了患者的名誉权。

2. 徐玉玉案：（2017 年推动法治进程十大案件）

2016 年高考，徐玉玉以 568 分的成绩被南京邮电大学录取。之后，她接到了一通陌生电话，对方声称有一笔助学金要发放给她。在这通陌生电话之前，徐玉玉曾接到过教育部门发放助学金的通知。按照对方要求，徐玉玉将准备交学费的 9900 元打入了骗子提供的账号。发现被骗后，徐玉玉万分难过，当晚就和家人去派出所报了案。在回家的路上，徐玉玉突然晕厥，不省人事，虽经医院全力抢救，但仍没能挽回她 18 岁的生命。经审查，2016 年 7 月初，犯罪嫌疑人陈某某租住房屋，购买手机、手机卡、无线网卡等工具，从犯罪嫌疑人杜某某手中购买 5 万余条山东省 2016 年高考考生信息，雇佣郑某聪、黄某某冒充教育局工作人员以发放助学金名义对高考录取生实施电话诈骗。2016 年 8 月 19 日 16 时许，郑某聪拨打徐玉玉电话，骗取其银行存款 9900 元。得手后，陈某某随即让郑某锋在福建省泉州市取款，郑某锋随后又指挥熊某将 9900 元提取。

该案件以民法的视角来看，徐玉玉等考生的何种人格权遭受侵害？是隐私还是个人信息利益遭受侵害？

【要点提示】

该案涉及个人信息泄露，表明信息收集人没有尽到确保信息安全的义务。目前个人信息的泄露现象十分普遍，已经成为一种公害。严重的网络信息诈骗背后都普遍存在个人信息泄露的现象，对个人信息的保护刻不容缓。

第五编　继　承

第二十九章　继承制度概述

◎ **知识目标**
- 了解继承的概念和特征。
- 掌握继承制度基本原则的含义。
- 了解继承开始的时间和意义。
- 掌握遗产的范围以及与相关人员财产的区分。

◎ **能力目标**
- 能灵活掌握继承权变动时遗产继承人范围，运用所学解决继承纠纷。

第一节　继承概述

【案例 29-1】　甲的妻子和父母均已去世，甲有 3 个儿子，都已成家。老大有钱，但不孝顺；老二孝顺，但在外地工作，无法照料甲；老三长期与甲共同生活。甲死后，留有遗产 18 万元。

请思考：甲的遗产应如何分割？

【案例 29-2】　王某与妻子李某带 8 岁的儿子王丁和 68 岁的母亲于某在国庆节驾车外出游玩，与一卡车相撞，无一生还，无法确定他们死亡的先后顺序，他们都有继承人。

请思考：如何推定他们死亡的先后顺序？

一、继承的概念和特征

继承，作为一项古老的制度，是同特定的社会制度相联系的，在我国存在了上千年。中国继承制度从古代的宗祧继承，政治身份世袭、社会身份传承，财产继承与司法继承并存，到晚清以后专指财产继承并逐步实现近代化，到新中国继承制度又得到了重新建立。

我国经过 40 多年的改革开放，社会经济状况良好，物质财富大大增加；自然人要求私法自治，主体权利意识大大提高。因而，社会对遗产继承制度提出了新的要求。根据我国社会家庭结构以及继承观念等方面的发展变化，《民法典》继承编修改完善了我国的继承制度，在遗产范围、遗产管理、保障被继承人的意志自由等方面顺应时代，并有所发展。继承编共有四章 45 个条文，对法定继承、遗嘱和遗赠以及遗产的处理等制度作出了规定，以满足人民群众处理遗产的现实需要。

在民法学中，继承是死者死亡时，其遗留的财产依法转移给他人所有的一种法律制度。在继承中，遗留财产的死者，称为被继承人；死者遗留的财产称为遗产；有权继承遗产的人称为继承人。继承人是法定继承人范围内能够接受死者遗产的自然人，包括法定继承人和遗嘱继承人。因继承而发生的财产流转关系形成继承法律关系。继承法律关系有以下特征：

（一）继承法律关系是一种民事法律关系

继承法律关系调整继承人与其他人之间的财产关系，是以继承权利义务为核心，以遗产分配为任务的法律关系。

（二）继承法律关系的主体为自然人

继承的主体是指通过法律的规定或遗嘱的指定继承死者遗产的人。根据我国《民法典》的规定，继承的主体只能是自然人，任何法人、非法人组织或国家都不能成为继承的主体。法人、其他组织或国家获得遗产只能通过接受遗赠，或者承受无人继承的财产。这些财产就不是基于继承权而获得的财产，此种法律关系也就不属于继承法律关系。

（三）继承以身份关系为基础

继承关系与亲属身份关系密切相关，继承人与被继承人之间的特定身份关系是继承法律关系存在的基础。没有他们相互之间的婚姻关系、血缘关系、家庭关系，就不会有继承的发生。即使在民事主体之间有遗产的转移，也非继承法律关系。

（四）继承法律关系的标的是遗产

继承法律关系是以继承人继承被继承人遗产的权利义务为核心的法律关系。继承法律关系的标的是遗产。遗产是以财产利益为内容的，既包括财产，也包括财产权利。没有遗产，不发生继承，也就不能实现继承；继承法律关系实现，发生遗产所有权的转移。应当注意的是，继承是对死者财产权利义务的全面承受，继承人接受继承的，不仅取得财产和财产利益，还要在取得遗产范围内清偿被继承人生前所欠的税款和债务。

二、继承制度的基本原则

继承制度的基本原则，是处理财产继承必须遵循的法律准则，反映了《民法典》继承编立法的基本指导思想。

（一）保护自然人私有财产继承权原则

保护自然人私有财产继承权是继承编最首要的基本原则，是《民法典》继承编的立法宗旨、目的和任务。我国《宪法》第 13 条明确规定"国家依照法律规定保护自然人的私有财产权和继承权"；《民法典》第 1120 条规定："国家保护自然人的继承权。"上述法律均规定保护自然人私有财产继承权，确立了该原则的首要地位。在继承法中，这一原则主要有以下体现：

（1）凡是自然人死亡时遗留的个人合法财产均为遗产，继承人都可以依法继承。

我国经过 40 多年的改革开放，社会经济得到很大发展。《民法典》物权编规定了"物权平等保护"的原则，法律对于私有财产予以平等保护，鼓励了民事主体创造财富的热情和积极性，私人财富大大增加，在自然人死后的遗产继承方面，法律也要提供良好的保护。

（2）继承人的继承权不受非法剥夺。除有《民法典》继承编规定的法定事由外，继承人的继承权不因任何其他事由而丧失，继承开始后，继承人只要没有明确表示放弃继承权的，视为接受继承，任何人不得非法剥夺。

（3）继承人享有继承权不受有无民事行为能力的限制。自然人自出生时起到死亡时止具有民事权利能力，因而具有继承能力，也就是说继承人的继承能力只和自然人的生命相联系，和其他因素没有关系。不论年龄与智力状况如何，也不因当事人的民事行为能力状态而有所区别。对于胎儿继承权的保护问题，《民法典》第 16 条作出了规定："涉及遗产继承、接受赠与等胎儿利益保护的，胎儿视为具有民事权利能力。但是，胎儿娩出时为死体的，其民事权利能力自始不存在。"因此，赋予胎儿继承方面的民事权利能力，将自然人的财产继承权的保护范围扩大至胎儿。

（4）继承人的继承权受到他人的非法侵害时，有权依照法律规定请求救济，国家以强制力加以保护。

（二）继承权平等原则

该原则是《民法典》第 4 条"民事主体在民事活动中的法律地位一律平等"原则在继承关系中的体现。该原则主要包括以下几点：

1. 继承权男女平等

《民法典》第 1126 条规定："继承权男女平等。"继承权男女平等原则具体表现在：

第一，在继承人的范围、继承顺序和遗产分配中，女子同男子有平等的继承遗产的权利。在继承人的范围和顺序确定上，男女亲等平等；在代位继承中，男女有平等的代位继承权，适用于父系的代位继承人，同样适用于母系。同一顺序继承人中的男女继承份额均等，即使是已出嫁的女儿，其继承权也不能被剥夺。无论是尊卑亲属之间，或是兄弟姐妹之间的继承，均不应有男女差异。

第二，夫妻在继承上有平等的权利，并且有相互继承遗产的继承权。夫或妻为第一顺序的继承人，不因男女而有异。

第三，遗嘱继承男女平等。不论男子或者女子都可立遗嘱处分自己的合法财产；立遗嘱人既可以指定男性继承人，也可以指定女性继承人。

2. 非婚生子女与婚生子女、养子女与亲生子女继承权平等

作为卑亲属，非婚生子女与婚生子女同为子女，有着平等的继承权。任何人不得以任何借口歧视非婚生子女，不得以其为"非婚生"而限制其继承权。养子女与养父母之间是基于合法的收养而形成的亲属关系，他们之间如同亲生子女与生父母之间一样有相互继承遗产的权利，养子女与亲生子女的继承权受法律平等保护。

3. 同一顺序继承人继承遗产的权利平等

《民法典》第 1130 条第 1 款规定："同一顺序继承人继承遗产的份额，一般应当

均等。"凡为同一顺序的继承人，不分尊卑、男女、长幼，有平等的继承被继承人遗产的权利。

（三）权利义务相一致原则

继承是以婚姻家庭身份关系为基础的社会制度，继承制度的基本要求，是被继承人的遗产在其法定继承人中进行分配。所以在继承中，身份关系是决定当事人是否为继承人、能否取得遗产的关键。而在此基础上辅之以权利和义务相一致原则，有利于保障权利人的权利，敦促义务人履行义务。这一原则是我们司法实践长期以来的经验总结，是我国继承制度的重要特点之一。该原则在确定法定继承人的范围、继承顺序、遗赠扶养协议、附义务的遗赠和遗嘱继承等多个方面均有体现，尤其体现在以下两个方面：

其一，在法定继承份额上，《民法典》第1130条第3、4款规定："对被继承人尽了主要扶养义务或者与被继承人共同生活的继承人，分配遗产时，可以多分。有扶养能力和扶养条件的继承人，不尽扶养义务的，分配遗产时，应当不分或者少分。"

在案例29-1中甲的遗产由三个儿子协商如何分割，协商不成时根据权利义务相一致的原则，三儿子长期照料甲，可以多分遗产，大儿子不孝顺，应当不分或少分遗产。

其二，继承人继承被继承人遗产的，也应当偿还被继承人生前所欠的债务。《民法典》第1161条规定："继承人以所得遗产实际价值为限清偿被继承人依法应当缴纳的税款和债务。超过遗产实际价值部分，继承人自愿偿还的不在此限。继承人放弃继承的，对被继承人依法应当缴纳的税款和债务可以不负清偿责任。"

其三，遗嘱继承或遗赠附有义务的，继承人或受遗赠人无正当理由不得拒绝履行。《民法典》第1144条规定："遗嘱继承或者遗赠附有义务的，继承人或者受遗赠人应当履行义务。没有正当理由不履行义务的，经利害关系人或者有关组织请求，人民法院可以取消其接受附义务部分遗产的权利。"

（四）养老育幼原则

养老育幼，即赡养老人、抚育未成年子女及照顾病残者。这一原则要求在继承关系中切实保护老人和儿童的合法权益，对缺乏劳动能力又没有生活来源的继承人给予特别照顾。具体体现在以下几个方面：

1. 遗产的分配有利于养老育幼

对生活有特殊困难的缺乏劳动能力的继承人，应当予以照顾；对于继承人以外的依靠被继承人扶养的缺乏劳动能力又没有生活来源的人，可以分给他们适当的遗产。

2. 在遗嘱继承和遗赠中保护老、幼、残疾人的利益

依《民法典》的规定，被继承人以遗嘱处分其财产时，遗嘱中应当为缺乏劳动能力又无生活来源的继承人保留必要的遗产份额，以保障他们的基本生活需要。

3. 遗产分割不能侵害未出生人的利益

遗产分割时，应当保留胎儿的继承份额，以保护被继承人死亡后出生子女的利益。被继承人在遗嘱中取消其死亡后出生的人应取得的遗产份额的，其处分行为无效。

三、继承的开始

（一）继承开始的时间

《民法典》第 1121 条规定："继承从被继承人死亡时开始。"根据这一法律规定，被继承人死亡的时间就是继承开始的时间。被继承人死亡包括自然死亡和宣告死亡。

对于相互有继承关系的数人在同一事件中死亡，难以确定死亡先后时间的，应按《民法典》第 1121 条第 2 款的规定处理，即首先应推定没有其他继承人的人先死亡；死亡人各自都有其他继承人的，如几个死亡人的辈分不同，推定长辈先死亡；几个死亡人辈分相同的，推定同时死亡，相互不发生继承。

在案例 29-2 中，不同辈分的四个人在同一事故中死亡，首先推定长辈即王某的母亲于某先死亡，其遗产可以由儿子王某继承，然后是王某与李某夫妻二人。由于是同一辈分，推定同时死亡，彼此不继承遗产，各自由自己的继承人继承，最后死亡的人为孩子王丁，其可以继承其父，也可以继承其母的遗产。

确定继承开始的时间具有十分重要的法律意义，以被继承人死亡的时间确定继承人的范围，凡在继承开始时已经死亡或丧失继承权的人，都不能参加继承；遗产范围的确定只能以继承开始为准，只有在继承开始时属于被继承人的财产，才能确定为遗产；从被继承人死亡时遗产的所有权才转移给继承人；遗嘱和遗赠都是从被继承人死亡时产生法律效力。

（二）继承开始的通知

通知，是继承开始的必要环节，继承开始的通知直接影响到利害关系人权利的行使与放弃。根据《民法典》第 1150 条之规定，继承开始后，知道被继承人死亡的继承人应当及时通知其他继承人和遗嘱执行人。继承人中无人知道被继承人死亡或者知道被继承人死亡而不能通知的，由被继承人生前所在单位或者住所地的居民委员会、村民委员会负责通知。

四、遗产

（一）遗产的概念和特征

遗产是指被继承人死亡时遗留的个人合法财产，依照法律规定或者根据其性质不得继承的遗产除外。遗产是继承法律关系的客体，是继承人享有的继承权的标的。没有遗产就没有继承的出现。遗产的特征包括：

（1）时间上：被继承人死亡的时间是确定遗产范围的界限。遗产是被继承人死亡时遗留下来的财产。

（2）内容上：遗产内容具有财产性，不涉及人身关系的部分。遗产可以包括自然人的私人财产所有权、知识产权中的财产权利、自然人的财产性债权债务等等。

（3）性质上：合法财产才可以成为遗产。不是自然人合法取得和享有的财产，不能作为被继承人的个人合法财产列入遗产范围进行继承。

（二）遗产的范围

民法典修改了继承法的立法模式，采用单纯的概括式立法。财产的种类丰富多样，新的财产类型不断重现，没有必要在继承编列明哪些财产类型为遗产的范围，只要是自然人死亡时遗留的个人合法财产，都可以作为遗产加以继承。实践中遗产的类型主要有以下几种：

（1）自然人的私人财产所有权。主要包括自然人的收入；房屋、储蓄和生活用品；林木、牲畜和家禽；文物、图书资料；法律允许自然人所有的生产资料等。

（2）自然人知识产权中的财产权利。知识产权既包括人身权利，也包括财产权利。其中的人身权利，因其与人身不可分离，所以不可转移、让与他人，而是随自然人死亡而消灭，不发生继承。而其中的财产权利则可以被继承，属于遗产范围。

（3）自然人的其他合法财产。自然人的其他合法财产可以包括履行标的为财物的债权、担保物权、有价证券、股权和合伙权益、数据和虚拟财产等。

民法典同时规定了不得继承的遗产范围，《民法典》1122条第2款规定，依照法律规定或者根据其性质不得继承的遗产，不得继承。根据该规定，不得继承的遗产主要有两类，第一类是根据性质不得继承的遗产，例如：被继承人所签订的劳动合同上的权利、被继承人所签订的演出合同上的权利等，这类权利是与被继承人人身有关的专属性权利，不得继承。第二类是根据法律规定不得继承的遗产。凡是法律有相关规定某些财产不得继承，继承人自然不能继承。

实践中，应注意下列财产与遗产的区分。

（1）被继承人的遗产与公有财产的区分。自然人生前承包的小型企业、土地、山林、牧场、草原、鱼塘、果园等，其所有权属于国家或集体组织，承包人只有经营管理权，没有所有权，因此，对该承包经营财产不发生继承问题。但是，自然人生前依承包合同所取得的个人收益，是自然人的合法收入，可以依法继承。如果承包人死亡时尚未取得承包收益，可把死者生前承包所投入的资金和付出的劳动及其增值的孳息，由发包人或接续承包人合理折价、补偿，其价额作为遗产。

（2）被继承人的遗产与保险金的区分。保险金分为人身保险金和财产保险金两种。人身保险金能否列入被保险人的遗产，取决于被保险人或投保人是否指定了受益人。指定了受益人的，被保险人死亡后，其人身保险金应付给受益人；未指定受益人的，被保险人死亡后，其人身保险金应作为遗产处理。财产保险不存在指定受益人的问题，因此，财产保险金属于被保险人的遗产。

（3）被继承人的遗产与抚恤金的区分。抚恤金分为两类，一是因工伤残抚恤费和革命残疾军人抚恤费，归因工伤残者和革命残疾军人个人所有。死亡后，被继承人生前已经领取的抚恤费的剩余部分可以作为遗产继承。二是职工因公死亡、革命军人牺牲或病故，国家或死者生前所在单位等给予死者家属的精神关怀和物质帮助，不是死者生前的个人财产，不能作为遗产。

（三）遗产的确定

被继承人基于社会活动和家庭生活的客观实际，其财产可能与其他主体的财产产生共有关系。这种共有可能是按份共有，也可能为共同共有。确立"先析产后继承"的原则，有利于确定被继承人的个人财产，保证遗产继承的合法性，切实保护被继承人和其他主体的合法权益。

共有财产包括夫妻共有、家庭共有、合伙共有等财产。当被继承人为共有财产的权利人之一时，其死亡后，应该把死者享有的份额从共有财产中分出。我国《民法典》第1153条规定："夫妻共同所有的财产，除有约定的外，遗产分割时，应当先将共同所有的财产的一半分出为配偶所有，其余的为被继承人的遗产。遗产在家庭共有财产之中的，遗产分割时，应当先分出他人的财产。"

第二节　继　承　权

【案例 29-3】　　刘某因盗窃被法院判刑，其父知道后，一气之下得了重病，于当年年底去世，刘某之母早已去世，刘某的哥哥以其父被刘某气死为由，不让刘某继承遗产。

请思考：刘某能否继承父亲的遗产？

【案例 29-4】　　丁某的父亲几年来一直卧病在床，丁某嫌弃父亲是个累赘，于是提出让父亲住到弟弟家，由弟弟负责照顾，还表示今后父亲的遗产自己也不要。但是遗产分割以后，丁某得知父亲生前还收藏了一些宋代的字画，现在这些都归了弟弟，于是要求弟弟分一些字画给自己。

请思考：像丁某这样放弃继承权又翻悔的可以再取得继承权吗？

一、继承权的概念和特征

继承人依法享有的、能够依法取得被继承人遗产的权利，称为继承权，又称财产继承。

继承权有两种含义：第一，继承开始前的继承权，是指自然人根据法律规定或遗嘱指定享有继承被继承人遗产的资格，体现了继承开始前继承人的法律地位，也就是继承人具有的继承遗产的民事权利能力。它不是一种完全的、具体的权利，而是一种将来在继承开始后，可依法继承被继承人遗产的一种资格。它具有专属性，不得转让，也不能放弃。它是法律基于继承人与被继承人之间的一定身份关系而赋予的，与身份关系密不可分。从民事权利分类的角度来看，此时的继承权为一种期待权。第二，继承开始后的继承权，是指继承人在继承法律关系中实际享有的具体权利。它是在继承开始后，由继承的期待权转化而来的。它是具有法律上意义的继承权，一经接受即为完全的、具体的权利，是可以现实取得被继承人遗产的权利，是一种既得权。

继承权作为一重要的民事权利，有其自身的特点，其法律特征包括：

（一）继承权是财产权

继承权是继承人继承被继承人遗产的权利。继承权是与私有财产所有权相联系的权利，只有存在私有财产，发生财产流转关系，才会发生继承，继承权才有意义。故而继承权是一种具有直接财产内容的权利，从民事权利分类的角度看，继承权应属于财产权。

（二）继承权是绝对权

继承权的权利主体是特定的继承人，而义务主体是不特定的继承人以外的一切人；继承人实现其权利无须借助于义务人的行为，义务人也不负有实施某种行为以使继承人实现权利的积极义务。而权利人以外的一切人都负有不得妨碍继承人行使继承权的消极义务。继承权一旦被他人不法侵害，权利人得寻求法律保护。所以继承权属于绝对权。

（三）继承权是以被继承人死亡为行使条件的权利

继承从本质上来说就是因人的死亡而发生的社会关系主体的变更。人死后不再是民事主体，此时就需要继承制度的存在，将死者的财产转归他人所有，继承就是死者生前所有财产关系的延续。从时间上来讲，继承自被继承人死亡时开始。继承开始前的继承权是一种期待性质的权利，而当被继承人死亡这一法律事实发生、继承开始后，这时的继承权就变为真正的可以行使的既得权。

二、继承权的取得和丧失

（一）继承权的取得

从继承权的取得依据来说，继承权是自然人依照合法有效的遗嘱或者法律的直接规定而享有的权利。而遗嘱指定也必须在法定继承人范围之内指定，故而要取得继承权，要以身份关系为基础。继承权与亲属身份关系密切相关。继承权属于财产权而不属于人身权，但这种性质上的差别并不妨碍两者之间存在密切的关系。根据我国继承法的规定，纳入我国继承权范围的亲属身份关系有：血缘关系、婚姻关系和扶养关系。

血缘关系是由生育而产生的人际关系。如父母与子女的关系，兄弟姐妹关系，以及由此而派生的其他亲属关系。它是人先天的与生俱来的关系，在中国，血缘关系是构成家庭的主要原因，在社会上仍然发挥着重要功能。继承制度首先要保障有血缘关系的人继承遗产，并且根据血缘关系的亲疏远近划分继承人的范围和顺序，使得被继承人的财产流向其生前最近的亲属手中。

婚姻关系是基于合法的婚姻登记而确立的人际关系。要求结婚的男女双方亲自到婚姻登记机关进行结婚登记。符合法律规定的，予以登记，发给结婚证。取得结婚证，即确立了夫妻关系，也就是确立了婚姻关系。《民法典》婚姻家庭编确立了夫妻财产共有制度，继承制度必须与婚姻家庭制度相一致，因而配偶之间互相享有继承权是必然结果。

扶养关系也是继承权取得依据，《民法典》继承编规定了养父母养子女之间、有抚养关系的继父母继子女之间以及对公婆和岳父母尽了主要赡养义务的丧偶儿媳和丧偶女婿都有继承权。

（二）继承权的丧失

继承权的丧失是指依照法律规定在发生法定事由时取消继承人继承被继承人遗产的资格，又称为继承权的剥夺。

1. 继承权丧失的法定事由

《民法典》第1125条规定，继承人有下列五种行为之一的，丧失继承权。

（1）故意杀害被继承人。继承人故意杀害被继承人是一种严重的犯罪行为，不论其是否受到刑事责任的追究，都丧失继承权。构成故意杀害被继承人的行为，须具备以下两个条件：

第一，继承人实施了杀害被继承人的行为。不论出于何种动机，采取何种手段杀害，也不论其是直接还是间接杀害，是既遂还是未遂，都可构成杀害被继承人的行为。不论其是否受到刑事制裁，均将无可挽回地丧失继承权；即使被继承人以遗嘱将遗产指定由其继承，该项遗嘱也应被确认无效。

第二，继承人主观上有杀害的故意。如果继承人是由于过失而致被继承人死亡的则不丧失继承权。因实施正当防卫而杀害被继承人的，由于其行为不具有不法性，继承人不丧失继承权。

在案例29-3中，刘某因为盗窃被法院判刑导致父亲被气死，父亲之死并非是刘某故意杀害造成的，故刘某并不丧失对父亲遗产的继承权。

（2）为争夺遗产而杀害其他继承人。这一规定包括主、客观两个方面的要件。从主观要件看，只要是继承人为了争夺遗产而杀害其他继承人，不论行为既遂还是未遂，均丧失继承权。从客观要件看，其杀害对象须是其他继承人，即被继承人的其他法定继承人，不问被害人处于什么继承顺序。

（3）遗弃被继承人，或者虐待被继承人情节严重。遗弃被继承人，是指有扶养能力的继承人对于没有独立生活能力的被继承人拒不履行扶养义务。虐待被继承人是指继承人以各种手段对被继承人进行肉体摧残或精神折磨。根据《民法典》的规定，遗弃被继承人的应剥夺其继承权；而虐待被继承人，只有情节严重的才丧失继承权。根据《民法典继承编解释一》，继承人虐待被继承人情节是否严重，可以从实施虐待行为的时间、手段、后果和社会影响等方面确定。只要继承人虐待被继承人情节严重，不论其行为是否构成犯罪，其是否被追究刑事责任，均丧失继承权。

（4）伪造、篡改、隐匿或者销毁遗嘱，情节严重。伪造、篡改、隐匿、销毁遗嘱，都是对被继承人合法权利的侵害，按照《民法典继承编解释一》第9条之规定，继承人伪造、篡改、隐匿或者销毁遗嘱，侵害了缺乏劳动能力又无生活来源的继承人的利益，并造成其生活困难的，此种情况下丧失继承权。

（5）以欺诈、胁迫手段迫使或者妨碍被继承人设立、变更或者撤回遗嘱，情节严重。不论继承人是采取欺诈或是胁迫手段，只要导致被继承人的真实意思歪曲，情节严重的，就构成丧失继承权的法定事由。

应当注意的是，自然人被确认丧失继承权的，只是对于特定的被继承人而言，效力并不及于其他被继承人，不妨碍他对于其他被继承人的遗产享有的继承权。

2. 继承权丧失的类型

上述原因导致的继承权的丧失，根据丧失后权利是否可恢复，分为继承权的绝对丧失和相对丧失。

（1）继承权的绝对丧失

继承权的绝对丧失，又可称为继承权的终局丧失，是指因发生某种法定事由，继承人的继承权终局的丧失。此种丧失是不可回转的，不依继承人的悔过行为或者被继承人的宽恕意愿而改变，该继承人不能再享有对特定被继承人遗产的继承权。根据《民法典》的规定，继承人因上述第一、二种情形丧失继承权的都属于继承权的绝对丧失；受遗赠人有上述五种丧失继承权行为的，绝对丧失受遗赠权。

（2）继承权的相对丧失

继承权的相对丧失，又称继承权的非终局丧失，是指因发生某种法定事由使继承人的继承权丧失，但在具备一定条件时继承人的继承权最终也可不丧失。该制度贯彻了继承法养老育幼原则，对于敦促继承人弃恶扬善，家庭关系和睦有指引作用。根据《民法典》的规定，继承人因上述第（3）、（4）、（5）三种情形之一导致继承权丧失的，属于继承权的相对丧失。继承人确有悔改表现，被继承人表示宽恕或者事后在遗嘱中将其列为继承人的，该继承人不丧失继承权。

三、继承权的放弃和保护

（一）继承权的放弃

继承权的放弃即继承的放弃，是指继承人于继承开始后作出的放弃继承被继承人遗产的权利的单方意思表示。继承权的放弃不同于继承权的丧失，对于继承人来说，丧失继承权是因罪行、过错而导致的来自外界的惩罚，处于被动的受强制的地位；而放弃继承权是本人对继承权的一种处分，是自愿的。

1. 继承权放弃的要件

（1）时间要件

继承权放弃的意思表示，应在继承开始后，遗产处理前作出。如果遗产分割后，继承人作出不接受遗产的意思表示，属于放弃财产所有权，而不是继承权。《民法典》第1124条第1款规定："继承开始后，继承人放弃继承的，应当在遗产处理前，以书面形式作出放弃继承的表示；没有表示的，视为接受继承。"

（2）方式要件

继承权放弃的方式，是继承人为放弃的意思表示的方式。原则上，继承权的放弃应当以书面形式向其他继承人表示，用口头方式表示放弃继承的，必须本人承认或有其他充分证据证明的，方可认定其有效。

（3）禁止要件

放弃继承权不得损害第三人的利益。依《民法典继承编解释一》第32条的规定，"继承人因放弃继承权，致其不能履行法定义务的，放弃继承权的行为无效"。如继承人不得以放弃自己对已故配偶的遗产继承为由，规避对双方子女的抚养义务。

放弃继承不得附条件。如果继承人在放弃继承权时附有条件，则可能给他人的权利造成侵害。如继承人以不赡养其母亲为条件放弃对其父亲遗产的继承，显然于法相违背。

2. 继承权放弃的效力

继承人放弃继承权的效力，溯及继承开始时。只要继承人自愿依法放弃继承，都视为自被继承人死亡时起就与遗产中的权利义务无关，不仅不承受被继承人生前的债务，也不得继承被继承人生前的财产权利。

对于继承权放弃之后可否恢复的问题，应以放弃的意思表示是否有瑕疵为依据。遵从民法意思表示真实规则，如果放弃的意思表示存在欺诈、胁迫、乘人之危等情形，应当允许撤销。根据《民法典继承编解释一》第 36 条规定："遗产处理前或者在诉讼进行中，继承人对放弃继承反悔的，由人民法院根据其提出的具体理由，决定是否承认。遗产处理后，继承人对放弃继承反悔的，不予承认。"在案例 29-4 中，丁某的兄弟姐妹在分配遗产的时候，丁某对大家明确表示自己不要遗产，已经产生了放弃继承的效果。根据《民法典继承编解释一》第 36 条的规定，遗产处理完毕以后，丁某反悔想要继承父亲的字画，法律不予承认，丁某不能再取得继承权。

关于受遗赠权的接受和放弃问题，《民法典》第 1124 条第 2 款也作了规定，受遗赠人应当在知道受遗赠后 60 日内，作出接受或者放弃受遗赠的表示；到期没有表示的，视为放弃受遗赠。可见受遗赠权的接受应采取明示方式，并且必须在规定时间内作出。

（二）继承权的保护

继承权的保护，是指当继承人的继承权受到他人不法侵害时，继承人有权请求保护其通过继承获得遗产的权利。继承人的这一权利，有学者称为继承恢复请求权或者遗产请求权。该请求权包含两层含义，一是对于真正继承人的继承权的确认，二是请求返还其依法应得的遗产。继承权保护制度体现了法律对合法继承人继承权的保护。

保护继承权一般由被侵害继承权的继承人本人行使；当继承人本人是无民事行为能力人或限制民事行为能力人时，则由其法定代理人行使。合法继承权被侵犯的继承人或其法定代理人既可以向侵权人提出权利请求、向人民调解委员会和有关单位提出请求，也可以向人民法院提起诉讼。被继承人死亡后，其遗产就成为了继承人共有的财产，在被分割之前，这种共有状态一直持续。而财产共有属物权范畴，物权保护不受诉讼时效的限制，故没有得到遗产的继承人任何时候均可以向遗产的实际控制人提出分割遗产，司法实践中将此类纠纷作为因继承引起的析产纠纷来处理。当然，如果继承的遗产中有债权性质的权利，则继承人应该在诉讼时效内向债务人行使权利。

本章练习题

一、思考题

1. 如何理解我国《民法典》继承编规定的权利义务相一致原则？

2. 继承权丧失的法定事由有哪些？

3. 简要回答继承权放弃的要件。

二、综合训练

1. 原告王某，其父母共生有一女一男，现均已成年，独立生活，2001 年原告的父亲经有关部门批准在镇上建了五间店面房，2005 年因旧城改造，政府将位于县城内的两套商品房安置给原告父母。后原告父亲生病住院，母亲与女儿为家庭琐事产生矛盾。2018 年 7 月原告的父亲去世后，原告的母亲及弟弟各居住于其中的一套商品房内，五间店面房由原告母亲以其名义出租，租金亦由其母亲收取。2018 年年底，王某提出要求分割房产，母亲不同意。故向法院起诉。请问：王某有继承其父遗产的权利吗？

【要点提示】

结合继承权男女平等的原则分析案例。

2. 王某因病死亡，其遗留的个人财产有：房屋两间、60 英寸彩电一台、摩托车一辆，债权 11 万元。此外，王某与他人合伙经营，有合伙财产及采矿设备一套、存款 80 万元，矿石款 60 万元，黄金十余两。王某死亡前，曾在保险公司投人身保险，保险公司应支付保险金 15 万元，受益人是其妻子刘某。请问：王某遗留财产有哪些是合法遗产？

【要点提示】

注意遗产和保险金的差别。

3. 丁磊幼年丧父，与母亲共同生活，2000 年承包了村里的鱼塘 50 亩，很快富裕起来并于 2005 年建了一栋五层楼的新房，价值约 100 万元。不久，母亲过世。2010 年，丁磊经人介绍与本村李兰结婚，婚后不久，丁磊不幸病逝，此时李兰已怀孕。办理丧事后，丁磊之弟与李兰发生争议，动手打了李兰，并说李兰是克星，过门没几天就克死丈夫。李兰及娘家人气愤不过，将丁磊的弟弟打成重伤。李兰也因故意伤害罪被判处有期徒刑 3 年。但考虑到李兰身怀有孕决定监外执行。这时，李兰生了一子，但出生后几天就夭折。丁磊的弟弟认为李兰已不是丁家的人了。因此要赶走李兰占有丁磊所建的房，李兰认为自己虽与丁磊结婚时间不长，但毕竟是丁磊之妻，故这栋房应归自己所有。双方争执不下，诉诸法院。请问：

（1）李兰被判处有期徒刑后，是否仍享有继承权？为什么？

（2）出生后几天又夭折的小儿是否享有继承权？为什么？

【要点提示】

结合继承权丧失的法定事由进行分析。

第三十章　法定继承

◎ 知识目标
- 了解法定继承的概念特征和适用范围、了解法定继承中的遗产分配原则。
- 掌握法定继承人的范围和顺序。
- 掌握代位继承和转继承不同的适用条件。

◎ 能力目标
- 能运用继承法的基本知识处理法定继承遗产纠纷。

第一节　法定继承概述

一、法定继承的概念和特征

法定继承是指根据法律直接规定的继承人范围、继承顺序、继承遗产份额及遗产分配原则分配遗产的一种继承方式。法定继承，又称为无遗嘱继承。法定继承是一种法律推定的继承。当被继承人未立遗嘱，或者所立的遗嘱无效时，法律根据继承人与被继承人的近亲属关系，推定被继承人生前愿将其遗产交由与其关系最近的近亲属继承的法律制度。法定继承的特征为：

（一）法定继承是遗嘱继承的补充

法定继承虽是与遗嘱继承并行的继承方式，但是在效力上，它低于遗嘱继承，只有在不适用遗嘱继承时才适用法定继承。

（二）法定继承以一定的人身关系为基础

在法定继承中，法定继承人是由法律直接规定的，法律规定继承人的依据就是继承人与被继承人之间的婚姻关系、血缘关系和扶养关系等人身关系的存在。而亲属关系的远近又是确定法定继承顺序先后的根据。

（三）法定继承具有法定性、强制性

法定继承人的范围、继承顺序、继承份额和遗产分配原则都由法律明确加以规定，属于强制性的法律规范，除被继承人依法订立遗嘱或订立遗赠扶养协议的方式改变外，任何组织和个人均无权予以改变。

二、法定继承的适用范围

法定继承的适用范围，是指法定继承在什么情形下适用。根据《民法典》继承编的规定，法定继承的适用范围包括：

（1）遗嘱继承人放弃继承或受遗赠人放弃受遗赠的，放弃的部分适用法定继承。

（2）遗嘱继承人丧失继承权或者受遗赠人丧失受遗赠权的，遗嘱中指定由相关人员继承或受遗赠的部分，适用法定继承。

（3）遗嘱继承人、受遗赠人先于遗嘱人死亡或终止的，遗嘱对其尚未发生效力，因而，遗嘱中指定由相关人员或组织继承、受赠的财产部分适用法定继承。

（4）遗嘱无效部分所涉及的遗产适用法定继承办理。

（5）遗嘱未处分的遗产，适用法定继承办理。

（6）被继承人没有订立遗嘱或遗赠扶养协议的，适用法定继承。

第二节　法定继承人的范围、顺序和遗产分配原则

【案例 30-1】　张某（男）与刘某（女）于 2012 年结婚，2013 年生育一子张小强，2014 年夫妻二人购买价值 300 万元住房一套，登记户主为张某。2015 年张某遇车祸死亡，其死亡时夫妻共有存款 50 万元。张某死后，刘某欲再婚，张某的父母反对未果后要求继承该套房屋。

请思考：张某的遗产如何继承？

继承人，又称为遗产继承人，是指依照法律规定继承死者遗产权利和义务的人。继承人有法定继承人和遗嘱继承人两种。其中，法定继承人是根据法律规定享有继承权的人，而遗嘱继承人是根据死者遗嘱取得继承权的人。根据《民法典》继承编的规定，遗嘱继承人是法定继承人范围内的人。

一、法定继承人的范围

法定继承人的范围，由法律根据血缘关系、婚姻关系以及扶养关系作出直接规定。根据《民法典》第 1127 条的规定，法定继承人包括：

（一）配偶

配偶，是具有合法婚姻关系的夫妻。是否有合法婚姻关系应以双方是否办理结婚登记手续领取结婚证书为标准，凡未办理结婚登记手续而以夫妻名义共同生活的男女，在一方死亡时，除依法可以承认的事实婚姻外，另一方均不能以配偶身份对死亡一方的遗产主张继承权。

另外，虽已办理结婚登记手续领取结婚证书，但如果被认定为无效婚姻或可撤销婚姻被撤销的，当事人自始不具有夫妻的权利和义务，一方死亡的，另一方当然也不能以配偶身份继承遗产。

（二）子女

子女，是被继承人最近的直系晚辈亲属。根据我国法律规定，作为法定继承人的子女包括婚生子女、非婚生子女、养子女和有扶养关系的继子女。

1. 婚生子女

婚生子女是指有合法婚姻关系的男女所生育的子女。婚生子女不论随父姓还是随母姓，不论已婚未婚，都有权继承父母的遗产。无论该婚生子女父母的婚姻关系是否存续或是因父母离婚而由一方抚养的子女，对其生父、生母的遗产都享有继承权。

2. 非婚生子女

非婚生子女是指没有合法婚姻关系的男女所生育的子女。非婚生子女与婚生子女享有平等的继承权。非婚生子女基于血缘关系而享有继承权，不因其父母之间的没有婚姻关系而受到影响。

3. 养子女

养子女是指因收养关系的成立而为收养人所收养的子女。与养父母形成父母子女关系，养父母和养子女间的权利和义务，适用父母子女关系的有关规定。养子女与生父母及其他近亲属的权利义务，因收养关系的成立而消除。因此，养子女只有权继承养父母的遗产，而无权继承生父母的遗产。如果养子女对生父母扶养较多，除依法继承养父母的遗产外，可以依《民法典》第 1131 条的规定适当分得生父母的遗产。

养父母子女关系是一种拟制血亲关系，可以依法成立，也可依法解除。收养关系解除后，养子女与养父母间的权利义务关系同时终止，养子女不能再继承养父母的遗产。收养关系解除后，被收养人是未成年人的，与生父母的权利义务关系自然恢复，当然可以继承生父母的遗产；但成年养子女与生父母间的权利义务关系并不自然恢复，如果双方协商一致恢复父母子女关系的，相互间有继承权，但不能协商一致恢复父母子女关系的，不能继承生父母的遗产。

4. 有扶养关系的继子女

继子女，是指妻与前夫或者夫与前妻所生的子女。继子女与继父母之间没有血缘关系，所以继子女可以继承其生父母的遗产，但能否继承继父母的遗产，取决于继子女和继父母之间是否形成扶养关系。有扶养关系的继子女有权继承继父母的遗产；相反，没有形成扶养关系的，继子女不是继父母的法定继承人。

但是，需要说明的是，继承编界定的子女范围，要比婚姻家庭编的规定更宽泛，既包括子女受继父母抚养的情形，也包括继子女赡养继父母的情形。如果一个继子女在未成年时期并未受继父母的抚养，但是其对继父母进行了赡养，虽然按照婚姻家庭编的规定该子女与继父母之间不适用父母子女之间的权利义务关系的规定，但是按照继承编，该子女可以被认定为继父母的子女，具有第一顺序继承人的地位，这符合权利义务相一致的原则。

另外，继子女与继父母之间的关系是由于其父或母的再婚关系而产生，继子女与其亲生父母的权利义务关系并不因此消灭，所以，无论继子女有无继承其继父母的遗产，均不影响其继承生父母的遗产，也就是说，继子女有双重的继承权。

（三）父母

父母，是被继承人最近的直系长辈亲属。根据我国法律规定，作为法定继承人的父母包括生父母、养父母和形成扶养关系的继父母。

生父母有权继承亲生子女的遗产，但子女被他人收养的，父母子女的权利义务关系消灭，父母对被他人收养的子女无遗产继承权。养父母有权继承养子女的遗产，但收养关系解除后，养父母不再享有继承养子女遗产的权利。

继父母和继子女之间已经形成扶养关系的，继父母有双重继承权，既可以继承继子女的遗产，同时对亲生子女的遗产也有继承权；未形成扶养关系的，继父母无权继承继子女的遗产，仍有权继承亲生子女的遗产。

（四）兄弟姐妹

兄弟姐妹，是最近的旁系血亲。根据我国法律规定，作为法定继承人的兄弟姐妹包括同父母的兄弟姐妹、同父异母或同母异父的兄弟姐妹、养兄弟姐妹、有扶养关系的继兄弟姐妹。

需要注意的是，养兄弟姐妹关系是基于收养关系而成立的养子女与生子女之间、养子女与养子女之间的兄弟姐妹关系，他们互为继承人。而被收养人与其亲兄弟姐妹之间法律上的权利义务关系，因收养关系的成立而消除，不能互为继承人。

继兄弟姐妹是异父异母的兄弟姐妹，他们之间无血缘关系，因此继兄弟姐妹之间并不当然有继承权。根据最高人民法院的司法解释，继兄弟姐妹之间的继承权，因继兄弟姐妹之间的扶养关系而发生。没有扶养关系的继兄弟姐妹，不能互为继承人。继兄弟姐妹之间相互继承了遗产的，不影响其继承亲兄弟姐妹的遗产。

（五）祖父母、外祖父母

祖父母、外祖父母是较为亲近的直系尊亲属。包括亲祖父母、亲外祖父母、养祖父母、养外祖父母、有扶养关系的继祖父母、继外祖父母。

（六）对公、婆尽了主要赡养义务的丧偶儿媳、对岳父、岳母尽了主要赡养义务的丧偶女婿

儿媳与公婆、女婿与岳父母之间是姻亲关系，没有血缘联系，相互之间本没有继承权。基于权利义务相一致的原则，并且为了提倡中华民族尊老、养老、爱老的风尚，《民法典》第1129条明确规定："丧偶儿媳对公婆，丧偶女婿对岳父母，尽了主要赡养义务的，作为第一顺序继承人。"

认定是否"尽了主要赡养义务"，一般可以从以下几方面综合考虑：或对被继承人生活提供了主要经济来源，或在劳务等方面给予了主要扶助。儿媳对公婆、女婿对岳父母的这种赡养义务具有长期性、经常性。以上条件具备的，不论他们是否再婚，均为第一顺序继承人。

二、法定继承人的继承顺序

法定继承人的继承顺序，又称为法定继承人的顺位，是指由法律规定法定继承人参加继承的先后次序。根据我国《民法典》继承编的规定，顺序在先者有优先继承权，而顺序在后者被排除在外。也就是说，法定继承开始后，法定继承人按顺序继承，先由顺序在先的继承人继承，没有顺序在先的继承人的，才由顺序在后的继承人继承。也就是说，只要前一顺序的继承人有一人继承，后一顺序的继承人就无权主张分得遗产。

我国《民法典》继承编确定的法定继承人的继承顺序如下：

第一顺序：配偶、子女、父母、对公婆尽了主要赡养义务的丧偶儿媳和对岳父母

尽了主要赡养义务的丧偶女婿。

第二顺序：兄弟姐妹、祖父母、外祖父母。

三、法定继承中的遗产分配

（一）法定继承的遗产分配原则

在法定继承中，若继承人为多人时，就涉及如何确定各继承人的应继份额，这就是遗产的分配原则。依据《民法典》第 1130 条的规定，法定继承的遗产分配按照以下原则确定：

同一顺序继承人继承遗产的份额，一般应当均等。但是，在下列特殊情况下，继承人的继承份额可以不均等：

（1）对生活有特殊困难又缺乏劳动能力的继承人，分配遗产时，应当予以照顾。

（2）对被继承人尽了主要扶养义务或者与被继承人共同生活的继承人，分配遗产时，可以多分。尽了主要扶养义务是指对被继承人提供了主要经济来源，或在劳务等方面给予了主要扶助的。

（3）有扶养能力和有扶养条件的继承人，不尽扶养义务的，分配遗产时，应当不分或者少分。应当注意的是，继承人有扶养能力和扶养条件，愿意尽扶养义务的，但被继承人因有固定收入和劳动能力，明确表示不要求扶养的，分配遗产时，一般不应因此而影响其应继承份额。

（4）继承人协商同意的，也可以不均等。

（二）法定继承人以外的人酌情分配遗产问题

根据《民法典》第 1131 条的规定，可以酌情分配遗产的人应是以下两种情况之一：

（1）继承人以外的依靠被继承人扶养的人；

（2）继承人以外的对被继承人扶养较多的人。

法律赋予继承人以外的人酌情分得遗产的权利，是基于他们与被继承人之间存在特别的扶养关系，为了保障需要扶养人的生活和体现权利义务相一致的原则。酌情分得遗产的人，有权要求分得适当的遗产，根据他们的具体情况，分配遗产时，可以多于或少于继承人。

在案例 30-1 中，一套价值 300 万元的房屋与 50 万元存款是夫妻共同财产，有一半是妻子刘某的，另外的一半作为张某的遗产，在其没有立遗嘱的情况下，由妻子刘某、父亲、母亲、儿子平均分配。

第三节　代位继承和转继承

【案例 30-2】　王某于 2015 年去世，当时有母亲甲、弟弟乙和养女丙，2017 年 2 月，王母去世。王某在老家有四间房屋。

请思考：这四间房屋应如何继承？

一、代位继承

（一）代位继承的概念

《民法典》第 1128 条规定："被继承人的子女先于被继承人死亡的，由被继承人的子女的直系晚辈血亲代位继承。被继承人的兄弟姐妹先于被继承人死亡的，由被继承人的兄弟姐妹的子女代位继承。代位继承人一般只能继承被代位继承人有权继承的遗产份额。"代位继承是指被继承人的子女或兄弟姐妹先于被继承人死亡时，由被继承人子女的晚辈直系血亲或被继承人的兄弟姐妹的子女代替该被继承人的子女或兄弟姐妹的继承地位，继承被继承人遗产的法律制度。其中，先亡的继承人，称为被代位人或被代位继承人，代替被代位人取得遗产的直系晚辈血亲，称为代位继承人，享有代位继承权。在代位继承中，代位继承人代替被代位继承人所固有的继承地位、按被代位继承人的继承顺序和应继份额继承遗产。

（二）代位继承的成立条件

1. 被代位继承人在继承开始前已经死亡

被代位继承人的死亡时间是在被继承人死亡之前，这是代位继承存在的必要条件。这里的死亡既包括自然死亡，也包括法院宣告死亡。

2. 被代位继承人只能是被继承人的子女或兄弟姐妹

根据《民法典》继承编的规定，被代位继承人只能是被继承人的子女或兄弟姐妹。

3. 被代位继承人未丧失或放弃继承权

依照现行的法律规定，代位继承人是基于被代位继承人享有继承权而继承财产的，其自身没有继承权，所以被代位继承人丧失或放弃继承权的，其直系晚辈血亲不得代位继承。

4. 代位继承人是被继承人子女的直系晚辈血亲或被继承人的兄弟姐妹的子女

代位继承人只能是上述人员，其他亲属无权代位继承。这里需要注意三个问题：

第一，直系血亲的含义。《民法典继承编解释一》第 15 条规定："被继承人的养子女、已形成扶养关系的继子女的生子女可以代位继承；被继承人亲生子女的养子女可以代位继承；被继承人养子女的养子女可以代位继承；与被继承人已形成扶养关系的继子女的养子女也可以代位继承。"也就是说婚生和非婚生子女是当然的直系血亲，可以成为代位继承人，而继子女不为血亲，其仅有权对其亲生父母代位继承，而对继父母则没有代位继承权。所以被继承人子女的继子女没有代位继承权。对于养子女，我国从稳定收养关系的角度出发规定其可以作为代位继承人继承其养父或养母的财产。

第二，晚辈直系血亲，范围较为宽泛。《民法典继承编解释一》第 14 条规定："被继承人的孙子女、外孙子女、曾孙子女、外曾孙子女都可以代位继承，代位继承人不受辈数的限制。"也就是说，被代位人仅可以是被继承人的子女或兄弟姐妹，而被继承人子女以下的直系晚辈血亲继承时都是代位继承人，没有辈分限制。

第三，被继承人的兄弟姐妹的代位继承人仅限于其子女。兄弟姐妹本属旁系血亲，与直系血亲的血缘及情感联系相差甚远。因此法律对旁系血亲的代位继承人采取限制，根据民法典继承编的规定，旁系血亲的代位继承人仅限于被继承人的侄子女、甥子女。

5. 代位继承只适用于法定继承

在遗嘱继承中，因为遗嘱只有在立遗嘱人死亡时发生法律效力，遗嘱中指定的遗嘱继承人才实际享有继承遗产的权利。如果遗嘱继承人于遗嘱生效前死亡，此时尚未取得继承权，没有这一前提，自然不会发生代位继承的问题，所以遗嘱继承中不适用代位继承。

(三) 代位继承时的遗产分割

在具备代位继承的条件时，即发生代位继承，代位继承人取代被代位继承人的继承地位参与遗产继承。

1. 代位继承人的继承顺序

代位继承人要根据被代位继承人的地位和顺序继承遗产。被继承人的子女为第一顺序的法定继承人，因此代位继承人代位继承时，是作为被继承人的第一顺序的法定继承人参加继承的。而且丧偶儿媳、丧偶女婿作为第一顺序的继承人参加法定继承时，不影响其子女的代位继承。被继承人的兄弟姐妹为第二顺序继承人，因此被继承人的兄弟姐妹的子女在代位继承时是以第二顺序继承人的身份参与继承的。只有在没有第一顺序继承人继承，也没有被继承人子女的晚辈直系血亲代位继承时，才能根据法律的规定代位继承。

2. 代位继承人的应继份额

根据《民法典》继承编的相关规定，代位继承人一般只能继承被代位继承人有权继承的遗产份额。因此，若代位继承人有数人时，则由他们按人数均分被代位人的应继承份额。

在案例30-2中，王某作为其母的子女，先于其母死亡，王某的养女就可以代位继承王某的遗产份额。所以，王母的遗产分两份，由其弟乙和王某本人平均分配，王某的份额由其养女代位继承和遗赠。

二、转继承

(一) 转继承的概念

转继承又称连续继承、再继承、第二次继承，是指继承人在继承开始后，遗产分割前死亡，其应继承的遗产转归其合法继承人继承的法律制度。该合法继承人称为转继承人。在被继承人死后遗产分割前死亡的继承人称为被转继承人。

继承从被继承人死亡时开始，凡是在被继承人死亡时生存的有继承能力的继承人都可以继承被继承人的遗产。但继承人并非在继承开始时就分配遗产，如果继承人在遗产分割前死亡，便不能实际接受遗产，这种情形下就会发生继承人应继份额该由何人承受的问题，这样就发生了转继承。

应当注意的是，转继承只是将被转继承人应继承的遗产份额转由其继承人承受，转继承不是继承权的移转。转继承人没有因此而享有对被继承人的遗产继承权,其享有和行使的是对被转继承人的遗产继承权。

（二）适用转继承应具备的条件

第一,继承人在继承开始后,遗产分割前死亡。如果继承人在继承开始前死亡,只会发生代位继承问题。如果继承人在遗产分割后死亡,因其已经实际取得遗产的所有权,该遗产已然成为其遗产,其继承人将直接继承其遗产,而不是发生转继承。

第二,继承人既未放弃继承权也未丧失继承权。若继承人没有继承权,就没有参加继承而取得遗产的权利,自然不能发生转继承。

（三）转继承和代位继承的区别

转继承和代位继承具有一定的相似之处,都是由有继承权的继承人的继承人取得被继承人的遗产,但两者是完全不同的法律制度,有着明显的区别。主要表现在以下三个方面:

第一,发生原因不同。转继承是基于继承人在继承开始后遗产分割前死亡的法律事实引发的;而代位继承是基于被代位继承人先于被继承人死亡,即在继承开始前死亡引发的。

第二,主体不同。转继承人是被转继承人死亡时生存的所有合法继承人,并没有晚辈直系血亲的限制,被转继承人也可以是被继承人的任何一个继承人。代位继承人只能是被代位继承人的晚辈直系血亲,而且被代位人只能是被继承人的子女或兄弟姐妹。

第三,适用的范围不同。转继承可以发生在法定继承中,也可以发生在遗嘱继承中。如果被继承人留有合法有效遗嘱,遗嘱继承人在继承开始后未表示放弃继承权,但于遗产分割前死亡的,则遗嘱继承人依照遗嘱应得到的遗产就由其法定继承人继承。不仅在遗嘱继承中可能出现转继承,在遗赠中也会发生受遗赠人的法定继承人承受遗赠遗产的情况。而代位继承只发生在法定继承中,不适用于遗嘱继承和遗赠。

本章练习题

一、思考题

1. 简述法定继承人的范围和顺序。

2. 比较代位继承与转继承的区别。

二、综合训练

方敏与高芳系夫妻,共有房屋五间,生有三个子女。长子早年死亡,其妻刘萍带着养女与公婆一起生活。次子于 2003 年暴病身亡,其妻改嫁,留下 4 岁的儿子方向随祖父母生活。方敏与高芳夫妻有五间房屋涉及商业拆迁,得到补偿款 80 万元。2016 年 5 月方敏死亡,临死前立下自书遗嘱,要求把补偿款留给方向 10 万元。在遗产未分割时,方敏与高芳的女儿因车祸身亡,留下丈夫王强和女儿王洁。现在有关当事人在处理房款上发生纠纷:大儿媳刘萍一直与公婆共同生活,尽了主要赡养义务,要求继承遗产;方向认为除了 10 万元外,还应再分得一份遗产。为此,方向诉至法院。

【要点提示】

注意死亡的继承人的死亡时间，结合我国代位继承要件进行分析。

第三十一章 遗嘱继承、遗赠、遗赠扶养协议

◎ **知识目标**

- 了解遗嘱继承的特点、遗嘱的形式要件、遗赠扶养协议与遗赠的区别。
- 掌握遗嘱继承的适用条件、遗嘱有效条件、遗嘱的变更和撤回、遗嘱见证人的法律要件。

◎ **能力目标**

- 能运用继承法的基本知识处理遗嘱继承、遗赠等纠纷。

第一节 遗嘱继承

【**案例 31-1**】 李某有一子一女，李某去世后留下的遗产有一套房屋和十万元存款，子女发现李某的遗嘱写明将房屋给儿子继承。

请思考：李某的遗产如何处理？

一、遗嘱继承概述

遗嘱继承又称指定继承，是与法定继承相对应的继承方式。它是指继承开始后，继承人按照被继承人的合法有效的遗嘱继承被继承人遗产的法律制度。在遗嘱继承中，生前立有遗嘱的人称为遗嘱人或立遗嘱人，依照遗嘱的指定享有遗产继承权的人为遗嘱继承人。

遗嘱继承是按照被继承人的遗嘱来继承遗产的，继承人可以在遗嘱中明确规定具体的遗嘱继承人、改变法定继承人的顺序和份额、指定遗产的分配方法和遗嘱执行人等等。法律确认和保护遗嘱继承，自然人生前可以按自己的意愿对其死后财产的处分作出安排，这样可以减少遗产继承中的纠纷。另外，为了防止自然人滥用法律赋予的遗嘱处分权，《民法典》继承编对遗嘱的自由也加以必要的限制。

（一）遗嘱继承的法律特征

遗嘱继承具有以下特征：

（1）遗嘱继承的发生须有两个民事法律事实，即被继承人死亡和被继承人立有合法的遗嘱。二者缺一不可，否则遗嘱继承不能得以适用。

（2）遗嘱继承人和法定继承人的范围相同，但遗嘱继承不受法定继承顺序和应继份额的限制。被继承人订立遗嘱分配其遗产，指定法定继承人范围内的人继承的，

为遗嘱继承；指定法定继承人以外的人取得遗产的，为遗赠。指定法定继承人继承遗产的，可以改变继承人的继承顺序，也可以改变继承人所得的遗产份额。

（3）遗嘱继承是对法定继承的一种排斥。遗嘱继承直接体现了被继承人的意愿，按照遗嘱继承就是按照被继承人的意愿继承。从尊重自然人生前遗愿、体现遗嘱自由、保护自然人财产权出发，《民法典》规定遗嘱继承效力优于法定继承，在继承开始后，有遗嘱的，先要按照遗嘱进行继承。在案例31-1中，李某的遗产首先按遗嘱将房屋给儿子继承，10万元存款在遗嘱中未提及，则存款按法定继承由子女平分。

（二）遗嘱继承的适用条件

依据我国《民法典》的规定，在被继承人死亡后，只有具备以下条件时，才能按照遗嘱继承办理：

（1）立遗嘱人死亡且指定的遗嘱继承人继承开始时尚生存。

（2）被继承人立有遗嘱且遗嘱合法有效。

（3）指定继承人未丧失继承权和未放弃继承权。

（4）没有遗赠扶养协议。遗嘱继承的效力虽然优于法定继承的效力，但遗嘱继承不能对抗遗赠扶养协议，只有在没有遗赠扶养协议的情况下，被继承人的遗产才可按照遗嘱办理。

二、遗嘱概述

（一）遗嘱的概念和特征

《民法典》第1133条规定："自然人可以依照本法规定立遗嘱处分个人财产，并可以指定遗嘱执行人。自然人可以立遗嘱将个人财产指定由法定继承人中的一人或者数人继承。自然人可以立遗嘱将个人财产赠与国家、集体或者法定继承人以外的组织、个人。自然人可以依法设立遗嘱信托。"

可见，遗嘱是自然人生前按照法律的规定处分个人财产及安排与此相关的事务并于死亡后发生效力的单方民事行为。订立遗嘱的自然人为立遗嘱人；遗嘱指定的继承人为遗嘱继承人；遗嘱将遗产赠与法定继承人以外的自然人或组织的，该个人或组织为受遗赠人；自然人通过遗嘱设立信托的，应写明受托人和受益人；对他人订立遗嘱的事实予以见证的人为遗嘱见证人；执行遗嘱内容，将遗嘱付诸实施的人为遗嘱执行人。

遗嘱具有以下法律特征：

1. 遗嘱是一种单方、要式民事行为

遗嘱是一种单方民事行为，仅有立遗嘱人自己的意思表示即可成立，至于遗嘱继承人是否接受继承、受遗赠人是否接受遗赠并不影响遗嘱的成立和效力；遗嘱应当采取法律规定的形式，否则不能发生法律效力。

2. 遗嘱是死因行为

遗嘱无论何时订立，均于立遗嘱人死亡时才发生法律效力。遗嘱的有效性取决于遗嘱人的遗嘱能力等实质和形式要件，但其内容的生效要以立遗嘱人死亡为条件。应注意遗嘱的有效和生效的区别。

3. 遗嘱的内容必须不违反法律规定

凡是违反法律规定的遗嘱均不能发生法律效力。

（二）遗嘱的内容

遗嘱人通过订立遗嘱表示出对自己财产的处分和相关事项的安排，一般说来，遗嘱可以包括以下内容：

（1）遗嘱继承人和受遗赠人的指定。

（2）遗嘱执行人的指定。

（3）遗产的分配方法和份额。

（4）对遗嘱继承人和受遗赠人附加的义务。

（5）订立遗嘱的时间地点。

（6）其他事项。

（三）遗嘱的形式

1. 遗嘱形式的种类

遗嘱的形式，是指立遗嘱人表达处分个人财产的形式。遗嘱的形式是否合法，关系着遗嘱是否有效，遗嘱继承人能否取得遗产。根据我国《民法典》的规定，遗嘱的形式包括以下六种：

（1）自书遗嘱。自书遗嘱是指由遗嘱人亲笔书写的遗嘱。自书遗嘱应当由遗嘱人亲笔写下遗嘱的全部内容，既不能由他人代笔，也不能打印。遗嘱人应当在遗嘱上注明书写的时间、地点，并应亲笔签名，不得以私人印章、手印或其他符号来代替签名。如有增删或改动，应在增删、改动内容的旁边注明字数并签名，还应写明时间、地点。自书遗嘱在形式上不需要见证人。

另外，《民法典继承编解释一》第27条规定："自然人在遗书中涉及死后个人财产处分的内容，确为死者的真实意思表示，有本人签名并注明了年、月、日，又无相反证据的，可以按自书遗嘱对待。"可见，遗书符合书面遗嘱的形式要求的，具有遗嘱的法律效力。

（2）代书遗嘱。遗嘱人在无书写能力或因故不能亲自书写遗嘱的情况下，可请他人代笔书写，代书遗嘱的要件是：必须由遗嘱人口述遗嘱内容；由两个以上见证人（代书人也可为见证人）在场见证；代书人写好了的遗嘱必须经遗嘱人认可；代书人、其他见证人和遗嘱人在遗嘱上签名，并注明年、月、日。

（3）打印遗嘱。打印遗嘱是遗嘱人通过打印的方式做成的遗嘱。这种方式与当今社会生活的现实状况和科技发展的水平相适应，为当事人设立遗嘱提供了便利。打印遗嘱既可以由遗嘱人自己编辑、打印，也可以由遗嘱人表述遗嘱内容，他人代为编辑、打印。为防止不法行为人通过技术手段篡改，《民法典》第1136条规定了严格的形式要件："打印遗嘱应当有两个以上见证人在场见证。遗嘱人和见证人应当在遗嘱每一页签名，注明年、月、日。"

（4）录音录像遗嘱。录音录像遗嘱包括录音遗嘱和录像遗嘱。录音遗嘱是遗嘱人口述遗嘱内容并用录音的方式记录而成的遗嘱。录像遗嘱是遗嘱人叙述遗嘱内容并用录像的方式记录而成的遗嘱。设立该种遗嘱，应具备以下形式要件：首先，无论采用录音还是录像，遗嘱人都应该亲自表达遗嘱内容，不可由他人转述，并应说明制作遗嘱的具体时间、地点；其次，须有两个以上的见证人见证，见证人应当在录音录像中记载其姓名或肖像。

（5）口头遗嘱。口头遗嘱是指由遗嘱人口头表述的而不以任何方式记载的遗嘱。由于这种形式的遗嘱，容易被人篡改、伪造，容易失实，因此，采用口头遗嘱受到严格限制。根据《民法典》第1138条的规定，口头遗嘱须具备以下两个条件：一是遗嘱人处于危急情况下，不能以其他方式设立遗嘱。所谓的危急情况，一般是指遗嘱人生命垂危、在战争中或者发生意外灾害，随时都有生命危险，而来不及或无条件设立其他形式遗嘱的情况。在危急情况消除后，遗嘱人能够以书面或者录音录像形式立遗嘱的，所立的口头遗嘱无效；二是应当有两个以上的见证人在场见证。遗嘱人于危急情况下设立口头遗嘱的，也至少有两个以上见证人在场见证。见证人应将遗嘱人口授的遗嘱记录下来，并由记录人、其他见证人签名，注明年、月、日；见证人无法当场记录的，应于事后追记、补记遗嘱人口授的遗嘱内容，并于记录上共同签名，并注明年、月、日，以保证见证内容的真实、可靠。一旦危急情况消除，遗嘱人能够采用其他方式订立遗嘱时，不论遗嘱人是否另立遗嘱，口头遗嘱都失去效力。

（6）公证遗嘱。公证遗嘱是经公证机关公证证明的遗嘱。公证遗嘱是方式最为严格的遗嘱，较之其他的遗嘱方式更能保障遗嘱人意思表示的真实性。因此，在当事人发生继承纠纷时，公证遗嘱是证明遗嘱人处分财产的意思表示的最有力和最可靠的证据。

遗嘱人办理遗嘱公证应当亲自到公证处提出申请。遗嘱人亲自到公证处有困难的，可以书面或者口头形式请求有管辖权的公证处指派公证人员到其住所或者临时处所办理。遗嘱公证应当由两名公证人员共同办理，由其中一名公证员在公证书上署名。遗嘱人在办理公证遗嘱时，应当向公证机关提供书面遗嘱或向公证机关表述遗嘱内容。公证人员要依法对遗嘱人立遗嘱行为的真实性、合法性予以审查，审查的内容包括：遗嘱人是否具有完全民事行为能力、意思表示是否真实、遗嘱是否处分个人财产、遗嘱的内容是否违反法律规定和社会公共利益、办理公证的程序是否符合规定等。经审查认为遗嘱人立遗嘱行为符合法律规定的条件的，公证处应出具公证书。公证遗嘱采用打印形式。遗嘱人根据遗嘱原稿核对后，应当在打印的公证遗嘱上签名、盖章或按手印。

2. 遗嘱见证人

依《民法典》继承编的规定，代书遗嘱、打印遗嘱、录音录像遗嘱、口头遗嘱都必须有两个以上的见证人在场见证。遗嘱见证人是证明遗嘱真实性的第三人。一般说来，见证人应当具备两个条件：一是有完全民事行为能力和遗嘱见证能力；二是与继承人、遗嘱人无利害关系。《民法典》第1140条规定："下列人员不能作为遗嘱见证人：（一）无民事行为能力人、限制民事行为能力人以及其他不具有见证能力的人；（二）继承人、受遗赠人；（三）与继承人、受遗赠人有利害关系的人。"根据《民法典继承编解释一》第24条的规定，继承人、受遗赠人的债权人、债务人，共同经营的合伙人，也应当视为与继承人、受遗赠人有利害关系，不能作为遗嘱的见证人。

（四）遗嘱的有效条件

合法有效的遗嘱除了符合法定的形式要件外，还必须同时符合下列三个实质要件：

1. 遗嘱人必须具有遗嘱能力

无民事行为能力人或者限制民事行为能力人所立的遗嘱无效，只有具有完全民事行为能力的人才有遗嘱能力。遗嘱人是否具有遗嘱能力，应以其立遗嘱时为标准。如果遗嘱人立遗嘱时有完全的行为能力，后来丧失了行为能力，不影响遗嘱的效力。如果立遗嘱时不具备完全的行为能力，即使后来取得了行为能力，其订立的遗嘱也无效。

2. 遗嘱必须是遗嘱人的真实意思表示

这体现在两个方面：第一，遗嘱必须出于遗嘱人的自愿，是其内心意思的反映，受欺诈、受胁迫所立的遗嘱无效。第二，遗嘱内容真实可靠，是遗嘱人真实的意思表示，伪造的遗嘱、遗嘱被篡改的部分无效。

3. 遗嘱的内容须合法

遗嘱内容必须合法，才能发生法律效力。遗嘱的内容是否合法，应以被继承人死亡时为准。如遗嘱人在遗嘱中指定继承人继承某物，在立遗嘱时该物并不为遗嘱人所有，遗嘱人处分了他人的财产当然是不合法的，但是若其后于被继承人死亡前被继承人取得了该物的所有权，于继承开始时，遗嘱人所立的遗嘱就为合法的。

立遗嘱时，应当为缺乏劳动能力又没有生活来源的继承人保留必要的遗产份额。而法定继承人是否为缺乏劳动能力又没有生活来源的人，应以继承开始时为准，不能以遗嘱人立遗嘱时继承人的状况为准。遗嘱中未为缺乏劳动能力又没有生活来源的继承人保留必要的遗产份额时，遗嘱并非全部无效，而仅是涉及处分应保留份额遗产的遗嘱内容无效，其余内容仍可有效。《民法典继承编解释一》第25条规定："遗嘱人未保留缺乏劳动能力又没有生活来源的继承人的遗产份额，遗产处理时，应当为该继承人留下必要的遗产，所剩余的部分，才可参照遗嘱确定的分配原则处理。继承人是否缺乏劳动能力又没有生活来源，应当按遗嘱生效时该继承人的具体情况确定。"

（五）遗嘱的变更和撤回

遗嘱是遗嘱人死亡时才发生法律效力的遗嘱人单方的意思表示，因此，在遗嘱发生效力前，遗嘱人可随时变更或撤回所立的遗嘱。

遗嘱的变更是指遗嘱人依法改变原先所立遗嘱的部分内容。遗嘱变更之后应以变更后的遗嘱内容执行。遗嘱的撤回是指遗嘱人取消原来所立的遗嘱。遗嘱撤回后，有新遗嘱的，按新遗嘱的内容执行，撤回后没有另立遗嘱的，视为被继承人未立遗嘱。

遗嘱人变更和撤回遗嘱主要通过以下几种途径完成：

（1）遗嘱人重新订立遗嘱，并在新的遗嘱中明确声明变更或撤回原来所立的遗嘱。

（2）遗嘱人立有数份遗嘱，内容相抵触的，以最后遗嘱为准

（3）遗嘱人可以通过实施与遗嘱内容相抵触的行为，变更或撤回遗嘱。《民法

典》第1142条第2款规定："立遗嘱后，遗嘱人实施与遗嘱内容相反的民事法律行为的，视为对遗嘱相关内容的撤回。"

（4）涂改、损毁遗嘱。遗嘱人可以亲自对遗嘱内容进行涂改，变更遗嘱内容；遗嘱人故意销毁遗嘱的，推定遗嘱人撤回原遗嘱。

（六）遗嘱的执行

遗嘱的执行，是指在继承开始后，由继承人或者遗嘱指定的其他人实现遗嘱内容的过程。执行遗嘱的人为遗嘱执行人。遗嘱人可以在遗嘱中指定遗嘱执行人。没有遗嘱执行人或遗嘱执行人不能执行遗嘱的，由全体法定继承人共同执行或协商推举其中一人或数人执行。

遗嘱执行人即遗产管理人，其职责参见后文中遗产管理人的职责说明。

第二节　遗　赠

【案例31-2】　老王有一子一女，儿子常年在外，几乎从未赡养老人。老王和女儿一家共同生活。老王有一侄子，幼年丧父，一直靠老王接济生活。现老王去世，留下遗嘱：全部财产90万元，一半留给女儿，一半留给侄子。

请思考：老王的遗产应如何分配？

一、遗赠的概念和特征

遗赠是指自然人以遗嘱的方式将个人财产赠与国家、集体或者法定继承人以外的组织、个人，而于其死亡后发生法律效力的民事法律行为。立遗嘱的自然人为遗赠人，遗嘱中指定赠与的财产为遗赠财产或遗赠物。遗赠有以下法律特征：

（1）遗赠是要式、单方民事行为。遗赠必须以遗嘱的方式进行，而遗嘱是一种单方民事行为，因而遗赠也就是一种单方民事行为。

（2）受遗赠人是法定继承人以外的自然人，也可以是国家、集体或其他组织等。

（3）遗赠是遗赠人无偿给受赠人财产利益的行为。遗赠有单纯遗赠和附负担遗赠之分，附负担遗赠是遗赠人就遗赠附加某种义务或条件的遗赠，但遗赠中所附的负担并不是受遗赠人接受遗赠的对价。

（4）遗赠的生效必须以遗赠人死亡和受遗赠人生存为条件。首先遗赠的生效必须在遗赠人死亡后，否则遗赠人可以随时随地变更或撤回遗赠。其次，受遗赠人必须在遗赠人死亡后尚生存。受遗赠人在继承开始时已经死亡、与遗赠人同时死亡或被推定为同时死亡，遗赠都不发生法律效力，原遗赠财产只能由遗赠人的法定继承人按法定继承方式继承。如果受遗赠人在继承开始后表示接受遗赠，并于遗产分割前死亡的，根据《民法典继承编解释一》第38条的规定，其接受遗赠的权利转移给他的继承人。

二、遗赠与遗嘱继承的区别

遗赠与遗嘱继承都是自然人通过立遗嘱处分自己财产的单方民事法律行为，都是在遗嘱人死亡时转移遗产所有权的方式。但是，遗赠与遗嘱继承毕竟是两种取得遗产的方式，两者的区别主要体现在以下几点：

1. 受遗赠人与遗嘱继承人的主体范围不同

受遗赠人可以是法定继承人以外的任何自然人，也可以是国家和集体，但不能是法定继承人范围之内的人；遗嘱继承人则只能是法定继承人范围之内的人。在案例31-2 中，老王女儿和侄子都可以分得遗产，但女儿为遗嘱继承人，得到遗产是基于遗嘱继承，侄子非继承人范围之内的人，其得到遗产是基于遗赠。

2. 受遗赠权和遗嘱继承权的客体范围不同

受遗赠权的客体只是遗产中的财产权利，不包括财产义务。而遗嘱继承权的客体是遗产，既包括被继承人生前的财产权利，也包括被继承人生前的财产义务。所以遗嘱继承人对遗产的继承既包括承受遗产的权利，也包括负担债务的义务。

3. 受遗赠权和遗嘱继承权的行使方式不同

受遗赠人接受遗赠的，应于法定期间内作出接受遗赠的明示的意思表示。根据我国《民法典》第1124 条第 2 款规定："受遗赠人应当在知道受遗赠后六十日内，作出接受或者放弃受遗赠的表示；到期没有表示的，视为放弃受遗赠。"而遗嘱继承人自继承开始至遗产分割前未明确表示放弃继承的，即视为接受继承，放弃继承权必须于此期间内作出明确的意思表示。

三、遗赠与赠与的区别

遗赠与赠与都是无偿地将自己的财产给予他人的民事法律行为，但二者有着原则性的区别，主要表现在以下几点：

其一，遗赠是单方民事行为，而赠与是一种双方民事行为。

其二，遗赠在遗嘱人死亡后才发生法律效力，而赠与是赠与人活着的时候发生法律效力。

其三，遗赠采取遗嘱的形式，由民法典继承编调整；而赠与采取合同方式，由《民法典》合同编调整。

第三节 遗赠扶养协议

【案例31-3】 周某生前与村委会签订了遗赠扶养协议，约定"村委会负责周某的生养死葬，死后其所有房屋四间、生活用品归村委会所有"。但其后周某又自书遗嘱："房屋两间给自己的长子继承，存款 1000 元给孙女"，周某去世后，周某之子与村委会关于遗产分割问题发生纠纷。

请思考：周某的遗产该如何处理？

一、遗赠扶养协议的概念和特征

遗赠扶养协议是指遗赠人与扶养人订立的，扶养人承担该遗赠人生养死葬的义务，遗赠人的财产在死后转归扶养人享有的协议。《民法典》第 1158 条规定："自然人可以与继承人以外的组织或者个人签订遗赠扶养协议。按照协议，该组织或者个人承担该自然人生养死葬的义务，享有受遗赠的权利。"扶养人既可以是自然人，也可以是有关组织。遗赠扶养协议制度是在我国农村"五保"（即保吃、保穿、保住、保医、保葬）制度的基础上形成和发展起来的一种制度，这一制度的确立，有助于发扬尊老爱幼、互助互爱的优良传统，有利于减轻国家和社会的负担。遗赠扶养协议有以下特征：

1. 遗赠扶养协议是一种双方法律行为

在遗赠扶养协议中的遗赠人只能是自然人，一般是孤寡老人，没有扶养人，或者扶养人不在身边；而扶养人一方可以是自然人，但不能是法定继承人范围内的人，因为法定继承人与被继承人之间本来就有法定的扶养权利义务关系；也可以是各种组织，这里的组织既可以是法人，也可以是非法人组织，但必须是具备养老职能的组织。该协议由遗赠人和扶养人通过意思表示达成一致而设立，为双方民事法律行为。

2. 遗赠扶养协议是要式、双务、有偿的法律行为

遗赠扶养协议涉及遗赠人和扶养人双方的重要权利义务关系，又有存续时间长的特点，应当采用书面签订。扶养人获得遗赠人的遗产是以尽扶养义务为前提的，遗赠扶养协议是双务、有偿的民事法律行为。

3. 遗赠扶养协议优先于法定继承、遗嘱继承适用

如果遗赠扶养协议与遗嘱没有抵触，遗产分别按协议和遗嘱处理；如果有抵触，按协议处理，与协议抵触的遗嘱内容全部或部分无效。遗赠扶养协议的效力优于遗嘱继承，也优先于法定继承而适用。

二、遗赠扶养协议的效力

首先，遗赠扶养协议为遗赠人与扶养人签订的具有法律效力的文书，在两者之间产生有关权利义务关系。根据协议的规定，遗赠人有受到扶养人扶养的权利，同时还必须对协议中明确的遗赠财产负有妥善保管的义务，不得损毁，不得再将该财产赠与或出卖给他人，扶养人在完成扶养义务之后，有权取得协议约定的遗产。

其次，遗赠扶养协议对遗赠人的继承人、其他受遗赠人也有效力。遗赠人可以根据自己的意愿对遗赠扶养协议所包含的财产之外的遗产进行管理，可法定继承、遗嘱继承，可遗赠他人，也可生前处分。而对于遗赠扶养协议涉及的遗产部分，遗赠人不可再行处分；遗赠人死亡后，占有遗产的继承人应将该遗赠财产转移给扶养人。

在案例 31-3 中，周某与村委会签订的遗赠扶养协议与遗嘱的内容相抵触的部分，以遗赠扶养协议为准，即房屋不能归儿子，但不相抵触的内容，即存款 1000 元给孙女。

三、遗赠扶养协议与遗赠的区别

遗赠扶养协议与遗赠都是遗赠人将自己的财产于死后转移给法定继承人以外的其他组织或个人的法律行为，但是，遗赠扶养协议与遗赠有如下区别：

（1）遗赠扶养协议为双方的法律行为，遗赠为单方的法律行为。

（2）遗赠扶养协议为有偿的财产让与，遗赠为无偿的财产让与。

（3）遗赠扶养协议自签订时起生效，而遗赠则于遗赠人死亡时生效。

（4）遗赠扶养协议中的扶养人必须是具有完全民事行为能力的成年人或具备承担养老职能的各类组织，而遗赠中的受遗赠人则不受此限。

本章练习题

一、思考题

1. 简述遗嘱继承的适用范围。

2. 简述遗嘱继承和遗赠的区别。

3. 简述遗赠扶养协议的特点。

二、综合训练

王某有一儿一女，妻子早逝，王某退休后与儿子一起生活。2017 年 2 月，王某自书遗嘱，决定在其去世后，全部存款和一套房屋由儿子继承。但是后来因儿媳不孝顺，王某搬到女儿家里居住。2019 年 5 月，王某又立一份遗嘱，全部存款归女儿，一套房屋由儿子继承，并作了公证。2021 年 1 月，王某病重住院，女儿细心照顾，可是儿子很少去探望。王某在弥留之际，当着三个医生的面立下口头遗嘱，将其全部存款和一套房屋都留给女儿继承。王某去世后，一儿一女在继承遗产时发生纠纷。这起案例中的王某生前立过三份遗嘱，这些遗嘱是否都有效，按哪一份遗嘱处分遗产？

【要点提示】

注意遗嘱的形式要件以及遗嘱的效力区分。

第三十二章　遗产处理

◎ 知识目标
- 了解遗产管理人产生的方式和职责。

◎ 能力目标
- 能解决遗产与债务并存时债务的清偿问题。

第一节　遗产管理人

一、遗产管理人的概念

关于遗产管理，事关继承人、受遗赠人以及被继承人的债权人等各方利益，为避免出现遗产因无人管理和保护而被私分、转移、灭失，或者遗产当中的贵重物品被隐匿，遗产的一部分或全部被破坏、盗窃等等，因此，需要有人妥善保管遗产，并在不同主体之间分配好遗产。遗产管理人就是在继承开始后遗产分割前，负责处理涉及遗产有关事务的人。《民法典》增加规定了遗产管理人制度，明确了遗产管理人的产生方式、职责和权利等内容。

二、遗产管理人的产生方式

《民法典》第1145条规定："继承开始后，遗嘱执行人为遗产管理人；没有遗嘱执行人的，继承人应当及时推选遗产管理人；继承人未推选的，由继承人共同担任遗产管理人；没有继承人或者继承人均放弃继承的，由被继承人生前住所地的民政部门或者村民委员会担任遗产管理人。"《民法典》第1146条规定："对遗产管理人的确定有争议的，利害关系人可以向人民法院申请指定遗产管理人。"根据《民法典》的规定，遗产管理人有以下的产生方式：

1. 由遗嘱执行人担任

遗嘱执行人是遗嘱人在遗嘱中指定的执行遗嘱事务的人。由遗嘱执行人担任遗产管理人，符合被继承人意愿。而且遗嘱执行人执行遗嘱本来就需要处理遗产，由其担任遗产管理人也更为便利。

2. 由继承人推选

在没有设立遗嘱执行人或遗嘱执行人死亡等情况下，为了处理被继承人的丧葬事宜、遗产分割等事务，由全体继承人共同推举出一名或数名继承人为遗产管理人。推举方案由继承人之间协商确定。

3. 由继承人共同担任

如果继承人未推选遗产管理人，则由全体继承人共同担任遗产管理人。在共同担任遗产管理人时，作出的所有决策均需要继承人协商达成一致。

4. 由民政部门或村民委员会担任

没有继承人或继承人均放弃继承权的，按居民类型划分遗产管理人：城镇居民的无人继承遗产由民政部门担任遗产管理人；农村居民生前作为集体所有制组织成员，其遗产由其所在的村民委员会管理。

5、由法院直接指定

如果遗嘱未指定遗嘱执行人或遗产管理人，而继承人对遗产管理人的选任有争议，或对指定遗产管理人的遗嘱的效力存在争议，或遗产债权人有证据证明继承人的行为损害其利益，出现上述之类情形，利害关系人可以向法院起诉申请指定遗产管理人。

三、遗产管理人的职责

遗产管理人选任之后，应当在法律规定的权限范围内实施遗产管理行为。根据《民法典》第1147条的规定，遗产管理人的职责包括：（1）清理遗产并制作遗产清单；（2）向继承人报告遗产情况；（3）采取必要措施防止遗产毁损、灭失；（4）处理被继承人的债权债务；（5）按照遗嘱或者依照法律规定分割遗产；（6）实施与管理遗产有关的其他必要行为。例如：参与涉及遗产的有关事项、对遗产情况开展调查等，确保遗产得到妥善处理。

四、遗产管理人的权利与义务

1. 遗产管理人可以依照法律规定或者按照约定获得报酬

遗产管理人管理遗产需要花费大量时间和精力，还要依法履行法律规定的职责，《民法典》第1149条明确规定遗产管理人有权获得报酬。遗产管理人的报酬的多少可以由当事人约定，如果是人民法院指定遗产管理人的，人民法院可以酌情确定遗产管理人的报酬。

2. 遗产管理人应当依法履行职责，因故意或者重大过失造成继承人、受遗赠人、债权人损失的，应当承担民事责任

《民法典》第1148条规定："遗产管理人应当依法履行职责，因故意或者重大过失造成继承人、受遗赠人、债权人损害的，应当承担民事责任。"遗产管理人在管理遗产过程当中，应当依法履行职责。如果未依法履行职责，根据本条规定应当承担民事责任。该责任以主观上有故意或重大过失为条件。遗产管理人若仅具有一般过失，即使造成了损害后果，也不承担民事责任。同时，遗产管理人承担的民事责任不因其是否受有报酬而有所区分。

第二节　遗产分割与债务清偿

【案例 32-1】　　王某的遗产已经分割，甲根据王某的遗嘱继承了 4 万元现款，乙根据王某的遗赠分得价值 2 万元的电脑一台，丙依法定继承分得价值 10 万元的公寓一套。王某生前尚欠丁债务 13 万元。

请思考：丁的债权应如何实现？

一、遗产的分割

遗产的分割是指在共同继承人之间，按照各继承人的应继份额分配遗产的行为。

（一）遗产分割的时间

应当将遗产分割的时间与继承开始的时间区别开，继承开始的时间是法定的，它只能是被继承人死亡的时间；而遗产分割的时间是约定的，它可以是继承开始后的任何时间，具体时间是经过继承人协商或其他方式确定的。

（二）遗产分割的原则

根据《民法典》规定的精神，遗产分割的原则可以概括为以下四项：

（1）遗产分割自由原则。遗产分割自由原则是指共同继承人得随时要求分割遗产，即继承人得随时行使遗产分割请求权，任何人不得拒绝分割。

（2）保留胎儿继承份额原则。在分割遗产时，如果有胎儿的，应当保留胎儿的继承份额。《民法典》1155 条规定："遗产分割时，应当保留胎儿的继承份额。胎儿娩出时是死体的，保留的份额按照法定继承办理。"《民法典继承编解释一》第 31 条指出："应当为胎儿保留的遗产份额没有保留的，应从继承人所继承的遗产中扣回。为胎儿保留的遗产份额，如胎儿出生后死亡的，由其继承人继承；如胎儿娩出时是死体的，由被继承人的继承人继承。"根据这些规定，在遗产分割时应注意以下三点：

第一，无论是适用法定继承，还是适用遗嘱继承，在分割遗产时，继承人都应当为胎儿保留继承份额，该份额应按法定继承的遗产分配原则确定。在多胞胎的情况下，如果只保留了一份继承份额，应从继承人继承的遗产中扣回其他胎儿的继承份额。

第二，为胎儿保留的继承份额，如果胎儿出生时为活体的，则该份额由其母亲（法定代理人）代为保管。胎儿出生后死亡的，则为胎儿保留的继承份额成为他的遗产，应由他的法定继承人依法定继承的方式继承。

第三，胎儿出生时是死体的，则为胎儿保留的继承份额仍属于被继承人的遗产，应当由被继承人的继承人再行分割。如果没有保留的，则原分割继续有效。

（3）互谅互让、协商分割原则。

（4）物尽其用原则。物尽其用原则是指在遗产分割时，应当从有利于生产和生活的需要出发，注意发挥遗产的实际效用。《民法典继承编解释一》第 42 条规定："人民法院在分割遗产中的房屋、生产资料和特定职业所需的财产时，应当依据有利于发挥其使用效益和继承人的实际需要，兼顾各继承人的利益进行处理。"按照这一原则分割遗产，有利于发挥遗产的实际效用，有利于满足继承人的生产和生活需要。

（三）遗产分割的方式

我国《民法典》第1156条规定："遗产分割应当有利于生产和生活需要，不损害遗产的效用。不宜分割的遗产，可以采取折价、适当补偿或者共有等方法处理。"根据这一规定，遗产分割的方式主要有以下四种方式：（1）实物分割；（2）变价分割；（3）补偿分割；（4）保留共有。遗产不宜进行实物分割，继承人又都愿意取得遗产的，或者继承人基于某种生产或生活的目的，愿意继续保持共有状况的，则可以采取保留共有的分割方式，由继承人对遗产享有共有权，其共有份额按照应继份额的比例确定。

（四）无人继承又无人受遗赠的遗产

根据我国民法典继承编的规定，无人承受的遗产是指没有继承人或受遗赠人承受的被继承人的遗产。

应当指出，无人继承的遗产与"五保户"的遗产和无人承认继承的遗产是不同的。"五保户"的遗产可能是无人继承的遗产，也可能是有人继承的遗产。如果集体组织对"五保户"实行"五保"时，双方有扶养协议的，"五保户"的遗产应按协议处理。没有协议，死者有遗嘱继承人或法定继承人要求继承的，在继承遗产时，应当扣回集体组织的"五保"费用；无人承认的遗产是指有无继承人不明的遗产。当继承人有无不明时，应当寻找继承人，只有确定没有继承人时，才能认定该遗产为无人承受的遗产。

从实践看来，无人承受的遗产主要包括：没有法定继承人、遗嘱继承人和受遗赠人的遗产；法定继承人、遗嘱继承人放弃继承，受遗赠人放弃受遗赠的遗产；法定继承人、遗嘱继承人丧失继承权，受遗赠人丧失受遗赠权的遗产。

《民法典》第1160条的规定："无人继承又无人受遗赠的遗产，归国家所有，用于公益事业；死者生前是集体所有制组织成员的，归所在集体所有制组织所有。"因此，我国是按照死者身份来确定无人继承的遗产归属的。

在处理无人承受的遗产时，应当注意两个问题：

其一，死者债务清偿问题。取得无人承受遗产的国家或集体所有制组织，应当在取得遗产的实际价值范围内负责清偿死者生前所欠的税款和债务。只有清偿债务后，国家或集体所有制组织才能取得剩余部分的遗产。国家取得无人承受的遗产，必须用于教育、医疗、慈善等公益事业，体现国家"取之于民、用之于民"的宗旨。

其二，非继承人取得遗产问题。《民法典》第1131条规定："对继承人以外的依靠被继承人扶养的人，或者继承人以外的对被继承人扶养较多的人，可以分给适当的遗产。"根据这一规定，在处理无人继承遗产时，如果有继承人以外的依靠被继承人扶养的缺乏劳动能力又没有生活来源的人，或者继承人以外的对被继承人扶养较多的人，则可分给他们适当的遗产。

二、被继承人债务的清偿

（一）被继承人债务的范围

被继承人债务，是指被继承人死亡时遗留的应由被继承人清偿的财产义务。被继承人的债务属于遗产中的消极财产，又称为遗产债务。被继承人的债务既包括被继承人个人负担的债务，也包括被继承人在共同债务中应负担的债务额。

在确定遗产债务的范围时，应当注意划清遗产债务与其他相关问题的界限。

1. 应当将遗产债务与家庭共同债务区分开

家庭共同债务是指家庭成员共同作为债务人所承担的债务。家庭共同债务主要包括：为家庭成员生活需要而承担的债务；为增加家庭共同财产而承担的债务；夫妻共同债务等。家庭共同债务应当用家庭共有财产来偿还，而不能用被继承人的遗产来偿还。但是，家庭共同债务中属于被继承人应当承担的部分，则应当用遗产来清偿。

2. 应当将遗产债务与以被继承人个人名义所欠债务区别开

遗产债务应当是被继承人完全为个人生活需要而欠下的债务。但是，以被继承人个人名义所欠下的债务，并不一定都是遗产债务，如以被继承人个人名义所欠下的，用于家庭生活需要的债务，被继承人因继承人不尽扶养、抚养、赡养义务，迫于生活需要而以个人名义欠下的债务等。

（二）遗产债务的清偿原则

继承人继承遗产，就应当清偿遗产债务。《民法典》第 1161 条第 2 款规定："继承人放弃继承的，对被继承人依法应当缴纳的税款和债务可以不负清偿责任。"继承人在清偿遗产债务时，应当坚持如下原则：

1. 限定继承原则

所谓限定继承，是指继承人对被继承人的遗产债务的清偿只以遗产的实际价值为限，超过遗产实际价值的部分，继承人不负清偿责任。《民法典》第 1161 条第 1 款规定："继承人以所得遗产实际价值为限清偿被继承人依法应当缴纳的税款和债务。超过遗产实际价值部分，继承人自愿偿还的不在此限。"

2. 保留必留份原则

《民法典》第 1159 条规定："分割遗产，应当清偿被继承人依法应当缴纳的税款和债务；但是，应当为缺乏劳动能力又没有生活来源的继承人保留必要的遗产。"

3. 清偿债务优先于执行遗赠原则

为防止遗赠人通过遗赠逃避债务，保护债权人的合法权利，对遗赠行为加以限制是有必要的。《民法典》第 1162 条规定："执行遗赠不得妨碍清偿遗赠人依法应当缴纳的税款和债务。"根据这一规定，清偿债务优先于执行遗赠，只有在清偿完债务后，还有剩余遗产时，遗赠才能得到执行。如果遗产已不足清偿债务，则遗赠就不能执行。

（三）遗产债务的清偿方法

继承开始后，如果继承人只有一人，则遗产债务的清偿方法对债权人没有什么影响。但继承人为多数时，如何确定债务的清偿方法，对债权人的利益就会产生很大的影响。我国继承法上没有明确遗产债务的清偿方法，司法实践中一般采取以下两种方法：

1. 先清偿债务后分割遗产

先清偿债务后分割遗产是一种总体清偿方式。按照这种清偿方式，共同继承人首先从遗产中清算出遗产债务，并将清算出的相当于遗产债务数额的遗产交付给债权人；然后，根据各继承人应继承的份额，分配剩余遗产。

2. 先分割遗产后清偿债务

先分割遗产后清偿债务是一种分别清偿方式。按照这种清偿方式，共同继承人首先根据他们应当继承的遗产份额分割遗产，同时分摊遗产债务，各继承人按自己分摊的债务数额向债权人清偿。实践中，如果遗产已被分割而债务还未清偿的，应当按照《民法典》第 1163 条的规定处理。即既有法定继承又有遗嘱继承、遗赠的，由法定继承人清偿被继承人依法应当缴纳的税款和债务；超过法定继承遗产实际价值部分，由遗嘱继承人和受遗赠人按比例以所得遗产清偿。

案例 32-1 即属于遗产已被分割而债务未清偿的情形，按照上述司法解释的规定，首先由法定继承人丙用所得遗产清偿，即丙偿还 10 万元，剩下的 3 万元由遗嘱继承人甲和受遗赠人乙按照分得遗产的比例即 2∶1 的比例清偿，由甲偿还 2 万元，乙偿还 1 万元。

本章练习题

一、思考题

1. 我国关于遗产管理人的规定。
2. 简述被继承人遗产债务的清偿原则。

二、综合训练

何某死后留下一间价值 6 万元的房屋和 4 万元现金。何某立有遗嘱，4 万元现金由四个子女平分，房屋的归属未作处理。何某女儿主动提出放弃对房屋的继承权，于是三个儿子将房屋变卖，每人分得 2 万元。现债权人主张何某生前曾向其借款 12 万元，并有借据为证。请问：该 12 万元债务如何清偿？

【要点提示】

按照《民法典》第 1163 条的规定处理。

第六编　侵权责任

第三十三章　侵权责任概述

◎ **知识目标**
- 掌握侵权行为的含义及分类。
- 理解并掌握侵权责任的归责原则及一般侵权责任的构成要件。
- 掌握多数人侵权行为的类型及其责任。

◎ **能力目标**
- 能正确适用侵权责任的归责原则、构成要件分析案例、解决纠纷。
- 能正确界定不同类型的多数人侵权行为，并能够确定多数人之间的责任承担。
- 能正确适用侵权责任方式解决问题。

第一节　侵权责任法基本问题

【案例 33-1】　老王每日清晨在某大学门口摆摊卖煎饼。时间长达一年，无人干预。在此地摆摊的其他小贩都知道老王摆摊的地方。某日，老王出摊时发现自己的位置被卖水果的老李占据，便要求老李离开，老李以该位置并非老王所有为由拒绝。

请思考：老王的主张是否有道理？

一、侵权责任法的概念

侵权责任法是指调整侵权人与被侵权人之间以损害赔偿为核心的权利义务关系的法律规范的总和，也即调整侵权责任关系的法律规范的总和。《民法典》第 1164 条规定："本编调整因侵害民事权益产生的民事关系。"我国的侵权责任法是指以《民法典》第七编为核心，包括单行民事法律中的各种侵权责任法律规范的总和，如《产品质量法》《道路交通安全法》《铁路法》《民用航空法》《水污染防治法》《国家赔偿法》等都有民事侵权责任的规定，这些特别法要么是对侵权责任基本法的规定进行细化，要么规定了侵权责任基本法没有规定的内容。

二、侵权责任法的功能

（一）保护民事权益

侵权责任法首要的功能是保护民事主体的合法权益，具体体现在：（1）《民法典》总则编第五章规定了民事主体享有的权益，包括自然人享有的生命权、身体权、健康权等，法人、非法人组织享有的名称权、名誉权、荣誉权，此外，还规定了物权、债权、知识产权、继承权等权利。(2)《民法典》侵权责任编规定了侵权责任的归责原则、责任构成要件。(3)《民法典》总则编第八章和侵权责任编规定了侵权责任方式；(4)《民法典》总则编第八章和侵权责任编规定了减轻或免除侵权责任的事由。通过这些规定，来判断某一行为是否侵害他人合法权益，是否应承担侵权责任，承担何种方式的责任，以实现对民事合法权益的保护。

(二) 补偿功能

补偿功能是指侵权责任法具有填补被侵权人所受损害的作用。通过损害赔偿、恢复原状等责任方式使被侵权人遭受损害的财产权或人身权尽可能恢复到受害前的状态。如果损害的是财产权，采用返还财产、恢复原状、赔偿损失等责任方式；如果受损的是人身权，则要求侵权人消除影响、恢复名誉、赔礼道歉及赔偿损失（包括精神损害赔偿），使受害人尽可能恢复到受害前的身体或精神状态。

(三) 预防功能

预防功能是指侵权责任法具有预防侵权行为发生的作用。停止侵害、排除妨碍、消除危险等侵权责任形式，可以有效地预防损害的发生或扩大；侵权责任编中确立了缺陷产品召回制度、惩罚性赔偿制度，都能起到预防侵权行为发生的作用。

(四) 平衡社会利益功能

侵权责任法通过设立诸如雇主责任、共同侵权责任、第三人过错责任、侵权人与被侵权人的共同过错责任等，使被侵权人遭受的损害由侵权人及相关主体共同承担，从而实现分散损失、平衡社会利益的功能。

三、侵权责任法的保护范围

(一) 侵权责任法保护所有的民事实体权利

侵权责任法保护的民事实体权利包括但不限于上述列举的权利，具体有：(1)人格权，包括生命权、健康权、身体权、姓名权、名称权、名誉权、信用权、荣誉权、隐私权、婚姻自主权、人身自由权等；(2)身份权，包括配偶权、亲权、亲属权、监护权；(3)物权，包括所有权、用益物权、担保物权；(4)知识产权，包括著作权、专利权、商标专用权、发现权；(5)继承权；(6)股权及其他投资性权利。

(二) 侵权责任法保护的民事利益

民事利益是指虽然受到法律保护但尚未成为一种民事权利的利益。民事利益分为人身利益与财产利益，前者如死者之名誉、隐私、肖像及具有人格象征意义的特定纪念物品上的人格利益，后者如商业秘密、占有、纯粹经济损失等。

在案例33-1中，虽然客观上老王对其在某大学门口的一个摊位享有某种利益（如因地理位置优越而增加的销售利益），但这种利益并不是合法利益，不受法律保护，其要求老李离开也没有道理。

四、侵权行为

侵权行为是指行为人由于过错，或者在法律特别规定的场合不问有无过错，因不法侵害他人合法权益，依照法律规定应承担民事责任的行为。侵权行为属于法律事实中的事实行为，且为不法的事实行为。侵权行为既包括行为人由于过错侵害他人的财产、人身权益依法应当承担民事责任的不法行为，也包括依照法律特别规定应当承担民事责任的其他侵害行为。

（一）侵权行为的法律特征

1. 侵权行为是侵害他人合法权益的行为

侵权行为的客体不仅包括民事权利，也包括法律所保护的各种利益。

2. 侵权行为具有违法性和可责性

侵权行为的违法性应从广义理解，既包括行为人违反法律禁止性规定的行为，也包括行为人违反善良风俗的不当行为。侵权行为的成立一般以违法为原则，但特殊情况下，某些从事高危作业的行为、符合排污指标的排污行为等因法律的特殊规定而承担侵权责任时，行为本身不具有违法性。

3. 侵权行为是依法应当承担民事责任的行为

侵权责任法的功能在于对民事权益的损害进行救济。对于民事权益的损害，法律提供了恢复原状、返还财产、停止侵害、消除影响、恢复名誉和赔礼道歉、赔偿损失等各种救济方式，其中以赔偿损失为主要责任方式。

侵权行为与犯罪行为都是违法行为，都会侵害到他人的人身利益或财产利益，且侵害人身利益或财产权益的犯罪行为一般也会构成民事侵权行为。但是两者的社会危害程度不同，法律将社会危害性较重的侵权行为规定为犯罪，由国家追究侵权人的刑事责任，对社会危害性较轻的侵权行为，只赋予受害人追究民事责任的权利。当然，对于构成犯罪的侵权行为，在国家追究侵权人刑事责任的同时，受害人有权提起附带民事诉讼，要求侵权人赔偿损失，法院应该合并审理并一并作出裁判。

（二）侵权行为的分类

依据不同的标准可将侵权行为划分为不同的类型。

1. 一般侵权行为与特殊侵权行为

根据侵权行为的归责原则不同，将侵权行为区分为一般侵权行为与特殊侵权行为。

一般侵权行为是指行为人基于自己的过错实施的、适用过错责任原则和侵权责任的一般构成要件的侵权行为，侵权责任方式是自己责任。

特殊侵权行为是指欠缺侵权责任的一般构成要件，适用过错推定原则或无过错责任原则的侵权行为，侵权责任方式是替代责任。

两者在归责原则、责任构成要件、责任形态及举证责任的承担上均不同。最主要的是责任形态不同，一般侵权行为是自己责任，即自己对自己的行为所造成的损害承担责任，特殊侵权责任有的是自己责任，有的则是替代责任，即对他人行为或对自己管领下的物件造成的损害承担责任。

2. 积极侵权行为和消极侵权行为

这是根据侵权行为的行为方式所作的分类。

积极侵权行为，又称作为的侵权行为，是指行为人违反法定义务以一定作为方式致人损害的行为。其特点是法律禁止为而主动为之，行为人主动实施违法行为，侵害对方当事人的人身利益或财产利益。

消极侵权行为，又称不作为的侵权行为，是指行为人违反法律规定的作为义务而不作为，致使他人受到损害的行为。其特点是当为而不为，一般来说，消极侵权行为的成立以负有某种特定的法定义务为前提，法定义务的来源，一是法律的规定，二是业务或职务上的要求，三是行为人先前的行为引起的义务。

3. 单独侵权行为与多数人侵权行为

这是根据侵权行为人的人数不同所作的分类。

单独侵权行为是指行为人独自实施的侵权行为。它是最常见、最普通的侵权行为。多数人侵权行为是指两个或两个以上的行为人，侵害他人合法权益，应当承担侵权责任的侵权行为。多数人侵权行为包括共同加害行为、共同危险行为（准共同侵权行为）、教唆帮助的共同侵权行为及无意思联络的数人侵权行为。

4. 行为人造成损害的侵权行为与物件致害的侵权行为

这是依据引发损害的原因所作的分类，前者是指由于行为人的作为或不作为给他人造成损害的行为，后者是指由人控制下的物件直接给他人造成损害的侵权行为。最典型的物件致害的侵权行为是《民法典》侵权责任编第十章规定的"建筑物和物件损害责任"，这是狭义的物件损害责任，广义的物件致害的侵权行为还包括产品责任、机动车交通事故责任、环境污染责任、民用核设施损害责任、民用航空器损害责任、高度危险物损害责任和饲养动物损害责任。

第二节 侵权责任的归责原则

【案例 33-2】 S 市突降大雪。该市某写字楼的物业服务人员因天冷而偷懒，不清扫积雪，导致写字楼门前地面积雪严重，结冰后更是湿滑，租赁该写字楼办公的公司员工多人在路过时因路滑而摔伤。

请思考：物业管理公司应否承担侵权责任？

【案例 33-3】 韩某因采食野生蘑菇致腹部疼痛伴恶心呕吐、腹泻到上海某医院急诊治疗，医院按照急性腹泻给予相应治疗，4 天后仍未好转的情况下转院治疗，后经诊断为中毒性肝炎（毒蕈中毒），急性，重症，住院治疗一周后方出院。经医疗鉴定，韩某病情的延误治疗系由于该医院违反诊疗规范，对毒蕈中毒可能引起中毒性肝炎认识不足，未进行必要诊治而致，但对病情的进展未造成实质影响。

请思考：医院的行为是否构成侵权，是否对韩某承担侵权责任？是基于何种归责原则？

侵权责任的归责原则，是关于侵权责任"归责事由"的基本规则，是指在行为人的行为致人损害后，用以确定和追究行为人民事责任的根据和标准。侵权责任的归责原则是侵权行为法中的重要内容，它决定着侵权责任的构成要件及免责事由。我国《民法典》确认了以下侵权责任的归责原则：

一、过错责任原则

《民法典》第 1165 条规定："行为人因过错侵害他人民事权益造成损害的，应当承担侵权责任。"这是过错责任原则的法律根据。过错责任原则是一种主观归责原则，它以行为人的主观心态作为确定和追究责任的依据，该归责原则是几乎所有国家的侵权法中最基本的归责原则。

对过错责任原则的具体内容，可做如下理解：首先，过错是令侵权人承担损害赔偿责任的归责事由。有过错，即有责任；无过错，即无责任。任何人承担侵权责任，必须以有过错为前提，没有过错则没有责任，不能因为有损害结果就让行为人承担责任，即"结果责任"。其次，这里所说的过错，包括故意和过失，是行为人决定其行为的一种主观心理状态。故意是指行为人有意造成他人损害，或者明知其行为会造成他人损害仍实施加害行为。过失是指行为人由于疏忽或者懈怠对损害的发生未尽合理注意义务。行为人若尽到了谨慎注意义务，即使其行为致他人损害，也不成立一般侵权责任。

在案例 33-2 中，物业服务人员应当及时清扫积雪，防止进出写字楼的人员跌倒而受伤，这是其安保义务的要求，由于其未尽保护义务，导致进出写字楼的员工受伤，物业服务人员具有过错，由此造成的损失应当由物业管理公司承担。

过错责任原则又可以分为一般过错责任和过错推定责任两种模式。

在一般过错责任原则下，受害人要向加害人行使损害赔偿请求权，必须证明加害人具有过错，也就是过错的证明实行"谁主张谁举证"的原则，即受害人负有举证责任。但是在进入现代社会后，专业分工越来越细，机器设备的技术和工艺越来越高，受此影响，在很多情况下，受害人证明加害人的过错非常困难，把举证责任强加在受害人一方并不公平，因此在一般过错责任的举证规则上演变出举证责任倒置，即法律推定加害人主观上有过错，加害人如能够证明自己无过错才能免责，这种确定侵权责任的方式称为"过错推定"。在某些特殊侵权类型中由法律推定加害人有过错，让其承担责任，如果加害人能够证明自己没有过错则可以不承担责任，这就是过错推定责任，与之相适应的是举证责任倒置的举证规则。这样既可以维持过错原则的统治地位，又可以通过举证责任倒置有效保护受害人。过错推定责任并非一种独立的归责原则，这是因为过错推定仍以过错作为归责事由，只不过在过错的证明上实行了举证责任的倒置，是过错责任原则的一种特殊适用方式，本质上仍属过错责任原则的范畴。过错推定责任是传统过错责任归责原则在现代社会的一个衍生品，但却在调整社会生活中发挥着更为积极的重要作用。尽管如此，各国法律都极其审慎地规定了适用过错推定责任的侵权行为类型，以防止其滥用。

适用过错推定责任，必须基于法律的明确规定，我国《民法典》第 1165 条第 2款规定："依照法律规定推定行为人有过错，其不能证明自己没有过错的，应当承担侵权责任。"我国《民法典》中规定的适用过错推定责任的特殊侵权行为类型包括：

（1）教育机构对无民事行为能力人遭受损害的赔偿责任（第 1199 条）；（2）医疗机构对患者遭受的医疗损害的赔偿责任（第 1222 条）；（3）非法占有的高度危险物致害时，所有人、管理人的连带责任（1242）；（4）动物园的动物致害责任（第 1248 条）；（5）建筑物、构筑物或其他设施等及其搁置物、悬挂物致害责任（第 1252 条、第 1253 条）；（6）堆放物倒塌致害责任（第 1255 条）；（7）林木折断致害责任（第 1257 条）；（8）地面施工及窨井等地下设施致害责任（第 1258 条）。

在案例 33-3 中，该医院违反诊疗规范，未尽必要的诊疗义务致韩某延误治疗，此种情形下应推定医疗机构有过错，由此造成的损失应当由该医院承担侵权损害赔偿责任。

二、无过错责任原则

无过错责任原则，是指基于法律的特别规定，不论行为人主观上是否有过错，只要其侵权行为与损害后果间存在因果关系，就应承担民事责任的归责原则。《民法典》第 1166 条规定："行为造成他人民事权益损害，不论行为人有无过错，法律规定应当承担侵权责任的，依照其规定。"无过错责任原则具有以下几个特点：

1. 不以行为人主观上的过错作为侵权责任的构成要件

无过错责任之成立，完全不考虑侵权人的过错，无论行为人主观上有无过错，都不影响侵权责任的成立。受害人在主张权利时，只需要证明行为人存在加害行为、损害后果以及加害行为与损害后果之间具有因果关系等客观构成要件即可，对行为人主观上有无过错不负任何举证责任，行为人也不能以自己没有过错为由进行抗辩。但这并不是说，在无过错责任中，过错就完全没有任何意义。在有的适用无过错责任的行为中，侵权人有无特定的过错直接决定了其应否承担惩罚性赔偿责任。例如，依据《民法典》第 1207 条，只有当生产者、销售者明知产品存在缺陷仍然生产、销售，造成他人死亡或健康严重受损时，被侵权人才有权请求相应的惩罚性赔偿。

2. 因果关系是决定行为人责任的基本要件

只有行为人的行为与损害结果之间具有因果关系，行为人才承担侵权责任。关于因果关系，我国理论界的通说是采用"相当因果关系说"。相当因果关系说不要求受害人对因果关系的证明达到精确和绝对的地步，只需证明该侵权行为依一般社会经验极大地增加了损害发生的可能性即可，从而减轻了受害人的举证责任。相当因果关系说将"可能性"纳入因果关系判断中，更有利于保护受害人的利益。例如某化工厂的排放物污染了某居民区的水源，该居民区大部分居民喝了水之后均呈现出不同程度的中毒情况，则该居民区居民只需证明该化工厂侵权的极大可能性即可，而无须证明该可能性已经达到了确定的程度。

3. 适用范围由法律作出特别规定

各国法律都极其审慎地规定了适用无过错责任的侵权行为类型，以防止其滥用。我国《民法典》中规定的无过错责任的特殊侵权行为类型包括：（1）产品责任案件；（2）机动车交通事故责任中，机动车一方对行人、非机动车造成损害的案件；（3）环境污染和生态破坏责任案件；（4）高度危险责任案件；（5）饲养动物损害责任案件（动物园除外）。

4. 对减责事由和免责事由有严格的法律规定

无过错责任不以侵权人具有过错为成立要件，对侵权人而言甚为严厉，因此也有人称无过错责任为"严格责任"。但是，无过错责任并不等于绝对责任或者结果责任，《民法典》仍会根据不同情况规定不同的减责事由和免责事由。例如，在高度危险物致害时，如果能够证明损害是因受害人故意或者不可抗力造成的，占有人或者使用人不承担责任；被侵权人对损害的发生有重大过失的，可以减轻占有人或者使用人的责任（第 1239 条）。

第三节　一般侵权责任的构成要件

【案例 33-4】　　杨某驾驶渔船停泊于葛洲坝水力发电厂经管的大江电厂冲沙闸 1 号下闸门约 100 米的地方下网捕鱼作业。当日葛洲坝一号船闸左充水阀门井水位异常升高，江水漫出闸面，漫进启闭机房，情况十分危急。为避免江水灌入操作室及深井泵，淹没船闸电气设备，葛洲坝船闸管理局和葛洲坝水力发电厂有关负责人决定立即开启大江冲沙闸过流以解险情。在开闸泄洪时，杨某的渔船被急流掀翻，杨某落水身亡。

请思考：水力发电厂是否应承担侵权责任？

《民法典》第 1165 条第 1 款规定："行为人因过错侵害他人民事权益造成损害的，应当承担侵权责任。"根据该规定，一般侵权责任的成立应当具备四个方面的构成要件。

一、加害行为

加害行为是指行为人实施的给他人合法权益造成损害的不法行为。判断一个人的行为是否具有不法性应从广义理解，不法行为不仅包括侵害他人合法权益的加害行为，还包括故意违反善良风俗的加害行为。

不法行为包括作为的不法行为和不作为的不法行为。所谓作为的不法行为，是指行为人实施了法律禁止实施的行为，即行为人不该为而为之的行为。如伤害他人身体、损坏他人财物。不作为的不法行为是指行为人有义务实施法律要求实施的行为，却消极地不实施该行为，即行为人该为而不为的行为。如在公共场所、通道上施工，施工人应设置明显标志并采取安全措施，而施工人未设置明显标志未采取安全措施，致使他人损害的，就属于不作为的不法行为。成立不作为的不法行为应同时具备两个条件：一是行为人在法律上、职务上或业务上负有作为的义务；二是负有一定义务的人在当时具备了履行该义务的条件却未履行。

二、损害事实

损害事实的实际发生是侵权损害赔偿责任的必要条件。侵权责任法所救济的损害，指因一定的行为或事件使他人依法受到法律保护的权利或利益遭受某种不利影响的事实状态，包括财产损失和人身利益损失以及精神损害。

财产损失是指受害人因其人身或财产受到侵害所产生的物质性损失。财产损失是可以用金钱加以衡量的物质财富的损失。包括直接损失和间接损失两部分。直接损失又称积极损失，是指因侵权行为造成的现有财产的损失，即既得利益的减少，如财产被毁坏、灭失等；间接损失又称消极损失，是指受害人本应得到的财产因受侵害而未得到，即可得利益的减少。如因身体受到伤害住院治疗导致工资收入减少等。

人身利益损失是指自然人的生命、健康等人格利益以及身份利益受到损害所带来的人身利益的减损。如咬掉他人耳垂导致他人身体组织、器官的完整性被破坏和健康权受损，违章驾驶车辆致他人被撞致死等。

精神损害是指受害人因不法侵害而产生的恐惧、悲伤、怨恨、绝望、羞辱等精神痛苦。精神损害又称无形损害，存在于受害人的主观感受，其不能直接以金钱来计算和衡量，但可以用金钱进行一定程度的抚慰。

三、加害行为与损害事实之间有因果关系

侵权法上的因果关系，是指加害行为与损害后果之间引起与被引起的客观联系。关于因果关系的理论，大陆法系目前多采相当因果关系说，即某一原因仅于现实情况发生某结果时，还不能断定有因果关系，须在通常情形下依一般社会经验，在同一条件下通常能发生同一结果时，才能认定该条件与该结果间有因果关系。

随着侵权法的发展，在侵权责任分配上经历了单纯以因果关系分担责任，到以因果关系和原因力相互补充的责任分配方式的过程。原因力是指违法行为或者其他因素对于损害结果发生或者扩大所发挥的作用力。加害行为与损害事实之间的因果关系，表现为多种形态，有一因一果、一因多果、多因一果及多因多果。在多因一果和多因多果的复合因果关系形态下，因果关系除了作为侵权责任的构成要件，还作为责任分配的依据。我国侵权法理论和实践中，逐渐运用原因力理论以解决数种原因造成同一损害的责任分配，即将与损害发生存在因果关系的因素以其作用大小作为责任分配的依据。

四、行为人主观上有过错

过错是一般侵权责任构成要件中的主观因素，是指行为人对其实施的某种行为和损害结果的发生所持有的一种心理状态，包括故意和过失两种形式。故意是指行为人明知自己的行为可能产生某种损害结果，仍然希望或放任这种损害结果的心理。过失是指行为人对自己行为的结果应当预见而没有预见，或已经预见却轻信能够避免的心理。过失分为重大过失、一般过失。重大过失是指行为人连普通人的注意义务都没有尽到的过失，是程度最严重的一种过失；一般过失是指行为人没有尽到善良管理人的注意的过失，采取的是相对客观的标准。

在一般情况下，行为人主观上是故意还是过失，或过错程度大小如何，对于民事责任的承担影响不大。但在特殊情况下，行为人的过错程度会影响其责任范围。例如

在共同过错情况下，共同侵权人承担连带责任后，其内部应根据各自过错大小，承担相应比例的责任；在一些侵权行为中，只有行为人故意侵权才会导致其承担惩罚性赔偿责任；对于减责事由和免责事由，法律也根据被侵害人的过错程度作出了不同的规定。这些情况下，确定行为人乃至被侵害人的过错程度就显得尤为必要。

在案例33-4中，认定行为人是否承担一般侵权责任，应看其行为是否违法和主观上是否有过错。水力发电厂的职责是对葛洲坝枢纽工程的发电、泄洪、冲沙等设施进行经营管理。当日在危急情况下，水力发电厂按照葛洲坝船闸管理局的要求，开启大江冲沙闸过流，是正常的生产管理的行为，是为了保护船闸局所管理的国家财产免受重大损失而采取的行为，这种行为不违反任何法律规定，因此其行为不具有违法性。至于行为人主观上过错的认定应以其是否违反相应注意义务为标准。杨某渔船在葛洲坝水利枢纽工程的警戒水域内，有关部门在警戒水域设置了禁行标志。由于开闸泄洪行为对警戒水域以外的航道没有威胁，水力发电厂一般不能预见其行为会造成他人损害，所以水电厂主观上没有过错。而杨某违反有关规定，进入禁航区捕鱼，其应能预见可能产生的严重后果，主观上有重大过错。综上分析，水力发电厂不承担侵权责任。

第四节 多数人侵权行为责任

【案例33-5】 9岁的毛毛是一个懂礼貌、打不还手、骂不还口的好孩子。但是这学期班内转来一个又高又壮的小男孩天天，天天经常欺负毛毛。有一天，毛毛放学回家经过一条胡同时，又遭到天天的欺负，正好邻居叔叔经过，看到毛毛脸上刚刚哭过又带着伤痕的样子，知道又是天天干的，于是就对他说："你上去打他，打不过还有叔叔呢。"毛毛跑过去追上天天将他推倒在地，造成天天右胳膊骨折。

请思考：邻居叔叔要承担责任吗？

多数人侵权责任是与单独侵权责任相对而言的，二者的区别首先在于加害人人数上的不同，单独侵权责任是指由一个加害人实施的侵权行为所产生的责任，多数人侵权责任是指由二人以上实施的侵权行为所产生的责任。相较于单独侵权责任在责任承担上主体单一化、简单化而言，多数人侵权行为在责任承担上则表现较为复杂，由于责任主体为多人，在侵权行为与损害结果之间存在着多因一果或多因多果，因此在证明因果关系、加害人对结果发生的原因力、多个加害人对被侵害人如何承担责任以及在加害人彼此之间如何分担责任这些问题上就显得甚为复杂。我国《民法典》在第1168~1172条对这些问题进行了规定。

根据法律规定，广义上的多数人侵权行为分为四种类型：共同加害行为、教唆帮助行为、共同危险行为、无意思联络的数人侵权行为。

一、共同加害行为

（一）共同加害行为的概念和构成

共同加害行为，是指二人以上基于共同过错实施侵权行为，造成他人损害，从而应当承担连带责任。共同加害行为规定于《民法典》第 1168 条，是最典型的共同侵权行为，也即通常所指的"狭义的共同侵权行为"。

构成共同加害行为的首要条件，就是加害人之间存在共同过错之"意思联络"。

其次，构成共同加害行为还需要加害人共同实施了加害行为。具体而言，即数个共同加害人在实施侵害他人权益行为的过程中相互意识到彼此的存在和协作，客观上为达到共同的目的使出了各自的力量。

正是因为共同加害人之间存在共同过错，因此不管在实施的共同加害行为中如何分工，加害人都将被作为一个整体来看待进而承担连带责任。因此，作为被侵害人一方要证明这些加害人之间是在形成共同过错之"意思联络"的情况下实施了侵权行为，并由此造成了损害后果，就可以要求共同加害人承担连带责任。而作为"共同加害人"的成员如欲摆脱其责任，就必须竭力证明自己没有与其他加害人形成"意思联络"，或者虽有先前的"意思联络"，但未实际参与共同加害行为，而不能以某一部分损害不是自己造成的，或者被侵害人所受损害超过了自己的预见范围，或者自己实际造成的损害部分较小为由，主张减轻或者免除责任。也就是说，在共同加害行为中，存在成员不可分以及损害不可分的特性。

当然，在因果关系上，被侵害人必须证明其所受损害是因遭受共同加害行为所致，才可以追究共同加害人的责任。

（二）共同加害行为的法律后果

根据《民法典》第 1168 条的规定，二人以上共同实施侵权行为，造成他人损害的，应当承担连带责任。即被侵害人或者其他赔偿权利人有权要求任何一个加害人或者其他赔偿义务人承担全部的赔偿责任，也有权要求加害人或者其他赔偿义务人中的一人或多人承担任意部分的赔偿责任。

二、教唆帮助行为

（一）教唆帮助行为的概念和类型

教唆帮助行为，是指教唆人、帮助人通过授意、提供条件等让他人直接实施具体侵权行为。按照被教唆人、被帮助人的行为能力，《民法典》将教唆帮助行为分为教唆、帮助完全民事行为能力人实施侵权行为和教唆、帮助限制民事行为能力人或无民事行为能力人实施侵权行为两类。

（二）教唆帮助行为的法律后果

（1）教唆、帮助完全民事行为能力人实施侵权行为的法律后果。按照法律规定，教唆、帮助完全民事行为能力人实施侵权行为的，应当与行为人承担连带责任。

（2）教唆、帮助无民事行为能力人、限制民事行为能力人实施侵权行为的，应当承担侵权责任；该无民事行为能力人、限制民事行为能力人的监护人未尽到监护职责的，应当承担相应的责任。所谓"相应的责任"，是指依据监护人的过错程度来确定的责任。在监护人应当承担责任的范围内，监护人是与教唆人、帮助人承担连带责任。

在案例 33-5 中，邻居叔叔要承担责任。毛毛 9 岁，是限制民事行为能力人，根据法律规定，教唆限制行为能力人实施侵权行为的，教唆人应当承担侵权责任。

三、共同危险行为

（一）共同危险行为的概念和特征

共同危险行为，是指二人以上实施危害他人人身、财产安全的行为，其中一人或者数人的行为给他人造成损害，但不能确定是谁的行为造成了侵害，故而由全体实施危险行为的人承担连带责任的情形。我国《民法典》第 1170 条规定："二人以上实施危及他人人身、财产安全的行为，其中一人或者数人的行为造成他人损害，能够确定具体侵权人的，由侵权人承担责任；不能确定具体侵权人的，行为人承担连带责任。"

共同危险行为具有以下特征：（1）行为人之间不存在共同故意之"意思联络"，这是其与共同加害行为的区别；（2）行为人均是在独立意志情况下实施的危险行为，这使得共同危险行为区别于教唆帮助行为；（3）行为人均实施了难以区分的相同或者相似的行为，比如投掷石子、射出子弹等，并且这些行为一般并没有竞合或者结合而致同一损害结果发生，这使得共同危险行为与无意思联络的数人侵权行为相区别。

（二）共同危险行为的法律后果

根据法律规定，共同危险行为人之间承担连带责任。在能够确定具体侵权人的情况下，应排除共同危险行为的适用，由该具体侵权人承担责任。

四、无意思联络的数人侵权行为

（一）无意思联络的数人侵权行为的概念

无意思联络的数人侵权行为，是指没有共同意思联络的数人，分别实施侵权行为，造成他人同一损害的情形。

无意思联络的数人侵权的基本构成，即"二人以上分别实施侵权行为造成同一损害"应作如下理解：第一，行为主体必须是二人以上，即存在数个行为人；第二，数个行为人分别实施了侵权行为；第三，只有一个损害结果，即损害结果本身是不可分的；第四，各行为人的行为偶然结合造成对受害人的同一损害。

无意思联络的数人侵权行为与共同加害行为不同。共同加害行为要求加害人之间具有"意思联络"，且数个行为人共同实施侵权行为；而无意思联络的数人侵权行为要求数个人之间没有"意思联络"，且数个行为人分别实施侵权行为。在处理数人实施侵权行为的具体案件时，首先需要甄别是否符合共同加害行为的条件，不符合的，再看其是否满足无意思联络的数人侵权行为的条件。

（二）无意思联络的数人侵权行为的类型及法律后果

《民法典》对无意思联络的数人侵权作出了两条规定。第 1171 条规定："二人以上分别实施侵权行为造成同一损害，每个人的侵权行为都足以造成全部损害的，行为人承担连带责任。"第1172条规定："二人以上分别实施侵权行为造成同一损害，能够确定责任大小的，各自承担相应的责任；难以确定责任大小的，平均承担责任。"

根据上述规定，我国侵权法对无意思联络的数人侵权行为区分为如下两种情况：

（1）无意思联络的数人侵权行为竞合。该行为的特征是"每个人的侵权行为都足以造成全部损害"，即只要其中任何一个侵权行为发生，没有其他侵权行为的介入及共同作用，损害结果仍然会发生。这种情况应适用《民法典》第1171条、第178条，由行为人承担连带责任。例如，两个人分别从不同方向向同一房屋放火将该房屋烧毁，根据两个方向的火势判断，如果不存在另一把火，每把火都有可能将整栋房屋烧毁，但事实上是两把火共同作用烧毁了该房屋，所以只能说每把火都足以烧毁整栋房屋，两个放火人的行为构成无意思联络的数人侵权行为的竞合，要对房屋毁损承担连带责任。

（2）无意思联络的数人侵权行为结合。该行为的特征是"每个人的侵权行为都不足以造成全部损害，只有数人的侵权行为结合在一起，才会发生损害结果"。即如果只有其中任何一个侵权行为发生，而没有其他侵权行为的介入及共同作用，损害结果就不会发生，只有数个人的侵权行为结合在一起，才能导致损害结果的发生。这种情况下，应当适用《民法典》第1172条、第177条，能够确定责任大小的，各行为人承担相应的责任；难以确定责任大小的，平均承担责任。例如，张三、李四和王五有仇，张三、李四在互不知情的情况下给王五投毒，每个人投毒的剂量都不足以导致王五死亡，但加起来的剂量却将王五致死。张三和李四就应当对王五的死亡各自承担相应的责任，能够确定投毒比例的，各承担相应比例的责任；不能确定投毒比例的，平均承担责任。

值得说明的是，《民法典》在侵权责任编第一章一般规定中明确了上述共同加害行为、教唆帮助行为、共同危险行为、无意思联络的多数人侵权行为及责任承担方式，除此之外，在第三章责任主体的特殊规定中以及第四至十章的典型损害责任专门规定中，也规定了许多情况下的多数人侵权责任，包括明知侵权的网络服务提供者与网络服务用户的连带责任、转让拼装车及报废车双方的连带责任、未尽到高度注意义务的高度危险物的所有人、管理人与非法占有人的连带责任、建筑物等倒塌情况下建设单位与施工单位的连带责任等。其中只要规定连带责任的，均应当按照《民法典》第178条之规定，在外部关系上，即在对被侵害人承担责任时，均为连带责任，被侵害人有权请求部分或者全部连带责任人承担责任。在内部关系上，连带责任人的责任份额根据各自责任大小确定；难以确定责任大小的，平均承担赔偿责任。实际承担责任超过自己责任份额的连带责任人，有权向其他连带责任人追偿。

第五节　减轻与不承担侵权责任的事由

【案例33-6】　2018年8月27日21时30分许，刘某驾驶宝马轿车在昆山市震川路西行至顺帆路路口，与同向骑自行车的于某发生争执。刘某从车中取出一把砍刀连续击打于某，后被于某反抢砍刀并捅刺、砍击数刀，刘某身受重伤，经抢救无效死亡。

【案例 33-7】 王某在路上遛狗，狼狗突然挣脱绳子攻击杨某，杨某为了躲避狼狗的袭击，跳上陈某的货摊，导致货摊坍塌，货摊上的物品损坏。

【案例 33-8】 一住店客人未付房钱欲要离开旅馆去车站，旅馆服务员见状揪住他不让走，并打报警电话。客人说："你不让我走还限制我自由，我要告你们旅馆，耽误了乘火车要你们赔偿。"

【案例 33-9】 甲与朋友聚会，醉酒后打车回家。当出租车在环路上行驶时，甲突然要求出租车司机停车，说要下车方便。出租车司机非常厌恶醉酒之人，便将车停下，让甲下车，然后将车开走。甲因醉酒不辨方向，走入快车道，被一辆货车撞死。

【案例 33-10】 学生甲放学回家途中与同学乙嬉戏，在嬉戏中乙将受害人甲推向机动车道，被迎面丙所驾驶的超速机动车撞伤。

减轻与不承担侵权责任的抗辩事由，是指行为人一方针对受害人要求其承担侵权责任的请求权而提出的，能够使行为人免除或减轻责任的事由。减轻与不承担责任的抗辩事由包括正当理由的抗辩事由和外来原因的抗辩事由。

正当理由的抗辩事由是指损害虽然是行为人的行为造成的，但其行为具有合法性，因而行为人不需要承担侵权责任。《民法典》明确规定正当防卫、紧急避险、受害人自甘风险、自助行为为正当理由的抗辩事由。外来原因的抗辩事由是指损害不是行为人的行为造成的，而是外来原因，因此，行为人不应承担侵权责任。如不可抗力、被侵权人过错、受害人故意、第三人原因。

一、正当理由的抗辩事由

（一）正当防卫

1. 正当防卫的概念与构成要件

正当防卫，是指为了避免公共利益、本人或他人的人身或者其他利益免受正在进行的不法侵害，而对侵害人实施的防卫行为。例如，甲欲抢劫乙，乙为了保护自己的人身权益与财产权益，与甲进行搏斗，在搏斗的过程中将甲打伤。正当防卫只能是为了拒绝侵害，而不能是进攻性地使自己的权利得到实现，也不能为了报复。

构成正当防卫必须同时满足以下条件：

（1）正当防卫的起因条件。必须有不法侵害行为，只有存在不法侵害行为的情况下，才能进行正当防卫。该不法侵害针对的可能是本人或他人的合法权益、社会公共利益。

（2）正当防卫的必要性条件。该不法侵害行为必须具有紧迫性，若不采取防卫行为，就不能避免损害的发生。正当防卫行为具有"以暴制暴"的特性，只有在紧迫的情况下，国家才能允许防卫人采取暴力手段维护合法权益。

（3）正当防卫的对象条件。正当防卫必须是针对侵权人本人实施的防卫行为，对侵权人以外的任何第三人所采取的防卫手段，都不能构成正当防卫。

（4）正当防卫的目的性条件。正当防卫的目的是必须具有保护本人、他人的合法权益或社会公共利益的意识，不具有防卫意识的防卫行为不能成立正当防卫。

（5）正当防卫的时间条件。正当防卫所针对的必须是已经开始或正在进行的不法侵害。若是侵害行为尚未开始或者已经结束，则不能成立正当防卫。

（6）正当防卫的限度条件。正当防卫的手段必须是足以制止侵害行为即可，而不能超过必要的限度给侵权人造成不应有的损害。

在案例33-6中，警方最后认定刘某的行为属于刑法意义上的"行凶"，已经严重危及于某的人身安全，且刘某的不法侵害是一个持续的过程，一直使于某的人身安全处在刘某的暴力威胁之中，于某出于防卫的目的保护了自己的人身安全，符合正当防卫的意图。于某不负刑事责任，案件依法撤销。

2. 正当防卫的适用规则

《民法典》第181条规定："因正当防卫造成损害的，不承担民事责任。正当防卫超过必要的限度，造成不应有的损害的，正当防卫人应当承担适当的民事责任。"正当防卫是合法行为，因此造成的侵害不需承担赔偿责任；但如果防卫过当，就需要承担适当责任。

正当防卫是否过当应该从两个方面进行考量：

第一，防卫行为的手段与强度应该与不法侵害行为的手段与强度大致相符，不能过度超过不法侵害行为的手段与强度。例如，为阻止不法侵害人偷窃而致其轻伤，是正当防卫；重伤或杀死小偷就超出了必要限度造成防卫过当。

第二，防卫行为的手段与其保护的法律权益应相符。若为了保护一个较小的权益，而采取较为激烈的防卫手段，给侵权人造成不应有损害的，可认为防卫过当。因防卫过当给侵权人所造成的不应有的损害，防卫人需要承担"适当的责任"。所谓"适当的责任"，是指对侵权人不是全部赔偿，而是适当减轻防卫人的责任。实践中需要根据防卫人的过错程度，造成的损害后果及案情的实际情况决定所承担的责任份额。

（二）紧急避险

1. 紧急避险的概念及构成要件

紧急避险，是指为了使公共利益、本人或他人的合法权益免受正在发生的危险，不得已而实施的加害他人的行为。例如，为避免失控汽车撞到路边行人，某司机将车急拐向左边的停车道，撞毁了他人停放在停车道内的汽车。

紧急避险必须具备以下构成条件：

（1）必须是公共利益、本人或者他人的人身、财产权益遭遇现实存在的急迫危险，且该急迫危险近在眼前，刻不容缓。

（2）必须是不得已的情况下采取的紧急措施。所谓不得已，是指如果不采取紧急避险将会有严重后果。

（3）避险行为不得超过必要的限度。这里所要求的必要限度不应过于苛刻。一般来说，判断标准以避险行为导致和挽救的损失大小做比较。如果以较小损失挽救了较大损失，则认为不超过必要限度。

2. 紧急避险的类型和法律效力

紧急避险依据险情发生的原因分为两类：人为原因引起的险情以及自然原因引起的险情。

（1）人为原因引起的紧急避险。引起险情的人应该是紧急避险人与受害人之外的第三人。引起险情的人在主观上既可能出于过失、也可能是故意，故法律规定因紧急避险造成损害的，由引起险情发生的人承担责任。比较特殊的是饲养动物引起的险情也归于此类中。在案例 33-7 中，虽然险情是由狼狗引起的，但饲养动物侵权是特殊侵权，其归责原则是无过错归责原则，这就意味着法律不考虑动物的饲养人或者管理人的过错与否，只是要求他们在饲养或管理动物的过程中尽到更高的注意义务，因此陈某货摊的损失不应由杨某赔偿，而应由狼狗的饲养人王某承担赔偿责任。

（2）自然原因引起的紧急避险。自然原因是指与人的行为无关的外界客观原因，例如地震、海啸、山洪暴发等。《民法典》第 182 条第 2 款规定："危险由自然原因引起的，紧急避险人不承担民事责任，可以给予适当补偿。"这就是说由自然原因引起的危险，紧急避险人虽然不承担侵权责任，但是其可以自愿给予受害人补偿或由法官根据案件具体情况判令其给予适当补偿。所谓"适当的补偿"意味着避险人本来不承担侵权责任，但是考虑到受害人的损害以及避险人因此所获利益等因素，由避险人分担一些受害人的损失。

3. 避险不当或过当时的民事责任

紧急避险时，如果采取措施不当或者超过必要的限度，造成不应有的损害的，紧急避险人应当承担适当的民事责任。所谓采取措施不当，主要是指在当时的情况下能够采取其他可能减少或避免损害发生的措施而未采取，或所采取的措施并非为排除险情所必需。超过必要的限度或造成不应有的损害都是从避险人要保护的利益与其侵害的利益的轻重、比例关系等角度加以判断。如果紧急避险人所造成的损害远远大于被保护的利益，就是超过必要限度，造成不应有的损害。例如，甲为避免乙扔的石头将自己的豪华汽车砸坏而猛打方向盘，压断了丙的腿。甲要保护的仅仅是财产权，可侵害的却是他人的健康权，因为健康权远远大于财产权，所以甲的避险显然过当了，应承担侵权责任。

紧急避险与正当防卫既有一些相似之处，也有一些原则区别。其相似之处表现为：（1）都是为了保护公共利益、本人或他人的合法民事权益；（2）都是对正在发生的侵害（或危险）采取的相应措施；（3）法律要求正当防卫在必要限度内进行，紧急避险也不得超过必要限度。二者的主要区别有：（1）正当防卫主要是针对他人的不法侵害行为；紧急避险的危险可能是由他人的行为造成的，也可能是由自然原因引起的。（2）正当防卫所施加的对象是不法侵害行为人的人身或其财产，紧急避险施加于第三人，造成第三人人身或财产的损失。（3）任何人均不对必要限度内的正当防卫负赔偿责任；但即使是必要限度内的紧急避险，引起险情发生的人也应当向受害人承担民事责任。

（三）自甘风险

1. 自甘风险的概述

自甘风险是指受害人事先了解某项活动可能伴随着危险，但仍自愿为此活动，并同意自行承担可能的后果。《民法典》第1176条规定："自愿参加具有一定风险的文体活动，因其他参加者的行为受到损害的，受害人不得请求其他参加者承担侵权责任；但是，其他参加者对损害的发生有故意或者重大过失的除外。活动组织者的责任适用本法第一千一百九十八条至第一千二百零一条的规定。"按照法条的规定，自甘风险仅适用"具有一定风险的文体活动"，如大多数的竞技体育项目，尤其是身体直接接触的具有较高风险程度的竞技体育项目。

2. 受害人自甘冒险的构成要件

（1）受害人适格

如果某项具有一定风险的文体活动对参加者有一定条件和资格的要求，受害人应当符合此条件和资格。如果不符合，不宜使用自甘风险作为抗辩事由，而应当按照过错责任以及受害人过错处理。

（2）受害人对于危险和可能的损害有预见或者认知

受害人的预见或者认知来源于以下的判断：一是依据自身的经验和知识应当知道危险的存在及可能造成的损害；二是活动的组织者对危险进行了明确和充分的告知或者提示。

（3）受害人自愿参加

受害人自愿参加，不是被强迫、胁迫或受欺骗参加具有风险的文体活动，也不是出于法律或者道德的义务。

3. 自甘风险的法律适用

（1）自甘风险的抗辩事由适用于与受害人一起参加文体活动的其他参加者。如在体育活动中，发生在运动员、裁判员等参加者之间的损害可以不承担侵权责任。但对于加害人故意或者重大过失造成的损害，侵权人不能适用自甘风险进行抗辩。如在体育比赛中故意犯规、恶意冲撞他人身体等行为造成的损害。

（2）活动组织者的责任适用《民法典》第1198～1201条的规定，即安全保障义务人的责任，以及学校、幼儿园及其他教育机构承担的未尽到教育、管理职责的侵权责任。

（四）自助行为

自助行为是指行为人为保护自己的合法权益，在情况紧急无法及时获得公权力保护时，对于侵权人的财产等采取符合必要限度要求的合理措施，如果采取的措施不当给侵权人造成损害的，行为人承担侵权责任。

自助行为应满足以下条件：

（1）必须是保护自己的合法权益。

（2）必须是情况紧急无法及时获得国家机关保护。

（3）不立即采取措施将使其合法权益受到难以弥补的损害。例如，一学生丢失了一辆自行车，后在教学楼前发现，该车已经换锁，学生买了一把新锁将自行车锁在电线杆上，然后前往学校保卫处报告。此案例中，如果学生不采取措施，等找到保卫处的人再回来可能车已被骑走无法找到了。

（4）只能在保护自己合法权益的必要范围内采取扣留侵权人的财物等合理措施。实施自助行为不能超越保护自己合法权益这个范围；"合理措施"指自助行为扣留的财物应当与保护的利益在价值上大体相当。

（5）应当立即请求国家机关处理。若行为人怠于寻求公权力机关救济，或被公权力机关驳回，或被公权力机关认定行为超出必要限度，则其行为有可能构成侵权，须承担相应的法律后果。

在案例33-8中，旅馆为了保护自己合法的财产权益，在来不及请求公权力保护的情况下，暂时不允许客人离开是一个自助行为，不侵犯客人的任何权益，当然，旅馆事后必须及时报警，否则可能会造成侵权。

（五）受害人同意

受害人同意是指在不违背法律及公序良俗的情况下，受害人同意他人实施某种行为或者于损害发生前明确表示自愿承担某种不利后果的行为。《民法典》第1219规定："医务人员在诊疗活动中应当向患者说明病情和医疗措施。需要实施手术、特殊检查、特殊治疗的，医务人员应当及时向患者具体说明医疗风险、替代医疗方案等情况，并取得其明确同意；不能或者不宜向患者说明的，应当向患者的近亲属说明，并取得其明确同意。"此法条表明我国法律认可受害人同意是一种抗辩事由。

受害人同意的特征：

（1）受害人同意应该是其真实意思表示。如果他人通过暴力威胁使得受害人同意，或者受害人因误解或因侵权人的虚假陈述而作出同意的意思表示，该同意不应产生法律效力。受害人同意的意思表示一般应当是明示的，例如，明确告诉他人可以烧毁自己不希望保留的信件。在某些条件下，默示的同意也可得到承认，如伸出手臂让护士抽血。

（2）受害人自愿承担不利后果的表示不违背法律及公序良俗。比如，某些人体医学实验为法律所禁止，其同意的意思表示无效。

（3）受害人的同意应当在不利后果发生前作出。如果受害人在损害后果发生后表示自愿承担该不利后果，应当视为受害人对侵权人侵权责任的事后免除。

二、外来原因的抗辩事由

（一）不可抗力

不可抗力是指不能预见、不能避免且不能克服的客观情况。不可抗力包括自然原因引起的，例如达到一定强度的自然现象，地震、台风、洪水、海啸等。也包括社会原因的不可抗力，例如战争、武装冲突、暴乱、恐怖活动等，这类不可抗力是由社会矛盾激化而引起的。

　　根据《民法典》第 180 条的规定，因不可抗力不能履行民事义务的，不承担民事责任。法律另有规定的，依照其规定。《民法典》第 1238 规定不可抗力不能成为免责事由。

　　不可抗力如果是损害发生的唯一原因，则可以完全免除行为人的侵权责任。例如，最高人民法院《关于处理涉及汶川地震相关案件适用法律问题的意见（二）》第 8 条规定："因地震灾害引起房屋垮塌、建筑物或者其他设施以及建筑物上的搁置物、悬挂物发生倒塌、脱落、坠落造成他人损害的，所有人或者管理人不承担民事责任。"第 9 条规定："因地震灾害致使堆放物品倒塌、滚落、滑落或者树木倾倒、折断或者果实坠落致人损害的，所有人或者管理人不承担赔偿责任。"但如果不可抗力是损害发生的部分原因，一般应根据其原因力的大小，适当减轻行为人的责任。例如，在汶川地震中，某些开发商建设的不符合抗震标准的"豆腐渣工程"与地震相结合造成的人员伤亡。侵权行为实施之后发生的不可抗力，对不可抗力发生之前的行为不能援引不可抗力而免责。例如，甲将乙撞伤之后，乙在送往医院治疗的过程中，突遇山洪暴发导致乙因延误治疗而导致伤情扩大，甲撞伤乙的行为不能因不可抗力而免责。

　　（二）被侵权人过错和受害人故意

　　1. 被侵权人过错作为抗辩事由

　　被侵权人过错是指被侵权人对同一损害的发生或者扩大有过错的，可以减轻侵权人的责任。被侵权人过错是没有尽到自我注意的义务和损害发生后的减损义务。违背自我注意义务是指受害人应该预见其行为将会导致自身损害结果的发生，但由于过失没有预见，或者虽已预见但是轻信能避免。违反减损义务是指侵权人的行为导致损害发生以后，受害人由于过错没有按照诚实信用原则采取及时、合理的手段避免损失的扩大。被侵权人过错作为抗辩事由的法律效果是减轻侵权人的损害赔偿责任，其实质是受害人因自己的过错所造成的那一部分损害由自己负责，而不应由侵权人负责。

　　《民法典》第 1173 条规定："被侵权人对同一损害的发生或者扩大有过错的，可以减轻侵权人的责任。"被侵权人过错不仅适用于过错责任，也适用于无过错的情形。被侵权人过错需要结合不同的归责原则、不同的过错程度作出具体的判定。

　　在案例 33-9 中，出租车司机非常清楚在环路上不能上下乘客，况且甲此时已经烂醉如泥，如果在车辆密集、车速很快的环路上下车的话，很可能被车撞死或撞伤，但司机依然让其下车，最终导致甲的死亡。所以，司机因为重大过失应该承担责任，但甲自身也有过错，按照被侵权人过错的抗辩事由，甲因自身有过错，会减轻司机的赔偿责任。

　　2. 受害人故意作为抗辩事由

　　受害人故意，是指受害人明知自己的行为会发生损害后果，仍然追求损害后果的发生。例如，某人因失恋而从火车上跳下自杀。《民法典》第 1174 条规定："损害是因受害人故意造成的，行为人不承担责任。"

受害人故意应当符合以下要件：

（1）具有过错能力。只有具有相应民事行为能力的人才能判断和识别自己的行为，才能具有过错能力，否则谈不上故意追求损害的发生。例如，抑郁症患者在不能控制自己行为的情况下卧轨死亡，不认为是受害人故意自杀。

（2）受害人积极地促进或者放任损害结果的发生。受害人故意包括直接故意和间接故意。在机动车交通事故案件中，撞车自杀者为直接故意，"碰瓷"者虽然不追求自己死亡的结果但明知发生死亡或者伤残的几率极大，仍然放任自己的行为铤而走险碰撞机动车以骗取赔偿，则属于间接故意。因而《道路交通安全法》第 76 条第 2 款规定："交通事故的损失是由非机动车驾驶人、行人故意碰撞机动车造成的，机动车一方不承担赔偿责任。"

（3）受害人的损害完全是其故意造成的。当加害人以受害人故意为免责事由时，应当考虑加害人有无过错。如果加害人具有过错的，不能免除责任，而应适用《民法典》第 1173 条的规定，减轻侵权人的责任。只有当受害人故意是导致损害发生的唯一原因时，行为人才可以免责。

（三）第三人原因

第三人原因，是指当第三人对受害人损害的发生或扩大具有过错时，可以减轻或者免除行为人的侵权责任。《民法典》第 1175 条规定："损害是因第三人造成的，第三人应当承担侵权责任。"此规定的第三人原因既包括第三人过错是造成损害的唯一原因的情形，也包括了第三人过错是造成损害的部分原因的情形。

1. 损害完全是由第三人的行为造成的，行为人和受害人对损害的发生都没有过错

一般而言，在此情形下，因第三人的过错是造成损害的唯一原因，行为人不承担侵权责任。但有些情况下，即使损害完全由第三人造成，受害人也有权选择是由行为人承担责任还是第三人承担，只不过行为人承担责任后可以向第三人进行追偿。如甲为了更多的盗取炼油厂输油管道中的油，将输油管道凿开了一个大洞，导致大量的原油外泄，污染了旁边乙的农田。此案例中，乙可以要求炼油厂赔偿，也可以要求甲赔偿，炼油厂赔偿之后可以向乙追偿。

2. 第三人和行为人对损害的发生都存在过错

在此情况下，行为人的责任可能因第三人的过错而减轻。如第三人的行为与行为人的行为构成共同侵权，导致损害的发生；行为人和第三人分别实施侵权行为造成同一损害，每个人的侵权行为都足以造成全部损害；行为人和第三人分别实施侵权行为造成同一损害，或者能够确定责任大小，或者难以确定责任大小。以上情形的出现，需要具体按照《民法典》第 1168 条、第 1171 条、第 1172 条的规定处理，由行为人和第三人一起承担连带责任或者按份责任。在案例 33-10 中，行为人乙和驾驶人丙分别实施了过错行为造成了甲的人身损害，按照《民法典》第 1172 条的规定承担按份责任。

第六节　侵权责任方式

一、侵权责任方式的概念及类型

侵权的责任方式，即侵权行为的民事责任方式，是指赔偿义务人依法应当对侵权损害承担的不利法律后果的具体形式。侵权的民事责任方式是民事责任制度的重要组成部分。只有在法律明文规定了具体的侵权责任方式的情况下，侵权行为的受害人才能依据所受侵害的事实提出明确的请求或主张，审判机关才能依法作出恰当的判决，以维护受害人的合法权益。

《民法典》确立了多种侵权责任承担方式，为被侵权人提供了可供选择的救济方式。该法第 179 条第 1 款规定了八种承担侵权责任的方式：（1）停止侵害；（2）排除妨碍；（3）消除危险；（4）返还财产；（5）恢复原状；（6）赔偿损失；（7）消除影响、恢复名誉；（8）赔礼道歉。这些承担侵权责任的方式，既能够单独适用，也能够合并适用。

其中，赔偿损失是具有普遍适用性的最主要的一种民事责任方式。

二、侵犯人身权的责任承担方式

对民事主体人身权的保护，是我国各个法律部门的共同任务。而其中民法对人身权的保护具有最直接、最普遍、最全面的三个特点。

（一）侵害人身权的非财产责任

侵害人身权的非财产责任，包括停止侵害、排除妨碍、消除危险、赔礼道歉、消除影响、恢复名誉等责任方式，它与侵害人身权的财产损害赔偿责任共同发挥着对人身权的保护作用。具体而言，人身权的非财产责任包括以下数种：

1. 停止侵害

如停止非法人身拘禁，即属此类。它针对正在实施中的侵权行为，旨在制止侵害。《民法典》第 997 条规定，民事主体有证据证明行为人正在实施或者即将实施侵害其人格权的违法行为，不及时制止将使其合法权益受到难以弥补的损害的，有权依法向人民法院申请采取责令行为人停止有关行为的措施。

2. 排除妨碍

排除妨碍，是指因侵权人的侵权行为使被侵权人已无法行使或者无法正常行使其权利时，被侵权人有权请求其将此种妨碍加以排除的侵权责任承担方式。

3. 消除危险

消除危险，是指侵权行为虽然未对他人的权利造成实际损害，但是存在造成损害的现实危险时，被侵权人有权要求侵权人消除这一危险。《民法典》第 1167 条规定，侵权行为危及他人人身、财产安全的，被侵权人有权请求侵权人承担停止侵害、排除妨碍、消除危险等侵权责任。例如，某品牌家具由于设计不合理，在使用时已经发生过几例砸伤、砸死幼儿的事件，则未受侵害的消费者就有权要求厂家召回该家具，采取相应措施，以防止现实的危险转化成实际损害，这就是消除危险的责任方式。

4. 消除影响，恢复名誉

消除影响，指责令侵害人在其影响范围内，消除不良后果。它主要适用于侵害肖像权、荣誉权、名誉权、姓名权、名称权等人格权所造成的不良影响。恢复名誉，指令侵权人在影响范围内将受害人的名誉恢复至未受侵害之状态。二者使用的具体手段可能相同，如登报道歉等，但适用范围有所不同。

5. 赔礼道歉

令侵权人向受害人认错，表示歉意。该方法用于抚慰、平复受害人感情创伤，其效果不可为其他方法所替代。

消除影响、恢复名誉、赔礼道歉这三种责任方式往往是针对侵害精神性人格权比如肖像权、名誉权、隐私权等采用。《民法典》第 1000 条规定，行为人因侵害人格权承担消除影响、恢复名誉、赔礼道歉等民事责任的，应当与行为的具体方式和造成的影响范围相当。行为人拒不承担上述民事责任的，人民法院可以采取在报刊、网络等媒体上发布公告或者公布生效裁判文书等方式执行，产生的费用由行为人负担。

（二）侵害人身权的财产责任方式——赔偿损失

赔偿损失，是一种财产责任方式，并且是人身权保护方法中最主要的方式。这是由于民法保护方法的财产性和补偿性所决定的，也是民法在人身权的保护方面与刑法、行政法的基本区别点。

人身权损害赔偿的财产责任包括以下内容：

1. 侵害物质性人格权的财产损害赔偿

侵害物质性人格权的财产损害赔偿，是对侵害自然人身体权、健康权、生命权造成的财产损失进行的赔偿。根据《民法典》第 1179 条的规定，侵害他人造成人身损害的，应当赔偿医疗费、护理费、交通费、营养费、住院伙食补助费等为治疗和康复支出的合理费用，以及因误工减少的收入。造成残疾的，还应当赔偿辅助器具费和残疾赔偿金。造成死亡的，还应当赔偿丧葬费和死亡赔偿金。《人身损害赔偿司法解释》第 16 条规定，被扶养人的生活费计入残疾赔偿金或者死亡赔偿金。

2. 关于死亡赔偿金上的"同命同权"

《民法典》第 1180 条规定："因同一侵权行为造成多人死亡的，可以以相同数额确定死亡赔偿金。"该条规定是对实践经验的总结和回应。以往我国在处理同一损害事故中造成多人死亡的案件（如矿难赔偿、交通事故赔偿、火灾事故赔偿等）中，因根据不同标准计算出的死亡赔偿金数额不同，在我国人口流动加剧、自然人户籍与经常居住生活、工作、学习地不一致的情况下，引发了较为突出的社会矛盾。为了解决这一矛盾，我国法律作出了上述"同命同权"的规定，需要注意的是，该规定仅仅适用于死亡赔偿金，对于其他因人身伤亡而造成的财产损失不能适用，而且，该条规定仅仅规定"可以"而非"必须"以相同数额确定死亡赔偿金。在实践中，法院应当查明具体情况，比如农村户籍的受害人是暂时还是稳定地在城镇居住生活、工作、学习，以此确定是否以与城镇居民相同的数额确定死亡赔偿金。

3. 侵害精神性人格权的财产损害赔偿

《民法典》第 1182 条规定："侵害他人人身权益造成财产损失的，按照被侵权人因此受到的损失或者侵权人因此获得的利益赔偿；被侵权人因此受到的损失以及侵权人因此获得的利益难以确定，被侵权人和侵权人就赔偿数额协商不一致，向人民法院提起诉讼的，由人民法院根据实际情况确定赔偿数额。"这里所说的侵害他人人身权益，一般是指对他人精神性人格权益的侵害，例如侵害他人肖像权而获益，侵害他人名誉权而使他人受损。对此，《民法典》按照这样的顺序确定赔偿损失的数额：首先根据被侵权人因此受到的损失以及侵权人因此获得的利益确定；其次由被侵权人和侵权人协商确定；最后是人民法院根据实际情况确定。

（三）精神损害赔偿

精神损害赔偿，是指自然人的权利受到不法侵害，导致其精神利益受到损失时，有权从加害人处得到一定数额的财产或金钱，以弥补、慰藉其所受到的精神损失。精神损害赔偿金兼具补偿、惩罚和抚慰功能。

侵害人身权的精神损害赔偿，是指无论侵害的是被侵害人的物质性人格权、精神性人格权，乃至侵害的是被侵害人的身份权，都有可能给被侵权人本人或者其近亲属造成严重的精神伤害，对于严重的精神伤害也唯有通过金钱上的损害赔偿，才能使得被侵权人或者其近亲属的精神痛苦得到一定程度的抚慰，以弥补和修复其精神损害。《民法典》第 1183 条规定，侵害自然人人身权益造成严重精神损害的被侵权人有权请求精神损害赔偿。因故意或者重大损失侵害自然人具有人身意义的特定物造成严重精神损害的，被侵权人有权请求精神损害赔偿。并且，《民法典》第 996 条还规定，因当事人一方的违约行为，损害对方人格权并造成严重精神损害，受损害方选择请求其承担违约责任的，不影响受损害方请求精神损害赔偿。2021 年 1 月 1 日实施的《人身损害赔偿司法解释》和《精神损害赔偿司法解释》对人身损害赔偿和精神损害赔偿进一步做了规定。

1. 精神损害的受偿主体范围

依照《精神损害赔偿解释》第 1 条规定，只有自然人的人身权益或有人身意义的特定物受到侵害，向人民法院请求精神损害赔偿的，人民法院才予以受理。之所以将法人等团体排除在外，基于两点原因：（1）精神损害的典型表现如精神痛苦，法人不可能具有，法人是非生命体，没有自然人的情感感受，当然也就无所谓精神损害，即使法人人格权受到侵害，会引起社会评价降低，其直接后果仍表现为财产损失。（2）对侵犯法人人格权引起的财产损失予以赔偿，再赔偿其所谓的精神损失，实际上法人是获得了双重赔偿。因此，《精神损害赔偿解释》第 5 条明确规定："法人或者非法人组织以名誉权、荣誉权、名称权遭受侵害为由，向人民法院起诉请求精神损害赔偿的，人民法院不予支持。"

2. 精神损害的受偿权利范围

根据《精神损害赔偿解释》之规定，因人身权益或者具有人身意义的特定物受到侵害，自然人或者其近亲属向人民法院提起诉讼请求精神损害赔偿的，人民法院应当依法予以受理。非法使被监护人脱离监护，导致亲子关系或者近亲属间的亲属关系遭受严重损害，监护人向人民法院起诉请求赔偿精神损害的，人民法院应当依法予以受理。死者的姓名、肖像、名誉、荣誉、隐私、遗体、遗骨等受到侵害，其近亲属向人民法院提起诉讼请求精神损害赔偿的，人民法院应当依法予以支持。

依据《精神损害赔偿解释》第 5 条规定，精神损害的赔偿数额根据以下因素确定：（1）侵权人的过错程度，但是法律另有规定的除外；（2）侵权行为的目的、方式、场合等具体情节；（3）侵权行为所造成的后果；（4）侵权人的获利情况；（5）侵权人承担责任的经济能力；（6）受理诉讼法院所在地的平均生活水平。

三、财产损失赔偿

《民法典》第 1184 条规定："侵害他人财产的，财产损失按照损失发生时的市场价格或者其他合理方式计算。"财产权益是民事权益中的重要组成部分，因侵权行为导致财产损失的，一般按照损失发生时的市场价格计算，如果完全毁损、灭失，要按照该物在市场上所对应的标准全价计算损失；如果已使用多年，应进行折旧计算。如果该财产没有在市场上流通，没有市场价格，就应采用合理的方式计算，如交由评估机构评估定价。

四、侵害知识产权的惩罚性赔偿

"惩罚性赔偿"是由法院所作出的超出实际损害数额的赔偿，其目的在于通过重罚惩戒恶性侵权者、震慑其他潜在侵权者。《民法典》第 1185 条规定："故意侵害他人知识产权，情节严重的，被侵权人有权请求相应的惩罚性赔偿。"《民法典》将惩罚性赔偿条款写入其中，对于提升全社会知识产权保护意识和保护水平具有重要意义。2013 年，我国《商标法》首次规定了商标侵权的惩罚性赔偿条款。此后，在 2019 年《商标法》的修订中，第 63 条"惩罚性赔偿"的倍数由"一倍以上三倍以下"改为"一倍以上五倍以下"，最高判赔额也由三百万元改为了五百万元，提高了对于商标权人的赔偿数额。新修改的《专利法》于 2021 年 6 月 1 日正式施行。此次修改确定了四种侵权赔偿方法：权利人的实际损失、侵权人的非法获利、许可费的合理倍数以及法定赔偿，确定赔偿方法也是按照此顺序依次进行的。《专利法》的惩罚性赔偿制度是在前三种方法确定的赔偿数额上乘以一至五倍作为侵权赔偿额。适用条件上也规定了"故意侵权"和"情节严重"两个要件。除了引入惩罚性赔偿制度外，还将法定赔偿额由"一万元以上一百万元以下"调整为"三万元以上五百万元以下"，提高了法定赔偿额的下限和上限。

本章练习题

一、思考题

1. 简述几种典型的多数人侵权行为，并说明其中多数人承担责任的方式。

2. 正当防卫和紧急避险的区别是什么？

二、综合训练

1. 甲、乙分别住在同一楼房的二、三层，甲家在安装空调外挂机的时候紧贴楼宇的上下管道，为小偷攀爬提供了极大便利。安装好空调后的第二天，乙家就失窃了，被盗取 2000 元。经对足迹、鞋印等进行勘查，小偷正是沿着空调外观机提供的便利路线爬上去的。请问：乙可以通过何种途径追偿损失？

【要点提示】

乙可以向公安机关报案，向直接侵权人（小偷）追回被窃的钱财。但由于甲安装空调不当给乙造成损失，使乙造成损害，乙还可以向甲主张侵权损害赔偿，并可以要求甲拆除空调外挂机，采取合理的方式进行安装，以避免损失再度发生，这是侵权法所赋予权利人的消除危险请求权。

2. 某日晚 20 时，年近七旬的杨某在某超市内偷窃了两袋酸奶和一袋黑芝麻糊，在出门时，报警器响了，杨某遂向门外跑，超市保安董某发现后进行追赶并大声向杨某喊"不要跑"。但杨某不听，后摔倒致伤，被送往医院，诊断为右股骨骨折。出院后，杨某将超市告到法院，要求赔偿损失。

【要点提示】

杨某到超市偷东西是违法行为。杨某在偷窃行为被发现后逃跑也是违法的，超市保安为了拿回超市的东西追杨某并无不当，是合法的。作为年近七旬的老人，应当知道快速奔跑有摔倒并造成人身损害的危险，仍放任这种危险的发生。因此，杨某的损害结果的发生是由自己的故意行为造成的，且杨某的行为是损害发生的唯一原因，所以超市不承担损害赔偿责任。

3. 沈某正在某农贸大厅里购买食品时，突然农贸大厅拱形顶棚陆续坍塌，沈某不幸被倒塌的大厅支架砸伤。事故发生后，建设工程质量检测部门进行了技术鉴定，结论为：当地遭受的百年一遇暴风雪袭击为造成该事故的主要原因，该工程拱壳的设计和构造措施不当、施工安装质量不好、结构构件产生严重锈蚀亦为导致该事故的原因。在协商无果的情况下，沈某决定与商家对簿公堂。

【要点提示】

暴风雪是不可抗力，但是损害的发生也有人为的原因，不可抗力只是损害发生的部分原因，应当适当减轻行为人的责任。

第三十四章　关于责任主体的特殊规定

◎ 知识目标
- 掌握监护人责任的归责原则、构成要件及责任的承担。
- 掌握网络用户、网络服务提供者的侵权责任。
- 掌握用人单位责任的归责原则、构成要件和责任的承担。
- 掌握违反安全保障义务侵权责任的构成要件和责任承担。
- 掌握教育机构侵权的归责原则。

◎ 能力目标
- 结合案例分析判断某一行为是否为执行工作任务。
- 能够正确分析未尽到教育管理职责的依据及责任承担。

第一节　监护人责任

【案例34-1】　一天晚上8时，李某（13周岁）手持一枚40发魔术弹在住宅楼下的草坪上燃放，梁某（9周岁）前去帮忙。因魔术弹没有引线，李某便将一个小烟花插进魔术弹筒里，引火后即警告梁某走开，但梁某没有走开，反而侧头朝魔术弹筒内窥看，魔术弹喷出击中梁某的右眼。

请思考：谁应为梁某的损害负责？

一、监护人责任概述

监护人责任是指无民事行为能力人或限制民事行为能力人造成他人损害时，监护人所应承担的侵权责任。侵权责任中，一般原则是自己行为自己责任，即由行为人自己承担侵权行为的责任；但在监护人责任中，却是行为人和责任人分离，即被监护人侵权，由负有监督、管理义务的监护人承担侵权责任。监护人责任既是替代责任也是无过错责任，即无论监护人是否尽到监护职责，监护人都应承担侵权责任，只不过监护人尽到监护责任可以减轻监护人的责任承担。

监护人责任的构成要件包括：

1. 被监护人是无民事行为能力人、限制民事行为能力人

无民事行为能力人包括：未满8周岁的未成年人和不能辨认自己行为的成年人。限制民事行为能力人包括：已满8周岁的未成年人，但不包括"以自己的劳动收入

443

为主要生活来源的" 16 周岁以上不满 18 周岁的自然人；以及不能完全辨认自己行为的成年人。

2. 被监护人实施了不法行为

被监护人没有正当理由实施了侵害他人合法权益的行为。

3. 造成了他人的损害

被监护人的行为必须造成了他人损害，才能产生监护人责任。这里的损害包括财产损害和人身损害，也包括精神损害。例如儿童将他人的车辆划伤，精神病人将他人打伤。

4. 被监护人的侵权行为与他人损害之间有因果关系

受害人负举证责任。被监护人的侵权行为可以直接造成他人损害，也可间接导致他人损害，如儿童违章穿越马路，汽车为避免撞上该儿童而遭受损害。

二、监护人责任的承担

无民事行为能力人、限制民事行为能力人造成他人损害的，由监护人承担侵权责任，监护人尽到监护责任的，可以减轻其侵权责任。对于"是否尽了监护责任"，法律上只考虑在被监护人造成他人损害行为发生时监护人是否尽了监护责任。实践中，法院认为只要被监护人造成了他人损害，就表明监护人没有尽到监护责任，所以认定监护人尽到了监护责任的情形很少见。比较常见的减轻监护人责任的情形是被监护人在学校或者幼儿园等教育机构学习、生活期间造成他人损害，监护人减掉的责任往往由有过错的教育机构承担。

有财产的无民事行为能力人、限制民事行为能力人造成他人损害的，从本人财产中支付赔偿费用，不足部分由监护人赔偿。

在案例 34-1 中，梁某所遭受的人身损害是由李某的侵权行为造成的，所以按照法律规定，应由李某的监护人对梁某的人身损失承担赔偿责任。但由于梁某在李某发出警告后，仍旧朝魔术弹筒内窥看，其行为也是造成损害发生的原因之一，所以按照过失相抵原则可以适当减轻李某监护人的赔偿责任。

三、监护人责任承担的特殊情况

被监护人侵权时不满 18 周岁，诉讼时已满 18 周岁，若被监护人有经济能力，应当承担民事责任，被监护人没有经济能力的，应当由原监护人承担民事责任。被监护人致人损害时已年满 18 周岁的，应当由本人承担民事责任，没有经济收入的，由扶养人垫付，垫付有困难的，也可以判决或者调解延期给付。例如：高中生王某于 1998 年 9 月 2 日出生，2016 年 6 月 1 日在学校将同学李某打伤，致其花去医药费 2 万元。王某毕业后进入企业工作。2017 年 2 月，李某起诉要求王某赔偿医药费。在本案例中，虽然王某在侵权发生时不满 18 周岁，但诉讼时已满 18 周岁，且有经济能力，故应由王某独立承担赔偿责任。

父母离婚后，未成年人致人损害的，首先由与其共同生活的一方承担替代责任，如果与其共同生活的一方独立承担确有困难，由未与该子女共同生活的一方共同承担赔偿责任。

委托监护时，如被监护人实施了侵权行为造成他人损害的，应该由监护人承担责任，但监护人与受托人另有约定的除外，受托人有过错的，承担相应的责任。被指定担任监护人的人，如果擅自变更监护人的，被监护人造成他人损害的，被指定的监护人依然应当承担责任。

被监护人实施侵权时，没有明确的监护人的，由顺序在前的有监护能力的人承担民事责任，顺序在前的监护人没有承担能力的，才由顺序在后的监护人承担监护责任。认定监护人的监护能力，应当根据监护人的身体健康状况、经济条件等因素确定。

单位作为监护人时，也要对被监护人的侵权行为承担责任。这是为了更好地促使单位监护人尽职履行监护职责，防止其怠于行使监护职责，放任被监护人侵权行为的发生，保证被侵权人受到的损害得到赔偿。

四、暂时失去意识者的责任

（一）暂时失去意识者责任的归责原则和构成要件

根据《民法典》第1190条规定，暂时失去意识者责任应适用过错责任原则。其构成要件是：行为人实施了加害行为；被侵权人受到损害；暂时失去意识者的加害行为与损害后果之间有因果关系；行为人对自己暂时丧失意识有过错。第1190条第2款是对第1款行为人有过错的情形进行了比较具体的表述。在现实生活中，醉酒的人、滥用麻醉药品或者精神药品的人，容易因醉酒和药物发作而意识模糊，严重的甚至会暂时失去意识和对自己的行为失去控制，在这种状态下，完全民事行为能力人要对因主观过错所做的侵权行为给他人造成的损害承担民事责任。

（二）暂时丧失意识者责任的承担

完全民事行为能力人对自己的行为暂时没有意识或者失去控制造成他人损害有过错的，应当承担侵权责任。即尽管行为人在致害时因丧失意识而无过错，但其对行为时的意识丧失是有过错的，因此，行为人仍应承担侵权责任。

完全民事行为能力人对自己的行为暂时失去意识或失去控制没有过错，则依过错责任原则，行为人不应当承担侵权责任，但应根据行为人的经济状况对受害人适当补偿。此处承担的是"补偿责任"而不是"赔偿责任"。比如驾车途中突发心脏病，但造成了他人损害，应根据行为人的经济状况对受害人予以适当补偿。

完全民事行为能力人因醉酒、滥用麻醉药品或者精神药品对自己的行为暂时没有意识或者失去控制造成他人损害的，应当承担侵权责任。因为醉酒、滥用麻醉药品或者精神药品本身就应认定其有过错。

例如，成都的孙某某在2008年某日中午，因过量喝酒导致醉酒驾车，连撞五车后逃逸，造成了4死1伤的惨剧。孙某某身患重症的父亲到处借钱100多万元赔偿受害家属，取得了受害家属的谅解，二审法院终审判决其无期徒刑，剥夺政治权利终身。

第二节 用人者责任

【案例 34-2】 某公司的采购员奉命到甲商场采购，途中听说乙商场的价格便宜，遂驾车改道到乙商场，途中撞伤他人。

请思考：责任应该由采购员还是由公司负责？

【案例 34-3】 周某到王某家当保姆。一天下午，应王某要求，周某为王某家擦玻璃，王某负责扶住周某，以保护周某的安全。在擦玻璃时，正巧王某家里电话响起，王某遂进屋去接电话，周某手里抓住的窗户框突然松动，周某与窗户框一并从 4 楼坠了下去，砸坏刘某的自行车，王某及时将受伤的周某送到医院急救。

请思考：谁应为周某及刘某的损害负责？

一、用人者责任

用人者责任，是指用人者（用人单位、个人劳务使用人）对被使用人（工作人员、个人劳务提供人）在从事职务或劳务活动时致人损害的行为承担赔偿责任。在《民法典》中，用人者可分为用人单位与个人劳务使用人两类，其中的用人单位范围很广，包括国家机关、企业、事业单位、社会团体等，也包括个体经济组织等；个人劳务使用人仅限于个人劳务关系中使用人一方。

用人者责任分为用人单位责任和个人劳务责任。

（一）用人单位责任

用人单位责任是指用人单位的工作人员因执行工作任务造成他人损害时，由用人单位承担侵权责任。

1. 用人单位责任的归责原则

用人单位责任适用的是无过错归责原则。即只要其工作人员在执行工作任务中造成他人损害的行为构成侵权行为，用人单位就应承担侵权责任，而不能通过证明自己在选任或监督方面尽到了相应的义务而不承担责任。用人单位适用无过错责任原则，有利于减少或避免用人单位侵权行为的发生。因为工作人员侵权造成他人损害，一般是用人单位未尽到对工作人员的教育、管理及监督义务，让用人单位担责可以督促其积极主动地加强内部管理，从根本上减少或避免侵权事件的发生。同时，也有利于切实保护受害人的合法权益。

2. 用人单位责任的构成要件

用人单位责任的构成要件包括：用人单位的工作人员有执行工作任务的行为；用人单位工作人员的行为须构成侵权行为；受害人遭受了损害；工作人员执行工作任务的行为与损害后果之间有因果关系。在此重点分析两个构成要件：

（1）用人单位的工作人员有执行工作任务的行为

在司法实践中，要判断某一行为是否为执行工作任务应该从以下几个方面考量：一是否从事用人单位授权或指示范围内的生产经营活动或者其他工作任务。授权或指示的来源一般以劳动合同的约定、用人单位管理制度中的职责、通知、声明、授权委托书等来认定。二是否以工作的名义实施，或遭受损害的第三人是否有理由相信其行为是工作行为。在案例34-2中用人单位明确指示去甲商场，而采购员却去了乙商场，与用人单位的指示不一致，超越了职权范围，但去乙商场的行为从外观上看，仍然是执行用人单位的工作任务，所以其侵权责任应由用人单位承担。三是工作人员实施的行为是否为了单位的利益或者与其工作有内在联系。如甲运输公司指派工作人员乙将一批货物从A地运输到B地，因为乙家与A地到B地途径的路线非常近，所以乙就自作主张顺道回家。乙在回家途中，违章驾驶撞伤行人丙。在此案例中，工作人员乙的行为仍是在执行运输任务，运输行为的利益享有者仍是甲运输公司，所以乙是在执行工作任务，因而受害人丙可以要求甲运输公司承担侵权责任。

（2）用人单位工作人员的行为须构成侵权行为

至于工作人员的行为是否构成侵权行为，应根据归责原则加以确定。例如，在适用过错责任原则时，如果工作人员没有过错，则工作人员的行为不产生侵权责任；在适用无过错责任原则时，如果工作人员的行为属于法律规定应当承担无过错责任的情形时，工作人员的行为会产生特殊侵权的无过错责任。

3. 用人单位责任的承担

（1）用人单位的工作人员因执行工作任务造成他人损害的，由用人单位承担侵权责任。用人单位承担侵权责任后，可以向有故意或者重大过失的工作人员追偿。

用人单位承担无过错责任有利于保护受害人的利益，但工作人员在从事活动中时常出现酒后作业、野蛮施工、违章操作等现象，所以，在用人单位承担侵权责任后，可以向有故意或者重大过失的工作人员追偿。追偿时应该根据具体情形，控制追偿的数额。因为工作人员相对于用人单位来说经济上处于弱势地位，而用人单位使用工作人员为其工作是为了追求经济利益，由此产生的经营风险应由其承担。并且在多数时候，工作人员从事活动致人损害的行为包含了用工单位和工作人员的混合过错。因此在确定赔偿数额时，应比较双方过错的程度，根据单位和工作人员的受益情况和经济状况来确定。

（2）劳务派遣相关的责任承担。劳务派遣是指劳务派遣单位与被派遣劳动者订立劳动合同后，将该劳动者派遣到用工单位从事劳动的一种特殊的用工形式。这种新型的用工关系涉及三方主体：劳务派遣单位即用人单位、接受劳务派遣的用工单位、被派遣的劳动者。《民法典》按照"谁用工，谁管理"的原则，认为劳务派遣单位将劳动者派至用工单位后，劳动过程是在用工单位的管理安排下进行，被派遣劳动者要根据用工单位的指挥监督从事生产工作，并要遵守用工单位的工作规则、规章制度等，实际控制方是接受劳务派遣的用工单位。因此，在劳务派遣期间，当劳动者因执行工作任务损害他人权益时，应该由接受劳务派遣的用工单位承担无过错的侵权责任。劳动者虽然没有在劳务派遣单位的实际控制和监督之下，但劳务派遣单位负有对被派遣劳动者的选任责任，即在招聘、录用被派遣劳动者时，应当对劳动者的健康状况、能力、资格以及对用工单位所任职务能否胜任进行详尽的考察，否则，劳务派遣单位应当对选任不当等过错行为承担相应的责任。

（二）个人劳务责任

在司法实践中，正确认定劳动关系和劳务关系是解决此类纠纷的前提，法律关系不同，适用法律也不同。《民法典》第 1191 条规定了用人单位和工作人员的劳动关系，第 1192 条规定了个人之间的劳务关系，劳动关系和劳务关系最基本、最明显的区别是劳动关系中劳动者必须接受用人单位的管理，成为用人单位的内部职工，而劳务关系的双方主体之间无从属性，不存在行政隶属关系，没有管理与被管理、支配与被支配的权利和义务，劳动者提供劳务服务，对方支付劳务报酬，各自独立、地位平等。《民法典》第 1192 条主要针对现实生活中因雇保姆、司机等在自然人之间形成劳务关系可能产生的侵权问题而作出的具体规定。

个人劳务责任包括三种：一是个人劳务提供者致人损害责任，即提供劳务一方因劳务造成他人损害的，由接受劳务一方承担侵权责任，接受劳务一方责任适用的是无过错责任原则。接受劳务一方承担侵权责任后，可以向有故意或者重大过失的提供劳务一方追偿。此项规定进一步解决了接受劳务一方与提供劳务一方的内部求偿问题。二是个人劳务提供者受害责任，即提供劳务一方因劳务自己受到损害的，根据双方各自的过错承担相应的责任，此种责任适用的是过错责任原则。三是第三人致提供劳务一方损害的责任。提供劳务期间，因第三人的行为造成提供劳务一方损害的，提供劳务一方有权请求第三人承担侵权责任，也有权请求接受劳务一方给予补偿。接受劳务一方补偿后，可以向第三人追偿。这一规定赋予提供劳务一方一定的选择权，有权请求第三人承担侵权责任，也有权请求接受劳务一方给予补偿。在案例34-3 中，周某与王某之间形成了个人劳务关系，周某是提供劳务的一方，王某是接受劳务的一方。按照法律规定，在从事劳务过程中造成他人损害的，应由接受劳务的一方承担侵权责任，所以刘某的自行车的损失应该由王某承担。王某在协助周某擦玻璃的过程中，未能尽到必要的注意义务以保护周某的人身安全，并且王某家玻璃框松动，王某也未能及时发现，故王某对损害后果的发生存在过错，周某对损害结果的发生没有过错。所以，周某自身所受到的人身损害，应由王某承担赔偿责任。

二、承揽人、定作人责任

承揽合同确定承揽关系，承揽合同是一种双务有偿合同，在这种合同关系中承揽人按照定作人的要求完成工作，交付工作成果，定作人给付报酬。在工作中承揽人不需要在细节中听命于定作人，所以承揽人在完成工作过程中造成第三人损害或者自己损害的，定作人不承担侵权责任，定作人对定作、指示或者选任有过错时，承担相应的责任。此处的定作人过错应当为过失，如指示承揽人违反安全保护规范的要求野蛮施工即为有过失。

三、用人者责任与其他责任的比较

(一) 与国家赔偿责任的关系

国家赔偿责任，是指国家机关和国家机关工作人员行使职权，有《国家赔偿法》规定的侵犯公民、法人、其他组织合法权益的情形并造成损害时，赔偿义务机关应当承担的赔偿责任。国家赔偿责任包括行政赔偿责任和刑事赔偿责任。除了《国家赔偿法》规定的情形外，国家机关工作人员因执行工作任务造成他人损害的要承担民事赔偿责任，应适用《民法典》的规定。例如，公安局长派刑警李某驾车到机场接某市公安局局长沈某，李某在去机场的路上将行人王某撞伤。李某虽然是公安局的工作人员且执行工作任务，但此时不发生国家赔偿责任，受害人王某有权依照法律规定要求李某的单位公安局承担侵权赔偿责任。

(二) 与义务帮工情形的侵权责任的关系

针对无偿帮工，《人身损害赔偿解释》第4条规定："无偿提供劳务的帮工人，在从事帮工活动中致人损害的，被帮工人应当承担赔偿责任。被帮工人承担赔偿责任后向有故意或者重大过失的帮工人追偿的，人民法院应予支持。被帮工人明确拒绝帮工的，不承担赔偿责任。"第5条规定："无偿提供劳务的帮工人因帮工活动遭受人身损害的，根据帮工人和被帮工人各自的过错承担相应的责任；被帮工人明确拒绝帮工的，被帮工人不承担赔偿责任，但可以在受益范围内予以适当补偿。帮工人在帮工活动中因第三人的行为遭受人身损害的，有权请求第三人承担赔偿责任，也有权请求被帮工人予以适当补偿。被帮工人补偿后，可以向第三人追偿。"帮工人因第三人侵权遭受人身损害的，由第三人承担赔偿责任。第三人不能确定或者没有赔偿能力的，可以由被帮工人予以适当补偿。这些规定主要是被帮工人与帮工人之间的无偿义务帮工关系，而用人者责任中用人者与被使用人之间则是有偿的雇佣关系。

第三节 网络服务提供者的侵权责任

【案例34-4】 2018年5月8日，西安摩摩公司通过其自媒体账号"暴走漫画"，在"今日头条"上发布了时长1分09秒的短视频。该视频的内容将叶挺烈士《囚歌》中"为人进出的门紧锁着，为狗爬出的洞敞开着，一个声音高叫着，爬出来吧，给你自由！"篡改为"为人进出的门紧锁着！为狗爬出的洞敞开着！一个声音高叫着！爬出来吧！无痛人流！"该视频于2018年5月8日至2018年5月16日在互联网平台上发布传播后，多家新闻媒体对此予以转载报道，引起了公众关注和网络热议，在一定范围内造成了不良社会影响和后果。后叶挺烈士近亲属叶正光、叶大鹰、叶铁军、叶晓梅、叶小燕、叶文、叶敏起诉西安摩摩公司侵犯名誉。

科技是双刃剑，网络在为我们的生活提供便利的同时，也带来了诸多网络侵权问题。《民法典》第1194~1197条确定了网络侵权责任的规则。

一、网络用户、网络服务提供者

网络用户是指任何使用互联网的民事主体，包括自然人、法人和其他组织。网络服务提供者既包括网络内容服务提供者又包括网络技术服务提供者。网络技术服务提供者是按照用户的指令在用户指定的两点或多点之间通过信息网络就该用户提供或修改的内容自动提供网络接入、信息传输、存储空间、信息搜索、链接等技术服务。如优酷、百度、Google、腾讯 QQ 等。网络内容服务提供者是通过网络技术而直接向网络用户提供各种信息服务的自然人、法人等民事主体。如各种新闻网站、学术网站、在线播放影音作品的网站等。《民法典》第 1194 条中所指的网络服务提供者涵盖二者，而第 1195、1196、1197 条中的网络服务提供者仅指"网络技术服务提供者"，因为网络内容服务提供者发布的信息或提供的内容侵害了他人民事权益，绝不会仅仅因为事后"删除、屏蔽、断开链接等必要措施"就能全部免除责任。

二、网络用户、网络服务提供者自己过错的直接侵权责任

《民法典》第 1194 条规定，网络用户、网络服务提供者利用网络侵害他人民事权益的，应当承担侵权责任。法律另有规定，依照其规定。网络用户、网络服务提供者的直接侵权适用过错责任原则。网络用户利用网络侵害他人民事权益的行为很多。例如，在网络上发表侵害他人名誉权的言论；将涉及他人隐私的视频、音频资料上传到网络上；未经同意将他人享有著作权的电影、歌曲和书籍供人下载；利用网络黑客技术窃取他人账户的资金等。网络服务提供者利用网络侵害他人民事权益的行为也很常见。例如，未经著作权人同意在线播放或供人下载他人享有著作权的电影、电视、音乐、书籍等作品；随意发表侵害他人名誉权的报道、侵害他人隐私的照片；销售的产品或提供的服务存在缺陷而造成他人人身伤亡等。

案例 34-4 反映的就是网络用户的直接侵权。法院认为，西安摩摩公司制作的视频篡改了《囚歌》内容，亵渎了叶挺烈士的大无畏革命精神，损害了叶挺烈士的名誉，不仅给叶挺烈士亲属造成精神痛苦，也伤害了社会公众的民族和历史感情，损害了社会公共利益，故西安摩摩公司的行为构成名誉侵权。判决西安摩摩公司在国家新闻媒体上公开道歉，消除其侵权行为造成的不良社会影响，并向原告支付精神抚慰金10 万元。

三、网络服务提供者对网络用户的间接侵权责任

间接侵权，是指网络服务提供者的行为本身不构成侵犯他人权利，但对直接侵权人的行为起到了诱导、帮助作用。

（一）网络服务提供者不知情时的通知规则

网络服务提供者不知情时的通知规则，是指被侵权人在获知网络用户实施的侵权行为之后，有权通知网络服务提供者采取必要的协助措施，网络服务提供者在接到被侵权人的通知后及时转送通知并采取必要措施，未及时采取必要措施的，应当对接到通知之后的损害扩大部分与该网络用户承担连带责任。这是为网络服务提供者设置的

"避风港"。

1. 合格的通知

《民法典》第 1195 条第 1 款中规定，权利人的通知应当包括构成侵权的初步证据及权利人的真实身份信息。通知的内容可以参照《信息网络传播权保护条例》的有关规定：（1）权利人的姓名（名称）、联系方式和地址；（2）要求删除或者断开链接的侵权作品、表演、录音录像制品的名称和网络地址；（3）构成侵权的初步证明材料。被侵权人应当在诉讼中证明自己已经以合理的形式将侵权事实及自己的主张通知了网络服务提供者。

2. 未及时采取必要的措施

网络服务提供者接到通知后，应当及时将该通知转送相关网络用户，并根据构成侵权的初步证据和服务类型采取必要措施；未及时采取必要措施的，对损害的扩大部分与该网络用户承担连带责任。

所谓是否及时采取必要措施，《利用信息网络侵害的规定》第 4 条规定："应当根据网络服务的类型和性质、有效通知的形式和准确程度，网络信息侵害权益的类型和程度等因素综合判断。"司法实践中法院考虑的具体因素包括：侵权信息是否明显（如是否含有明显的侮辱性的言辞）、侵权信息的点击数量、涉案网络平台的影响范围、通知至删除之间的时间间隔（通常法院认定的时间是 7 天）等。所谓必要的措施是指足以防止侵权行为继续和侵害后果扩大的措施。《民法典》列举了删除、屏蔽、断开链接三种措施，实践中网络服务提供者将根据各自所提供的网络服务的类型不同以及实际情况选择使用各种可行的技术手段。

3. 通知规则下的责任承担

对于通知之前被侵权人的损害部分，由直接实施侵权行为的网络用户单独承担责任，网络服务提供者无须承担任何责任。对于通知之后的损害，网络服务提供者因未采取必要的措施所造成损失的扩大部分，与侵权的网络用户承担连带责任。如果发出通知的权利人因错误通知造成网络用户或者网络服务提供者损害的，应当承担侵权责任。法律另有规定的，依照其规定。

4. 关于通知转送义务与网络用户声明

在"避风港"规则中，与前述"通知—取下"程序相配套的是"反通知—恢复"程序。网络用户接到转送的通知后，可以向网络服务提供者提交不存在侵权行为的声明。声明应当包括不存在侵权行为的初步证据及网络用户的真实身份信息。该声明具体而言包括：（1）通知所指的侵权事实不存在或者不真实。（2）尽管存在相关事实，但是不构成侵权。（3）具有不承担侵权责任的抗辩理由。网络服务提供者接到声明后，应当将该声明转送发出通知的权利人，并告知其可以向有关部门投诉或者向人民法院提起诉讼。此时，网络服务提供者只承担程序上的转送和告知义务。权利人接到转送来的声明后会有两者选择：一是认可声明的内容，明确表示不再要求采取删除、屏蔽、断开链接等措施，或者默示、不作为；二是不认可声明的内容，向有关部门投诉或者向人民法院起诉。网络服务提供者接到权利人明确表示不再要求采取措施的声明后，应当终止已经采取的措施。网络服务提供者在转送声明到达权利人后的合理期限内，未收到权利人已经投诉或者提起诉讼通知的，应当及时终止所采取的措施，恢复网络信息。

（二）网络服务提供者知情时的知道规则

知道规则是指网络服务提供者知道或者应当知道网络用户利用网络服务侵害他人民事权益，没有主动采取必要的措施制止侵权行为或者防止损害结果的发生，则要与该网络用户承担连带责任。知道包括明知和应知两种主观状态。例如，正在全国各大影院上映的热门影片，有人非法将其上传到专业的视频共享网站，导致大量网民下载。再如，网络用户以非常明显的辱骂、谩骂、诽谤性的文字、图像、音频、视频等内容侵害他人的名誉权、隐私权等人格权的，网络服务提供者仍将这些侵权内容进行推荐、置顶或加以编辑利用的。

网络服务提供者对于明知网络用户利用其网络服务从事侵害他人的民事权益的行为，如果采取了删除、屏蔽、断开链接等措施，则无须承担责任。如果没有这样做，则应与该网络用户向被侵权人承担连带责任。

第四节 违反安全保障义务的侵权责任

【案例 34-5】 甲与朋友一起到 A 饭店吃饭，席间上厕所。因饭店服务员刚用湿抹布拖过地，地面湿滑，甲不小心摔倒在地，致使左腿根部粉碎性骨折。

请思考：谁应对甲受到的损害负责？

一、安全保障义务的概念

安全保障义务，是指宾馆、商场、银行、车站、机场、体育场馆、娱乐场所等经营场所、公共场所的经营者、管理人或者群众性活动的组织者，对于进入该经营场所、公共场所的消费者、活动参与者所应承担的保障其人身安全、财产安全的义务。如果未尽到该义务，则应承担侵权责任。

二、违反安全保障义务责任的构成要件

（一）该责任主体是经营场所、公共场所的经营者、管理人或群众性活动的组织者

负有安全保障义务的特定主体包括：一是宾馆、商场、银行、车站、机场、体育场馆、娱乐场所等经营场所、公共场所的经营者、管理人。例如，甲公司将一楼出租给乙公司用于经营超市，虽然该一楼的所有人是甲公司，但是乙公司是"超市"这一公共场所的管理人，对其进行实际的管理和控制，因此，乙公司是负有安全保障义务的主体。二是群众性活动的组织者。如体育比赛、游园会、灯会、庙会、人才招聘会、博览会、演唱会等活动的组织者就是负有安全保障义务的主体。之所以是这些主体，是因为这些场所和活动中人群密集，既容易发生危险，在危险发生后也会造成较大的损害。因此，法律上对经营场所、公共场所的经营者、管理人和群众性活动的组织者提出了特别的要求。

（二）未尽到安全保障义务

安全保障义务人只有在未尽到安全保障义务，即在有过错的情况下，才需要承担侵权责任。由于不同的情形中安全保障义务的内容也不尽相同，因而，要根据具体的情况分析义务人的实际行为，具体而言，主要包括以下方面：

1. 是否有符合法律、法规或者行业惯例要求的相关保障设施和人员配备

经营场所、公共场所使用的建筑物及配套设施、设备应当安全可靠。有国家强制标准的，要符合国家强制标准；没有国家强制标准的，应当符合行业标准；没有行业标准的，也应当达到从事该行业所需要的安全标准。在日常管理中应当保证各种设施设备处于良好的运行状态。经营场所、公共场所应当配备相应的消防设备，并保证其能够随时使用，应当设置合理的紧急疏散通道，以便紧急状态下公共场所内的人员有序疏散。还应当配备具有相关行业安全保障知识和能力的专业人员。同时，经营场所、公共场所的经营者、管理人和群众性活动的组织者还应当采取有效措施防范和制止第三人对活动参与人实施侵害。

2. 是否达到审慎管理人的标准

主要包括管理和告知义务。经营场所、公共场所的经营者、管理人员和群众性活动的组织者应当通过加强内部管理以保护进入场所内公众的财产和人身的安全。例如，某人在宾馆住宿时，将自驾的轿车停放在宾馆的停车场内，后发现被盗，如果停车场管理人员疏忽大意，对进出车辆没有认真核查，导致旅客的车辆被盗，宾馆就应承担相应的补充赔偿责任。对进入场所内的人员要尽到相关事项告知的义务，尤其是一些具有危险性的活动。例如，某些体育活动要告知应该注意的事项及哪些人不能从事该项运动等。

安全保障义务人不采用符合安全规范要求的设施或设备；不采取适当的安全措施，不设置必要的警示或不进行必要的劝告、说明、不配备适当的保安或救生员等措施，没有尽到审慎管理人应尽到的义务，均属于违反安全保障义务的行为。在案例34-5中饭店服务人员没有设置警示标志告知顾客地面湿滑，也没有及时采取措施使地面干燥，导致顾客人身损害，饭店因没有尽到安全保障义务所以要承担责任。反之，如果义务人已经履行了安全保障义务，即没有过错，则不用承担赔偿责任。

（三）他人遭受了损害

"他人"是指安全保障义务人及其工作人员之外的人。"他人"可以是与主体处于缔约磋商关系中，如顾客正在商店中选购货物，或正准备进入饭店就餐；或是与主体是合同法律关系，如餐厅就餐的客人已经与餐厅之间成立了服务合同；抑或是与主体曾经存在合同关系，该合同已经履行完毕，例如，顾客在餐厅用餐完毕后但是尚未离开餐厅；甚或是与主体没有任何合同关系，如到宾馆拜访朋友的人。"损害"既包括人身损害，也包括财产损害。

（四）未尽到安全保障义务与他人的损害有因果关系

对于二者的因果关系，应当从"如果安全保障义务人尽到了安全保障义务，则损害结果可以避免或者减轻"的角度予以理解；否则，不认为二者存在因果关系。对于受害方的举证责任，应该是要求证明：（1）安全保障义务人负有法定的安全保

障义务；（2）安全保障义务人如果履行了该义务，则极有可能避免损害的发生。

三、违反安全保障义务责任的承担

按照《民法典》第1198条规定，经营场所、公共场所的经营者、管理人或群众性活动的组织者违反安全保障义务给他人造成损害，应该承担侵权责任。当损害是由第三人的侵权行为所致时，则由第三人承担侵权责任，管理人或者组织者未尽到安全保障义务的，承担相应的补充责任。此条中的补充责任包括三个方面。一是只有当受害人能证明负有安全保障义务的管理人或者组织者未尽到安全保障义务的，才能要求安全保障义务人承担侵权责任。二是只有在无法确定直接侵权的第三人或直接侵权的第三人无力赔偿时，安全保障义务人才承担责任。三是安全保障义务人承担与其过错相应的补充赔偿责任，而非全部的赔偿责任。经营者、管理者或者组织者承担补充责任后，可以向第三人追偿。

第五节　教育机构的侵权责任

【案例34-6】　甲是某中学的初三学生，有一次上体育课进行1500米长跑。甲对老师乙说自己身体素质差且有哮喘，不能剧烈运动。因甲平常非常调皮，乙认为甲在欺骗自己，故要求甲必须跑完1500米，在跑到800米时，甲突发严重哮喘救治不及时死亡。

【案例34-7】　某学校组织学生外出郊游，在游览了一天之后回来时，发现少了一个学生甲，学校迅速派人去寻找，最后发现甲因没有赶上校车，自行徒步回学校，路上被乙驾驶的机动车撞伤，正在医院抢救。

为了促使教育机构更好地履行教育、管理职责，保护无民事行为能力人和限制民事行为能力人的合法权益，《民法典》对教育机构的侵权责任作出了具体的规定。

一、教育机构侵权责任的概述

（一）教育机构侵权责任的概念

教育机构的侵权责任，是指无民事行为能力人和限制民事行为能力人在幼儿园、学校和其他教育机构学习、生活期间遭受人身伤害时，教育机构因未尽到相应的教育、管理和保护义务而应当承担的侵权责任。

（二）相关概念

1. 教育机构

教育机构包括幼儿园、学校以及其他教育机构。幼儿园包括政府、集体、社会组织和个人依法设立的幼儿园。学校指各类全日制学校。其他教育机构是幼儿园、全日制学校以外的为未成年人举办的传授文化知识和技能的教育单位，如亲子班、辅导班、培训班等。

2. 学习、生活期间的界定

此处应做广义的理解。从教育机构负责的地域范围看，不仅包括幼儿园、学校或者其他教育机构的区域内，而且包括教育机构所组织的参观游览、节目、运动会、夏令营、社会实践等活动的场所以及经过的路途。从时间上看，是指将无民事行为能力人或限制行为能力人交给教育机构时起，到从教育机构接走时止的整个期间。

二、教育机构侵权责任的归责原则

《民法典》第1200条规定："限制民事行为能力人在学校或者其他教育机构学习、生活期间受到人身损害，学校或者其他教育机构未尽到教育、管理职责的，应当承担侵权责任。"当受害人是限制民事行为能力人时，教育机构侵权责任的归责原则是过错责任，即受害人需要证明学校或其他教育机构有过错，没有尽到教育、管理的职责。《民法典》第1199条的规定："无民事行为能力人在幼儿园、学校或者其他教育机构学习、生活期间受到人身损害的，幼儿园、学校或者其他教育机构应当承担责任；但是，能够证明尽到教育、管理职责的，不承担侵权责任。"当受害人是无民事行为能力人时，适用过错推定的归责原则，即只要其在学校学习、生活期间遭受了损害，就推定教育机构存在过错，教育机构不能证明自己尽到了教育、管理的职责，无法免责。针对无民事行为能力人和限制民事行为能力人之所以采取不同的归责原则，主要是因为与限制民事行为能力人相比，无民事行为能力人的判断能力和自我保护能力非常低，他们既容易侵害他人，也容易遭受他人的侵害，且无民事行为能力人遭受人身伤害后多无法清晰描述事发过程，监护人也无从知晓事情的真实情况。所以为了更好地维护无民事行为能力人的合法权益，就需要教育机构尽到更高的注意义务，履行其教育和管理的职责。根据《民法典》第1201条的规定："无民事行为能力人或者限制民事行为能力人在幼儿园、学校或者其他教育机构学习、生活期间，受到幼儿园、学校或者其他教育机构以外的第三人人身损害的，由第三人承担侵权责任；幼儿园、学校或者其他教育机构未尽到管理职责的，承担相应的补充责任。"在第三人侵害无民事行为能力人、限制民事行为能力人时，教育机构则是过错责任人。

三、判定教育机构未尽到教育、管理职责的参考依据

教育机构对于在校学习的无民事行为能力人和限制民事行为能力人不承担监护责任，只承担教育管理的职责。根据《教育法》《未成年人保护法》等法律、行政法规的规定，结合参照教育部颁布的《学生伤害事故处理办法》的有关规定，学校和其他教育机构未尽到教育、管理等法定职责的情形主要包括：

（1）学校的校舍、场地、其他公共设施，以及学校提供给学生使用的学具、教育教学和生活设施、设备不符合国家规定的标准，或者有明显不安全因素的。

（2）学校的安全保卫、消防、设施设备管理等安全管理制度有明显疏漏，或者管理混乱，存在重大安全隐患，而未及时采取措施的。

（3）学校向学生提供的药品、食品、饮用水等不符合国家或者行业的有关标准要求的。

（4）学校组织学生参加教育教学活动或者校外活动，未对学生进行相应的安全教育，并未在可预见的范围内采取必要的安全措施的。

（5）学校知道教师或者其他工作人员患有不适宜担任教育教学工作的疾病，但未采取必要措施的。

（6）学校违反有关规定，组织或者安排未成年学生从事不宜未成年人参加的劳动、体育运动或者其他活动的。

（7）学生有特异体质或者特定疾病，不宜参加某种教育教学活动，学校知道或者应当知道，但未予以必要的注意的。

（8）学生在校期间突发疾病或者受到伤害，学校发现，但未根据实际情况及时采取相应措施，导致不良后果加重的。

（9）学校教师或者其他工作人员体罚或者变相体罚学生，或者在履行职责过程中违反工作要求、操作规程、职业道德或者其他有关规定的。

（10）学校教师或者其他工作人员在负有组织、管理未成年学生的职责期间发现学生行为具有危险性，但未进行必要的管理、告诫或者制止的。

（11）对未成年学生擅自离校等与学生人身安全直接相关的信息，学校发现或者知道，但未及时告知未成年学生的监护人，导致未成年学生因脱离监护人的保护而发生伤害的。

（12）学校有未依法履行职责的其他情形的。

如果学校或其他教育机构出现了上述情形，则可以据此认为学校在主观上存在故意或过失，学校应承担相应的赔偿责任。在案例34-6中，学生甲已经表明自己有哮喘不能剧烈运动，但体育老师乙仍然要求甲必须跑完1500米，显然是有过错，学校应该承担赔偿责任。

四、教育机构侵权责任的承担

（一）教育机构侵权责任的承担

教育机构未尽到教育、管理职责，致使无民事行为能力人和限制民事行为能力人在教育机构学习、生活期间遭受人身损害的，应当承担侵权责任。如果无民事行为能力人或者限制民事行为能力人在教育机构学习生活期间，受到教育机构以外的第三人侵害，则由该直接侵权第三人承担侵权责任，教育机构未尽到管理职责的，承担相应的补充责任。此处的"第三人"的适用范围限于教育机构以外的人员，例如来学校接送孩子的家长或未经许可进入到教育机构的其他人员。补充责任意味着第三人造成学生人身损害，如果第三人能够承担全部赔偿责任，则由第三人全部承担，此时不存在教育机构相应的补充责任；如果第三人无力承担或者不足以全部承担赔偿责任，教育机构则要依据过错的程度及原因力的大小承担相适应的赔偿责任，而不是就第三人不能赔偿或不足以完全赔偿的部分都予以赔偿。幼儿园、学校或者其他教育机构承担补充责任后，可以向第三人追偿。在案例34-7中，虽然是到校外的郊游，但因是学校组织的，所以也是属于在教育机构学习、生活期间。甲的人身损害是被乙撞伤，乙作为第一责任人要承担赔偿责任，但学校在组织郊游的过程中，学校的管理存在漏洞是有过错的，因而在乙不能赔偿或不足以全部赔偿时，学校要承担与其过错相适应的补充责任，学校承担补充责任后，可以向第三人乙追偿。

（二）免责事由

《学生伤害事故处理办法》对教育机构可能的免责事由作出了列举：该办法第12规定："因下列情形之一造成的学生伤害事故，学校已履行了相应职责，行为并无不当的，无法律责任：（一）地震、雷击、台风、洪水等不可抗的自然因素造成的；（二）来自学校外部的突发性、偶发性侵害造成的；（三）学生有特异体质、特定疾病或者异常心理状态，学校不知道或者难于知道的；（四）学生自杀、自伤的；（五）在对抗性或者具有风险性的体育竞赛活动中发生意外伤害的；（六）其他意外因素造成的。"第13条规定："下列情形下发生的造成学生人身损害后果的事故，学校行为并无不当的，不承担事故责任；事故责任应当按有关法律法规或者其他有关规定认定：（一）在学生自行上学、放学、返校、离校途中发生的；（二）在学生自行外出或者擅自离校期间发生的；（三）在放学后、节假日或者假期等学校工作时间以外，学生自行滞留学校或者自行到校发生的；（四）其他在学校管理职责范围外发生的。"

本章练习题

一、思考题

1. 如何判断用人单位的工作人员的行为是否为执行工作任务？

2. 第三人的侵权行为造成了他人的损害，未尽到安全保障义务的管理人或者组织者要承担相应的补充责任，如何理解补充责任？

3. 论述教育机构侵权中的归责原则。

二、综合训练

1. 甲公司经营空调买卖业务，并负责售后免费为客户安装。乙为专门从事空调修理服务的个体户。甲公司因安装人员不足，临时叫乙自备工具为其客户丙安装空调，并约定按件计酬。由于操作不当，乙在安装中不慎坠楼受伤，并将行人丁砸伤。谁对丁的损失承担责任？

【要点提示】

考虑承揽人责任。

2. 甲（12岁）与乙（12岁）放学后在校园内打闹，甲将乙绊倒致乙骨折，后乙住院治疗花去医药费共2万余元。后经调查得知：放学后，甲和乙均要在学校门口的值班室等候做学校所租的校车回家，学校的老师负责学生放学后至上校车之前的这段时间的管理，而在甲与乙的打闹过程中和受伤后均无教师在场。请问：谁应该对乙的人身损害承担责任？

【要点提示】

甲的行为致乙损害，应由其监护人承担侵权责任，同时学校未尽到教育管理的职责，也应承担相应的赔偿责任，乙自身也存在过错，对自身的损失也要承担部分责任。

3. 甲在某酒店就餐，邻座乙、丙因喝酒发生争吵，继而动手打斗，酒店保安见状未出面制止。乙拿起酒瓶向丙砸去，丙躲闪，结果甲头部被砸伤。请问：甲的医疗费应当由谁承担？

【要点提示】

考虑安全保障义务人责任。

第三十五章　特殊侵权责任

第一节　产品责任

一、产品责任概述和归责原则

（一）产品责任概述

1. 产品责任的概念

产品责任，又称产品侵权损害赔偿责任，是指因产品存在可能危及人身、财产安全的不合理缺陷，或因产品存在缺陷造成他人人身、财产损害，生产者、销售者应当承担的侵权责任。《民法典》第 1203 条规定："因产品存在缺陷造成他人损害的，被侵权人可以向产品的生产者请求赔偿，也可以向产品的销售者请求赔偿。"

2. 产品责任与违约瑕疵担保责任的区别

违约瑕疵担保责任，是指因产品或者服务的质量不符合当事人的约定或者法律的规定时，提供产品或者服务一方应当承担的违反合同的民事责任。违约瑕疵担保责任与产品责任的区别在于：

（1）产生的对象不同，且产品缺陷不同于产品瑕疵

产品责任产生的对象仅为产品，《产品质量法》第 2 条规定："本法所称产品是指经过加工、制造，用于销售的产品。"而违约瑕疵担保责任产生的对象不仅包括产品，还包括服务、劳务。前者包括物本身的瑕疵和物的权利瑕疵，后者包括提供服务、劳务主体的瑕疵以及所提供服务、劳务内容的瑕疵。

就产品这一共同的对象而言，产品缺陷和产品瑕疵也是不同的。产品瑕疵仅仅是提供产品一方提供的产品不符合合同约定或者法律规定，造成了对方的履行利益的损害；而产品缺陷则是因提供的产品有重大缺陷，由此不仅造成对方履行利益的损失，还造成了履行利益之外的人身损害和财产损害。对于何为缺陷，《产品质量法》第 46 条规定："本法所称缺陷，是指产品存在危及人身、他人财产安全的不合理的危险；产品有保障人体健康和人身、财产安全的国家标准、行业标准的，是指不符合该标准。"

（2）主体之间的关系不同，两种责任性质也不同

产品责任是侵权责任，其成立不以加害人和受害人之间有合同关系为条件，他们之间可以是素不相识的关系，任何因缺陷产品受到侵害的人都有权要求产品的制造者和销售者承担侵权责任；而违约瑕疵担保责任是一种合同责任，受到合同相对性的限

制，其成立以双方之间存在有效的合同关系为前提。

假如在合同关系中，一方当事人履行义务不符合约定或者法律规定，交付的是缺陷产品，此时既对合同相对人的履行利益产生损害，构成违约，同时还因对履行利益之外的其他固有利益造成了损害而构成侵权，合同相对人可以根据《民法典》第186条进行选择，请求其承担违约责任或者侵权责任。由于违约责任和侵权责任在许多方面又存在不同，因此，如何选择就显得尤为重要。一般来说，如果造成了比较严重的人身伤害，尤其是造成精神损害的情况下，权益受损一方往往会选择追究侵权责任，这样一是能够把生产者纳入责任主体范围，从而增大受偿可能性，二是可以得到精神损害赔偿。

（3）责任成立的时间不同

违约瑕疵担保责任仅仅在提供产品或者服务一方构成违约时才成立；而产品责任的产生不仅仅限于实际损害发生时，即使损害并未实际发生，但如果产品已经存在可能危及人身、财产安全的不合理缺陷时，责任就已经产生。《民法典》第1205条规定："因产品缺陷危及他人人身、财产安全的，被侵权人有权请求生产者、销售者承担停止侵害、排除妨碍、消除危险等侵权责任。"法律这样规定，是出于防患于未然的目的，减少损害的实际发生。

（4）承担责任的方式不同

违约瑕疵担保责任的责任方式为继续履行、采取补救措施、支付违约金、赔偿损失；而产品责任的责任方式有排除妨碍、消除危险、赔偿损失。

违约瑕疵担保责任的赔偿损失一般仅限于赔偿物质损失，不包括精神损失，其物质性损失的赔偿也仅限于补偿性赔偿；产品责任中的赔偿损失不局限于物质损失，还包括精神损失，除了补偿性赔偿，还包括法律规定的特定领域的惩罚性赔偿。

（二）产品责任的归责原则

《民法典》第1202条规定："因产品存在缺陷造成他人损害的，生产者应当承担侵权责任。"第1203条规定："因产品存在缺陷造成他人损害的，被侵权人可以向产品的生产者请求赔偿，也可以向产品的销售者请求赔偿。产品缺陷由生产者造成的，销售者赔偿后，有权向生产者追偿。因销售者的过错使产品存在缺陷的，生产者赔偿后，有权向销售者追偿。"产品责任采取二元归责原则，既适用无过错责任原则，也适用过错责任原则，但以无过错责任原则为主。因缺陷产品受到损害者向生产者、销售者主张赔偿时，生产者与销售者不得以无过错主张免责，受害人也无须证明生产者、销售者的过错。向受害人赔偿后，在生产者、销售者之间确定最终责任承担者时，生产者承担无过错责任，销售者承担过错责任。

1. 生产者承担无过错责任

依据《民法典》第1202条、《产品质量法》第41条之规定，产品的生产者就缺陷产品致人损害承担的是无过错责任。理由在于：首先，在产品的生产过程中生产者一直处于主动积极的地位，只有他们才能及时认识到产品的缺陷并能设法避免。其次，产品的生产者通过生产产品出售并获利，根据收益与风险相一致的原则，也应该承担因产品缺陷而给他人造成损害的风险。最后，生产者还可以通过投保责任险的方式分散风险，并将其分散到产品的生产成本当中，比让单个的被侵权人承担风险更为务实和公平。

2. 销售者承担过错责任

《民法典》第 1203 条规定："因销售者的过错使产品存在缺陷的，生产者赔偿后，有权向销售者追偿。"《产品质量法》第 42 条第 1 款规定："由于销售者的过错使产品存在缺陷，造成人身、他人财产损害的，销售者应当承担赔偿责任。"根据上述规定，销售者只有在有过错造成产品缺陷的情况下才承担责任。销售者的过错责任只是在销售者和生产者之间分担责任时才具有意义，销售者不能以其无过错为由向被侵权人主张免责。

并且，《产品质量法》第 42 条第 2 款又规定，销售者不能指明缺陷产品的生产者也不能指明缺陷产品的供货者的，销售者应当承担赔偿责任。此时，被侵权人只有向销售者主张权利一种渠道，销售者不仅不能主张自己无过错而免责，而且其在承担责任后，也可能不能向生产者进行追偿，是终局责任承担者。

二、产品责任的构成要件

【案例 35-1】　李某用 100 元从乙商场购买一只电热壶，使用时致李某手臂灼伤，花去医药费 500 元。经查该电热壶是甲工厂生产的，因漏电导致李某被灼伤。

请思考：本案是否构成产品责任？

（一）产品存在缺陷

产品存在缺陷，会给消费者甚至其他人造成损害，所以要强化产品的生产者、销售者的责任意识，通过规定严格的产品责任，促使其利用专业知识和技能对产品的生产、出厂全过程严格把控，对产品的设计、选材、加工制作的工艺各个环节严格把关，并对使用产品的风险进行提示，在产品售出后，应当及时收集产品使用过程中的信息反馈，如果产品存在危害人身、财产的缺陷时应予以召回，并在未能采取相应措施或者采用措施不力时，对造成的损害承担责任。我国通过《食品安全法》《药品管理法》《血站管理办法》《农产品质量安全法》等法律法规对食品、药品、血液、农产品、汽车等关系民生的特殊产品作出了关于产品质量方面的规定。

（二）产生损害

产品责任中的损害，是指使用缺陷产品所导致的人身伤亡和缺陷产品本身之外的财产损失以及其他重大损失。损害是产品责任的构成要件之一。例如，17 岁的女孩贾某在某餐厅就餐期间，由于卡式炉爆炸而被重度烧伤，给其造成了人身损害，经查明，该事件系卡式炉有质量缺陷而致，法院最终判决卡式炉生产者对贾某的医疗费等以及精神损害进行赔偿。

（三）因果关系

在产品责任中，只有被侵害人的损害是因产品缺陷所致，生产者、销售者才承担侵权责任。但是，产品缺陷与损害之间具有确切的因果关系很难证明，因此在司法实践中，就产品缺陷与被侵权人损害之间的因果关系往往借助推定的方法，即只要认定了产品有缺陷，且能够排除被侵权人因其他原因受到损害，就可以推定产品缺陷和被侵权人所受损害之间具有因果关系。如果生产者、销售者能够举证推翻此种对因果关系的推定，方能免责。

在案例 35-1 中，电热壶存在漏电的缺陷，李某手臂被灼伤产生医药费等损失，且二者之间具有因果关系，因此成立产品责任，甲工厂和乙商场应当对李某所受损害承担赔偿责任。

三、产品责任的法律后果

【案例 35-2】 甲系某品牌汽车制造商，发现已投入流通的某款车型刹车系统存在技术缺陷，即通过媒体和销售商发布召回该款车进行技术处理的通知。乙购买该车，看到通知后立即驱车前往丙销售公司，途中因刹车系统失灵撞上大树，造成伤害。

请思考：乙如何寻求赔偿？

（一）责任主体

生产者和销售者分别适用无过错责任和过错责任，且二者之间为不真正连带责任。如上文所述，产品的生产者应当对缺陷产品致人损害承担无过错责任，产品的销售者应当对缺陷产品致人损害承担过错责任。除此之外，《民法典》第 1203 条规定："因产品存在缺陷造成损害的，被侵权人可以向产品的生产者请求赔偿，也可以向产品的销售者请求赔偿。产品缺陷由生产者造成的，销售者赔偿后，有权向生产者追偿。因销售者的过错使产品存在缺陷的，生产者赔偿后，有权向销售者追偿。"这一规定明确了生产者和销售者对被侵权人承担不真正连带责任，即被侵权人可以选择直接向生产者和销售者中任何一方请求赔偿，在其中任何一方赔偿后，都可以按照归责原则要求对方承担最终责任。

仓储者、运输者承担过错责任，但不是直接责任主体。《民法典》第 1204 条规定："因运输者、仓储者等第三人的过错使产品存在缺陷，造成他人损害的，产品的生产者、销售者赔偿后，有权向第三人追偿。"即被侵权人仅可以直接向生产者和销售者要求赔偿，而不能直接向产品的仓储者、运输者要求赔偿，如果确实是因仓储者、运输者的过错造成损害的发生，也只能由生产者、销售者向被侵权人承担责任后再向仓储者、运输者依法进行追偿。

（二）免责事由

《产品质量法》第 41 条第 2 款规定了生产者的三种免责事由。

1. 生产者未将产品投入流通

生产者将产品投入流通时，才需要为其行为承担侵权责任。例如，某人盗窃某厂家未经验收的成品高压锅使用，因高压锅爆炸受伤，则不能要求厂家承担侵权责任。但是如果厂家已经将产品投入流通，则不论是否有验收合格证，不论是正常售卖还是赠品，厂家都需要对其承担责任。

2. 生产者将产品投入流通时，引起损害的缺陷尚不存在

生产者将产品投入流通时，引起损害的缺陷尚不存在，也就意味着缺陷是在投入流通后的销售、运输、仓储环节产生的，应当由有过错的销售者、运输者或者仓储者承担责任。但是应注意的是，这不意味着生产者可以拒绝向被侵害人承担责任，而是在生产者或者销售者承担责任后，在之后的追偿环节生产者可以此理由主张由运输者或者仓储者承担责任。

3. 生产者将产品投入流通时的科学技术水平尚不能发现缺陷的存在

任何事物的发展都有局限性，产品的生产自然不例外。如果让生产者对将产品投入流通时的科学技术水平尚不能发现的缺陷承担责任，势必会导致生产企业因惧怕承担责任而不进行新产品的研发与科技水平的提升，这样会有害于一国工业产业的发展。基于发展的需要，就必须平衡消费者利益与促进生产者科研积极性之间的关系，因此，《产品质量法》规定，生产者将产品投入流通时的科学技术水平尚不能发现缺陷的存在的，生产者免于承担责任。

（三）责任形式

1. 损害赔偿

如果缺陷产品造成了产品的购买者、使用者或他人人身伤亡时，受害人或其近亲属可以按照《民法典》第 1179 条之规定要求生产者或销售者赔偿损失，如果因此造成严重精神损害的，被侵权人还有权请求精神损害赔偿。

2. 排除妨碍、消除危险

《民法典》第 1205 条规定："因产品缺陷危及他人人身、财产安全的，被侵权人有权请求生产者、销售者承担停止侵害、排除妨碍、消除危险等侵权责任。"这样的规定为《民法典》中的产品责任引入了预防性的保护措施，被侵权人在面临现实的妨碍和危险时，不必等到权利受到实际侵害就能够请求生产者、销售者排除妨碍、消除危险，使民事主体的合法权益得到更加全面的保护。

3. 警示、召回等补救措施

《民法典》第 1206 条规定："产品投入流通后发现存在缺陷的，生产者、销售者应当及时采取停止销售、警示、召回等补救措施；未及时采取补救措施或者补救措施不力造成损害扩大的，对扩大的损害也应当承担侵权责任。"

依照我国法律，产品的生产者、销售者负有以下警示义务：（1）对于产品的性能、结构及安装、使用、维护方法应当予以警示；（2）如果产品安装、使用和维护不当，可能会发生危及人身、财产的危险时，应当予以警示；（3）如果产品属于危险物品，或在储存、运输、保管中有特殊要求的，应当予以警示。

对于存在设计缺陷或制造缺陷的产品，因其引起人身伤害、财产损害的危险非常大，或者已经造成了损害，生产者就应当采取召回措施，只有这样才能最大限度地避免更多的人身、财产受到现实侵害。近年来，我国在汽车、儿童玩具、食品、药品等领域采取多起召回措施，有力地保护了消费者的利益。

在案例 35-2 中，乙可以要求销售商或者生产者承担侵权损害赔偿责任。在汽车售出后，制造商甲以及销售者应当及时采取警示、召回等补救措施，虽然采取了措

施，但是仍然造成损害，制造商、销售商仍应对此承担无过错损害赔偿责任。

4. 惩罚性赔偿

《民法典》第 1207 条规定："明知产品存在缺陷仍然生产、销售，或者没有依据前条规定采取有效补救措施，造成他人死亡或者健康严重损害的，被侵权人有权请求相应的惩罚性赔偿。"《消费者权益保护法》第 55 条规定："经营者提供商品或者服务有欺诈行为的，应当按照消费者的要求增加赔偿其受到的损失，增加赔偿的金额为消费者购买商品的价款或者接受服务的费用的三倍；增加赔偿的金额不足五百元的，为五百元。法律另有规定的，依照其规定。经营者明知商品或者服务存在缺陷，仍然向消费者提供，造成消费者或者其他受害人死亡或者健康严重损害的，受害人有权要求经营者依照本法第 49 条、第 51 条等法律规定赔偿损失，并有权要求所受损失二倍以下的惩罚性赔偿。"《食品安全法》第 148 条第 2 款规定："生产不符合食品安全标准的食品或者经营明知是不符合食品安全标准的食品，消费者除要求赔偿损失外，还可以向生产者或者经营者要求支付价款十倍或者损失三倍的赔偿金，增加赔偿的金额不足一千元的，为一千元。"通过上述惩罚性赔偿，增加侵权人在产品责任、侵害消费者权益、食品安全责任领域的侵权违法成本，有效遏制侵权事件的发生，并使得在这些领域遭受侵权损害的被侵权人的合法权益能够得到更为充足的赔偿，从而弥补补偿性损害赔偿责任在威慑与遏制功能上的不足。

第二节　机动车交通事故责任

一、机动车交通事故责任概述

【案例 35-3】　甲驾驶汽车正常行驶，看到前方红灯亮起减速行驶，后方的乙驾驶汽车超速行驶，紧急刹车仍不能避免追尾，两车均不同程度受损。

请思考：对于车辆的损失应当由谁承担责任？

【案例 35-4】　甲驾驶汽车正常行驶，乙骑自行车突然并入机动车道，甲紧急刹车，但仍将乙撞倒致伤。

请思考：对乙的受伤损失谁应当承担责任？

（一）机动车交通事故责任的含义

机动车交通事故，是指机动车在道路上造成他人人身伤亡与财产损害的事件，包括机动车之间发生的交通事故和机动车与非机动车、行人之间发生的交通事故。规范道路交通的法律规范有《民法典》《道路交通安全法》，还有《道路交通安全法实施条例》《机动车登记规定》《道路交通事故损害赔偿解释》《关于购买人使用分期付款购买的车辆从事运输因交通事故造成他人财产损失保留车辆所有权的出卖方不应承担民事责任的批复》等规范性法律文件。其中，《道路交通安全法》对机动车交通事故的归责原则、构成要件和免责事由做了较为全面的规定，《民法典》在第七编第五章对机动车交通事故责任做了专章规定，成为处理道路交通事故的重要法律依据。

（二）机动车交通事故责任的归责原则

1. 机动车之间发生交通事故的，适用过错责任原则

《道路交通安全法》第76条规定，机动车之间发生交通事故，造成人身伤亡、财产损失的，由保险公司在机动车第三者责任强制保险责任限额范围内予以赔偿；不足的部分，由有过错一方承担赔偿责任；双方都有过错的，按照各自过错的比例分担责任。之所以在机动车之间适用过错责任原则，一是因为双方同为机动车，无强势弱势之分，应给予平等保护；二是适用过错责任原则，能够促使机动车责任人遵守法律规则，妥善支配和使用机动车，安全行驶、文明行驶，最大限度地实现交通参与者的利益。

在案例35-3中，系机动车之间发生交通事故，应当适用过错归责原则。由于乙违章超速行驶导致其与前车相撞，乙有过错，应当对给甲造成的车辆损失中不能通过乙投保的交强险或者三者险理赔的部分承担赔偿责任。乙车的损失由乙通过自己投保的车损险理赔，保险理赔后仍不能解决的部分由乙自己承担。

2. 机动车与非机动车驾驶人、行人之间发生交通事故的，适用无过错责任

《道路交通安全法》第76条规定，机动车与非机动车驾驶人、行人之间发生交通事故，造成人身伤亡、财产损失的，由保险公司在机动车第三者责任强制保险责任限额范围内予以赔偿；不足的部分，非机动车驾驶人、行人没有过错的，由机动车一方承担赔偿责任；有证据证明非机动车驾驶人、行人有过错的，根据过错程度适当减轻机动车一方的赔偿责任；机动车一方没有过错的，承担不超过10%的赔偿责任。由上述规定可见，在机动车与非机动车驾驶人、行人之间发生交通事故的，不问机动车一方有无过错，均应承担赔偿责任。该责任分为三种情况：第一种情况是在非机动车驾驶人、行人没有过错的情况下，由机动车一方承担完全赔偿责任；第二种情况是当非机动车驾驶人、行人有过错时，不管机动车一方有无过错仍要承担赔偿责任，但可因非机动车驾驶人和行人的过错减轻机动车一方的责任；第三种情况是机动车一方没有过错，也应承担赔偿责任，但是作出了承担比例不超过10%的限制。法律之所以规定机动车与非机动车驾驶人、行人之间发生交通事故，机动车一方适用无过错责任，原因之一是机动车一方相对于非机动车驾驶人、行人属于强势一方，此时应选择倾向于保护弱者；原因之二是加强机动车一方的责任感，约束其行为，使交通参与者从中受益。

在案例35-4中，系机动车与非机动车发生交通事故，机动车一方依法应承担无过错责任，虽然事故完全是由于乙的过错造成，甲没有任何过错，但是甲仍应向乙承担不超过损害10%的赔偿责任。

二、机动车交通事故的责任主体

【案例35-5】　李某在甲租车公司租赁了一辆汽车，后驾车出行，因雨天路滑，加之李某操作不当，其驾驶的汽车与周某的汽车追尾，交警认定李某负全责。后经调查，甲租车公司出租的该车刹车有严重缺陷，是造成追尾事故的原因

之一。

请思考：周某的损失如何承担？

【**案例 35-6**】　甲将一辆汽车卖给了乙。一年后乙又卖给了丙。又过了一年，丙将该车卖给了丁，在连续发生的交易过程中，始终没有办理车辆的转移登记，登记的车辆所有人依然是甲。某日，丁酒后驾驶该车将戊撞死。

请思考：谁应对戊的死亡承担责任？

（一）机动车责任主体的含义

《民法典》第 1208 条规定："机动车发生交通事故造成损害的，依照道路交通安全法律和本法的有关规定承担赔偿责任。"

在实际生活中，经常会有租赁、借用机动车等情形，导致机动车的所有人、管理人与实际使用人不一致，产生对机动车的支配控制权与运行利益的分离，因此在机动车交通事故责任主体的确定上，应当视具体情况而定，判断民事主体是否为机动车责任主体应遵循两个核心标准，一是要考虑机动车由何人实际的控制和支配，责任就应当归属于谁；二是要考虑该机动车的运行利益归谁，按照权利与义务相一致的原则，责任应当由利益享有者承担。考虑到《道路交通安全法》对机动车交通事故责任主体的规定仍有一些需要补充的规则，《民法典》专章规定了"机动车交通事故责任"，内容主要是关于机动车损害赔偿责任主体的规定。

（二）机动车责任主体的界定

1. 原则上，机动车的所有人就是机动车责任主体

机动车的所有人自己保有且运行车辆时，由于其享有相应的利益，因此应当成为承担责任的机动车一方。依据《道路交通安全法》《道路交通安全法实施条例》《机动车登记规定》，我国对机动车实行登记制度。机动车经公安机关交通管理部门登记后，方可上路行驶。通常判断机动车所有人的标准就是依据机动车所有权登记，登记在谁名下，谁就是所有权人，所有权人驾驶机动车发生交通事故，其作为机动车的保有人应当依法承担侵权责任。所有权人可以为一人，也可以为多人。在多人共有情况下，不管是按份共有还是共同共有，共有人对被侵权人均需承担连带责任，之后再按照共有的不同方式、共有人的约定在共有人之间分配责任。

2. 租赁、借用机动车情况下机动车责任主体的界定

在租赁、借用情况下，会出现机动车所有人与使用人不是同一人的情况，按照《民法典》第 1209 条的规定，此时机动车使用人为机动车一方，应承担赔偿责任，其责任为无过错责任；机动车所有人对损害的发生有过错的，其也是机动车一方，应承担与过错相适应的赔偿责任，其责任为过错责任。

对于什么情况下应当认定机动车的所有人对损害的发生有过错，《道路交通事故损害赔偿解释》第 1 条规定，机动车发生交通事故造成损害，机动车所有人或者管理人有下列情形之一，人民法院应当认定其对损害的发生有过错，并适用《民法典》

第 1209 条的规定，确定其相应的赔偿责任：（1）知道或者应当知道机动车存在缺陷，且该缺陷是交通事故发生原因之一的；（2）知道或者应当知道驾驶人无驾驶资格或者未取得相应驾驶资格的；（3）知道或者应当知道驾驶人因饮酒、服用国家管制的精神药品或者麻醉药品，或者患有妨碍安全驾驶机动车的疾病等依法不能驾驶机动车的；（4）其他应当认定机动车所有人或者管理人有过错的。这一司法解释规定承担过错责任的人不仅包括所有人，还包括管理人。所谓管理人，是指通过委托、保管、租赁、借用等合同关系而取得机动车控制权的主体。根据该条规定，此时机动车所有人并非与使用人承担连带责任，而是按照所有人的过错程度承担相应的责任。这样规定的目的一方面是直接把无过错责任加之于机动车实际使用人，约束其行为，避免发生交通事故给他人造成损害；另一方面也是把对车辆进行合理管理支配的义务和违反此义务的赔偿责任加之于机动车所有人，使其对车辆进行妥善有效的管理和控制，避免因疏忽大意给他人造成损失。

在案例 35-5 中，机动车的使用人是李某，其在操作上有过错，应当承担责任。但是甲租车公司的汽车有刹车缺陷，也存在过错，因此，就周某的损失，李某应当承担责任，甲租车公司也应当就其过错承担相应的责任。

3. 未办理机动车转移登记情况下的机动车一方的责任界定

在当事人之间已经以买卖等方式转让并交付机动车但未办理所有权转移登记情况下，根据《民法典》第 1210 条的规定，受让人为机动车一方，由受让人承担赔偿责任。同样，这一规定也是体现了"谁使用，谁负责；谁管控，谁负责"的原则。《道路交通事故损害赔偿解释》第 2 条对此也明文规定："被多次转让但未办理登记的机动车发生交通事故造成损害，属于该机动车一方责任，当事人请求由最后一次转让并交付的受让人承担赔偿责任的，人民法院应予支持。"最高人民法院在《关于购买人使用分期付款购买的车辆从事运输因交通事故造成他人财产损失保留车辆所有权的出卖方不应承担民事责任的批复》也明文规定："采用分期付款方式购车，出卖方在购买方付清全部车款前保留车辆所有权的，购买方以自己名义与他人订立货物运输合同并使用该车运输时，因交通事故造成他人财产损失的，出卖方不承担民事责任。"这些规定有其合理性，因为根据我国《民法典》第 225 条规定，船舶、航空器和机动车等的物权的设立、变更、转让和消灭，未经登记，不得对抗善意第三人。也就是机动车采用的物权变动形式为登记对抗主义，机动车登记只是对抗要件而非生效要件。

在实践中，的确存在着在以分期付款买卖、赠与、互换等方式转移机动车时，合同当事人出于保护自身利益、怕麻烦、节省费用等原因而选择保留车辆所有权或者客观上未办理机动车所有权转移登记的情形，这就导致了机动车管理机关登记的所有人与实际的所有人不一致，但由于此时机动车的支配权以及相应利益已经归属于机动车的受让人，因此根据权利与义务相一致的原则，机动车的受让人应为机动车一方。但是此规定在实践中必须严格掌握，一是确实发生了转让；二是转让必须是在发生交通事故之前；三是虽然没有办理机动车所有权的转移登记，但是完成了交付。要防止"转让"双方借用转让之名行逃避责任之实。

在案例 35-6 中，虽然肇事车辆几经转手，但始终未过户，仍在甲的名下，但是车辆的实际所有人同时也是车辆的实际运营者是丁。按照法律规定，发生交通事故的责任就应当由现实的所有人丁承担，所以，应由丁对戊的死亡承担侵权损害赔偿责任。

4. 转让拼装、报废机动车情况下机动车一方的界定

拼装的机动车，是指没有制造、组装机动车许可证的企业或个人擅自非法制造、拼凑、组装的机动车。如果这样的机动车上路行驶，势必会对公众的人身安全和财产安全构成严重的威胁。因此，我国《道路交通安全法》第 16 条第 1 项明确禁止任何单位或者个人拼装机动车。

已经达到报废标准的机动车是指按照国家强制报废标准，应当报废的机动车。这种机动车已经行驶达到了一定的年限或者里程，并且安全系数已经不符合要求，如果仍上路行驶也会严重威胁公众的人身和财产安全。所以《道路交通安全法》第 14 条第 2、3 款规定："应当报废的机动车必须及时办理注销登记。达到报废标准的机动车不得上路行驶。报废的大型客、货车及其他营运车辆应当在公安机关交通管理部门的监督下解体。"第 100 条规定："驾驶拼装的机动车或者已达到报废标准的机动车上道路行驶的，公安机关交通管理部门应当予以收缴，强制报废。对驾驶前款所列机动车上道路行驶的驾驶人，处二百元以上两千元以下罚款，并吊销机动车驾驶证。出售已达到报废标准的机动车的，没收违法所得，处销售金额等额的罚款，对该机动车依照本条第一款的规定处理。"

为了进一步防止拼装的或者已达到报废标准的机动车被投入到交通道路当中，危害公众人身与财产安全，《民法典》第 1214 条特别规定："以买卖或者其他方式转让拼装或者已经达到报废标准的机动车，发生交通事故造成损害的，由转让人和受让人承担连带责任。"之所以令转让人和受让人承担连带责任，是因为二者往往非常清楚他们转让的是拼装或者已达到报废标准的机动车，具有共同的故意。既然如此，当该拼装或者已达到报废标准的机动车发生交通事故造成他人损害时，他们就是共同侵权人，要承担连带责任。此外，《道路交通事故损害赔偿解释》第 4 条还规定："拼装车、已达到报废标准的机动车或者依法禁止行驶的其他机动车被多次转让，并发生交通事故造成损害，当事人请求由所有的转让人和受让人承担连带责任的，人民法院应予支持。"

5. 盗窃、抢劫或者抢夺机动车的，盗抢者为机动车一方

《民法典》第 1215 条规定："盗窃、抢劫或者抢夺的机动车发生交通事故造成损害的，由盗窃人、抢劫人或者抢夺人承担赔偿责任。盗窃人、抢劫人或者抢夺人与机动车使用人不是同一人，发生交通事故造成损害，属于该机动车一方责任的，由盗窃人、抢劫人或者抢夺人与机动车使用人承担连带责任。保险人在机动车强制保险责任限额范围内垫付抢救费用的，有权向交通事故责任人追偿。"之所以作出上述规定，原因在于机动车被盗窃、抢劫或者抢夺时，机动车的所有人或者其他合法管理人、使用人已经丧失了对该机动车的支配和控制，也不享有运行该机动车的利益，自然不应

再作为机动车一方承担机动车交通事故责任。

三、机动车交通事故责任的免责和减责事由

【案例35-7】　　甲驾驶机动车由北往南正常行驶，此时由西往东方向的交通灯已是红灯，但乙毫无察觉，仍然一边看手机一边穿越人行横道。甲虽然紧急刹车，但仍然撞伤乙。该路口的摄像头和甲车上的记录仪将这一幕完全记录下来。请思考：甲是否承担责任？

（一）受害人故意

《民法典》第1174条规定："损害是因受害人故意造成的，行为人不承担责任。"《道路交通安全法》第76条第2款规定："交通事故的损失是由非机动车驾驶人、行人故意碰撞机动车造成的，机动车一方不承担赔偿责任。"在实践中，受害人的故意大致包括以下情形：一是受害人的自杀、自伤行为。二是受害人出于谋取财物等目的的"碰瓷"行为。比如，张某为筹集赌资，屡次找汽车"碰瓷"，屡屡得手。某日，在"碰瓷"时被撞伤。由于"碰瓷"者是故意制造事故让自己受伤，因此机动车一方不承担责任。但此类情形下，机动车一方应就受害人系故意碰撞机动车承担举证责任。

（二）机动车之间发生交通事故，被侵权人的过错是减责事由

如果被侵权人对损害的发生有过错的，依照《民法典》第1173条规定："被侵权人对同一损害的发生或者扩大有过错的，可以减轻侵权人的责任。"《道路交通安全法》第76条第1款第1项规定："机动车之间发生交通事故的，由有过错的一方承担赔偿责任；双方都有过错的，按照各自的过错的比例分担责任。"

（三）机动车与非机动车、行人之间发生交通事故

机动车对非机动车、行人致害，非机动车、行人一方有过错，是机动车一方的减责事由，减轻比例视过错情况而定。根据《道路交通安全法》第76条的规定，机动车与非机动车驾驶人、行人之间发生交通事故，非机动车驾驶人、行人没有过错的，由机动车一方承担赔偿责任；有证据证明非机动车驾驶人、行人有过错的，根据过错程度适当减轻机动车一方的赔偿责任；机动车一方没有过错的，承担不超过10%的赔偿责任。在机动车一方没有任何过错，过错完全在于非机动车驾驶人、行人一方时，机动车一方仍应承担赔偿责任，但设置了最高比例限制，即不得超过10%，这是机动车在交通事故中承担无过错责任最显著的一个体现，这样规定是为了保护交通参与人中的弱者一方。

在案例35-7中，发生交通事故的过错完全在行人乙一方，机动车驾驶人甲没有任何过错。虽然如此，按照无过错责任的法律规定，机动车驾驶人甲仍应承担不高于乙的损失的10%的责任。

第三节 医疗损害责任

一、医疗损害责任概述

（一）医疗损害责任的概念

医疗损害责任，指医疗机构及其医务人员应当承担的在诊疗活动中因过失侵害患者生命权、身体权、健康权而给患者造成损害的侵权责任。《民法典》第1218条规定："患者在诊疗活动中受到损害，医疗机构及其医务人员有过错的，由医疗机构承担赔偿责任。"

（二）医疗损害责任的归责原则

1. 原则上采用一般过错归责原则

《民法典》第1218条规定："患者在诊疗活动中受到损害，医疗机构或者其医务人员有过错的，由医疗机构承担赔偿责任。"《民法典》对医疗损害责任采取了一般过错责任原则，即由受到损害的患者一方就医疗机构的过失、医疗行为与损害结果之间具有因果关系承担举证责任，除非法律另有规定。在医疗损害责任一章中，除《民法典》第1222条规定了"推定"外，医疗损害责任都属于一般过错责任。

2. 有限制地适用过错推定

《民法典》第1222条规定："患者在诊疗活动中受到损害，有下列情形之一的，推定医疗机构有过错：（一）违反法律、行政法规、规章以及其他有关诊疗规范的规定；（二）隐匿或者拒绝提供与纠纷有关的病历资料；（三）遗失、伪造、篡改或者违法销毁病例资料。"本条第（一）项规定的是违反法律、行政法规、规章以及其他有关诊疗规范的规定，是医疗机构存在过错的表面证据；第（二）项和第（三）项规定，一方面反映了医疗机构的恶意；另一方面使患者难以取得与医疗纠纷有关的证据资料，这时让患者再举证已不合理。因此，推定医疗机构有过错，医疗机构可以提出证据证明自己没有过错，比如，抢救危急患者情况下，医务人员可能采取不太合规的行为，但如果证明在当时情况下是合理的，也达到了抢救目的，就可以认定医疗机构没过错。

二、医疗损害责任的构成要件

【案例35-8】 周某因病到甲医院看病，医院诊断为左肾病变，做了切除手术后，发现发生病变的为右肾，由于医生的疏忽诊断错误，导致周某被错误地切除了左肾。

请思考：甲医院应当承担何种责任？

【案例35-9】 于某在乙医院住院治疗，某天上午去医院水房洗漱，因地面湿滑而摔倒，导致右手腕骨折。

请思考：乙医院应当承担何种责任？

（一）加害人为医疗机构及其医务人员

医疗损害责任的责任主体为特殊主体，根据《医疗机构管理条例》的规定，医疗机构是指取得医疗机构执业许可证从事医疗活动的机构，包括医院、卫生院、门诊部、诊所、卫生所、急救站等。医务人员，是指经过考核和卫生行政机关批准或承认，取得相应资格的各类卫生技术人员（包括执业医师、执业助理医师、护士、药剂师等）以及从事医疗管理、后勤服务等人员。只有上述医疗机构和医务人员在从事诊疗活动造成患者损害时，才属于医疗损害责任，适用医疗损害责任的相关规则，承担相应的责任。

（二）患者系在诊疗活动中受到损害

《医疗机构管理条例实施细则》第88条第1款规定："诊疗活动，是指通过各种检查、使用药物、器械及手术等方法，对疾病作出判断和消除疾病、缓解疾病、减轻痛苦、改善功能、延长生命、帮助患者恢复健康的活动。"由此可见，诊疗活动是指医疗机构及其医务人员在职责范围内运用专业技能、使用专业设备和方法，为患者提供治疗疾病、恢复健康、提高生命质量的一切诊断治疗活动。如果患者是在上述诊疗活动中遭受损害的，就属于医疗损害责任，应当适用《民法典》的规定进行处理。

与上述无关的活动都应当被排除在诊疗活动之外，实践中不属于诊疗活动的典型情形包括以下情况：一是医务人员非因执行工作任务造成患者损害的行为；二是单纯由于医疗机构的设备设施的缺陷而给患者造成损害的，比如由于轮椅故障导致患者被摔伤、患者在门诊大楼因台阶不明显而被摔伤；三是单纯由于医疗机构的管理缺陷导致的患者损害，比如由于医院的值班人员离岗导致患者财物被盗；四是非法行医，比如医务人员下班后接私活导致患者损害。如果患者是因上述诊疗活动之外的其他原因受到损害的，不属于医疗损害责任，不适用《民法典》中医疗损害责任的规定，而应当根据法律关系的性质适用相关的法律规范调整。比如在第三种情况下，就应适用《民法典》第1198条关于公共场所的经营者、管理者的安全保障义务进行处理。

在案例35-8中，甲医院对周某进行诊断治疗的行为毫无疑问属于诊疗行为，由于其诊断错误而致周某左肾被错误摘除的损害，应当按照医疗损害责任处理。而案例35-9中，由于乙医院地面湿滑而致于某摔伤，此种情况不属于因医院提供专业诊疗活动而致的损失，因此不属于医疗损害责任，而是应当按照违反安全保障义务追究医疗机构的责任。

（三）诊疗活动与患者损害之间存在因果关系

《民法典》关于举证责任的分配上仅在第1219条、第1221条规定了患者应当就医疗机构及其医务人员有过错承担举证责任，对诊疗活动与患者损害之间存在因果关系则未作规定，一般来说，患者一方应当证明以下事项：（1）患者在医疗机构接受诊疗并因此遭受了损害。对此，患者一方应当通过提交挂号单、缴费单据、病历、出院证明等予以证明。（2）就医疗机构及其医务人员的诊疗活动与损害之间因果关系提供证明，对于这一专业性极强的证明义务，患者一方缺乏证明能力的情况下，可以申请进行医疗鉴定，由相关机构组织专家进行鉴定，出具鉴定意见。

（四）医疗机构及其医务人员存在过错

医疗损害责任属于过错责任，加害人主观上应具有过错。医疗机构及其医务人员的过错应当作如下理解：首先，医疗过错应仅指医疗过失，不包括故意。如因故意给患者造成损害，应是一般侵权责任而非医疗损害责任。其次，医疗过错应采用客观标准，即医疗机构及其医务人员未尽到应尽义务即为具有过错。根据《民法典》之规定，医疗机构及其医务人员的过错有以下几种情况：

1. 医务人员未尽到在诊疗活动中向患者说明病情和医疗措施的义务

需要实施手术、特殊检查、特殊治疗的，医务人员未及时向患者说明医疗风险、替代医疗方案等情况，并取得其书面同意；不宜向患者说明的，应向患者的近亲属说明，并取得其书面同意。

《民法典》针对上述说明及同意义务，也做了例外的规定。《民法典》第1220条规定："因抢救生命垂危的患者等紧急情况，不能取得患者或者其近亲属意见的，经医疗机构负责人或者授权的负责人批准，可以立即实施相应的医疗措施。"该规定中的"不能"应仅指客观上不能取得，即患者本人无法表达意志而又一时无法查明患者的近亲属或联系上其近亲属。至于患者本人能够表达意志而未表示同意，或者本人无法表达意志且其近亲属也未表示同意，应视为患者一方对自己权利的处置，医院一方均不能适用该例外规定实施相应医疗措施。

2. 医务人员在诊疗活动中未尽到与当时的医疗水平相应的诊疗义务

由于医学科学是在不断发展进步的，在特定的时间医务人员的专业知识水平都会受到当时的医学水平的局限，如果以与后来的医学水平相应的诊疗义务来要求当时的医务人员，显然不合理。因此，"尽到与当时的医疗水平相应的诊疗义务"是指尽到从事诊疗活动之时一个合格的医务人员应具有与当时医疗水平相应的诊疗义务。

3. 具备下列情形之一的，推定医疗机构有过错

（1）违反法律、行政法规、规章以及其他有关诊疗规范的规定。这些规定是对长期诊疗实践经验进行总结的基础上由有关部门制定的，也是医疗服务行业的行业标准。一旦违反上述规定，就极有可能给患者造成损害，因此违反上述诊疗规范的规定，就推定医疗机构有过错，令其承担责任。

（2）隐匿或者拒绝提供与纠纷有关的病历资料。病历资料是指医疗机构及其医务人员按照规定填写并妥善保管的住院志、医嘱单、检查报告、手术及麻醉记录、病历资料、护理记录、医疗费用等。这些病历资料能够客观反映诊疗过程，患者有要求查阅、复制的权利。如果医患双方发生纠纷，这些病历资料就成为处理医疗损害责任纠纷的依据，因此作为保管这些资料的医院一方应当提供，如果隐匿或者拒绝提供则应承担对其不利的后果，在法律上推定其有过错而承担责任。

（3）遗失、伪造、篡改或者违法销毁病历资料。此处伪造、篡改或者销毁的病历资料应仅指对医疗过错、因果关系认定有影响的实质性内容的病历资料，不应当包含因医务人员的书写失误而写的错别字、未严格按照病历规范格式等形式瑕疵。

三、医疗损害责任的免责事由

【案例 35-10】　李某因交通事故导致腿骨骨折，在甲医院住院接受手术治疗，出院时，甲医院的医嘱说明李某需要卧床静养半月，但李某回家没几日便不遵医嘱，下地干活，导致尚未愈合的骨头错位，不得已又重新进行了二次手术。

请思考：李某进行二次手术的损失应该由谁承担？

（一）患者或者近亲属不配合医疗机构进行符合诊疗规范的诊疗

在《民法典》第 1224 条第 1 款第 1 项规定"患者或者其近亲属不配合医疗机构进行符合诊疗规范的诊疗"的情况下，患者虽有损害，医疗机构也不承担责任。需要注意的是，这里所说的必须是医疗机构的诊疗"符合诊疗规范"，而患者不配合，则患者由此造成的损害由自己承担，医院不负责任。

在《民法典》第 1224 条第 2 款规定："医疗机构或者其医务人员也有过错的，应当承担相应的赔偿责任。"这里所说的"过错"是指过失，比如医务人员应当以患者易懂的方式对患者说明医疗措施、替代医疗方案的优劣和风险而未说明，导致患者不清楚或者心存顾虑而不配合，此时医疗机构及其医务人员就有过错，仍应就其过错承担相应的责任。

在案例 35-10 中，甲医院按照诊疗规范，要求李某卧床静养，但李某不遵守医嘱，导致不得已进行二次手术，依照规定甲医院对此无须承担责任，应由李某自己承担损失。

（二）抢救生命垂危的患者等紧急情况下已经尽到合理诊疗义务

当生命垂危的患者需要抢救时，时间有限且情况紧迫，此时不能苛求医务人员如同面对普通患者那样去进行详细的检查、反复的思考、权衡各种诊疗措施的利弊，作出非常全面、审慎的判断，制定出极为严密的治疗方案。只要医务人员尽到了这种情况下能够尽到的合理诊疗义务，就无须承担责任。

（三）限于当时的医疗水平难以诊疗

判断医疗机构是否应当对患者因诊疗活动遭受的损害承担责任时，应当考虑当时的医疗水平而非现实的医疗水平。如果受到当时的医疗水平的限制，医疗机构对患者未能进行有效的诊治，不应对此承担责任。

四、医疗产品责任

【案例 35-11】　田某突发重病神志不清，田父将其送至医院，医院使用进口医疗器械实施手术，手术失败，田某死亡。经查实，该医院使用的医疗器械存在严重缺陷，是导致田某死亡的原因。

请思考：田父可以向谁主张责任？

《民法典》第 1223 条规定："因药品、消毒产品、医疗器械的缺陷，或者输入不合格的血液造成患者损害的，患者可以向药品上市许可持有人、生产者、血液提供机构请求赔偿，也可以向医疗机构请求赔偿。患者向医疗机构请求赔偿的，医疗机构赔偿后，有权向负有责任的药品上市许可持有人、生产者、血液提供机构追偿。"《药品管理法》第 30 条第 1 款规定，药品上市许可持有人是指取得药品注册证书的企业或者药品研制机构等。药品上市许可持有人是药品安全的第一责任人。医疗结构从事医疗行为中使用药品、消毒药剂、医疗器械、血液，应就药品、消毒药剂、医疗器械的缺陷与产品的生产者或者血液提供机构承担不真正连带责任，医疗机构无权拒绝患者要求其承担责任的请求。但医疗机构赔偿后，可以向负有责任的生产者或者血液提供机构进行追偿。同理，如果药品、消毒药剂、医疗器械的缺陷或者不合格的血液是因医疗机构的不当存放、使用造成的，药品、消毒药剂、医疗器械的生产者或者血液的提供者也可以在向患者承担责任后向医疗机构追偿。

在案例 35-11 中，田父可以向医疗器械的上市许可持有人、生产厂家或者医院要求承担责任。如果医院承担了责任，则医院可以向医疗器械的上市许可持有人、生产厂家进行追偿。如果医疗器械的上市许可持有人、生产厂家承担了责任，因其产品存在缺陷，其应为终局责任承担者，不再发生追偿。

第四节　环境污染和生态破坏责任

一、环境污染和生态破坏责任概述

【案例 35-12】　甲工厂排放一种废水，经反复检测对人和动物均无损害，但该种废水对海水中的一种微生物（海藻）具有极大杀伤力，致使数万公顷海水中的该种微生物不能存活，引起生态环境恶化。

请思考：甲工厂的行为是否构成侵权？侵犯了什么利益？应由谁提起何种诉讼？

（一）我国的环境保护法律制度

法律必须对资源紧缺、环境恶化的特定现状作出反应，现代民法的一个重要使命就是保护环境、维护生态。我国 1989 年就颁布了《环境保护法》，并于 2014 年进行了修订，其中第 6 条规定，企业事业单位和其他生产经营者应当防止、减少环境污染和生态破坏，对所造成的损害依法承担责任。公民应当增强环境保护意识，采取低碳、节俭的生活方式，自觉履行环境保护义务。《民法典》第 9 条规定："民事主体从事民事活动，应当有利于节约资源、保护生态环境。"我国先后颁布了《水污染防治法》《大气污染防治法》《固体废物污染环境防治法》《海洋环境保护法》《环境噪声污染防治法》《放射性污染防治法》《环境影响评价法》《清洁生产促进法》《水法》《森林法》《草原法》《矿产资源法》等自然资源保护方面的法律。国务院颁布了《建设项目环境保护条例》《水污染防治法实施细则》等行政法规。《刑法》第338 条规定了污染环境罪，2016 年 12 月，最高人民检察院、最高人民法院联合发布了《关于办理环境污染刑事案件适用法律若干问题的司法解释》，严厉惩治严重污染环境的行为。迄今为止，我国已经建立了一整套环境保护的法律制度。承担责任的方式包括停止排放、改善治理设备和措施、赔偿治理费用等。

（二）环境污染责任的含义和特点

环境，是指影响人类生存和发展的各种天然的经过人工改造的自然因素的总体，包括大气、水、海洋、土地、矿藏、森林、草原、野生生物、自然遗迹、人文遗迹、自然保护区、风景名胜区、城市和乡村等。环境可以分为生活环境和生态环境。环境污染，是指由于人为的原因而使人类赖以生存和发展的空间和资源发生化学、物理和生物特征上的不良变化，以致影响人类健康或生物生存的生产活动或者现象。《环境保护法》第 64 条规定："因环境污染和破坏生态造成损害的，应当依照《中华人民共和国侵权责任法》的有关规定承担侵权责任。"《民法典》第 1229 条规定："因污染环境、破坏生态造成他人损害的，侵权人应当承担侵权责任。"据此，环境污染责任是指因污染环境造成他人损害时，污染者应当承担的侵权责任。

在案例 35-12 中，甲工厂的行为破坏了生态环境，根据《民法典》及相关法律之规定，也构成环境污染侵权，侵犯了社会公共利益，应当由法定机关（如检察机关）作为原告提起公益诉讼。

作为一种特殊的侵权行为，环境污染侵权责任的特殊之处表现在以下四点：

1. 以无过错责任为归责原则

由于环境污染在产生、发展进程上的复杂性、多样性和人类认识上的局限性，由受害人证明环境污染责任主体的过错殊为困难，因此为了规范现代企业的生产和服务行为，加强其社会责任感，避免因其生产和服务行为给环境及受害人造成环境污染、生态保护方面的损害，我国《民法典》等法律均规定了在环境污染责任上的无过错责任，即不问对环境和生态造成损害的人有无过错，只要客观上实施了排放污染物的行为，造成了损害的发生，就应承担责任，无过错不能成为免责事由。

2. 实行因果关系推定规则

因果关系推定规则，即在发生侵害时，不是由受害人证明侵害行为和损害结果存在因果关系，而是直接推定因果关系的存在，如果行为人能够证明其行为和损害结果之间没有因果关系，才可以免于承担责任。在环境污染责任上采取因果关系推定规则，也是因为此类侵权的独特性，用以解除被侵害人难以举证的困境。《民法典》第1230 条规定："因污染环境、破坏生态发生纠纷，行为人应当就法律规定的不承担责任或者减轻责任的情形及其行为与损害之间不存在因果关系承担举证责任。"

3. 责任主体为侵权人与第三人，侵权人与第三人承担不真正连带责任

环境污染和生态破坏责任的责任主体不仅包含侵权人，如果是因第三人导致环境污染或者生态破坏，还包括有过错的第三人。《民法典》第 1233 条规定："因第三人的过错污染环境、破坏生态的，被侵权人可以向侵权人请求赔偿，也可以向第三人请求赔偿。侵权人赔偿后，有权向第三人追偿。"据此规定，侵权人与有过错的第三人之间为不真正连带责任，侵权人不能因污染环境、破坏生态系有过错的第三人造成而主张对被侵权人免责，其在承担责任后可以向第三人进行追偿，由第三人承担终局责任。这样规定意在最大限度地保护被侵权人的利益。

4. 排污符合国家规定的排放标准并不是免责事由

排污符合排放标准，但造成环境污染损害的，只能免于承担刑事责任、行政责任，而不能免除民事上的侵权责任。

二、环境污染和生态破坏责任的构成要件

【案例 35-13】　李某十年来一直生活在乙炼油厂西生活区，2004 年，李某被诊断出患了急性混合型白血病。经查，该炼油厂的液化气灌装站经常漏气、炼油厂火炬排放的是含有有害物质苯的气体，而苯是实验证明的导致白血病的一个重要病因。李某遂将乙炼油厂诉至法院，要求其承担赔偿责任。而炼油厂以自己排污符合标准，而且李某没有证据证明其患病与排放物有关，拒绝承担责任。

请思考：乙炼油厂的抗辩理由是否成立？

（一）污染环境和生态破坏行为

污染环境的行为，包括通过排放或者释放废水、废气、废渣、噪声、放射性物质或者射线等对大气、水、土壤以及周围环境造成损害的行为。生态破坏行为，是指人类社会活动引起的生态退化及由此衍生的环境效应，导致环境结构和功能的变化，对人类生存发展以及环境本身发展产生不利影响的现象。生态破坏的类型主要包括：水土流失、沙漠化、荒漠化、森林锐减、土地退化、生物多样性的减少、湖泊的富营养化、地下水漏斗、地面下沉等。

需要注意的是，《环境保护法》第 16 条规定："国务院环境保护主管部门根据国家环境质量标准和国家经济、技术条件，制定国家污染物排放标准。省、自治区、直辖市人民政府对国家污染物排放标准中未作规定的项目，可以制定地方污染物排放标准；对国家污染物排放标准中已作规定的项目，可以制定严于国家污染物排放标准的地方污染物排放标准。地方污染物排放标准应当报国务院环境保护主管部门备案。"如果企业超过标准排放，则要根据情况给予行政处罚，造成损害要承担侵权责任。但需要注意的是，超过排放标准排污并非承担环境污染责任的要件，只要排污造成损害，不论是否超过排污标准，都要承担侵权责任，也就是说，排污符合国家标准或者地方标准不能作为污染者减轻或者免除责任的理由。

（二）造成他人损害

只有环境污染和生态破坏行为给他人造成了损害，才产生侵权损害赔偿。鉴于侵害的权益有私益和公益，抑或兼而有之，损害也分为私害和公害。环境污染造成的损害既包括人身伤亡，也包括财产损失；既包括直接损失，也包括间接损失。比如，某污染者对他人的鱼塘造成污染，鱼死亡损失 6 万元，成功治理污染需要费用 10 万元，治理污染需要一年时间，这期间鱼塘不能养鱼，经测算可得利益损失 12 万元。那么污染者应当赔偿的损失就包括直接损失 16 万元（即鱼的损失 6 万元和治理污染费用 10 万元）以及间接损失 12 万元（即可得利益损失）。

（三）存在因果关系

环境污染责任采用因果关系推定，即在举证责任的分配上，被侵权人无须证明污

染者污染环境的行为与损害之间具有因果关系，而是由污染者对其行为与损害结果之间不存在因果关系承担举证责任。在环境污染责任上采取因果关系举证责任的倒置，是因为环境污染侵权具有复杂性、潜伏性的特点，有时会受到现有科学技术条件的限制，可能无法认定某些环境污染中的因果关系。

需要说明的是，在因果关系推定规则下，并非被侵权人不承担任何举证责任。根据《环境侵权司法解释》第6条规定，被侵权人应当提供证明以下事实的证据材料：（1）侵权人排放了污染物或者破坏了生态；（2）被侵权人的损害；（3）侵权人排放的污染物或者其次生污染物、破坏生态行为与损害之间具有关联性。即被侵权人至少应提出污染者的污染行为与损害结果之间具有盖然性联系的初步证据，此后才能将举证责任倒置给污染者，由其提出其行为与损害结果之间不具有因果关系的证据。根据《环境污染司法解释》第7条规定，污染者举证证明下列情形之一的，人民法院应当认定其污染行为与损害之间不存在因果关系：（1）排放污染物、破坏生态的行为没有造成该损害可能的；（2）排放的可造成该损害的污染物未到达该损害发生地的；（3）该损害于排放污染物、破坏生态行为实施之前已发生的；（4）其他可以认定污染环境、破坏生态行为与损害之间不存在因果关系的情形。

在案例35-13中，乙炼油厂的两个抗辩理由均不成立。首先，排污符合标准不是免除民事侵权责任的理由，只要损害客观发生，就应当承担责任。其次，排污与造成损害之间的因果关系，依照法律规定采用举证责任倒置，因此，在李某承担了初步证明乙炼油厂排放污染物与其患白血病之间具有盖然的因果关系之后，乙炼油厂就应当承担责任。如果乙炼油厂能够证明二者之间不具有因果关系，方可不承担责任。

三、环境污染、破坏生态的法律后果

【案例35-14】　甲、乙两家造纸厂都向一个水塘排污，结果导致该水塘周围的丙村的庄稼全部死亡。经查，甲造纸厂排出80%的污水，仅其一家就足以造成庄稼的死亡，乙造纸厂排污量仅占20%，其单独排污不至于造成庄稼死亡。

请思考：甲、乙造纸厂应该怎样承担责任？

（一）侵权人的修复责任和赔偿责任

我国现有的环境侵权救济体系大体采取的是二分法模式，因污染环境、破坏生态造成人身、财产损害的按照一般环境侵权的救济途径，由被侵害人向侵权人主张，通常称为环境民事私益诉讼。而对给生态环境本身造成的损害则按照生态环境损害赔偿制度和环境民事公益诉讼制度等的规定，由相关政府、国家机关以及社会组织等主张，这通常称为环境公益诉讼。

《民法典》第1234条规定，违反国家规定造成生态环境损害，生态环境能够修复的，国家规定的机关或者法律规定的组织有权请求侵权人在合理期限内承担修复责任。侵权人在期限内未修复的，国家规定的机关或者法律规定的组织可以自行或者委托他人修复，所需费用由侵权人负担。2017年6月修订的《民事诉讼法》明确规定了检察机关提起的民事公益诉讼制度。《民法典》第1235条还专门对生态环境损害

赔偿损失和费用的范围作了明确：违反国家规定造成生态环境损害的，国家规定的机关或者法律规定的组织有权请求侵权人赔偿下列损失和费用：（1）生态环境受到损害至修复完成期间服务功能丧失导致的损失；（2）生态环境功能永久性损害造成的损失；（3）生态环境损害调查、鉴定评估费用；（4）清除污染、修复生态环境费用；（5）防止损害的发生和扩大所支出的合理费用。

（二）惩罚性赔偿

《民法典》第 1132 条规定，侵权人违反法律规定故意污染环境、破坏生态造成严重后果的，被侵权人有权请求相应的惩罚性赔偿。该条是授权性条款，赋予被侵权人以惩罚性赔偿请求权。从构成要件来看，体现了惩罚性赔偿的两个最基本要求，即侵权人的主观故意和侵权后果严重。

（三）多数人的污染环境、破坏生态侵权行为

《民法典》第 1231 条规定："两个以上侵权人污染环境、破坏生态的，承担责任的大小，根据污染物的种类、浓度、排放量，破坏生态的方式、范围、程度，以及行为对损害后果所起的作用等因素确定。"在实践中，由多个侵权人造成侵害的情况时有发生，此时，就要结合相关规定正确界定侵权人责任，既要保证被侵权人得到完全赔偿，又要让各个侵权人合理承担责任。对此，《环境侵权司法解释》第 3 条作出了更加详尽的规定：两个以上侵权人分别实施污染环境、破坏生态行为造成同一损害，每一个侵权人的污染环境、破坏生态行为都足以造成全部损害，被侵权人根据《民法典》第 1171 条规定请求侵权人承担连带责任的，人民法院应予支持。两个以上侵权人分别实施污染环境、破坏生态行为造成同一损害，每一个侵权人的污染环境、破坏生态行为都不足以造成全部损害，被侵权人根据《民法典》第 1172 条规定请求侵权人承担责任的，人民法院应予支持。两个以上侵权人分别实施污染环境、破坏生态行为造成同一损害，部分侵权人的污染环境、破坏生态行为足以造成全部损害，部分侵权人的污染环境、破坏生态行为只造成部分损害，被侵权人根据《民法典》第 1171 条规定请求足以造成全部损害的侵权人与其他侵权人就共同造成的损害部分承担连带责任，并对全部损害承担责任的，人民法院应予支持。

在案例 35-14 中，甲造纸厂要与乙造纸厂对共同造成的 20% 的损害承担连带责任，并且甲造纸厂还要对全部的损害承担责任。

（四）免责事由与减责事由

1. 免责事由

（1）不可抗力。《水污染防治法》第 96 条规定："由于不可抗力造成水污染损害的，排污方不承担赔偿责任；法律另有规定的除外。"

（2）受害人故意。《水污染防治法》第 96 条规定："水污染损害是由受害人故意造成的，排污方不承担赔偿责任。"

2. 减责事由

《水污染防治法》第 96 条还规定："水污染损害是由受害人重大过失造成的，可以减轻排污方的赔偿责任。"

3. 免责事由和减责事由以及因果关系的举证责任

《民法典》第 1230 条规定，因污染环境、破坏生态发生纠纷，行为人应当就法律规定的不承担责任或者减轻责任的情形及其行为与损害结果不存在因果关系承担举证责任。

我国已经建立了比较完备的环境法律体系，其中《海洋环境保护法》《大气污染防治法》《放射性污染防治法》等环境单行法律对行为人不承担责任或者减轻责任的情形作了规定，主要有不可抗力、受害人故意、第三人责任、与有过失等。单行法有规定的，首先适用单行法的规定；单行法没有规定的，适用《民法典》总则篇和侵权责任篇的有关规定。

在因果关系上，环境污染和生态破坏责任实行因果关系的举证责任倒置，被侵权人只需要证明污染行为与损害结果之间存在因果关系的可能性和初步证据，不需要达到民事证据的高度盖然性标准，而行为人应当对其行为与损害结果之间不存在因果关系承担举证责任，否则即应承担侵权责任。

第五节　高度危险责任

一、高度危险责任概述

（一）高度危险责任的概念

高度危险责任，又称高度危险作业责任，是指因从事高度危险作业造成他人损害时，高度危险作业人应当承担的侵权责任。《民法典》第 1236 条规定："从事高度危险作业造成他人损害的，应当承担侵权责任。"并在第 1237～1240 条对不同种类的高度危险作业致人损害分别作了规定，在第 1241 条、第 1242 条对特殊情况下高度危险责任的主体作了规定。

（二）高度危险责任的特征

（1）责任的产生是由于高度危险物、高度危险活动致害或者被侵害人进入高度危险区域受到伤害。由于上述情况下存在高度危险性，极易给被侵害人造成重大人身和财产损害，需要特别加以规范，因此《民法典》对高度危险责任设专章加以规定。

（2）均采用无过错归责原则，但具体到每一种高度危险责任，在责任主体、免责事由和减责事由方面均有所不同。例如，民用核设施致害责任的责任主体是民用核设施的经营者，免责事由是战争、武装冲突、暴乱等情形或者受害人故意；民用航空器致害责任的责任主体是民用航空器的经营者，免责事由是受害人故意。

（3）一般有最高赔偿额。高度危险责任采用无过错责任，为避免其因无过错责任而承担过重的赔偿责任造成严重的负担，一些国家或地区的法律对该责任规定了最高赔偿额。例如，我国《国内航空运输承运人赔偿责任限制限额规定》第 2 条、第 3 条规定，在中华人民共和国国内航空运输中造成损害的，国内航空运输承运人应当在下列规定的赔偿责任限额内按照实际损害承担赔偿责任，但是《民用航空法》另有规定的除外：（1）对每名旅客的赔偿责任限额为人民币 40 万元；（2）对每名旅客随身携带物品的赔偿责任限额为人民币 3000 元；（3）对旅客托运的行李和对运输的货物的赔偿责任限额为每千克人民币 100 元。

二、高度危险责任分述

【案例 35-15】 个体户甲因为生产需要十几罐氯气,于是与具有运输特殊危险品资质的乙签订运输合同,由乙运回,并叮嘱罐内装有剧毒气体,不能暴晒,千万别弄丢了,否则后果不堪设想。由于乙放置不当,在运输途中,一罐氯气滚落遗失在马路上,烈日暴晒后氯气泄露,导致周边多人中毒。

请思考:谁应当对氯气泄漏致人中毒承担责任?

【案例 35-16】 未成年人于某跑上高速公路玩耍,被赵某正常驾驶的机动车撞死。经查,事故原因是因该省高速公路管理处对其管理的该路段疏于管理,没有及时将一段缺失近 40 米长的高速公路护栏修复所致。

请思考:该省高速公路管理处是否应该对于某的死亡承担责任?说明理由。

(一) 民用核设施致害责任

民用核设施致害责任,是指在民用核设施的运营过程中出现核泄漏等核事故而给他人造成损害时,核设施的经营者应当承担的责任。《民法典》第 1237 条规定:"民用核设施或者运入运出核设施的核材料发生核事故造成他人损害的,民用核设施的营运单位应当承担侵权责任,但能够证明损害是因战争、武装冲突、暴乱等情形或者受害人故意造成的,不承担责任。"由此可见,责任主体应当是民用核设施的营运单位。

民用核设施包括核动力厂、核反应堆以及其他需要严格监督管理的核设施。民用核设施在运营时,核设施内的核燃料、放射性产物、废料或运入运出核设施及核材料所发生的放射性、毒害性、爆炸性等事故对周围环境具有高度危险性,属于高度危险作业中最为危险的一种,因此,民用核设施发生核事故造成损害时,应当适用无过错责任。

(二) 民用航空器致害责任

民用航空器致害责任,是指因民用航空器运营而给他人造成损害时,该民用航空器的经营者应当承担的侵权责任。

航空器,是指靠空气反作用力做动力支撑的飞行器或者利用密度比空气小的气体产生浮力飞行的飞行器,包括飞机、飞艇、热气球等。民用航空器,按照《民用航空法》第 5 条的规定,是指除执行军事、海关、警察飞行任务之外的航空器。第 15 条规定:"国家所有的民用航空器,由国家授予法人经营管理或者使用的,本法有关民用航空器所有人的规定适用于该法人。"《民法典》上所称的"民营航空器"范围应该与此相同。

民用航空器在飞行过程中,可能会造成两类损害:一是对航空器上或者上、下航空器的旅客、货物造成人身伤亡和财产损失;二是因飞行器及其辅助设施、飞行器上的人坠落、脱落、跌落造成地面、水面上的第三人的人身伤亡或者财产损失。根据

《民法典》第1238条和《民用航空法》第124条、第125条、第157条的规定，民营航空器的经营者应当承担侵权责任。

《民法典》第1238条规定："民用航空器造成他人损害的，民用航空器的经营者应当承担侵权责任；但是，能够证明损害是因受害人故意造成的，不承担责任。"由此可见，我国对民营航空器同样采用无过错责任。关于免责事由和减责事由，根据我国《民法典》第1238条和《民用航空法》第124条、第125条、第160条、第161条的规定，在损害是由受害人故意造成，由于旅客本人的健康原因造成，由于货物本身的自然属性、质量或者缺陷所致等情况下，经营者不承担责任。另根据《民用航空法》第161条的规定，依照本章规定应当承担责任的人证明损害是完全由于受害人或者其受雇人、代理人的过错造成的，免除其赔偿责任；应当承担责任的人证明损害是部分由于受害人或者其受雇人、代理人的过错造成的，相应减轻其赔偿责任；但是，损害是由于受害人的受雇人、代理人的过错造成时，受害人证明其受雇人、代理人的行为超出其所授权的范围的，不免除或者不减轻应当承担责任的人的赔偿责任。

（三）易燃、易爆、剧毒、放射性等高度危险物致害责任

《民法典》第1239条规定："占有或者使用易燃、易爆、剧毒、高放射性、强腐蚀性、高致病性等高度危险物造成他人损害的，占有人或者使用人应当承担侵权责任；但是，能够证明损害是因受害人故意或者不可抗力造成的，不承担责任。被侵权人对损害的发生有重大过失的，可以减轻占有人或者使用人的责任。"此类责任又被称为高度危险物致害责任，是指因占有或使用高度危险物造成他人损害的，占有人或使用人应当承担的侵权责任。我国《危险货物品名表》根据危险等级不同，将危险货物分为Ⅰ、Ⅱ、Ⅲ级，仅Ⅰ级危险货物才称为"具有高度危险性质"的货物。高度危险物由于其独特的物理或者化学属性，极易造成严重的人身伤亡和财产损失，因此该物品的占有人、使用人需要负有高度的注意义务，避免使高度危险性现实化。

《民法典》第1239条规定高度危险物致害责任的责任主体为占有人、使用人，占有、使用高度危险物的情形实践中一般表现为生产、装卸、运输、储存、保管高度危险物，因为占有人、使用人为高度危险物的实际占有控制人，其防范现实危险最具有可能性，因此法律规定其为责任主体，该占有人、使用人可能为所有人、管理人或实际使用人。

《民法典》在第1241条、第1242条进一步规定了以下几种情况：

（1）遗失、抛弃高度危险物造成他人损害的，由所有人承担侵权责任。高度危险物具有高度危险性，所有人必须妥善保管，如果遗失、抛弃，一般与所有人未尽到高度注意义务有关系，因此所有人应对所致损害承担责任。比如，甲将自营饭店的天然气罐随意扔在垃圾堆旁，结果天然气爆炸，造成乙被炸伤，甲作为所有人应当对其随意弃置易燃易爆高度危险物的行为致乙的损害承担赔偿责任。

（2）所有人将高度危险物交由他人管理的，由管理人承担侵权责任；所有人有过错的，与管理人承担连带责任。这是高度危险物由非所有人以外的人合法占有的情况。合法占有包括占有人通过借用、租赁、保管等形式取得占有。在这种情况下，由于高度危险物的实际控制占有人为管理人，因此应由管理人承担责任。但是，所有人

有过错的，应与管理人承担连带责任。在这里，所有人的过错具体包括以下情形：①选任过失，即所有人没有谨慎选任具有法定资格和相应能力的管理人来管理高度危险物；②指示过失，即所有人没有对管理人如实提示高度危险物的名称、性质、危险性以及注意事项。

在案例35-15中，甲将氯气交给乙运输，甲为所有人，乙为管理人。根据规定，管理人乙应当对氯气这种剧毒气体进行妥善管理和运输，并就氯气泄漏致人中毒造成的损害承担无过错责任。所有人甲有过错的，承担与其过错相应的责任，本案中甲在选任管理人上没有过失，也对氯气运输中的危险性进行了充分的提醒，因此甲无须承担责任。

（3）非法占有高度危险物造成他人损害的，由非法占有人承担侵权责任。所有人、管理人不能证明对防止他人非法占有尽到高度注意义务的，与非法占有人承担连带责任。

非法占有，是指通过贪污、侵占、盗窃、抢劫、抢夺等方式违背所有人或者管理人意志情况下的占有。一般情况下，应由实际控制人即非法占有人承担责任。但是，如果该"非法占有"是因为所有人没有尽到高度注意义务而致，则所有人、管理人应该基于可责性承担责任。如何判断所有人、管理人尽到高度注意义务，参照《危险化学品安全管理条例》，所有人、管理人做到以下几点，可以认为尽到了高度注意义务：①在适当位置设置明显的安全警示标志；②在作业场所设置适用的通信、报警装置；③设置治安保卫机构，配备专职安保人员。并且还要建立危险品货物记录、常规筛查、事故预案等制度，并在高度危险物发生丢失或者被盗情形下，立即向当地公安机关报告并采取有效措施进行控制。

（四）从事高空、高压、地下挖掘活动或者使用高速轨道运输工具致害责任

《民法典》第1240条规定："从事高空、高压、地下挖掘活动或者使用高速轨道运输工具造成他人损害的，经营者应当承担侵权责任；但是，能够证明损害是因受害人故意或者不可抗力造成的，不承担责任。被侵权人对损害的发生有重大过失的，可以减轻经营者的责任。"此类侵权责任也被称为"高度危险活动致害责任"，可分为高空作业致害责任、高压致害责任、地下挖掘活动致害责任、高速轨道运输工具致害责任。

1. 高空作业致害责任

高空作业通常指的是高处作业，指人在一定位置为基准的高处进行的作业。《高处作业分级》规定："凡在坠落高度基准面2m以上（含2m）有可能坠落的高处进行作业，都称为高处作业。"

2. 高压致害责任

可以分为高压电致害责任和高压容器致害责任。高压电，是指1千伏及以上电压等级的高压电，高压容器是指锅炉、压力容器、压力管道等。对于高压致害，一般认为，其责任主体为电力设施或高压容器的产权人。这就要求，在实践中必须明确界定电力设施产权的分界处或高压容器的所有人，以供正确界定谁应该承担责任。

3. 地下挖掘活动致害责任

地下挖掘是指在地表下一定深度进行挖掘的行为。如掘进矿井、挖掘隧道、构筑地铁等在地下进行的具有高度危险的施工活动。进行地下挖掘活动的目的是为了使用地下空间和资源，与《民法典》第1258条所规定的为了使用地表而在地面施工不同。地下挖掘活动具有高度危险性，不仅涉及施工者，也涉及进入者，还涉及地面上的人和土地、建筑物等财产的安全问题。

4. 高速轨道运输工具致害责任

轨道运输工具，是指在铁轨、轻轨、磁悬浮等固定轨道上运行的交通运输工具，如火车、地铁、磁悬浮列车、有轨电车等。这些轨道运输工具一般都具有体量大、速度快的特点，一旦出现事故，发生的损害都是灾难性的。因此，为了防止此类事故的发生，在归责上采用了无过错的归责原则。

（五）高度危险区域致害责任

《民法典》第1243条规定："未经许可进入高度危险活动区域或者高度危险物存放区域受到损害，管理人能够证明已经采取足够安全措施并尽到充分警示义务的，可以减轻或者不承担责任。"此类侵权责任被称为高度危险区域致害责任，这一责任不同于前述几种责任之处在于它并非积极主动实施对周围环境造成高度危险的活动，而是因其管理控制的场所、区域具有高度危险性，如果未经许可擅自进入该区域，则易导致损害的发生，系高度危险活动区域或者高度危险物存放区域责任。《道路交通事故损害赔偿解释》第7条第2款明文规定："依法不得进入高速公路的车辆、行人，进入高速公路发生交通事故造成自身损害，当事人请求高速公路管理者承担赔偿责任的，适用民法典第一千二百四十三条的规定。"由此可见，高速公路区域内由于车速极快，也属于高度危险活动区域，如负有职责的管理人对其不加以妥善管理，极易造成人员和财产的重大损害。高度危险区域致害责任的责任主体为高度危险活动区域或者高度危险物存放区域的管理人，在归责原则上依然采用了无过错的归责原则，被侵害人无须举证高度危险区域管理人在管理上存在过失，只需要证明其在该高度危险区域遭受了损害即可。在减责事由和免责事由方面，只要管理人能够证明其已经采取安全措施并尽到警示义务，则可以减轻或者免除责任。

在案例35-16中，该省高速公路管理处应该对于某的死亡承担责任。本案中，正是由于该路段的管理人该省高速公路管理处疏于管理，没有及时将缺失的高速公路护栏修复导致于某跑进该路段所致，由于其不能证明自己尽到了采取安全措施并警示的义务，因此应当对于某的死亡承担责任。

第六节 饲养动物损害责任

【案例35-17】 某日，甲一家驾车游览一野生动物园，当车进入老虎区时，甲不知何故突然开门下车，林中的一虎扑过来将其叼走，甲的丈夫乙为了救甲，冲过去与虎搏斗，被虎咬死，甲被咬成重伤。经查，该野生动物园内并无禁止中途下车的警示措施，当二人被虎撕咬时，工作人员也未及时赶到。

请思考：动物园是否应对二人的伤亡承担责任？

一、饲养动物侵权责任的概念和特征

（一）饲养动物侵权责任的概念

饲养动物侵权责任是指饲养的动物致他人损害时，根据致害动物的种类和性质适用无过错责任原则或者过错推定原则，由饲养人或管理人承担赔偿责任的特殊侵权责任。近年来，我国经济快速发展，人民生活水平日益提高，无论在城市还是在农村，饲养动物的越来越多，被动物伤害的事例也越来越多。为更好地规范饲养动物的行为，防止饲养动物给他人造成伤害，《民法典》侵权责任编第九章对动物致害责任作出了详细的规定。

《民法典》第1245条规定："饲养的动物造成他人损害的，动物饲养人或者管理人应当承担侵权责任；但是，能够证明损害是因被侵权人故意或者重大过失造成的，可以不承担或者减轻责任。"这一条规定是饲养动物损害责任的一般条款。侵权责任编对于饲养动物损害的责任的规定，既有一般条款，也有特殊规定，实行的是一般条款下的特殊责任的立法体例。

（二）饲养动物侵权责任的特征

1. 致害的动物是饲养的动物

饲养的动物应同时具备：为特定的人所有或占有，饲养人或管理人对动物具有适当程度的控制力，依动物自身的特性，有可能对他人人身或财产造成损害，该动物为家畜、家禽、宠物或驯养的野兽、爬行类动物等。在发生动物侵权时，饲养人或管理人自然是承担责任的主体。那些完全处于自然状态下的野生动物造成他人损害时，没有应该承担责任的主体，如去郊外旅游被蛇咬伤。

饲养的动物又分为饲养的一般动物、违反管理规定饲养的动物、禁止饲养的动物及动物园的动物。

2. 动物独立动作造成了他人损害

饲养动物导致他人损害的行为是基于动物本身的特有危险性所引起的，这种独立危险性可能是由于动物本性，也可能是受外界刺激作出的不良反应，如马听到火车刺耳的笛声受惊狂奔，撞伤了行人。

如果动物是被人用作侵权的工具，如甲唆使自己养的狗咬人，则属于人的侵权行为，不是动物侵权，由行为人对自己的侵权行为承担责任。

他人因动物的危险遭受的损害包括人身伤亡，也包括财产损失，如牛啃咬他人的庄稼。

3. 责任形态为对物的替代责任

造成损害的是饲养的动物，承担责任的是动物饲养人或管理人，这属于典型的对自己管理的物的损害承担赔偿责任的替代责任。

4. 适用无过错和推定过错的归责原则

侵权责任编对饲养的动物侵权实行二元的归责体系，对动物园饲养的动物侵权实行推定过错责任，其他的饲养动物侵权均实行无过错责任。

二、各种特殊的饲养动物损害责任

（一）未采取安全措施的饲养动物损害责任

《民法典》第 1246 条规定："违反管理规定，未对动物采取安全措施造成他人损害的，动物饲养人或者管理人应当承担侵权责任；但是，能够证明损害是因被侵权人故意造成的，可以减轻责任。"关于饲养动物的管理规定，通常由省、直辖市、自治区以及较大城市的地方立法机关制定，"违反管理规定"是指违反此类地方立法或地方规章性质的管理规定。该条所规范的饲养动物，是指此等管理规定中许可饲养的动物，但是需要采取必要的安全措施，安全措施是管理规定中所要求采取的规范饲养行为。

例如城市中养狗的人越来越多，很多大城市都出台了地方性法规和规章，北京、上海等地的《养犬管理条例》都规定：携犬乘坐客运出租车，须征得驾驶人同意，并为犬只戴嘴套或者将犬只装入犬袋；携犬乘坐电梯的，应当避开人们乘坐电梯的高峰时间。动物饲养人或管理人应当遵守规定，采取相应安全措施，避免损害他人。

动物的饲养人或管理人如果违反了管理规定，未对动物采取安全措施造成他人损害的，饲养人、管理人承担无过错责任。动物饲养人或管理人能够举证证明损害是因被侵权人故意造成的，可以减轻饲养人或管理人的侵权责任。

（二）禁止饲养的动物造成他人损害的

《民法典》第 1247 条规定："禁止饲养的烈性犬等危险动物造成他人损害的，动物饲养人或者管理人应当承担侵权责任。"禁止饲养的危险动物不仅仅包括烈性犬，还应当包括烈性犬以外的其他危险动物。危险动物包括两类：一种是属于家畜、家禽中的危险动物，如藏獒；一种是饲养危险的野生动物，如狼、虎、毒蛇。

许多地方性法规和规章要么规定个人不得饲养烈性犬，要么规定在特定区域内不得饲养烈性犬，这类动物危险性非常高，法律上对之施以更严格的责任，即只要该危险动物造成他人损害，饲养人或管理人就要负赔偿责任，无任何减轻或免除责任的事由，即便是受害人对损害的发生具有故意或者重大过失，也不能减轻或免除饲养人或管理人的责任，属于绝对无过错责任。

（三）动物园饲养的动物致人损害的

《民法典》第 1248 条规定："动物园的动物造成他人损害的，动物园应当承担侵权责任；但是，能够证明尽到管理职责的，不承担侵权责任。"动物园分为两种：一种是设置在城市市区的动物园；另一种是野生动物园，设置在郊区或野外的森林、山野中。无论是哪一种动物园，都应当按照国家的规定饲养动物。对于动物园的管理职责，《动物防疫法》《城市动物园管理规定》等法律、法规有明确的规定。

动物园饲养的动物致人损害适用过错推定原则，即动物园饲养的动物造成他人损害的，推定动物园有过错，动物园要承担赔偿责任，但如果动物园能证明尽到了管理职责，即在管理上不存在过错，动物园不承担责任。

在发生损害时，认定动物园是否尽到了管理职责，应考虑：（1）动物本身的危险程度；（2）动物园是否尽到了提醒、警示义务；（3）动物园是否规定了巡查制度，是否对游人擅自翻越栏杆靠近动物等危险行为进行了阻止；（4）安全设施是否足以防范危险的发生；（5）在侵害发生时是否采取了合理有效的救治措施。在案例35-17中，野生动物园没有对入园游客进行警示，在侵害发生时也没有采取任何救助措施，因而没有尽到管理职责，应当承担侵权责任。野生动物园可以主张是因甲、乙违反规定擅自下车造成的损害，以此减轻赔偿责任。

对于动物园饲养的动物致人损害的责任适用过错推定原则，一直以来就有很多质疑，认为适用过错推定责任原则不合适，应当统一适用无过错责任原则，以能更好地保护受害人及公众的人身权益。

（四）遗弃、逃逸的动物致人损害的

《民法典》第1249条规定："遗弃、逃逸的动物在遗弃、逃逸期间造成他人损害的，由动物原饲养人或者管理人承担侵权责任。"遗弃、逃逸动物，称为丧失占有的动物，是指动物饲养人或管理人将动物遗弃或动物逃逸，使动物饲养人或管理人失去了对该动物的占有、管控。如在街上流浪的被主人遗弃或从主人家逃逸的猫、狗。

遗弃、逃逸的饲养动物致人损害的适用无过错责任原则。

被遗弃的动物既包括被抛弃的，也包括遗失的动物，还有驯养的野生动物被遗弃或逃逸回归野生状态的。被抛弃的动物是因为原饲养人或者管理人放弃了对其的占有和管理，以致造成他人损害，因此被抛弃的动物的原饲养人和管理人应当承担损害赔偿责任。动物遗失并不是原饲养人或管理人放弃了对动物的权利，而是暂时丧失了对该动物的占有，遗失的动物致他人损害的，也应当由原动物饲养人或者管理人承担责任。逃逸的动物，仍归属于原饲养人或者管理人，造成他人损害的，仍然应当由原动物饲养人或者管理人承担责任。

驯养的野生动物被抛弃、遗失或逃逸后造成他人损害的责任承担问题，《民法典》并未明确规定，学界认为应当区分处理：对于初回野生状态的动物可能难以迅速适应新的生活而接近人类，侵害他人人身或财产的，此种情形，应由动物的原饲养人或管理人承担赔偿责任；如果恢复野生状态的动物适应了新的生活，与其群体一样生存，动物的原饲养人或管理人不再承担其行为对他人造成损害的赔偿责任。

三、由第三人过错造成的饲养动物损害责任

《民法典》第1250条规定："因第三人的过错致使动物造成他人损害的，被侵权人可以向动物饲养人或者管理人请求赔偿，也可以向第三人请求赔偿。动物饲养人或者管理人赔偿后，有权向第三人追偿。"这一条规定有两层含义：一是第三人实施了有过错的行为；二是受害人的损害完全是由于第三人有过错的行为所致，饲养人或管理人不存在过错。本条规定采用不真正连带责任的规则，被侵权人既可以向动物饲养人请求赔偿，也可以向第三人请求赔偿。如果是向饲养人或管理人行使请求权的，饲养人或管理人承担的赔偿责任为中间责任，并非最终责任。在其承担了赔偿责任后，有权向第三人追偿，第三人的赔偿责任才是最终责任。

四、免除或减轻责任的事由

（一）受害人故意或重大过失

《民法典》第 1245 条规定，能够证明损害是因被侵权人故意或重大过失造成的，饲养人或管理人可以不承担或减轻责任。因此，被侵权人的故意或重大过失可以成为免责或减责的事由，但被侵权人仅仅有一般过失或轻微过失造成损害的，不得免除或减轻饲养动物所有者或管理者的赔偿责任。但在《民法典》1247 条规定的情形下，即便被侵权人有故意或重大过失，也不得减轻或免除饲养人或管理人的责任。

（二）第三人过错

如上所述，第三人过错仅得免除饲养人或管理人的最终责任，不得免除其中间责任，饲养人或管理人不得以第三人过错对抗被侵权人。

（三）动物园尽到管理职责

动物园饲养的动物造成他人损害的，动物园应当承担侵权责任，但如果能证明自己已经尽到管理职责，动物园对损害的发生即为无过失，因而不承担责任。

第七节　建筑物和物件损害责任

【案例 35-18】　一天下午，丁婆婆抱着出生仅 44 天的孙女何欣怡，在居住的某小区 11 栋楼下晒太阳。突然，一块鸡蛋大小的水泥块从天而降，不偏不倚砸中小欣怡的额头，孩子当场不省人事。经紧急抢救，在两次开颅手术后，小欣怡最终脱离生命危险，但因颅内受创严重，出现脑萎缩的症状，伤情鉴定结果为七级伤残，但不包括智力伤情鉴定。事发后，小欣怡的家人向派出所报案。警方调查认定，孩子受伤是因高空抛物所引起，但无法找到肇事者。小欣怡的父母向汉阳区人民法院提起诉讼，将该小区 11 栋 2 楼及以上共 128 户居民全部告上法庭，提出索赔 46 万余元的诉讼请求。

请思考：谁应当对孩子的受伤承担责任？如何承担？

一、建筑物和物件损害责任的概念和特征

（一）建筑物和物件损害责任的概念

建筑物和物件损害责任是指建筑物、构筑物或其他设施及其搁置物、悬挂物，堆放物，妨碍通行物和林木等由于存在缺陷或者疏于管理、维护等，造成他人损害，侵权人应当承担的侵权责任。现代社会中人工建造的各种建筑物或其他设施多种多样，由此造成损害的情形也时有发生，因而有必要对此进行法律规制，为受害人提供合理的救济手段。

（二）物件损害责任的法律特征

建筑物和物件损害责任是对物的损害负责的行为，是责任人对其建筑物或占有的物件致人损害负替代责任的行为，造成他人损害的是物件，承担责任的是物件的所有

人、使用人或管理人。

建筑物和物件损害责任适用过错推定的归责原则。

二、各种具体的物件损害责任

（一）建筑物、构筑物或其他设施倒塌、塌陷损害责任

1. 在建建筑物等倒塌、塌陷致人损害的责任

《民法典》第1252条第1款规定："建筑物、构筑物或者其他设施倒塌、塌陷造成他人损害的，由建设单位与施工单位承担连带责任，但是建设单位与施工单位能够证明不存在质量缺陷的除外。建设单位、施工单位赔偿后，有其他责任人的，有权向其他责任人追偿。"

建筑物主要指房屋，指任何在土地上建造的直接供人们居住生活、从事生产或进行其他活动的场所。构筑物是指在地面上建造的具有特定用途，但不能直接供人们居住、生产或进行其他活动的场所，如道路、桥梁、隧道、码头、沟渠、地窖、路灯、纪念碑、雕塑等，其他设施指建筑脚手架、起重塔吊、缆车、索道、路标、广告牌等。服务于高空、高压、易燃、剧毒、放射性和高速运输工具作业的某些设施（如高压电线、高速公路上的设施）不宜纳入此类建筑物、构筑物或其他设施，因为它们属于高度危险作业的设施，造成损害时，应当适用不同的法律条文（如《民法典》第1240条）。

建筑物、构筑物或其他设施倒塌、塌陷致人损害的，采过错推定的归责原则，建设单位、施工单位可以通过举证建筑物等不存在质量缺陷来证明自己没有过错，从而不承担侵权责任；如果不能证明，则认定其有过错。建筑物、构筑物或其他设施因质量缺陷发生倒塌、塌陷致他人损害，即造成建设单位、施工单位之外的人损害，第一责任人为建设单位与施工单位，建设单位是建设工程的业主和发包人，对建设工程的质量负责，应当依法组织竣工验收，经验收合格后方可交付使用，施工单位包括建设工程的承包人、分包人、转包人和实际施工人，但不包括个人。建设单位和施工单位之间是连带责任，如工程质量缺陷是由建设单位、施工单位自身的过错的原因造成的，则其承担的是直接和终局责任。如质量缺陷是由其他责任人的过错造成的，则建设单位、施工单位承担的是垫付责任，其赔偿后有权向其他责任人进行追偿。此外的其他责任人包括勘察单位、设计单位、监理单位等。

2. 交付使用后建筑物倒塌致人损害责任

建筑物、构筑物或者其他设施倒塌、塌陷有多种原因，有的是因质量不合格，有的是由于年久失修，有的是业主擅自改变承重结构，不宜都由建设单位、施工单位承担责任，因此，依据《民法典》第1252条第2款，因所有人、管理人、使用人或者第三人的原因，建筑物、构筑物或者其他设施倒塌、塌陷造成他人损害的，由所有人、管理人、使用人或者第三人承担侵权责任。

该款没有规定无过错责任和过错推定责任，应当将该款规定的侵权责任理解为一般过错责任，即所有人、管理人、使用人或第三人在有过错的情况下才承担责任，没有过错就不承担责任，其过错应当由被侵权人举证证明。

（二）建筑物、构筑物或其他设施及其搁置物、悬挂物脱落、坠落损害责任

《民法典》第 1253 条规定："建筑物、构筑物或者其他设施及其搁置物、悬挂物发生脱落、坠落造成他人损害，所有人、管理人或者使用人不能证明自己没有过错的，应当承担侵权责任。所有人、管理人或者使用人赔偿后，有其他责任人的，有权向其他责任人追偿。"

搁置物、悬挂物，一般是人工搁置物、悬挂物，如空调外挂机、防盗网、花盆等，也有可能是自然悬挂物，如自然悬挂于房檐上的冰柱、积雪等。脱落是指部分与整体相分离并掉落，如玻璃窗的玻璃从窗子框架脱落，建筑物的墙皮或者外墙砖等脱落。坠落一般指从高处向低处掉落，如搁置的花盆从窗台坠落。

建筑物等脱落、坠落造成他人损害的侵权责任，需要符合以下要件：一是建筑物、构筑物或其他设施及其搁置物、悬挂物发生脱落、坠落；二是他人受到损害，包括人身或财产损失，他人不包括应当承担侵权责任的所有人、管理人或使用人及其员工；三是他人受到的损害与脱落、坠落存在因果关系。

在建筑物、构筑物或者其他设施脱落、坠落损害责任中，责任主体是建筑物、构筑物或其他设施的所有人、管理人或使用人。所有人、管理人或使用人承担赔偿责任后，有权向其他责任人追偿。其他责任人通常指两种人：一是其行为造成建筑物、构筑物或其他设施及其搁置物、悬挂物发生脱落、坠落，致人损害的；二是对建筑物、构筑物或其他设施及其搁置物、悬挂物发生脱落、坠落的隐患有过错的人，如施工单位、设计单位、维修单位等。

这一类型的侵权责任实行过错推定的归责原则，所有人、管理人或者使用人不能证明自己没有过错的，应当承担侵权责任。证明自己没有过错，通常是证明尽到了法律、法规等要求的注意义务，并且尽到了所有人、管理人或使用人应当达到的注意程度。

（三）从建筑物中抛掷物、坠落物致害责任

《民法典》第 1254 条第 1 款规定："禁止从建筑物中抛掷物品。从建筑物中抛掷物品或者从建筑物上坠落的物品造成他人损害的，由侵权人依法承担侵权责任；经调查难以确定具体侵权人的，除能够证明自己不是侵权人的外，由可能加害的建筑物使用人给予补偿。可能加害的建筑物使用人补偿后，有权向侵权人追偿。"第 2 款规定："物业服务企业等建筑物管理人应当采取必要的安全保障措施防止前款规定情形的发生；未采取必要的安全保障措施的，应当依法承担未履行安全保障义务的侵权责任。"第 3 款规定："发生本条第一款规定的情形的，公安等机关应当依法及时调查，查清责任人。"

实践中，从建筑物上抛掷物、坠落物致人损害的情形时有发生，"头顶上的安全"引起社会的广泛关注。本条规范的是在区分所有的建筑物中，从建筑物的专有部分抛掷或坠落物品致人损害，但是不能确定是由哪一个专有部分抛出或者坠落的物品。如果能够确定是由哪一个专有部分抛出或者坠落的，则属于一般侵权行为；并且也不能确定是由哪些专有部分抛出或者坠落的物品，如能确定是由哪些专有部分抛出或者坠落的，则按共同危险行为处理。

《民法典》第 1254 条第 1 款是关于建筑物抛掷物、坠落物造成他人损害的侵权责任和补偿的规定，第 2 款是关于物业服务企业等未尽到安全保障义务之侵权责任的规定，第 3 款强调公安机关有义务及时调查、查清责任人。

1. 侵权人依法承担侵权责任

在发生建筑物中抛掷物、坠落物造成他人损害的案件时，由侵权人承担侵权责任。侵权人包括：实施抛物行为的人，致害物品的所有人、管理人、使用人。侵权人承担的是过错责任。

2. 可能加害的建筑物使用人的补偿责任及追偿权

经调查难以确定具体侵权人的，除能够证明自己不是侵权人的外，由可能加害的建筑物使用人给予补偿。可能加害的建筑物使用人补偿后，有权向侵权人追偿。

可能加害的建筑物使用人补偿义务的前提是经有关机关调查，难以确定具体侵权人。"难以确定具体侵权人"中的"难以"理解为不能，并具有客观不能和当时不能双重含义。客观不能是指经过公安机关调查不能找到具体侵权人，或者受害人的举证证明无法达到诉讼法上确定具体侵权人的标准；当时不能是指承担责任时尚不能确定具体侵权人。此外，《民法典》第 1254 条与第 1253 条在适用上存在交叉，因为实践中很难界定掉落的花盆、烟灰缸等究竟属于抛掷物、坠落物还是搁置物。通说认为，该两条的区别在于能否确定坠落物品的归属和具体侵权人，能确定的，则适用第 1253 条，否则，适用第 1254 条。

可能加害的建筑物使用人，是侵权行为发生时建筑物的实际使用人，且从物理方位、抛掷物或坠落物致害的具体情形等方面判断，对受害人有致害的可能性。可能加害的建筑物使用人可以通过证明自己不是侵权人而免责，此举证责任由实际使用人承担，比如可以证明自己所处的位置无法实施该种行为，如自家的窗户有防护网，不可能往下扔东西；证明自己即使实施该种行为，也无法使抛掷物到达损害发生的位置，如居住的位置距损害发生的位置太远；证明自己不在家，不可能往外抛物等。

可能加害的建筑物使用人之间为按份责任，具体份额应根据案件具体情况确定。

可能加害的建筑物使用人补偿后，有权向侵权人追偿。行使这一追偿权的前提是在案件审理结束且判决得到执行后，查明了真正的侵权人。已承担补偿责任的建筑物使用人可以向侵权人行使追偿权，受害人也有权就其未获得完全赔偿的损失部分向侵权人主张权利。

3. 建筑物管理人的安全保障义务和侵权责任

建筑物管理人作为公共场所的管理者，对进入小区物业范围内的人具有安全防护义务和警示义务，未采取必要的安全保障措施的，应当依法承担未履行安全保障义务的侵权责任，这一责任为不作为侵权责任和过错责任。通过督促物业服务企业等建筑物管理人承担应尽的管理义务和社会责任，促使其采取必要的预防和警示措施，有利于减少高空抛物、坠物行为的发生。

4. 公安等机关的依法及时调查义务

公安机关作为治安行政和刑事司法机关，对于高空抛物、坠物造成损害后果的，应当依法立案调查，对责任人给予治安管理处罚，构成犯罪的，应当依法追究刑事责任。一方面，公安机关介入调查，有利于查清具体侵权人；另一方面，在确实不能查清加害人的情况下，公安等机关的调查结论可以作为"难以确定具体侵权人"的证明，从而有效解决高空抛物致人损害的归责难题。

在案例35-18中，诉讼期间，何欣怡自愿撤回了对刘某、付某等8名被告（其中1人为4号房业主）的起诉，表示放弃相应的补偿份额。法院依法准许，并在原告何欣怡因此次伤害损失的39.5万余元中扣除上述8人应承担的份额。法院根据公安机关的现场勘查情况和现场照片，结合生活经验法则及常理认定，因有3号房的阻隔，4号房所处的方位不可能将水泥块抛掷到事发地点，除非4号房使用人从顶层平台抛掷水泥块，但公安机关已排除了从顶层直接抛物的可能。因此，4号房业主对何欣怡的损害不应承担补偿责任。对部分被告在庭审中主张事发时在上班、出差等不在场的抗辩，法院经查均不予认可。关于部分被告提交租房协议以证明其并非房屋实际使用人不应承担责任的问题及部分自称是租户的人员到庭问题，法院经查对其要求免除责任的主张也均不予认可。被告如在案件发生前确将房屋出租，可持相关证据向房屋实际使用人予以追偿。法院认为，涉案小区11栋2单元2楼及以上1、2、3号房均有致害的可能和部分控制风险的能力，原告亦主张被告按户承担责任，该主张符合法律设定的初衷，故被告应按持有房屋的数额承担补偿责任。最终，法院判决涉案的128户业主中，有31户不用承担责任，包括因原告撤诉而不用支付补偿的8名被告在内，共有97户业主需补偿何欣怡医疗费、护理费、伤残赔偿金、精神损害抚慰金等经济损失39.5万余元。其中，陈某、李某、张某等73名被告分别补偿何欣怡因此次伤害受到的经济损失4079.94元；胡某、王某等5名持有涉案楼栋2套住房的被告分别补偿何欣怡因此次伤害受到的经济损失8159.88元；蔡某、邱某等2名持有涉案楼栋3套住房的被告分别补偿何欣怡因此次伤害受到的经济损失12239.82元。

（四）堆放物损害责任

堆放物致害是指由于堆放物滚落、滑落或倒塌，致使他人财物或人身权益受损害。《民法典》第1255条规定："堆放物倒塌、滚落或者滑落造成他人损害，堆放人不能证明自己没有过错的，应当承担侵权责任。"

堆放物是指堆放在土地上或其他地方的物品，只能是动产，不仅指堆放在地上的各种物品，如砖头、水泥、木材等，还包括堆放在其他物品上的物。但堆放在公共道路上的物，不属于这里所说的堆放物，《民法典》第1256条有专门的规定。堆放物致他人损害的原因包括倒塌、滚落、滑落等。

堆放物致害责任的主体是堆放人，堆放人并非指从事堆放行为的人，而应理解为堆放物品的所有人或管理人。堆放人应当合理选择堆放地点、堆放高度，要堆放稳固并看管好堆放的物品。

堆放物倒塌、滚落或者滑落造成他人损害的，堆放人承担的是过错推定的侵权责任，堆放人不能证明自己没有过错的，承担侵权责任。

（五）公共道路妨碍通行损害责任

《民法典》第1256条规定："在公共道路上堆放、倾倒、遗撒妨碍通行的物品造成他人损害的，由行为人承担侵权责任。公共道路管理人不能证明已经尽到清理、防护、警示等义务的，应当承担相应的责任。"在公共道路上堆放、倾倒或遗撒妨害公众通行的物品，如堆放在路上的沙石、砖块、谷子，倾倒在路上的垃圾，从车上遗撒下来的土块，从汽车上泄漏的汽油，这些妨碍通行的物品，会对公众的人身和财产安全造成极大的威胁。

公共道路妨碍通行损害责任有如下构成要件：一是致害行为发生在公共道路上。公共道路既包括机动车道，也包括非机动车道和人行道，其认定核心在于是否允许不特定社会公众通行。在单位、小区管辖范围内且不允许社会公众通行的私人道路所发生的损害责任不适用本条规定。二是存在堆放、倾倒、遗撒妨碍通行物的致害行为。致害方式为在公共道路上堆放、倾倒、遗撒物品，影响他人正常、合理的使用公共道路。妨碍通行物可以是固体，如在公共道路上晾晒粮食，也可以是液体、气体，如运油车将石油泄露到公路上、热力井向道路散发出大量热气。三是致害行为与损害结果之间具有因果关系。四是侵权行为人或公共道路管理人具有过错。对公共道路管理人实行过错推定，其不能举证证明已经尽到清理、防护、警示等义务的，应当对妨碍通行物造成的损害承担相应的责任；而对于堆放、倾倒、遗撒妨碍通行物品的行为人采何种归责原则，立法没有明确，主流观点采过错责任，即行为人只要在公共道路上实施了堆放、倾倒、遗撒的行为，即应认定有过错，应当对造成的损害承担侵权责任。

公共道路妨碍通行损害责任的责任主体具有多元性，既包括直接实施堆放、倾倒、遗撒妨碍通行物品的行为人，也包括未尽清理、防护、警示等义务的公共道路管理人。堆放人、倾倒人、遗撒人对其堆放、倾倒、遗撒行为所造成的损害承担完全赔偿责任，公共道路管理人承担相应的责任，其责任范围根据过错程度和原因力大小具体确定。公共道路管理人承担相应的侵权责任不取代侵权行为人的侵权责任，比如在一个案件中，造成的全部损害是100万元，侵权行为人要对100万元承担全部赔偿责任，同时，公共道路管理人有过错，也被认定承担30万元的赔偿责任，此时，被侵权人可以向侵权行为人主张100万元的损害赔偿，也可以向侵权行为人主张30万元、向公共道路管理人主张70万元的损害赔偿，侵权行为人与公共道路管理人各自承担责任后，相互不产生追偿权。受害人可以同时请求侵权行为人与公共道路管理人承担责任，也可以选择要求其中的一方承担责任。

（六）林木致害责任

《民法典》第1257条规定："因林木折断、倾倒或者果实坠落等造成他人损害，林木的所有人或者管理人不能证明自己没有过错的，应当承担侵权责任。"

林木折断、倾倒致人损害的案件时有发生，如脱落的干枯树枝砸伤路人，果实脱落造成损害的情况也偶有发生，林木折断、倾倒或果实坠落致人损害均属于物致人损害的责任，责任主体是林木的所有人或管理人，所有人即林木的所有权人，管理人是对林木负有管理职责的民事主体，如公园对公园的树木有管理职责，公路养护管理部门对种植在公路两旁的护路树有管理职责，物业公司对小区内的树木负有管理职责等。

林木致害适用过错推定的归责原则。林木折断、倾倒、果实坠落造成他人损害多因林木的所有人或管理人的过错所致，即他们未尽到应有的管理、维护职责。如果所有人或管理人证明尽到了养护、管理职责，尽到了合理的注意义务，自己对损害的发生没有过错，则不承担责任，否则，即推定其有过错，应当承担侵权责任。

（七）地面施工致害责任

《民法典》第 1258 条第 1 款规定："在公共场所或者道路上挖掘、修缮安装地下设施等造成他人损害，施工人不能证明已经设置明显标志和采取安全措施的，应当承担侵权责任。"

地面施工致害责任的构成要件为：第一，施工的地方在公共场所或道路上。施工的地点不仅仅是公共场所、道旁或通道，还包括一切有人员出入可能的场所，在这样的场所施工，很有可能对他人造成损害。因此，需要更加注意保护他人的安全。第二，进行了挖坑、修缮、安装地下设施等活动，即施工破坏了地表的完整性，有给他人造成损害的危险。第三，施工时未设置明显标志和采取安全措施。施工人的安全保障义务包括：设置的警示标志必须具有明显性；施工人要保证警示标志的稳固并负责对其维护，使警示标志持续地存在于施工期间；仅设置明显的标志不足以保障他人安全的，施工人还应当采取其他有效的安全措施。对施工人是否"设置明显标志和采取安全措施"的判断，应依据：如果法律、法规和规章就如何设置明显标志和采取安全措施有明确规定的，应符合这一规定；如果没有明确的规定，应从维护公众安全的角度出发，从严认定施工人是否设置了明显标志和采取了安全措施。第四，造成他人损害。

地面施工致害责任主体为"施工人"，施工人是指在公共场所或道路上从事挖掘、修缮安装地下设施等施工活动的民事主体。如果直接进行施工的人是用人单位的工作人员时，则施工人为用人单位。施工人直接控制施工场地，因此应当承担对施工场地的管理和维护义务，保障他人安全。

地面施工损害责任适用过错推定的归责原则。施工人不能证明尽到了安全保障义务即被认定有过错，应当承担争权责任。

（八）地下设施致害责任

《民法典》第 1258 条第 2 款规定："窨井等地下设施造成他人损害，管理人不能证明尽到管理职责的，应当承担侵权责任。"

地下设施是指在地面以下以人力方式修建的窨井、水井、下水道、地下坑道等。窨井是指上下水道或其他地下管线工程用于检查或疏通而建造的井状构造物。

地下设施致害责任适用过错推定责任，这样有利于保护被侵权人的利益，也有利于促使地下设施的管理人认真履行职责，确保地下设施的安全，保护公众的合法权益。管理人可以通过证明已经尽到管理职责来免除责任。管理人应尽到何种程度的维护与管理义务，由地下设施的位置而定，如果是位于道路和公共通道上的地下设施，管理人须尽到高度注意义务，若是位于自家院内的，如水井，则管理人仅对合法进入该领域的人负一定的注意义务。

地下设施致害的责任主体为管理人，该管理人既包括地下设施的所有人，也包括虽非所有人但对地下设施负有管理、维护职责的民事主体，如公路养护段、高速公路管理公司、物业服务部门、市政管理部门等。

本章练习题

一、思考题

1. 简述产品责任与瑕疵担保责任的不同。

2. 简述产品责任的归责原则及构成要件和免责事由。

3. 简述机动车事故责任的主体。

4. 简述机动车事故责任的免责事由。

5. 简述医疗损害责任的免责事由。

二、综合训练

1. 赵某在洗澡时由于热水器漏电导致重度灼伤，该热水器电路也被烧毁，并造成了浴室内其他财产损失。该热水器是赵某花 1800 元从北方商城买来的，上面标示的生产厂家为嘉杰电器制造公司。经鉴定，该热水器有严重质量缺陷，且此时尚在产品的质保期内。请问：

（1）赵某有权向谁提起诉讼？可以提起何种诉讼？能够要求赔偿的项目包含哪些？

（2）如果赵某是将自己的房屋出租给大学生樊某使用，樊某在洗澡时由于热水器漏电导致受伤，樊某可以要求谁承担何种责任？其要求赔偿的项目包含哪些？

（3）赵某提起产品责任侵权之诉的诉讼时效是多长时间？

【要点提示】

（1）赵某可以选择提起违约或者侵权诉讼。如果赵某选择提起违约之诉，只能向销售者北方商城要求承担违约责任，可以要求赔偿人身受到伤害产生的实际损失、热水器的损失和其他财产损失，也可以要求赔偿精神损失。如果赵某选择提起侵权之诉，则可以向销售者北方商城或者生产者嘉杰电器制造公司要求赔偿，赔偿的项目不仅包括上述损失，还可以包含精神损失。

（2）樊某可以向生产厂家嘉杰电器制造公司提起侵权之诉。可以要求赔偿自己人身受到侵害产生的实际损失，包括可以主张精神损害赔偿。

（3）按照《产品质量法》第 45 条的规定，诉讼时效为 2 年，自杨某知道或者应当知道其权益受到侵害之日起计算。但是《民法典》将一般诉讼时效从 2 年调整为 3 年，按照新法优于旧法的原则，产品责任的诉讼时效也应适用 3 年的规定。

2. 2014 年 7 月，张某从汽车销售商乙处购买了一辆由汽车生产商甲生产的××牌家用轿车。2014 年 8 月 1 日，张某携家人外出度假，张某在高速公路以 130 公里/小时（超过了高速公路的限速，但该车设计的最高时速为 240 公里/小时）的速度驾驶该车，为避免一个意外情况，张某欲紧急刹车减速，结果刹车失灵，车失控撞到路边，张某及其家人受重伤，车严重损毁。后经查明，该车刹车失灵系乙试车过程中造成的。张某及其家人欲提起诉讼，请求赔偿。请问：

（1）本案轿车的生产者甲承担产品责任的归责原则是什么？甲能否以汽车的缺陷是由销售者乙造成的提出自己不应承担产品责任的抗辩事由，为什么？

（2）生产者甲在对张某承担责任后，可否向销售者乙追偿？依据是什么？

（3）张某及其家人向谁以何种理由提起损害赔偿的诉讼，为什么？

【要点提示】

（1）产品的生产者承担的产品责任是无过错责任，甲不得以产品缺陷是由销售者造成的为由而主张免责。

（2）可以追偿。《民法典》第1203条规定，销售者的过错使产品存在缺陷的，生产者赔偿后有权向销售者追偿。

（3）张某及家人可以向生产者或者销售者提起侵权损害赔偿之诉，又因张某和乙之间有合同关系，张某也可以选择对乙提起违约损害赔偿。

3. 黄某到华美整形医院进行局部美容，华美整形医院的许医生为黄某实施了隆鼻手术和削颧骨手术。手术后第二天，黄某脸部开始发炎，发高烧，鼻子填充物也出现凸起。黄某虽然最后被治愈了，但黄某不仅没有变漂亮，反而因此在脸上留下了永久性疤痕，男朋友也与之分手。黄某诉请法院判决华美整形医院赔偿其医疗费5万元、误工费5800元及精神损失费100万元。后经鉴定，黄某脸部发炎并最终导致其毁容的根源在于许医生为黄某实施隆鼻手术时用错了药。在调查取证过程中，法庭发现华美整形医院提供的病历资料有篡改的痕迹。请问：

（1）医疗损害赔偿责任适用何种归责原则？为什么？

（2）华美整形医院是否构成侵权？请从侵权责任的构成要件角度对此进行分析。

（3）许医生实施手术的过程中存在过错，黄某可否直接向许医生主张赔偿？为什么？

【要点提示】

（1）过错责任。《民法典》第1218条规定，患者在诊疗活动中受到损害，医疗机构及其医务人员有过错的，由医疗机构承担赔偿责任。

（2）构成侵权。华美整形医院有违反诊疗义务的行为，用错了药，病历资料有篡改痕迹。黄某有被毁容事实。该医院为黄某实施隆鼻手术用错药与黄某被毁容之间有因果关系。该医院有主观过错，一是许医生有未尽到与当时的医疗水平相应的诊疗义务的过错，二是篡改病历资料即推定该医院有过错。

（3）不可以。因为许医生实施手术是职务行为，由此产生的损害属于医疗损害责任，应当由其所在医院承担责任。依据《民法典》第1191条，用人单位的工作人员因执行工作任务造成他人损害的，由用人单位承担侵权责任。

4. 吴冬青系从事水产养殖的个体户。2018年3月，其养殖的380亩鱼塘的鲴鱼短期内全部死亡。吴冬青遂向法院起诉丰杯公司，要求承担环境污染责任，赔偿损失460万元。请问：

（1）丰杯公司以其排污符合当地政府排放标准为由拒绝承担责任，其理由是否成立？

（2）吴冬青能够证明有很大可能是由于千采公司排污导致其鲴鱼死亡，但却苦于不能证明二者之间具有因果关系，是否会因此不能得到法院的支持？

【要点提示】

（1）不成立。因为排污超标并非环境污染责任成立的要件，只要排污造成损害，不论排污是否超标，污染者都要承担责任。

（2）不会。因为在环境污染责任中，实行因果关系举证责任倒置。只要吴冬青能够证明污染行为和损害结果之间存在盖然性，其主张就可以得到法院的支持。如果丰杯公司反过来举证证明其污染行为与损害结果之间不具有因果关系，才可以不承担责任。

5. 李某乘坐地铁进入车站乘车时，由于其快速奔跑而掉下站台，被地铁轧断左腿和右脚。经急救和住院治疗，双下肢截肢，伤情被鉴定为三级伤残，花去医疗费用 7 万余元。李某是否可以要求地铁公司承担责任？

【要点提示】

李某可以要求地铁公司承担责任，该责任为高速轨道运输工具致害责任，采用无过错归责原则。如果地铁公司能够证明李某对其掉下站台受伤有过失，可以减轻地铁公司的责任。